Hamburger Edition
Institut für Sozialforschung

Gerd Hankel

Die Leipziger Prozesse

Deutsche Kriegsverbrechen und ihre strafrechtliche Verfolgung nach dem Ersten Weltkrieg

Hamburger Edition

Hamburger Edition HIS Verlagsges. mbH
Mittelweg 36
20148 Hamburg

Umschlaggestaltung: Wilfried Gandras
Typographie und Herstellung: Jan Enns
Satz: Sabon und Syntax
von KCS GmbH, Buchholz/Hamburg
Druck und Bindung: Clausen & Bosse, Leck
Printed in Germany
ISBN 3-930908-85-9
1. Auflage März 2003

Die Deutsche Bibliothek – CIP-Einheitsaufnahme
Ein Titelsatz für diese Publikation ist bei
der Deutschen Bibliothek erhältlich

Inhalt

Einleitung

»Wenn sich das gesunde und von keinen politischen Skrupeln oder Bedenken eingeschränkte vaterländische und militärische Gefühl dagegen sträubt, Männer, die im Kampfe für ihr Vaterland und ihr Volk ihr Leben aufs Spiel gesetzt haben und dabei, nur von dem Gedanken getrieben, für ihr Volk und ihr Vaterland zu handeln, nicht aus eigennützigen Motiven heraus über das Ziel hinausgeschossen haben, wenn sich das Empfinden dagegen sträubt, solche Männer mit gemeinen Verbrechern auf eine Stufe zu stellen, so ist das doch etwas, was vielleicht auch den Juristen bedenklich machen muß. [...] [Wir] hätten nicht daran gedacht, Männer, die sich in der Wahl der Mittel vergriffen haben, die Kriegshandlungen begangen haben, die völkerrechtswidrig sein mögen, wir hätten nicht daran gedacht, diese Leute unter Anklage zu stellen [...].«[1]

Mit diesen Worten leitete Rechtsanwalt Dr. Fitzau sein Plädoyer am 2. Juli 1921 vor dem Zweiten Senat des Reichsgerichts in Leipzig ein. Dr. Fitzau war der Verteidiger des Majors a. D. Benno Crusius, der zusammen mit dem Generalleutnant a. D. Karl Stenger wegen Totschlags angeklagt war. Stenger soll im August 1914 in Nordfrankreich den Befehl gegeben haben: »Von heute an werden keine Gefangenen mehr gemacht. Alle Gefangenen, ob verletzt oder nicht, sind zu erledigen«, woraufhin von deutschen Soldaten eine Reihe gefangener oder verwundeter Franzosen erschossen worden war. Crusius, seinerzeit Hauptmann in der von Stenger geführten Brigade, soll den Befehl an seine beiden Kompanien weitergegeben haben.

Daß Handlungen seines Mandanten mit denen eines gemeinen Verbrechers auf eine Stufe gestellt werden, ist ein erkennbar empörender Gedanke für den Anwalt, und er weiß sich damit in Übereinstimmung mit großen Teilen der deutschen Bevölkerung. »Über das Ziel hinausschießen« oder »sich in der Wahl der Mittel vergreifen« und dadurch möglicherweise völkerrechtswidrig handeln, das mag bei einem Soldaten denkbar sein, aber ihn wie einen normalen Kriminellen vor ein Strafgericht zu stellen, das liegt für Rechtsanwalt Dr. Fitzau fern der allgemeinen wie auch der juristischen Vorstellungswelt.

In der Tat war das, was 1921/22 in Leipzig geschah, ungewöhnlich. Soldaten einer regulären Armee, die sich wegen Kriegsverbrechen vor Gericht zu verantworten hatten, noch dazu vor einem Gericht des Staates, für den sie Krieg geführt hatten, das hatte es in dieser Form noch nicht gegeben.[2] Wohl waren politische und militärische Führer von Gerichten

---

1 BAL, R 3003, ORA/RG, bJ 92/20, Bd. 2, S. 840f.

2 Stellt man auf den Umstand der Beschuldigung durch den eigenen Staat ab,

des siegreichen Feindstaates verurteilt worden,[3] doch Verfahren gegen eigene Militärangehörige hatten beispielsweise im Deutschen Reich nur stattgefunden, wenn sich der mit der Tat verbundene Schaden gegen das Reich selbst richtete – man denke an den Fall des Kriegsverrats –, nicht aber, wenn er den Gegner, mit dem man sich im Krieg befand, betraf. Ihn in einer Weise zu schädigen, die mit den »gültigen Sittengesetzen« nicht in Einklang stand, galt als ein durch die Umstände begründetes und zudem läßliches, da nicht dem eigenen Vorteil dienendes Verhalten. In diesem Sinne schrieb ein Soldat während des Ersten Weltkriegs: »Der einzelne gerät nicht leicht in Gährung (und gerade von dem Deutschen gilt das), die Masse aber gleicht einem Fasse trockenen Pulvers. In der Wildheit ihrer Erregung verleiht sie ihren Gliedern das Gefühl unwiderstehlicher Macht und nimmt ihnen die Last der Verantwortung von den Schultern (jeder hält sich an das Beispiel des andern!), ja erfüllt sie geradezu mit der Empfindung eines recht- und pflichtgemäßen, eines verdienstvollen Tuns.«[4]

Nun also sollten deutsche Staatsanwälte gegen deutsche Soldaten (und einige Zivilpersonen) ermitteln, sollten deutsche Richter über sie zu Gericht sitzen, und, was das schlimmste war, das alles unter den aufmerksamen Augen des Auslands. Denn ursprünglich war auf seiten der Kriegssieger etwas ganz anderes geplant: Ein internationaler Gerichtshof zur Aburteilung von Wilhelm II. als dem Alleinverantwortlichen für den Ausbruch des Ersten Weltkriegs sollte gebildet werden und mutmaßliche deutsche Kriegsverbrecher sollten sich, je nachdem, ob sie ihre Taten an einem Ort oder in mehreren alliierten Ländern begangen hatten, vor nationalen Militärgerichten der Entente oder vor einem internationalen Militärgerichtshof verantworten müssen.

---

kann als historisches Vorbild der Vorwurf Catos an Caesar gesehen werden, im Winter 56/55 v.u.Z. eine Verletzung des Völkerrechts gegenüber den gallischen Volksgruppen der Usipeter und Tenkterer begangen zu haben (auf Befehls Caesars wurden sie in einem heimtückischen Überfall »vom Säugling bis zum Greis« niedergemetzelt). Auch wenn Catos Forderung nach einer Bestrafung Caesars nicht allein humanitären Überlegungen entsprang – Cato galt als Caesars härtester und konsequentester politischer Widersacher –, zeigt sie doch, daß die Ungeheuerlichkeit des Verbrechens durchaus bemerkt wurde. Vgl. dazu Luciano Canfora, Caesar. Der demokratische Diktator. Eine Biographie, München 2001, S. 115, 128.

3 Vgl. u.a. den Überblick bei Dieter Blumenwitz, *Die Strafe im Völkerrecht*, in: ZfP 3 (1997), S. 324f. m.w.N.

4 Zit. n. Seelenleben des Soldaten an der Front. Hinterlassene Aufzeichnungen des im Kriege gefallenen Nervenarztes Dr. Ludwig Scholz, Tübingen 1920, S.205f.

Daß aus beiden Vorhaben nichts wurde, obwohl sie in den Artikeln 227 und 228 des Versailler Vertrags vereinbart worden waren, hat eine ganze Reihe von Gründen, auf die noch eingegangen werden wird. Hier sei lediglich darauf verwiesen, daß den Alliierten insbesondere der Verzicht auf die Auslieferung der gut 900 meist namentlich Beschuldigten ganz erheblich erleichtert wurde durch die nachdrücklich erklärte Bereitschaft Deutschlands, die Beschuldigten in eigener Regie abzuurteilen, und zwar vor dem höchsten deutschen Gericht, dem Reichsgericht in Leipzig.

Vor dem Reichsgericht fanden ab dem Frühjahr 1921 17 Gerichtsverfahren statt, von denen zehn mit einer Verurteilung und sieben mit einem Freispruch endeten. Hunderte weiterer Verfahren wurden durch Beschluß (der letzte im März 1931) oder vom Oberreichsanwalt durch Verfügung (die letzte erging 1927) eingestellt.

Die Reaktion der Öffentlichkeit auf die Verfahren waren durchweg negativ, und zwar sowohl in Deutschland wie auch in den Ländern der Entente. Ein Eingriff in die staatliche Souveränität und eine nationale Schande seien die Verfahren, hieß es in Deutschland, und im Ausland wurden sie in die Nähe von Scheinverfahren gerückt oder schlichtweg als juristische Farce bezeichnet. Als die »United Nations War Crimes Commission« ab 1942 mit der Erfassung der NS-Verbrechen begann und Entwürfe für eine internationale Strafgerichtsbarkeit zur Ahndung der NS-Verbrechen vorlegte, wurde deren Notwendigkeit mit dem Scheitern der Leipziger Prozesse begründet. Wörtlich hieß es: »Was können wir aus Versailles und Leipzig lernen? Zuallererst: Die Vereinten Nationen dürfen nicht noch einmal darauf vertrauen, daß die Deutschen ihren Kriegsverbrechern gegenüber Gerechtigkeit walten lassen. In ihren Augen sind das Helden.«[5] Nürnberg sollte dies vermeiden und hat dies auch vermieden – es gibt wohl kaum jemanden, der so gründlich diskreditiert ist wie die sogenannten Hauptkriegsverbrecher, die sich vor dem alliierten Militärtribunal in Nürnberg zu verantworten hatten. Schon wegen dieser aus heutiger Sicht völlig anderen »Erfolgsbilanz« von Nürnberg kann es nicht verwundern, daß die Leipziger Verfahren in dessen Schatten stehen, ja nahezu unbekannt sind.

Neun Urteile wurden in einem Weißbuch des Reichsjustizministeriums vom 4. August 1921 veröffentlicht.[6] Sie bestehen, wie bei Strafurteilen üblich, aus dem jeweiligen Tenor und den Gründen, die die Entscheidung nach Auffassung des Gerichts tragen. Einen Einblick in den Verfahrensablauf und damit Auskunft darüber, ob die Entscheidungen so, wie sie ge-

---

5 Vgl. Sheldon Glueck, War Criminals. Their prosecution and punishment, New York 1944, S. 34.

6 Reichstag 1920/21, Drucksache Nr. 2584.

troffen wurden, auch richtigerweise getroffen werden mußten, geben die Urteile nicht.

Ebenfalls 1921 wurde in Großbritannien ein Buch über die Leipziger Prozesse veröffentlicht.[7] Es besteht in Teilen aus einer englischen Übersetzung der reichsgerichtlichen Urteile des Jahres 1921, stellt aber auch den Gang der ersten neun Verfahren einschließlich der durch sie aufgeworfenen rechtlichen Schwierigkeiten dar. Wie auch schon das Weißbuch erfaßt es wegen seines frühen Publikationszeitpunkts jedoch nur einen Teil der Prozesse und geht nicht auf die weitere Entwicklung ein.

In deutschen Veröffentlichungen nach dem Ersten Weltkrieg, die sich mit den Leipziger Prozessen und den damit verbundenen rechtlichen wie politischen Fragen beschäftigen, geschieht dies fast ausnahmslos[8] mit dem Vorverständnis der erlittenen Ehrverletzung. Ein idealtypisches Beispiel ist in dieser Hinsicht die Schrift von Albrecht von Stosch.[9] Stosch wendet sich darin gegen die Erniedrigung, die Deutschland durch die Strafbestimmungen und die Kriegsverbrecherprozesse vor dem Reichsgericht erdulden mußte, und zeigt Schritte zur Wahrung und Wiederherstellung der nationalen Ehre auf. Die Schrift ist, wie die anderen auch, wissenschaftlich wertlos, als Dokument ihrer Zeit sowie als zusätzliche Informationsquelle gleichwohl von gewissem Interesse.

Nach dem Zweiten Weltkrieg kamen die Akten der Leipziger Prozesse und der Verfahren, die mit einem Einstellungsbeschluß oder einer Einstellungsverfügung endeten, in das Deutsche Zentralarchiv Potsdam. Von dort aus gingen sie nach der deutschen Vereinigung in den Bestand des Bundesarchivs in Berlin-Lichterfelde über. Die Akten wurden zuletzt, soweit feststellbar, in großen Teilen von dem DDR-Juristen Friedrich Karl Kaul durchgesehen,[10] der dann zu diesem Thema einen Aufsatz veröffentlichte.[11] Kaul schildert in dem Aufsatz in groben Zügen die Ent-

---

7 Claude Mullins, The Leipzig Trials. An account of the war criminals trials and a study of german mentality, London 1921.

8 Eine Ausnahme bildet der längere, sehr kritische, gedanklich leider teilweise sehr sprunghafte Aufsatz *Völkerkampf um Leipzig* von Maximilian Harden in seiner Zeitschrift »Die Zukunft«, Berlin 1921, S. 83–110.

9 Albrecht v. Stosch, Die Kriegsbeschuldigtenfrage. Ihre Bedeutung für Deutschland und den Feindbund, erschienen in der Reihe nationaler Schriften »Deutscher Michel wach auf!«, Heft 13, Hannover und Leipzig 1924.

10 Aus den Aktenzetteln gehen noch andere Nutzer hervor. Da sie jedoch nur sporadisch einige Akten genutzt oder Fälle verfolgt haben, lasse ich sie hier unberücksichtigt.

11 Friedrich Karl Kaul, *Die Verfolgung deutscher Kriegsverbrecher im ersten Weltkrieg*, in: ZfG 14 (1966), S. 19–32; der Aufsatz ist anläßlich des Todes

stehung der Strafbestimmungen des Versailler Vertrages, Einzelaspekte der kontroversen Diskussion über die Annahme der Strafbestimmungen in der deutschen Nationalversammlung und besondere Auffälligkeiten bei der Durchführung einiger Verfahren. Auf juristische Probleme geht Kaul nur am Rande ein, sein Hauptaugenmerk liegt auf dem Nachweis, daß die Leipziger Prozesse in zweifacher Hinsicht gescheitert sind: zum einen wegen der nur geringen Zahl von Verurteilungen, zum anderen aufgrund des Umstands, daß von den Verurteilten die meisten einfache Soldaten waren, während die angeklagten Offiziere freigesprochen wurden.

1982 erschien eine bereits 1976 fertiggestellte Dissertation von James F. Willis,[12] in der, trotz des Titels, nur ein Kapitel von den Leipziger Prozessen handelt (S. 126–147). Quellen aus deutschen Archiven hat Willis nicht berücksichtigt; er bezieht sich hauptsächlich auf britische und US-amerikanische Materialien, so daß seine Untersuchung in erster Linie unter diesem Gesichtspunkt von Interesse ist.

Schließlich ist noch die ebenfalls 1982 erschienene Studie von Walter Schwengler zu nennen.[13] Wie der Buchtitel ankündigt, sind Gegenstand der Studie die Strafbestimmungen im Versailler Vertrag, ihre Entstehungsgeschichte und Rezeption in Deutschland. Da sie umfassend angelegt ist und auch dem historisch-politischen Kontext breiten Raum gibt, geht sie in ihrem Informationsgehalt, ihrer analytischen Tiefe und auch in der Darstellung juristischer Zusammenhänge weit über die bisher genannten Untersuchungen hinaus. Insofern kann und muß Schwenglers Arbeit als Standardwerk bezeichnet werden. Allerdings endet sie ihrem Titel entsprechend mit der Klärung der Auslieferungsfrage, also mit dem Verzicht der Entente auf eine Aburteilung der Kriegsverbrecher vor ihren Militärtribunalen. Auf die Leipziger Prozesse geht Schwengler nur noch im Rahmen eines Ausblicks ein (»Zur Kriegsverbrecherfrage 1920–1933«). Auf wenigen Seiten (S. 344–360) stellt er darin die ihm durch das Weißbuch bekannten Urteile sowie die zwei Wiederaufnahmeverfahren vor, skizziert die ausländische Reaktion auf die Urteile und beschreibt kurz einzelne Versuche der Einflußnahme auf den Gang der jeweiligen Verfahren durch deutsche offizielle Stellen wie das Auswärtige Amt oder das Reichsjustizministerium. Zu einem eindeutigen Urteil über die Leip-

---

von Kaul 1981 auch in einer gekürzten Fassung erschienen in: DuR 2 (1981), S. 137–143.

12 James F. Willis, Prologue to Nuremberg. The Punishment of War Criminals of the First World War, Westport/Connecticut 1982.

13 Walter Schwengler, Völkerrecht, Versailler Vertrag und Auslieferungsfrage. Die Strafverfolgung als Problem des Friedensschlusses 1919/20, Stuttgart 1982.

ziger Verfahren gelangt Schwengler aufgrund der fehlenden Einsicht in die Akten der Reichsanwaltschaft und des Reichsgerichts jedoch nicht, obschon er deutlich macht, daß seiner Meinung nach allein das Zahlenverhältnis zwischen Verurteilungen und Verfahrenseinstellungen allen Anlaß zu der Annahme gibt, »daß die obersten Organe der deutschen Strafrechtspflege mit der Verfolgung der von Deutschen im Ersten Weltkrieg begangenen Vergehen und Verbrechen nicht Ernst gemacht haben«.

Die Studie von Schwengler ist die bis heute letzte umfangreichere Arbeit, die sich, wenn auch sozusagen nur zur Abrundung ihres Themas, mit den Leipziger Verfahren beschäftigt. Wenn sie in aktuelleren Publikationen erwähnt, dargestellt oder untersucht werden, dann in Form von mehr oder weniger pauschalen Hinweisen,[14] journalistisch aufbereiteten Artikeln[15] oder wissenschaftlichen Aufsätzen. Zu letzteren gehört ein Beitrag Helmut Quaritschs zu einer Festschrift,[16] in dem er das Fazit Schwenglers aufgreift, wonach die deutsche Justiz mit der Kriegsverbrecher-Verfolgung »nicht Ernst gemacht« habe, und ihm entgegenhält, daß es seinerzeit die alliierten Regierungen »auch nicht ernst gemeint oder bestenfalls halbernst« gemeint hätten. Letztlich sei, ohne daß sich Sieger wie Besiegte über Weg und Ziel verständigt hätten, die Gleichheit der Rechtsanwendung auf beiden Seiten – wer wolle ernsthaft behaupten, daß es auf seiten der Kriegssieger nicht auch Verbrechen gegeben habe? – durch mangelnde alliierte Verfolgungsenergie und deutsches Wohlwollen bei der Ahndung strafbaren Verhaltens wiederhergestellt worden. Man habe sich sozusagen stillschweigend auf den Modus »apokrypher Amnestien« geeinigt.

Diese Erklärung klingt klar und nachvollziehbar, erweist sich aber im Ergebnis als zu schematisch. Das Bestrafungsverlangen der Alliierten war, aller Empörungsrhetorik zum Trotz, kein diplomatisches Spiel, keine bloße Inszenierung zur Beruhigung der jeweiligen Öffentlichkeiten, sondern Ausdruck der tiefsitzenden Überzeugung, daß man nach diesem Krieg, den in seiner Dauer und Härte niemand hatte kommen sehen, nicht

---

14 Wegen der gewöhnlichen Schwerpunktsetzung auf die internationalen Militärtribunale von Nürnberg und Tokio ist das zumeist in Darstellungen zur Entwicklung des Völkerstrafrechts der Fall. Eine Ausnahme bildet Gary Jonathan Bass, Stay hand of vengeance. The politics of war crimes tribunals, Princeton und Oxford 2000. Bass widmet den Leipziger Prozessen mit ca. 50 Seiten fast ebensoviel Raum wie den Nürnberger Verfahren.

15 Vgl. z.B. Harald Wiggenhorn, *Eine Schuld fast ohne Sühne. Wie deutsche Richter, Staatsanwälte, Minister und Militärs sich schwer taten, »Helden« der Nation zu verurteilen,* in: Die Zeit, Nr. 34, 16. August 1996, S. 9.

16 Helmut Quaritsch, *Apokryphe Amnestien,* in: Volker Beismann, Markus Josef Klein (Hg.), Politische Lageanalyse. Festschrift für Hans-Joachim Arndt zum 70. Geburtstag am 15. Januar 1993, Bruchsal 1993, S. 241–257.

einfach wieder zur Tagesordnung übergehen könne. Und wenn auch die Verantwortlichkeiten für die im Kriegsverlauf geschehenen Verbrechen gewiß nicht einseitig der preußisch-deutschen Armee anzulasten sind, bleibt doch festzuhalten, daß es deutsche Soldaten waren, die die Massaker in Belgien begangen haben, und daß es die kaiserliche Marine war, die den uneingeschränkten U-Boot-Krieg nebst seinen grausamen Begleiterscheinungen geführt hat. Hier nach Schuldigen zu suchen und ihre Handlungen als das zu benennen, was sie waren, nämlich Kriegsverbrechen, ist mitnichten nur eine politisch-juristische Übung, sondern der Versuch, einer zivilisatorische Errungenschaft – die rechtliche Begrenzung der Kriegsgewalt – *post festum* zur Anwendung zu verhelfen, um eine Wiederholung der Rechtsverletzungen zu verhindern.

Daß der Versuch in Leipzig scheiterte, spricht nicht zwangsläufig gegen ihn, denn bekanntlich schärft gerade das Scheitern den Blick für die Schwächen und Fehler der Vorgehensweise, was insbesondere dann gilt, wenn man von der rein historischen zu einer juristischen Betrachtungsweise übergeht (wobei eigentlich beide Aspekte gerade im Themenkreis Krieg und Recht nicht zu trennen sind). Wie Dirk von Selle in seiner Analyse der Leipziger Prozesse zeigt,[17] kommt ihnen allein dadurch, daß sie stattgefunden haben, das Verdienst zu, zu einer Klärung des Begriffs »Kriegsverbrechen« und entsprechender individueller Verantwortlichkeit beigetragen zu haben. Auch wenn deutsche Juristen die Verfahren gegen ihre Überzeugung durchgeführt haben – woran entgegen allen anderslautenden Bekundigungen kein Zweifel besteht –, haben sie doch mit teilweise großer Akribie und einer Offenheit, die sich durch das Gefühl erklärt, auf der richtigen Seite zu stehen, Informationen und Rechtsmeinungen zusammengetragen, die eine Entscheidung in die eine oder andere Richtung erlaubten. Daß sie sich dann in aller Regel für die eine Richtung, und das heißt für Freispruch oder Verfahrenseinstellung, entschieden haben, fällt für sich genommen nicht weiter ins Gewicht, da anhand der Ermittlungsakten durchweg deutlich wird, warum eine bestimmte Entscheidung nur so fallen mußte oder durfte. Mit anderen Worten: Staatsanwaltliche Ermittlungsakten aus jener Zeit sind oft interessanter und aussagekräftiger als das, was nachher, als Ergebnis scheinbar zwingender Auslegungskonstruktionen, in Form eines Urteils herauskam.

Insofern greift auch die Kritik von Kai Müller in dem letzten hier zu nennenden Aufsatz[18] zu kurz. Wenn er schreibt, daß das Ergebnis der

---

17 Dirk von Selle, *Prolog zu Nürnberg – Die Leipziger Kriegsverbrecherprozesse vor dem Reichsgericht*, in: ZNR 3/4 (1997), S. 192–209.

18 Kai Müller, *Oktroyierte Verliererjustiz nach dem Ersten Weltkrieg*, in: AVR 39 (2001), S. 202–222.

Leipziger Verfahren enttäuschend gewesen sei und dazu unter anderem auf die ausgebliebene Haftung der Befehlsgeber oder auf die nicht geklärten Probleme im U-Boot-Krieg verweist, ist dem zwar zuzustimmen, doch reicht dies als Bewertung der Verfahren nicht aus. Sie waren vielschichtiger und in den Möglichkeiten und Grenzen der Rechtsanwendung weitreichender, als den im Weißbuch abgedruckten Urteilen zu entnehmen ist.

Eine große Hilfe bei der Erschließung der Verfahren sind daher die Akten der Reichsanwaltschaft und des Reichsgerichts, in denen der Gang einer Fallbearbeitung von den ersten Ermittlungen über diverse Beschlüsse bis hin zum Urteil und einer eventuellen Strafvollstreckung nachzulesen ist. Die Fülle der in den Akten enthaltenen Informationen ermöglicht es, ein in weiten Teilen sehr genaues Bild von den Ermittlungsverfahren und den Gerichtsverhandlungen zu zeichnen.[19] Im Vordergrund stehen dabei Fragen nach den rechtlichen Voraussetzungen für die Durchführung der Verfahren, nach der Art der Ermittlungen, die aufgrund des Belastungsmaterials der Alliierten eingeleitet wurden, nach der Auslegung des damaligen Kriegsvölkerrechts und nach der Reaktion deutscher sowie alliierter politischer Stellen auf die Verfahren und insbesondere deren Ergebnisse.

Die Untersuchung selbst ist im wesentlichen nach den einzelnen Delikten, die Gegenstand von Verhandlungen oder Ermittlungen waren, gegliedert und nicht nach der chronologischen Reihenfolge der Verfahren, weil dies zu häufigen Wiederholungen zwänge. Die Darstellung bestimmter Aspekte des Landkriegs und der mit ihm verbundenen rechtlichen Probleme nimmt hier naturgemäß einen breiten Raum ein, denn der Landkrieg prägte mehr als der See- oder der Luftkrieg den Verlauf des Ersten Weltkriegs. Außerdem gelten viele der rechtlichen Grundsätze, die für den Landkrieg entwickelt wurden, auch für die anderen Kriegsformen.

Im ersten Teil der Untersuchung geht es um die Genese des alliierten Verlangens nach einer Bestrafung möglicher deutscher Kriegsverbrecher sowie um die letztlich erfolgreichen Versuche der Reichsregierung, eine Auslieferung der Beschuldigten an die Siegermächte zu verhindern. Da das zeitgleich erfolgte Scheitern des Verfahrens gegen den früheren deutschen Kaiser Wilhelm II., der vor ein internationales Tribunal gestellt werden sollte, in diesem Zusammenhang nicht nur von symbolischer Bedeutung ist, wird darauf in einem Exkurs eingegangen.

---

19 Obwohl das Reichsarchiv in Postdam im Februar 1945 durch einen Bombenangriff zerstört wurde, ist der Bestand zu den Leipziger Verfahren noch sehr gut. Unter Berücksichtigung der fehlenden Akten zu ca. 150 Verfahren (von ungefähr 1700) beläuft sich ihr Umfang auf etwa 80 000 Seiten.

Mit der Umsetzung der deutschen Zusage, in Sachen Kriegsverbrechen selbst Ermittlungen einzuleiten und mutmaßliche Kriegsverbrecher vor das Reichsgericht zu stellen, beschäftigt sich der zweite Teil. Ausgehend von einer kurzen Analyse der Bedeutung des Begriffs »Kriegsverbrechen« und dem dazu in Deutschland vorherrschenden Verständnis wird der Frage nach der rechtlichen Behandlung der wichtigsten Tatvorwürfe nachgegangen. Der Aufbau der Darstellung folgt der Häufigkeit und Schwere des Tatvorwurfs, das heißt, er beginnt mit dem Vorwurf der Begehung von Greueltaten im Landkrieg und endet mit dem Vorwurf, Verbrechen im Luftkrieg begangen zu haben. Rechtliche Ausführungen, die den jeweiligen Tatkomplexen zugeordnet sind, zeigen, wie völkerrechtswidrige Kriegshandlungen in Deutschland wahrgenommen wurden und warum dies in einer bestimmten Weise und nicht anders geschehen ist. Das bedingt, daß auch die historische Entwicklung von völkerrechtlichen Auffassungen und Interpretationen zu berücksichtigen ist.

Der dritte Teil der Untersuchung macht vor allem das Wechselspiel zwischen Politik und Justiz in Deutschland deutlich. Dazu wird unter anderem auf den Fall der Versenkung der *Llandovery Castle* zurückgegriffen, dessen justitielle Bagatellisierung fast schlaglichtartig die aus der Devise »Not kennt kein Gebot« resultierende rechtliche Entgrenzung des Krieges, wie sie auf deutscher Seite dann im Zweiten Weltkrieg praktiziert wurde, beleuchtet.

Abschließend sei noch darauf hingewiesen, daß zur Rekonstruktion des Sachverhalts hinsichtlich der jeweiligen Tatvorwürfe nur in ganz seltenen, auf andere Weise nicht darzustellenden Fällen ergänzendes, nicht in den Akten vorhandenes Material benutzt wurde. Unterschiede zwischen den aktenkundigen deutschen und beispielsweise anderen französischen oder belgischen Angaben zu Geschehensabläufen oder Opferzahlen sind also möglich. Gleichwohl erscheinen sie und andere vergleichbare Abweichungen hinnehmbar, weil sie entweder an der Natur des untersuchten Verbrechens nichts ändern oder aber, da auch unter Einbeziehung des ausländischen Materials nach wie vor Aussage gegen Aussage steht, kein zweifelsfreies Urteil erlauben.

Teil 1
Vorgeschichte – Vom Kriegsende bis zum Beginn der Verfahren (1918–1921)

Das Bestrafungsverlangen der Alliierten

Am 11. November 1918 war der Erste Weltkrieg zu Ende. An diesem Tag unterzeichneten im Wald von Compiègne Marschall Foch, Oberkommandierender der alliierten Armeen, und Staatssekretär Erzberger, Vorsitzender der deutschen Delegation, ein Waffenstillstandsabkommen.[1] Um einen weiteren Vormarsch alliierter Truppen auch auf deutsches Hoheitsgebiet zu verhindern, mußte die gerade zwei Tage alte Reichsregierung Ebert als ersten Akt der Wiedergutmachung der Ablieferung von Tausenden von Kraftfahrzeugen und Lokomotiven, einer sofortigen Räumung aller linksrheinischen Gebiete von deutschen Militäreinheiten und der Einrichtung alliierter Garnisonen in Köln, Mainz und Koblenz zustimmen. Vorbei die deutschen Träume von einem Siegfrieden, wie er in den Offensiven des Frühjahrs und Sommers 1918 noch errungen werden sollte,[2] zerstört die sich aus dem »Geist von 1914« speisenden Hoffnungen auf eine überlegen-starke Volksgemeinschaft, wie sie in der Politik, Kultur und Wissenschaft formuliert worden waren.[3] Nicht nur hatte Deutschland künftig eine respektierte Großmacht sein sollen, auch die internationale Ordnung sollte deutschen Sittlichkeits- und Rechtsvorstellungen entsprechen und nicht das »Wahngebilde von der Völkergemeinschaft« zu verwirklichen suchen.[4]

---

1 Waffenstillstandsabkommen zwischen Deutschland und den Alliierten und Assoziierten Mächten vom 11. November 1918, abgedruckt in: Herbert Michaelis, Ernst Schraepler, Günter Scheel (Hg.), Ursachen und Folgen. Vom deutschen Zusammenbruch 1918 und 1945 bis zur staatlichen Neuordnung Deutschlands in der Gegenwart, 2. Bd.: Der militärische Zusammenbruch und das Ende des Kaiserreichs, Berlin o. J., S. 482ff. (Auszug).

2 Vgl. insbesondere Dieter Storz, *»Aber was hätte anders geschehen sollen?« Die deutschen Offensiven an der Westfront 1918,* in: Jörg Duppler, Gerhard P. Groß (Hg.), Kriegsende 1918. Ereignis, Wirkung, Nachwirkung, München 1999, S. 51–95.

3 Der »Erfinder« der »Ideen von 1914«, der Volkswirtschaftler Johann Plenge, stellte 1915 fest: »In uns ist das 20. Jahrhundert. [...], wir sind das vorbildliche Volk. Unsere Ideen werden die Lebensziele der Menschheit bestimmen.« Zum »Geist von 1914« vgl. zuletzt und am umfassendsten Jeffrey Verhey, Der »Geist von 1914« und die Erfindung der Volksgemeinschaft, Hamburg 2000. Das Zitat von Plenge steht dort auf S. 211.

4 Josef Kohler, *Das neue Völkerrecht,* in: ZfV IX (1916), S. 5–10. Kohler schreibt (S. 7f.): »Verträge mit Lügnern und Betrügern können keine Rechtsquelle bilden; an der Rechtsfortbildung können nur Völker mit erwachtem Sittlichkeitsgefühl mitarbeiten. Sollen wir eine bramarbasierende Gauklernation wie die

Der Schock über dieses Ende war groß. Noch im September 1918, als die 3. Oberste Heeresleitung bereits um die Aussichtslosigkeit eines militärischen Sieges wußte, hatte Hindenburg öffentlich »den nahen Endsieg als Preis des Durchhaltens« verkündet.[5] Und nicht nur das Militär war sich in Siegesphantasien ergangen. Erhard Deutelmoser, einer der wichtigsten Mitarbeiter im Kriegspresseamt, räumte 1919 ein, daß »Deutschland von den Lenkern seiner Geschichte getäuscht worden ist. Kein Mensch kann bestreiten, daß die deutsche Öffentlichkeit in der Tat verhängnisvoll irregeführt worden ist«. Allerdings, so fügte er hinzu: »Zum Irreführen gehören zwei: einer, der falsche Wege weist, und einer, der sich verleiten läßt, sie zu gehen.«[6]

Am ehesten überwunden war der Schock von denjenigen, die für ihn in erster Linie ursächlich waren, und sie zeigten damit zumindest Teilen der deutschen Bevölkerung zugleich einen Ausweg, der von eigener Verantwortung entlastete. »Der Krieg«, erklärte Oberst Bauer, Adjutant und kongeniales Sprachrohr Ludendorffs, »war trotz der feindlichen Übermacht zu gewinnen und wäre gewonnen worden, wenn die Heimat durchgehalten hätte, so wie das französische Volk. Falsch und ehrlos ist es, die Schuld allein den militärischen Führern der letzten Jahre aufzubürden.«[7] Schuld waren vielmehr, so die Argumentation der Militärs und der ihnen nahestehenden nationalen Gruppierungen, die revolutionären politischen

---

Franzosen, die uns mit den elendsten Schmähungen und den hochfahrendsten Verunglimpfungen überschüttet, oder eine verlogene Krämergesellschaft wie die Engländer, die vom ersten Tage des Krieges an die Welt mit bewussten Verleumdungen und Lügen überschattet hat, eine Nation, deren Regierung sich nicht scheute, in Banditenweise nach dem Muster des Cesare Borgia mit hinterlistiger Bestechung vorzugehen, um eine Casement beiseite zu schaffen, sollen wir diese Völker noch weiter als gleichberechtigte Brudernationen erkennen? Oder eine Barbarennation wie die Russen, deren Wüten in Ostpreussen uns plötzlich die ganze moskovitische Roheit vor Augen gestellt hat? Oder die Italiener, bei denen eine elende Loddergesellschaft halbreifer Bildungsproletarier und floskelberauschter Gassenschreier die Regierung zwingen konnte, die heiligen Verträge zu brechen und ihren Verbündeten, denen sie Treue geschworen, in die Flanke zu fallen? Nein und dreifach nein. Hier ist das Tischtuch zerrissen für immer.« Ähnlich Otto Liebmann, *An die deutschen Juristen*, in: DJZ 16/17 (1914), Sp. 1087f.

5 Vgl. Verhey, Der »Geist von 1914«, S. 320, 331. Siehe auch Friederike Krüger, Michael Salewski, *Die Verantwortung der militärischen Führung deutscher Streitkräfte in den Jahren 1918 und 1945*, in: Duppler/Groß, Kriegsende 1918, S. 378–394.

6 Zit. n. Verhey, Der »Geist von 1914«, S. 332.

7 Oberst Bauer, Konnten wir den Krieg vermeiden, gewinnen, abbrechen?, Berlin 1919, S. 69.

Veränderungen in Deutschland und die dadurch bedingte Zerrissenheit der Heimatfront.[8] Die kaiserliche Armee und das sie stützende politische Spektrum sahen sich nicht nur als nicht verantwortlich, sondern sogar als schuldloses Opfer einer verhängnisvollen Entwicklung. Was sie über vier Jahre geleistet hatten, war, so meinten sie, durch Zaudern und lähmende Uneinigkeit zerstört worden. Das Gefühl der Unschuld und die Überzeugung, um den Sieg betrogen worden zu sein, ließen die Vergangenheit in einem anderen Licht erscheinen. Nicht im entferntesten dachten sie daran, daß sie sich für das, was in den vergangenen Jahren geschehen war, jemals würden verantworten müssen. Dabei hatte es auf seiten der Alliierten[9] an entsprechenden Ankündigungen und Absichtserklärungen nicht gefehlt.

Die Herausbildung eines Kriegsziels

Bereits im Oktober 1914 erschien in einer britischen Zeitschrift ein namentlich nicht gezeichneter Artikel, in dem der deutsche Einmarsch in Belgien nicht als Kriegshandlung, sondern als verbrecherischer Akt bezeichnet wurde, für den die Verantwortlichen vor Gericht gestellt und verurteilt werden müßten.[10] Und im Januar 1915 brachte der französische Abgeordnete Fernand Engerand einen Gesetzesvorschlag ein, in dem zur erleichterten Aburteilung deutscher Kriegsverbrechen die Übernahme von Verbotsnormen vor allem aus dem IV. Haager Abkommen »betreffend die Gesetze und Gebräuche des Landkriegs« in das nationale Strafrecht gefordert wurde.[11]

---

8 Hindenburg 1919 in einer Anhörung vor dem Reichstag über die Gründe des Krieges und der Niederlage: »In dieser Zeit [Anfang 1918] setzte die heimliche, planmäßige Zersetzung von Flotte und Heer als Fortsetzung ähnlicher Erscheinungen im Frieden ein [...]. So mußten unsere Operationen mißlingen, es mußte der Zusammenbruch kommen: die Revolution bildete nur den Schlußstein. Ein englischer General sagte mit Recht: ›Die deutsche Armee ist von hinten erdolcht worden‹.« Zit. n. Verhey, Der »Geist von 1914«, S. 357.

9 Mit »Alliierten« sind hier alle Siegermächte gemeint. Die offizielle Formel war »Die alliierten und assoziierten Mächte«.

10 Vgl. den Hinweis auf die Edinburgh Review bei Larnaude/de Lapradelle, *Examen de la responsabilité pénale de l'empereur Guillaume II d'Allemagne*, in: JDI 46 (1919), S. 143, sowie bei Renault, *De l'application du droit pénal aux faits de guerre*, in: RGDIP 25 (1918), S. 23, und bei Willis, Prologue to Nuremberg, S. 11, dort auch Auszüge aus dem Artikel im Originalwortlaut.

11 Der Wortlaut des Entwurfs ist abgedruckt bei Pic, *Violation systématique des lois de la guerre par les Austro-Allemands. Les sanctions nécessaires*, in:

Handelte es sich hierbei noch um vereinzelte Stimmen, änderte sich dies schlagartig im Verlauf des Jahres 1915. Wie so häufig, wenn der Schrekken eine vorstellbare Dimension verläßt, macht er sich an einem einzelnen Ereignis fest, das ihm Konturen verleiht und ihn faßbar macht. In unserem Fall trägt das Ereignis einen Namen, der wie ein Lauffeuer durch Europa, ja um die Welt ging: Am Nachmittag des 7. Mai 1915 versenkte das deutsche U-Boot *U 20* unweit der Südwestküste Irlands den britischen Passagierdampfer *Lusitania*, mit 31 500 BRT der größte Passagierdampfer seiner Zeit. Von den nicht ganz 2000 Menschen an Bord kamen 1198 ums Leben: 413 Besatzungsmitglieder und 785 Passagiere, unter ihnen 120 aus den zu jener Zeit noch neutralen USA.[12]

Während in der deutschen Presse die Versenkung als »Heldentat unserer Marine«[13] gefeiert und als gebotener Akt staatlicher Notwehr gerechtfertigt[14] wurde, brach im Ausland ein Sturm der Entrüstung los. Man sprach angesichts der warnungslosen Versenkung – Deutschland hatte in einer Bekanntmachung vom 4. Februar 1915 das Gebiet um Großbritannien und Irland zum Kriegsgebiet erklärt, in dem jedes feindliche Schiff ohne Rücksicht auf Besatzung und Passagiere zerstört werden konnte[15] – von einem Akt der Barbarei, von der heimtückischsten und schrecklichsten Mordtat, die je auf hoher See begangen wurde. Die USA richteten mehrere harsche Noten an die Reichsregierung, in denen die Torpedierung der *Lusitania* als eklatanter Verstoß gegen die anerkannten Re-

---

RGDIP 23 (1916), S. 265f. Zur Begründung des Entwurfs und zur Diskussion darüber vgl. AN Paris, BB/18/2568², o. S.

12 Vgl. Jean-Pierre Cartier, Der Erste Weltkrieg, München und Zürich 1984, S. 290f.

13 So die offiziöse *Kölnische Volkszeitung*, zit. n. Colin Simpson, Die Lusitania, Frankfurt am Main 1973, S. 12. In der *Vossischen Zeitung* vom 14.5.1915 war folgende Anzeige zu lesen: »Zirkus-Varieté Schuhmann. Kleine Preise. Täglich von 8 bis 11 Uhr Zirkus-Vorstellungen sowie Torpedieren der ›Lusitania‹. Rauchen gestattet.« Zit. n. Edlef Köppen, Heeresbericht, Reinbek 1992, S. 68 (Originalausgabe 1930).

14 Der Unterstaatssekretär und spätere Staatssekretär des Auswärtigen Amtes Arthur Zimmermann erklärte nach der Versenkung der *Lusitania* gegenüber Theodor Wolff: »Der Haß gegen uns kann schon nicht mehr größer werden, hassen werden sie uns immer, wir können in der Situation, in der wir sind, nur ordentlich um uns schlagen, Rücksichten können wir nicht nehmen.« Zit. n.: Johannes Hürter, *Die Staatssekretäre des Auswärtigen Amtes im Ersten Weltkrieg*, in: Wolfgang Michalka (Hg.), Der Erste Weltkrieg. Wirkung, Wahrnehmung, Analyse, München und Zürich 1994, S. 236.

15 Alfred von Tirpitz, Politische Dokumente. Deutsche Ohnmachtspolitik im Weltkriege, 2 Bde., Hamburg und Berlin 1926, Bd. 2, S. 305f.

geln der Seekriegführung bezeichnet und die Verantwortlichmachung Deutschlands angedroht wurde.[16] Das britische Geschworenengericht, das mit der Untersuchung der *Lusitania*-Versenkung befaßt war, kam im Juli 1915 zu dem Spruch:

»Dieses abscheuliche Verbrechen hat das internationale Recht und die Konventionen aller zivilisierten Völker verletzt, und wir klagen deshalb die Besitzer des Unterseebootes, den deutschen Kaiser und die deutsche Regierung, auf deren Befehl die Besatzung gehandelt hat, des Massenmordes an.«[17]

Deutschen U-Boot-Besatzungen, die von der britischen Marine aufgebracht worden waren, wurde die Behandlung als Kriegsgefangene versagt; sie wurden in Marinearrestanstalten (*naval detention barracks*) inhaftiert. Zwar änderte die britische Regierung später – unter dem Druck deutscher Repressalmaßnahmen – diese Praxis und billigte den U-Boot-Besatzungen den Status von ordentlichen Kriegsgefangenen zu, doch versicherte sie dabei, daß damit die persönliche Verantwortlichkeit für Kriegsrechtsverletzungen nicht entschieden sei, sondern nur bis zum Ende des Krieges aufgeschoben werde.[18]

Wie entrüstet die öffentliche Stimmung war, zeigte Anfang 1916 ein Brief des Schriftstellers Arthur Conan Doyle an die *Times*. Er plädierte darin in erster Linie für Vergeltungsmaßnahmen, wie zum Beispiel die Bombardierung deutscher Städte, und nicht für eine strafrechtliche Ahndung, »denn der Hunne«, so Conan Doyle, »ist nur dann schrecklich, wenn er straflos Schrecken verbreiten kann. ›Eisen und Blut‹ ist seine Devise nur so lange, wie es das eigene Eisen und das Blut anderer ist.«[19]

Unter dem Druck der öffentlichen Meinung, insbesondere infolge des U-Boot- und Luftkriegs, traten zahlreiche Politiker Großbritanniens für eine Bestrafung des deutschen Kaisers und weiterer der Kriegsverbrechen verdächtiger Militärpersonen ein. Argumentativ unterstützt wurden sie dabei von britischen Juristen, deren Ausführungen sich in erster Linie auf zwei Punkte konzentrierten: erstens auf das Handeln auf höheren Befehl, das, so ihre Ansicht, keinen Ausschluß der Bestrafung begründete, und zweitens ganz allgemein auf die Möglichkeit der Bestrafung von Kriegs-

---

16 Abgedruckt in: ebenda, S. 338ff., 356ff., 378ff.

17 Zitiert nach: Simpson, Die Lusitania, S. 12; vgl. auch: Mérignhac, *De la responsabilité pénale des actes criminels commis au cours de la guerre de 1914–1918*, in: RDILC 47 (1920), S. 45f.

18 Vgl. Schwengler, Völkerrecht, Versailler Vertrag und Auslieferungsfrage, S. 67.

19 Zitiert nach Mérignhac, *De la sanction des infractions au droit des gens commises, au cours de la guerre européenne, par les empires du centre*, in: RGDIP 24 (1917), S. 13.

gefangenen auch für Verbrechen, die sie vor ihrer Gefangennahme begangen hatten.[20]

Kurz nach dem Waffenstillstand bekräftigte Marineminister Churchill die nunmehr offizielle Haltung Großbritanniens, indem er erklärte, daß »Personen, die des Verstoßes gegen die Gesetze und Gebräuche des Krieges beschuldigt werden, insbesondere solche, die Grausamkeiten gegen hilflose Gefangene begangen haben, vor Gericht gestellt werden müssen und, wenn sie sich schuldig gemacht haben, so zu bestrafen sind, wie sie es verdient haben, ganz gleich, welchen Rang sie einnehmen«.[21] Das Bestrafungsverlangen beherrschte geradezu den Wahlkampf für die Wahlen im Dezember 1918. So forderte zum Beispiel der Premierminister und Bewerber für ein erneutes Mandat Lloyd George Ende November 1918: »Die für die Schrecken des Krieges Verantwortlichen müssen zur Verantwortung gezogen werden. Dies ist um so notwendiger, je höher sie stehen.« Und er fügte hinzu: »Unser Urteil muß derart ausfallen, daß Könige, Kaiser und Kronprinz für alle Ewigkeit wissen, daß die Strafe, wenn sie Verruchtheiten dieser Art über die Erde bringen, unausbleiblich auf ihr Haupt fallen wird.«[22] Mit dem populären Slogan »Hang the Kaiser« und »Germany will pay« gewann Lloyd George schließlich auch die Wahlen.[23]

Im Ton moderater, in der Sache aber ebenso eindeutig waren in Frankreich die Verlautbarungen namhafter Politiker und Juristen, die eine Bestrafung der verantwortlichen Deutschen, einschließlich des Kaisers, wegen begangener Kriegsverbrechen für politisch und rechtlich machbar und notwendig hielten. Die »Société générale des prisons«, eine Vereinigung von Juristen des Straf- und Völkerrechts, diskutierte ab Mitte 1915 die Frage, inwieweit das nationale Strafrecht auf völkerrechtswidrige Kriegshandlungen Anwendung finden könne.[24] Nahezu einhellig kam sie zu dem Ergebnis, daß derartige Handlungen nach dem französischen

---

20 Vgl. Willis, Prologue to Nuremberg, S. 17–36; Schwengler, Völkerrecht, Versailler Vertrag und Auslieferungsfrage, S. 69f. m. w. N.

21 »*Germany must pay*«, in: Robert Rhodes James (Hg.), Winston S. Churchill. His complete speeches 1897–1963, Bd. 3, 1914–1922, New York und London 1974, S. 2645. Die Übersetzungen stammen, wenn nichts anderes angegeben wird, vom Verfasser dieser Untersuchung.

22 Zit. n. Freiherr von Lersner, *Die Auslieferung der deutschen »Kriegsverbrecher«*, in: Heinrich Schnee, Hans Dräger (Hg.), Zehn Jahre Versailles. Bd. 1: Der Rechtsanspruch auf Revision. Der Kampf um die Revision. Die wirtschaftlichen Folgen des Versailler Vertrages, Berlin 1929, S. 16.

23 Vgl. Willis, Prologue to Nuremberg, S. 50ff.

24 »Dans quelle mesure le droit pénal peut-il s'appliquer à des faits de guerre

Strafrecht und/oder Militärstrafrecht geahndet werden könnten. Dem entgegenstehende Rechtsprinzipien oder Zweifel wie die Immunität der Staatsführung oder die fragliche Strafkompetenz über fremde Staatsangehörige fielen nicht ins Gewicht, denn ein neues Völkerrecht sei im Entstehen, ja es sei bereits geboren, und zwar durch die Macht der Umstände und die allgemeine Anerkennung.[25] »Das neue Recht«, hieß es in einem Gutachten, das alsbald für die offizielle französische Position stand, »erkennt keine unverantwortlichen Autoritäten mehr an, auch nicht auf der höchsten Rangstufe. Es heißt den Staat von seinem Piedestal herabsteigen und unterwirft ihn dem Spruch des Richters.«[26] Dementsprechend erklärte der französische Ministerpräsident Clemenceau im September 1918, als der militärische Zusammenbruch des Deutschen Reichs absehbar war, daß »kein Sieg eine Amnestie für so viele Verbrechen rechtfertigen könne«.[27] Am 5.10.1918, angesichts der bei dem Rückzug der deutschen Truppen von diesen angerichteten Verwüstungen, wies die französische Regierung erneut darauf hin, daß »die Täter und die Befehlsgeber dieser Verbrechen zur Verantwortung gezogen würden, und zwar moralisch, strafrechtlich und finanziell«.[28]

Frankreich war es auch, das sich – im Verein mit Großbritannien – am nachdrücklichsten für die Realisierung des Kriegsziels der Bestrafung mutmaßlicher deutscher Kriegsverbrecher einsetzte. Ihm schloß sich auf einer Konferenz Anfang Dezember 1918 in London noch Italien an. Für Orlando, den italienischen Ministerpräsidenten, war es ebenfalls ein Gebot der Stunde, strafrechtliche Konsequenzen aus dem vergangenen Kriegsgeschehen zu ziehen. Bedenken, wie sie von italienischen Juristen gegen eine Bestrafung der deutschen Staatsführung erhoben wurden, schob er, ähnlich wie der französische und britische Regierungschef, beiseite. Man wollte die Bestrafung der Kriegsschuldigen und Kriegs-

---

contraires au droits de gens?«, vgl. den Rückblick bei Larnaude/de Lapradelle, *Examen de la responsabilité pénale de l'empereur Guillaume II d'Allemagne*, in: JDI 46 (1919), S. 133.

25 Vgl. ebenda; Pic, *Violation systématique des lois de la guerre par les Austro-Allemands. Les sanctions nécessaires*; A. Pillet, *La guerre actuelle et le droit des gens*, in: RGDIP 23 (1916), S. 5–31, 203–243; Fritz Dickmann, *Die Kriegsschuldfrage auf der Friedenskonferenz von Paris 1919*, in: HZ 197 (1963), S. 18ff.

26 Aus dem Gutachten von Larnaude/de Lapradelle, zit. n. Dickmann, *Die Kriegsschuldfrage auf der Friedenskonferenz von Paris 1919*, S. 20.

27 Zit. n. Schwengler, Völkerrecht, Versailler Vertrag und Auslieferungsfrage, S. 71, FN 4.

28 Das Pressekommuniqué ist abgedruckt im JDI 45 (1918), S. 1618f.

urheber, namentlich die Bestrafung Wilhelms II., und man wollte dafür ein Tribunal einsetzen, und zwar ein alliiertes Tribunal ohne deutsche Richter oder Richter aus neutralen Staaten.[29]

Welche Haltung die USA einnehmen würden, war zu diesem Zeitpunkt noch ungewiß. Wohl hatten amerikanische Zeitungen deutsche Verbrechen angeprangert,[30] und Präsident Wilson hatte an die Adresse Deutschlands auf die »ungesetzlichen und unmenschlichen Praktiken« der deutschen Kriegführung hingewiesen,[31] von einer gerichtlichen Ahndung dieser Verbrechen aber war bis Kriegsende nicht die Rede. Andererseits betraf jedoch das geplante Vorgehen der europäischen Hauptmächte unmittelbar Wilsons Vorstellungen von einer neuen Weltordnung, die nicht länger auf der Gewalt als Mittel der Konfliktlösung, sondern auf dem Recht aufgebaut sein sollte.[32] Eine strafrechtliche Aburteilung vor allem des ehemaligen deutschen Kaisers hieße aber, so ein von Wilson in Auftrag gegebenes Rechtsgutachten, diese neue Ordnung auf einen Akt des Unrechts zu gründen, denn es gelte nach wie vor der Grundsatz der völkerrechtlichen Immunität für Staatsoberhäupter, und außerdem habe es 1914 zu den souveränen Rechten eines jeden Staates gehört, Krieg zu führen. Der Krieg als Mittel der Politik sei vom Völkerrecht nicht verboten gewesen. Was hingegen die Verstöße gegen die Gesetze und Gebräuche des Kriegs anbelan-

---

29 Vgl. Dickmann, *Die Kriegsschuldfrage auf der Friedenskonferenz von Paris 1919*, S. 23f.; Schwengler, Völkerrecht, Versailler Vertrag und Auslieferungsfrage, S. 80f.; Willis, Prologue to Nuremberg, S. 62ff. Das französische Außenministerium hatte bereits im April 1917 einen Entwurf für ein Abkommen zur Schaffung eines internationalen Tribunals vorgelegt (Projet de Convention pour assurer le châtiment des crimes ennemis). Das Abkommen sah vor, daß auf Antrag eines oder mehrerer Vertragsstaaten jeder vor das Tribunal gestellt werden sollte, der in schwerwiegender Weise gegen die Gesetze und Gebräuche des Krieges, gegen internationale Konventionen oder gegen nationale Gesetze verstoßen hatte. Vgl. AN Paris, BB 18/2568², o. S.

30 Die »New York Times« schrieb z. B. im Juni 1915, als die USA noch neutral waren, daß sich Deutschland infolge der in seinem Namen begangenen Greueltaten aus dem Bund der Nationen ausgeschlossen habe, »mit Mißtrauen und Furcht beäugt [werde] und als Friedensstörer [gelte]«. Vgl. Jörg Nagler, Nationale Minoritäten im Krieg. »Feindliche Ausländer« und die amerikanische Heimatfront während des Ersten Weltkriegs, Hamburg 2000, S. 109. Weitere Beispiele finden sich bei Willis, Prologue to Nuremberg, S. 37–48.

31 Vgl. Note der Vereinigten Staaten an Deutschland vom 14. Oktober 1918, in: Fritz Berber (Hg.), Das Diktat von Versailles. Entstehung – Inhalt – Zerfall. Eine Darstellung in Dokumenten, 2 Bde., Essen 1939, Bd. 1, S. 10.

32 Vgl. die vier Reden, darunter auch die berühmt gewordene 14-Punkte-Rede, die Wilson im Zeitraum Januar bis September 1918 gehalten hat. Sie sind u. a. abgedruckt bei Berber, Das Diktat von Versailles, Bd. 1, S. 2–7.

ge, so sei – mit der vorgenannten Einschränkung – durchaus die Möglichkeit einer Bestrafung der Verantwortlichen gegeben.[33]

Der Friedensvertrag, der ab Januar 1919 in Versailles unter Beteiligung Japans und der assoziierten Mächte entworfen und am 7. Mai 1919 – auf den Tag genau vier Jahre nach der Versenkung der *Lusitania* – der deutschen Delegation übergeben wurde, sah dann in bezug auf das frühere deutsche Staatsoberhaupt eine Kompromißlösung vor: Wilhelm II. sollte, wie es in diplomatischer Umschreibung eines fehlenden Straftatbestandes hieß, »wegen schwerster Verletzung des internationalen Sittengesetzes und der Heiligkeit der Verträge« vor ein internationales Gericht gestellt werden (Art. 227). Was mit denjenigen geschehen sollte, die im Verdacht standen, Kriegsverbrechen begangen zu haben, war in den Art. 228 und 229 geregelt. Ihr Inhalt entsprach den alliierten Vorankündigungen, wegen ihrer Bedeutung seien beide Artikel hier jedoch vollständig zitiert.

Artikel 228
»Die deutsche Regierung räumt den alliierten und assoziierten Mächten die Befugnis ein, die wegen eines Verstoßes gegen die Gesetze und Gebräuche des Krieges angeklagten Personen vor ihre Militärgerichte zu ziehen. Werden sie schuldig gesprochen, so finden die gesetzlich vorgesehenen Strafen auf sie Anwendung. Diese Bestimmung greift ohne Rücksicht auf ein etwaiges Verfahren oder eine etwaige Verfolgung vor einem Gerichte Deutschlands oder seiner Verbündeten Platz. Die deutsche Regierung hat den alliierten und assoziierten Mächten oder derjenigen Macht von ihnen, die einen entsprechenden Antrag stellt, alle Personen auszuliefern, die ihr aufgrund der Anklage, sich gegen die Gesetze und Gebräuche des Krieges vergangen zu haben, sei es namentlich, sei es nach ihrem Dienstgrade oder nach der ihnen von den deutschen Behörden übertragenen Dienststellung oder sonstigen Verwendung bezeichnet werden.«

Artikel 229
»Sind die strafbaren Handlungen gegen Staatsangehörige einer der alliierten und assoziierten Mächte begangen, so werden die Täter vor die Militärgerichte dieser Macht gestellt.

Sind die strafbaren Handlungen gegen Staatsangehörige mehrerer alliierter und assoziierter Mächte begangen, so werden die Täter vor Militärgerichte gestellt, die sich aus Mitgliedern von Militärgerichten der beteiligten Mächte zusammensetzen.

---

33 Vgl. das Gutachten von David Hunter Miller und James Brown Scott, *Memorandum regarding the responsibility of the authors of the war and for crimes committed in the war*, in: David Hunter Miller, My diary at the Conference of Paris, 21 Bde., o. O., o. J., Bd. 3, Dokument 213; siehe auch die Zusammenfassungen bei Schwengler, Völkerrecht, Versailler Vertrag und Auslieferungsfrage, S. 86f., und bei Dickmann, *Die Kriegsschuldfrage auf der Friedenskonferenz von Paris 1919*, S. 25–27.

In jedem Fall steht dem Angeklagten die freie Wahl seines Anwalts zu.«[34]

Als Freiherr von Lersner, der Präsident der deutschen Friedensdelegation von Versailles, am 3. Februar 1920, gut einen Monat nach Inkrafttreten des Friedensvertrages,[35] von den Alliierten eine Note erhielt, in der die Auslieferung von mutmaßlichen deutschen Kriegsverbrechern zur Aburteilung vor alliierten Gerichten gefordert wurde, war er sehr überrascht. In den Wochen zuvor hatte er die alliierten Mächte zu überzeugen versucht, daß »kein Deutscher seine Hand zur Verwirklichung des Auslieferungsbegehrens bieten könne, ohne ein ehrloser Verräter an seinem Volke zu werden«.[36] Und nun mußte er feststellen, daß seine diplomatischen Bemühungen erfolglos geblieben waren und die Auslieferung von etwa 900 Deutschen gefordert wurde, unter ihnen Offiziere aller Dienstgrade bis hinauf zum Feldmarschall, Unteroffiziere und Mannschaften sowie einzelne Zivilpersonen. Noch am selben Abend richtete von Lersner daher eine Antwortnote an den Präsidenten der Friedenskonferenz, den Franzosen Millerand, in der es – in ganz undiplomatischer Direktheit – unter anderem hieß: »Ich erinnere Euere Exzellenz an meine ständig wiederholte Erklärung, daß sich kein deutscher Beamter bereit finden werde, in irgendeiner Weise an der Ausführung des Auslieferungsverlangens mitzuwirken. Eine solche Mitwirkung wäre es, wenn ich die Note Euerer Exzellenz an die Deutsche Regierung weiterleiten wollte. *Ich sende sie daher in der Anlage zurück.*«[37] Der Reichsregierung teilte von Lersner mit, daß er unter diesen Umständen sein Amt nicht weiterführen könne und Paris mit dem nächsten Zug verlasse.[38]

Die Reichsregierung allerdings zeigte sich über die Reaktion von Lersners wenig glücklich, denn dieser hatte ihrer Maxime zuwidergehandelt, »alles zu vermeiden, was geeignet ist, die Situation zu verschärfen und […] in irgend einer Weise provokatorisch auf die gegnerischen Kräfte zu wirken«.[39] Reichskanzler Bauer warf dem Diplomaten öffentlich vor,

---

34 RGBl. 1919, 1 (980–983). Art. 230 des mit »Strafbestimmungen« überschriebenen VII. Teils des Vertrages verpflichtete Deutschland zur Kooperation bei den Ermittlungen.

35 Der Friedensvertrag war am 28. Juni 1919 von Deutschland unterzeichnet worden und am 10. Januar 1920 in Kraft getreten.

36 Freiherr von Lersner, *Die Auslieferung der deutschen »Kriegsverbrecher«*, S. 24.

37 Ebenda, S. 25 (Hervorhebung im Original).

38 Ebenda, S. 26.

39 Zit. n. Stellungnahme des Reichskanzlers zur Auslieferungsfrage am 5. Februar 1920, in: Anton Golecki, Das Kabinett Bauer, Dokument Nr. 161, S. 579.

seine Ehrauffassung über die Interessen des gesamten Volkes gestellt zu haben.[40] Zur Beruhigung der Reichsregierung erklärten die Alliierten indes in einer neuen Note, sie hätten keinen Zweifel daran, daß von Lersners Weigerung eine persönliche Kundgebung gewesen sei, für die die deutsche Regierung keine Verantwortung trage. Somit liege kein Grund zu der Annahme vor, sie habe sich vorsätzlich geweigert, eine der wesentlichen Bestimmungen des Friedensvertrages zu erfüllen.[41]

Gründe für die Verweigerung einer Amnestie

Die Einführung von Strafbestimmungen in den Friedensvertrag von Versailles war ungewöhnlich.[42] Schuldzuschreibungen die Art der Kriegführung betreffend (Schuld im Kriege), Strafforderungen und schließlich konkrete Strafregelungen hatte es in Europa schon seit Jahrhunderten nicht mehr gegeben. Seit Beginn der Neuzeit war eine explizite Amnestie Bestandteil nahezu aller Friedensverträge.[43] Zwar fungierte sie noch nicht unter diesem Begriff, sondern die Schuld sollte »außgetilget« oder »in Vergeß gestellt« werden (*éteindre, mettre en oubli*). Die Formen »oblivio« und »amnestia« setzten sich erst 1648 mit dem Westfälischen Frieden durch, der »perpetua oblivio et amnestia« alles Geschehenen forderte.[44] Beide Wörter entsprechen dem deutschen Vergessen, ihre Funktion in den Amnestiebestimmungen ist jedoch unterschiedlich: »Oblivio« bezeichnet hauptsächlich die Haltung, die gegenüber dem Vergangenen ein-

---

40 Ebenda, S. 580.

41 Ebenda, FN 13.

42 Der Versailler Vertrag vom 28.6.1919 war der erste der Pariser Vorortverträge. Es folgten am 10.9.1919 der Vertrag von St.-Germain mit Österreich, am 27.11.1919 der Vertrag von Neuilly mit Bulgarien, am 4.6.1920 der Vertrag von Trianon mit Ungarn und am 10.8.1920 der Vertrag von Sèvres mit der Türkei, der jedoch nicht ratifiziert und 1923 durch den Vertrag von Lausanne ersetzt wurde. Artikel 227 des Versailler Vertrages hat in keinem anderen Vertrag eine Entsprechung; die Artikel 228 bis 230 wurden auch in die übrigen Verträge übernommen (Österreich: Artikel 173–175; Ungarn: 157–159; Bulgarien: 118–120; Türkei: 226–228).

43 Vgl. Jörg Fisch, Krieg und Frieden im Friedensvertrag. Eine universalgeschichtliche Studie über Grundlagen und Formelemente des Friedensschlusses, Stuttgart 1979, S. 92f.

44 Ebenda, S. 93ff. Nach Artikel 2 des Westfälischen Friedens soll eine ewige Vergessenheit und Amnestie (perpetua oblivio et amnestia) alles Geschehenen sein; alles soll völlig aufgehoben (penitus abolitae) und in ewiger Vergessenheit begraben sein (perpetua oblivione sit sepultum).

zunehmen ist, den Wunsch, daß alles vergessen werden soll, und bildet damit die Grundlage für eine Amnestie. »Amnestia« hingegen bezeichnet die Rechtsfolgen der Amnestiebestimmung, die allgemeine Straflosigkeit, nicht aber den Verzicht auf Restitution. Der Rechtsbegriff ist somit »amnestia«.[45]

»In amnestia consistit substancia pacis« galt in den folgenden Jahrhunderten als eine selbstverständliche Regel, so selbstverständlich, daß sie – zumindest in Europa – kaum noch der Erwähnung bedurfte. Häufig wurde angenommen, daß sie, die sich grundsätzlich nicht auf gemeine Verbrechen und politische Straftaten, soweit sie als gemeine Verbrechen zu bewerten waren, erstreckte,[46] in Friedensverträge zu subintelligieren, das heißt, stillschweigend mitzudenken sei.[47] In seiner »Metaphysik der Sitten« folgerte Kant, wohl in Anlehnung an der Völkerrechtler Eméric de Vattel, aus dieser Entwicklung kurz und bündig: »Daß mit dem Friedensschlusse auch die Amnestie verbunden sei, liegt schon im Begriff desselben.«[48]

Seit dem Ersten Weltkrieg gilt, wie wir gesehen haben, Kants Logik nicht mehr. Der Schrecken des industrialisierten Krieges, seine Ausdehnung auf die See und in die Luft und vor allem die erstmalige massive Einbeziehung der Zivilbevölkerung in sein Geschehen ließen, wenn das Kriegsende gedacht wurde, keinen Gedanken an eine subintelligierte Amnestie aufkommen. Wenn es eine Amnestie geben sollte, konnte sie nur explizit vereinbart werden, so wie es im deutsch-russischen Friedensvertrag von Brest-Litowsk der Fall gewesen war, der der Zivilbevölkerung, den Internierten und insbesondere den Kriegsgefangenen auch für die vor ihrer Gefangennahme begangenen Vergehen oder Verbrechen eine umfassende Amnestie zusicherte.[49] Wäre es nach der Reichsregierung gegangen, hätte sich dies, nun allerdings unter umgekehrten Vorzeichen, nach der

45 Ebenda, S. 95f. und S. 114.

46 Vgl. Hans Kruse, *Amnestieklausel*, in: Hans-Jürgen Schlochauer (Hg.), Wörterbuch des Völkerrechts, Bd. 1, 2. Aufl., Berlin 1960, S. 40.

47 Fisch, Krieg und Frieden im Friedensvertrag, S. 104.

48 Immanuel Kant, Die Metaphysik der Sitten, in: Kants Werke, Bd. 6 (Akademie-Ausgabe), Berlin 1968, S. 349, § 58 a. E. Vattel hatte in seinem Buch zum Völkerrecht (Le droit des gens) vierzig Jahre vorher geschrieben: »Mais quand le Traité n'en diroit pas un mot, l'Amnestie y est nécessairement comprise, par la nature même de la Paix.« Zit. n. Helmut Quaritsch, *Über Bürgerkriegs- und Feind-Amnestien*, in: Der Staat 32 (1992), S. 395, FN 28.

49 Art. XII des Friedensvertrages vom 3.3.1918 (RGBl., S. 480ff.) verweist für die gegenseitige Amnestie auf den deutsch-russischen Zusatzvertrag vom selben Tage, der in den Art. 23–26 (RGBl., S. 644–647) eine ausführliche Amnestieregelung enthielt.

deutschen Kriegsniederlage wiederholt. In einer Note an den Präsidenten der Friedenskonferenz Clemenceau vom 29. Mai 1919 empfahl die deutsche Friedensdelegation, die »durch die Kriegsverhältnisse bedingten Verfehlungen der Angehörigen beider Parteien, wenn das allgemeine Rechtsempfinden dies irgend gestattet, dem Vergessen [anheimzugeben]«. Jeder Staat solle »den Angehörigen der anderen Partei Straffreiheit für alle Straftaten [gewähren], die sie während des Krieges zugunsten ihres Heimatstaates begangen haben«. Wohl wissend, was Politiker in alliierten Ländern geäußert hatten, empfahl sie außerdem für diejenigen Handlungen, die als Verstöße gegen die Gesetze und Gebräuche des Krieges angesehen werden könnten, die Bildung eines aus Neutralen zusammengesetzten internationalen Gerichtshofs. Dieser Gerichtshof sollte mögliche Kriegsvölkerrechtsverletzungen aller Kriegsparteien, also nicht nur der deutschen Seite, untersuchen, jedoch keine Strafen verhängen können; das sollte den nationalen Gerichten vorbehalten bleiben.[50]

War es eine profunde Unkenntnis der alliierten Beweggründe für das Bestrafungsverlangen, die das Deutsche Reich diese Vorschläge machen ließ? War es eine naive Geste des aufrechten Bemühens um einen Neuanfang? Oder war es doch eher eine taktische Flucht nach vorn, mit der die Rechtsprinzipien der Gleichbehandlung – schließlich hatten alle beteiligten Staaten Krieg geführt – und der Unzulässigkeit des Richtens in eigener Sache geltend gemacht werden sollten, bei deren Ablehnung sich die Alliierten unweigerlich ins Unrecht setzen würden?

Wir werden später noch auf diese Fragen zurückkommen,[51] darum für den Moment nur soviel: Die Alliierten lehnten die Vorschläge rundweg ab. Sie erklärten, daß es neben der materiellen Wiedergutmachung ein – auch für die Zukunft[52] – unerläßliches Gebot der Gerechtigkeit sei, die Personen, die für die Aggression und die unmenschliche deutsche Kriegführung verantwortlich seien, zur Rechenschaft zu ziehen. Das dafür zu bildende Gericht könne gar nicht neutral sein, denn, so die alliierte Note sinngemäß, Neutrale gebe es nicht mehr. Es gebe die Helfershelfer der Verantwortlichen für die Verbrechen, und es gebe diejenigen – und sie seien weitaus zahlreicher –, die sich gegen Deutschlands Eroberungs- und Herr-

---

50 Vgl. Herbert Klaus/Gustav Rödiger, Urkunden zum Friedensvertrag von Versailles vom 28. Juni 1919, 2 Bde., Berlin 1921, Bd. 1, S. 505f., 527f.; Berber (Hg.), Das Diktat von Versailles, Bd. 2, S. 1205.

51 Siehe S. 181f.

52 In der Antwort wurde betont, daß die Bestrafung der Verantwortlichen auch notwendig sei, um abschreckend auf die zu wirken, die später einmal versucht sein könnten, ihrem Beispiel zu folgen. Vgl. Klaus/Rödiger, Urkunden zum Friedensvertrag von Versailles, Bd. 1, S. 621.

schaftspläne verbündet hätten. Allein die letzteren seien berufen, zu Gericht zu sitzen.[53]

Als ein erster Grund für die Ablehnung einer Amnestie ist also unmittelbar auf den Krieg und die in seinem Gefolge begangenen Verbrechen zu verweisen. Daß in beiden Fällen Deutschland und deutsche Soldaten die Schuld traf, daran bestand nach alliierter Sicht kein Zweifel. Gleichwohl wird die alliierte Überzeugung und Entschlossenheit erst vollends verständlich, wenn drei weitere, tiefer liegende Aspekte mitberücksichtigt werden:

Zum einen hat Deutschland mit seiner forsch-aggressiven Politik, personifiziert in dem »persönlichen Regiment« Wilhelms II.,[54] einen in Europa bestehenden und – was wichtig ist – geographisch auf Europa begrenzten Konsens[55] zerstört. Obschon bei Kriegsbeginn noch formal das Recht zum Kriege (*jus ad bellum*) als Ausdruck staatlicher Souveränität galt, befand es sich schon seit einiger Zeit im Umbruch, sein Bedeutungsgehalt hatte sich gewissermaßen auf einen Restbereich verkürzt, der den Krieg nur noch als *ultima ratio* für zulässig erklärte. Krieg und Frieden waren nicht mehr, wie noch zur Hochzeit des klassischen Völkerrechts, zwei rechtlich vollkommen gleichwertige Zustände. Das Interessengeflecht zwischen den europäischen Mächten, die sich aufgrund ihrer kulturellen Gemeinsamkeiten zu den zivilisierten Völkern zählten, hatte sich verdichtet. Trotz bisweilen erheblicher kolonialpolitischer Differenzen[56] sorgte eine Reihe von Bündnissen für ein Gleichgewicht der Kräfte und für Frieden in Europa.[57] Nicht daß der Krieg aus dem politischen Kalkül verschwunden gewesen wäre – Deutschland, Frankreich, Großbritannien und Rußland rechneten durchaus mit einem kurzen, begrenzten Krieg zur Verbesserung ihrer jeweiligen Machtlage[58] –, aber mit

---

53 Ebenda, S. 562; La Paix de Versailles. Responsabilités des auteurs de la Guerre et Sanctions, Paris 1930, S. 540ff.

54 Vgl. dazu Volker Ullrich, Die nervöse Großmacht 1871–1918. Aufstieg und Untergang des deutschen Kaiserreichs, Frankfurt am Main 1999, S. 193–222.

55 In den Kolonien galt der Konsens nicht; gegen unzivilisierte, wilde Völker durfte ohne Hemmung Krieg geführt werden. Hierzu sehr aufschlußreich Georg Jellinek, *China und das Völkerrecht*, in: DJZ 5 (1900), S. 401–404.

56 Vgl. den Überblick bei Ernst Schulin, *Die Urkatastrophe des zwanzigsten Jahrhunderts*, in: Michalka (Hg.), Der Erste Weltkrieg, S. 4.

57 »[D]er Friede in Europa wurde mit dem Kolonialismus außerhalb Europas bezahlt«, so pointiert Otto Kimminich, *Das Problem der Friedenssicherung im Völkerrecht des 20. Jahrhunderts*, in: Georg Picht, Constanze Eisenbart (Hg.), Frieden und Völkerrecht, Stuttgart 1973, S. 306.

58 Schulin, *Die Urkatastrophe des zwanzigsten Jahrhunderts*, S. 5.

Ausnahme Deutschlands legte es keine andere Macht so offenkundig auf einen Krieg an, zeigte so deutlich ihren Willen und ihre Bereitschaft zum Krieg.[59]

»Gleichberechtigung« lautete die scheinbar harmlos daherkommende offizielle Forderung, hinter der sich nichts anderes verbarg als der ehrgeizige »Wille zur Weltgeltung« und das gefährliche Bestreben nach einer Neugruppierung der Mächtekonstellation zu Deutschlands Gunsten.[60] Friedrich von Bernhardi, General a.D., traf den Nerv des Zeitgeistes, wenn er in seinem 1912 erschienenen Buch »Deutschland und der nächste Krieg« feststellte, »daß wir den Krieg um unsere Weltmachtstellung unter keinen Umständen vermeiden können und daß es keineswegs darauf ankommt, ihn möglichst lange hinauszuschieben, sondern vielmehr darauf, ihn unter möglichst günstigen Bedingungen herbeizuführen«.[61]

Die Vorbereitung auf den Krieg war, ganz dem Topos von dessen Unvermeidlichkeit gehorchend, zu einer Konstanten der letzten zwei Jahrzehnte des Kaiserreichs geworden. Mal offen durch Aufrüstung – zum Beispiel in Form des Flottenprogramms –, mal verdeckt durch die geheime Annullierung gegebener Zusagen – zum Beispiel hinsichtlich der Unverletzlichkeit des belgischen Territoriums[62] – versuchte Deutschland eine

---

59 Auch nicht Frankreich, wie man wegen der Annexion Elsaß-Lothringens 1871 durch Deutschland vielleicht denken könnte. Vgl. dazu Jean-Jacques Becker, 1914. Comment les Français sont entrés dans la guerre, Paris 1977. Anderer Ansicht ist Johannes Burkhardt, *Kriegsgrund Geschichte? 1870, 1813, 1756 – historische Argumente und Orientierungen bei Ausbruch des Ersten Weltkrieges*, in: ders. u. a., Lange und kurze Wege in den Ersten Weltkrieg, München 1996, S. 76. Burkhardt stellt eine umfassende und allseitige Relegitimierung des Krieges im 19. Jahrhundert fest.

60 Von der fast unübersehbaren Literatur zu diesem Aspekt seien hier nur angegeben: Ullrich, Die nervöse Großmacht, S. 195; Fritz Fischer, Weltmacht oder Niedergang. Deutschland im ersten Weltkrieg, Hamburg 1965, S. 37–50; Heinrich August Winkler, Der lange Weg nach Westen, Bd. 1, Deutsche Geschichte vom Ende des Alten Reiches bis zum Untergang der Weimarer Republik, München 2000, S. 332f.

61 Zit. n. Ullrich, Die nervöse Großmacht, S. 229.

62 Erinnert sei hier an die geheime Notiz des Reichskanzlers von Bülow anläßlich der Haager Konferenz 1907, die die wahren Motive für die Anerkennung der belgischen Neutralität zeigt: »Jeder deutsche Schritt [würde] sehr gefährlich sein, der so ausgelegt werden könnte, als ob wir die Neutralität Belgiens eintretendenfalls nicht respektieren wollten.« Also: Um sich nicht zu verraten, wurde für völkerrechtlich verbindlich erklärt (Art. 1 der V. Haager Konvention lautete: »Das Territorium der neutralen Mächte ist unverletztlich.«), was nach dem ab 1905 entwickelten Schlieffenplan mißachtet werden mußte und schließlich auch wurde. Vgl. dazu Jost Dülffer, Regeln

für sich günstige Ausgangsposition zu schaffen. Um die öffentliche Meinung brauchte man sich dabei keine größeren Sorgen zu machen: Kaisertage, Schlachtengedenktage wie der Sedantag förderten und festigten kriegerische Dispositionen und militärische Wertideale.[63]

Der fast omnipräsente, auftrumpfende Militarismus Deutschlands machte es, besonders nachdem er in der Schreckensbilanz des Krieges konkrete Formen angenommen hatte, den übrigen Mächten leicht, Deutschland aus der Reihe der zivilisierten Staaten auszuschließen. Oder besser gesagt: Als sich Deutschland im August 1914 daranmachte, die europäische Ordnung zu zerstören, verwies es sich aus Sicht der alliierten Staaten selbst in die Reihe der unzivilisierten Staaten. So sprach die Hauptanklage in der Note der Alliierten vom 16. Juni 1919 von einer »sich für zivilisiert gebenden Nation«,[64] und schon 1916 forderte eine Denkschrift der britischen Handelskammer in Paris ganz im Pathos moralischer Empörung (und nicht ohne eine gehörige Portion Selbstgerechtigkeit) die Annexion der deutschen Kolonien mit den Worten: »[…] denn es ist klar, daß man ihm [dem Feinde] mit seiner scheußlichen ›kultur‹ nicht erlauben kann, zu kolonisieren, außer unter der Kontrolle der Zivilisierten.« Gegenüber nichtzivilisierten Völkern aber, mit denen es keine Gemeinsamkeiten gab, waren Schuldzuschreibungen üblich, wie die Kolonialverträge zeigen.[65]

Zum zweiten wurde am Ende des 19. Jahrhunderts die Friedensbewegung in Europa und Amerika zu einem gewichtigen Faktor in der öffentlichen Meinung, und ihr Einfluß reichte bis in höchste parlamentarische oder Regierungskreise hinein.[66] Beflügelt von der Idee, daß der Weg in die Moderne, der Wandel von der Agrar- zur Industriegesellschaft, vom spätabsoluten zum Verfassungsstaat, daß der Aufstieg des Bürgertums und der Großstädte, der Triumph der Naturwissenschaften und die Entwicklung der technischen Kommunikationswege ihre Entsprechung im Bereich der

---

gegen den Krieg? Die Haager Friedenskonferenzen von 1899 und 1907 in der internationalen Politik, Frankfurt am Main und Wien 1981, S. 302, dort auch das Zitat.

63 Vgl. Burkhardt, *Kriegsgrund Geschichte?*, S. 21ff.; Wolfgang J. Mommsen, *Der Topos vom unvermeidlichen Krieg*, in: Jost Dülffer, Karl Holl (Hg.), Bereit zum Krieg. Kriegsmentalität im wilhelminischen Deutschland 1890–1914, Göttingen 1986, S. 199.

64 Vgl. Berber, Das Diktat von Versailles, Bd. 1, S. 69.

65 Vgl. Fisch, Krieg und Frieden im Friedensvertrag, S. 238f., dort auch das Zitat.

66 Vgl. Hans Ulrich Scupin, *Friedensbewegung*, in: Schlochauer (Hg.), Wörterbuch des Völkerrechts, Bd. 1, S. 582.

Außenpolitik haben müßten, entstanden Friedensgesellschaften und fanden internationale Kongresse statt, auf denen über Abrüstung und Alternativen zum Krieg als zwischenstaatlicher Auseinandersetzungsform diskutiert wurde. Besonders stark meldete sich die Friedensbewegung in Frankreich, England und in neutralen Staaten wie zum Beispiel Belgien zu Wort, also in Ländern mit einer gewissen bürgerlich-parlamentarischen Tradition. In Ländern mit monarchisch-autoritär ausgerichteten Staatsstrukturen wie Deutschland, Österreich oder Rußland war ihr Einfluß begrenzt, ja wurde sie kaum zur Kenntnis genommen.[67] Im kaiserlichen Deutschland waren die Mitglieder der Friedensbewegung eine diskriminierte Minderheit, ein Fremdkörper gar.[68] So hieß es 1914 voller Häme in einem Artikel über eine Bühnenfassung von Bertha von Suttners »Die Waffen nieder«, sie behandle »die leidige Vertrauensseligkeit und Gutmütigkeit des deutschen Michels, der sich zum Schaden unserer politischen Weltmachtstellung nur zu oft vom smarten John Bull, von der charmierenden Marianne oder dem bramarbasierenden Wodkakoff übertölpeln und einseifen ließ. Aber auch der die Tatkraft und Entschlußfähigkeit so unheilvoll lähmende Einfluß des ›Weltbürgermeisters‹ und seiner Tochter ›Kosmopolinchen‹ [...] wurden mit ebenso kräftigen Gegenhieben bedacht, wie das rührselige utopistische Friedensgeschrei der unermüdlichen Berta von Suttner, die als larmoyante Wirtin des Gasthauses ›Zum Völkerfrieden‹ auftrat.«[69]

Was sich auf diese Weise in der öffentlichen Meinung manifestierte, war schon seit Jahren auf politischer Ebene vorbereitet worden. Wenn es um Abrüstung oder um die Etablierung einer internationalen Schiedsgerichtsbarkeit zur friedlichen Beilegung von zwischenstaatlichen Streitfällen ging – zwei der Friedensbewegung naturgemäß wichtigsten Forderungen –, immer war es das Deutsche Reich, das vehementer als andere gegen diese Vorhaben opponierte. Der Völkerrechtler Hans Wehberg, einer der Protagonisten der deutschen und internationalen Friedensbewegung, faßte in seinem Gutachten die Haltung Deutschlands auf den Haager Friedenskonferenzen 1899 und 1907 mit den Worten zusammen: »Die deutsche Regierung hat, ungleich allen anderen zivilisierten Regierungen dem Friedensgedanken niemals auch nur das geringste Wohlwollen entgegengebracht, wohl aber sehr deutlich und merkbar das Gegenteil. Sie steht in

---

67 Vgl. Norman Paech, Gerhard Stuby, Völkerrecht und Machtpolitik in den internationalen Beziehungen, Hamburg 2001, S. 119ff.; Dickmann, *Die Kriegsschuldfrage auf der Friedenskonferenz von Paris 1919*, S. 14.

68 Vgl. Dieter Riesenberger, Geschichte der Friedensbewegung in Deutschland. Von den Anfängen bis 1933, Göttingen 1985, S. 97.

69 Zit. n. ebenda, S. 42f.

dieser Hinsicht mit der Türkei oder Montenegro oder sonst einem Staate von dieser Sorte.«[70]

Zum dritten und letzten ist für das Entstehen der alliierten Schuldzuweisung folgendes zu berücksichtigen: Nach Jahrhunderten gewohnheitsrechtlicher Geltung – mit allen damit verbundenen Unsicherheiten – waren in der zweiten Hälfte des 19. Jahrhunderts und zu Beginn des 20. Jahrhunderts weite Teile des humanitären Völkerrechts (bei dem der Schutz der Kriegsopfer im Vordergrund steht) und des Kriegsvölkerrechts im engeren Sinne (das sich in erster Linie mit den zulässigen Mitteln zur Schädigung des Feindes beschäftigt) kodifiziert worden. 1864 wurde die Genfer Rot-Kreuz-Konvention unterzeichnet. Sie umfaßte nur zehn Artikel und beschäftigte sich ausschließlich mit den Verwundeten im Kriege und den mit ihrem Schutz zusammenhängenden Problemen, wie zum Beispiel Schutz der Lazarette, des Sanitätspersonals, der Feldgeistlichen oder des nicht zu den Armeen gehörenden Pflegepersonals.[71] Nachfolgerin dieser Konvention wurde 1906 die von 35 Staaten unterzeichnete (zweite) Genfer Rot-Kreuz-Konvention, die eine »Verbesserung des Loses der Verwundeten und Kranken bei den im Felde stehenden Heeren« anstrebte.[72] Verwundete Soldaten sollten, ohne Rücksicht auf ihre Heereszugehörigkeit, geachtet und versorgt werden (Art. 1). Das Sanitätspersonal mußte ungehindert tätig werden können und sollte unter allen Umständen Schutz vor Feindseligkeiten genießen (Art. 6–13). Zur besseren Durchsetzung der Konventionsbestimmungen verpflichtete Art. 28 die Vertragsstaaten, »die erforderlichen Maßnahmen zu treffen [...], um in Kriegszeiten die von einzelnen begangenen Handlungen der Beraubung und der schlechten Behandlung von Verwundeten und Kranken der Heere mit Strafe zu belegen [...]«.

Die Kodifizierung des eigentlichen Kriegsvölkerrechts begann mit den Arbeiten des Deutschamerikaners Franz Lieber.[73] Er verfaßte die »In-

---

70 Das Gutachten war bereits 1922 fertiggestellt, wurde aber, da zu kritisch, erst 1929 vom Parlamentarischen Untersuchungsausschuß veröffentlicht. Zum Schriftwechsel über die Publikationsprobleme, vgl. BAK, Nachlaß Wehberg (NL 199/42), o. S.; zum Gutachten und seiner Verteidigung, vgl. NL 199/43, dort auch das Zitat, das ursprünglich nicht von Wehberg stammt, dem er jedoch ausdrücklich zustimmt. Siehe auch Hans Wehberg, *Die Friedensbewegung vor dem Ausbruch des Weltkrieges*, in: Die Friedenswarte 32 (1932), S. 321–328.

71 Abgedruckt z. B. bei Gundolf Fahl, Humanitäres Völkerrecht, Berlin 1983, S. 379ff.

72 RGBl. 1907, 279.

73 Franz Lieber (1800–1872) emigrierte während der Demagogenverfolgung

struktionen für das Feldheer der Vereinigten Staaten«,[74] die 1863 aufgrund einer Verordnung des Präsidenten Lincoln veröffentlicht wurden. In 157 Artikeln gaben sie große Teile der gewohnheitsrechtlich geltenden Gesetze und Gebräuche des Krieges wieder. Die St. Petersburger Erklärung von 1868[75] verbot den Gebrauch von Explosivgeschossen mit einem Gewicht von über 400 Gramm. Geschosse dieser Art, hieß es im Vorspruch der Erklärung, widersprächen den Gesetzen der Menschlichkeit, da sie eine unvermeidlich tödliche Wirkung hätten und deshalb mit dem Ziel der zivilisierten Kriegführung – Schwächung der feindlichen Streitkräfte, indem eine möglichst große Zahl ihrer Angehörigen außer Gefecht gesetzt wird, ohne sie zu töten oder unnötigerweise zu verwunden – unvereinbar wären. Ebenfalls aus der Überzeugung heraus, daß der »Fortschritt der Zivilisation« als Chance zur »Verminderung der Leiden des Krieges« begriffen werden müsse, fand 1874 in Brüssel eine Staatenkonferenz statt, deren Ziel die Kodifikation eines umfassenden Kriegsgesetzbuchs war. Das Ziel wurde nicht erreicht, doch die sogenannte Brüsseler Erklärung bildete die wichtigste Grundlage für die Haager Landkriegsordnung (HLKO), die zahlreiche europäische Staaten auf der Haager Konferenz von 1899 und, in überarbeiteter Form, auf der zweiten Haager Konferenz von 1907 verabschiedeten.[76] Sie enthielt erstmals eine Auflistung wesentlicher Regeln des Kriegsrechts, angefangen von der Unterscheidung zwischen Kombattanten und Nichtkombattanten über die Rechtsstellung der Kriegsgefangenen und die Zulässigkeit von Kampfmitteln bis hin zur Ausübung militärischer Gewalt im besetzten Gebiet. Kriegerisches Handeln war damit nicht länger allein am oft extensiv

---

aus Deutschland in die USA, wo er seit 1834 Professor für Geschichte und Staatsphilosophie war. Ausführlich zu ihm Ernest Nys, *Francis Lieber – His Life and His Work*, in: AJIL 5 (1911), S. 84–117, 355–393.

74 »Instructions for the Government of the Armies of the United States in the field«, abgedruckt u. a. bei Karl Strupp, Das internationale Landkriegsrecht, Frankfurt am Main 1914, S. 168–186, sowie bei Dietrich Schindler, Jiri Toman (Hg.), The laws of armed conflicts. A collection of Conventions, Resolutions and other Documents, Alphen aan den Rijn u. a. 1981, Nr. 1.

75 Abgedruckt bei Fahl, Humanitäres Völkerrecht, S. 382f.; die Erklärung wurde von den Vorgängerstaaten des Deutschen Reichs, dem Norddeutschen Bund, Bayern, Preußen und Württemberg, sowie u. a. von Belgien, Frankreich und Großbritannien unterzeichnet.

76 RGBl. 1901, 423; 1910, 107. Zu den Haager Konventionen vgl. Dülffer, Regeln gegen den Krieg?; Paech/Stuby, Völkerrecht und Machtpolitik in den internationalen Beziehungen, S. 123–136; Knut Ipsen, Völkerrecht, 3. Aufl., München 1990, S. 982f.

und parteiisch auslegbaren Gewohnheitsrecht meßbar,[77] sondern auch und zuerst am normativ verbindlicheren und erzwingbareren positiven Recht.

---

77 Das gewohnheitsrechtliche Kriegsrecht galt jedoch neben dem kodifizierten Recht weiter, es füllte bestehende Lücken aus.

Deutsche Gegenmaßnahmen und alliiertes Nachgeben – Der erste Schritt zur Revision von Versailles

Am 5. Februar 1920 erschien im *Berliner Tageblatt* eine Liste von Personen, deren Auslieferung die Alliierten gemäß den Artikeln 228–230 des Versailler Vertrags verlangten. Freiherr von Lersner hatte, bevor er die Liste an den Präsidenten der Friedenskonferenz Millerand zurückschickte, eine Kopie derselben anfertigen und nach Berlin telegrafieren lassen.[1] Dort hielt man es – nicht zuletzt um die Maßlosigkeit und Härte der Alliierten zu demonstrieren – für opportun, die Liste umgehend der Öffentlichkeit über die Tagespresse zugänglich zu machen. Man verzichtete dabei jedoch auf die Angabe der Beschuldigung, die die Originalliste mehr oder weniger ausführlich – die Bandbreite reichte von der bloßen Nennung der vorgeworfenen Tat bis hin zur detaillierten Beschreibung des Geschehensablaufs – in jedem Einzelfall enthielt.[2]

Von den 890 namentlich oder durch Angabe der Dienststellung bezeichneten Personen und Personengruppen reklamierten Großbritannien 97,[3] Frankreich und Belgien je 334, Polen 51, Rumänien 41, Italien 29 und der Vorläufer Jugoslawiens, der neu gebildete serbisch-kroatisch-slowenische Staat, vier.[4] Auf der Liste der namentlich Genannten standen

---

1 Lersner hatte die Liste in erster Linie auch übermittelt, um auf diese Weise die im besetzten Gebiet wohnenden Beschuldigten zu warnen und ihnen die Möglichkeit zu geben, sich rechtzeitig in Sicherheit zu bringen. Vgl. BAK, KLE 591 (NL von Lersner), Bd. 13, S. 666.

2 Vgl. Schwengler, Völkerrecht, Versailler Vertrag und Auslieferungsfrage, S. 305ff.; Kaul, *Die Verfolgung deutscher Kriegsverbrecher nach dem ersten Weltkrieg*, S. 24f., sowie – leicht gekürzt – ders., *Die Strafverfolgung deutscher Kriegsverbrecher des ersten Weltkrieges*, S. 137–143.

3 Darunter – für den Fall ihres Aufenthaltes in Deutschland – befanden sich neun türkische Staatsangehörige, die beschuldigt wurden, für die Massaker an der armenischen Bevölkerung verantwortlich gewesen zu sein, u. a. der ehemalige Kriegsminister Enver Pascha, der frühere Großwesir Talaat Pascha und der General Djemal Pascha. Vgl. die Liste in: BAL, ORA/RG, Generalia, Bd. 56, o. S.

4 Die Auslieferungsliste bestand aus drei Teilen. Die ersten beiden Teile enthielten eine alphabetische Auflistung der Beschuldigten bzw. eine Auflistung der militärischen Dienststellen, denen namentlich nicht bekannte Beschuldigte zugeordnet waren. Der dritte Teil enthielt die von einzelnen Ländern aufgestellten Listen, in denen die Beschuldigten nach Gruppen oder Tatvorwürfen ge-

viele einfache Soldaten, Unteroffiziere und niedere Offizierdienstgrade. Aber es wurde auch die Auslieferung des ehemaligen Reichskanzlers von Bethmann Hollweg, der Feldmarschälle von Hindenburg und von Mackensen sowie einer Reihe von Generälen gefordert, unter ihnen solche klangvollen Namen wie die der Generäle Ludendorff, von Gallwitz oder von Bülow. Auf der britischen Auslieferungsliste fanden sich zudem die Namen von Großadmiral von Tirpitz, einiger weiterer Admiräle sowie von etwa 20 U-Boot-Kommandanten. Unter den Auszuliefernden war eine Frau, Elsa Scheiner, Angehörige des Wachpersonals in einem französischen Frauenlager.

Eine »Frage der Ehre«

Die Reaktion auf die Publikation der Liste war so, wie die Regierung es vorhergesehen hatte und nach den Erfahrungen der Vergangenheit auch mit Sicherheit vorhersehen konnte. Denn schon während der Vorarbeiten zum Versailler Vertrag mit seinen später so genannten »Schmachparagraphen« war es zu wütenden Protestaktionen gegen die Entente gekommen. Mitglieder alliierter Kommissionen waren zur Zielscheibe nicht nur verbaler Angriffe geworden,[5] und in den Zeitungen hatte es eine Flut von Ar-

---

ordnet und die Beschuldigungen im einzelnen benannt oder ausgeführt wurden. Mehrfachnennungen waren möglich, wenn mehr als ein Staat die Auslieferung eines Beschuldigten forderte (so z. B. bei Generalfeldmarschall August von Mackensen, den Serbien und Rumänien auf der Anklagebank sehen wollten).

5 Vgl. den allgemeinen Hinweis in: BAL, R 43 I 1226, Bl. 92. Besonderes Aufsehen erregte ein Vorfall, der sich am Abend des 6. März 1919 im Berliner Hotel Adlon ereignete. Weil der offizielle Untersuchungsbericht (ebenda, Bl. 87–89) ein anschauliches Bild der damaligen Stimmung wiedergibt, sei er hier etwas ausführlicher zitiert: »Um ein halb 11 begann die Kapelle in den Speisesälen des Hotel Adlon wie schon seit einiger Zeit regelmässig Deutschland, Deutschland über alles zu spielen. Alle Anwesenden standen auf, mit Ausnahme dreier Franzosen und einer Französin. Nun soll der Prinz [Albrecht Joachim von Preußen, G. H.] begonnen haben zu rufen: ›Aufstehen, aufstehen‹, ein Teil der Anwesenden soll dann in diesen Ruf mit eingestimmt haben. Als die Franzosen darauf nicht reagierten, soll der Prinz begonnen haben, mit Gegenständen zu werfen, zunächst mit einer Blume, dann mit Brot, später mit härteren Gegenständen wie mit Untertassen, endlich auch einem Glas, das ganz in der Nähe der französischen Dame zersplitterte. Seinem Verfahren schlossen sich die Gäste an anderen Tischen an, genannt werden vor allem ein Rittmeister von Platen und ein Rittmeister von Griebel. U. a. wurde auch eine Weinflasche ge-

tikeln und Gastbeiträgen gegeben, in denen die Aburteilung deutscher Politiker und Militärpersonen durch Gerichte der ehemaligen Feindstaaten als ein Akt »äußerster Erniedrigung« und »heuchlerischer Justiz« vehement abgelehnt worden war.[6]

Nach der Unterzeichnung des Friedensvertrages hatten Militärs wie Tirpitz, Falkenhayn oder Ludendorff in Briefen und Stellungnahmen erklärt, daß sie keinesfalls freiwillig vor einem alliierten Gericht erscheinen würden und – zwischen den Zeilen – die Hoffnung ausgedrückt, daß ihre Haltung ihren Kameraden als Vorbild dienen möge.[7] Sie würden sich über »jeden jungen Kameraden freuen [...], dem es gelingt, durch Verschwin-

---

worfen (nicht von seiten des Prinzen), die den Kapitän Klein [frz. *capitaine* entspricht dem deutschen Hauptmann, G.H.] in den Rücken traf. Es wurde betont, daß sich die Franzosen durchaus passiv verhielten und in keiner Weise reagierten. Die Kellner versuchten die Angegriffenen nach Möglichkeit zu dekken. Es erhob sich dann, angeblich wieder unter Führung des Prinzen, ein allgemeines Geschrei: ›Raus, raus‹, und nun begannen die Umsitzenden gegen die Franzosen anzudrängen und sie tätlich anzugreifen. Man versuchte, ihnen die Stühle unter dem Leib wegzureissen und zerrte sie vom Tische. Die französische Dame wurde von einem Kellner an den Nebentisch der Gräfin Zettwitz (angeblich Österreicherin) in Sicherheit gebracht, dann durch eine Hintertür aus dem Raum entfernt. Es ist ihr anscheinend dabei auch nichts weiter zugestossen. Die drei Franzosen wurden unterdessen unter Drängen, Stössen und Schlägen zum Speisesaal hinausgetrieben, wobei wiederum die Kellner sie zu decken versuchten. Während Kapitän Klein anscheinend glimpflich davon gekommen sein soll, wurde Herr Rougetin schwer misshandelt und soll angeblich halb und halb vom Platze getragen worden sein. Es soll ihm sein Smoking gänzlich zerrissen und ihm ausserdem Brieftasche, Geld und goldene Uhr gestohlen worden sein. Einer der Kellner berichtete, dass ein Prinz Hohenlohe seinen Halbschuh ausgezogen habe und damit auf die Franzosen los geschlagen habe. Der Kellner gab aber nachher zu, dass er dies nicht selbst gesehen habe.«

6 *Die Entente als Richter*, in: Hamburgischer Correspondent, 8.5.1919 (Morgenausgabe); Reichsgerichtsrat a. D. Witimaack, *Amnestieklausel im Friedensvertrag*, in: Deutsche Zeitung, 30.4.1919 (Abendausgabe), sowie viele weitere Artikel, die im BAL, R 901, Bd. 56921–56924, gesammelt sind. Nur in einem dieser Artikel wurden gerichtliche Untersuchungen gefordert und damit gerechtfertigt, »daß die anderen Völker – und zwar auch trotz der deutschen Revolution – nicht an die Erneuerung des deutschen Geistes und Willens glauben können, solange nicht die Schuldigen und Mitschuldigen aus unserem öffentlichen Leben ausscheiden«. Der mit »Professor Wilhelm Kaufmann« gezeichnete Beitrag war verschiedenen Zeitungen (u. a. dem *Berliner Tageblatt* und dem *Vorwärts*) angeboten worden, doch diese verweigerten einen Abdruck. Unter der Überschrift *Einer der wenigen Reingebliebenen* erschien er schließlich am 24.12.1918 in der Zeitung *Die Republik*.

7 Vgl. die Schreiben in: BAK, KLE 434 (NL Rechtsanwalt Hirsch).

den seine Kraft unserem Vaterlande zu erhalten«.[8] In den folgenden Monaten waren sie dann in offiziösen Zirkeln tatkräftig daran beteiligt gewesen, insbesondere die finanziellen Voraussetzungen für ein solches Verschwinden – das Vorhaben firmierte unter der Bezeichnung »Organisation Ferienkinder« – zu schaffen.[9]

Nun, nach der Veröffentlichung der Auslieferungsliste, äußerten weite Bevölkerungskreise in Tausenden von Kundgebungen ihre Wut und Entrüstung über das alliierte Vorhaben.[10] Der Reichsrat sowie die Regierungen und Volksvertretungen der meisten Länder, die sich bisher in ihrer Kritik zurückgehalten und hauptsächlich auf die Folgen einer Auslieferung hingewiesen hatten,[11] verabschiedeten Resolutionen, in denen sie ganz ohne diplomatische Formeln gegen die Zumutung der Siegermächte, die Auslieferung Hunderter deutscher Staatsangehöriger zu fordern, protestierten.[12] Reichspräsident Ebert dankte am 10.2.1920 für die Zu-

---

8 So Tirpitz in seinem Schreiben vom 30.6.1919, ebenso Ludendorff am 11.7.1919.

9 Vgl. die Aufzeichnung über eine vertrauliche Aussprache am 4.10.1919 (BAK, KLE 434, NL Hirsch) sowie das Protokoll einer von der »Hauptstelle zur Verteidigung Deutscher vor feindlichen Gerichten« organisierten Konferenz vom 20.10.1919 (PA Bonn, R 48416, o. S.). Zu den Hintergründen der »Organisation Ferienkinder« vgl. auch den in der Akte enthaltenen Artikel *Um die Auslieferung der »Kriegsverbrecher«. Sensationelle Enthüllungen des Obersten Reinhard*, in: Königsberger Allgemeine Zeitung, 16.10.1932, S. 1. Danach waren an dem Unternehmen auch die Hauptleute Waldemar Papst und Heinz von Pfugk-Hartung beteiligt, die später durch ihre Beteiligung an der Ermordung Rosa Luxemburgs bzw. am Kapp-Putsch traurige Berühmtheit erlangen sollten.

10 Verstärkend wirkte noch der Umstand, daß entgegen Art. X des Waffenstillstandsvertrages, der die umgehende Rückführung der Kriegsgefangenen vorsah, noch eine große Zahl Gefangener in Ländern der Entente, aber auch – was man nicht zur Kenntnis nehmen wollte – in Deutschland (vgl. PA Bonn, R 48423a, Schreiben der belgischen Zentralstelle für Kriegsgefangene vom 2.10.1919), zurückgehalten wurden. Insofern aufschlußreich Victor Klemperers Eintrag am 6.2.1920 (Leben sammeln, nicht fragen wozu und warum. Tagebücher 1918–1924, Berlin 1996, S. 229f.): »Und heute ist die wahnsinnige Auslieferungsnote in den Zeitungen. Wir werden ihr nachkommen. Schon schreibt u. spricht man von freiwilligem Gehen der Angeforderten. Und daß wir wehrlos, u. daß noch 400.000 Gefangene in Frkr. seien.«

11 Zum Beispiel auf die Gefahr des Aufruhrs in Deutschland, so das Telegramm des Reichsministers des Auswärtigen Müller an die Botschaft in Wien vom 20.1.1920, abgedruckt in: Fox u. a. (Hg.), Akten zur deutschen auswärtigen Politik 1918–1945, Serie A: 1918–1925, Bd. III, Nr. 14, S. 33f.

12 Schwengler, Versailler Vertrag, Völkerrecht und Auslieferungsfrage, S. 300ff.

schriften »aus allen Teilen und Schichten des Volkes«, die »von der tiefgehenden Erregung der Bevölkerung über das Auslieferungsverlangen der Gegner und von der Genugtuung über die ruhige standhafte Haltung der Regierung Zeugnis ablegen«. Er versicherte, »daß er und die Regierung alles daran zu setzen gewillt sind, um Deutschland diese schwerste aller Forderungen zu ersparen«.[13]

Der Unterstützung durch die Reichswehr konnte sich die Regierung dabei sicher sein. Das war nicht selbstverständlich, denn, wie der ehemalige Staatssekretär Solf berichtete, die Lage in der Reichswehr sei »besorgniserregend«. Das Vertrauensverhältnis zwischen der Truppe und dem Reichswehrminister sei erschüttert und das Offizierskorps in zwei Lager gespalten. Ein Teil der Offiziere finde sich mit den neuen Verhältnissen ab, aber der andere Teil hänge weiter am alten Regime und sei voll Mißtrauen gegen Regierung und Politik.[14] Reichswehrminister Noske allerdings ließ keinen Zweifel daran aufkommen, daß der Auslieferungsforderung keinesfalls entsprochen werde. Er hielt an seiner schon kurz vor Bekanntgabe der Auslieferungsliste in einem Interview geäußerten Überzeugung fest, wonach die Truppe einem Befehl, bei der Auslieferung mitzuhelfen, niemals Folge leisten würde. Noske wörtlich: »Ich denke deshalb nicht daran, einen solchen Befehl zu geben, da er jedes Vertrauen zu mir in der Truppe zerschlagen würde. [...] Das Instrument, das jetzt allein die Ruhe [in Deutschland, G. H.] gewährleistet, würde [andernfalls] wertlos sein.«[15]

Auch die Beamtenschaft zeigte sich, ganz so wie es von Lersner in Versailles vorhergesagt hatte, entschlossen, jede Beteiligung an der Auslieferung der Beschuldigten zu verhindern. Es gab sogar einige Kundgebungen, in denen die Redner selbst vor Drohungen nicht zurückschreckten, was in der Geschichte des preußischen Beamtentums wohl bis dahin ohne Beispiel war.[16] Positiv aufgenommen wurde diese Reaktion naturgemäß

---

13 Vgl. die Erklärung in: Deutsche Allgemeine Zeitung, Nr. 76, 11.2.1920.

14 Vgl. Schwengler, Versailler Vertrag, Völkerrecht und Auslieferungsfrage, S. 259f.

15 Ebenda, S. 306f.

16 Der Oberpräsident der Provinz Ostpreußen beispielsweise, der Sozialdemokrat August Winnig, sandte dem preußischen Ministerpräsidenten dahingehende Erklärungen, daß er und die höheren Beamten seiner Behörde von ihren Ämtern zurücktreten und daß die Unterbeamten und Angestellten die Arbeit niederlegen würden, »wenn die Regierung durch Hilfe bei der Auslieferung den letzten Rest deutscher Würde preisgibt«. Und der Regierungspräsident von Gumbinnen, Freiherr Magnus von Braun, telegrafierte an den Reichspräsidenten, er und seine Mitarbeiter würden der Regierung »die Ge-

in der Rechtspresse und von nationalen Vereinigungen wie des Bremischen Volksbundes »Rettet die Ehre«,[17] die – und darin wurden sie von der DNVP und auch der DVP unterstützt – so weit gingen, die Liste als »Ehrenliste« zu bezeichnen, da es doch keine Schande sei, in einem Atemzug mit Hindenburg und Ludendorff, mit Mackensen und Tirpitz erwähnt zu werden. Kritisiert wurden die nationalistischen Parolen ebenso naturgemäß von der Linken. »Das Empfinden der Massen«, so schrieb beispielsweise der sozialdemokratische *Vorwärts*, »ist ein ganz anderes als das jener Kreise, die diese Angelegenheit doch wiederum nur vom *Interessenten*standpunkt aus betrachten und deren ganze Sorge doch nur darum geht, daß bestimmten Herrschaften nichts passiert.«[18] In die gleiche Richtung ging die Kritik der unabhängigen Linken. Das der Fortschrittlichen Volkspartei nahestehende *Berliner Tageblatt* zitierte einen Sprecher der USPD mit den Worten: »Wir verwerfen jede Politik, die das Schicksal des ganzen Volkes wiederum aufs Spiel setzt um des Schicksals einzelner Personen willen. Wir warnen auf das Nachdrücklichste davor, die ernste Krise durch nationalistische Verhetzung auf die Spitze zu treiben.«[19]

Der vorläufige Verzicht auf die Auslieferung

Am 16. Februar 1920 erreichte die deutsche Regierung eine Note der Alliierten,[20] welche die deutsche Haltung in der Auslieferungsfrage zu bestätigen schien. Ausgehend von der Feststellung, daß Deutschland nach eigenem Bekunden außerstande sei, die sich ihm aus den Artikeln 228 bis

---

folgschaft aufkündigen […], wenn sie es wagen sollte, ihre Hand zur Auslieferung zu bieten«. Beispiele aus Schwengler, ebenda, S. 311.

17 Vgl. dazu die Sammlung entsprechender Zeitungsartikel in: BAL, R 901, 56921–56924, sowie BAL, R 3003, ORA/RG, Generalia, Bd. 46, Bl. 31f. In Frankreich gab es eine ähnliche Vereinigung wie den Bremischen Volksbund, allerdings mit umgekehrter Forderung. Sie nannte sich programmatisch »Ligue pour perpétuer le Souvenir des Crimes Allemands« (Liga zur Erinnerung an die deutschen Verbrechen), vgl. AN Paris, BB 18/2568², o. S.

18 Vgl. das Editorial in: Vorwärts, Nr. 69, 7.2.1920. Hervorhebung im Original.

19 Vgl. Berliner Tageblatt, 9.2.1920, zit. n. Kaul, *Die Verfolgung deutscher Kriegsverbrecher nach dem ersten Weltkrieg*, S. 25.

20 Abgedruckt u. a. in Herbert Michaelis, Ernst Schraepler, Günter Scheel (Hg.), Ursachen und Folgen. Vom deutschen Zusammenbruch 1918 und 1945 bis zur staatlichen Neuordnung Deutschlands in der Gegenwart. 4. Bd., Die Weimarer Republik. Vertragserfüllung und innere Bedrohung 1919/1922, Berlin 1960, Nr. 814, S. 26f.; Berber, Das Diktat von Versailles, Bd. 2, Nr. 453, S. 1212f.

230 des Versailler Vertrages ergebenden Verpflichtungen einzuhalten, erklärten sich die Alliierten mit dem deutscherseits immer wieder geäußerten Vorschlag einverstanden, gegen die Beschuldigten in Deutschland selbst Verfahren durchzuführen. Einschränkend fügten sie jedoch hinzu, das ihnen aus dem Vertrag zustehende Recht in dem Maße und in der Form anzuwenden, wie es ihnen zweckmäßig erscheine. Was darunter zu verstehen war, wurde am Schluß der Note deutlich. Dort hieß es: »Die Mächte behalten sich das Recht vor, zu prüfen, ob das von Deutschland vorgeschlagene Verfahren, das nach Deutschlands Versicherung den Angeklagten alle Rechtsgarantien sichern soll, nicht ausschließlich darauf hinausläuft, die Schuldigen der gerichtlichen Bestrafung für deren Vergehen zu entziehen. Die Alliierten werden in einem solchen Fall voll und ganz ihr Recht ausüben und die Schuldigen vor ihr eigenes Gericht stellen.«[21]

Damit hatte sich die vage Hoffnung, die die Reichsregierung anläßlich der offiziellen Übergabe der Auslieferungsliste am 7. Februar 1920 an den alliierten Hinweis – es folge noch eine nähere Mitteilung darüber, in welcher Form die alliierten Mächte die Strafbestimmungen ausgeführt zu sehen wünschten – geknüpft hatte, erfüllt.[22] Die Frage aber bleibt, warum die Alliierten über Monate hinweg Härte und Unnachgiebigkeit demonstrierten und nun, nicht einmal zwei Wochen nach Bekanntgabe der Auslieferungsliste, fast beiläufig auf ebendiese Auslieferung verzichteten.

Eine Antwort müßte hier zunächst auf den Umstand verweisen, daß die Auswirkungen des Auslieferungsverlangens auf die innenpolitische Lage und auf das soziale Klima in Deutschland von den Alliierten unterschätzt oder gar völlig verkannt wurden. Bis weit in das republikanische Spektrum hinein sorgte die Auslieferungsforderung für einen Schulterschluß. Auch die Kritik in Zeitungen wie dem *Vorwärts* oder anderen linken Publikationsorganen[23] richtete sich nicht in erster Linie gegen die geforderte Auslieferung, vielmehr hatte sie die nationalistischen Töne der Rechtspresse und der sie unterstützenden Parteien im Visier, die die Alliierten nur allzuleicht in ihrer Meinung, Deutschland sei ein unverbesserlicher und gefährlicher Unruheherd, hätte bestätigen können.[24] Verwunderlich ist diese klassen- und parteiübergreifende Geschlossenheit genau besehen nicht, denn ob Freikorps-Soldat, Mitglied der Regierungstruppen oder

---

21 Ebenda.
22 Vgl. Schwengler, Versailler Vertrag, Völkerrecht und Auslieferungsfrage, S. 308.
23 Vgl. ebenda, S. 309f.
24 So z. B. deutlich formuliert im Editorial des Vorwärts, Nr. 69, 7.2.1920

Angehöriger bewaffneter revolutionärer Verbände, alle waren zuvor Soldaten in der kaiserlichen Armee gewesen und hatten gegen die Staaten gekämpft, die jetzt die Friedensbedingungen stellten. Wer erinnerte sich damals nicht an die Worte Eberts, mit denen er als Vorsitzender des Rates der Volksbeauftragten die heimkehrenden Truppen begrüßte: »Eure Taten und Opfer sind ohne Beispiel. Kein Feind hat uns überwunden. [...] Erhobenen Hauptes dürft ihr zurückkehren. Nie haben Menschen Größeres geleistet und gelitten als ihr [...].«[25] Für den Vorwurf, daß von deutschen Soldaten – und nur von deutschen Soldaten – im Krieg Verbrechen begangen worden seien, war in den Köpfen der meisten Deutschen kein Platz, ganz zu schweigen von dem alliierten Verlangen nach einer Auslieferung und Bestrafung der möglicherweise Schuldigen.

Außerdem müßte die Antwort auf die Frage nach dem überraschenden Sinneswandel der Siegermächte berücksichtigen, daß diese im Februar 1920 nicht mehr so einig waren wie noch im November 1918. Die USA hatten den Versailler Vertrag nicht ratifiziert, und überdies hatte der US-Senat Wilsons Zusage vom 28. Juni 1919, daß Frankreich »im Falle einer unprovozierten Angriffshandlung von seiten Deutschlands« militärisch unterstützt würde, nicht bestätigt. Das Land, das den Krieg entschieden hatte, befand sich unübersehbar auf dem Weg zurück in eine »splendid isolation«.[26] Großbritannien und Frankreich fiel allein die Hauptverantwortung für die Auslegung und Durchführung des Versailler Vertrages zu, doch auch im Verhältnis zwischen diesen beiden Staaten gab es Reibungen und diplomatische Spannungen. Das französische Sicherheitsbedürfnis, das auf eine dauerhafte militärische und wirtschaftliche Schwächung Deutschlands abzielte, sah sich einer pragmatischen britischen Haltung gegenüber, die an einer Stärkung Frankreichs und damit einhergehenden Schwächung Deutschlands kein Interesse hatte.[27] Für die ge-

25 Zit. n. Erwin Könnemann, *Der Truppeneinmarsch am 10. Dezember in Berlin*, in: ZfG 1968, S. 1597.

26 Lothar Steinbach, Revision oder Erfüllung. Der Versailler Vertrag als Faktor der deutsch-britischen Bezehungen 1920–1921, Diss. Universität Freiburg/Br. 1972, S. 8f.

27 Ebenda, S. 13. Eine – wegen ihrer publizistischen Wirkung – große Rolle spielte hierbei die Kritik von John Maynard Keynes am Versailler Vertrag in seinem Buch The Economic Consequences of the Peace, London 1920. Vgl. auch Keynes' Beitrag *Die Ausführungen des Vertrages und die Volksabstimmungen* in dem Sammelband: Der Vertrag von Versailles, München 1978, S. 398, in dem er u. a. hervorhebt (S. 399), daß die internationale Gerechtigkeit und die »fix und fertige Juristen-Gerechtigkeit des Amtsgerichts« zwei grundverschiedene Dinge seien.

meinsame Forderung nach einer Bestrafung mutmaßlicher deutscher Kriegsverbrecher bedeutete dies, daß die britische Regierung weitaus stärker als die französische bereit war, den deutschen Behauptungen, im Falle einer Auslieferung drohe eine ernsthafte nationale Krise, Glauben zu schenken.[28] Das britische Parlament beschloß daher im Dezember 1919 einstimmig, die von Großbritannien eingebrachte Liste mit den mutmaßlichen deutschen Kriegsverbrechern zu reduzieren.[29] Daß Frankreich auf den ersten Entwurf der Auslieferungsliste einige tausend und auf den zweiten Entwurf immer noch über 800 Namen gesetzt hatte, stieß auf Unverständnis. Und daß es daran festgehalten hatte, auch die Auslieferung von Hindenburg, Bethmann Hollweg oder Ludendorff zu fordern, wurde von britischer Seite als eine Ungeschicklichkeit ersten Ranges gewertet. Ein Beobachter beschrieb die Reaktion des britischen Premiers Lloyd George mit den Worten: »Er wußte nicht, welche Verbrechen ihnen vorgeworfen wurden. Alles, was er wußte, war, daß die Forderung nach Kapitulation und dann noch nach einer strafrechtlichen Verfolgung Hindenburgs durch ein Tribunal von dessen Feinden etwas war, das keine Nation akzeptieren könnte, so zerstört und besiegt sie auch immer sein mag.«[30]

Nach französischer Auffassung stand jedoch mehr auf dem Spiel. Ob diplomatisch ungeschickt oder nicht, ein wie auch immer geartetes Nachgeben in der Auslieferungsfrage wäre ein verhängnisvolles Signal, eine »défaillance redoutable«, und eine Gefahr für das gesamte Vertragswerk von Versailles. Deutschland würde, dessen war sich die französische Politik sicher, jeden Moment alliierter Schwäche und Uneinigkeit zur Revision des Vertrages nutzen. Ein alliierter Verzicht auf die Auslieferung von Kriegsverbrechern, während des Krieges und nach dem Krieg oft genug zur unabdingbaren Bedingung für einen Friedensschluß erklärt, würde auch andere Vertragsbedingungen zur Disposition stellen.[31]

---

28 In Anlehnung an die Fairplay-Regel: »Don't kick a man when he is down.« Vgl. Steinbach, Revision oder Erfüllung, S. 4, 14; Schwengler, Versailler Vertrag, Völkerrecht und Auslieferungsfrage, S. 335ff.; Willis, Prologue to Nuremberg, S. 122ff.

29 In einer Zusammenfassung der Kabinettssitzung hieß es: »It was pointed out that the great object of these Articles in the Treaty of Peace with Germany was their moral effect. To produce this effect a very small liest was sufficient [...].« Die Reduzierung von 97 auf 7 Beschuldigungen fand allerdings erst nach der Übergabe der alliierten Auslieferungsliste statt. Das Zitat findet sich bei Steinbach, Revision oder Erfüllung, S. 14.

30 Zit. n. ebenda, S. 27; vgl. auch Willis, Prologue to Nuremberg, S. 123.

31 Vgl. Alan Kramer, *Versailles, deutsche Kriegsverbrechen und das Auslieferungsbegehren der Alliierten 1919/20*, in: Wolfram Wette, Gerd R. Ueber-

Als Mitte Februar 1920 eine alliierte Konferenz in London stattfand, standen sich also der französische Integritätsanspruch des Versailler Vertrages und die britische Revisionsbereitschaft diametral gegenüber. Da die USA an der Konferenz nicht teilnahmen, fiel Italien als weiterer Großmacht eine besondere Rolle zu, und die italienische Position gab schließlich auch den Ausschlag: Es sollte vorläufig auf die Auslieferung deutscher Soldaten und Politiker verzichtet werden und es Deutschland überlassen bleiben, die Beschuldigten selbst vor Gericht zu stellen. Auf diese Weise würde der Bestrafungsanspruch nicht aufgegeben und zugleich eine »edle Geste« gezeigt werden.[32]

Ob nun wirklich, wie von deutscher Seite häufig behauptet wurde,[33] bei einem Beharren auf der Auslieferungsforderung die Gefahr sozialer oder revolutionärer Unruhen so groß gewesen wäre, daß gar eine »Bolschewisierung« Deutschlands gedroht hätte, kann heute schwerlich geklärt werden, sicher ist aber, daß auch unter den Alliierten dieser Eindruck bestand und deutscherseits gefördert wurde. Mehr akademischer Natur war in diesem Zusammenhang das Argument, wonach schon die Voraussetzung für das Auslieferungsverlangen nicht gegeben sei, weil der Versailler Vertrag unter Zwang unterzeichnet worden[34] und damit ungültig

---

schär (Hg.), Kriegsverbrechen im 20. Jahrhundert, Darmstadt 2001, S. 81; eine große Rolle spielte bei dieser Haltung selbstverständlich auch die öffentliche Meinung in beiden Ländern. Während in Frankreich, das Kriegsschauplatz gewesen war, der Krieg noch sehr präsent war, zeigte sich die britische Öffentlichkeit zunehmend gleichgültiger gegenüber dem alliierten Vorhaben einer Bestrafung von Kriegsverbrechern. Vgl. Steinbach, Revision oder Erfüllung, S. 17, 23, 29.

32 Ebenda, S. 29.

33 Vgl. die Aufzeichnungen im NL Lersners, BAK, KLE 591, Bd. 13, S. 659, 665: »Bei Auslieferung der auf der Liste stehenden weltbekannten, vortrefflichen Männer werden Ströme von Blut fliessen, Revolution und furchtbarer Kampf in der Heimat ausbrechen.« Siehe auch die kurze Situationseinschätzung bei Carl Zuckmayer, Als wär's ein Stück von mir. Horen der Freundschaft, 30. Aufl., Frankfurt am Main 1999, S. 306.

34 Am 7. Mai 1919 wurde der unter Führung von Außenminister Graf Brockdorff-Rantzau stehenden deutschen Delegation in Versailles der Friedensvertrag – ein Buch mit 440 Artikeln – übergeben. Als Deutschland sich weigerte, den Vertrag zu unterzeichnen, setzten die Alliierten ihm ein auf sieben Tage befristetes Ultimatum zur Vertragsannahme, andernfalls würde Deutschland besetzt werden. Die neue Regierung Bauer erklärte sich dann zur Unterzeichnung des Vertrages bereit, wollte damit jedoch keine Verpflichtung aus den sogenannten Strafbestimmungen übernehmen. Die Alliierten wiesen diesen Vorbehalt zurück, und am 28. Juni 1919 wurde der Vertrag von dem neuen deutschen Außenminister Müller und Verkehrs- und Kolonialminister Bell in

sei.[35] Doch war dies ein wenig überzeugendes Argument, und zu Recht verblieb die Diskussion darüber hauptsächlich in den juristischen Fachzeitschriften. Daß sich beim Abschluß eines Friedensvertrages der unterlegene Staat in einer Zwangslage befindet, liegt in der Natur der Sache und ist alles andere als ungewöhnlich. Eine Nichtigkeit des Vertrages wurde und wird daraus völkergewohnheitsrechtlich nicht gefolgert, sofern nicht gegen den vertragsschließenden Vertreter des unterlegenen Staates Zwang ausgeübt worden ist.[36] Dies ist jedoch in Versailles nicht geschehen.

Auch wenn man auf das Argument eines völkerrechtlichen Betrugs abstellt – die Entente habe im Versailler Vertrag Friedensbedingungen diktiert, die dem Friedensvertrag vom 11. November 1918 widersprächen –,[37] kann daraus nicht die Nichtigkeit des Friedensvertrages gefolgert werden. Deutschland hat den Friedensvertrag ohne einen ausdrücklichen Vorbehalt unterzeichnet, was nichts anderes bedeutet, als daß auf das in den vorangegangenen Notenwechseln behauptete Recht auf einen dem Vorvertrag entsprechenden Friedensvertrag verzichtet wurde.[38] Außerdem – und dies macht die widersprüchliche oder rein propagandistische Nutzung des Arguments von der Unwirksamkeit des Versailler Vertrages deutlich – hat Deutschland selbst den rechtlichen Weg für eine Ausführung der Artikel 228–230 des Vertrages bereitet: Zwar hat es den

---

Versailles unterzeichnet. Vgl. dazu u.a. Kaul, *Die Verfolgung deutscher Kriegsverbrecher nach dem ersten Weltkrieg*, S. 20f.; Franz von Liszt, Das Völkerrecht, 12. Aufl., bearb. von Max Fleischmann, Berlin 1925, S. 54ff.

35 Von einer widerrechtlichen Drohung zur Unterzeichnung des Friedensvertrages mit der Folge seiner Anfechtbarkeit spricht z.B. Ernst Beling, *Versailler Friede und deutsche Rechtspflege*, in: FS Otto Liebmann, Berlin 1920, S. 15–21; ebenso Zitelmann, *Die Gültigkeit des Versailler Vertrages*, in: DJZ 1923, Sp. 6. Auf Widersprüche im Vertrag weist hin: Walter Schätzel, *Rechtliche Unmöglichkeit des Versailler Vertrages*, in: DJZ 17/18 (1920), Sp. 686–690. Eine Zusammenfassung der Argumente und einen Überblick über die Literatur gibt Ernst Woermann, *Das Diktat von Versailles*, in: Hans Frank, Nationalsozialistisches Handbuch für Recht und Gesetzgebung, München 1935, S. 159–197.

36 Theodor Niemeyer, *Der Versailler Vertrag und seine Revisionsmöglichkeit*, in: Schnee/Draeger (Hg.), Zehn Jahre Versailles. Bd. 1: Der Rechtsanspruch auf Revision, S. 133 (140). Zur identischen heutigen Rechtslage vgl. das »Wiener Abkommen über das Recht der Verträge« (BGBl. 1985 II, 927), insbesondere dessen Art. 51 (Zwang gegen einen Staatenvertreter).

37 So z.B. Professor N. Gjelsvik (Kristiana) und Professor von Kirchenheim (Heidelberg), *1. und 2. Gutachterliche Äußerung von Völkerrechtslehrern über die Rechtsungültigkeit des Versailler Vertrages*, in: DJZ 1922, Sp. 641–644.

§ 9 StGB a. F. (»Kein Deutscher darf einer ausländischen Regierung zur Verfolgung oder Bestrafung überliefert werden«) in der neuen Weimarer Reichsverfassung (WRV) vom 11. August 1919 in den Rang eines Grundrechts erhoben (Art. 112 Abs. 3), doch war dem Friedensvertrag in Art. 178 Abs. 2 Satz 2 WRV ein Vorrang gegenüber anderslautenden Verfassungsbestimmungen eingeräumt worden. Das verfassungsrechtlich verankerte Auslieferungsverbot war damit rechtlich gesehen lediglich eine Demonstration, das heißt, eine Auslieferung konnte nicht rechtlich, sondern nur politisch verhindert werden. Neben allen Bemühungen zur Vermeidung von politischen oder sozialen Unruhen kam es daher auch darauf an, eine günstigere atmosphärische Ausgangslage für die Verhandlungen mit den Alliierten zu schaffen. Dies versprach sich die deutsche Politik – mit Erfolg, wie der vorläufige Verzicht auf die Auslieferung dann zeigte – insbesondere von den folgenden drei Maßnahmen:

Zum ersten wurde am 20. August 1919 ein Untersuchungsausschuß gemäß Artikel 34 WRV eingesetzt, der sich mit der Frage nach der Schuld am Kriege beschäftigen und auch die von alliierter Seite erhobenen Vorwürfe der deutschen Schuld im Kriege klären sollte, letzteres in die Frage gekleidet, »ob in der militärischen und wirtschaftlichen Kriegführung Maßnahmen angeordnet oder geduldet worden sind, die Vorschriften des Völkerrechts verletzt haben oder über die militärische und wirtschaftliche Notwendigkeit hinaus grausam und hart waren«.[39] Wegen der Komplexität der Aufgabe wurden im September 1919 vier Unterausschüsse gebildet, von denen die Unterausschüsse drei und vier die möglicherweise von Deutschen begangenen Verletzungen des Kriegsrechts zu prüfen hatten (Untersuchungsthema des 3. Ausschusses waren die kriegerischen Maßnahmen; die wirtschaftlichen Kriegsmaßnahmen an der Front und im besetzten Gebiet waren dem Kompetenzbereich des 4. Ausschusses überwiesen).[40]

---

38 Niemeyer, *Der Versailler Vertrag und seine Revisionsmöglichkeit*, S. 148.

39 Vgl. dazu: Deutscher Reichstag (Hg.), Völkerrecht im Weltkrieg, 1. Bd., Berlin 1927, S. 3. Allgemein zum Untersuchungsausschuß und den politischen Auseinandersetzungen vor seiner Einsetzung und während seiner Tätigkeit: Ulrich Heinemann, *Kriegsschuldfrage und politische Justiz – Der Staatsgerichtshof für die Kriegsschuldigen 1919/20*, in: DuR 2 (1984), S. 165–175.

40 Der 1. Unterausschuß beschäftigte sich mit den Vorgängen, die zum Ausbruch des Krieges geführt hatten; der 2. Unterausschuß ging der Frage nach, inwieweit während des Krieges die Möglichkeit bestanden hatte, zu einem Verständigungsfrieden vor allem mit Großbritannien und Frankreich zu gelangen. Vgl. Deutscher Reichstag (Hg.), Völkerrecht im Weltkrieg, 1. Bd., S. 4. Ursprünglich war geplant, die Untersuchung möglicher Verbrechen im Krieg und der Schuld am Krieg einem noch zu schaffenden Staatsgerichtshof zuzu-

Zum zweiten hatte schon der Rat der Volksbeauftragten am 13. November 1918 auf die Initiative des Staatssekretärs Matthias Erzbergers hin eine »Verordnung über Zusammensetzung und Geschäftsgang der Kommission zur Untersuchung der Anklagen wegen völkerrechtswidriger Behandlung der Kriegsgefangenen in Deutschland« erlassen. Der Kommission wurde die Aufgabe übertragen, den Sachverhalt offizieller Beschwerden der gegnerischen Regierungen über die Behandlung von Kriegsgefangenen in Deutschland aufzuklären und die Verantwortlichen für die Verfehlungen festzustellen. Die Untersuchungen und die vorgesehenen öffentlichen Verhandlungen, zu denen beglaubigte Vertreter der betroffenen gegnerischen Regierung zugelassen waren, sollten sich nach den Vorschriften der Strafprozeßordnung richten. Zur Ahndung von »Disziplinarvergehen oder ähnlicher völkerrechtswidriger Behandlung der Kriegsgefangenen« stand der Kommission und den aus ihrer Mitte gebildeten Spruchkammern die Befugnis zu, den oder die Schuldigen aus dem Heere zu entlassen. Bei Feststellung einer strafbaren Handlung sollte die Sache an das zuständige Gericht abgegeben werden.

Mit dem Völkerrechtler Walther Schücking ernannte die Reichsregierung einen Juristen zum Vorsitzenden der Kommission, nach dem sie dann benannt wurde (Kommission Schücking).[41] Zu den Mitgliedern der Kommission wurden namhafte Persönlichkeiten verschiedener Parteizugehörigkeit und sachverständige Mitarbeiter aus verschiedenen Reichsbehörden berufen.[42] Die Kommission begann im Dezember 1918 mit ihren Ermittlungen, und schon im Januar 1919 waren erste Untersuchungen ab-

---

weisen. Ein Staatsgerichtshof wurde 1921 auch gebildet (gem. Art. 108 WRV), doch handelte es sich dabei um einen Verfassungsgerichtshof mit entsprechend anderem Aufgabenbereich (vgl. das Staatsgerichtshofgesetz in RGBl. 1921, 907). Zur Diskussion über die Schaffung eines Staatsgerichtshofs siehe Heinemann, *Kriegsschuldfrage und politische Justiz*, S. 171ff.; Heinrich Triepel, *Der Entwurf des Reichsgesetzes über die Errichtung eines Staatsgerichtshofs*, in: DJZ 1919, Sp. 366–374; Wilhelm Kahl, *Untersuchungsausschuß und Staatsgerichtshof*, in: DJZ 1920, Sp. 1–7; Gustav Wilke, *Die Staatsgerichtshöfe für das Deutsche Reich*, in: DJZ 1921, Sp. 587–590.

41 RGBl. 1918, 1388–1390; PA Bonn, R 24324, Bl. 4ff.; Schwengler, Völkerrecht, Versailler Vertrag und Auslieferungsfrage, S. 146f.

42 Mitglieder der zehnköpfigen Kommission waren u. a. Eduard Bernstein (USPD, Beigeordneter im Reichsschatzamt), Rechtsanwalt Dr. Cohn (USPD, Beigeordneter im Reichsjustizamt), Heinrich Prinz zu Schönaich-Carolath (Nationalliberale Partei/DDP), ein Vertreter der Rechtsabteilung des Auswärtigen Amtes (Wirklicher Geheimer Legationsrat Dr. Eckardt) sowie ein Offizier aus dem preußischen Kriegsministerium (Oberst von Fransecky). Vgl. PA Bonn, R 24324, Bl. 6ff.

geschlossen und Urteile verkündet, in denen aber nur in einigen Fällen festgestellt wurde, daß in der Behandlung der Kriegsgefangenen dem Deutschen Reich anzulastende Völkerrechtsverletzungen vorlägen.[43]

Zum dritten hatte die Verfassunggebende Deutsche Nationalversammlung am 18. Dezember 1919 ein »Gesetz zur Verfolgung von Kriegsverbrechen und Kriegsvergehen« beschlossen.[44] Es sah in § 1 vor, daß bei Verbrechen oder Vergehen, die ein Deutscher im In- oder Ausland während des Krieges und bis zur Unterzeichnung des Versailler Vertrages am 28. Juni 1919 gegen feindliche Staatsangehörige oder gegen feindliches Vermögen begangen habe, das Reichsgericht in erster und letzter Instanz zuständig sei. § 2 des Gesetzes verpflichtete den Oberreichsanwalt, abweichend von dem sonst vorherrschenden Territorialprinzip die strafbaren Handlungen der genannten Art auch dann zu verfolgen, wenn die Tat im Ausland begangen und durch die Gesetze des Ortes, wo sie begangen ist, mit Strafe bedroht sei. § 6 bestimmte die Zulässigkeit der Nebenklage für den Verletzten oder, im Falle seines Todes, für die Erben und gab dem Reichsjustizminister die Befugnis, auch andere Personen als Nebenkläger zuzulassen.

In der Begründung zum Gesetzentwurf schrieb der Reichsjustizminister Schiffer, mit dem Gesetz solle »vor der breitesten Öffentlichkeit unzweideutig zum Ausdruck gebracht werden, daß unter allen Umständen für die Strafverfolgungsbehörden die Verpflichtung besteht, Deutschen zur Last gelegte Verbrechen oder Vergehen [...] ausnahmslos zu verfolgen«. Und mit Blick auf die Alliierten fügte er hinzu: »Das hohe Ansehen, welches das höchste deutsche Gericht in allen Kulturstaaten genießt, bietet volle Gewähr dafür, daß ohne Rücksicht auf die Person nur der Gerechtigkeit Geltung werden soll.«[45]

Die sogenannte »Probeliste«

Mit dem vorläufigen Verzicht auf die Auslieferung war aus deutscher Sicht der erste Schritt zur Revision des Versailler Friedensvertrages getan. Freiherr von Lersner sollte einige Jahre später festhalten: »An der Einig-

---

43 Zur Arbeit und zu den Tätigkeitsberichten der Kommission vgl. weiter unten, S. 326ff.

44 RGBl. 1919, 2125.

45 Vgl. BAL, R 3003 ORA/RG, Generalia, Bd. 46, Bl. 7f. Mit Telegramm vom 15.12.1919 ersuchte das Auswärtige Amt daher auch deutsche Gesandtschaften in neutralen Ländern, dort für eine günstige Aufnahme des Gesetzes zu sorgen, vgl. PA Bonn, R 48415.

PREMIÈRE LISTE
DES PERSONNES DÉSIGNÉES
PAR LES PUISSANCES ALLIÉES
POUR ÊTRE JUGÉES
PAR
LA COUR SUPRÊME DE LEIPZIG.

	NOMS.	GRADE, QUALITÉ, IDENTITÉ.	NATURE DE L'INFRACTION.
1	**Patzig** (Helmut).......... (Liste anglaise, n° 9.)	Oberleutnant zur See, commandant du sous-marin *U-86*...............	Coupable d'avoir torpillé sans avertissement et coulé dans des circonstances d'une extraordinaire brutalité le navire hôpital anglais *Llandovery Castle*, le 27 juin 1918.
2	**Neumann** (Karl).......... (Liste anglaise, n° 19.)	Oberleutnant zur See, commandant du sous-marin *UC-67*.............	Coupable d'avoir torpillé sans avertissement et coulé dans des circonstances d'une extraordinaire brutalité le navire hôpital anglais *Dover Castle*, le 26 mai 1917.
3	**Werner** (Wilhelm)........ (Liste anglaise, n° 11.)	Kapitänleutnant, commandant du sous-marin *U-55*..................	Coupable d'avoir torpillé sans avertissement et coulé dans des circonstances d'une extraordinaire brutalité le navire hôpital anglais *Torrington*, le 8 avril 1917.
			Coupable d'avoir traité avec inhumanité des prisonniers anglais dans le camp de Flavy-le-Martel (Noël 1917 à novembre 1918). Il n'y avait pas d'installation convenable; 1,200 prisonniers étaient répartis en 3 baraquements et les hommes devaient coucher sur le sol humide sans lit, ni paille, ni couvertures. Pour les soins de propreté, il n'y avait qu'un abreuvoir dont l'eau n'était renouvelée que tous les quinze jours. Les baraques étaient sales et les hommes couverts de vermine. Les latrines étaient en nombre insuffisant et aucune corvée sanitaire n'était formée, quoique souvent demandée. La dysenterie régnait et les hommes mouraient de faim. Il y avait jour-

LEIPZIG. — 1re LISTE. 2

Auszug aus der »Probeliste«
BAL, R 3003, ORA/RG, Generalia, Bd. 56, Bl. 4

keit des deutschen Volkes zerbrach diese erste große Forderung, die die Entente-Regierungen auf Grund des Versailler Diktats an uns stellten, wie Glas an einem Fels.«[46]

Am 7. Mai 1920 erhielt die Reichsregierung eine neue Liste mit den Namen von 45 der Begehung von Kriegsverbrechen Beschuldigten, genannt »Première liste des personnes désignées par les Puissances alliées pour être jugées par la Cour suprème de Leipzig«. In einer begleitenden Note wurde die Reichsregierung noch einmal unmißverständlich auf ihre übernommene Verpflichtung hingewiesen, für die Strafverfolgung der Beschuldigten und die gerechte Ahndung der ihnen vorgeworfenen Verbrechen Sorge zu tragen. Die Note enthielt auch wieder die Mahnung, daß die alliierten Mächte unter Geltendmachung ihrer Vorbehalte die Beschuldigten vor ihre eigenen Gerichte fordern würden, sollten sie den Eindruck gewinnen, daß deutscherseits vorgeschlagene Verfahren verfolge nur den Zweck, die Inkriminierten der verdienten Bestrafung zu entziehen. Die Liste sei, wie es inoffiziell hieß, eine Probeliste (*liste d'épreuve*), um den guten Willen Deutschlands zu prüfen. Eine Einmischung in die Ermittlungstätigkeiten, in die Gerichtsverfahren und in die Strafverfolgung allgemein werde es seitens der Alliierten nicht geben.[47]

Die Liste mit den 45 Namen war von einer »interalliierten gemischten Kommission« (*Commission mixte interalliée*) erstellt worden und enthielt ausschließlich die Namen von Personen, denen aus Sicht der Alliierten ganz zweifellos die Begehung von Kriegsverbrechen vorzuwerfen war und deren Beschuldigung weder politisch motiviert noch juristisch strittig erscheinen konnte. Belgien wollte 15 Personen auf der Anklagebank in Leipzig sehen, Frankreich 11, England 7, Italien 5, Polen 3, Rumänien 3 und der serbisch-kroatisch-slowenische Staat eine Person.[48] Bekannte Namen wie Hindenburg, Ludendorff oder Tirpitz standen nicht auf der Liste, was darauf hindeutet, daß die deutsche Kriegführung zu Lande und zu Wasser nicht als schlechthin völkerrechtswidrig dargestellt werden sollte. Vorwürfe gegen die deutsche Luftkriegführung fehlten auf der er-

---

46 Zit. n. Lersner, *Die Auslieferung der deutschen »Kriegsverbrecher«*, S. 27; vgl. auch Steinbach, Revision oder Erfüllung, S. 32.

47 Vgl. die Note Millerands in Klaus/Rödiger, Urkunden zum Friedensvertrage von Versailles, Bd. 2, S. 954; Schwengler, Völkerrecht, Versailler Vertrag und Auslieferungsfrage, S. 341ff.; Kaul, *Die Verfolgung deutscher Kriegsverbrecher nach dem ersten Weltkrieg*, S. 28f.

48 Die Liste ist auf französisch abgedruckt in BAL, R 3003, ORA/RG, Generalia, Bd. 56, o. S.

sten Liste ebenfalls, ganz im Gegensatz zur ursprünglichen sogenannten großen Liste.[49]

Die Tatvorwürfe waren derart, daß sie auch einem unvoreingenommenen Leser als strafwürdige Verbrechen erscheinen mußten: Die britische Regierung klagte drei U-Boot-Kommandanten an, Lazarettschiffe versenkt zu haben, und warf vier Soldaten die Mißhandlung von Kriegsgefangenen vor. Die französische Regierung beschuldigte Generalleutnant a. D. Stenger und Offiziere des ihm vormals unterstellten Infanterieregiments, Befehle gegeben zu haben, keine Gefangenen zu machen. Der ehemalige Gouverneur von Metz, General der Infanterie a. D. von Oven, war nach französischer Ansicht verantwortlich für Ausschreitungen (Erschießung von Zivilpersonen, Inbrandsetzen von Gebäuden und Plünderungen), die bayerische Truppen Ende August 1914 bei Kämpfen um verschiedene lothringische Gemeinden im Departement Meurthe-et-Moselle begangen haben sollten. Frankreich warf weiterhin den Generalmajoren a. D. Kruska und von Schack vor, mindestens fahrlässig – wenn nicht vorsätzlich – die Ausbreitung einer Typhusepidemie im Gefangenenlager Kassel begünstigt zu haben und dadurch für den Tod von über 3000 Kriegsgefangenen verantwortlich zu sein. Die italienische Regierung beschuldigte unter anderem Kaptitänleutnant Lothar von Arnauld de la Perrière, als U-Boot-Kommandant ein italienisches Handelsschiff vor Eintritt des Kriegszustandes zwischen Italien und dem Deutschen Reich und zwei weitere innerhalb der spanischen Hoheitsgewässer versenkt zu haben. Belgien forderte die Strafverfolgung von Generalfeldmarschall von Bülow, dem ehemaligen Oberbefehlshaber der 2. Armee, sowie von Offizieren seiner Einheiten wegen Ausschreitungen (Erschießung von mehreren hundert Zivilpersonen, Inbrandsetzung von Gebäuden und Plünderungen), die im August 1914 in den Gemeinden Andenne und Seilles (Dinant) bei der Erzwingung des Übergangs über die Meuse vorgefallen sein sollten. Das übrige Anklagematerial, auch sofern es von der polnischen, der rumänischen oder der Regierung des serbisch-kroatisch-slowenischen Staates vorgebracht wurde, beschrieb ebenfalls Vorkommnisse, die *prima facie* als schwerwiegende Übergriffe gegen die Zivilbevölkerung in den besetzten Gebieten und gegenüber den Kriegsgefangenen erschienen (Erschießungen, Raub und Plünderungen, Mißhandlungen von Gefangenen).

---

49 Auf der großen Liste ging es in erster Linie um die Beschießung offener Städte von Luftschiffen aus, vgl. dazu unten, S. 471ff.

Vom Beginn der Ermittlungen bis zum ersten Verfahren vor dem Reichsgericht

Bereits am 10. Februar 1920, also gut eine Woche vor Bekanntgabe des alliierten Verzichts auf die Auslieferung, hatte Reichsjustizminister Schiffer zur Bekräftigung der deutschen Selbstverpflichtung den Oberreichsanwalt in Leipzig angewiesen, die Ermittlungen gegen die in der Auslieferungsliste bezeichneten Personen aufzunehmen. Auch wenn die Siegermächte ihre Auslieferungsforderung zurückziehen sollten, werde, so Schiffer, gegen jeden Beschuldigten ein Gerichtsverfahren eröffnet, sofern die Beweislage es zulasse.[1] Gleichwohl sollte es noch fast ein Jahr dauern, bis der erste Prozeß vor dem Reichsgericht eröffnet wurde. Und dann war es noch, anders als die Alliierten erwartet hatten, ein Prozeß gegen drei einfache Soldaten, die auf keiner Liste aufgeführt waren. Was die Listenfälle anbelangt, so fehlte es lange Zeit an Beweismitteln für die Begehung der vorgeworfenen Taten. Außerdem bedurfte es unter anderem noch einer personellen Aufstockung der Reichsanwaltschaft sowie der Verabschiedung zweier Gesetze, die das »Gesetz zur Verfolgung von Kriegsverbrechen und Kriegsvergehen« vom 18. Dezember 1919 ergänzten.

Der Aufruf an die Beschuldigten und weitere Maßnahmen

Am 27. Februar 1920 erschien im *Reichs- und Staatsanzeiger* und in vielen Tageszeitungen eine vom Oberreichsanwalt gezeichnete Anzeige folgenden Wortlauts: »Auf Grund des Reichsgesetzes zur Verfolgung von Kriegsverbrechen und Kriegsvergehen vom 18. Dezember 1919 ersuche ich alle diejenigen Herren, denen bekannt ist, daß ihre Namen auf der Auslieferungsliste stehen, mir umgehend Aufenthaltsort und Wohnung anzuzeigen.«[2]

Die Resonanz auf den Aufruf war sehr gering.[3] Weit zahlreicher waren

---

1 Schwengler, Völkerrecht, Versailler Vertrag und Auslieferungsfrage, S. 308.

2 »Aufruf an die auf der Auslieferungsliste stehenden Personen«, in: BAL, R 3003, ORA/RG, Generalia, Bd. 50, Bl. 28.

3 In den Akten des Oberreichsanwalts findet sich gerade mal eine Handvoll Reaktionen auf den Aufruf, darunter – vermutlich aus Gründen der Solidarität – auch solche von ehemaligen Soldaten, die auf keiner Auslieferungsliste stehen.

Zuschriften, in denen heftige Kritik an der Reichsregierung geäußert wurde, die man einer zu großen Nachgiebigkeit verdächtigte. Die Schmach der Strafbestimmungen sei nicht aus der Welt geschaffen, vielleicht sei der Zwang, die von der Entente Beschuldigten von deutschen Richtern aburteilen lassen zu müssen, sogar schmachvoller, ganz zu schweigen von der ehrverletzenden Anmaßung der Sieger, die Urteile des Reichsgerichts einer Überprüfung unterziehen zu wollen.[4] Was allen voran die deutschnationale *Neue Preussische Zeitung* (*Kreuz-Zeitung*) als eine »Zumutung, die uns in endgültige Sklaverei der Sieger bringen soll«,[5] empfand, übersetzte sich in anonymen Schreiben an den Oberreichsanwalt in Aufforderungen wie: »Halten Sie in Ihrem Gewissen Einkehr, vielleicht bereuen Sie es im Grabe, wenn die deutsche Geschichte Sie einst an den Pranger stellt, und unsere Enkel über unsere namenlose Handlungsweise am eigenen Volke empörend ›Pfui, – vor unseren Vorfahren!‹ rufen.« Warnend fügte der Schreiber hinzu: »Einst tagt der Morgen, wo die geknechteten Menschen zu Hyänen werden! Denken Sie an mein Wort!!!!«[6] Andere forderten nicht nur Verweigerung, sondern von Staats wegen nachhaltige Solidarität mit den Beschuldigten: »[J]eder, welcher im Felde stand und seine Pflicht tat für sein Vaterland, [verdient] *voll und ganz den Schutz jeder deutschen Behörde.*«[7] Schon einmal, so der dahinterstehende Vorwurf, habe die Reichsregierung versagt, und zwar in der Frage der deutschen Kriegsgefangenen: Tausende seien sogar noch 1920 von Belgien und Frankreich zurückgehalten und eine ganze Reihe Deutscher sei in den besetzten Gebieten verhaftet und von französischen oder belgischen Gerichten wegen der Begehung angeblicher Kriegsverbrechen angeklagt worden.[8] Die verhängten Strafen summierten sich allein in Frankreich auf 764 Jahre Zuchthaus.[9] Erst die Zurückhaltung, Ver-

---

Vgl. z. B. das Schreiben des Generals der Infanterie z. D. von Goeringer, ebenda, Bl. 35.

4 Schwengler, Völkerrecht, Versailler Vertrag und Auslieferungsfrage, S. 317.

5 Zit. n. Kaul, *Die Verfolgung deutscher Kriegsverbrecher nach dem ersten Weltkrieg*, S. 27. Alfred Kerr nannte die *Kreuz-Zeitung* ein »konservatives Blatt beschränkter Observanz«, vgl. ders., Wo liegt Berlin?, 3. Aufl., Berlin 1997, S. 216.

6 BAL, R 3003, ORA/RG, Generalia, Bd. 52, Bl. 178.

7 Vgl. z. B. bJ 889/20 (Bollmann, Trummel, Steinhäuser, Beyer), Bd. 1, Bl. 28ff. Hervorhebung im Original.

8 Vgl. die vorläufige Liste mit über 100 Namen, in: BAL, R 3003, ORA/RG, Generalia, Bd. 50, Bl. 160–169; siehe auch Generalia, Bd. 52, Bl. 146. Zu diesem Punkt siehe weiter unten S. 481ff.

9 Vgl. den Artikel in den »Münchner Neuesten Nachrichten« vom 19./20.3.1921, dessen Abschrift sich in Generalia, Bd. 52, Bl. 250 VS/RS befindet.

haftung und Aburteilung deutscher Soldaten durch Entente-Staaten, dann noch einmal das gleiche, nun aber mit deutscher Unterstützung und in Deutschland selbst – nach Ansicht vieler eine zweifache Demütigung, die das Maß des Hinnehmbaren deutlich überschritt.

Die Reichsanwaltschaft schien das alles allerdings wenig zu beeindrucken.[10] In einer Verfügung ordnete Oberreichsanwalt Zweigert an, daß die Beschuldigungen der Alliierten als eilbedürftig zu behandeln und deshalb mit besonderer Beschleunigung zu bearbeiten seien. Für den Fall einer Einstellung oder Anklageerhebung wünschte er einen Vortrag des Bearbeiters, wie auch in all den Fällen, die wegen der Person des Beschuldigten oder aus sachlichen Gründen von besonderer Bedeutung oder Tragweite sein könnten. Zur Information des Reichsjustizministers erbat er sich jeweils zum 15. eines Monats eine Anzeige zum Verfahrensstand.[11] Schließlich ließ er noch ein Anschreiben nebst drei Anlagen – eine Aufforderung, ein Listenauszug und ein Merkblatt – aufsetzen. Im Anschreiben wurde dem Beschuldigten mitgeteilt, daß sein Name auf der Auslieferungsliste stehe. In der Aufforderung wurde er um die schriftliche Darstellung des Sachverhalts gebeten, wobei man ihn zur Verdeutlichung auf die Entstehungsgeschichte der Artikel 228–230 des Versailler Vertrages sowie auf den für das Reichsgericht infolge des Gesetzes vom 18. Dezember bestehenden Verfolgungszwang hinwies. Das Merkblatt schließlich enthielt nur Rubriken zur Angabe persönlicher Daten und zur Beantwortung von Fragen bezüglich der Beschuldigung, wie: Von welcher deutschen Behörde ist der Vorfall bereits untersucht worden? War ein Gericht mit der Sache befaßt? Ist ein Urteil ergangen?[12]

Da die Auslieferungsforderungen der Siegermächte nach Tatvorwürfen geordnet waren, wurde diesen Tatvorwürfen im Geschäftsverteilungsplan der Reichsanwaltschaft jeweils ein Bearbeiter zugeordnet. Zuständig für den Vorwurf der Plünderung, Gefangenenmißhandlung und einzelner Tötungshandlungen waren die Staatsanwaltsräte Heinrich Lingemann und

---

10 Daß dieser Eindruck nur ein äußerlicher war, machte der spätere (ab April 1921) Oberreichsanwalt Ludwig Ebermayer im Rückblick klar: »[A]uch jetzt noch«, schrieb er 1928, »dreht sich einem das Herz im Leibe herum, wenn man denkt, wie man damals die Mitglieder der Reichsanwaltschaft gezwungen hat, an Hand der von den Feinden zusammengetragenen, haßerfüllten Beschuldigungen Anklagematerial zu suchen gegen unsere eigenen Leute bis hinauf zu den verdientesten Heerführern und sie, wenn der Tatbestand eines sog. völkerrechtswidrigen Verhaltens gegeben war, vor Gericht zu stellen.« Zit. n. ders., *Fünf Jahre Oberreichsanwalt*, in: DJZ 1928, Sp. 34.

11 Vgl. Abschrift der Verfügung vom 21. Februar 1920, in: BAL, R 3003, ORA/RG, Generalia, Bd. 50, Bl. 4.

12 Ebenda, Bl. 15–20.

Karl Schneidewin. Bei Schneidewin kamen noch die Beschießung offener Städte und die im Zusammenhang mit dem uneingeschränkten U-Boot-Krieg erhobenen Vorwürfe wie warnungslose Torpedierung oder Grausamkeit bei der Versenkung von Schiffen hinzu. Beide waren sogenannte »Hilfsarbeiter« der Reichsanwaltschaft.[13] Lingemann, 1880 geboren, 1917 kurzfristig zur Reichswehr einberufen, wurde im Februar 1920 zur Reichsanwaltschaft abgeordnet und blieb dort bis zum 1. Oktober 1926, als er Landgerichtsdirektor in Wiesbaden wurde.[14] Schneidewin, 1887 geboren, von 1915 bis 1917 Kriegsgerichtsrat in Hannover, wurde im November 1921 der Reichsanwaltschaft als »Hilfsarbeiter« überwiesen. Er war bis zur Auflösung der Reichsanwaltschaft im Jahr 1945 dort beschäftigt, zuletzt in der Position eines Reichsanwalts.[15] Unterstützt wurden beide von Reichsgerichtsrat Karl Sethe und von Landgerichtsrat Pauli.[16] Beschuldigungen wie Deportationen, Begehung von Greueltaten oder Verantwortlichkeit für systematische Grausamkeiten Untergebener wurden zwar gewöhnlich von Landgerichtsrat Oeser bearbeitet,[17] doch fielen sie zum großen Teil und immer dann, wenn sie einen größeren Umfang hatten oder hohe Zivil- wie Militärpersonen betrafen, in das Dezernat von Kriegsgerichtsrat Paul Jorns. Jorns, der 1919 als Untersuchungsrichter maßgeblich an der Verdunklung des Mordes an Rosa Luxemburg beteiligt gewesen war, kam 1920 zur Reichsanwaltschaft und avancierte dort 1925 zum Reichsanwalt. Von 1936 bis 1937, dann noch einmal von 1939 bis zu seiner endgültigen Pensionierung 1941 war er leitender Staatsanwalt und später Oberreichsanwalt am Volksgerichtshof. Jorns starb 1942.[18]

---

13 Aufgrund der großen Arbeitsbelastung der Reichsanwaltschaft, die, so Oberreichsanwalt Zweigert, auf ihre Ermittlungstätigkeiten in Sachen Kapp-Putsch zurückzuführen war, wurde von der Behördenleitung ab Juli 1920 die Zuweisung von Juristen an die Reichsanwaltschaft gefordert, da andernfalls nur sehr schleppend Ermittlungen gegen deutsche Militärpersonen durchgeführt werden könnten. Vgl. das Schreiben des Oberreichsanwalts Zweigert an den Staatssekretär im Reichsjustizministerium, Dr. Joël, vom 2.7.1920, in: BAL, R 3003, RG, Generalia, Bd. 100, Bl. 166–167 RS.

14 Vgl. BAL, R 3002, RG/PA 534.

15 Vgl. BAL, R 3002, RG/PA 873.

16 Vgl. zu Sethe BAL, R 3002, RG/PA 799. Sethe wurde zum 1.10.1921 als Oberstaatsanwalt nach Koblenz versetzt. Zu Landgerichtsrat Pauli ist im BAL keine Personalakte vorhanden.

17 Vgl. BAL, R 3002, RG/PA 799. Im März 1923 beendete Oeser seine Tätigkeit in der Reichsanwaltschaft und ging auf eigenen Wunsch zurück an das Landgericht Leipzig.

18 Vgl. Klaus Gietinger, Eine Leiche im Landwehrkanal. Die Ermordung der Rosa L., Berlin 1995, S. 43ff., 127f. Zu Jorns ist im BAL keine Personalakte vorhanden.

Oberreichsanwalt Ludwig Ebermayer
BAK, Bild 183, H 0110/500/2

Leiter der Anklagebehörde und damit Nachfolger des bereits erwähnten Oberreichsanwalts Zweigert war ab dem 1. April 1921 Ludwig Ebermayer, vormals Präsident des Zweiten Strafsenats des Reichsgerichts. Ebermayer blieb bis Mai 1926 Oberreichsanwalt und schied dann wegen Erreichens der Altersgrenze aus dem Justizdienst aus.[19] Sein Stellvertreter war Reichsanwalt Albert Feisenberger, 1873 geboren und formal wegen einer schweren Depression, realiter aber aufgrund seiner jüdischen Abstammung 1934 in den einstweiligen Ruhestand versetzt. Er starb 1935.[20] Untersuchungsrichter in den Verfahren, die in das Stadium der Voruntersuchung gelangten,[21] war, von einer Ausnahme abgesehen, Reichsgerichtsrat Richard Metz. 1865 geboren, war er 1920 zum Reichsgerichtsrat ernannt worden. Ab dem 1.10.1923 war Metz Mitglied im vierten Zivilsenat des Reichsgerichts. Da jüdischer Herkunft, wurde er auf eigenen Antrag 1933 in den Ruhestand versetzt. Er starb im Juli 1945.[22]

---

19 Vgl. BAL, R 3002, RG/PA 190.

20 Vgl. BAL, R 3002, RG/PA 215. Zur Erinnerung: Das nationalsozialistische »Gesetz zur Wiederherstellung des Berufsbeamtentums« wurde am 7. April 1933 erlassen.

21 Nach § 170 Abs. 1 StPO konnte die Staatsanwaltschaft dann, wenn nach ihren Ermittlungen »genügend Anlaß zur Erhebung der öffentlichen Klage« bestand, diese entweder durch einen Antrag auf gerichtliche Voruntersuchung oder durch Einreichung der Anklageschrift bei Gericht erheben. Bei Strafsachen, welche in die Zuständigkeit des Reichsgerichts gehörten (wie nach dem Gesetz vom 18.12.1919 die Kriegsverbrechen), durfte nach § 178 Abs. 1 StPO das Hauptverfahren nur eröffnet werden, wenn eine Voruntersuchung vorausgegangen war.

22 Vgl. BAL, R 3002, RG/PA 600.

Bei ihren Ermittlungen konnte die Reichsanwaltschaft auf die Dienste der »Zentralstelle für Völkerrechtsverletzungen und andere Anschuldigungen militärischer Art« beim Reichswehrministerium (Heeresleitung) zurückgreifen. Die Zentralstelle war durch Verfügung vom 6. März 1920 geschaffen worden und bestand aus zwei Unterabteilungen, der Unterabteilung A unter Leitung von Oberstleutnant von Amsberg mit dem Aufgabenbereich »Untersuchung von Völkerrechtsverletzungen und anderen Anschuldigungen militärischer Art« (Rw. TVA), und der Unterabteilung B, die unter der Leitung von Major Otto von Stülpnagel als »Vermittlungsstelle für parlamentarische Untersuchungsfragen und Gegenpropaganda« (TVB) dienen sollte.[23] Die auch als Instrument der Materialsammlung gedachte »Hauptstelle zur Verteidigung Deutscher vor feindlichen Gerichten« wurde, da ihre Aufgaben künftig von der Zentralstelle wahrgenommen werden sollten, zum 15. April 1920 aufgelöst.[24]

Die Ergänzungsgesetze vom März 1920 und vom Mai 1921

Während die »gemischte interalliierte Kommission« noch die Liste mit den ersten »Probefällen« erstellte, präzisierte die Verfassunggebende Nationalversammlung die rechtlichen Voraussetzungen für die Durchführung der Gerichtsverfahren. Am 24. März 1920 verabschiedete sie ein Ergänzungsgesetz zum einige Monate zuvor in Kraft getretenen »Gesetz zur Verfolgung von Kriegsverbrechen und Kriegsvergehen«,[25] welches in Art. 1 § 1 vorsah, daß der Oberreichsanwalt immer dann, wenn seiner Ansicht nach nicht genügend Anlaß zur Klageerhebung bestand, das Verfahren nicht wie üblich mit einer Einstellungsverfügung beenden konnte (§ 170 StPO), sondern die Akten dem Ersten Strafsenat des Reichsgerichts

---

23 Vgl. BAL, ORA/RG, Generalia, Bd. 50, Bl. 69, 74. Major Otto von Stülpnagel hatte 1919 ein Buch mit dem Titel »Die Wahrheit über deutsche Kriegsverbrechen« veröffentlicht, das feindliche Beschuldigungen widerlegen und zugleich die deutsche Öffentlichkeit sowie die Weltmeinung über die deutsche Kriegführung aufklären sollte. Vgl. BAL, R 3003, ORA/RG, Generalia, Bd. 51, Bl. 25f. Otto von Stülpnagel brachte es bis zum General und war als solcher von Oktober 1940 bis Februar 1942 Militärbefehlshaber in Frankreich. Vgl. Ulrich Herbert, Best. Biographische Studien über Radikalismus, Weltanschauung und Vernunft. 1903–1989, 3. Aufl., Bonn 1996, S. 253, 312ff.

24 BAL, ORA/RG, Generalia, Bd. 50, Bl. 64.

25 RGBl. 1920, 341.

mit dem Antrag auf Einstellung des Verfahrens vorzulegen hatte. Auf diese Weise sollte, so der Berichterstatter in der Nationalversammlung, die Reichsjustizverwaltung in ihrer Verantwortlichkeit entlastet und zugleich demonstrativ das Vertrauen in die Unparteilichkeit des Reichsgerichts herausgestellt werden.[26] Denn für den Fall, daß auch das Reichsgericht die Einstellung beschließen sollte, gab es nun eine zweifache Absicherung; andererseits konnte das Reichsgericht den Oberreichsanwalt aber auch zur Erhebung der öffentlichen Klage anweisen, womit es zu einer Hauptverhandlung kommen würde.

Eine grundlegende und umstrittene Neuerung enthielt Art. 1 § 2 des Ergänzungsgesetzes. Er bestimmte, daß einem Strafverfahren wegen Kriegsverbrechen oder Kriegsvergehen nicht die Gewährung von Straffreiheit, die Verjährung der Strafverfolgung oder ein früheres Verfahren entgegenstünden. Die »Verordnung über eine militärische Amnestie« vom 7. Dezember 1918,[27] die jedoch hauptsächlich Vermögensdelikte betraf,[28] galt damit in den geplanten Verfahren nicht. Kein Hindernisgrund für die Wiederaufnahme des Verfahrens waren nach § 2 Abs. 2 des Gesetzes auch ein rechtskräftiger Freispruch in einem früheren Verfahren oder aber die Verurteilung in einem früheren Verfahren, wenn auf eine Strafe erkannt worden war, die zur Schwere der Tat in einem offenen Mißverhältnis stand. Auch für den Fall, daß ein Verfahren durch einen nicht mehr anfechtbaren Beschluß beendet worden war (Einstellungsbeschluß), konnte gemäß § 2 Abs. 3 bei hinreichendem Tatverdacht die Strafverfolgung wiederaufgenommen werden.

Das Verbot der Doppelbestrafung (*ne bis in idem*) galt damit nicht mehr. Nach diesem Prinzip, das in der StPO nicht genannt war, aber aus ihr herausgelesen werden konnte, wurde das durch eine strafbare Handlung begründete Klagerecht infolge einer dazu ergangenen rechtskräftigen Entscheidung (Urteil, Beschluß) dergestalt verbraucht, daß es nicht mehr von neuem geltend gemacht werden konnte, die erneute Erhebung einer

---

26 Vgl. Wilhelm Kahl, *Das Ergänzungsgesetz zur Verfolgung von Kriegsverbrechen*, in: DJZ 1920, Sp. 337.

27 RGBl. 1918, 1415.

28 Nach § 1 der Amnestieverordnung wurden alle Strafen erlassen, die verhängt worden waren für Übertretungen, für Vergehen (Freiheitsstrafe bis zu 5 Jahren) oder für Verbrechen nach § 243 (schwerer Diebstahl), § 244 (Diebstahl im Rückfall) oder § 264 (Betrug im Rückfall), für die jeweils eine Höchststrafe von bis zu 10 Jahren angedroht war. Für diese Verbrechen griff die Verordnung jedoch nur, wenn der Täter zur Zeit der Tat das 21. Lebensjahr noch nicht vollendet hatte (§ 1 Nr. 3) oder wenn die von Militärgerichten verhängte Freiheitsstrafen nicht mehr als drei Jahre betrug (§ 2 Abs. 1).

Strafklage also nicht möglich war.[29] Daß sie nun durch das Ergänzungsgesetz gleichwohl rechtlich ermöglicht worden ist, stieß insbesondere bei Juristen auf heftige Kritik. Man sah darin einen »Schandfleck« und einen »rechtlichen Wahnsinn«, den Deutschland wie schon den Versailler Vertrag durch einen mit Drohung und Gewalt aufgezwungenen politischen Akt habe akzeptieren müssen.[30]

Die Kritiker des Gesetzes vergaßen oder ignorierten jedoch, daß auch ihre Kritik rein politisch motiviert war. Zur inneren Souveränität eines Staates gehörte damals wie heute die Gesetzgebungskompetenz,[31] das heißt, die Befugnis verfassungsrechtlicher Organe zur Verabschiedung von Gesetzen, sofern die erforderliche Mehrheit vorhanden war. Die Deutsche Nationalversammlung wollte und mußte das Ergänzungsgesetz verabschieden, wenn die Ermittlungen in Sachen Kriegsverbrechen und Kriegsvergehen ernsthaft betrieben werden sollten. Eine allgemeine Regel des Völkerrechts, welche die Durchbrechung des *Ne bis in idem*-Grundsatzes verboten und Deutschland über seine völkerrechtlichen Verpflichtungen aus Art. 4 WRV[32] gebunden hätte, gab es nicht.

Gleichwohl war man bemüht, die Auswirkungen des neuen Gesetzes zu begrenzen: Es sollte nur bei den Beschuldigungen anwendbar sein, die von der Entente gegen Deutsche erhoben worden waren, während das erste Gesetz vom 18. Dezember 1919 sich ausschließlich und allgemein auf die Verfolgung derjenigen Kriegsverbrechen und -vergehen erstrecken sollte, die ein Deutscher während des Krieges im In- und Ausland begangen hatte. Als weitere Eingrenzung des Anwendungsbereichs legte man fest, daß nur solche Beschuldigungen in Frage kommen sollten, die in der von den alliierten Mächten überreichten Liste enthalten waren. Wenn diese Liste von den Alliierten reduziert werden sollte, so fände das neue Gesetz nur auf die in dieser Liste bezeichneten Personen Anwendung. Hinsichtlich der Verfolgung aller übrigen Personen hätte es bei dem älteren Gesetz vom Dezember 1919 sein Bewenden. Diesen Personen gegenüber blieben daher auch die vollen Wirkungen der Amnestie, der Verjährung und der *res judicata* bestehen.[33] Mit anderen Worten: Für die nun der Reichsre-

29 E. Löwe, Werner Rosenberg, Die Strafprozeßordnung für das Deutsche Reich, 16. neubearb. Aufl., Berlin und Leipzig 1925, S. 358ff.

30 An der Spitze der Kritik stand Wilhelm Kahl, Geheimer Justizrat und Mitglied der Nationalversammlung für die DVP, vgl. ders., *Das Ergänzungsgesetz zur Verfolgung von Kriegsverbrechen*, Sp. 338.

31 Gloria, in: Ipsen, Völkerrecht, S. 248ff.

32 Artikel 4 WRV besagte: »Die allgemein anerkannten Regeln des Völkerrechts gelten als bindende Bestandteile des deutschen Reichsrechts.«

33 Vgl. Kahl, *Das Ergänzungsgesetz zur Verfolgung von Kriegsverbrechen*, Sp. 339.

gierung vorliegende Erste Liste mit den Namen von 45 Beschuldigten bildeten das Gesetz vom Dezember 1919 und das Ergänzungsgesetz vom März 1920 die Rechtsgrundlage. Für alle anderen Verbrechen und Vergehen, nämlich für diejenigen, die in der ursprünglichen Liste genannt worden waren, galt allein das Gesetz vom Dezember 1919. Da es den Staat zur Strafverfolgung verpflichtete, war es nach dem Legalitätsprinzip auch in allen anderen Fällen zu beachten, so in den Fällen, in denen eine deutsche Strafverfolgungsbehörde, sei es durch Anzeige, sei es durch eigene Ermittlungen, Kenntnis von einer nach dem Gesetz vom Dezember 1919 möglicherweise strafbaren Handlung erhielt.[34] Das im Einzelfall vom Reichsgericht anzuwendende Recht sollte in allen Fällen das deutsche Recht, einschließlich der »anerkannten Regeln des Völkerrechts«, im Sinne des Art. 4 WRV[35] sein, nicht aber ausländisches Recht, wie zum Beispiel das Recht eines der Staaten, der an der ursprünglichen und nunmehr vorerst ausgesetzten Auslieferungsforderung beteiligt war.

Mehr taktischen als rechtspolitischen Zwecken diente die zweite Novellierung des Gesetzes über die Verfolgung von Kriegsverbrechen und Kriegsvergehen vom Mai 1921.[36] Sie eröffnete dem Oberreichsanwalt die Möglichkeit, auch in den Fällen, in denen nach seiner Überzeugung kein genügender Anlaß zur Anklageerhebung bestand, nicht nur, wie im ersten Ergänzungsgesetz vorgesehen, beim Reichsgericht die Einstellung des Verfahrens zu beantragen, sondern alternativ dazu einen Antrag auf Eröffnung der Hauptverhandlung zu stellen. Diese erneute Abweichung vom deutschen Strafprozeßrecht ermöglichte es der Reichsanwaltschaft, mit jedem Fall, in dem sie es aus irgendeinem Grund für wünschenswert hielt, an die Öffentlichkeit zu treten, wohl wissend, daß eine Demonstration

---

34 Vgl. auch die Klarstellung des Reichsjustizministers Heinze in einem Schreiben an der Oberreichsanwalt vom Februar 1921, in: BAL, R 3003, ORA/RG, Generalia, Bd. 46, Bl. 168.

35 Die Rolle des Völkerrechts wurde auch von den Alliierten hervorgehoben. Der britische Lordkanzler Birkenhead erklärte z. B., daß es sich bei den abzuurteilenden Verbrechen um solche handle, die gegen die allgemeinen Regeln der zivilisierten Nationen begangen worden seien. Die Verfahren vor dem Reichsgericht würden gewissermaßen »zu einer Art internationalem Verfahren« gestempelt. Vgl. Aufzeichnung der Konferenz von Spa, in: Fox u. a. (Hg.), Akten zur deutschen auswärtigen Politik 1918–1945. Serie A: 1918–1925, Bd. III, S. 377. Die Verfahren sollten zeigen, daß es in diesem Bereich z. T. erhebliche Unterschiede zwischen den deutschen und alliierten Rechtsauffassungen gab.

36 »Gesetz zur weiteren Ergänzung des Gesetzes zur Verfolgung von Kriegsverbrechen und Kriegsvergehen«, verkündet in: RGBl. 1921, 508.

deutscher Schuldlosigkeit und ein »Freispruch erster Klasse« zu erwarten waren.[37]

Das erste Verfahren vor dem Reichsgericht

Bis Mai 1920, drei Monate nach ihrem offiziellen Beginn, hatten die Ermittlungen noch zu keinem Ergebnis geführt. Die *Neue Berliner Zeitung* stellte fest (zu ihrem Bedauern, wie sie schrieb), daß »das Reichsgericht sich – ebenso wie in seinem Vorgehen gegen die Kapp-Verbrecher[38] – keiner größeren Beschleunigung befleißigt«. Es werde berichtet, so die *Neue Berliner Zeitung* weiter, daß die beschuldigten Deutschen vom 7. bis 20. Juni erstmalig zur Vernehmung nach Leipzig geladen werden sollten. Dieser Termin hätte entschieden früher gewählt werden können, zumal der Entente als Gegenleistung für den Verzicht auf die Aburteilung zugesichert worden sei, die Strafverfolgung unverzüglich in die Wege zu leiten. So aber laufe Deutschland Gefahr, eine neue scharfe Note der Entente in dieser Angelegenheit zu provozieren.[39]

Zumindest diese Gefahr sah man offiziellerseits genauso. Das Reichswehrministerium bat den Justizminister und den Oberreichsanwalt um eine Gegendarstellung, in der dargelegt und begründet werden sollte, warum eine weitere Beschleunigung des gesamten Verfahrens nicht möglich sei.[40] In einem Schreiben an den Reichsjustizminister teilte der Oberreichsanwalt diesem daraufhin mit, daß er bereits mehrmals versucht habe, die Verfolgung der Kriegsverbrechen und deren strafrechtliche Behandlung aus der Berichterstattung in der Presse herauszuhalten, zum einen um der Entente nicht die Möglichkeit zu geben, den Vorwurf der Verschleppung zu erheben, zum anderen um die Beschuldigten nicht stets von neuem zu beunruhigen. Diese Versuche seien erfolglos gewesen und – nun wörtlich: »Da von meiner Seite das Mögliche und Erforderliche

---

37 Vgl. dazu Schwengler, Völkerrecht, Versailler Vertrag und Auslieferungsfrage, S. 346; Kaul, *Die Verfolgung deutscher Kriegsverbrecher nach dem ersten Weltkrieg*, S. 28.

38 Der Kapp-Putsch begann am 13.3.1920. Der damalige Leiter der Reichsanwaltschaft, Oberreichsanwalt Zweigert, sprach sich für eine weitgehende Amnestierung der Teilnehmer aus. Er begründete dies mit zu erwartenden Ermittlungsschwierigkeiten und mit der personellen Unterbesetzung seiner Behörde. Vgl. BAL, R 3003, RG, Generalia, Bd. 100, Bl. 178f.

39 Vgl. den Artikel *Die Aburteilung der Kriegsschuldigen* in der Ausgabe vom 19.5.1920, Abschrift davon in: BAL, R 3003, ORA/RG, Generalia Bd. 46, Bl. 79.

40 Ebenda, Bl. 78.

geschehen ist, um die Beschuldigungen, soweit ihnen ein strafbarer Tatbestand zu Grunde liegen könnte und die Angaben in der Auslieferungsliste Anhaltspunkte für Ermittlungen boten, aufzuklären, glaube ich persönlich keinen Anlaß zu haben, mit einer Berichtigung an die Presse heranzutreten. Soweit in einzelnen Sachen bisher noch nichts hat veranlaßt, insbesondere die Beschuldigten nicht haben gehört werden können, findet dies seine Rechtfertigung darin, daß mir die Ermittlung der Beschuldigten noch nicht gelungen ist und deren Anschriften seitens des Reichswehrministeriums trotz mehrfacher Erinnerungen bisher nicht mitgeteilt worden sind.«[41] Falls aber, so der Oberreichsanwalt Zweigert nach dieser doch sehr deutlichen Kritik an der Passivität des Reichswehrministeriums weiter, vom Justizministerium oder vom Auswärtigen Amt eine Aufklärung für angezeigt gehalten werde, so sei von folgendem Sachstand auszugehen: Bisher habe noch gegen keinen Beschuldigten die öffentliche Klage erhoben werden können, weil das vorliegende Überführungs- und Belastungsmaterial nicht ausreiche. Dieses sei so allgemein gefaßt, daß die Beschuldigten sich nur sehr eingeschränkt dazu äußern könnten, was auch für die neue, gekürzte Liste gelte. Überdies führe die Auslieferungsliste die Beschuldigten nur zum Teil namentlich auf, zum Teil seien sie lediglich nach der militärischen Stellung gekennzeichnet. In beiden Fällen seien aber aufgrund der Umwälzungen nach dem Kriege umfassende Nachforschungen erforderlich.[42]

In der Tat waren die Ermittlungen sehr umfangreich, so daß der Erklärung des Oberreichsanwalts eine gewisse Berechtigung nicht abgesprochen werden kann, wenn auch, worauf noch einzugehen sein wird, die Verzögerungen verschiedenen Stellen nicht ungelegen kamen.[43] Die Beschuldigungen waren zum einen nur sehr spärlich konkretisiert, zum anderen fehlte jedes Belastungsmaterial, auch für die sogenannte »Probeliste«. Erheblich erschwert wurden die Ermittlungen der Reichsanwaltschaft noch dadurch, daß sie sich jetzt nicht nur auf die neue, reduzierte Liste beschränkten, sondern sich nach dem Gesetz vom 18. Dezember 1919 auf alle Verbrechen oder Vergehen erstreckten, die ein Deutscher im In- oder Ausland während des Krieges bis zum 28. Juni 1919 gegen feindliche Staatsangehörige oder feindliche Vermögen begangen hatte, »wobei

41 Ebenda, Bl. 15f.; eine Abschrift des Schreibens befindet sich in Generalia, Bd. 50, Bl. 313ff. In einem Schreiben an das Reichswehrministerium, Chef der Admiralität, warf der Oberreichsanwalt der Admiralität vor, eigene Ermittlungen anzustellen und Informationen der Reichsanwaltschaft vorzuenthalten. Vgl. ebenda, Bl. 268f.

42 Ebenda.

43 Vgl. unten, S. 70f., 103f.

es keinen Unterschied macht, ob ihm solche Straftaten aus der Auslieferungsliste, aus der sogenannten ›Ersten Liste‹ oder sonstwie bekannt werden. Dafür, daß wir bei der Strafverfolgung zunächst nur die in der ›Ersten Liste‹ angegebenen Fälle zu behandeln hätten, liegt in den Vorgängen kein Anhalt vor, vielmehr ist es jetzt Sache der Deutschen Regierung, die in der Hauptliste aufgeführten Fälle insgesamt vor ihr Forum zu ziehen.«[44]

Damit war auch dem Ausland gegenüber klargestellt, was in den vorangegangenen Monaten vorübergehend für diplomatische und juristische Verwirrungen gesorgt hatte. In dem deutsch-polnischen Vertrag »über die Entlassung festgehaltener Personen und die Gewährung von Strafreiheit« vom 1. Oktober 1919[45] nämlich war in Art. 6 vorgesehen, daß volle Straffreiheit für gerichtlich oder diziplinarisch strafbare Handlungen gewährt werden sollte, die vor Inkrafttreten des Vertrages begangen worden und »auf eine militärische, politische oder nationale Betätigung zu Gunsten des anderen Teiles zurückzuführen« waren. Obwohl Polen einige Monate später in der ursprünglichen großen Auslieferungsliste die Bestrafung von 51 Militär- und Zivilpersonen verlangt und diese Zahl dann in der »Probeliste« auf drei Namen verringert hatte, behielt es sich doch – wie die anderen alliierten Mächte – die Rechte aus Art. 228 des Versailler Vertrages vor. Ein klarer Vertragsbruch, so die erste offiziöse deutsche Reaktion. Polen habe sich selbst aus der Liste der Staaten gestrichen, mit denen Verträge geschlossen werden könnten.[46] In der Regierung sprach man hinter vorgehaltener Hand davon, daß sich hier beispielhaft der politische Charakter des alliierten Bestrafungsverlangens gezeigt habe,[47] offiziell jedoch zog man sich mit dem argumentativen Kunstgriff aus der Affäre, Polen habe in dem Vertrag lediglich auf sein Recht zur Bestrafung Deutscher verzichtet, Deutschland jedoch sei es unbenommen und sei durch das Gesetz vom 18. Dezember 1919 sogar verpflichtet, bei bestehendem Tatverdacht gegen eigene Staatsangehörige ein Strafverfahren einzuleiten.[48] Aus einer juristischen Fragwürdigkeit auf alliierter Seite machte

---

44 Zit. n. einem Erlaß des Auswärtigen Amtes vom 29. Mai 1920, in: Generalia, Bd. 50, Bl. 310ff.

45 RGBl. 1919, 1804.

46 *Ein offener polnischer Vertragsbruch*, in: Deutsche Allgemeine Zeitung, Nr. 87, 17.2.1920, auszugsweise abgedruckt in: Generalia, Bd. 50, Bl. 292f.

47 So rückblickend in einem Schreiben des AA vom 14.8.1922, in: PA Bonn, R 48430, o.S.

48 Vgl. die Abschrift eines Schreibens der Friedensabteilung im AA an den Reichsminister der Justiz vom 15.7.1920 sowie die Abschrift des Schreiben an den Staatssekretär in der Reichskanzlei vom 18.6.1920, in: Generalia, Bd. 50, Bl. 290f., 293 RS–294.

Deutschland so eine erneute Demonstration seiner Entschlossenheit, allen alliierten Beschuldigungen nachzugehen.

Noch allerdings fehlte es an konkreten Beweismitteln und Präzisierungen einzelner Tatvorwürfe. Als auf der Konferenz von Spa, die vom 5. bis 16. Juli 1920 stattfand und auf der es zunächst nur um Reparations- und Entwaffnungsfragen gehen sollte, auch die Strafverfolgung der Kriegsverbrecher zur Sprache kam, erläuterte Reichsjustizminister Heinze die aufgetretenen Schwierigkeiten. Die Vertreter der Siegermächte erkannten diese an und erklärten sich bereit, dem Oberreichsanwalt auf Anforderung die Unterlagen zur Verfügung zu stellen, die dieser zur Erhebung der Anklage in den Fällen der »Probeliste« benötigen würde. Zur Beschleunigung des Vorgangs sollte dazu nicht der diplomatische Weg genutzt werden, sondern Anfragen sollten direkt an die zuständige Justizbehörde gerichtet werden können.[49] Der Oberreichsanwalt ersuchte daraufhin in sämtlichen Fällen der »Probeliste« den englischen Attorney-General und die Justizministerien Frankreichs, Belgiens, Italiens und Rumäniens um Überlassung und Ergänzung von Beweismitteln.[50] Doch trafen erst Ende November 1920 die erbetenen Unterlagen aus London, noch später die aus Paris, Brüssel und Rom ein.[51]

Aber auch die inländischen Ermittlungen gingen nur sehr langsam voran. Das lag zum einen an den bereits angesprochenen Schwierigkeiten. Zum andern galten die Sympathien der Offiziere im Reichswehrministerium den Beschuldigten und ihren Verteidigern. Namentlich die »Zentralstelle für Völkerrechtsverletzungen und andere Anschuldigungen militärischer Art« war daran interessiert, daß auf die »alte Armee« und die kaiserliche Marine kein Makel fiel. Sie sorgten nicht nur für Waffengleichheit von Anklage und Verteidigung – der Oberreichsanwalt war übrigens damit einverstanden, daß alle ihm zugehenden Informationen

---

49 Vgl. Aufzeichnung der Konferenz von Spa nebst Anlage, in: Fox u. a. (Hg.), Akten zur deutschen auswärtigen Politik, Serie A: 1918–1925, Bd. III, S. 377–380.

50 An Polen erging wegen des deutsch-polnischen Amnestievertrages kein Gesuch. Die Ermittlungen in den polnischen Listenfällen sollten sich nur auf in Deutschland verfügbares Material stützen. Vgl. BAL, R 3003, ORA/RG, Generalia, Bd. 50, Bl. 290 RS.

51 Vgl. Schwengler, Völkerrecht, Versailler Vertrag und Auslieferungsfrage, S. 344f. Eine kritische Anfrage des französischen Außenministeriums an das Justizministerium zu den Gründen für die langsame Reaktion wurden mit unterschiedlichen Verfahrensregelungen in Deutschland und Frankreich erklärt. Vgl. AN Paris, BB 18/2568[3], o. S. Zur italienischen Reaktion vgl. u. a. BAL, R 3003, ORA/RG, bJ 326/20 (Major a. D. Graf Hubert von Carmer). Rumänien reagierte nicht.

Blick in den großen Saal des Reichsgerichts während der Verhandlung 1921
ullstein bild

auch der Verteidigung zugingen –, sondern unterstützten letztere offiziell und offiziös in jeder Hinsicht.[52]

Für das erste Verfahren, das auf der Grundlage des Gesetzes zur Ahndung von Kriegsverbrechen und Kriegsvergehen vom 18. Dezember 1919 stattfand, galt dies jedoch nicht. Es wurde am 10. Januar 1921 vor dem Zweiten Senat des Reichsgerichts[53] verhandelt. Angeklagt waren drei ehemalige Pioniere, der Zimmermann Dietrich Lottmann, der Schlosser Paul Niegel und der Schiffer Paul Sangershausen. Sie waren in der Nacht vom 30. zum 31. Oktober 1918 in Edingen (Belgien) in das Haus eines Gastwirts eingedrungen und hatten dort 800 Mark und einige Wertgegenstände an sich genommen. Von zwei Angeklagten, Lottmann und Niegel, war der Wirt mit einer Waffe bedroht worden.

---

52 Vgl. Schwengler, Völkerrecht, Versailler Vertrag und Auslieferungsfrage, S. 345. Zur Finanzierung der Verteidigung stand dem Reichswehrminister aus Haushaltsmitteln zunächst ein Fonds von 200 000 Mark, der später um ca. eine Million Mark erhöht wurde. Ebenda, FN 10.

53 Nach einem Beschluß vom 15.11.1920 des Präsidiums des Reichsgerichts sollte der zweite Strafsenat für die Aburteilung der aufgrund des Gesetzes vom 18.12.1919 anhängigen Strafsachen zuständig sein, vgl. BAL, R 3003, ORA/RG, Generalia, Bd. 46, Bl. 117.

Die drei Angeklagten standen auf keiner Auslieferungsliste. Das Verfahren, für das die Amnestieverordnung nicht einschlägig war – die Täter waren bei der Tatbegehung älter als 21 Jahre (§ 1 Nr. 3 der VO)[54] –, war zunächst vor einem Miltärgericht anhängig gewesen, nach Auflösung der Militärgerichtsbarkeit durch Gesetz vom 17. August 1920[55] aber von der Reichsanwaltschaft übernommen worden. Dort wurde es als allgemeine Justizsache (aJ) klassifiziert und damit als ein Verfahren in Sachen Kriegsverbrechen und -vergehen bezeichnet, das auf die eigenen Ermittlungen der Reichsanwaltschaft entsprechend dem Legalitätsprinzip zurückging.[56]

Das Gericht unter Vorsitz des späteren Oberreichsanwalts Ebermayer sprach die Angeklagten, die geständig waren, der gemeinschaftlich begangenen Plünderung schuldig (§§ 129 Ziff. 1, 133 Abs. 1 und 2 MStGB). Lottmann wurde zu fünf, Niegel zu vier Jahren Zuchthaus und der Angeklagte Sangerhausen, der an der Bedrohung des Opfers nicht beteiligt war, zu zwei Jahren Gefängnis verurteilt. Zugleich wurde gegen Lottmann und Niegel auf Verlust der bürgerlichen Ehrenrechte für zehn Jahre erkannt. Erschwerend war bei allen drei Angeklagten ins Gewicht gefallen, daß sie, so das Gericht, »die Soldatenehre in gröblichster Weise verletzt und den nächtlichen räuberischen Überfall mit vereinten Kräften und mit großer Roheit gegenüber einem wehrlosen Bewohner des besetzten Gebietes unternommen haben, der ihnen zu ihrem Vorgehen keinen Anlaß gegeben hatte«.[57]

Kein Zweifel, Reichsanwaltschaft und Reichsgericht waren, so schien es, fest entschlossen, jedem Tatverdacht nachzugehen und ihn, wenn er sich als begründet erweisen sollte, streng zu ahnden. Daß die Tat nicht einmal zwei Wochen vor Kriegsende während der allgemeinen Auflösung auf dem Rückzug geschehen war und die Angeklagten erhebliche Mengen Alkohol zu sich genommen hatten, fiel nicht strafmindernd ins Gewicht.[58]

---

54 Vgl. oben, FN 28.

55 RGBl. 1920, 1579.

56 aJ 8/20, bestehend aus 6 Bänden; die Verfahren, die Listenfälle waren, d.h. auf alliierten Beschuldigungen gründeten, wurden als besondere Justizsachen (bJ) geführt.

57 Vgl. BAL, R 3003, ORA/RG, Generalia, Bd. 62, o.S.

58 Auch für die Angeklagten kam die verhängte Strafe völlig überraschend. Lottmann zum Beispiel richtete, obwohl wegen schweren Diebstahls vorbestraft, aus der Untersuchungshaft am 13. Juli 1920 ein Gnadengesuch an das Reichsgericht, in dem er um Aufhebung des Haftbefehls bat, da er nun nach fast fünfmonatiger Untersuchungshaft seine »Strafe dafür [sc. für seine Tat] abgemacht habe«. Vgl. aJ 8/20, Bd. 1, Bl. 180. Im August 1920 wiederholte er seinen Antrag, vgl. ebenda, Bl. 220. Der Angeklagte Sangerhausen stellte

Es war eine Plünderung begangen worden, und sie wurde unter Ausschöpfung der rechtlichen Möglichkeiten geahndet, nicht mehr und nicht weniger.[59] Das darin liegende Signal an die Alliierten: »Die deutsche Justiz funktioniert«, war dabei eine gewiß nicht unwillkommene Begleiterscheinung.

---

ebenfalls im Juli 1920 einen Haftentlassungsantrag, den er im September desselben Jahres vergeblich wiederholte; vgl. ebenda, Bl. 232.

59 Nach § 129 MStGB machte sich der Plünderung schuldig, »wer im Felde unter Benutzung des Kriegsschreckens oder unter Mißbrauch seiner militärischen Überlegenheit in der Absicht rechtswidriger Zueignung eine Sache der Landeseinwohner offen wegnimmt oder denselben abnötigt [...]«. § 131 sah für Plünderung eine Gefängnisstrafe von bis zu fünf Jahren oder die Versetzung in die zweite Klasse des Soldatenstandes vor. Die erschwerte Plünderung setzte nach § 133 eine Gewalttätigkeit gegen eine Person voraus und konnte mit Zuchthaus bis zu zehn Jahren bestraft werden. Dem Teilnehmer, der selbst keine Gewalttätigkeit begangen hatte, drohte eine Gefängnisstrafe von maximal zehn Jahren.
Im vorliegenden Fall war das Opfer mit einer Pistole und einem Seitengewehr bedroht, aber nicht verletzt worden. Zu einer Gewalttätigkeit gegen eine Person im herkömmlichen Sinne war es also nicht gekommen, eher zu einer Tat unter Ausnutzung des Kriegsschreckens i. S. v. § 129, vgl. A. Romen, Carl Rissom, Militärstrafgesetzbuch, 3. Aufl., Berlin 1918, S. 403. Das Reichsgericht sah jedoch unter Hinweis auf seine Rechtsprechung in der als körperlichen Zwang empfundenen Bedrohung bereits eine Gewalttätigkeit i. S. des § 133, vgl. BAL, R 3003, ORA/RG, Generalia, Bd. 62, o. S.

Exkurs: Das geplante Verfahren gegen Wilhelm II. und dessen Scheitern

Politik und Justiz in Deutschland sahen sich auf der guten und richtigen Seite, hatte doch die Nachkriegsentwicklung ihre Haltung weitestgehend bestätigt. Das Auslieferungsverlangen war – wenn auch noch mit einem Vorbehalt versehen – abgewehrt worden, und auch ein zweites Vorhaben der Alliierten – die Aburteilung Wilhelm II. – war gescheitert. Der enge zeitliche Zusammenhang zwischen den beiden Ereignissen – im Februar 1920 verzichteten die Alliierten auf die Auslieferung der beschuldigten Personen und ebenfalls im Februar 1920 verweigerten die Niederlande ihnen definitiv die Auslieferung des Kaisers – legt die Vermutung einer wechselseitigen Beeinflussung nahe, so wie es auch umgekehrt durchaus denkbar ist, daß die Durchführung der einen Auslieferung die der anderen nach sich gezogen hätte.

Am 9. November 1918 hatte Wilhelm II. abgedankt[1] und war mit seinem engsten Gefolge vom deutschen Hauptquartier im belgischen Spa nach Holland geflohen. Frei sein, endlich frei sein[2] wollte er und sprach damit indirekt aus, was in den kommenden Jahren zu einer Art Leitmotiv für deutsche Politiker und Militärs werden sollte: Man sei gefangen gewesen in einem Netz militärischer Notwendigkeiten und politischer Zwänge, denen man sich aus übergeordneten Gründen habe beugen müssen. Kurz, man sei nicht Täter, sondern Opfer gewesen.

Dem Vergeltungswunsch der Alliierten, wie er im Krieg oft genug artikuliert worden war, stand mit der Flucht Wilhelms II. nach Holland ein Hindernis entgegen. Wenn man seiner habhaft werden wollte, mußte seine Auslieferung verlangt werden, und diese mußte, sollte sie Aussicht auf Erfolg haben, mit einer überzeugenden und vor allem einstimmig gefaßten Begründung versehen sein. Das allerdings sollte sich als ein Problem erweisen.

Frankreichs Position hatte sich nicht geändert. Wilhelm II. sollte vor ein internationales Strafgericht gestellt werden. Er war verantwortlich für

---

1 Einen Vertrauten ließ er wissen: »Ich habe soeben abgedankt. Ich habe keine Lust, mich von irgendwelchen hergelaufenen Kerls [angeblich im Anmarsch befindliche revolutionäre Truppen, G. H.] aufhängen zu lassen.« Er fügte hinzu: »Ja, wer hätte das gedacht, das es so kommen würde. Das deutsche Volk ist eine Schweinebande.« Zit. n. Ullrich, Die nervöse Großmacht, S. 571f.

2 Ebenda, S. 572.

den Bruch der belgischen und luxemburgischen Neutralität[3] sowie für Verletzungen des Kriegsrechts und andere Verbrechen gegen das Völkerrecht, die seine Truppen begangen hatten.[4] Die Regel *par in parem non habet iurisdictionem*, so das offizielle französische Gutachten, gelte nicht mehr, ein Gleicher könne über einen Gleichen richten, wenn letzterer Not und Tod über ersteren gebracht habe, erst recht wenn er Elend und Verderben in viele Länder getragen habe. Die Immunität des Staatsoberhauptes und das Rückwirkungsverbot seien kein absoluter Schutz vor einem internationalen Strafanspruch, das ergebe sich schon aus den »grundlegendsten Gesetzen des Rechts, der Menschheit und der Gerechtigkeit«.[5] Bei Verbrechen, wie sie Wilhelm II. vorgeworfen würden, dürfe es keine Zuflucht für den Täter geben; er müsse den Alliierten ausgeliefert werden, um so mehr, als der klassische Hinderungsgrund für eine Auslieferung, ein politisches Delikt, nicht vorliege. Die Auslieferung zu verweigern hieße, sich gegen die Völkergemeinschaft zu stellen.[6]

Auch Englands Haltung war unverändert geblieben. Wie Frankreich forderte es, daß Wilhelm II. wegen seiner Verantwortung für den Kriegsausbruch und für die Verletzungen des Völkerrechts – man dachte insbesondere an den uneingeschränkten U-Boot-Krieg und an die deutschen Greueltaten in Belgien auf dem Vormarsch 1914 – im Interesse der Staatenwelt bestraft werden müsse.[7] Doch während Frankreich durch den Krieg und die veränderten Umstände ein neues Völkerrecht entstanden

---

3 Durch die Londoner Verträge von 1839 und 1867 hatte Deutschland die dauernde Neutralität beider Staaten anerkannt. Vgl. besonders zur Entstehung des Neutralitätsvertrages für Belgien Barbara W. Tuchmann, August 1914, Bern, München, Wien 1964, S. 29f.; zur Frage der Verbindlichkeit des Vertrages für das Deutsche Reich vgl. Karl Strupp, *Vorgeschichte und Ausbruch des Krieges von 1914*, in: ZfV VIII (1914), S. 731ff.

4 Mit den Verbrechen gegen das Völkerrecht waren solche gegen das nicht kodifizierte Gewohnheitsrecht gemeint. Man zählte dazu z.B. die Tötung von Geiseln. Vgl. Larnaude/de Lapradelle, *Examen de la responsabilité pénale de l'empereur Guillaume II d'Allemagne*, S. 143f.

5 Ebenda, S. 150, 155. Mit diesem Hinweis auf überpositives Recht wurde auch Art. 3 der IV. Haager Konvention, wonach eine Kriegspartei bei von ihr zu vertretenden Verletzungen der HLKO lediglich Schadensersatz zu leisten hatte, nicht als Hindernis empfunden.

6 Ebenda, S. 157ff.; A. Mérignhac, *De la responsabilité pénale des actes criminels commis au cours de la guerre de 1914–1918*, in: RDILC 47 (1920), S. 34–70.

7 Die Verantwortung für den Kriegsausbruch sollte sich nur auf den unmittelbaren Kriegsbeginn und nicht auf die Vorgeschichte des Krieges erstrecken. Für letzteres waren nach britischer Ansicht die Dokumente nicht eindeutig genug. Vgl. Schwengler, Völkerrecht, Versailler Vertrag und Auslieferungsfrage, S. 76.

sah,[8] leiteten englische Juristen die Strafbarkeit des ehemaligen Kaisers aus den Prinzipien des *Common Law* her, dem die strikte Trennung zwischen Völkerrecht und nationalem Recht fremd war.[9] So erklärte der Attorney-General, die Verantwortlichkeit des Kaisers für Kriegsausbruch und Kriegsrechtsverletzungen sei klar und sei auch von jedem einfachen Mann zu verstehen; die Billigkeit erfordere, daß nicht nur die kleinen Übeltäter, wie verbrecherische Gefangenenlager- und U-Boot-Kommandanten, sondern auch der Hauptverantwortliche zur Rechenschaft gezogen werde. Diesem Argument, hinter dem die politische und moralische Autorität einer ganzen Reihe von Staaten stehe, werde sich, so die britische Regierung, auch Holland in der Auslieferungsfrage nicht verschließen können.[10]

Italien hatte sich der französischen und englischen Auffassung angeschlossen und befürwortete eine gerichtliche Aburteilung Wilhelms II., Japans Haltung war noch nicht bekannt. Die USA als fünfte alliierte Hauptmacht jedoch hatten bereits deutlich gemacht, daß sie eine strafrechtliche Aburteilung Wilhelms II. ablehnten.[11] Einen Krieg zu beginnen sei nach dem Stand des Völkerrechts im Jahr 1914 kein internationales Verbrechen gewesen, niemand könne daher für die Kriegsurheberschaft zur Verantwortung gezogen werden.[12] Auch könne nachträglich die Kriegsurheberschaft nicht zu einem Verbrechen erklärt werden, da dies gegen das fundamentale Rechtsprinzip des Rückwirkungsverbotes verstoße und mit dem Grundsatz der Gleichheit der Staaten nicht vereinbar sei.[13] Möglich sei allein eine politische Verurteilung derer, die die Störung des Weltfriedens zu verantworten hätten. So seien die Verbannung Napoleons I. sowie die Maßnahmen, die auf Verlangen des Auslands gegen chinesische Adlige im Zusammenhang mit dem Boxeraufstand ergriffen worden waren, nicht Ausdruck einer Rechtsüberzeugung, sondern politischer Mißbilligung gewesen.[14]

---

8 So hieß es in dem Gutachten von Larnaude/de Lapradelle, *Examen de la responsabilité pénale de l'empereur Guillaume II d'Allemagne*, das sich die französische Regierung zu eigen gemacht hatte, auf S. 144 kurz und bündig: »Un droit international nouveau est né.«

9 »International law is part of the law of the land.« Vgl. Gloria, in: Ipsen, Völkerrecht, S. 1078.

10 Vgl. Schwengler, Völkerrecht, Versailler Vertrag und Auslieferungsfrage, S. 76f.

11 Vgl. oben, S. 28f.

12 Miller/Scott, *Memorandum regarding the responsibility of the authors of the war and for crimes committed in the war*, S. 465.

13 Ebenda, S. 469.

14 Ebenda, S. 470–476.

Wie man sieht, waren die Alliierten schon kurz nach dem Krieg uneins hinsichtlich einer Bestrafung Wilhelms II. Ob dabei auch die Zahl der eigenen Verluste eine Rolle gespielt hat – die USA waren im April 1917 in den Krieg eingetreten und Kampfeinsätze amerikanischer Soldaten hatte es erst im Frühjahr 1918 gegeben[15] –, mag dahingestellt bleiben, einen Weltkrieg später jedenfalls vertraten die Vereinigten Staaten genau die Meinung, die sie 1919 noch als rechtlich unzutreffend qualifiziert hatten.

Der Kompromiß, der auf der Versailler Friedenskonferenz schließlich gefunden wurde, verdeckte die Differenzen zwischen den Alliierten nur notdürftig. Artikel 227 des Versailler Vertrages lautete:

»Die alliierten und assoziierten Mächte stellen Wilhelm II. von Hohenzollern, vormaligen Kaiser von Deutschland, wegen schwerster Verletzung des internationalen Sittengesetzes und der Heiligkeit der Verträge unter öffentliche Anklage.

Ein besonderer Gerichtshof wird eingesetzt, um über den Angeklagten unter Wahrung der wesentlichen Bürgschaften des Rechts auf Verteidigung zu Gericht zu sitzen. Der Gerichtshof besteht aus fünf Richtern, von denen je einer von folgenden fünf Mächten, nämlich den Vereinigten Staaten von Amerika, Großbritannien, Frankreich, Italien und Japan, ernannt wird.

Der Gerichtshof urteilt auf der Grundlage der erhabensten Grundsätze der internationalen Politik; Richtschnur ist für ihn, den feierlichen Verpflichtungen und internationalen Verbindlichkeiten ebenso wie dem internationalen Sittengesetz Achtung zu verschaffen. Es steht ihm zu, die Strafe zu bestimmen, deren Verhängung er für angemessen erachtet.

Die alliierten und assoziierten Mächte werden an die Regierung der Niederlande das Ersuchen richten, den vormaligen Kaiser zum Zwecke seiner Aburteilung auszuliefern.«[16]

Eine Anklage wegen »schwerster Verletzung des internationalen Sittengesetzes und der Heiligkeit der Verträge« war also geplant, und »auf der Grundlage der erhabensten Grundsätze der internationalen Politik« sollte geurteilt werden. An einen Strafprozeß und an eine Strafe im Rechtssinn war damit nicht mehr gedacht.[17] Die USA hatten sich, so schien es, durchgesetzt.

In einem Memorandum jedoch, das die amerikanischen Delegierten im April 1919 nach der Vorbereitungskonferenz zum Versailler Vertrag[18]

---

15 Vgl. Edward M. Coffman, *Militärische Operationen der US-Armee an der Westfront 1918*, in: Düppler/Groß, Kriegsende 1918, S. 146.

16 Vgl. RGBl. 1919, 980.

17 Dazu allgemein auch Hans-Heinrich Jescheck, Die Verantwortlichkeit der Staatsorgane nach Völkerstrafrecht, Bonn 1952, S. 51ff., hier S. 53.

18 Von Februar bis März 1919 fand in Paris eine Konferenz alliierter Juristen, zumeist Völkerrechtler, statt, auf der die Strafbestimmungen des Versailler

vorgelegt hatten, hatten sie noch deutlich andere, weniger weitreichende Rechtsansichten geäußert. Die Wilhelm II. vorgeworfenen Handlungen seien moralisch auf das schärfste zu mißbilligen, erfüllten aber keinen Straftatbestand. Sie gehörten daher nicht vor ein Strafgericht und auch nicht vor ein internationales Tribunal mit politischer Bewertungskompetenz. Die adäquate Instanz sei allein die zwischenstaatliche Ebene, nur die Regierungen könnten politische Sanktionen gegen den ehemaligen deutschen Kaiser beschließen.[19] Die in Art. 227 des Versailler Vertrages getroffene Regelung entsprach somit nicht der offiziellen amerikanischen Rechtsüberzeugung.[20] Sie war ein Kompromiß, von dem sich die USA bereits verabschiedet hatten.

Das gleiche galt in bezug auf Japan. In einer kurzen Erklärung hatten sich die japanischen Delegierten ebenfalls im April 1919 allgemein gegen eine Strafverfolgung von Staatsoberhäuptern ausgesprochen. Sie hatten sich dabei zwar auf Verstöße gegen die Gesetze und Gebräuche des Krieges bezogen, doch lassen diese Ablehnung sowie ihre Kommentare zur rechtlichen Bewertung der »Kriegsurheberschaft« den Schluß zu, daß eine wie auch immer geartete Ahndung der an Wilhelm II. gerichteten Vorwürfe nicht den japanischen Vorstellungen entsprach. Ließe man zu, daß ein Staatsoberhaupt durch seine Feinde zur Verantwortung gezogen werden könne, würde das unabsehbare Folgen nach sich ziehen, meinten sie, und außerdem seien die Voraussetzungen für ein strafbares Handeln auf

---

Vertrages vorbereitet wurden. Vgl. dazu vor allem das Buch »La Paix de Versailles«, das eine Dokumentation dieser Konferenz ist.

19 Vgl. Réserves formulées par la délégation américaine, in: La Paix de Versailles, S. 534, 540. Die englische Fassung findet sich auszugsweise bei Robert Lansing, *Some legal questions of the peace conference*, in: AJIL 8 (1919), S. 645f. Rückblickend dazu auch der Aufsatz von Eduard Bernstein, *Das Schicksal des Art. 227. Die Frage des Völkerrechts und des Rechts der Völker*, in: Vorwärts, Nr. 446, 21.9.1924, 3. Beilage.

20 Daß diese Rechtsüberzeugung nicht unumstritten war, zeigt folgendes: Mitte 1920 wurde bei amerikanischen Richtern eine Umfrage durchgeführt, um deren Auffassung über ein Strafverfahren gegen Wilhelm II. festzustellen. Von 328 Antworten verlangten 106 ein Todesurteil, 137 Verbannung, 58 Freiheits- und andere Strafen und nur 27 waren gegen eine Verurteilung. Vgl. Carl Schmitt, Das international-rechtliche Verbrechen des Angriffskrieges und der Grundsatz »nullum crimen, nulla poena sine lege«, herausgegeben, mit Anmerkungen und einem Nachwort versehen von Helmut Quaritsch, Berlin 1994, S. 29. Weitere Stimmen für eine Aburteilung Wilhelms II. aus der amerikanischen Rechtswissenschaft bringt Jescheck, Die Verantwortlichkeit der Staatsorgane nach Völkerrecht, S. 53, FN 9. Vgl. auch die zusammenfassende Darstellung bei Georg Dahm, Zur Problematik des Völkerstrafrechts, Göttingen 1956, S. 55f.

der Ebene der Staatsführung zu ungenau. Bestraft werden würde eine theoretische Verantwortlichkeit, wohingegen die strafrechtliche Haftung ein individuell vorwerfbares Handeln voraussetze.[21]

Aber auch die anderen Länder, die als assoziierte Mächte zu den Alliierten gezählt wurden – unter ihnen Griechenland, Polen, Rumänien und Serbien –, standen nach ihrer ursprünglichen Auffassung einer Regelung wie der in Art. 227 des Versailler Vertrages getroffenen mehr oder weniger fern. Wie Frankreich, Großbritannien oder Italien hatten sie ein Strafverfahren gegen Wilhelm II. gefordert[22] und mußten nun, da der Krieg gewonnen und Propaganda obsolet geworden war, ebenso wie diese die rechtliche Undurchführbarkeit eines solchen Verfahrens anerkennen, wollten sie nicht in den Ruf geraten, unbelehrbare Verfechter blinder Rache zu sein. Auf der Vorbereitungskonferenz zum Versailler Friedensvertrag im Februar und März 1919, als die gegensätzlichen Vorstellungen der Alliierten erstmals aufeinanderstießen,[23] einigten sich die Delegierten der alliierten Staaten noch darauf, die Schaffung eines internationalen Tribunals vorzuschlagen, vor dem sich Wilhelm II. wegen Verletzung der Gesetze und Gebräuche des Krieges und Mißachtung der Gesetze der Menschlichkeit[24] verantworten sollte. Ein Verzicht auf ein solches Tribunal wäre dem »Gewissen der zivilisierten Welt« nur schwer erträglich und würde zudem der Masse der militärischen Untergebenen die entschuldigende Berufung auf den höheren Befehl eröffnen.[25] An eine Strafanklage

---

21 La Paix de Versailles, S. 553f. Zu den Ausführungen der japanischen Delegierten vgl. dort auch S. 330, 361ff., 380f.

22 Vgl. Willis, Prologue to Nuremberg, S. 70; Dickmann, *Die Kriegsschuldfrage auf der Friedenskonferenz von Paris 1919*, S. 34.

23 Das war vor allem in der zweiten und dritten Unterkommission der Fall, die sich mit der Frage nach der Kriegsurheberschaft (*responsabilités de la guerre*) und nach der Verantwortung für Kriegsrechtsverletzungen (*responsabilités des violations des lois et coutumes de la guerre*) beschäftigten. Mitglieder der Unterkommissionen waren u. a. der amerikanische Außenminister Robert Lansing, der britische Kronanwalt Sir Ernest Pollock und einer der Autoren der französischen Studie zur Verantwortlichkeit Wilhelms II., der Dekan der Pariser juristischen Fakultät Fernand Larnaude. Vgl. La Paix de Versailles, S. 260–324.

24 »Gesetze der Menschlichkeit« sah man als Auffangtatbestand für solche als Rechtsverstöße empfundenen Handlungen an, die weder mit den in der HLKO positiv-rechtlich definierten Gesetze und Gebräuche des Krieges noch mit bis dahin gewohnheitsrechtlich anerkannten Kriegsregeln eindeutig zu erfassen waren. Vgl. Ellinor von Puttkamer, *Die Haftung der politischen und militärischen Führung des Ersten Weltkriegs für Kriegsurheberschaft und Kriegsverbrechen*, in: AVR 1 (1947/48), S. 443.

25 Vgl. La Paix de Versailles, S. 475.

wegen der Verletzung der belgischen und luxemburgischen Neutralität wurde schon zu diesem Zeitpunkt nicht mehr gedacht, zu groß waren die Meinungsverschiedenheiten, die sich im Verlauf der Diskussionen gezeigt hatten.[26]

In Art. 227 des Versailler Vertrages war dann auch nicht mehr von einer Ahndung möglicher Kriegsverbrechen die Rede, sondern es ging nur noch um die erwähnten Verletzungen »des internationalen Sittengesetzes und der Heiligkeit der Verträge«. Das mußte den einen – den USA und Japan[27] – als zu weitgehend erscheinen, zumal die Einsetzung eines internationalen Tribunals beabsichtigt war, während es für die anderen gerade das Minimum dessen bezeichnete, was man realisiert wissen wollte – ein zudem unscharfes Minimum, denn zum internationalen Sittengesetz konnten auch gewohnheitsrechtlich geltende Kriegsregeln gerechnet und auf diese Weise die Beschränkung auf die Ächtung der deutschen Neutralitätsverletzung zu Beginn des Krieges umgangen werden.[28] Alles in allem also nicht die günstigsten Ausgangsbedingungen, um der Ankündigung in Art. 227 des Versailler Vertrages gemäß von den Niederlanden die Auslieferung Wilhelms II. zu fordern und auch zu erreichen.

Am 15. Januar 1920 erging die erste alliierte Note an die niederländische Regierung. Die Alliierten erinnerten darin noch einmal an die Vielzahl der im Krieg begangenen Verbrechen, für die die Verantwortlichkeit, wenigstens die moralische, bis hinauf zum obersten Führer gehe. Die Note endete mit dem Ausdruck der Überzeugung, »daß Holland, das seine Achtung vor dem Recht und der Gerechtigkeit bewiesen hat und als eine der ersten Mächte im Völkerbunde einen Platz forderte, nicht durch seine moralische Autorität die Vergewaltigung der wesentlichsten Grundsätze der internationalen Solidarität der Nationen decken wollen wird, da es, wie alle anderen, ein Interesse daran hat, die Rückkehr einer solchen Kata-

---

26 Ebenda, S. 479.

27 Die assoziierten Staaten Kuba und Honduras schlossen sich später den amerikanischen und japanischen Vorbehalten an. Eine Annahme des Art. 227 kam für Honduras nur unter der Voraussetzung in Frage, daß er eine Reziprozitätsklausel beinhaltete. Vgl. von Puttkamer, *Die Haftung der politischen und militärischen Führung*, S. 432, FN 32.

28 In einer früheren Fassung des Art. 227 hatte es noch geheißen, Wilhelm II. werde »*not for an offence against criminal law*, but for a supreme offence against international morality and the sanctity of treaties« angeklagt. Dieser – hier kursive – Zusatz fiel dann auf Antrag Lloyd Georges fort. Vgl. ebenda, S. 432, FN 35. Zu den Verhandlungen der »Großen Vier« auf der Basis des Berichts der Vorbereitungskonferenz und der Sondervoten vgl. insbesondere Schwengler, Völkerrecht, Versailler Vertrag und Auslieferungsfrage, S. 106–116.

strophe zu verhindern«. Und dann folgte noch ein Satz, den man mühelos als moralische Erpressung qualifizieren kann: »Die Niederländische Regierung«, schrieben die Alliierten, »ist in hohem Maße daran interessiert, nicht den Schein zu erwecken, als ob sie den Hauptführer beschütze, indem sie ihm Zuflucht auf ihrem Gebiet gewährt, sondern daß sie das Gericht, das von Millionen von Stimmen von Opfern verlangt wird, erleichtert.«[29]

Die ablehnende Antwort der Niederlande erfolgte umgehend und hob drei Aspekte hervor: Die Niederlande seien nicht Vertragspartei des Friedensvertrages, Pflichten könne er für sie folglich nicht begründen, lautete das erste Gegenargument. Das zweite betonte, daß es vor dem Krieg kein Statut über Verbrechenstatbestände und deren Bestrafung gegeben habe, welches Grundlage einer internationalen Rechtsprechung hätte sein können. Hingegen sei, so das dritte Argument, die Gewährung von Asyl Ausdruck fundamentaler Rechtsüberzeugungen und jahrhundertealter Traditionen. Es verbiete, das Vertrauen desjenigen, der sich darauf verlassen habe, zu enttäuschen. Und in Anspielung auf den diplomatischen Tiefschlag der alliierten Note äußerte die niederländische Regierung am Schluß der Antwort ihre Zuversicht, daß diese Gründe anerkannt würden, »welche sich jeder Beurteilung durch Menschen entziehen und die ihr so unzweideutig erscheinen, daß sie redlicherweise nicht dazu führen können, die Niederlande in ein falsches Licht zu stellen«.[30]

Das zweite Auslieferungsersuchen wurde Mitte Februar 1920 an die Niederlande gerichtet. Die Verweigerung der Auslieferung, schrieb Lloyd George als Vertreter der Alliierten, schaffe einen unheilvollen Präzedenzfall, der jedes internationale Verfahren gegen hochgestellte Schuldige unmöglich mache. Sie wäre zugleich eine Mißachtung der gemeinsamen Forderung von 26 alliierten und assoziierten Mächten und damit des größten Teils der zivilisierten Nationen und würde vergessen – hier folgte eine kurze Aufzählung der Toten- und Verwundetenzahlen sowie der Verwüstungen infolge des Krieges –, wofür Wilhelm II. eine schwere Verantwortung zufalle. Schließlich müsse die niederländische Regierung auch die Gefahr sehen, die von der Anwesenheit des ehemaligen deutschen Kaisers in geringer Entfernung von der deutschen Grenze ausgehe. Leicht könne er – das Beispiel Napoleons I. auf Elba stand hier als historisches Vorbild – zu einer erneuten Bedrohung für die Menschheit werden.[31]

In ihrer Antwortnote wiesen die Niederlande nachdrücklich darauf hin, daß sie in Ausübung ihrer Hoheitsrechte in der Lage seien, wirksame

29 Zit. n. Berber (Hg.), Das Diktat von Versailles, Bd. 2, Nr. 443, S. 1196.
30 Ebenda, Nr. 444, S. 1196ff.
31 Ebenda, Nr. 445, S. 1198ff.

Vorsorgemaßnahmen gegen einen solchen Fall zu treffen. Ansonsten wiederholte die Note die bereits in der ersten Antwort genannten Argumente, wobei sie Wert auf die Klarstellung legte, daß es mit der nationalen Ehre der Niederlande unvereinbar sei, gegen Recht und Gerechtigkeit zu verstoßen. Genau dies aber geschähe, wenn einem Flüchtling die ihm auf niederländischem Hoheitsgebiet zustehenden Rechte abgesprochen würden.[32]

Ist es zutreffend, daß mit seiner Entscheidung, Wilhelm II. nicht auszuliefern, Holland dem Recht einen Dienst erwiesen hat, wie es ein Jahr später einer der Rechtsberater des amerikanischen Präsidenten meinte?[33] Er sprach in diesem Zusammenhang sogar von einem »miserable business«, der, den USA, Japan und dem »kleinen Holland« sei Dank, vermieden worden sei. Keines der alliierten Länder habe einen Auslieferungsvertrag mit den Niederlanden gehabt, der sich auch auf politische Delikte erstreckt hätte. Wilhelm II. dennoch ausgeliefert und verurteilt zu haben, hätte aus ihm ob des eklatanten Rechtsbruchs einen Helden gemacht.[34]

Mit dem Hinweis auf den Ausschluß der Auslieferung bei Verfolgung aus politischen Gründen in den Verträgen mit den Niederlanden – eine Klausel, die gewohnheitsrechtlicher Überzeugung entsprach[35] – war das Problem der Auslieferungsersuchen und zugleich das Dilemma der Alliierten gekennzeichnet. Art. 227 des Versailler Vertrages zielte in erster Linie auf ein politisches Verfahren ab,[36] doch gerade dieses war, da es eine Auslieferung erfordert hätte, vertrags- und gewohnheitsrechtlich unzulässig. Darauf hinzuweisen – bisweilen im Gestus herablassender Belehrung – wurden auch deutsche Juristen nicht müde.[37] »Eine höchst seltsa-

---

32 Ebenda, Nr. 446, S. 1201f.

33 James Brown Scott, *The Trial of the Kaiser*, in: Edward Mandell House, Charles Seymour (Hg.), What really happened at Paris. The story of the Peace Conference 1918–1919 by American Delegates (Erstdruck New York 1921), Westport (Conn.) 1976, S. 240.

34 Ebenda, S. 246f. »[…] the best way to make a goose a swan is to cut its head off. It may be said that the best way to restore a dynasty seems to be to decapitate its headless ruler.«

35 Vgl. Reinhard Frank, *Wesen und Tragweite der Auslieferungsgesetze*, in: Festgabe für Otto Liebmann, Berlin 1920, S. 140f.

36 Das wurde auch Deutschland gegenüber immer wieder betont, zuletzt im Juni 1919 bei der Stellung eines Ultimatums zur Annahme des Friedensvertrages (»la mise en accusation […] n'aura pas le caractère juridique quant au fond, mais seulement quant à la forme«). Vgl. Jescheck, Die Verantwortlichkeit der Staatsorgane nach Völkerstrafrecht, S. 60.

37 Vgl. Albrecht Mendelssohn Bartholdy, *Die »Sanktionen« des Vertrages von*

me Anschauung«, kommentierte eine gewichtige Stimme und hob hervor, daß alle mit Holland geschlossenen Auslieferungsverträge genau und erschöpfend die strafbaren Handlungen (beispielsweise Mord, Münzfälschung, Bigamie oder Einbruchsdiebstahl) aufzählten, aufgrund deren eine Auslieferung verlangt werden könne. »Man greift sich an den Kopf«, lautete die Folgerung. »Gibt es eine Bestimmung des französischen, belgischen, englischen, amerikanischen Strafrechts, wonach eine von einem fremden Staatsoberhaupte ausgegangene Kriegserklärung oder die Verletzung garantierter Neutralität oder die durch fremde Souveräne verübte Verletzung völkerrechtlicher Kriegsregeln oder Kriegsbräuche mit Strafe bedroht ist? Gibt es einen Auslieferungsvertrag, der solche Handlungen in den Katalog der Auslieferungsdelikte aufgenommen hat? Ein ganz unmöglicher Gedanke.«[38] Für eine andere Stimme war Wilhelm II. schlicht die falsche Adresse. Eine Staatshandlung des Herrschers sei nicht zugleich seine persönliche Handlung, »Staatsunrecht nicht zugleich Herrscherunrecht«, meinte sie. Infolgedessen könne für einen Krieg, den das Deutsche Reich geführt habe, nicht der Kaiser verantwortlich gemacht werden, selbst wenn in diesem Krieg Unrecht geschehen sei. Den Krieg zu beginnen und zu führen sei keine persönliche, sondern eine politische Entscheidung gewesen, welche für dritte Staaten nicht justitiabel sei.[39] Wieder andere stellten detailliert die niederländische Rechtslage in der Auslieferungsfrage dar und machten vor diesem Hintergrund die Mißachtung elementarer Rechtsgrundsätze (Rückwirkungsverbot, keine Auslieferung bei politischen Delikten) durch die Alliierten deutlich, sollten diese auf ihrer Auslieferungsforderung beharren.[40]

Das darüber hinaus insbesondere für Frankreich, Großbritannien und die meisten der assoziierten Staaten bestehende Dilemma war, daß sie den Strafaspekt im Verfahren gegen Wilhelm II. nicht in den Vordergrund stellen konnten, ohne das ohnehin fragile Bündnis in dieser Frage noch mehr zu gefährden und eventuell sogar ganz zu zerstören. Dabei war es gerade dieser Aspekt, der, wenn überhaupt, zur Umgehung der Restriktionen in den niederländischen Auslieferungsverträgen hätte führen können. Wilhelm II. Handlungen nachzuweisen, die auch Tatbe-

---

Versailles, in: Festgabe für Otto Liebmann, Berlin 1920, S. 103–112; Walter Jellinek, *Wilhelm II. in den Niederlanden*, in: DJZ 1919, Sp. 42–47; Heinrich Triepel, *Die Auslieferung des Kaisers*, in: Deutsche Politik 4 (1919), S. 299–305; Frank, *Wesen und Tragweite der Auslieferungsgesetze*, S. 139–147.

38 Triepel, *Die Auslieferung des Kaisers*, S. 302f.

39 Jellinek, *Wilhelm II. in den Niederlanden*, Sp. 44–46.

40 Mendelssohn-Bartholdy, *Die »Sanktionen« des Vertrages von Versailles*, S. 110f.; Frank, *Wesen und Tragweite der Auslieferungsgesetze*, S. 142ff.

stände des ordentlichen staatlichen Strafrechts erfüllt hätten,[41] würde möglicherweise den Schutzpanzer der staatlichen Souveränität aufgebrochen haben, der auf Druck Japans und der USA diese Handlungen deckte. So jedoch hatten sich die Alliierten in eine ausweglose Lage manövriert: das intendierte politische Verfahren scheiterte, und das Insistieren auf einem Strafverfahren hätte unabhängig von der niederländischen Reaktion die Allianz gesprengt. Was blieb, war die unbestimmte Formulierung in Art. 227 des Friedensvertrages, von der selbst ihre Befürworter bald nicht mehr um die Feststellung umhinkamen, daß sie Makulatur bleiben mußte.[42]

Doch kehren wir zurück zur oben gestellten Frage, ob mit der Nichtauslieferung und Nichtverurteilung von Wilhelm II. dem Recht ein Dienst erwiesen wurde. Die bisherigen Ausführungen sprechen dafür, und aus heutiger Sicht wird man die Frage vor allem aus zwei Gründen – einem tatsächlichen und einem rechtlichen – bejahen müssen:

Erstens war das Deutsche Reich nicht allein und gewissermaßen als Rädelsführer für den Ausbruch des Ersten Weltkriegs verantwortlich. Zwar waren die Alliierten von der Hauptschuld Deutschlands als treibender Kraft unter den Mittelmächten fest überzeugt, wie unter anderem der sogenannte Kriegsschuldartikel 231 im Versailler Vertrag zeigte,[43] aber die Vorstellung, Deutschland und seine Verbündeten hätten einen idyllischen Frieden zerstört und seien über ihre ahnungslosen Nachbarn hergefallen, woraufhin diese *nolens volens* zum Krieg gezwungen gewesen seien, ist heute nicht mehr haltbar und war es auch damals nicht.[44] Ohne nun gleich, wie es der britische Militärhistoriker John Keegan macht, die Verantwortung für den Kriegsausbruch in einer kollektiven europäischen Angstneurose verschwinden zu lassen,[45] oder sie, wie Johannes Burkhardt

---

41 In diesem Sinne z. B. Mérignhac, *De la responsabilité pénale des actes criminels commis au cours de la guerre de 1914–1918*, S. 41f. Vgl. auch Louis Le Fur, *Guerre juste et juste paix*, in: RGDIP 27 (1920), S. 9ff., 378ff.

42 Vgl. z. B. Maurice Travers, *Les traités de paix et les idées courantes en matière d'extradition*, in: RDILC 48 (1921), S. 134ff.

43 »Die alliierten und assoziierten Regierungen erklären, und Deutschland erkennt an, daß Deutschland und seine Verbündeten als Urheber für alle Verluste und Schäden verantwortlich sind, die die alliierten und assoziierten Regierungen und ihre Staatsangehörigen infolge des ihnen durch den Angriff Deutschlands und seiner Verbündeten aufgezwungenen Krieges erlitten haben.« Vgl. RGBl. 1919, 984; zur Bedeutung des Art. 231 s. Fisch, Krieg und Frieden im Friedensvertrag, S. 204ff.

44 Zum Meinungsstand vgl. den Überblick bei Ullrich, Die nervöse Großmacht, S. 251ff.

45 »Ein Heer, das 1914 nicht losschlug, sobald die Zeit es erlaubte, konnte noch

und andere, einer allseitigen Kriegsbereitschaft zuzuschreiben,[46] ist doch das Interesse Rußlands, Frankreichs oder Großbritanniens an einer Festigung, Wiedererlangung oder an einem Ausbau ihrer Machtpositionen nicht zu vernachlässigen.[47] Gewiß lag der größte und entscheidendste Teil der Verantwortung bei Deutschland (ohne die unbedingte deutsche Rückendeckung hätte Österreich-Ungarn Serbien nicht den Krieg erklären können),[48] aber es war eben nicht die gesamte Verantwortung, auch wenn man dies unter den Alliierten so sah oder sehen wollte.[49]

Zweitens konnte aus der damaligen Rechtslage unter keinem Aspekt eine Strafbarkeit oder Ächtung Wilhelms II. gefolgert werden. Davon abgesehen, daß er nach Art. 11 Abs. 2 der Reichsverfassung zur Kriegserklärung die Zustimmung des Bundesrates, dem der Reichskanzler Bethmann Hollweg vorstand, benötigte, also nicht allein verantwortlich war, gab es keine allgemeine Rechtsüberzeugung, wonach der Beginn eines Krieges als rechtswidrige und strafwürdige Handlung zu gelten hatte.[50] Wohl verurteilte man ihn moralisch oder politisch, und nach 1914 befand sich die internationale Ansicht zum *jus ad bellum* im Umbruch, aber eben

---

während der Mobilmachung zerschlagen werden.« Vgl. John Keegan, Der Erste Weltkrieg. Eine europäische Tragödie, Reinbek 2000, S. 73.

46 Burkhardt, *Kriegsgrund Geschichte?*, S. 76; Gregor Schöllgen, *Zum Erfolg verdammt. Neue Studien über Kriegsgefahr und Krisenmanagement vor dem Ersten Weltkrieg*, in: Die Zeit, Nr. 32, 1.8.1997, S. 13; Golo Mann, Deutsche Geschichte des 19. und 20. Jahrhunderts, 19. Aufl., Frankfurt am Main 1958, S. 585.

47 Von der zahlreichen Literatur dazu siehe nur Wolfgang Kruse, *Ursachen und Auslösung des Krieges*, in: ders. (Hg.), Eine Welt von Feinden. Der Große Krieg 1914–1918, Frankfurt am Main 1997, S. 11–25.

48 Vgl. dazu u. a. Winkler, Der lange Weg nach Westen, Bd. 1, S. 332.

49 Im Bericht der Vorbereitungskonferenz für den Versailler Friedensvertrag war z. B. die russische Gesamtmobilmachung vom 30. Juli 1914, welche die deutschen Ultimaten und Kriegserklärungen auslöste, nicht erwähnt. Vgl. La Paix de Versailles, S. 464f. Zu Recht bezeichnet Dickmann, *Die Kriegsschuldfrage auf der Friedenskonferenz von Paris*, diesen Teil des Kommissionsberichts als »eine beschämend oberflächliche Darstellung«, ebenda, S. 29. Die amerikanischen Delegierten hatten in ihrem abweichenden Votum die erneute Untersuchung dieser Frage durch eine Kommission mit einem längeren zeitlichen Mandat vorgeschlagen, doch wurde dieser Vorschlag abgelehnt. Vgl. La Paix de Versailles, S. 542.

50 Hier wird nur der sich aus der völkerrechtlichen Behandlung der Kriegsverbrechen ergebende Satz *nullum crimen sine lege* zugrunde gelegt und nicht dessen Erweiterung *nulla poena sine lege*. Vgl. dazu Otto Triffterer, Dogmatische Untersuchungen zur Entwicklung des materiellen Völkerstrafrechts seit Nürnberg, Freiburg i. Br. 1966, S. 92–127.

nach 1914 und nicht vorher. Diese Einschränkung galt zwar für Verstöße gegen das *jus in bello* nicht, da ihre Ahndung gewohnheitsrechtlich anerkannt war,[51] doch auch in diesem Punkt existierte ein rechtliches Hindernis, das wie schon im Falle der geplanten politischen Verurteilung Wilhelms II. ins Spiel gekommen wäre, nämlich der Grundsatz der persönlichen Immunität des Staatsoberhaupts für staatliches Handeln. Vor 1914 war dieser Grundsatz völlig unbestritten; im und nach dem Krieg wurde er, wie bereits dargestellt, kontrovers diskutiert, ohne allerdings auf die entscheidende Frage näher einzugehen, inwieweit er auch auf ein *ehemaliges Staatsoberhaupt* Anwendung finden konnte. Am ausführlichsten noch beschäftigte sich der Franzose Maurice Travers mit dieser Frage. Er verneinte sie mit dem Argument, daß die Verweigerung der Immunität einem früheren Staatsoberhaupt gegenüber weder die Würde des Staates, den er repräsentiert habe, noch die mit der ehemaligen Funktion verbundene Unabhängigkeit berühre, denn dieses Staatsoberhaupt sei jetzt einem einfachen Bürger gleichzustellen, für den dies alles nicht gelte.[52]

Mit ähnlichen Überlegungen, aber völlig anderer Schlußfolgerung, meldete sich der Deutsche Walter Jellinek zu Wort. Wilhelm II. habe, so seine Ansicht, zu einer Zeit regiert, in der allgemein um des Schutzes der Würde des Königtums willen eine Bestrafung des ehemaligen Monarchen verneint worden sei. Nun das Gegenteil zu behaupten käme dem Erlaß eines neuen Strafgesetzes gleich, doch ein solches habe keine rückwirkende Kraft.[53] Andere wiederum, wie Robert Lansing und James Brown Scott, die amerikanischen Delegierten auf der Vorbereitungskonferenz, meinten lapidar, daß die Immunität sich nicht auf einen Herrscher beziehe, der abgedankt habe, es aber gleichwohl unvernünftig sein könne, gegen ihn ein Verfahren zu eröffnen.[54] Noch anderen – neben den schon genannten japanischen Delegierten waren dies die Vertreter des Königreichs Belgien – erschien es als pure Selbstverständlichkeit, daß die Immunität eines Staatsoberhaupts unter allen Umständen gewahrt bleibe.[55]

---

51 Hier hätte sich allerdings die Frage gestellt, inwieweit nicht die mit diktatorischen Vollmachten ausgestatteten Obersten Heeresleitungen – man denke nur an die 3. OHL unter Hindenburg und Ludendorff – für die deutsche Kriegführung in erster Linie verantwortlich waren.

52 Travers, *Les traités de paix et les idées courantes en matière d'extradition*, S. 127; ähnlich, doch etwas zurückhaltender, der Generalstaatsanwalt von Paris an den französischen Justizminister in einem Schreiben vom 9.12.1918, in: AN Paris, BB/18/2568², o. S.

53 Jellinek, *Wilhelm II. in den Niederlanden*, Sp. 43.

54 Vgl. La Paix de Versailles, S. 540.

55 Ebenda, S. 275f., 553f. Inwieweit das belgische Königshaus hier an das von

Kurzum, ein Völkerrechtssatz, der die Bestrafung oder auch nur Ächtung eines abgetretenen Souveräns wegen seiner früheren Regierungshandlungen – wozu auch die Kriegführung gerechnet wurde – anerkannt hätte, war seinerzeit nicht nachweisbar.[56] Ob es aber diese rechtlichen Argumente oder eher die im Falle eines Beharrens auf der Auslieferung zu erwartenden diplomatischen Verstimmungen vor allem mit den USA waren, die den Ausschlag gaben, sei dahingestellt. Jedenfalls wurde das Kapitel »Auslieferung und Verurteilung des Kaisers« nach der zweiten ablehnenden Note der Niederlande geschlossen,[57] und das Augenmerk der Alliierten richtete sich wieder auf die Behandlung der sogenannten Kriegsverbrecherfrage.

---

ihr angeordnete oder gebilligte Verhalten im Kongo dachte (Dezimierung der Eingeborenenbevölkerung um Millionen, systematische Ausplünderung des Landes), der bis 1908 Privatdomäne Leopolds II. war, ist nicht bekannt.

56 Es wird oft übersehen, daß nach der Internierung Napoleons I. auf St. Helena dieses Vorgehen 1816 durch einen britischen *Act of Parliament* legalisiert und durch einen zweiten Akt allen Beteiligten Indemnität erteilt wurde. Vgl. Georg Dahm, Völkerrecht, Bd. 3, Stuttgart 1961, S. 289, FN 4.

57 Am 30. März 1920 wurde der niederländischen Regierung noch ein Schreiben Lloyd Georges überreicht, worin ihr die ausschließliche Verantwortung für alle aus der Anwesenheit des ehemaligen deutschen Kaisers sich etwa ergebenden Folgen zugewiesen wurde. Vgl. Berber (Hg.), Das Diktat von Versailles, Bd. 2, S. 1202, FN 1. Es fällt schwer, darin mehr zu sehen als den Versuch eines möglichst ehrbaren Rückzugs.

Teil 2
Die Verfahren vor dem Reichsgericht und die Ermittlungen der Reichsanwaltschaft (1921–1927)

Gegenstand und Verlauf der Verfahren

In den Jahren 1921 bis 1927 beschäftigten sich Reichsgericht und Reichsanwaltschaft mit Hunderten von Verfahren gegen »Kriegsbeschuldigte«, wie sie damals genannt wurden. Nur in einigen Fällen – mit dem Verfahren gegen die drei Pioniersoldaten waren es 17 – kam es zu einer mündlichen Verhandlung vor dem Reichsgericht. Der weitaus größte Teil wurde entweder in nichtöffentlicher Sitzung durch Beschluß oder vom Oberreichsanwalt durch Verfügung eingestellt.

Die Begriffe Kriegsvergehen und Kriegsverbrechen, die im Zentrum aller Verfahren standen, stellten die deutsche Justiz vor nicht unerhebliche Probleme. Auf vergangene Erfahrungen konnte sie vor allem in bezug auf die Bestimmung von Kriegsverbrechen nur sehr begrenzt zurückgreifen. Nicht umsonst wirkt das Wort »Kriegsbeschuldigter« wie ein Kunstwort, auch wenn es mit dem Suffix »-beschuldigter« den Verfahrensstand korrekt angibt. Es sollte den Vorwurf einer rechtswidrigen Handlung im Zusammenhang mit dem Krieg bezeichnen, irgend etwas, das mit den Gesetzen und Gebräuchen des Krieges nicht übereinstimmte. Daß dies auch ein Verbrechen sein könnte, lag den deutschen Vorstellungen fern, denn schließlich hatte der Soldat nicht aus Eigennutz, sondern im Auftrag und Interesse seines Landes gehandelt.

Was ist ein Kriegsverbrechen? – Über die Abwesenheit eines Begriffs

Wie oben beschrieben, waren in dem ersten Verfahren die Angeklagten wegen Plünderung verurteilt worden. Die Rechtsgrundlage für die Bestrafung hatte das Gericht dem Militärstrafgesetzbuch entnommen. Alles in allem handelte es sich also um ein normales Verfahren, wie es sie während des Krieges vor Kriegsgerichten gegeben hatte.[1] Zur Verhandlung stand eine militärische Straftat, die zuvörderst zum Zwecke der Diziplinwahrung ins Militärstrafrecht überführt worden war. Daß ein Verbot der Plünderung auch in der Haager Landkriegsordnung von 1907 enthalten

1 Vgl. die Übersicht in BA-MA, PH/2–592, wo Verfahren gegen ca. 1500 deutsche Heeresangehörige (zumeist Mannschafts- und Unteroffiziersdienstgrade) aufgeführt sind, denen u.a. Einbruchdiebstahl, Raub, Notzucht und Sittlichkeitsverbrechen vorgeworfen worden war. Die entsprechenden Gerichtsakten wurden jedoch beim Brand des Heeresarchivs im Zweiten Weltkrieg zerstört.

war (Art. 28 und 47)[2] machte aus ihr nicht zwangsläufig ein Kriegsverbrechen, sondern zeugte zunächst nur von einer übereinstimmenden Interessenlage der Staaten hinsichtlich der Disziplin ihrer Truppen.[3] Welche Bedeutung der militärischen Disziplin beispielsweise in der preußisch-deutschen Armee zukam, zeigte das Gericht am Beispiel des Angeklagten Niegel, der zu vier Jahren Zuchthaus verurteilt wurde. Strafverschärfend für ihn war gewesen, daß er bei seiner Festnahme kurz nach der Tat einem Vorgesetzten – letztlich nur verbal – Widerstand geleistet hatte (»er benahm sich sehr frech und schien sich zur Wehr setzen zu wollen«[4]). Diesem »ungebührlichen und disziplinlosen Verhalten einem militärischen Vorgesetzten gegenüber mußte«, so der Urteilswortlaut, »[...] ein empfindlicher Einfluß auf die Höhe der hier zu erkennenden Strafe beigemessen werden«.[5]

Genau besehen war die vom Reichsgericht in dem ersten Verfahren abgeurteilte Tat ein Verbrechen »bei Gelegenheit des Krieges« und als solches den sogenannten »gemeinen Verbrechen« sehr ähnlich, das heißt Straftaten, die außerhalb des Kampfgeschehens begangen wurden und mit diesem nicht in Verbindung standen. Straftaten dieser Art als Verbrechen zu erkennen und abzuurteilen, stellte die deutsche (Militär-)Justiz nicht vor Probleme. Es waren Verbrechen, aber eben keine Kriegsverbrechen. Daß Kriegshandlungen völkerrechtliche Grenzen gezogen waren, bei deren Überschreitung eine strafrechtliche Sanktion drohen konnte, hatte in der Vorstellung der deutschen Justiz keinen Platz.

Nehmen wir zwei gerichtliche Entscheidungen, die dieses deutlich machen. Die eine ist vom Reichsmilitärgericht und stammt vom August 1915, die andere ist von einem Oberkriegsgericht und stammt vom Oktober 1917. Beiden Entscheidungen lag ein Sachverhalt zugrunde, der in wesentlicher Hinsicht übereinstimmte: Ein französischer Soldat war in deutsche Kriegsgefangenschaft geraten. Vor seiner Gefangennahme hatte er sich gegen deutsche Soldaten kriegsrechtswidrig verhalten. In dem Fall, der schließlich vor dem Reichsmilitärgericht verhandelt wurde, hatte er

---

2 Art. 28: »Es ist untersagt, Städte oder Ansiedlungen, selbst wenn sie im Sturme genommen sind, der Plünderung preiszugeben.« Art. 47 bezieht sich auf das Verhalten im besetzten Gebiet und bestimmt: »Die Plünderung ist ausdrücklich untersagt.«

3 Andere Beweggründe kommen hinzu, wie z. B. die Schonung des Eigentums der Landeseinwohner oder das Ansehen des Heeres, das gewahrt werden soll. Vgl. dazu A. Romen, Carl Rissom, Militärstrafgesetzbuch (Kommentar), 3. Aufl., Berlin 1918, § 129, S. 402.

4 BAL, R 3003, ORA/RG, Generalia, Bd. 62, S. 3 des Urteils.

5 Ebenda, S. 7 des Urteils.

verwundete und gefangengenommene Soldaten in gefährlicher Weise verletzt,[6] während der Soldat in dem vor dem Oberkriegsgericht verhandelten Fall nach eigenen, später allerdings von ihm bestrittenen Angaben sechs Soldaten, welche die Waffen gestreckt und sich ergeben hatten, erschossen hatte.[7]

Unabhängig von der jeweiligen Tatschwere war die Rechtsfrage in beiden Fällen identisch: Durfte ein Kriegsgefangener wegen einer *vor* seiner Gefangennahme begangenen Tat von einem deutschen Gericht bestraft werden? Ihn für eine *nach* der Gefangennahme begangene Straftat zu belangen war rechtlich unproblematisch. Als Gefangener unterstand er deutschem Recht und damit auch den deutschen Militärstraf- und Disziplinarvorschriften.[8] Für eine vor der Gefangennahme begangene strafbare Handlung aber war das anders, wenn auch der Unterschied nicht sogleich zu erkennen war. § 160 MStGB sah zwar vor, daß ein Ausländer oder Deutscher, der während eines gegen das Deutsche Reich ausgebrochenen Krieges einen Kriegsverrat beging, unter Umständen mit dem Tode zu bestrafen war.[9] Und § 161 MStGB bestimmte sogar, daß ein Ausländer, der im Besatzungsgebiet gegen Angehörige der deutschen Truppen eine nach den Gesetzen des Deutschen Reiches strafbare Handlung beging, so zu bestrafen war, als ob die Handlung von ihm im Reichsgebiet begangen worden wäre. Wie aber war zu entscheiden – und durch welche Gerichtsbarkeit –, wenn die vorgeworfene Tat weder ein Kriegsverrat war noch sich, wie in den beiden vorliegenden Fällen, im Besatzungsgebiet ereignet hatte?

Eine Zuständigkeit der Militärjustiz, darin stimmten beide Gerichte überein, konnte aus den eben genannten Gründen nicht auf § 5 Nr. 4 MStGO gestützt werden, der die Fälle der §§ 160, 161 MStGB der Mili-

---

6 Vgl. Entscheidungen des Reichsmilitärgerichts, 19. Bd., Berlin 1915, S. 239 (242). Über die Art der Verletzung ist im Sachverhalt nichts gesagt. Er verweist lediglich darauf, daß es sich um eine gefährliche Körperverletzung (§ 223a RStGB) handelte. Siehe auch die Mitteilung in DJZ 20 (1915), Sp. 1235.

7 Vgl. BAL, R 3003, ORA/RG, bJ 2/20 (Dr. med. Oskar Vulpius), Bd. 1, Urteil des Oberkriegsgerichts des stellvertretenden XIV. Armeekorps zu Konstanz, o. S.

8 Dies entsprach gewohnheitsrechtlichem wie vertraglichem Kriegsrecht. So hieß es im § 158 des MStGB von 1872: »Auf strafbare Handlungen eines Kriegsgefangenen finden nach Maßgabe seines Militärranges die Vorschriften dieses Gesetzes entsprechende Anwendung.« Der spätere Art. 8 der HLKO legte fest: »Die Kriegsgefangenen unterstehen den Gesetzen, Vorschriften und Befehlen, die in dem Heere des Staates gelten, in dessen Gewalt sie sich befinden. Jede Unbotmäßigkeit kann mit der erforderlichen Strenge geahndet werden.«

9 Das Strafmaß ergab sich aus den §§ 57–59 MStGB, auf die in § 160 MStGB verwiesen wurde.

tärstrafgerichtsbarkeit zuwies.[10] Dem Reichsmilitärgericht war diese Feststellung nur einen Satz wert, dann prüfte es, ob die eigene Zuständigkeit möglicherweise durch den § 1 Nr. 8 MStGO begründet werden könne. Nach dieser Vorschrift fielen die strafbaren Handlungen eines Kriegsgefangenen in den Kompetenzbereich der Militärgerichte, doch sagten sie nichts darüber, ob mit den strafbaren Handlungen Straftaten allgemein gemeint waren oder nur solche nach Beginn der Kriegsgefangenschaft.[11] Daß nur letzteres vom Gesetzgeber gewollt sein konnte, stand für das Militärgericht nach einer historischen und systematischen Auslegung fest. Wenn eine Ausdehnung der Militärstrafgerichtsbarkeit auch auf Kriegsgefangene wegen der *vor* ihrer Gefangennahme begangenen Taten gewollt worden wäre, hätte der Gesetzgeber eine den §§ 6–9 MStGO vergleichbare Bestimmung getroffen, denn diese Paragraphen regelten ausdrücklich die Strafbarkeit von Handlungen, die *vor* Entstehung des Dienstverhältnisses begangen wurden.[12] Da eine solche Bestimmung hinsichtlich der Kriegsgefangenen fehle, hätten Militärgerichte auch keine Befugnis, mögliche Straftaten feindlicher Soldaten zu ahnden, die in deutsche Kriegsgefangenschaft geraten waren. Mangels einer anderen Zuweisung seien daher im Ergebnis allein die ordentlichen Strafgerichte der bürgerlichen Gerichtsbarkeit zuständig, und das auch nur für den Fall, daß, wie das Reichsmilitärgericht hervorhob, derartige Straftaten »überhaupt [...] der deutschen Gerichtsbarkeit unterfallen«.[13] Mit anderen Worten: Ein Kriegsgefangener unterstand wegen einer kriegsrechtswidrigen Handlung, die er als Soldat des feindlichen Staates begangen hatte, nicht der deutschen Militärgerichtsbarkeit; er – und das heißt im vorliegenden Fall, der einer gefährlichen Körperverletzung angeklagte französische Kriegsgefangene – blieb insoweit straflos. Eine Ausnahme bildeten wegen der Regelung in § 5 Nr. 4 MStGO lediglich der Kriegsverrat (§ 160 MStGB)

---

10 § 5 Nr. 4 MStGO lautete: »Der Militärstrafgerichtsbarkeit sind ferner unterstellt: [...] Ausländer und Deutsche wegen der in den §§ 160, 161 des Militärstrafgesetzbuchs bezeichneten strafbaren Handlungen.«

11 § 1 Nr. 8 MStGO schrieb vor: »Der Militärstrafgerichtsbarkeit sind, soweit nicht die folgenden Paragraphen ein Anderes bestimmen, wegen aller strafbaren Handlungen unterstellt: [...] die in den §§ 155, 157, 158, 166 des Militärstrafgesetzbuchs bezeichneten Personen, solange sie den Militärstrafgesetzen unterworfen sind.« § 158 MStGB betraf Kriegsgefangene, vgl. oben, FN 8.

12 § 6 MStGO z. B. besagte: »Die Militärpersonen des aktiven Heeres und der aktiven Marine sind, sofern nicht die folgenden Paragraphen ein Anderes bestimmen, auch wegen der vor dem Diensteintritte begangenen strafbaren Handlungen der Militärstrafgerichtsbarkeit unterstellt.«

13 Vgl. Entscheidungen des Reichsmilitärgerichts, 19. Bd., S. 243–246; DJZ 20 (1915), Sp. 1235.

und die im Besatzungsgebiet begangene Straftat (§ 161 MStGB), also Handlungen, die als »militärische Verbrechen« angesehen wurden,[14] weil sie entweder, ähnlich wie die Spionage, gegen die Kriegführung des deutschen Heeres gerichtet waren (Kriegsverrat) oder die Sicherheit und Ordnung im besetzten Gebiet betrafen. Alle anderen strafbaren Handlungen wurden der Kategorie »gemeine Verbrechen« zugeschlagen,[15] die mit dem Krieg nur den Umstand eines zeitlichen Zusammenhangs gemeinsam hatten, ganz so, wie in Friedenszeiten auch Verbrechen begangen werden. Bestandteil des Krieges oder einer bestimmten Art der Kriegführung waren sie nicht, so daß, wenn sie überhaupt von deutscher Seite geahndet werden konnten, nur die Zuständigkeit der zivilen Gerichte in Betracht kam.

Soweit die Ansicht des Reichsmilitärgerichts. Warum es Zweifel daran hatte, ob im Krieg begangene »gemeine Verbrechen« der ordentlichen deutschen Gerichtsbarkeit unterliegen konnten, führte es nicht aus. Das übernahm zwei Jahre später das Oberkriegsgericht. Es begann die Prüfung seiner Zuständigkeit ebenfalls mit den §§ 160 und 161 MStGB. Wie das Reichsmilitärgericht verwarf es sogleich § 161 MStGB, weil die Tat im Kampfgebiet und nicht im besetzten Gebiet geschehen war. Im Gegensatz zu letzterem ging es dann aber noch auf den in § 160 MStGB erfaßten Kriegsverrat ein, und was es dazu zu sagen hatte, wies bereits auf die vorherrschende Rechtsansicht hin, daß Kriegshandlungen sich jeder Justitiabilität entziehen. Die Strafbestimmung des § 160 MStGB, so das Gericht, sei eng auszulegen. Sie betreffe nur ein heimtückisches Handeln von feindlichen Zivil- oder Militärpersonen (Partisanentätigkeit, Mißbrauch von Uniformen oder Rot-Kreuz-Zeichen) und nicht etwa die allgemeinen kriegerischen Handlungen, welche die Soldaten des Feindes im Verband ihres eigenen Heeres zur Schädigung der deutschen Kriegsmacht vornähmen. Zu diesen Schädigungshandlungen seien auch solche Kampfhandlungen zu rechnen, die sich ihrer Art nach als eine Verletzung anerkannter Regeln des Völkerrechts darstellten. Sie über den Umweg des Kriegsverrats zu strafbaren Handlungen zu machen, widerspreche der geforderten Eindeutigkeit. Und in Worten von geradezu prophetischer Bedeutung fügte das Gericht hinzu:

»[I]n den meisten Fällen, wo Angehörigen einer kämpfenden Truppe völkerrechtswidrige Kriegshandlungen zur Last gelegt werden, [wird es] in der strafrechtlichen Praxis gar nicht möglich sein, Vorgänge, welche sich auf dem Schlachtfelde vor oder hinter unserer Linie beim Hin- und Herwogen des Kampfes abgespielt haben, zum Gegenstand einer Beweisaufnahme zu machen und auf diese Weise die für einen Urteilsspruch erforderliche sichere Grundlage zu gewin-

---

14 Vgl. Romen/Rissom, Militärstrafgesetzbuch (1918), § 160, S. 561.
15 So z. B. das Reichsmilitärgericht in der genannten Entscheidung, S. 243.

nen. Dabei kommt insbesondere in Betracht, dass Kriegsnotwendigkeiten, wie sie sich unter dem Gesichtspunkte der Notwehr, des Notstandes, der Vergeltung usw. im Angriff und in der Abwehr ergeben können, für die Angehörigen einer jeden Kriegspartei in jedem Augenblicke eine Lage hervorrufen können, die im Interesse der eigenen Sicherheit und der Durchführung geplanter Operationen ein rasches und entschlossenes Handeln erfordern, dessen Notwendigkeit nachzuprüfen dem Richter im Regelfalle versagt bleiben muss.«[16]

Gemeint war hier der Militärrichter, denn daß ein Zivilrichter Kriegshandlungen beispielsweise an den §§ 211 RStGB (Mord) oder 211 RStGB (Totschlag) messen würde, dafür sah das Oberkriegsgericht keine rechtliche Grundlage. § 4 Abs. 1 RStGB bestimme, daß wegen der im Ausland begangenen Verbrechen und Vergehen keine Verfolgung stattfinde. Das in § 4 Abs. 2 RStGB zum Ausdruck gebrachte Weltrechtsprinzip als Ausnahme von dieser Regel sei auf das Münzverbrechen beschränkt,[17] und einen preußisch-deutschen Kriegsbrauch, der eine strafrechtliche Verurteilung im ordentlichen Verfahren vorsehe, gebe es nicht.[18] Kurzum: Das Gericht verurteilte den wegen mehrerer Tötungsdelikte angeklagten französischen Kriegsgefangenen nicht und stellte das Verfahren aus den genannten Gründen ein.

Damit war ein zweites Mal von hoher juristischer Stelle entschieden worden, daß völkerrechtswidrige Kriegshandlungen eines feindlichen Armeeangehörigen nach in Deutschland herrschender Ansicht nicht strafbar waren.[19] Sie zählten nicht zu den militärischen Verbrechen, und als gewöhnliche Verbrechen fielen sie nicht unter deutsche Strafrechtsbestimmungen. Eine Kategorie »Kriegsverbrechen«, die beide Verbrechensarten in sich vereinigt oder den Begriff der militärischen Verbrechen erweitert hätte, gab es nicht, für feindliche Soldaten nicht und für deutsche Soldaten erst recht nicht.[20] Der führende Kommentar zum Militärstrafgesetz-

---

16 Zit. n. bJ 2/20 (Prof. Dr. Oskar Vulpius), Bd. 1, Urteil, o. S.

17 § 4 Abs. 1 und 2 Nr. 1 RStGB lautete: »Wegen der im Auslande begangenen Verbrechen und Vergehen findet in der Regel keine Verfolgung statt. Jedoch kann nach den Strafgesetzen des Deutschen Reichs verfolgt werden: 1. ein Deutscher oder ein Ausländer, welcher im Auslande eine hochverräterische Handlung gegen das deutsche Reich oder einen Bundesstaat, oder ein Münzverbrechen [...] begangen hat [...].«

18 Vgl. bJ 2/20 (Vulpius), Bd. 1, Urteil, o. S.

19 Ebenda sowie Romen/Rissom, Militärstrafgesetzbuch (1918), § 160, S. 562: »Zugehörigkeit zum feindlichen Heere schließt grundsätzlich die Rechtswidrigkeit der vorgenommenen Kriegshandlungen aus.«

20 Zur rechtlichen Situation in Frankreich, Großbritannien und den USA vgl. unten, S. 156ff.

buch vermerkte in dieser Hinsicht denn auch kurz und bündig: »Der einzelne Soldat vollzieht Kriegshandlungen nicht nur auf ausdrücklichen Befehl, sondern auch ohne diesen zufolge seiner Stellung im militärischen Organismus. Solche Kriegshandlungen sind grundsätzlich nicht als strafrechtswidrig anzusehen.«[21]

Urteile, Einstellungsbeschlüsse und Einstellungsverfügungen – Ein Überblick

Nach dem ersten Prozeß vor dem Reichsgericht in Sachen Kriegsverbrechen meinte der *Vorwärts* nicht ohne Ironie: »Das Reichsgericht hat [...] sehr prompt gearbeitet. Es handelt sich in diesem Falle um Arbeiter. Von den angeschuldigten Offizieren wird man ja nun auch bald etwas hören.«[22] Und die *Rote Fahne* schrieb unter dem Aufruf »Frisch auf, Herr Oberreichsanwalt«: »Das Leipziger Reichsgericht hat bis jetzt nur drei arme Teufel von Proletariern aufgreifen können, die das machten, was die Herren Offiziere ihnen im großen vormachten.«[23]

Reaktionen wie diese waren zwar in der Minderzahl,[24] dennoch war die Reichsregierung bemüht, daraus möglicherweise entstehende nachteilige Folgen auf innen- und außenpolitischem Gebiet – Wiederaufleben der Hetze gegen das Offizierskorps, Diskreditierung des Reichsgerichts im In- und Ausland, neue Forderungen der Siegermächte – zu verhindern.[25] Die Abfolge der Gerichtsverhandlungen sollte daher nicht dem Zufall überlassen sein, und Reichsjustiz- und Reichswehrministerium trafen eine Vereinbarung über die Reihenfolge der ersten Prozesse in den Fällen der »Pro-

---

21 Romen/Rissom, Militärstrafgesetzbuch (1918), § 127, S. 392.

22 *Die ersten Kriegsverbrecher*, in: Vorwärts, Nr. 15, 11.1.1921, S. 2.

23 Zit. n. Kaul, *Die Verfolgung deutscher Kriegsverbrecher nach dem ersten Weltkrieg*, S. 30.

24 Andere Zeitungen hatten einfach nur von dem Prozeß berichtet und sich jeden Kommentars enthalten. Vgl. u. a. *Aburteilung der ersten Kriegsverbrecher*, in: Berliner Tageblatt, Nr. 15, 3. Beiblatt, 11.1.1921; *Kriegsverbrechen vor dem Reichsgericht*, in: Vossische Zeitung, Nr. 15, 11.1.1921, S. 4; *Kriegsverbrecher*, in: Frankfurter Zeitung, Nr. 27, 12.1.1921, S. 2; *Kriegsverbrecher*, in: Frankfurter Zeitung, Nr. 27, 12.1.1921, S. 2. Eine Ausnahme war die Deutsche Allgemeine Zeitung, die lobend kommentierte (*Das erste Reichsgerichtsurteil gegen Kriegsverbrecher*, Nr. 15, 11.1.1921, S. 1): »Die obige Meldung zeigt, wie ernst das Bestreben der Reichsbehörden ist, den übernommenen Verpflichtungen gerecht zu werden.«

25 Vgl. Schwengler, Völkerrecht, Versailler Vertrag und Auslieferungsfrage, S. 345f.

beliste«: Fälle, in denen ein Freispruch abzusehen war, sollten sich mit solchen abwechseln, in denen eine Verurteilung erwartet wurde.[26]

Nach dem monatlich zu erstattenden Bericht des Oberreichsanwalts an den Reichsjustizminister[27] waren im April 1921 in den 45 Fällen der »Probeliste« in fünf Fällen die Anklageschrift beim Zweiten Senat des Reichsgerichts eingereicht und in drei Fällen die Voruntersuchung eröffnet und Haftbefehl erlassen worden. In weiteren fünf Fällen hatte die Reichsanwaltschaft die Einstellung des Verfahrens beantragt. Hinsichtlich der von italienischer, rumänischer und serbisch-kroatisch-slowenischer Seite genannten Beschuldigten fehlte detaillierteres Belastungsmaterial, so daß hier die Ermittlungsarbeiten noch im Anfangsstadium steckten. In sechs Fällen hatte sich das Verfahren durch den Tod des Beschuldigten erledigt.

In den Fällen der großen Auslieferungsliste war gegen zwei Beschuldigte Anklage erhoben und gegen zwei weitere die Voruntersuchung eingeleitet worden. Belgien, England, Italien und Rumänien hätten, so der Oberreichsanwalt in seinem Bericht, durch Noten mitgeteilt, daß sie in den Sachen der großen Auslieferungsliste vorerst keine Rechtshilfe leisten, sondern sich auf die »Probeliste« beschränken würden. In 120 Fällen hätten die Verfahren durch inländische Ermittlungen abgeschlossen werden können, doch solange nicht feststehe, wann die Siegermächte Belastungsmaterial lieferten, könnten sie nicht an das Reichsgericht zur endgültigen Einstellung weitergeleitet werden.[28]

Zur Zusammenarbeit mit der »Zentralstelle für Völkerrechtsverletzungen und andere Anschuldigungen militärischer Art« beim Reichswehrministerium (Abteilung TVA) äußerte sich der Bericht nicht *expressis verbis*, doch war zwischen den Zeilen eine Unzufriedenheit der Reichsanwaltschaft nicht zu verkennen. So wurde die Zentralstelle um »rückhaltlose« Übermittlung des eventuell dort vorhandenen Materials gebeten und darauf hingewiesen, daß »die Hauptverhandlungen nur dazu bestimmt sind, Schuld oder Nichtschuld der einzelnen Angeklagten, nicht aber Schuld oder Nichtschuld der früheren Regierung und der früheren Militärverwaltung, Heeres- und Marineleitung, festzustellen«.[29] Und zu dem häufig auf militärischer Seite geäußerten Verlangen nach Veröffentlichung einer sogenannten »Gegenliste« mit feindlichen Kriegsverbrechen[30] bemerkte der Bericht, »diese [dürfe] nur insoweit in der Haupt-

---

26 Ebenda.
27 Vgl. BAL, R 3003, ORA/RG, Generalia, Bd. 46, Bl. 184ff.
28 Ebenda.
29 Ebenda.
30 Treibende Kraft für die Erstellung einer Gegenliste war der bereits mehrfach

verhandlung zur Erörterung zugelassen werden, als sie mit dem Einzelfalle in unmittelbarem tatsächlichem Zusammenhang stehe[n], und in solchem Falle nur dann dem Angeklagten nützen könne[n], ohne allgemein zu schaden, wenn völlig zuverlässige und einwandfreie Augenzeugen sie aus eigener zweifelsfreier Beobachtung zu bekunden vermögen«.[31]

Am 5. Mai 1921 richteten die Alliierten erneut eine Note an die Reichsregierung. Darin wurde festgestellt, daß das Deutsche Reich mit der Erfüllung verschiedener friedensvertraglicher Verpflichtungen im Rückstand sei, unter anderem mit der Entwaffnung, mit Reparationsleistungen und mit der Aburteilung der Kriegsverbrecher. Die Alliierten forderten die Zusage, daß Deutschland mit der Erfüllung der genannten Verpflichtungen unverzüglich beginne, und drohten für den Fall der Weigerung mit der Besetzung des Ruhrgebiets. Die Reichsregierung nahm dieses sogenannte »Londoner Ultimatum« vorbehaltlos an, konnte sie doch darauf verweisen, daß zwischenzeitlich der Beginn der Hauptverhandlungen vor dem Reichsgericht für Ende Mai 1921 festgesetzt worden war.[32]

Und in der Tat begann das erste Verfahren der »Probeliste« am 23. Mai 1921. Der ehemalige Unteroffizier Karl Heynen, den England ausgeliefert wissen wollte, wurde angeklagt, in seiner Eigenschaft als Kommandant eines kleineren Gefangenenlagers bei Herne englische Kriegsgefangene mißhandelt zu haben. 1916 hatte ihn ein Kriegsgericht in dieser Sache zu zwei Wochen mittleren Arrest verurteilt. Das Reichsgericht verurteilte ihn zu einer Gefängnisstrafe von zehn Monaten.[33]

---

erwähnte Major Otto von Stülpnagel im Kriegsministerium. Vgl. Schreiben des Reichsinnenministeriums vom 6.2.1920, in: BAL, R 3001, 7531/22443. Zur kontroversen politischen Diskussion über die Veröffentlichung einer Gegenliste (als Gegenargument wurde die Notwendigkeit einer möglichst günstigen Ausgangsposition für die Lösung der oberschlesischen Frage angeführt) vgl. Auszug aus dem Protokoll der Sitzung des Reichsministeriums vom 30. Mai 1921, in: Fox u. a. (Hg.), Akten zur deutschen auswärtigen Politik 1918–1945, Serie A: 1918–1925, Bd. V, Dokument Nr. 32, S. 63.

31 Ebenda.

32 Vgl. Schwengler, Völkerrecht, Versailler Vertrag und Auslieferungsfrage, S. 346.

33 In der ursprünglichen Liste war seine Auslieferung von England unter der Nummer 57 gefordert worden, in der neuen Liste stand er unter Nummer 5. Zum Verfahren vgl. BAL, R 3003, ORA/RG, bJ 21/20. Das Urteil ist auch abgedruckt im Weißbuch des Reichsministers der Justiz, Reichstag, Bd. 368, Drucksache Nr. 2584, S. 2543–2547.

Um den Tatvorwurf der Gefangenenmißhandlung ging es auch in weiteren Verfahren der »Probeliste«, so im zweiten und dritten Verfahren. Im zweiten Verfahren wurde dem Angeklagten, dem ehemaligen Hauptmann Emil Müller, dessen Auslieferung von Großbritannien auf der großen Liste unter Nummer 72 gefordert worden war und der unter Nummer 4 auf der »Probeliste« stand, die Mißhandlung von englischen Kriegsgefangenen in einem Gefangenenlager in Frankreich vorgeworfen. Er wurde am 30. Mai 1921 zu sechs Monaten Gefängnis verurteilt.[34]

Das Verfahren gegen den Landsturmmann Robert Neumann, einen ehemaligen Aufseher in einem Gefangenenlager an der Ostfront, war das dritte Verfahren (Nummer 55 auf der englischen großen Liste, Nummer 7 der »Probeliste«). Wegen Mißhandlung englischer Kriegsgefangener in einem Gefangenenlager an der Ostfront wurde Neumann am 2. Juni 1921 zu sechs Monaten Gefängnis verurteilt.[35]

Am 4. Juni sprach das Reichsgericht das Urteil gegen den ehemaligen Kapitänleutnant und U-Boot-Kommandanten Karl Neumann.[36] Es handelte sich bei diesem Verfahren um das erste in Sachen »uneingeschränkter U-Boot-Krieg«, und England forderte seine Auslieferung in der großen Liste unter Nummer 19 und seine Bestrafung durch Deutschland in der »Probeliste« unter Nummer 2. Neumann wurde vorgeworfen, das englische Lazarettschiff *Dover Castle* ohne Warnung torpediert und versenkt zu haben. Er wurde freigesprochen.

Um Körperverletzung und Freiheitsberaubung, begangen an der Zivilbevölkerung, ging es in dem nächsten Verfahren. Angeklagt war der frühere Beamte der Geheimen Feldpolizei Max Ramdohr, der bei der Vernehmung von Kindern und Jugendlichen in Belgien willkürlich und gewalttätig vorgegangen sein sollte. Belgien forderte daher zunächst seine Auslieferung unter Nummer 182 der großen Liste, dann seine Bestrafung unter Nummer 32 der »Probeliste«. Ramdohr wurde am 11. Juni 1921 freigesprochen.[37]

In dem sechsten Verfahren waren der Generalleutnant a.D. Karl Stenger und der Major a.D. Benno Crusius angeklagt, den Befehl zur Erschießung gefangengenommener oder verwundeter französischer Solda-

---

34 Vgl. bJ 588/20 und bJ 901/20 (Anklageschrift) sowie das Urteil im Weißbuch, S. 2547–2552.

35 Vgl. bJ 589/20 sowie das Urteil im Weißbuch, S. 2552–2556; die Akten zum Fall Robert Neumann fehlen vollständig.

36 Vgl. bJ 586/20; zum Urteil im Weißbuch siehe dort S. 2556–2563; auch die Akten zum Fall Karl Neumann fehlen vollständig.

37 Vgl. bJ 46/20 sowie das Urteil im Weißbuch, S. 2557–2563.

ten erteilt zu haben. Die Auslieferung Stengers verlangte Frankreich in der großen Liste unter Nummer 1, diejenige von Crusius unter Nummer 5. In der »Probeliste« waren sie unter Nummer 8 beziehungsweise unter Nummer 12 genannt. Stenger wurde mit Urteil vom 6. Juli 1921 freigesprochen, Crusius wurde zu zwei Jahren Gefängnis verurteilt.[38]

Die Tötung eines verletzten und gefangengenommenen französischen Soldaten wurde auch dem Leutnant a. D. Adolf Laule vorgeworfen. Frankreich forderte seine Auslieferung unter Nummer 2 auf der großen Liste und setzte seinen Namen unter Nummer 9 auf die »Probeliste«. Laule wurde am 7. Juli freigesprochen.[39]

Noch einmal die Mißhandlung von Kriegsgefangenen bildete den Gegenstand des Verfahrens gegen den Generalleutnant a. D. Hans von Schack und den Generalmajor a. D. Benno Kruska. Ihre Auslieferung war zunächst von Frankreich unter Nummer 280 der großen Liste gefordert worden; auf der »Probeliste« standen sie unter den Nummern 17 und 18. Beide Angeklagte sollten für den Tod Tausender Kriegsgefangener im Kriegsgefangenenlager Kassel verantwortlich sein. Sowohl von Schack als auch Kruska wurden freigesprochen.[40]

Die Angeklagten in dem neunten und für 1921 letzten Verfahren in Sachen Kriegsverbrechen, Oberleutnant zur See Ludwig Dithmar und Oberleutnant zur See a. D. John Boldt, standen auf keiner Liste, wohl aber ihr damaliger Vorgesetzter, der Kommandant des U-Bootes U 86 Kapitänleutnant Helmut Patzig, dessen Auslieferung von England unter Nummer 9 der großen Liste verlangt wurde. Auf der »Probeliste« stand er an erster Stelle. Ihm wurde vorgeworfen, am 27. Juni 1918 das Lazarettschiff *Llandovery Castle* torpediert und danach den Befehl gegeben zu haben, die auf hoher See treibenden und mit Überlebenden besetzten Rettungsboote des Lazarettschiffs zu beschießen und zu versenken. Da Patzig unbekannten Aufenthalts war, konzentrierten sich die Ermittlungen der Reichsanwaltschaft auf mögliche Tatbeteiligte. Als solche wurden die beiden Angeklagten Dithmar und Boldt identifiziert, die dann jeweils wegen Beihilfe zum Totschlag zu vier Jahren Gefängnis verurteilt wurden. Gegen Dithmar wurde zugleich auf Dienstentlassung erkannt und gegen Boldt auf Verlust des Rechts zum Tragen der Offiziersuniform.[41] Das Urteil gegen beide Angeklagten wurde vom Reichsgericht am 5. Mai 1928 in nichtöffentlicher Sitzung aufgehoben und Dithmar sowie Boldt wurden freige-

---

38 Vgl. bJ 27/20 (Stenger) und bJ 92/20 (Crusius); Weißbuch, S. 2563–2572 (Urteil).

39 Vgl. bJ 81/20; Weißbuch, S. 2572–2573.

40 Vgl. bJ 296/20; Weißbuch, S. 2573–2579.

41 Vgl. aJ 95/21; das Urteil ist abgedruckt im Weißbuch, S. 2579–2586.

sprochen.[42] Das Verfahren gegen Patzig wurde 1931 durch richterlichen Beschluß eingestellt.[43]

Die letzten zwei Verfahren, die in öffentlicher Sitzung vor dem Reichsgericht verhandelt wurden, fanden im Jahr 1922 statt: Das erste war das Verfahren gegen den Arzt Dr. med. Oskar Michelsohn, der auf Veranlassung Frankreichs auf die Auslieferungs- und »Probeliste« gesetzt worden war. Der gegen ihn erhobene Vorwurf lautete auf Ermordung und Mißhandlung kranker Soldaten, begangen in einem Kriegsgefangenenlazarett in Nordfrankreich. Michelsohn wurde durch Urteil vom 3. Juli 1922 freigesprochen.[44]

In dem zweiten Verfahren, das am 17. November 1922 durch Urteil endete, war der ehemalige Landsturmmann Karl Grüner angeklagt. Mit diesem Verfahren schloß sich gewissermaßen ein Kreis, denn es ähnelte sehr dem ersten Verfahren gegen die drei Pioniersoldaten. Wie diese stand Grüner auf keiner Liste, wie diese wurde er wegen Plünderung und Diebstahls angeklagt – begangen in der allgemeinen Auflösung eine Woche vor Kriegsende –,[45] und wie bei diesen hatte das Gericht keine Schwierigkeiten mit der Urteilsfindung: Grüner wurde zu zwei Jahren Zuchthaus, zum Verlust der bürgerlichen Ehrenrechte für fünf Jahre und zur Entfernung aus dem Heer verurteilt.[46] Dabei fiel erkennbar nicht ins Gewicht, daß Grüner wegen Eigentumsdelikten mehrfach vorbestraft war, sondern, so das Gericht, »[g]änzlicher Mangel an persönlichem Ehrgefühl und an Verständnis für die Pflichten des Soldaten im Feindeslande sowie für das An-

---

42 Vgl. das Urteil in: BAL, R 3003, ORA/RG, Generalia, Bd. 62, o. S.

43 Der Beschluß ist enthalten in: PA Bonn, R 48433o, o. S.

44 Vgl. das Urteil in: BAL, R 3003, ORA/RG, Generalia, Bd. 62, o. S.; Auszüge aus den Ermittlungsakten finden sich im PA Bonn, R 48432v.

45 Er hatte am 8. November 1918 einem Belgier unter dem Vorwand, ihn wegen Spionageverdachts zur Kommandantur bringen und vorher eine »Visitation« durchführen zu müssen, eine Brieftasche mit etwa 8000 Mark Inhalt geraubt. Karl Grüner war auch angeklagt, am 2. November 1918 in einem Lazarett in Belgien eine Brieftasche mit Ausweispapieren, ein Notizbuch sowie Bargeld in Höhe von 98,05 Mark gestohlen zu haben (§§ 242, 244 RStGB). Die Hauptverhandlung ergab, daß es sich hierbei um eine Unterschlagung gehandelt hatte (§ 246 RStGB), da die Sachen dem Angeklagten vorher zur Aufbewahrung übergeben worden waren. Aufgrund der Amnestie vom 7.12.1918 wurde das Verfahren jedoch eingestellt, sofern es diesen Anklagepunkt betraf. Vgl. das Urteil in: BAL, R 3003, ORA/RG, Generalia, Bd. 62, o. S. (S. 3 des Urteils).

46 Ebenda. Die Verurteilung auf der Grundlage der §§ 129 MStGB (Plünderung) und 133 MStGB (Plünderung unter Gewalttätigkeit gegen eine Person/erschwerte Plünderung).

sehen des deutschen Heeres lassen die Tat besonders verwerflich erscheinen«.[47]

Insgesamt fanden von Januar 1921 bis November 1922 Verfahren gegen 17 Beschuldigte[48] beziehungsweise Angeklagte statt. Von den Verfahren, welche die Alliierten verhandelt wissen wollten, endeten vier mit einer Verurteilung, sieben mit Freispruch. Ein Ergebnis, mit dem die Alliierten – das wird nicht überraschen – alles andere als zufrieden waren. Schon nach dem Freispruch für Stenger hatte die französische Regierung gegenüber der Reichsregierung ihren Unmut geäußert, und als dann auch noch die Generäle von Schack und Kruska freigesprochen wurden, berief Frankreich seine Prozeßbeobachter zurück und stellte die juristische Zusammenarbeit mit den deutschen Behörden ein. Belgien folgte kurz darauf diesem Schritt. Eine interalliierte Kommission, bestehend aus Vertretern Großbritanniens, Italiens, Frankreichs und Belgiens, erklärte Anfang 1922, eine Überprüfung der bisher verhandelten Fälle habe ergeben, daß die Verfahren voreingenommen geführt worden seien und die ausgeworfenen Urteile den begangenen Verbrechen nicht gerecht würden. Sie empfahl den alliierten Regierungen einstimmig, nicht mehr auf die Verhandlung weiterer Fälle in Leipzig zu bestehen, sondern, wie zuvor angekündigt, ihre Rechte aus Art. 228 des Versailler Vertrages geltend zu machen und auf die Auslieferung der Beschuldigten zu bestehen.[49] Aus Gründen, auf die noch einzugehen ist,[50] geschah letzteres nicht, doch beschränkten die Alliierten die Rechtshilfe künftig auf die »Probeliste« und verweigerten darüber hinaus (hinsichtlich der Fälle der Auslieferungsliste und der von der Reichsanwaltschaft *proprio motu* durchgeführten Verfahren) jede Kooperation. Das Ergebnis dieser Entscheidung, auch das wird nicht überraschen, war, daß die Verfahren eingestellt oder, falls eine gerichtliche Voruntersuchung eingeleitet und eventuell sogar schon eine Anklageschrift formuliert worden war, die Angeschuldigten außer Verfolgung gesetzt wurden.

Bis 1927 endeten auf diese Weise, sei es durch Beschluß des Reichsgerichts in nichtöffentlicher Sitzung, sei es durch einfache staatsanwaltliche Verfügung, über 1700 Fälle. Gustav Radbruch, sozialdemokratischer

---

47 Ebenda, S. 5f.

48 Wenn der Oberreichsanwalt nach dem Ergänzungsgesetz vom 24. März 1920 (RGBl. 1920, 341) lediglich einen Antrag auf Durchführung einer Hauptverhandlung stellte, ohne zugleich eine Anklageschrift einzureichen, blieb der Beschuldigte Beschuldigter und wurde nicht zum Angeklagten.

49 Vgl. das Telegramm der Deutschen Botschaft in Paris an das Auswärtige Amt vom 14. Januar 1922, in: BAL, R 3003, ORA/RG, Generalia, Bd. 47, Bl. 13f.

50 Vgl. unten, S. 487ff.

Reichsjustizminister 1921/22 und dann wieder 1923 und nationalistisch-patriotischer Sympathien eigentlich unverdächtig, kommentierte dies sogar noch aus dem Abstand von etwa 25 Jahren mit den Worten: »Eine schwere Belastung des Reichsgerichts waren die Kriegsverbrecherprozesse. Sie mußten während meiner Amtszeit zunächst dilatorisch behandelt werden. [...] Als [...] der oberste Rat [...] sein Désintéressement an dem weiteren Verlauf der Kriegsverbrecherprozesse deutlich zu erkennen gab, fiel für uns jeder Grund zu einer weiteren dilatorischen Behandlung fort. Nun wurden die zahlreichen auf haltlose Beschuldigungen gegründeten Verfahren durch Reichsanwaltschaft und Reichsgericht eingestellt [...].«[51]

Fast die Hälfte der Einstellungen betraf entweder Ermittlungen, die aufgrund von in Frankreich oder Belgien durchgeführten Abwesenheitsverfahren eingeleitet worden waren, oder sie bezog sich auf Taten wie den Diebstahl oder die Unterschlagung von Schmuck, Möbeln, Wertpapieren oder Kunstgegenständen, die unter die Amnestie vom 8. Dezember 1918 fielen. Eingestellt wurden auf der anderen Seite aber auch Verfahren, die Delikte bis hin zu Massenverbrechen zum Gegenstand hatten und bei denen es teilweise eines gehörigen argumentativen Aufwandes, einer sehr extensiven Rechtsauslegung bis hin zur Rechtsverdrängung und einer ausgeprägten Parteilichkeit bedurfte, um zu diesem Ergebnis zu gelangen.

51 Gustav Radbruch, Der innere Weg. Aufriß meines Lebens, in: Arthur Kaufmann (Hg.), Gustav Radbruch – Gesamtausgabe, Bd. 16, Biographische Schriften, bearb. von Günter Spendel, Heidelberg 1988, S. 255.

Zum Tatvorwurf: Begehung von Greueltaten und systematisches unmenschliches Verhalten deutscher Truppen

Wäre alles nach Plan gelaufen, hätte sich das bewahrheitet, was Kaiser Wilhelm II. im August 1914 den ausrückenden deutschen Truppen zurief: »Ihr werdet wieder zu Hause sein, ehe noch das Laub von den Bäumen fällt.«[1] Die deutschen Truppen sollten schnell durch Luxemburg und Belgien vorstoßen, die französische Armee von Nordwesten her gegen deren eigene an der Grenze zum Deutschen Reich gelegenen Festungsgürtel treiben und dort in einer einzigen Schlacht, in einem »Cannae des 20. Jahrhunderts«, vernichten. So wollte man einen wegen Deutschlands Mittellage drohenden Zweifrontenkrieg vermeiden und in der Lage sein, nach der raschen Niederwerfung Frankreichs die gesamte Heeresmacht dem russischen Aufmarsch entgegenzustellen.

Bedenken gegen diesen Plan, der nach seinem Urheber, dem früheren Chef des Generalstabs der preußischen Armee, Alfred Graf von Schlieffen, Schlieffenplan genannt wurde,[2] wurden beiseite geschoben oder in ihrer Tragweite nicht erkannt.[3] Von Belgien erwartete man keine ernstzu-

---

1 Zitiert nach Stig Förster, *Der deutsche Generalstab und die Illusion des kurzen Krieges, 1871–1914. Metakritik eines Mythos*, in: Burkhardt u. a., Lange und kurze Wege in den Ersten Weltkrieg, S. 115.

2 Ebenda, S. 134ff.; vgl. u. a. auch Keegan, Der Erste Weltkrieg, S. 52ff.; Holger Afflerbach, *Die militärische Planung des Deutschen Reiches im Ersten Weltkrieg*, in: Michalka (Hg.), Der Erste Weltkrieg, S. 280ff.

3 Es war, was nicht einer gewissen Tragikomik entbehrt, gerade der »Held der Einigungskriege« Generalfeldmarschall Helmuth von Moltke, der, die Volkserhebung im Deutsch-Französischen Krieg von 1870/71 vor Augen, vor der Illusion eines kurzen Krieges warnte. In seiner letzten Reichstagsrede am 14. Mai 1890 (Reichstag, 1890/91, Bd. 114, S. 76–77) erklärte er:
»Die Zeit der Kabinettskriege liegt hinter uns – wir haben jetzt nur noch den Volkskrieg [...].
Meine Herren, wenn der Krieg, der jetzt schon mehr als zehn Jahre lang wie ein Damoklesschwert über unseren Häuptern schwebt, – wenn dieser Krieg zum Ausbruch kommt, so ist seine Dauer und ist sein Ende nicht abzusehen. Es sind die größten Mächte Europas, welche, gerüstet wie nie zuvor, gegen einander in den Kampf treten; keine derselben kann in einem oder zwei Feldzügen so vollständig niedergeworfen werden, daß sie sich für überwunden erklärte, daß sie auf harte Bedingungen hin Frieden schließen müßte, daß sie sich nicht wieder aufrichten sollte, wenn auch erst nach Jahresfrist, um den Kampf zu erneuern. Meine Herren, es kann ein siebenjähriger, es kann ein dreißigjäh-

nehmende Gegenwehr,[4] und was man von der französischen Widerstandsfähigkeit hielt, davon zeugten Parolen wie »Eilgut nach Paris«,[5] »Kostenloser Ausflug nach Paris«[6] oder Kurzverse wie »Wem Gott will rechte Gunst erweisen/ Den läßt er jetzt nach Frankreich reisen«,[7] die auf die Außenwände der an die Front fahrenden Eisenbahnwaggons geschrieben waren. Frankreich würde, dessen war sich die deutsche Armeeführung sicher, außerstande sein, dem deutschen Vormarsch so lange zu widerstehen, bis nennenswerte Unterstützung aus England eintreffen würde.[8]

Belgien wurde am Abend des 2. August das Ultimatum gestellt, binnen einer Frist von zwölf Stunden zu erklären, daß es im bevorstehenden Krieg »eine wohlwollende Neutralität« Deutschland gegenüber einnehmen und dem deutschen Angriff keinen Widerstand leisten werde.[9] Die belgische Reaktion hingegen war anders als erwartet. Belgien legte entschieden Verwahrung gegen die deutschen Absichten ein und teilte der deutschen Regierung mit, daß es die Verletzung seiner Neutralität mit Waffengewalt zu verhindern suchen werde. Der Zeitdruck, unter dem das Deutsche Reich ohnehin und erst recht nach Erklärung der belgischen Gegenwehr stand, wurde noch erhöht durch die Kriegserklärung Großbritanniens, die am 4. August um 24 Uhr in Kraft trat. Mit dieser Erklärung war auch das Bemühen um die englische Neutralität endgültig fehlgeschlagen, und die deutsche Reichsleitung setzte nun darauf, »die Beendigung der ersten Phase der kriegerischen Handlungen so schnell zu erreichen, daß England die Niederwerfung Frankreichs nicht mehr hätte

---

riger Krieg werden, – wehe dem, der Europa in Brand steckt, der zuerst die Lunte in das Pulverfaß schleudert!«

4 Belgische Soldaten wurden gemeinhin als »Praliné-Soldaten« bezeichnet. Vgl. Lothar Wieland, Belgien 1914. Die Frage des belgischen »Franktireurkrieges« und die deutsche öffentliche Meinung von 1914 bis 1936, Frankfurt am Main/Bern/New York 1984, S. 4.

5 Vgl. Jeffrey Verhey, *Der Geist von 1914*, in: Rolf Spilker, Bernd Ulrich (Hg.), Der Tod als Maschinist. Der industrialisierte Krieg 1914–1918, Bramsche 1998, S. 48. Daß solche Art Siegeszuversicht sich in vergleichbaren Parolen auch in Paris oder London Luft machte, darauf verweist Keegan, Der Erste Weltkrieg, S. 113ff.

6 Zuckmayer, Als wär's ein Stück von mir, S. 239.

7 Ernst Johann (Hg.), Innenansichten eines Krieges. Bilder – Briefe – Dokumente 1914–1918, Frankfurt am Main 1968, S. 19.

8 Vgl. Förster, *Der deutsche Generalstab und die Illusion des kurzen Krieges*, S. 117ff. Förster selbst steht der These von der Illusion eines kurzen Krieges skeptisch gegenüber.

9 Wieland, Belgien 1914, S. 3.

verhindern können«.[10] Der ungestörte »Durchmarsch« durch Belgien und das rasche Vorrücken durch Nordfrankreich zur Umfassung von Paris wurden nun in der Tat zu einer zwingenden Notwendigkeit.

Die Verluste besonders auf deutscher und französischer Seite waren in den ersten Kriegsmonaten enorm.[11] Was eine kurze Befreiungsaktion aus den angeblichen Einkreisungsversuchen des Auslands hatte werden sollen, wurde nach der Marneschlacht im September 1914[12] zu einem Stellungskrieg, der jede zeitliche Planung illusionär machte. Der Schlieffenplan war gescheitert, und schuld daran war nach deutscher Überzeugung nicht nur die unerwartete Stärke der französischen Armee, sondern zu einem gehörigen Teil auch die regelwidrige, heimtückische Kampfweise, die man bei belgischen und französischen Soldaten festzustellen glaubte. Und nicht nur das: Eine »maßlos verhetzte« Zivilbevölkerung hatte, davon war die deutsche Militärführung ebenfalls überzeugt, vor allem in Belgien in die Kämpfe eingegriffen, Greueltaten an deutschen Soldaten begangen und mit großer Energie die eigenen Verbände zu unterstützen versucht. Nur mit Mühe habe man sich diesen überraschenden Angriffen und Anschlägen erwehren können.

Wie viele deutsche Soldaten infolge des Umstands, daß angeblich auch die Zivilbevölkerung zu den Waffen gegriffen hatte, getötet oder verletzt worden waren, ist nicht bekannt.[13] Hinsichtlich anderer Zahlen besteht zumindest einige Klarheit. So wurden nach Angaben amtlicher belgischer Veröffentlichungen 1914 in Belgien etwa fünfeinhalbtausend Zivilisten durch deutsche Soldaten getötet. Für Frankreich gibt es keine Schätzungen, aber es kann davon ausgegangen werden, daß

---

10 Ebenda.

11 Bis Ende Dezember 1914 betrugen die deutschen Verluste (Tote und Verwundete) 800 000 Mann, die französischen 900 000. Vgl. Keegan, Der Erste Weltkrieg, S. 17.

12 Mitte September 1914 wurde der deutsche Vormarsch, der an weitester Stelle bis etwa 50 km vor Paris gelangt war, durch eine konzentrierte Aktion britischer und französischer Einheiten gestoppt. Helmuth von Moltke, der Chef des deutschen Generalstabes, wurde daraufhin von dem Kriegsminister Generalleutnant Erich von Falkenhayn abgelöst. Vgl. dazu Keegan, Der Erste Weltkrieg, S. 168ff.; Jean-Jacques Becker, *Lorraine sanglante*, in: Centre de recherche de l'Historial de Péronne (Hg.), 14–18 la très grande guerre, Paris 1994, S. 65–71.

13 Die entscheidende Frage ist hier jedoch, ob die belgische und französische Zivilbevölkerung überhaupt an den Kämpfen teilgenommen hatte oder ob diese Annahme allein das Ergebnis einer deutschen Paranoia war. Auf diesen Aspekt wird im folgenden noch eingegangen werden.

mindestens mehrere hundert Zivilisten getötet wurden. Die Gesamtzahl liegt daher bei über sechstausend Toten, vielleicht auch erheblich höher.[14]

»Der Deutsche kann das nicht«

Dieser Satz, der den Deutschen, genauer: den deutschen Soldaten im Ersten Weltkrieg, Harm- und Arglosigkeit bescheinigen sollte, wurde in dem Verfahren gegen den Generalleutnant Stenger und Major Crusius geäußert.[15] Er stammte von einem Zeugen, ebenfalls einem Offizier, und gab eine in Deutschland verbreitete Stimmung wieder. Doch gerade die Verfahren gegen Stenger und Crusius, das davor durchgeführte Verfahren gegen den ehemaligen Beamten der Geheimen Feldpolizei Ramdohr sowie, in begrenztem Maße, das Verfahren gegen den Oberleutnant Laule wären geeignet gewesen, neue Einsichten über andere, weitergehende Fähigkeiten der Deutschen zu vermitteln. Man wird daher aus dieser Bemerkung auch eine erhebliche Verunsicherung und den beschwörenden Versuch zur Wahrung eines Bildes herauslesen können.

Mißhandlung von Zivilpersonen – Das Verfahren gegen Max Ramdohr

Zusammen mit einem weiteren Beamten der Geheimen Feldpolizei, Ernst Zahn, wurde Max Ramdohr von Belgien beschuldigt, während der Besatzungszeit über die Bewohner der Stadt Grammont und Umgebung eine Schreckensherrschaft ausgeübt und vor allem um die Jahreswende 1917/18 willkürliche Verhaftungen vorgenommen und inhaftierte Kinder geschlagen und gefoltert zu haben.[16]

Das Verfahren gegen beide Beschuldigte wurde am 27. Februar 1920 eröffnet. Nach Auswertung der belgischen Zeugenaussagen – sie allein

---

14 Vgl. dazu Alan Kramer, *»Greueltaten«. Zum Problem der deutschen Kriegsverbrechen in Belgien und Frankreich 1914*, in: Gerhard Hirschfeld u.a. (Hg.), Keiner fühlt sich hier mehr als Mensch … Erlebnis und Wirkung des Ersten Weltkrieges, Essen 1993, S. 86, 91.

15 Vgl. BAL, R 3003, ORA/RG, bJ 92/20 (Stenger/Crusius), Bd. 3, Bl. 94.

16 Die Beschuldigungen finden sich in der großen Liste unter Nr. 182 und in der »Probeliste« unter Nr. 32 bzw. für Ernst Zahn unter Nr. 260 und Nr. 33. Die Namen und das Alter der Kinder waren in den Beschuldigungen angegeben, vgl. R 3003, ORA/RG, Generalia, Bd. 56, Première liste, S. 20f.

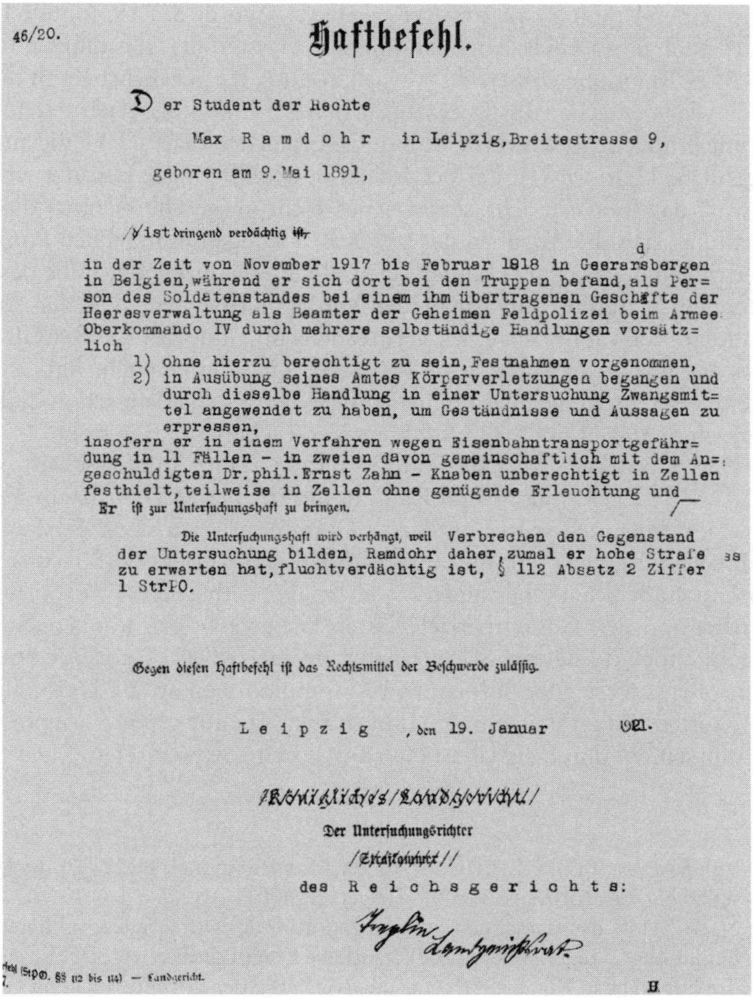
46/20.

Haftbefehl.

Der Student der Rechte

Max Ramdohr in Leipzig, Breitestrasse 9,

geboren am 9. Mai 1891,

/ / ist dringend verdächtig ist,

in der Zeit von November 1917 bis Februar 1918 in Geerardsbergen in Belgien, während er sich dort bei den Truppen befand, als Person des Soldatenstandes bei einem ihm übertragenen Geschäfte der Heeresverwaltung als Beamter der Geheimen Feldpolizei beim Armee Oberkommando IV durch mehrere selbständige Handlungen vorsätzlich

1) ohne hierzu berechtigt zu sein, Festnahmen vorgenommen,
2) in Ausübung seines Amtes Körperverletzungen begangen und durch dieselbe Handlung in einer Untersuchung Zwangsmittel angewendet zu haben, um Geständnisse und Aussagen zu erpressen,

insofern er in einem Verfahren wegen Eisenbahntransportgefährdung in 11 Fällen – in zweien davon gemeinschaftlich mit dem Angeschuldigten Dr. phil. Ernst Zahn – Knaben unberechtigt in Zellen festhielt, teilweise in Zellen ohne genügende Erleuchtung und

Er ist zur Untersuchungshaft zu bringen.

Die Untersuchungshaft wird verhängt, weil Verbrechen den Gegenstand der Untersuchung bilden, Ramdohr daher, zumal er hohe Strafe zu erwarten hat, fluchtverdächtig ist, § 112 Absatz 2 Ziffer 1 StrPO.

Gegen diesen Haftbefehl ist das Rechtsmittel der Beschwerde zulässig.

Leipzig, den 19. Januar 1921.

~~Königliches Landgericht~~

Der Untersuchungsrichter

~~Strafkammer~~

des Reichsgerichts:

Vogelin[?] Landgerichtsrat.

fehl StPO. §§ 112 bis 114) — Landgericht.

H

Der gegen Max Ramdohr erlassene Haftbefehl
BAL, R 3003, ORA/RG, bJ 46/20, Bd. 1, Bl. 45, VS

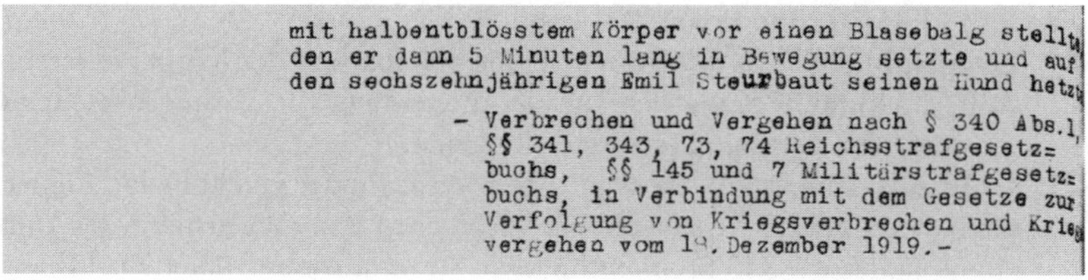
mit halbentblösstem Körper vor einen Blasebalg stellte, den er dann 5 Minuten lang in Bewegung setzte und auf den sechszehnjährigen Emil Steurbaut seinen Hund hetzte

– Verbrechen und Vergehen nach § 340 Abs. 1, §§ 341, 343, 73, 74 Reichsstrafgesetzbuchs, §§ 145 und 7 Militärstrafgesetzbuchs, in Verbindung mit dem Gesetze zur Verfolgung von Kriegsverbrechen und Kriegsvergehen vom 18. Dezember 1919. –

BAL, R 3003, ORA/RG, bJ 46/20, Bd. 1, Bl. 45, RS

haben einen Umfang von 209 Aktenseiten[17] – wurde am 19. Januar 1921 Haftbefehl gegen beide Angeschuldigte[18] erlassen, der allerdings nur gegen Max Ramdohr vollstreckt werden konnte, da sich Ernst Zahn durch Flucht der deutschen Justiz entzogen hatte.[19] Eine kurz nach der Inhaftierung erhobene Beschwerde Ramdohrs gegen den Haftbefehl, die auf die angebliche Haltlosigkeit der belgischen Beschuldigungen gestützt wurde, verwarf das Reichsgericht. Zwar sei es nicht ausgeschlossen, so die Begründung, daß die Angaben der belgischen Zeugen in manchen Punkten übertrieben oder sogar erfunden seien, doch »bleibt bei der Fülle des belastenden Materials ein dringender Verdacht bestehen, daß der Angeschuldigte Ramdohr sich eines Verbrechens im Sinne des § 343 StGB und eines Vergehens im Sinne des § 340 StGB schuldig gemacht hat«.[20] Ein Fluchtverdacht sei darüber hinaus von Gesetz wegen allein schon deshalb anzunehmen, weil mit § 343 StGB ein Verbrechen in Frage stehe.[21]

»Der Schrecken von Termonde« hätten, laut Anklageschrift vom 12. April 1921, Ramdohr und Zahn in ihrer früheren Dienststelle geheißen. Dort wie auch später im Bezirk Grammont seien sie in der Spionageabwehr tätig gewesen, und ihre Aufgabe habe in der Aufklärung von »Eisenbahndelikten« bestanden, welche die deutschen Transporte gefährden und den Gesamtbetrieb hätten beeinträchtigen können. Solche Eisenbahndelikte hätten sich vermehrt im Herbst 1917 auf der Strecke Mons–Brüssel ereignet. Infolge von Manipulationen an der Drahtzugleitung hätten Proviantzüge und Militärtransporte auf offener Strecke halten müssen, wodurch sie Überfällen ausgesetzt gewesen seien.[22]

---

17 Vgl. BAL, R 3003, ORA/RG, bJ 46/20 (Max Ramdohr), Bd. 2, der die Übersetzungen der Aussagen von 48 Zeugen enthält.

18 Nach § 157 der damaligen Strafprozeßordnung war »Angeschuldigter der Beschuldigte, gegen welchen die öffentliche Klage erhoben ist«. Der Erhebung der öffentlichen Klage gleich war die Eröffnung der Voruntersuchung (§ 170 StPO: »Bieten die angestellten Ermittlungen genügenden Anlaß zur Erhebung der öffentlichen Klage, so erhebt die Staatsanwaltschaft sie entweder durch einen Antrag auf gerichtliche Voruntersuchung oder durch Einreichung einer Anklageschrift bei dem Gerichte.«).

19 Vgl. bJ 46/20 (Ramdohr), Bd. 1, Bl. 90 und 274 RS.

20 Ebenda, Bl. 90. § 340 StGB regelte die Strafbarkeit der Körperverletzung im Amt, § 343 StGB bezog sich auf die Anwendung von Zwangsmitteln zur Erpressung von Geständnissen und Aussagen.

21 § 112 Abs. 2 Nr. 1 StPO besagte: »Der Verdacht der Flucht bedarf keiner weiteren Begründung [...] wenn ein Verbrechen den Gegenstand der Untersuchung bildet.« § 343 StGB enthielt die Strafandrohung einer Zuchthausstrafe von bis zu fünf Jahren und war damit nach § 1 StGB ein Verbrechen.

22 Vgl. bJ 46/20 (Ramdohr), Bd. 1, Bl. 270 VS/RS.

Ramdohr hatte elf Personen festgenommen, vernommen und etwa drei Monate lang in Haft gehalten. Nach Zugang der Akten bei der vorgesetzten Etappenkommandantur hatte diese das Verfahren gegen sechs der elf Personen, die noch keine zwölf Jahre alt waren (die beiden jüngsten waren acht und neun Jahre alt), eingestellt und die übrigen fünf in einem feldgerichtlichen Verfahren wegen Eisenbahntransportgefährdung zu Gefängnisstrafen von zwei bis drei Jahren verurteilt.[23] Die Anklageschrift dazu: »Sämtliche [...] Belgier hatten im Ermittlungsverfahren vor dem Angeschuldigten bezw. später in der Hauptverhandlung vor dem Feldgericht ihre Schuld zugegeben. Nunmehr stellen sie aber ihre Schuld in Abrede und geben an, sie seien zu Unrecht verhaftet und zu ihrem Geständnis durch Zwangsmittel des Angeschuldigten bewogen worden.«[24] Bei ihrer richterlichen Vernehmung in Belgien hätten sie ausgesagt, sie seien von Ramdohr getreten und geschlagen worden, letzteres nicht nur mit der Faust, sondern auch mit einem geflochtenen Lederriemen, mit einem Stock oder mit »Eisenstäbchen« auf die Hand. Dem 13jährigen Albert Vidts habe er zum Beispiel eine Schnur um den Hals gebunden und diese an einem Haken in der Mauer über seinem Kopf befestigt, dann habe er ihn mit einem Rohr auf die nackten Beine geschlagen. Auch habe Ramdohr ihm Hände und Füße festgebunden, mit einer Schnur die Hände mit den Füßen verbunden und ihn danach an einen Haken gehängt, so daß er mit dem Rücken (gerade noch) den Fußboden berührt habe. In dieser Lage habe er ihn den ganzen Tag über gelassen.[25] Andere Kinder seien

---

23 Ebenda sowie Bd. 5, Bl. 197.

24 Ebenda, Bd. 1, Bl. 270.

25 bJ 46/20 (Ramdohr), Bd. 1, Bl. 273 VS/RS. Aus der Aussage des Zeugen Vidts vor einem belgischen Untersuchungsrichter: »Er [Ramdohr, G.H.] hat mir dann eine Schnur um den Hals gebunden, diese Schnur war an einem Haken festgemacht, der in der Mauer über meinem Kopf befestigt war. Er schlug mich dann mit einem Rohr auf meine nackten Beine, daß ich vor Schmerz heulte. Hätte ich mich fallen lassen, wäre die Schnur, die sich um meinen Hals befand, festgezogen. Endlich hat er mir Hände und Füße festgebunden und dann mit einer Schnur meine Hände mit meinen Füßen verbunden, dann hängte er mich mit dieser Schnur an einen Haken, der in die Mauer geschlagen war, sodaß ich mit dem Rücken auf dem Fußboden lag. Da meine Hände und Füße sehr stark festgemacht waren, war es mir unmöglich, mich loszumachen. Er ließ mich so gebunden hängen, eines morgens von 9 Uhr bis abends gegen 1/2 9 Uhr. Dann kam er mich fragen: wie es ging? Ich antwortete nicht. Er gab mir einen Fußtritt. 1/2 11 Uhr hat er mich losgebunden und auf dem Steinflur liegen lassen. Am anderen Tage ließ er mich wiederum auf sein Büro kommen, schloß mich wiederum an den Schrank, diesmal war ich nicht verletzt. Er hat mich noch einmal mit mit seinem Revolver bedroht und

einen Monat und länger in Einzelhaft in eine Dunkelzelle eingesperrt worden, in der sie auf einem Brett hätten schlafen müssen.[26] Einem Kind sei bei gezogenem Revolver die Erschießung für den Fall angedroht worden, daß es nicht sofort aussage,[27] zwei anderen hätten Soldaten auf Befehl Ramdohrs den Kopf so lange in einen Kessel mit Wasser gedrückt, daß sie beinahe erstickt wären.[28]

Der Angeschuldigte Ramdohr bestritt zunächst, jemals in seiner dienstlichen Stellung mit belgischen Kindern zu tun gehabt zu haben. Nach Vorhalt der von ihm unterschriebenen Vernehmungsprotokolle und Berichte erklärte er, daß die Aussagen – auch die beeidigten, denn »die Belgier schwörten sehr leichtsinnig« – sämtlich erfunden und lediglich Kriegspropaganda seien. Er fügte hinzu, »dass die Jungens, die hier in Frage kommen, so schmutzig und unzivilisiert waren – sie waren teilweise Analphabeten –, dass ich mich wohl gehütet haben würde, sie anzufassen, geschweige denn ihnen z. B. die Hosen auszuziehen, um sie auf den blossen Körper zu schlagen. Sie machten mir in ihrer Unbildung einen so jämmerlichen Eindruck, dass ich eher Mitleid mit ihnen hatte, als dass ich aufgebracht gegen sie gewesen wäre und mich zu Misshandlungen hätte hinreissen lassen.«[29]

Deutsche Zeugen, wie beispielsweise Beschäftigte auf der Etappenkommandantur oder Richter des Feldkriegsgerichts, hielten zwar den Angeschuldigten durchweg für unfähig zur Begehung der ihm vorgeworfenen Taten, doch mußten sie gleichwohl einräumen, daß ihnen die Empörung in der belgischen Bevölkerung über die Festnahme und Inhaftierung von Kindern sehr wohl bekannt gewesen sei.[30] Gerüchteweise sei auch von Zwangsmitteln die Rede gewesen.[31]

Für die Reichsanwaltschaft hatte sich damit ein hinreichender Tatverdacht ergeben, zumal die Tatvorwürfe noch durch Gutachten von drei belgischen Ärzten bekräftigt wurden, die den Kindern zum Teil erhebliche Krankheitsfolgen – chronische Kopfschmerzen, Bronchitis, langwierige Knochenhautentzündung, Wassersucht – bis hin zu dauerhafter par-

sagte, er würde mich wiederum binden, wie am vorigen Tage. Es ist die letzte Drohung, die mir solche Angst eingejagt hatte, daß ich endlich ein Geständnis gemacht habe, um den Folterungen zu entgehen, obwohl ich unschuldig war.« Zit. n. bJ 46/20 (Ramdohr), Bd. 2, Bl. 119 VS/RS.

26 Ebenda, Bl. 271 VS/RS.
27 Ebenda, Bl. 273 RS.
28 Ebenda und Bl. 271 RS.
29 Ebenda, Bl. 53 VS/RS und Bl. 274 VS/RS.
30 Ebenda, Bl. 110ff. und 216ff.
31 Ebenda, Bl. 218.

tieller Arbeitsunfähigkeit bescheinigten.[32] Sie warf dem Angeschuldigten Ramdohr vor, in der Zeit von November 1917 bis Februar 1918 als Beamter der Geheimen Feldpolizei beim Armeeoberkommando IV durch mehrere selbständige Handlungen vorsätzlich »1.) ohne hierzu berechtigt zu sein, Festnahmen vorgenommen und die Dauer von Freiheitsentziehungen verlängert zu haben und 2.) in Ausübung seines Amtes Körperverletzungen begangen und durch dieselben Handlungen in einer Untersuchung Zwangsmittel angewendet zu haben, um Geständnisse und Aussagen zu erpressen, und zwar teilweise in fortgesetzter Tat«.[33]

Die Hauptverhandlung im großen Sitzungssaal des Reichsgerichts in Leipzig begann am 8. Juni 1921 und dauerte drei Tage. Das Gericht hatte elf deutsche und fünfzehn belgische Zeugen, die drei belgischen Ärzte, die den Gesundheitszustand der inhaftierten Kinder begutachtet hatten, sowie einen deutschen Sachverständigen, einen Polizeirat Müller aus München, geladen.[34] Belgien hatte drei Regierungsvertreter zur Beobachtung des Prozesses geschickt.[35] Präsident des siebenköpfigen Strafsenats war Dr. Heinrich Schmidt, wie viele seiner Senatskollegen Reserveoffizier und, für einige Monate, Weltkriegsteilnehmer.[36]

Zu Beginn der Verhandlung und nach Vereidigung der in- und ausländischen Zeugen wies Senatspräsident Schmidt den Angeklagten auf eine angeblich bestehende Wahrheitspflicht hin. Wörtlich sagte er: »Ich warne Sie, dieselbe Taktik zu befolgen, die Sie in der Voruntersuchung beobachtet haben, indem Sie sich auf nichts besinnen wollen und alles ableugnen.«[37] Eine solche Wahrheitspflicht gab es allerdings auch seinerzeit nicht, vielmehr galt damals wie heute der Grundsatz, daß ein Angeklagter nicht gezwungen werden darf, sich selbst zu beschuldigen und »Zeuge

32 Ebenda, Bl. 271ff.

33 Ebenda, Bl. 278. Bei diesen Handlungen handle es sich um Vergehen und Verbrechen gemäß den bereits erwähnten §§ 340 und 343 StGB; als weiterer Straftatbestand, dessen Ramdohr angeklagt wurde, war noch § 341 StGB (Freiheitsberaubung im Amt) hinzugekommen. Die Anwendung des StGB ergab sich aus § 7 MStGB, der in dem Satz zusammengefaßt wurde: »Die Truppe führt ihr Strafrecht mit sich.« Vgl. Romen/Rissom, Militärstrafgesetzbuch (1918), § 7, S. 48.

34 Vgl. bJ 46/20 (Ramdohr), Bd. 5, Bl. 1f.

35 Vgl. *Der neue Kriegsverbrecherprozeß*, in: Vorwärts, 8.6.1921, Nr. 266, S. 2.

36 Vgl. BAL, R 3002, RG/PA 861, S. 68, 80. Schmidt war seit 1909 Richter am Reichsgericht und am 1. April 1921 zum Senatspräsidenten ernannt worden. 1916/17 diente er in einer militärischen Dienststelle beim Großen Generalstab.

37 Zit. n. *Der 5. Leipziger Prozeß*, in: Vossische Zeitung, 8.6.1921, Nr. 265, S. 3.

gegen sich selbst zu sein«.[38] Warum also der Vorsitzende Richter den Angeklagten aufforderte, die Wahrheit zu sagen, kann nur gemutmaßt werden. Verfahrensökonomische Gründe mögen eine Rolle gespielt haben, vielleicht auch richterliche Eitelkeit. Am wahrscheinlichsten ist aber, daß Schmidt bemüht war, jeden ungünstigen Eindruck nach außen zu vermeiden, oder nicht wollte, daß der Angeklagte seine Lage durch erkennbares Leugnen verschlechterte. Dieser jedenfalls erklärte auf die Warnung des Vorsitzenden und in Verdrängung seines Aussageverhaltens während der reichsanwaltschaftlichen Untersuchung: »Vor einem deutschen Gericht bin ich bereit, die volle Wahrheit zu sagen. Vor einem ausländischen Gericht würde ich wahrscheinlich eine andere Taktik verfolgen, da ich die belgische Bevölkerung und ihren Haß gegen das Deutschtum kenne.«[39] Zur Sache befragt, gab er zu, unter anderem neunjährige Kinder ins Gefängnis geworfen und »scharf verhört«, aber nicht geschlagen zu haben.[40]

Während der anschließenden Beweisaufnahme zeigten sich bei den Aussagen einiger Kinder Unstimmigkeiten gegenüber ihren eidlichen Angaben im Ermittlungsverfahren. Sie behaupteten, vor dem Feldgericht niemals die Manipulation der Signalleitungen zugegeben zu haben, obgleich in den Akten des Feldgerichts ihr Geständnis festgehalten war. Oder sie behaupteten zunächst, von dem Angeklagten nicht geschlagen worden zu sein, um dann, auf Nachfragen des Gerichts, das Gegenteil zu bezeugen. Andere Kinder aber blieben bei ihren ursprünglichen Aussagen, was seitens des Angeklagten mit der Bemerkung quittiert wurde, diesen Zeugen sei von Erwachsenen vorgegeben worden, was sie auszusagen hätten.[41]

Die deutschen Zeugen, unter ihnen ehemalige Soldaten der Etappenkommandantur und Richter des Feldgerichts, erklärten unisono, daß zwar das Gerücht umgegangen sei, die Kinder würden von der Feldpolizei mißhandelt, doch seien keine Polizisten namentlich beschuldigt worden noch hätten sich die Eltern der Kinder auf der Kommandantur beschwert. Der Angeklagte sei ihnen allen als ein ruhiger, besonnener Mensch bekannt.[42] Ein Zeuge, im Zivilleben Oberregierungsrat und im Krieg als Kriegsgerichtsrat tätig, äußerte sich zu seinen umfassenden, in

---

38 Vgl. § 136 StPO.

39 Zit. n. *Der 5. Leipziger Prozeß.*

40 Ebenda.

41 Vgl. *Der fünfte Leipziger Prozeß*, in: Vossische Zeitung, 9.6.1921, Nr. 266, S. 5; bJ 46/20 (Ramdohr), Bd. 5, Bl. 84f.

42 Vgl. *Der Kriegsbeschuldigten-Prozeß Ramdohr*, in: Kreuz-Zeitung, 10.6. 1921, Nr. 266, S. 4.

Deutschland und Belgien gesammelten Erfahrungen über die Psychologie von Kinderaussagen dahingehend, daß »man den Aussagen belgischer Kinder im allgemeinen etwas skeptischer gegenüberstehen müsse«. Dies werde verständlich, wenn man sich das Zeugenverhalten belgischer Erwachsener vor Augen führe. Es sei ihm vorgekommen, daß Zeugen hoch und heilig beteuert hätten, die Wahrheit gesagt zu haben, und eine halbe Stunde später hätten sie das direkte Gegenteil ausgesagt. Auf Befragen erklärten sie, daß sie zunächst die Unwahrheit gesagt hätten, weil sie die Rache des Beschuldigten fürchteten. Bei den Kindern komme die Beeinflussung durch die Erwachsenen hinzu.[43]

Die Aussage des militärpolizeilichen Sachverständigen bekräftigte diese Sichtweise. Ihm selbst sei bekannt, so Polizeirat Bauer, daß »die belgische Bevölkerung sich während des Krieges als verstockt, verhetzt und verlogen erwiesen« habe. Ebenso wisse er, daß »unter der Bevölkerung der besetzten Gebiete der Grundsatz gegolten hat, ein Meineid vor einem deutschen Gericht ist weder eine Sünde noch ein Verbrechen«.[44] Im übrigen müsse man sich die damalige Situation vergegenwärtigen. Dem Gegner sei es auch darum gegangen, die deutschen Eisenbahntransport durch Belgien zu stören. Zu diesem Zweck seien Agenten ins Etappengebiet geschickt und Flugblätter abgeworfen worden, in denen man die Bevölkerung zur Zerstörung der Linien aufgefordert habe.[45] Als Reaktion darauf sei auf deutscher Seite jede Maßnahme gerechtfertigt gewesen, die die Eisenbahngefährdung verhindern konnte. Der Sachverständige weiter: »Wenn der Verdacht auf den Kindern lag, mussten eben sie zunächst unschädlich gemacht werden. Das konnte aber nicht dadurch geschehen, dass man sie ihren Eltern zur Bestrafung gab.«[46] Er halte daher – mit Ausnahme der Mißhandlungen, falls sie sich als wahr erweisen sollten – alles, was der Angeklagte getan habe, für zulässig, nach der Sachlage geboten und innerhalb der Grenzen sich bewegend, die der Geheimen Feldpolizei eingeräumt waren.[47] Daß der Angeklagte bei den einzelnen Vernehmungen kein Protokoll aufgenommen, sondern lediglich ein Schlußprotokoll geschrieben habe, begründe oder erhärte keinen Verdacht gegen ihn. Von so ungeschulten Organen, wie sie oftmals bei der Polizei eingestellt werden mußten, habe man das nicht erwarten können. Und der Senatspräsident selbst sekundierte mit dem salvatorischen Hinweis: »Im übrigen ist

---

43 Vgl. *Der Fall Ramdohr*, in: Vossische Zeitung, 10.6.1921, Nr. 268, S. 3.
44 Vgl. bJ 46/20 (Ramdohr), Bd. 5, Bl. 395.
45 Ebenda, Bl. 396f.
46 Ebenda, Bl. 400.
47 So der Sachverständige auf eine Frage des Senatspräsidenten Schmidt; vgl. bJ 46/20 (Ramdohr), Bd. 5, Bl. 401.

es eine Frage im polizeilichen Verfahren, ob man jedes Ereignis für so wesentlich hält, dass man es aufzeichnet.«[48]

Nach Beendigung der Beweisaufnahme trug Reichsanwalt Feisenberger als Vertreter des Oberreichsanwalts den Antrag der Anklage vor. Nach einleitenden Bemerkungen zur Vorsicht bei der Bewertung von Kinderaussagen und zur Schwere des Tatvorwurfs[49] zeigte er sich davon überzeugt, daß der Angeklagte schuldhaft sowohl gegen § 341 StGB (Freiheitsberaubung im Amt) als auch gegen § 343 StGB (Erpressung von Geständnissen oder Aussagen durch die Anwendung von Zwangsmitteln) verstoßen habe. Der Verstoß gegen § 341 StGB ergebe sich daraus, daß die Kinder, wie anhand des Datums der jeweiligen Untersuchungsprotokolle erwiesen, zwischen zwei Wochen und eineinhalb Monaten über die Dauer der Voruntersuchung hinaus in Untersuchungshaft geblieben seien.[50] Von einem Verstoß gegen § 343 StGB müsse die Anklage deshalb ausgehen, weil die mittlerweile jugendlichen Opfer glaubhaft die erlittenen Mißhandlungen bezeugt hätten. Auch wenn nicht auszuschließen sei, daß in dem einen oder anderen Fall übertrieben worden sei, stimmten doch die Aussagen in wesentlichen Punkten, wie etwa hinsichtlich der Benutzung eines geflochtenen Lederriemens durch den Angeklagten, überein. Außerdem seien bei zwei Kindern noch heute die Spuren früherer Gewalteinwirkung zu sehen.[51] Gegen die Glaubwürdigkeit der Kinder spreche nicht, daß sie vor dem Feldgericht von den erpreßten Geständnissen hätten berichten müssen. Es müsse vielmehr berücksichtigt werden, daß der Angeklagte die Kinder so eingeschüchtert habe, daß sie vor Angst, ihm erneut ausgeliefert zu sein, geschwiegen hätten.[52] Der Reichsanwalt fuhr fort:

»Wir haben gehört, dass der Angeklagte streng gewesen ist, und wir haben auch gehört, dass der Angeklagte sehr zielbewusst gewesen ist, und wir haben ferner gehört, dass der Angeklagte sehr verschlossen gewesen ist. Und wenn ich das alles

---

48 Ebenda, Bl. 402f.
49 Ebenda, Bl. 406f.
50 Ebenda, Bl. 428.
51 Ebenda, Bl. 442f.
52 Ebenda, Bl. 434ff. In diesem Zusammenhang führte Feisenberger aus (Bl. 442): »Man mag sie für noch so übertrieben halten, man mag die Erinnerung der Kinder nach soundsoviel Jahren noch so sehr anfechten, das wird man immer behaupten können, dass Kinder, wenn sie im Gefängnis gesessen haben, dessen sich sicherlich immer erinnern, ob sie geschlagen worden sind. Das behalten die Kinder. Wenn sie wochenlang im Gefängnis gesessen haben, dann wissen sie es, ob sie geschlagen worden sind, von wem, und was man damit gewollt hat.«

zusammennehme, so komme ich doch dazu, annehmen zu müssen, dass der Angeklagte in seiner ganzen Art und Weise etwas ausserordentlich Hartes hat. Auch sein ganzes Auftreten hier zeugt von einer gewissen Härte, von einer gewissen Härte auch in seinen Überlegungen, die er anstellt, in seinen Antworten, die er gibt. Auch das lässt auf eine Härte im Angeklagten schliessen.

Der Angeklagte war aber auch von einem starken Ehrgeiz beherrscht. Wir haben gehört, wie glücklich der Angeklagte war, wenn er sich Verdienste zuschrieb, die ihm nicht zukamen. [...] Und dieser starke Ehrgeiz, verbunden mit einer gewissen Härte und einem Zielbewusstsein, veranlasste den Angeklagten, wie ich meine, auch dazu, in den Mitteln nicht so sorgfältig zu sein, wie er hätte sein müssen, sondern auch in den Mitteln hinauszugehen über das Mass des Erlaubten.«[53]

Feisenberger beantragte, gegen den Angeklagten auf eine Gesamtstrafe von zwei Jahren Gefängnis zu erkennen. Eine Zuchthausstrafe komme für den Angeklagten trotz der Erschwernisgründe, wozu vor allem die nächtlichen Verhöre der Kinder zählten, nicht in Betracht, denn er habe angesichts der von den Sabotageakten ausgehenden Bedrohung in dem Glauben gehandelt, seine Pflicht zu tun. Gleichwohl sei der Angeklagte zusätzlich zur Freiheitsstrafe gemäß § 35 StGB für die Dauer von fünf Jahren zur Bekleidung eines öffentlichen Amtes für unfähig zu erklären. »Wer zu Geständniserpressungen geschritten ist, der darf ein öffentliches Amt in Deutschland nicht bekleiden«, so Feisenberger am Schluß seines Antrags.[54]

Bevor der Verteidiger des Angeklagten, Justizrat Dr. Kaiser aus Leipzig, zum Antrag der Anklage Stellung nahm, äußerte er, wie er sagte, »grössere Gedanken« zu dem »grossen, jahrelangen Völkerringen, das heute seinen Abschluss finden soll und muss«.[55] Nicht allein um Gerechtigkeit, so der Verteidiger, gehe es in diesem Verfahren, sondern auch um Politik. Nicht aus freien Stücken habe die Reichsanwaltschaft die Anklage gegen Ramdohr erhoben, ihren Grund finde sie vielmehr in dem »sogenannten Friedensvertrag, in dem die Entente uns befohlen hat und wir uns ihrem Befehl unterwerfen mussten, diese Prozesse hier vor dem Hohen Reichsgericht in Leipzig sich abspielen zu lassen«.[56] Der eigentliche Zweck des Prozesses sei einmal die Rache und zweitens das offensichtliche Bestreben, »der ganzen Welt zu zeigen, wie Deutschland in diesem Kriege gehaust hat, welche Unmenschen es an der Front und hinter dieselbe geschickt und welche sie hinter der Front gehabt hat«.[57] Dabei

---

53 Zit. n. ebenda, Bl. 437.
54 Ebenda, Bl. 446ff.
55 Ebenda, Bl. 452.
56 Ebenda, Bl. 450.
57 Ebenda.

stehe doch außer Zweifel, daß Entgleisungen und Ausschreitungen, die im Weltkrieg zweifellos vorgekommen seien und unter Menschen eines so langen Krieges notwendigerweise vorgekommen sein müßten, überall und nicht nur auf deutscher Seite vorgekommen seien.

Die in dieser Bemerkung enthaltene zumindest mittelbare Anerkenntnis, daß auch von Deutschen kriegsrechtswidrige Handlungen begangen worden waren, trat jedoch schnell in den Hintergrund, als sich der Verteidiger Ramdohrs die »Hungerblockade und [...] Übertragung des Krieges auf die Kolonien usw.« vor Augen führte und dann laut sinnierend fortfuhr: »[Ü]berlegen wir uns doch die Normen, die Satzungen des Völkerrechts, wie sie bis zum Jahre 1914 gegolten haben, wie wir sie seinerzeit als gläubige Studenten gehört und geglaubt haben und fragen uns dann, welche dieser Satzungen ist im Laufe des Krieges gegen Deutschland vom Feindbund nicht verletzt worden.«[58] Deshalb seien im vorliegenden Falle »alle Paragraphentüfteleien« fehl am Platz, sie paßten einfach nicht auf die Dinge, die jetzt nachträglich erläutert würden. Justizrat Kaiser:

»Ich versetze mich in die Lage und bitte Sie, recht anschaulich sich die Sache durchzudenken, stellen Sie sich vor, der Angeklagte Ramdohr hätte damals, nachdem er glücklich Kenntnis von den Kindern gehabt hatte, die Kinder erfasst, hätte die unmündigen nach einiger Zeit losgelassen. Zwei Tage später kommt ein Truppentransportzug von Deutschland nach Geeraardsbergen. Das Signal ist wiederum verdreht. In Geeraardsbergen auf dem Bahnhof stehen andere Züge, vielleicht Verwundetentransporte, Leute, die in die Heimat zurückgeschickt werden sollen. Mit einem furchtbaren Krach stossen beide Lokomotiven zusammen. Aechzend, stöhnend, wimmern 200 Tote und 30 Verwundete. Was ist geschehen, fragt man. Ja, die Kinder, die wir damals verhaftet haben, die haben es gemacht, und das Unglück ist passiert. Wie konnte es geschehen? Habt ihr sie nicht gehabt? – Jawohl. Wer denn? – Ramdohr. Ramdohr, du Unglückswurm, komm her. Entschuldigen Sie, Herr General, sagt er, nach § 55 des Reichsstrafgesetzbuches musste ich die Kinder entlassen.«[59]

Den Ausführungen des Verteidigers und seinem Antrag auf Freispruch für den Angeklagten (»ich [kann] nicht glauben, dass Sie dazu kommen, dem Angeklagten auch nur einen Tag Gefängnis zu geben«)[60] folgte eine Replik des Reichsanwalts Feisenberger, die sich auf zwei Punkte bezog.

---

58 Ebenda, Bl. 451f.

59 Ebenda, Bl. 465. Das Prozeßprotokoll vermerkt an dieser Stelle »Lebhaftes Händeklatschen im Zuhörerraum«, was den Vorsitzenden Richter zu dem Hinweis veranlaßte, den ersten, den er bei derartigen Kundgebungen wieder treffe, aus dem Saale abführen zu lassen.

60 Ebenda, Bl. 477.

Zum unausgesprochenen Vorwurf opportunistischer Rechtsanwendung wiederholte er sinngemäß das, was 1919 bei der Verabschiedung des Gesetzes zur Verfolgung von Kriegsverbrechen und Kriegsvergehen erklärt worden war, nämlich daß es dem deutschen Rechtsempfinden nicht entspreche, strafbare Handlungen ungesühnt zu lassen, unabhängig davon, wie andere Länder in dieser Sache verfahren würden.[61] Zum zweiten bezeichnete er das vom Verteidiger skizzierte Szenario als ein »Phantasiebild«, dazu bestimmt, eine militärische Notwendigkeit[62] zu insinuieren, die nicht bestanden habe und die auf keinen Fall den Angeklagten zu seinem Verhalten den Kindern gegenüber hätte berechtigen können.[63]

Das Gericht sprach den Angeklagten Ramdohr jedoch frei. Einleitend hob es in der Urteilsbegründung hervor, daß von den deutschen Zeugen, die auf diesem Gebiet eine reiche Erfahrung gesammelt hätten, übereinstimmend bekundet worden sei, »daß bei der Vernehmung jugendlicher Belgier häufig eine starke Neigung zur Verstellung und zu Übertreibungen hervorgetreten sei«.[64] Hinzu komme noch, »daß eine von gewisser Seite jahrelang in Wort, Schrift und Bild systematisch betriebene Verhetzung der belgischen Bevölkerung wegen angeblich von den Deutschen begangener Kriegsgreuel auf die Dauer eine suggestive Einwirkung ausüben mußte, der erfahrungsgemäß Kinder bei der schnellen Erregbarkeit ihrer Phantasie besonders leicht unterliegen. Unter solchen Umständen wäre es psychologisch durchaus verständlich, wenn jeder der Zeugen bewußt oder unbewußt aus dem Gefühl heraus handelte, daß es eine verdienstliche Aufgabe sei, zur Belastung des Angeklagten auch seinerseits einen Beitrag zu liefern und seine Aussage so einzurichten, das [sic!] sie mit der der anderen Leidensgefährten in diesem Ziele möglichst übereinstimme.«[65]

Nach dieser Klarstellung zur Beurteilung von belastenden Zeugenaussagen konnte es nicht überraschen, daß das Gericht die Aussagen der belgischen Zeugen, das heißt aller elf Kinder – für die aufgrund ihres Alters von noch nicht 16 Jahren uneidlich Vernommenen gelte dies mehr noch als für die eidlich Vernommenen –, als widersprüchlich, unwahrscheinlich oder nachweislich unwahr bezeichnete. Ihre Behauptungen, vor dem Feldgericht nur deshalb Geständnisse abgelegt zu haben, um weiteren Folterungen zu entgehen, seien unglaubhaft, denn diese Geständnisse seien

---

61 Ebenda.

62 Zum Begriff der militärischen Notwendigkeit vgl. unten, S. 240ff.

63 Vgl. bJ 46/20 (Ramdohr), Bd. 5, Bl. 478.

64 Vgl. Reichstag, 1921, Nr. 2584 (Weißbuch), S. 2559. Das Urteil ist auch im Verhandlungsprotokoll enthalten, bJ 46/20 (Ramdohr), Bd. 5, Bl. 483–487.

65 Reichstag, Weißbuch, S. 2559.

eingehend begründet worden und völlig unbeeinflußt gewesen.[66] Soweit behauptet werde, das Geständnis sei erzwungen worden, sei dies »eine dreiste Erfindung«, die auch anderen Angaben die Glaubwürdigkeit entziehe. Was von den ärztlichen Gutachtern zunächst als unmittelbare oder mittelbare Folge möglicher Mißhandlungen diagnostiziert worden sei, habe sich in der Hauptverhandlung als eine normale Krankheitssymptomatik wie zum Beispiel Erkältung, als eine angeborene mangelhafte Widerstandsfähigkeit oder als bloße Hypothese erwiesen.[67]

Der Annahme eines strafbaren Verhaltens des Angeklagten stünden aber vor allem auch die Aussagen der deutschen Zeugen entgegen. Eine besondere Gefühlsroheit, wie sie die behauptete grausame Mißhandlung wehrloser Kinder voraussetze, habe niemand bei dem Angeklagten feststellen können. »Vorzüglich« sei seine Führung gewesen, und er habe stets den Eindruck eines Mannes von »vornehmer Gesinnung« gemacht. Ein Zeuge habe sogar erklärt, daß der Angeklagte nicht energisch genug gewesen sei und man daher seine Ablösung ins Auge gefaßt habe.[68]

Gleichwohl sah sich das Gericht nicht in der Lage, den Angeklagten Ramdohr von jeglichem Tatverdacht freizusprechen. In verständnisvoller und fast schon entschuldigender Formulierung verwies es darauf, »daß der Angeklagte in dem an sich anerkennenswerten Bestreben, seiner Instruktion gemäß schwere Verbrechen energisch zu verfolgen und unabsehbares Unheil zu verhüten, zu gesetzlich unerlaubten Mitteln gegriffen habe, zumal er in einem amtlichen Bericht [...] selbst vermerkt hat, daß die Festgenommenen das Geständnis ›nach scharfen Verhören‹ abgelegt haben«.[69] Eine irgendwie erhebliche und daher als Körperverletzung zu kennzeichnende Mißhandlung der Kinder sah das Gericht aber nicht als erwiesen an. Den Tatbestand des § 340 (Körperverletzung im Amt) und des § 343 StGB (Anwendung von Zwangsmitteln bei der Vernehmung) schloß es daher aus.[70] Eine strafrechtlich zu ahndende Freiheitsberaubung

---

66 Ebenda.

67 Ebenda, S. 2560f. So meinte das Gericht lapidar, daß ein Gutachter nicht in der Lage gewesen sei, das bei einem Zeugen festgestellte Gliederzittern als Folge der Einsperrung zu bestätigen, oder es übernahm pauschal die vorsichtige These eines anderen Gutachters, wonach ein langwieriger Genesungsprozeß auch darauf zurückzuführen sei, »daß mit Läusen behaftete Gefangene weniger widerstandsfähig sind«.

68 Ebenda, S. 2561.

69 Ebenda, S. 2562.

70 Ebenda. Daß der Angeklagte die Kinder gewöhnlich nachts und unter Verwendung von Handfesseln vernommen hatte, stieß bei dem Gericht auf keine Bedenken. »Erstere Maßnahme erwies sich als notwendig, um ein unliebsames Aufsehen bei der belgischen Bevölkerung oder Störungen der öffentlichen

im Amt (§ 341 StGB) schied nach Auffassung des Gerichts ebenfalls aus, weil dem Angeklagten das für den Vorsatz bedeutsame Bewußtsein der Rechtswidrigkeit gefehlt habe. Die Geheime Feldpolizei genieße grundsätzlich einen Entscheidungsspielraum, zumindest wenn es um die Festnahme und Inhaftierung Erwachsener gehe.[71] Wie mit strafunmündigen Kindern zu verfahren sei, sei nicht geregelt gewesen, doch habe der Angeklagte rechtsirrtümlich angenommen, bei ihnen in gleicher Weise wie bei Erwachsenen verfahren zu können. Es sei im Hinblick auf die Kinder über die zulässige Dauer der Inhaftierung im Irrtum gewesen, so daß eine bewußt widerrechtliche Freiheitsentziehung nicht vorliege.[72] Im Ergebnis müsse daher »der Angeklagte in vollem Umfang von der gegen ihn erhobenen Anklage freigesprochen werden«.[73]

Dem *Vorwärts*, der *Vossischen Zeitung* und noch anderen größeren Tageszeitungen[74] war der Feispruch Ramdohrs keine Meldung und keinen Kommentar wert. Beides findet sich dafür um so ausführlicher in der *Kreuz-Zeitung*, der bevorzugten Lektüre des monarchistischen, nationalkonservativen Bürgertums. Bereits zwei Tage vor der Urteilsverkündung brachte sie unter der Überschrift »Die Gegenliste« Beispiele über Fälle von Mißhandlungen, denen deutsche Kinder und Jugendliche während des Krieges in Belgien, Frankreich und England ausgeliefert waren.[75] Nach dem einleitenden Satz »Ramdohr soll bei der Verhandlung und im Gefängnis die Kinder unzulässig behandelt und auch geschlagen haben« wurde unter anderem von einem 14jährigen deutschen Mädchen berichtet, daß in Brüssel an Scharlachfieber gelitten habe, trotzdem aber aus einem Spital gewiesen worden und deshalb schwer an Nierenleiden erkrankt sei. Des Krankenhauses verwiesen worden sei in Brüssel auch eine

---

Ruhe und Ordnung, letztere, um ein Entfliehen der leichtfüßigen Jungen zu verhüten.«

71 Ebenda. In einem Etappentagesbefehl vom 3. Oktober 1916 ist folgendes angeordnet: »Die Geheime Feldpolizei ist berechtigt, Festnahmen vorzunehmen und von ihr festgenommene Personen wieder in Freiheit zu setzen. Sie entscheidet selbständig und unabhängig über Notwendigkeit und Dauer der Festnahme. Erwirkung von richterlichen Haftbefehlen oder Beobachtung sonstiger Formalitäten ist nicht erforderlich.«

72 Ebenda, S. 2562f. Weitere rechtliche Ausführungen enthält das Urteil nicht, es wird lediglich in dieser Frage des vorsatzausschließenden Irrtums auf die reichsgerichtliche und reichsmilitärgerichtliche Rechtsprechung verwiesen.

73 Ebenda, S. 2563.

74 Wie die Frankfurter Zeitung, die Deutsche Allgemeine Zeitung oder das Berliner Tageblatt.

75 *Die Gegenliste*, in: Kreuz-Zeitung, 10.6.1921, Nr. 266, S. 4.

junge Deutsche, die wegen eines Unterleibsleidens nicht habe laufen können. Das gleiche sei im August 1914 einem Mädchen in Paris widerfahren.[76] Wundern müsse man sich über diese und ähnliche Fälle kaum, denn, so die *Kreuz-Zeitung*, was der Entente Leben und Gesundheit von Kindern bedeutete, zeige sich an der Zahl der Sterbefälle infolge der Seeblockade während des Krieges.[77] Vollendes heuchlerisch werde die Anklage gegen einen pflichtbewußten deutschen Soldaten aber angesichts der »ungeheuerlichen Methoden, die England seinerzeit im Burenkrieg gegen Kinder ganz allgemein anwandte«, denn diese seien zusammen mit Erwachsenen unter unmenschlichen Bedingungen in Lagern festgehalten worden.[78]

Den Freispruch Ramdohrs kommentierte die *Kreuz-Zeitung* dann mit einem kurzen Bericht, der zeigen sollte, wie hart die belgische Justiz gegen einen deutschen Jugendlichen vorgegangen war: Dieser Jugendliche habe, und zwar nach dem Waffenstillstand, zweimal Drähte an einem »Funkentelegraphen« durchgeschnitten. Menschleben seien dadurch zu keinem Zeitpunkt in Gefahr gewesen. Trotzdem habe ihn ein Militärgericht zu 15 Jahren Zwangsarbeit verurteilt.[79]

In diesem wie in den zuvor genannten Beispielen entging der *Kreuz-Zeitung,* ob absichtsvoll oder nicht, jedoch völlig deren Unterschiedlichkeit zum Ramdohr-Fall. Wurden dort, um nur auf das aus deutscher Sicht erwiesene Geschehen abzustellen, auch neunjährige Kinder verhaftet und über Monate hinweg in Einzelhaft gehalten, ging es hier – unterstellt, die Fälle haben sich tatsächlich so ereignet und sind keine Propaganda – um Formen der Behandlung Jugendlicher, die nicht pauschal für eine kriminelle Skrupellosigkeit der Alliierten herhalten können. Die Verurteilung eines 16jährigen zu langjähriger Zwangsarbeit, die Seeblockade Deutschlands und die Behandlung der Zivilbevölkerung im Burenkrieg können si-

---

76 Ebenda.

77 Im November 1914 verhängte England über die deutsche Nordseeküste eine Blockade, um die Einfuhr von Rohstoffen und Nahrungsmitteln nach Deutschland zu unterbinden. Die Seeblockade rief in den folgenden Jahren in Deutschland einen Mangel an Lebensmitteln hervor. Die Bevölkerung hungerte in weiten Teilen, und es gab eine große Zahl von Hungertoten, was selbstverständlich nicht ohne Auswirkungen auf die Kriegsstimmung blieb. Vgl. dazu Wiegand Schmidt-Richberg, *Die Regierungszeit Wilhelms II.*, in: Militärgeschichtliches Forschungsamt (Hg.), Handbuch zur deutschen Militärgeschichte 1648–1939, Bd. 3, München 1979, S. 139f. Zu den rechtlichen Aspekten der Seeblockade vgl. unten, S. 399ff.

78 *Die Gegenliste*, in: Kreuz-Zeitung, 10.6.1921, Nr. 266, S. 4.

79 *Der Freispruch des Kriegsbeschuldigten Ramdohr*, in: Kreuz-Zeitung, 12.6.1921, Nr. 269, S. 2.

cherlich als Unrecht bezeichnet werden, doch rechtfertigen sie nicht die Begehung neuen Unrechts, zumal zwischen den Taten keine unmittelbare Kausalität bestand und damit ihre Einordnung als eine vielleicht zulässige Repressalmaßnahme nicht möglich war. »Aber der Angeklagte Ramdohr ist doch freigesprochen worden, Unrecht von deutscher Seite damit doch gar nicht geschehen«, mochte ein Leser der *Kreuz-Zeitung* einwenden und dies als weiteren Beleg dafür werten, daß dem deutschen Volk durch solche Beschuldigungen, wie sie gegenüber Ramdohr vorgebracht wurden, nach wie vor übel mitgespielt wurde. Ramdohr ist freigesprochen worden, sicher, aber es bleiben Fragen, wie zum Beispiel diejenige, wie das Gericht von der Widersprüchlichkeit einzelner Aussagen gleich auf die Widersprüchlichkeit und Unwahrscheinlichkeit aller Zeugenaussagen, sofern sie belgischen Ursprungs waren, schließen konnte. Der Eindruck ist nicht von der Hand zu weisen, daß das Gericht die gebotene Unschuldsvermutung über Gebühr ausdehnte und es jenseits seines Vorstellungsvermögens lag, daß ein deutscher Soldat sich so hätte verhalten können, wie es Ramdohr vorgeworfen wurde. Möglicherweise ist darin auch der Grund für die Zurückhaltung in der politisch anders orientierten deutschen Presse zu sehen.

Einer sah, allerdings Jahre später, keinen Grund zur Zurückhaltung. Am 4. Juni 1935 schrieb ein Dr. jur. Max Ramdohr dem Oberreichsanwalt einen mit »Heil Hitler« unterzeichneten Brief, in dem er die Sicherstellung der Akten empfahl, da sich »eine Anzahl von Personen, die in den Jahren 1920 und 1921 dem Reichsgericht angehört haben, [...] heute durch den Akteninhalt für kompromittiert halten könnten«.[80] Außerdem verlangte er Auskunft darüber, welche Rolle ein bestimmter Zeuge in dem Verfahren gegen ihn gespielt habe, und bat daher um Einsicht insbesondere in die Akten der Voruntersuchung.[81]

Erschießung von Gefangenen und Verwundeten – Das Verfahren gegen die Offiziere Karl Stenger und Benno Crusius

Dem Verfahren gegen Generalleutnant a.D. Karl Stenger und Major a.D. Benno Crusius wurde besonders von französischer Seite große Bedeutung beigemessen. Bereits Ende August 1914 berichtete die französische Pres-

---

80 Vgl. bJ 46/20 (Ramdohr), Bd. 4, Bl. 87.

81 Ebenda. Die Akteneinsicht wurde ihm nicht gewährt, wie aus einem Vermerk des Oberreichsanwalts auf der Rückseite des Schreibens hervorgeht.

se von einem kurz zuvor erlassenen Befehl des damaligen Brigadekommandeurs Stenger, wonach künftig keine Gefangenen mehr gemacht und die schon gefangengenommenen oder verwundeten feindlichen Soldaten getötet werden sollten.[82] Vor allem juristische Konferenzen und Aufsätze beschäftigten sich in der Folgezeit mit diesem »neuerlichen Beweis deutscher Barbarei« und illustrierten daran die Notwendigkeit einer strafrechtlichen Ahndung deutscher Kriegsverbrechen. Vergeblich suche man, so der französische Jurist Paul Pic, in der modernen Geschichte einen derartig barbarischen Befehl, und daß Stenger nicht abgelöst worden sei, sei eine Schande für Deutschland.[83]

Auf der großen Liste wurde Stenger denn auch von den Personen, deren Auslieferung Frankreich forderte, als erster genannt.[84] Ihm folgten auf der Liste fünf weitere Offiziere des Stenger vormals unterstehenden 112. Infanterieregiments, die den Befehl an ihre Soldaten weitergeleitet und auf dessen Durchsetzung geachtet hatten.[85] Alle standen sie auch unter der Überschrift »Der Fall Stenger – Mord und Beteiligung an Mord« auf der alliierten »Probeliste«.[86] Zwei von den aufgeführten Offizieren waren allerdings noch 1914 gefallen, ein dritter (ein Major mit dem Allerweltsnamen Mayer) offensichtlich versehentlich aufgrund einer Namensverwechselung auf die Liste geraten.[87] Die Ermittlungen beschränkten sich daher auf drei Offiziere, nämlich auf den bereits erwähnten General Stenger, den Major Crusius und auf einen Leutnant Laule. Die ersten beiden Fälle wurden als zu einem Tathergang gehörig durch Beschluß verbunden,[88] so daß es in der Angelegenheit Stenger insgesamt zwei Gerichtsverfahren gab.

Als am 29. Juni 1921 die Verhandlung gegen Stenger und Crusius begann, war der große Sitzungssaal im Reichsgericht mit 700 Personen vollbesetzt.[89] Neben Vertretern der Reichsregierung war auch eine französi-

---

82 Vgl. den Hinweis in dem Artikel *General Stenger vor dem Reichsgericht* in der Vossischen Zeitung vom 29.6.1921, Nr. 301, o. S.

83 Paul Pic, *Violation sytématique des lois de la guerre par les Austro-Allemands. Les sanctions nécessaires*, in: RGDIP 23 (1916), S. 253.

84 Vgl. Liste des personnes désignées ..., S. 43.

85 Ebenda, S. 43f. Die Beschuldigten waren die Kompaniechefs Leutnant Laule (vgl. unten, S. 143ff.), Schröder, Crusius und Mayer (alle drei zur Tatzeit Hauptleute) und der Regimentskommandeur Major Müller.

86 Vgl. Première liste, S. 5.

87 Vgl. BAL, R 3003, ORA/RG, bJ 90/20 (Hauptmann Bernhard Schröder), bJ 91/20 (Major Hans Müller) und bJ 93/20 (Major a. D. Mayer).

88 Vgl. bJ 92/20 (Stenger/Crusius), Bd. 3, Bl. 5.

89 *General Stenger vor dem Reichsgericht*, in: Vossische Zeitung, Nr. 301, 29.6.1921.

sche Justizkommission zur Beobachtung des Prozesses anwesend,[90] zu dem 54 Zeugen aus Deutschland und Frankreich sowie fünf Sachverständige – zwei Ärzte, zwei Psychiater und ein General – geladen waren.[91]

Eine Besonderheit des Verfahrens zeigte sich gleich zu Prozeßbeginn: Eine Anklageschrift gab es nur für Major Crusius. Gegen Generalleutnant Stenger wurde das Verfahren lediglich auf Antrag des Oberreichsanwalts durchgeführt, das heißt, Grundlage der Verhandlung gegen Stenger waren die französischen Beschuldigungen, wie sie in der Auslieferungsliste und in der Probeliste enthalten waren. Möglich war dies aufgrund des schon erwähnten[92] und kurz vorher verabschiedeten zweiten Ergänzungsgesetzes zum »Gesetz zur Verfolgung von Kriegsverbrechen und Kriegsvergehen«,[93] wonach der Oberreichsanwalt auch dann, wenn nach seiner Überzeugung kein genügender Anlaß zur Einreichung einer Klageschrift bestand, die Anberaumung der Hauptverhandlung beantragen konnte. Der Oberreichsanwalt war also, wenn er so verfuhr, von der Haltlosigkeit der Beschuldigungen gegen Stenger überzeugt, und es ging in dem Verfahren vor dem Reichsgericht letztlich darum, das durch ebendiese Gerichtsinstanz insbesondere für das Ausland bestätigen zu lassen.

Zweimal, so der Vorwurf in der großen Liste, soll Stenger am 26. August 1914 auf dem Vormarsch in Lothringen (Thiaville) den Befehl gegeben haben, Gefangene und Verwundete zu töten. »Von heute an werden keine Gefangenen mehr gemacht. Alle Gefangenen, ob verletzt oder nicht, sind zu erledigen«, habe der erste Befehl gelautet, und der zweite: »Alle Gefangenen, auch die verwundeten, sind zu töten; auch diejenigen, die in größerer Zahl gefangengenommen wurden, sind zu töten. Hinter uns darf es keinen lebenden Feind mehr geben.«[94] Beide Befehle seien, wie ergänzend in der »Probeliste« hervorgehoben wurde, von vielen Zeugen gehört und gegenüber der französischen Untersuchungskommission bestätigt worden.[95]

Anders als General Stenger, der den von Frankreich erhobenen Vorwurf rundweg zurückwies, hatte Major Crusius bereits bei seiner ersten Aussage von einem mündlich an die Brigade ergangenen Befehl General

---

90 *Wiederaufnahme der Leipziger Kriegsbeschuldigten-Prozesse*, in: Kreuz-Zeitung, 29.6.1921, 29.6.1921.

91 Vgl. bJ 92/20 (Stenger/Crusius), Bd. 3, Bl. 1f.

92 Vgl. oben, S. 66f.

93 Vgl. RGBl. 1921, 508.

94 Vgl. Liste des personnes désignées ..., S. 43.

95 Vgl. Première liste, S. 5. Bei der Untersuchungskommission handelt es sich um die von der französischen Regierung im September 1914 eingesetzte »Commission instituée en vue de constater les actes commis par l'ennemi en violation du droit des gens«.

1

Hauptverhandlung
vor dem II. Strafsenate des Reichsgerichts,
Mittwoch, den 29. Juni 1921, vorm. 9 Uhr im grossen Sitzungssaal.

gegen

C r u s i u s, Benno, Major a.D.

S t e n g e r, Karl, Generalleutnant a.D.

Verteidiger zu 1: Rechtsanwalt Dr. Fitzau - Torgau.

" zu 2: " Dr. Lemke - Bremen.

Z e u g e n

a) geladen zu Mittwoch, 29. Juni:

1. Neubauer, Konrad, Generalmajor a.D., Blankenburg (Harz)
2. Eckermann, Karl, Generalleutnant a.D., Freiburg i.Br.
3. Langels, Staatsanwaltschaftsrat, Berlin
4. Grienenberger, Paul, Landbauer, Franken i.Els.
5. Dietsch, Josef, Tagelöhner, Tagsdorf i.Els.
6. Kleinhans, Karl, Oberrechnungsmeister, Mülhausen, Els.
7. Richert, Josef, Eisenbahnarbeiter, Mülhausen, Els.
8. Reubrecht, Alfred, Tischler, Leimbach, Els.
9. Baldensperger, Paul, Ingenieur, Mülhausen, Els.
10. Wolff, Hauptmann d.R.a.D. Berlin-Wilmersdorf
11. Grossmann, Gustav, Schmied, Halberstadt
12. Heinrich, Julius, Bergrat, Essen
13. Oberdorf, Eugen, Maurer, Hettingen i.Els.
14. Schmerber, Franz Xaver, Eisenbahnbeamter, Strassburg
15. Wenger, Charles Alfred, Dr.med. Dornach i.Els.
16. Döhner, Bernhard, Dr.med. prakt.Arzt, Untergrombach b.Bruchsal; (zugleich Sachverständiger.)

b) geladen zu Donnerstag, 30. Juni:

17. Recknagel, Rudolf, Major a.D. Geogenau b.Calw in Wttbg.
18. Petersson, Hauptmann a.D., Dabendorf b.Berlin
19. Netzmacher, Albert, Kaufmann, Freiburg i.Br.
20. Albansröder, Hans, Eisenbahnarbeiter, Laudenbach b.Weinheim
21. Jahn, Hauptmann b.Reichsw.Jägerbatl. Cassel, z.Zt.Tr.Pl.Ohrdruff
22. von Linstow, Freiherr, Berlin W 57
23. Laule, Adolf, Oberleutnant, Charlottenburg
24. Klehe, August, Konstanz
25. Glunz, Johann Landwirt, Oberbaldingen in Baden
26. Schreiber, Heinrich, Bürohilfsarbeiter, Diepholz
27. Bürkle, Wilhelm, Goldarbeiter, Pforzheim-Dillstein
28. Frick, Theodor, Goldarbeiter, Pforzheim
29. Lehmann, Augustin, Postgehilfe, Schiltach b.Offenburg
30. Maleck, Oskar, Installateur, Pforzheim
31. Maier, Johannes, Major a.D. Gengenbach in Baden
32. Kaul, Georg, Hauptmann a.D. Karlsruhe
33. Heesch, Franz, Magistratsassistent, Altona
34. Becker, August, Kaufmann, Berlin-Wilmersdorf
35. Braun, Jakob, Schmied, Heidelberg
36. Brenneisen, Reinhard, Landwirt, Egringen in Baden
37. Kaupp, Karl, Fahrradhändler, Badisch-Rheinfelden
38. Rothacker, Anton, Hilfsarbeiter, Kappel bei Buchau;

c) geladen zu Freitag, 1. Juli:

39. Dominik, Adolf Max, Verw.-Assistent, Heidelberg,

40. Brech, Kaspar, Geschäftsführer in Würzburg

41. Helfritz, Oberst u.Regt.-Kommandeur, Lübeck

folgt 1a

2a

VI

42. Nowak, Georg, Oberleutnant, Lübeck

43. Simonsohn, Dr.iur. Leipzig

44. Beck, Andreas, Landwirt, Schönberg, Amt Lahr in Baden

45. Bigott, Emil, Landwirt, Nussbach Kr. Oberkirch

46. Ernst, Otto, Hilfsarbeiter beim Hauptvers.-Amt Hannover

47. Göhringer, Fritz, Schutzmann, Pforzheim

48. Gretz, Friedrich, Fräser, Weingarten bei Durlach

49. Pflugbeil, Armin, Heidersdorf im Erzgeb.

50. Fremerey, Rittmeister, Adjutant im Reichswehrministerium, Berlin

51. Dunken, Friedrich, Strafanstaltswachtmeister, Wolfenbüttel

---

52. Enders, Arno, Handlungsgehilfe, Plauen
53. Brüse, Wilhelm, Habinghorst
54. Lüderitz, Willy, Lehrer, Gieskau

} von dem Verteidiger Rechtsanwalt Dr. Fitzau geladen.

Sachverständige:

1. Dr. Anton, Geh.Med.Rat, Professor, Halle a.S.
2. Kuhl, General d. Inf.a.D. Berlin-Steglitz
3. Dr. Sernau, Oberarzt in der Irrenanstalt Ilten b.Hannover
4. Dr. Bumke, Geh.Rat, Professor, Leipzig, Psychiatrische Klinik
5. Döhner, Bernhard, Dr.med. prakt.Arzt, Untergrombach b. Bruchsal.

- - - - - - - -

Ankündigung der Hauptverhandlung gegen Major Benno Crusius und General Karl Stenger
Links: BAL, R 3003, ORA/RG, bJ 92/20, Bd. 3, Bl. 1
Rechts: BAL, R 3003, ORA/RG, bJ 92/20, Bd. 3, Bl. 2

Stengers berichtet (»Es werden keine Gefangenen gemacht, kein Pardon gegeben und keins gefordert«) und zugegeben, den Befehl an die beiden ihm unterstellten Kompanien ohne irgendeinen Zusatz weitergegeben zu haben.[96] Am 3. Februar 1921 war gegen ihn, da er sich damit des Totschlags nach § 212 StGB dringend verdächtig gemacht hatte, Haftbefehl erlassen worden, der auch nach einer Beschwerde des Beschuldigten aufrechterhalten wurde. In seinem entsprechenden Antrag, die Haftbeschwerde als unbegründet zu verwerfen, hatte der Oberreichsanwalt hervorgehoben, daß ein vermeintlicher oder tatsächlicher höherer Befehl keinen Rechtfertigungsgrund darstelle, da dem Beschuldigten »als Berufssoldaten unzweifelhaft bekannt war, daß ein solcher Befehl nur die Begehung eines Verbrechens bezweckt hätte (§ 47 Mil.St.G.B.). Zum mindesten würde sich ein solcher Befehl nicht auf die Erschießung bereits hinter der Front befindlicher Verwundeter erstreckt haben können.«[97] Folgerichtig wurde Crusius in dem Antrag auf Eröffnung und Führung der Voruntersuchung wie auch in der Anklageschrift vorgeworfen, »im August 1914 in einem von dem deutschen Heere besetzten Teile Nordfrankreichs durch mehrere der Zahl nach noch näher festzustellende Handlungen vorsätzlich französische Gefangene oder Verwundete getötet zu haben, jedoch ohne daß die Tötung mit Überlegung ausgeführt wurde«. Diese Taten seien juristisch als Verbrechen nach § 212 StGB (Totschlag) zu qualifizieren.[98]

Die Unterschiedlichkeit der Beschuldigung von Stenger und Crusius spiegelte sich auch im Ablauf des Gerichtsverfahrens. Nicht daß das Gericht zu einer Vorverurteilung Crusius' neigte, aber dadurch, daß dieser an seiner ursprünglichen Aussage festhielt, also auch in der Hauptverhandlung behauptete, Stenger habe den Befehl zur Tötung der Gefangenen und Verwundeten gegeben, sah es sich immer wieder zu einer mehr oder weniger deutlichen Parteinahme zugunsten des ehemaligen Generalleutnants Stenger gezwungen. Zu einer in dieser Hinsicht bezeichnenden Äußerung des Senatspräsidenten Schmidt kam es bereits während der Sitzungseröffnung am ersten Verhandlungstag. Wie alle anderen Anwesenden hatte sich auch General Stenger erhoben, woraufhin ihm vom Präsidenten beschieden wurde: »Exzellenz bleiben wohl ruhig sitzen während der Verhandlung. – Ich möchte Sie jedenfalls bit-

---

96 Vgl. bJ 92/20, Bd. 1, Bl. 22 VS/RS.

97 Ebenda, Bl. 78.

98 Ebenda, Bl. 170 VS/RS. Wie zuvor in dem Verfahren gegen Ramdohr und wie in allen folgenden Verfahren wurde noch auf die gesetzlichen Grundlagen des § 7 MStGB und des Gesetzes zur Verfolgung von Kriegsverbrechen und Kriegsvergehen nebst Ergänzungsgesetzen hingewiesen.

ten, ein für allemal sitzen bleiben zu wollen.« Stenger, der zu Kriegsbeginn infolge einer Verwundung ein Bein verloren hatte,[99] erwiderte darauf: »Wenn Herr Präsident gestatten, stehe ich ganz gern einmal auf. Ich kann mich sehr gut dabei auf diesen Tisch stützen.« Der Präsident: »Es entspricht wohl am meisten der Sachlage, wenn Exzellenz ruhig sitzen bleiben.«[100]

Während Major Crusius auch mal gerüffelt wurde (»Ich muss Sie bitten, etwas lauter zu sprechen, etwas lauter und etwas mehr pointiert. Das muss Ihnen als Offizier doch nicht schwer fallen«[101]), empfand das Gericht das Verfahren gegen Generalleutnant Stenger fast als Zumutung und sah ihn im Gerichtssaal fehl am Platz. Äußerstenfalls war es bereit zuzugeben, daß es Stengers Aussagen an Klarheit fehle (»Exzellenz werden wissen, dass die verschiedenen Erklärungen, die Sie abgegeben haben, nicht ganz übereinstimmen«[102]), denn eins konnte nicht ignoriert werden: Am 21. und 26. August 1914 waren verwundete und gefangengenommene französische Soldaten von deutschen Soldaten getötet worden (die Zahlenangaben schwanken zwischen 30 und 50),[103] und zwar von Einheiten der Brigade des in der Nähe weilenden Stenger. Dieser hatte sich, wie er selbst zugab, sehr darüber empört, daß feindliche Soldaten in den Waldgefechten auf Bäume geklettert waren, um den vorbeiziehenden deutschen Soldaten in den Rücken zu schießen. Da er die Verantwortung für das Leben seiner Untergebenen und nach besten Kräften dafür zu sorgen gehabt habe, daß »die Verluste nicht in zu mörderischer Weise steigen«, habe er seinen Truppen zur Belehrung und Warnung in etwa folgende Worte zugerufen: »Die Feinde sollen in den Bäumen sitzen, von oben herab schießen, auch Verwundete und angebliche Tote sollen hinterrücks schießen. Hütet Euch davor! Es kommt nicht darauf an, Gefangene zu machen, sondern sich zu wehren oder zu schützen vor den Feinden! Schießt die Leute herunter wie die Spatzen!«[104] Er könne nicht ausschließen, so Stenger zum Gericht, daß diese Aufforderung von seinen Untergebenen als Befehl aufgefaßt wurde, doch habe es sich nicht um einen solchen gehandelt und schon gar nicht um einen offiziellen Brigadebefehl zur Tötung wehrloser, unbewaffneter gegnerischer Soldaten. Das einzige, was

---

99 *General Stenger vor dem Reichsgericht*, in: Vossische Zeitung, Nr. 301, 29.6.1921.

100 Vgl. bJ 92/20 (Stenger/Crusius), Bd. 3, Bl. 3.

101 Ebenda, Bl. 38.

102 Ebenda, Bl. 14.

103 Ebenda, Bl. 216 und 218.

104 Zit. n. ebenda, Bl. 14; siehe auch *General Stenger vor dem Reichsgericht*, in: Vossische Zeitung, Nr. 301, 29.6.1921.

er mit dieser Warnung bezweckt habe, sei ebendieses gewesen: die Soldaten vor der Heimtücke des Feindes zu warnen.[105]

In dieser Interpretation der eigenen Aussage wurde Stenger von den höheren Offizieren seiner Einheit – Ordonnanzoffiziere des Brigadestabs, Regimentskommandeure – bestätigt. Für sie war klar, daß ihnen von Frankreich übel mitgespielt worden war. Sie sahen sich als die eigentlich Überfallenen, denn mit einer von ihren Vorstellungen abweichenden französischen Kriegführung hatten sie nicht gerechnet. Daß dann in einem Gefecht mit dem Feind die Psyche der Soldaten sehr erregt war, war nach ihrer Auffassung unausweichlich und nur sehr natürlich. »Wir standen«, wie der Zeuge und frühere Regimentskommandeur Generalleutnant a. D. Karl Eckermann erklärte, »einem Gegner gegenüber, der uns gegenüber eine Kriegsweise einschlug, die wir nicht als ritterlich bezeichnen können. Die Mannschaften, die uns gegenüberstanden, die französischen Alpenjäger, kletterten auf die Bäume und nahmen ihre kleinen Maschinengewehre mit und schossen von da herunter. Auf eine solche Kriegsweise waren unsere Leute nicht eingeübt.«[106] Daher müsse man den Hinweis Stengers – den der Oberreichsanwalt unwidersprochen in dem Satz zusammenfaßte: »Gefangene können wir heute nicht brauchen«[107] – nicht so verstehen, daß der Feind, wenn er die Waffen gestreckt habe und sich gefangennehmen lassen wolle, getötet werden dürfe, vielmehr bedeute dies, »dass wir die Leute, die in einer solchen Weise mit uns kämpfen, nicht erst bitten, herunterzukommen, um sich gefangen nehmen zu lassen, sondern dass sie [sic!] sie einfach herunterschiessen.«[108]

Ein anderer Zeuge, zum Tatzeitpunkt noch Oberst und zwischenzeitlich zum Generalmajor befördert, hatte zwar im Vorverfahren noch die Existenz eines von seinem Vorgesetzten Stenger stammenden Erschießungsbefehls bekundet,[109] konnte sich aber in der Hauptverhandlung nicht mehr an einen solchen Befehl erinnern.[110] Auf die Bitte des Senats-

---

105 bJ 92/20 (Stenger/Crusius), Bd. 3, Bl. 14f. und 61.

106 Ebenda, Bl. 109.

107 Ebenda, Bl. 114.

108 Ebenda.

109 Ebenda, Bd. 1, Bl. 78.

110 In diesem Zusammenhang kam es zu einem bezeichnenden Dialog zwischen dem Vorsitzenden und dem Zeugen (Bl. 84f.):
»*Vors.*: Würden Sie, wenn doch ein solcher Befehl ergangen wäre, es nach der Kriegslage damals und nach der Kriegsnotwendigkeit für angängig und zulässig gehalten haben, alle Verwundeten zu töten?
Zeuge: Nein.
Vors.: Warum nicht?
Zeuge: Weil ich ihn nicht für richtig hielte.

präsidenten, das Geschehen am 21. und 26. August 1914 zu schildern (»Können Herr General nunmehr sich äußern, wie die Sache sich abgespielt hat. Äußerungen sind ja gefallen und in Ihrer Erinnerung. Wollen Sie gütigst nach bestem Erinnern darüber Auskunft geben?«[111]), berichtete er von der Entrüstung in der Brigade Stenger über die als heimtückisch empfundene Kampfweise der Franzosen und versicherte, daß er einen Hinweis wie den von Stenger behaupteten – den er jedoch nicht gehört habe – für gerechtfertigt gehalten hätte.[112] Ja sogar ein Befehl wie »Es werden keine Gefangenen gemacht, es wird kein Pardon gegeben und keins gefordert!« könne gerechtfertigt sein, und es sei denkbar, daß ein Befehlsempfänger von der Richtigkeit eines solchen Befehls überzeugt sei und ihn entsprechend befolgen würde.[113] Als der Richter, leicht verwirrt ob der Offenheit des Zeugen, zu bedenken gab, »dass die Alpenjäger, die auf den Bäumen sassen und von dort heruntergeschossen haben, nichts Völkerrechtswidriges getan haben« und »[e]in jeder eben auf seine Art [kämpfe]«, entgegnete ihm der General knapp: »Der Deutsche kann das nicht.«[114]

Daß »der Deutsche das konnte«, und zwar auf einen Befehl des beschuldigten Generals Stenger hin, bestätigten hingegen andere Zeugen, diese jedoch aus den Mannschafts- und Unteroffiziersdienstgraden. Vor der Kompanie sei der Befehl, ab sofort keine Gefangenen mehr zu machen, verlesen oder weitergegeben worden,[115] und ein Zeuge bekundete gar, daß der General persönlich auf die Befolgung des Befehls gedrängt habe:

»*Zeuge*: [...] Also wir standen rechts von der Straße mit zusammengesetzten Gewehren, und links von der Straße zog ein Bergweg, eine ganz schmale Straße den Berg und den Wald hinauf, und links von der Straße an der abzweigenden kleinen Straße stand Generalmajor Stenger mit Oberstleutnant Neubauer und noch anderen Offizieren, sozusagen der Brigadestab. Als wir da standen, kam ein Sergeant –

Vors.: Weil Sie ihn für verbrecherisch hielten?
Zeuge: Weil ich ihn für nicht richtig hielt.«

111 Ebenda, Bd. 3, Bl. 86.

112 Ebenda, Bl. 88f.

113 Ebenda, Bl. 89. Dem Zeugen selbst wurde in der Verhandlung vorgehalten, seinen Leuten zugerufen zu haben: »Gebt kein Pardon! Die Kerls geben auch kein Pardon«, was er mit der Bemerkung quittierte: »Was man in der Erregung spricht, darüber kann man keine bestimmte Auskunft geben.« (Bl. 93)

114 Ebenda, Bl. 93f.

115 Ebenda, Bl. 207 (Aussage des Eugen Oberdorf, der u.a. mit dem Eisernen Kreuz ausgezeichnet worden war); Bl. 212ff. (Franz Xaver Schmerber); Bl. 288ff. (Albert Metzmacher).

Vors.: Also die ganze 5. Komp. [Kompanie des Zeugen, G. H.], in vollständiger Ruhe?

Zeuge: Die ganze Komp. stand, einige lagen da, andere standen.

Vors.: Wie weit waren die Herren vom Stabe von Ihnen entfernt?

Zeuge: Sie waren auf derselben Höhe wie ich von der Straße, nur daß die Herren links standen und ich rechts.

Vors.: Also so ungefähr 10–12 m von Ihnen entfernt?

Zeuge: Kaum, ich glaube nicht, daß die Straße 12 m breit war. Ich könnte heute noch den Platz finden. Da kam ein Sergeant mit ein paar Mann, ich kann nicht mehr genau sagen, wie viel, aber ganz genau weiß ich, daß der betreffende Sergeant von der Patrouille zurückkam und 3 Franzosen gefangen genommen hatte.

Vors.: Hat Sie das nicht gewundert?

Zeuge: Doch, ich habe sofort gesagt, wie kommt das, da kommt ein Sergeant, und auch andere sagen, seht mal an, der bringt Gefangene und es sollen doch keine Gefangenen gemacht werden. Verschiedene Bemerkungen fielen und wir waren selbstverständlich gespannt, was daraus werden würde. Der Sergeant stellt sich vor den Generalstab, meldet: bin zurück von Patrouille, daß er 3 Franzosen gefangen genommen hat usw. Auf das hin sehe ich, die Herren haben ein wenig unter sich verhandelt und dann tritt General Stenger vor und fragt den Sergeanten: Hatten Sie keine Kenntnis von meinem Befehle? Der Sergeant antwortet nicht sogleich. Auf das hin sagt der General Stenger: Ich frage Sie zum wiederholten Male, hatten Sie keine Kenntnis von meinem Befehle? Der Sergeant, man sah ihm an, daß er in größter Erregung war, daß er tatsächlich zitterte, sagte: Jawohl, Herr General.

Vors.: Also erst hat er keine Antwort gegeben und auf wiederholte Frage hat er gesagt: Jawohl, Herr General, wie unter diesen Umständen jemand sagt, wenn er etwas getan hat, was er nicht tun soll.

Zeuge: Jawohl, zitternd und in größter Erregung, man sah ihm an, daß er beängstigt war, er könne angeklagt werden, den Befehl nicht ausgeführt zu haben. General Stenger fragte ihn nun: Warum haben Sie denselben nicht ausgeführt? Auf das hin gab der Sergeant keine Antwort, er zuckte so am ganzen Leib, aber eine Antwort habe ich nicht vernehmen können. Daraufhin sagte der General, er soll wegtreten, er soll an den Eingang des Waldes zurückgehen mit den Gefangenen und mit seinen eigenen Leuten.

Vors.: Er soll weiter gehen auf seinem Wege bis zum Eingange des Waldes oder zurück?

Zeuge: Nein, weitergehen, seinen Marsch fortsetzen mit den Gefangenen bis zum Eingang des Waldes. Dann sah ich, wie Generalmajor Stenger mit Oberstleutnant Neubauer und mit anderen Offizieren verhandelte, konnte aber nichts vernehmen, bis auf die Worte: Ja, ich kann doch die Kerls vor meinen eigenen Leuten nicht erschießen lassen.

[…] Dann hat er einem Vizefeldwebel den Befehl gegeben, sich zurückzubegeben zu dem anderen Sergeanten –

Vors.: Er hat einen Vizefeldwebel herbeigerufen, der General? Hat der Vizefeldwebel dagestanden?

Zeuge: Ja. Er hat ihn herbeigerufen. Der Vizefeldwebel stand etwas abseits von der Gruppe. Ich kannte ihn nicht, ich weiß auch nicht von welchem Regiment. Er hat nun etwas zu ihm gesagt, von dem ich bloß unterscheiden konnte, er solle sich zum Waldausgang dem Sergeanten nachbegeben. Gleich darauf, ungefähr 5 Minuten nachher, habe ich gesehen, wie der General Stenger einen Offizier herbeirief und sagte ihm einige Worte, ganz unhörbar für mich. Der Offizier nahm ein Fahrrad, fuhr zurück und vielleicht 1/4 bis 1/2 Stunde später haben wir deutlich mehrere Schüsse und sogar Salven in unserem Rücken gehört.

Vors.: 3 Gefangene und mehrere Schüsse und Salven? Das wirft auf die Zielfähigkeit der Leute ein schlechtes Licht.

Zeuge: Eine Salve oder mehrere Schüsse, wir hörten bloß Schießerei im Rükken und waren einstimmig, sämtliche Mannschaften, die anwesend waren, in meiner Kompanie wenigstens sagten alle: die sind erschossen worden. Es war einstimmig. Einige – wie gesagt, die Stimmung war verschieden – waren sehr froh, denen machte das Spaß und andere waren etwas entrüstet. Selbstverständlich viele darunter wurden blaß und sagten sich: Das ist doch sonderbar, so einen Befehl auszuführen, in unserem Rücken können wir doch keine Schießerei haben, da wir doch vor ungefähr zwei Stunden von dem Wege gekommen sind und keine Franzosen in unserem Rücken sonst sind. Allgemein bestand die Ansicht, daß die 3 Gefangenen eben erschossen worden sind.«[116]

Eine anschauliche Aussage, vorgetragen in einer Weise, die sie als wahrheitsgetreu erscheinen läßt. Anders als bei den gewundenen Aussagen der Offiziere, in denen die Erschießung von auf den Bäumen hockender Franzosen als Akt der Selbsthilfe dargestellt wird, haben wir es hier mit der Schilderung eines Ablaufs zu tun, der eine weit höhere Plausibilität zuzubilligen ist.

Alle Zeugen waren vereidigt worden[117] und waren ehemalige Untergebene des Beschuldigten. Doch herrschte im Offizierskorps durchweg eine sehr starke Solidarität, die durch die bloße Durchführung des Verfahrens und der verbreiteten Überzeugung, Opfer einer politischen Intrige oder Schwäche geworden zu sein, noch belebt wurde. Insofern wird auch nicht überraschen, was der militärische Sachverständige, ein ehemaliger Gene-

---

116 Zeuge Karl Kleinhans, ehemaliger Einjährig-Freiwilliger und Unteroffizier, zit. n. ebenda, Bl. 167, 173ff.

117 Der Vorsitzende (ebenda, Bl. 294): »Auch diese Zeugen, die soeben aufgerufen worden sind, weise ich darauf hin, daß sie ihre Aussagen mit einem Eid zu bekräftigen haben und daß sie in diesem Eid unter Anrufung des allmächtigen und allwissenden Gottes zum Zeugen der Richtigkeit ihrer Angaben geloben, die reine Wahrheit zu sagen und nichts zu verschweigen und nichts hinzuzusetzen. Die Verletzung dieser eidlich übernommenen Verpflichtungen hat zur Folge die Bestrafung wegen Meineids. Das ist ein sehr schweres Verbrechen oder aber, wenn nicht wissentlich abgewichen ist, sondern nur fahrlässiger Weise, wegen fahrlässigen Falscheides.«

ral der Infanterie,[118] ausführte. Weder am 21. noch am 26. August, meinte der General, habe Stenger einen Befehl zur Tötung gefangengenommener oder verletzter französischer Soldaten gegeben. Ein absolutes Verbot der Tötung eines wehrlosen Feindes, hatte der General zuvor dargelegt, existiere im Landkriegsrecht ohnehin nicht.[119] Die gesetzlichen Bestimmungen der HLKO seien nur allgemeine Richtlinien und keine Regeln für alle Fälle, die im Krieg vorkommen könnten. Es sei ein »Kriegsnotstand« vorstellbar, der eine Abweichung von den Bestimmungen erforderlich mache, so dann, wenn »die Notwendigkeit der Erhaltung der eigenen Truppe vorliegt, wenn ferner sonst der Kampfzweck gefährdet würde und wenn drittens andere Mittel zur Beseitigung der bestehenden Gefahr nicht vorliegen«.[120]

Ein solcher Kriegsnotstand habe indes am 21. August nicht bestanden. Der Feind sei geworfen und verfolgt worden und die Gefechtslage insgesamt ruhig gewesen.[121] Schon von daher sei es nicht verständlich, daß der Beschuldigte an diesem Tag den ihm vorgeworfenen Befehl gegeben haben sollte. Wohl könne er in der allgemeinen Erregung über die Kampfweise der Franzosen – der Sachverständige dachte dabei insbesondere an Berichte über verwundete französische Soldaten, die wieder zur Waffe gegriffen und deutsche Soldaten von hinten beschossen hätten[122] – die Äußerung getan haben, »man sollte solche Leute, die gefeuert haben, sofort umbringen«, eine unverbindliche und in Anbetracht der Umstände durchaus verständliche Äußerung.[123] Daß Stenger einen allgemeinen, verbindlichen Tötungsbefehl erteilt habe, halte er für ausgeschlossen, einmal aufgrund der Persönlichkeit und Erfahrung des Beschuldigten, zum anderen deshalb, weil es keinen schriftlichen Hinweis auf einen sol-

---

118 General d. Inf. a.D. Hermann von Kuhl war 1914 Chef des Generalstabs der 1. Armee. Kuhl trat als Sachverständiger noch in anderen Verfahren auf.

119 bJ 92/20 (Stenger/Crusius), Bd. 2, Bl. 773. Art. 23 HLKO sieht allerdings an der hier interessierenden Stelle keine Ausnahmen vor: »Abgesehen von den durch Sonderverträge aufgestellten Verboten, ist namentlich untersagt: [...] c) die Tötung oder Verwundung eines die Waffen streckenden oder wehrlosen Feindes, der sich auf Gnade oder Ungnade ergeben hat, d) die Erklärung, daß kein Pardon gegeben wird, [...].«

120 bJ 92/20 (Stenger/Crusius), Bd. 2, Bl. 773. Der Gutachter verwies in diesem Zusammenhang auf das Beispiel Napoleon, der 1799 2000 Türken töten lassen mußte, weil er sie nicht »erhalten, ernähren oder zurückbringen konnte und dem Feind nicht wieder übergeben konnte«.

121 Ebenda, Bl. 776 und 779.

122 Ebenda, Bl. 773f.

123 Ebenda, Bl. 775.

chen Befehl gebe.[124] – Nicht Fachwissen, sondern subjektiver Eindruck, nicht logische Folgerung, sondern ein überraschender Umkehrschluß (nach gesundem Menschenverstand, der hier reklamiert werden sollte, hätte doch gerade die Tatsache, daß es keine schriftlichen Aufzeichnungen zu dem Befehl gab, eher für die Erteilung desselben gesprochen) ließen also den Sachverständigen die Stichhaltigkeit der Beschuldigung ablehnen.

Auch hinsichtlich des Geschehens am 26. August, als General Stenger nach eigener Aussage die Soldaten seiner Brigade aufgefordert hatte, den Feind von den Bäumen zu schießen wie die Spatzen, da keine Gefangenen gebraucht würden, folgte der Sachverständige dem Beschuldigten. Halte man sich die damalige Situation vor Augen, nämlich ein unübersichtliches, erbittert geführtes Waldgefecht, sei der General nicht nur zu dieser Aufforderung berechtigt, sondern geradezu im Interesse von Leben und Wohl seiner Truppe verpflichtet gewesen.[125] Und weiter: »Der Sinn ist doch der, wenn die Leute von den Bäumen schießen, so kann man doch nicht jeden einzelnen Mann von dem Baume herunterholen, man kann auch nicht warten, ob er, wenn ich ihn erwische, nachdem er geschossen hat, die Hände hochhebt, wie sie das vielfach zu machen versucht haben.«[126] Auch müsse der Erregung Rechnung getragen werden, die die Unterscheidung, ob ein feindlicher Soldat schon geschossen habe oder noch nicht, unmöglich mache. Schließlich sei das unterschiedslose Schießen auch aus Zeitgründen geboten. »[B]ei jedem stehenzubleiben und ihn aufzufordern, herunterzukommen« würde das Vorwärtskommen behindern und der Gefechtszweck ginge verloren.[127] Im übrigen gebe es auch in der französischen Armee Einheiten sogenannter »nettoyeurs«, die den schnellen Angriff über das Grabensystem ermöglichen und verhindern sollten, daß die französischen Soldaten sich »an jedem Graben, an jedem Unterstande aufhalten, ähnlich wie es im Waldgefecht war, wo die Truppe nicht an jedem Baume hängen bleiben sollte«.[128] Allerdings hätten die »nettoyeurs« befehlsgemäß »mit jedem lebenden Feinde in den Gräben aufräumen müssen«. Mit diesem Befehl zur Tötung sämtlicher Leute hin-

---

124 Ebenda, Bl. 782f. »Ich muss sagen, wenn der General Stenger einen solchen Befehl hätte geben wollen, dürfte er ihn unbedingt so genau präzisiert haben, dass er ganz klar in der Anwendung ist. Es ist ein so wichtiger Befehl, dass es ein ganz ungewöhnlicher Vorgang ist, wenn er nur mündlich so gegeben wäre.«

125 Ebenda, Bl. 788.

126 Ebenda, Bl. 787.

127 Ebenda.

128 Ebenda, Bl. 788.

ter der Front aber sei man französischerseits viel weiter gegangen, als man nach deutscher Anschauung jemals hätte gehen können.[129]

Wenn der Sachverständige es auch nicht äußerte, war doch jedem klar, was hier aus berufenem Mund zu hören war, nämlich daß die französische Beschuldigung des Generals Stenger als ein Akt der Heuchelei angesehen werden mußte. Und gewiß wird die Erwähnung des angeblich weit größeren französischen Übels auch das Ziel verfolgt haben, eventuell verbliebene Zweifel an der Tatversion des Generals zu entkräften. Denn, wie bereits erwähnt, eines war unabweisbar: Am 21. und 26. August 1914 waren gefangengenommene und verwundete französische Soldaten erschossen worden, und der Mitbeschuldigte, Major Crusius, bestritt seine Beteiligung nicht:

»[A]llerdings habe ich damals unter dem Eindruck der Vorgänge gestanden, denn es waren für mich furchtbare Bilder, die auf mich eingestürmt sind; die Tatsache, daß damals alle diese Verwundeten erschossen wurden, vor allen Dingen das Bild des Mannes, der um ›Gras‹, ›Gras‹[130] bat, bin ich niemals wieder losgeworden. Die Tatsache, die Erinnerung an die Bilder, die ich mitangesehen habe, und an denen ich mit meinen Leuten mitwirken mußte, daß ich meinen Leuten einen solchen Befehl geben mußte, die hat mich so deprimiert.«[131]

Den Befehl behauptete er von seinem oberen Vorgesetzten General Stenger erhalten zu haben,[132] und sein unmittelbarer Vorgesetzter, der Bataillonskommandeur Major Müller, habe ihm gegenüber den Befehl wiederholt und auf dessen Befolgung gedrungen.[133] Die in den Zeugenstand gerufenen Soldaten der unter dem Befehl von Crusius stehenden Kompanien bestätigten dies im großen und ganzen,[134] ein Zeuge erinnerte sich sogar sehr genau:

---

129 Ebenda, Bl. 789.

130 Lautmalerisch für das französische *grâce, grâce* (Gnade, Gnade).

131 bJ 92/20 (Stenger/Crusius), Bd. 3, Bl. 67.

132 »Im Kreise der Offiziere kam der Befehl: es sind alle auf dem Schlachtfelde liegenden Verwundeten zu erschiessen. Das hat Exzellenz direkt gesagt. Es kann kein Zweifel sein, daß das als Brigadebefehl gesagt war.« Vgl. ebenda, Bl. 39.

133 Ebenda, Bl. 40f. Major Müller wurde in dieser Sache auch von Frankreich beschuldigt (vgl. bJ 91/20), doch war er in dem Waldgefecht am 26.8.1914 gefallen.

134 Vgl. z.B. die Aussage des Zeugen Paul Grienenberger (ebenda, Bl. 144), des Zeugen Albert Metzmacher (Bl. 288) oder des Zeugen Wilhelm Bürkle (Bl. 393ff.).

»*Vors.*: Als Sie zweimal auf den Befehl des Hauptmann Crusius nicht reagierten, hat daraufhin der Major Müller, um der Sache Nachdruck zu geben, zu Ihnen gesagt: Führen Sie Ihren Befehl aus?

Zeuge Klehe: Jawohl! Da ist mir nicht mehr ganz klar, ob er gesagt hat, Brigadebefehl oder Korpsbefehl. Auf jeden Fall hat er es mit Nachdruck gesagt und hat mir mit dem Revolver einen Wink gegeben.

Vors.: Wer hat Ihnen diesen Wink gegeben?

Zeuge: Der Herr Major Müller.

Vors.: Der Herr Hauptmann Crusius hat aber vorher zweimal ausdrücklich befohlen: Führen Sie Ihren Befehl aus!

Zeuge: Jawohl.

Vors.: Was haben Sie schließlich getan?

Zeuge: Daraufhin habe ich den Befehl ausgeführt.

Vors.: Wie haben Sie das gemacht? Haben Sie den Mann totgeschossen?

Zeuge: Das kann ich nicht mehr genau sagen. Ich habe auf den Kopf geschossen.

Vors.: Der Mann ist zurückgesunken?

Zeuge: Der war am Boden gelegen.

Vors.: Hat er weiter nichts gemacht, wie er gesehen hat, wie Sie fertig gemacht haben?

Zeuge: Er hat mit den Armen eine Bewegung gemacht.

Vors.: Was war der Sinn der Bewegung? Hat er um Gnade gebeten?

Zeuge: Er hat verschiedene Worte gerufen, aber ich kann leider nicht französisch.

Vors.; Hat er noch lange gesprochen?

Zeuge Klehe: Nein, das ging alles sehr rasch.

Vors.: Auf den Kopf haben Sie gezielt?

Zeuge: Das weiß ich nicht mehr, ich hab auf ihn geschossen.«[135]

Wie ging das Gericht mit dem Geständnis und den Zeugenaussagen um? Eines konnte auch dem Gericht nicht verborgen bleiben: Daß mindestens zwei höhere Offiziere aus der Brigade Stenger[136] von einem Tötungsbefehl ihres Kommandeurs ausgingen, warf nicht unbedingt ein günstiges Licht auf die Version des Generals. Unergiebige Versuche des Gerichts, die Zeugenaussagen zu erschüttern,[137] mündeten schließlich auf seiten der Rich-

---

135 Ebenda, Bl. 359f.

136 Noch andere Offiziere hatten Zeugenaussagen zufolge den Befehl unter Berufung auf Stenger weitergegeben, wiesen dies aber in der Verhandlung zurück oder konnten nicht mehr gefragt werden, weil sie gefallen waren. Vgl. ebenda, Bl. 19, 61 und 92.

137 So fragte das Gericht die Zeugen, wieso sie nicht gegen den Befehl protestiert oder sonst etwas getan hätten, was militärisch möglich gewesen wäre, worauf diese mit Unverständnis oder resignativen Äußerungen reagierten (»Was sollte ich da noch tun?«). Vgl. ebenda, Bl. 180, oder Bl. 206, wo der

ter in der Einsicht, daß nicht sein könne, was nicht sein dürfe und damit zu der Frage an den General, wie er sich denn erkläre, daß der Angeklagte Crusius, ein deutscher Offizier immerhin, lüge. Die Antwort des Generals (»Ich schiebe es auf die Nervenerregung des Major Crusius«[138]) bot dem Gericht die gewünschte Möglichkeit zum Verständnis der Abläufe am 21. und 26. August, zumal sie nicht allein blieb.[139] Zeugen erklärten ebenfalls, Crusius sei furchtbar aufgeregt gewesen, sei mit hochrotem Kopf und übermäßig schreiend herumgegangen,[140] und die drei als Sachverständige geladenen Ärzte kamen übereinstimmend zu dem Ergebnis, daß er sich am 26. August »in einem Zustand krankhafter Störung der Geistestätigkeit befunden hat, die seine freie Willensbestimmung ausschloß«. Für den 21. August vermochten sie dies nicht zu konstatieren, doch waren sie sich einig, daß auch an diesem Tag der Angeklagte an einem Geisteszustand litt, der »geeignet war, die Auffassungs- und Urteilsfähigkeit zu beeinträchtigen und die der Bildung einer falschen Vorstellung entgegenwirkenden Hemmungen abzuschwächen«.[141]

Damit war die Lösung des Falles vorgezeichnet, und der General brauchte nicht weiter inkommodiert zu werden: Einen am 26. August erteilten Tötungsbefehl gab es nicht, er entsprang allein der angegriffenen Psyche des Angeklagten Crusius, und was den 21. August anbelangte, da hatten die ersten Anzeichen der psychischen Belastung die Vorstellung von der Existenz eines solchen Befehls zumindest gefördert, wenn sie auch nicht so stark und beherrschend gewesen waren, daß sie die natürlichen Bedenken gegen einen derartigen Befehl hätten beseitigen können. Wie der Sachverständige General Kuhl erläuterte, hätte der Angeklagte nämlich an diesem Tag keinesfalls einen Befehl zur Tötung verwundeter oder gefangengenommener französischer Soldaten ausführen oder weitergeben dürfen, ihm hätten vielmehr, da es militärisch ruhig und schon gar ein mi-

---

Zeuge auf die Frage des Vorsitzenden »Haben Sie es Ihrem Hauptmann gemeldet?« antwortete: »Ich habe nichts gesagt«, was den Vorsitzenden zu der Bemerkung veranlaßte: »Da haben Sie eine Fähigkeit, die selten ist, daß man etwas Furchtbares und Ergreifendes unterdrücken kann.«

138 Ebenda, Bl. 59.

139 Der Anwalt des Angeklagten Crusius hatte in seiner Beschwerde gegen die Inhaftierung des Crusius bereits darauf hingewiesen, daß der Angeklagte im Tatzeitraum an einer »Nervenüberreizung« gelitten habe, in deren Folge von einer Schuldunfähigkeit nach § 51 StGB auszugehen sei. Vgl. bJ 92/20 (Stenger/Crusius), Bd. 1, Bl. 72.

140 Vgl. ebenda, Bd. 3, Bl. 151 (Zusammenfassung durch den Vorsitzenden Richter); nach anderer Beobachtung soll Crusius allerdings wie gewöhnlich, d.h. sehr energisch gewesen sein. Vgl. ebenda.

141 Vgl. Reichstag, Weißbuch, S. 2567f.

litärischer Notstand nicht erkennbar gewesen sei, Zweifel an der Rechtmäßigkeit eines so lautenden tatsächlichen oder nur vorgestellten Befehls kommen müssen.[142] Als Untergebener komme ihm daher, so auch die Schlußfolgerung des Oberreichsanwalts im Plädoyer, nicht die Schutzfunktion des § 47 MStGB (Handeln auf Befehl)[143] zu Hilfe, denn »Major Crusius [hat] damals am 21. gewusst, dass der Befehl, den er als gegeben annahm, rechtswidrig war und dass mit dem Befehl, wenn er so gegeben worden wäre, wie Crusius es geglaubt hat, die Begehung eines Verbrechens bezweckt war«.[144]

Er beantragte für Crusius eine Freiheitsstrafe von zwei Jahren und sechs Monaten Gefängnis,[145] für General Stenger hingegen Freispruch. Letzterer sei nicht nur durch die Aussagen der sich im angeblichen Tatzeitraum in dessen Nähe befindlichen Offiziere voll und ganz entlastet worden, sondern für ihn spreche insbesondere auch seine persönliche Glaubwürdigkeit. Oberreichsanwalt Ebermayer:

> »Ich muss sagen, ich habe auf Grund der Verhandlungen von der Persönlichkeit Seiner Exzellenz den Eindruck gewonnen, dass wir seinen Worten voll und ganz glauben können. Ich bin überzeugt, er ist nicht der Mann, der sich hierher stellt und das Reichsgericht anlügt. Wenn er wirklich den Befehl gegeben hätte, hätte er auch den Mut seiner Ueberzeugung und würde ruhig aussprechen: Ja, ich habe es getan, ich habe es aus den und den Gründen für notwendig gehalten. Wenn er aber sagt: Nein, es ist mir garnicht eingefallen, einen derartigen Befehl zu geben, kein derartiges Wort ist über meine Lippen gekommen, so glaube ich ihm das, wie gesagt, durchaus.«[146]

Es wird nicht überraschen, daß der Verteidiger des Major Crusius eine derartige Charakterisierung nicht nur auf General Stenger beschränkt wissen wollte. Sein Mandant, so der bereits in der Einleitung zu dieser

---

142 Vgl. bJ 92/20 (Stenger/Crusius), Bd. 3, Bl. 779.

143 Nach § 47 Nr. 2 MStGB machte sich ein Untergebener nur dann strafbar, »wenn ihm bekannt gewesen, daß der Befehl des Vorgesetzten eine Handlung betraf, welche ein bürgerliches oder militärisches Verbrechen oder Vergehen bezweckte«.

144 bJ 92/20 (Stenger/Crusius), Bd. 3, Bl. 825.

145 Ebenda, Bl. 828, 839. Die Anklage sah es als erwiesen an, daß der Angeklagte Crusius sich des Verstoßes gegen § 116 MStGB (Mißbrauch der Dienstgewalt) und des versuchten Totschlags in mehreren Fällen (Versuch deshalb, weil nach Ansicht der Reichsanwaltschaft nicht feststand, daß alle verwundeten Franzosen an den Schüssen gestorben waren) schuldig gemacht habe.

146 Zit. n. ebenda, Bl. 805.

Untersuchung zitierte Dr. Fitzau,[147] habe aus ehrbaren vaterländischen Motiven gehandelt, die – wie er nicht wörtlich folgerte, aber in seiner Argumentation nahelegte – auf der Ebene von Kriegsverbrechen anzusiedeln geradezu absurd sei. Das kriegsrechtliche Paragraphenwerk habe sich als Hirngespinst, als völlig ungeeignet zur Reglementierung von Kriegshandlungen erwiesen.[148] Keine der Kriegsparteien, man denke nur an die französischen »nettoyeurs«, habe dieses Kriegsrecht beachtet und die Beachtung allein von den Soldaten eines Staates zu verlangen, hieße diesen Staat einem ganz enormen Nachteil anderen Staaten gegenüber auszusetzen. Wie solle eine Armee dem Clausewitzschen Grundsatz, daß das Wesen des Krieges die fessellose Entfaltung von Gewalt sei,[149] gemäß verfahren, wenn »jeder General und Befehlshaber, jeder Kompaniechef in der einen Tasche das Strafgesetzbuch, in der anderen Tasche die Landkriegsordnung [haben müsste], in besonderen Fällen müsste er noch ein Kompendium des Völkerrechts auf den Tisch legen, weil sich sonst nicht feststellen lässt, wie eine Handlung, die sich für ihn, für seine subjektive Haltung im Augenblick als nötig herausstellt, später einmal gewertet werden kann […]«.[150]

Allenfalls für das Geschehen am 21. August könne eine objektive Rechtswidrigkeit konstatiert werden, in subjektiver Hinsicht sei dem Angeklagten kein Vorwurf zu machen, da in seiner Vorstellung diejenigen, die noch auf dem Schlachtfeld lagen, deshalb erschossen werden sollten, »weil sie als mögliche Gegner noch in Frage kommen konnten, weil die Sicherheit der eigenen Truppe dadurch in irgend einer Richtung gefährdet war«.[151] Er habe sich über die völkerrechtlichen Grenzen des Strafrechts geirrt und damit in einem Tatbestandsirrtum befunden, der ihm zugute gehalten werden müsse.[152] Nicht vorsätzlich, sondern fahr-

---

147 Vgl. oben, S. 9.

148 Vgl. ebenda, Bl. 841ff. »Denn der Krieg so, wie er draußen ist, wie er für den einzelnen erscheint, der, den täglichen Tod im Auge, draußen steht, sei es im flachen Felde, sei es in dem granatdurchwühlten Boden der Schützengräben, das Bild des Krieges, wie es für diese Männer sich malt, ist anders als das, wie es sich für diejenigen gemalt hat, die in den Artikeln internationaler Verträge die Rechte der Kriegführenden festlegen zu können glaubten.« (Bl. 843)

149 Ebenda, Bl. 842.

150 Zit. n. ebenda, Bl. 858.

151 Ebenda.

152 Nach damals herrschender Ansicht war der Irrtum über die Grenzen desjenigen, was im Krieg erlaubt ist, mit einem Tatbestandsirrtum gleichzusetzen. § 59 RStGB aber regelte für den Fall, daß jemandem, der bei Begehung einer strafbaren Handlung das Vorhandensein von Tatumständen nicht

lässig habe er gehandelt, doch Fahrlässigkeit reiche nicht aus für einen schuldhaften Verstoß gegen § 47 MStGB, der auf seiten des Befehlsempfängers neben dem allgemeinen Bewußtsein der Rechtswidrigkeit das Wissen verlange, daß der Vorgesetzte mit der Erteilung des Befehls ein militärisches Verbrechen oder Vergehen bezweckte. Dieses Wissen habe der Angeklagte nicht gehabt. Aus diesem Grunde sei er freizusprechen.[153]

Das Gericht sprach den Angeklagten Crusius nicht frei, wohl aber den Beschuldigten Stenger. Letzterer sei durch die Aussagen der Offiziere, die sich beständig in seiner Nähe aufgehalten hätten, entlastet, denn keiner von ihnen habe etwas von einem Tötungsbefehl gehört. Belastende Aussagen, die es sowohl für den 21. wie für den 26. August gebe, seien widersprüchlich und in dem einen oder anderen Fall mögen die Zeugen selbst Trugbildern zum Opfer gefallen sein.[154] Einen Brigadebefehl des in der Auslieferungsliste angegebenen Inhalts habe Stenger weder schriftlich noch mündlich erteilt, vielmehr habe er sich lediglich mit »Mahnungen, Aufmunterungen und Warnungen« gesprächsweise an seine Umgebung und mit »Zurufen« an die vorbeiziehenden Truppen gewandt, um sie zur Vorsicht vor hinterhältig kämpfenden Feinden anzuhalten.[155]

Crusius wurde wegen fahrlässiger Tötung (§ 222 StGB) zu zwei Jahren Gefängnis und zum Verlust des Rechts zum Tragen der Offiziersuniform (§§ 36, 34 Abs. 1 Nr. 2, 40 Abs. 1 Nr. 1 MStGB) verurteilt; im übrigen wurde er freigesprochen. Der Freispruch bezog sich auf das Geschehen am 26. August 1914, für das das Gericht entsprechend den Sachverständigengutachten begründete Zweifel an der Willensfähigkeit des Tä-

---

kannte, welche zum gesetzlichen Tatbestand gehören oder die Strafbarkeit erhöhen, diese Umstände nicht zugerechnet werden durften. Bei fahrlässig begangenen Handlungen galt diese Bestimmung allerdings nur insoweit, als die Unkenntnis selbst nicht durch Fahrlässigkeit verschuldet wurde. Auf diesen Aspekt wird im folgenden noch mehrmals eingegangen werden.

153 Ebenda, Bl. 870ff.

154 Vgl. Reichsgericht, Weißbuch, S. 2566 und 2570f. Zu dem Zeugen Kleinhans, der von der Festnahme dreier Franzosen, die alsbald exekutiert worden seien, berichtete, bemerkte z. B. das Gericht (S. 2570): »In der Vorstellung des Zeugen mögen sich einzelne tatsächlich zutreffende Wahrnehmungen über einen unverfänglichen, aber ihm schon damals verdächtig erschienenen Vorgang nachträglich, vielleicht ihm selbst unbewußt, derartig umgestaltet zu haben, daß in seiner Erinnerung bloße Vermutungen und Schlüsse zu vermeintlich selbstbeobachteter Wirklichkeit geworden sind.« Das Urteil findet sich auch in den Verfahrensakten zu bJ 92/20 (Stenger/Crusius), hier: Bd. 2, Bl. 921–930.

155 Reichsgericht, Weißbuch, S. 2571.

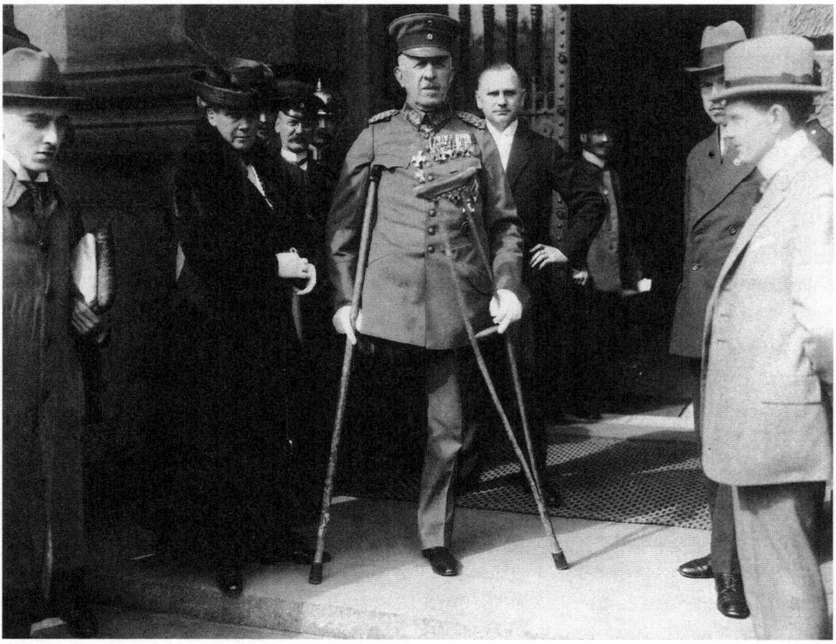

General Karl Stenger mit seiner Frau vor dem Reichsgericht
ullstein bild

ters konstatierte, die einen Schuldausspruch nicht zuließen.[156] Für den 21. August hingegen vermochte das Gericht, wie auch drei der vier Sachverständigen, keine Schuldunfähigkeit nach § 51 StGB zu erkennen. An diesem Tag hätte ihm zu Bewußtsein kommen müssen, daß der – irrtümlich angenommene – Befehl nicht befolgt werden durfte. »Bei Anwendung der von ihm zu erfordernden Sorgfalt«, so das Gericht, »würde ihm nicht entgangen sein, was vielen seiner Leute sofort klar war, nämlich, daß die unterschiedslose Tötung aller Verwundeten eine ungeheuerliche, in keiner Weise zu rechtfertigende Kriegsmaßnahme darstellte.«[157] Da er die geforderte Sorgfalt nicht gezeigt habe und es sich bei seiner Handlung um einen »schwere[n] Verstoß gegen anerkannte völkerrechtliche Grundsätze« handle, müsse sein Verhalten als grob fahrlässig beurteilt werden.[158]

---

156 Ebenda, S. 2572.
157 Ebenda, S. 2567.
158 Ebenda.

»Auf der Flucht erschossen« – Das Verfahren gegen Oberleutnant Adolf Laule

Im August 1914 wurde ein französischer Hauptmann namens Migat gefangengenommen. Er war verletzt und wartete darauf, behandelt zu werden. Auf Befehl eines Offiziers rissen ihm deutsche Soldaten die Epauletten ab. Dann wurde er von hinten erschossen, wobei auch der anwesende Offizier Schüsse aus seinem Revolver abgegeben hatte. – So lautete im wesentlichen die französische Beschuldigung gegen den damaligen Leutnant und nun aktiven Oberleutnant Adolf Laule. Zur Tatzeit war Laule – und diesem Umstand wurde von französischer Seite besondere Bedeutung beigemessen – Offizier in der Brigade des Generals Stenger, genauer gesagt war er Kompaniechef in dem Infanterieregiment, dem auch der im Vorprozeß angeklagte Major Crusius angehörte.

Wie schon im Fall Stenger machte Oberreichsanwalt Ebermayer auch im Fall Laule von der Möglichkeit Gebrauch, die Durchführung einer Hauptverhandlung ohne Anklageschrift zu beantragen.[159] Juristisch sei, wie Ebermayer darlegte, das Verhalten des Beschuldigten Laule nach der französischen Sachverhaltsschilderung als eine mit Überlegung ausgeführte Tötung und mithin als Mord (§ 211 StGB) zu werten. Allerdings habe sich der Vorfall, folge man dem Beschuldigten Laule, ganz anders abgespielt. Der leichtverwundete Migat habe sich der Gefangennahme durch Flucht zu entziehen versucht und ihn dann, als dies aussichtslos erschien, tätlich angegriffen. Mehrere Soldaten seien daraufhin ihm, Laule, zu Hilfe gekommen. Nachdem einer der Soldaten von Migat einen Faustschlag erhalten habe, habe dieser Soldat, der im übrigen ein Jahr später gefallen sei, auf Migat einen tödlichen Schuß abgegeben.[160] Diese Sachdarstellung des Beschuldigten werde in allen wichtigen Punkten von sechs deutschen Augenzeugen bestätigt, sechs weitere deutsche Zeugen seien kurz nach dem Schuß hinzugekommen, und auch ihre Aussagen wichen nicht von der Darstellung des Beschuldigten ab. Zwar gebe es noch zwei Zeugen, die die französische Beschuldigung stützten, doch könnten dadurch »die Angaben des Beschuldigten und der vorgenannten deutschen Zeugen nicht als widerlegt angesehen werden«.[161]

Die Hauptverhandlung gegen Laule begann am 7. Juli 1921. Geladen waren die bereits vom Oberreichsanwalt erwähnten Entlastungszeugen und vier ausländische Zeugen, Elsässer, die in der kaiserlichen Armee Dienst getan hatten. Der Beschuldigte Laule wiederholte in der Verhand-

---

159 Vgl. bJ 81/20 (Oberleutnant Adolf Laule), Bd. 2, Bl. 9.
160 Ebenda, Bl. 8.
161 Ebenda, Bl. 8 RS.

lung seine Sachverhaltsdarstellung und wurde darin weitestgehend von den deutschen Zeugen, zumeist ehemalige Angehörige seiner Kompanie, bestätigt.[162] Die Belastungszeugen hingegen mußten ihre ursprünglichen Aussagen zum Teil erheblich revidieren, die sie auf Ersuchen des Oberreichsanwalts[163] vor einem französischen Richter gemacht hatten und die mit in die französische Beschuldigung eingeflossen waren. So konnten sie auf Befragen des Gerichts nicht mehr die Behauptung aufrechterhalten, Laule habe den Befehl zur Erschießung des Gefangenen gegeben und auch selbst auf diesen geschossen, sondern mußten einräumen, daß sie von dem von ihnen beobachteten Geschehensablauf her – der Leutnant führte mit einer Gruppe Soldaten den französischen Hauptmann ab, und nachdem alle um eine Hausecke verschwunden gewesen waren, fielen mehrere Schüsse[164] – lediglich diesen Eindruck hatten. Aus ihrer Sicht bestand an der Richtigkeit dieses Eindrucks aber kein Zweifel, zumal an diesem Tag, dem 21. August, auch von einem Befehl des Brigadekommandeurs Stenger gesprochen wurde, wonach Gefangene und Verwundete zu erschießen seien. Ein Zeuge dazu in der Vernehmung durch den Vorsitzenden Richter Schmidt:[165]

»*Vors.*: Sie hatten gleich Gelegenheit, mit dem Kommandeur [gemeint ist hier der Kommandeur eines Bataillons der Brigade, ein Major, G. H.] zu sprechen. Haben Sie da nicht gesagt: Herr Major, hier ist eben etwas vorgekommen?

Zeuge [ein ehemaliger Sanitätsoffizier]: Wir haben auch davon mit dem Herrn Major gesprochen und haben gesagt: er soll doch so gut sein und machen, daß der Krieg etwas anders geführt würde. Ich sagte noch, sonst würden wir in kurzer Zeit, wenn so gewirtschaftet würde, keine Soldaten, sondern nur eine Mördergesellschaft und eine Räuberbande haben. Das habe ich dem Herrn Major gesagt.

Vors.: Herr Kreisarzt, eine Mörderbande und eine Räuberbande, das war denn doch nach Ihrer Kenntnis von den Zuständen der deutschen Armee nicht zu befürchten; das wissen Sie doch auch selbst, wenn Sie vielleicht in Ihren Anschauungen nicht ganz mit dem harmonieren wollten, was in dieser Armee im übrigen vertreten war, daß wir aber keine Räuber und keine Mörder gewesen sind und auch nicht dazu kommen konnten, das wissen Sie zu genau, dazu haben Sie unsere Hochschulen besucht, haben Ihre ärztliche Tätigkeit und haben kennengelernt, was bei uns vorgeht, und Sie wissen ganz genau, daß der Deutsche die Qualifikation nicht verdient, die ihm zuteil geworden ist aufgrund dieser Anschauungen.

---

162 Ebenda, Bd. 1, Bl. 3–40.
163 Ebenda, Bd. 3, Bl. 48 VS/RS.
164 Ebenda, Bl. 59, 61 und 79f.
165 Ebenda, Bl. 62.

Zeuge Dr. Delunsch: Ich hatte die Angst, daß das so kommen würde. Ich habe mich über diese Art und Weise im Anfang des Krieges auch gewundert und hätte sie nicht erwartet und war sehr erstaunt, daß so gewirtschaftet wurde; das hätte ich mir vorher nicht träumen lassen. Nach meiner Kenntnis ist es eben ganz anders geworden, als ich es mir vorher gedacht hatte.«[166]

Der Tod des Hauptmanns Migat blieb unaufgeklärt. Das Gericht sah es jedoch als erwiesen an, daß der Beschuldigte Laule nicht selbst geschossen und auch keinen Erschießungsbefehl erteilt hatte. Er wurde deshalb freigesprochen.[167] Wohlwissend, daß dieser Fall eine prekäre Nähe zum Fall Stenger/Crusius aufwies – kurz nachdem der Stengersche Tötungsbefehl publik wurde, kam auch Migat gewaltsam zu Tode –, interpretierte das Gericht die von einigen deutschen Zeugen behauptete »Widersetzlichkeit« des französischen Hauptmanns als unvollendete Gefangennahme und als Fluchtversuch, der zudem »die in der Nähe befindlichen französischen Gefangenen oder etwa im Dorf versteckte Franzosen zu einem Angriff gegen die Deutschen hätte aufrufen können«.[168] Da er damit gezeigt habe, daß er seine Fähigkeit zur Fortsetzung des Kampfes nicht aufgeben wollte, sei er von zwei Soldaten – beide fielen später – aus eigenem Entschluß getötet worden.[169]

Zu dieser Begründung und Erklärung des Geschehens beglückwünschte der Verteidiger des Beschuldigten das Gericht bereits in seinem Plädoyer, nachdem die Beweisaufnahme und die Verhandlungsführung die zu erwartenden Urteilsgründe deutlich gemacht hatten. »Trotz alledem, was über Deutschland lastet«, so Rechtsanwalt Dr. Pohl, »bin ich heute, ich sage es offen und ehrlich, einmal wieder stolz darauf, ein Deutscher zu sein. Denn mit einer solchen Objektivität solche Fälle zu behandeln, wie es heute hier geschehen ist, das macht uns kein Gericht der Welt nach.«[170]

166 Zit. n. ebenda, Bl. 62f.
167 Vgl. Reichstag, Weißbuch, S. 2572f.
168 Vgl. ebenda, S. 2573.
169 Ebenda.
170 Zit. n. bJ 81/20 (Laule), Bd. 1, Bl. 111.

Die »Hunnenrede« Wilhelms II., das Verbot der Tötung feindlicher Gefangener oder Verwundeter und die Rechtsprechung des Reichsgerichts

Die *Kreuz-Zeitung* war über den Gang der Verfahren ebenso begeistert wie der Rechtsanwalt. Hatte sie noch im Verfahren gegen den Feldpolizisten Ramdohr tadelnde Worte gefunden zur Bemerkung des Reichsanwalts, Deutschland führe die Leipziger Verhandlungen nicht auf Geheiß der Entente, sondern aus dem Rechtsempfinden des deutschen Volkes,[171] nahm sie nun erfreut den Freispruch insbesondere von General Stenger zur Kenntnis. Daß Frankreich in Reaktion auf den Freispruch seine Prozeßbeobachter zurückbeordert und auch Belgien gegen den Freispruch für Ramdohr protestiert hatte, schrieb sie deren Fixierung auf angeblich allein von deutscher Seite begangenes Unrecht zu, was letztlich das Ergebnis einer blindwütigen Voreingenommenheit sei, wofür ein französischer Zeitungsbericht, der die Sprengung der holländischen Residenz Wilhelms II. gefordert und als eine Tat ausgleichender Gerechtigkeit bezeichnet habe, als beredtes Zeugnis gelten könne.[172]

Weniger den ehemaligen Kriegsfeind als die vergangene Oberste Heeresleitung und die deutsche Militärjustiz hatte das *Berliner Tageblatt* im Visier, als es das Urteil in Sachen Stenger und Crusius kommentierte. Diese Stellen hätten nämlich gleich nach dem Bekanntwerden der Beschuldigungen gegen Stenger eine Untersuchung einleiten und deren Ergebnis – Freispruch oder Strafe – der Welt bekanntgeben müssen. Die »militärische Ehre« habe dies nicht zugelassen, da kein Flecken auf diese Ehre fallen sollte. Doch genau »diese enge Kasernenauffassung [habe] dem Ansehen des Heeres und des deutschen Volkes schweren Schaden zugefügt«.[173] Daran werde auch, so das *Berliner Tageblatt* weiter, das jetzige

---

171 *Die ersten »Kriegsverbrecherprozesse« vor dem Reichsgericht*, in: Kreuz-Zeitung, Nr. 296, 28.6.1921, S. 4.

172 *Die Urteilsbegründung im Falle Stenger–Crusius*, in: Kreuz-Zeitung, Nr. 312, 7.7.1921; *Die Entente gegen die Reichsgerichts-Urteile*, in: Kreuz-Zeitung, Nr. 314, 8.7.1921. Der angesprochene französische Zeitungsbericht war im *Intransigeant* [intransigeant = unnachgiebig] erschienen, der, wie schon der Name vermuten läßt, in chauvinistisch-nationalistischer Hinsicht der Kreuz-Zeitung gleichzustellen ist. Zur kritischen französischen Bewertung des Verfahrens gegen Stenger und Crusius vgl. den Bericht der französischen Beobachterkommission vom 6.7.1921, in: AN Paris, BB 18/2568[3], o. S.

173 *Das Urteil im Prozeß Stenger–Crusius*, in: Berliner Tageblatt, Nr. 314, 7.7.1921, S. 1.

Urteil nichts ändern, denn das Ausland werde es als Beweis dafür sehen, daß »Deutschland die Urheber der Kriegsverbrechen in Schutz nehme oder doch nicht ernsthaft büßen lassen wolle«.[174]

Der *Vorwärts* – laut *Kreuz-Zeitung* ein Organ, das sich der Devise »Alles andere steht zurück, wenn es gilt, das eigene Volk zu erniedrigen« verschrieben hatte[175] – veröffentlichte noch während des Verfahrens gegen Stenger und Crusius einen Artikel mit der Überschrift: »Pardon wird nicht gegeben!«[176] Darin erinnerte er an eine Ansprache Wilhelms II., die dieser im Jahr 1900 anläßlich der Verabschiedung von Truppeneinheiten zur Bekämpfung des Boxeraufstandes in China gehalten hatte und in der es unter anderem hieß: »Pardon wird nicht gegeben, Gefangene werden nicht gemacht. Wer euch in die Hände fällt, sei euch verfallen!«[177] Unmöglich, so wollte der *Vorwärts* seinen Lesern wohl zu verstehen geben, sei daher ein ähnlicher Befehl durch den beschuldigten General Stenger nicht. Und auch das, was in dem Artikel noch zu lesen war, mußte als deutlicher Hinweis verstanden werden: So wie jetzt die ganze nationalistische Presse in der Beteuerung einig sei, »daß der General Stenger zweifellos nur ein Opfer feindlicher Verleumdungssucht ist«, hätte seinerzeit die regierungstreue Presse behauptet, der Kaiser habe den Truppen mitnichten zugerufen: »Pardon wird nicht gegeben«, sondern le-

---

174 Ebenda.

175 Vgl. *Die Urteilsbegründung im Falle Stenger–Crusius*, in: Kreuz-Zeitung, Nr. 312, 7.7.1921.

176 Vorwärts, Nr. 307, 2.7.1921, S. 1.

177 Über diese Rede kursierten zwei Versionen, eine offizielle, »entschärfte«, in der die Kampfweise der Chinesen als ursächlich für die deutsche Kampfweise dargestellt wurde, und eine inoffizielle, die aber das Verdienst hat, die zutreffende zu sein. Die Passage in der offiziellen Version lautete: »Ihr wißt es wohl, ihr sollt fechten gegen einen verschlagenen, tapferen, gut bewaffneten und grausamen Feind. Kommt ihr an, so wißt: Pardon wird nicht gegeben. Gefangene werden nicht gemacht. Führt eure Waffen so, daß auf tausend Jahre hinaus kein Chinese es mehr wagt, einen Deutschen scheel anzusehen.«
In der inoffiziellen Version hieß es: »Kommt ihr vor den Feind, so wird derselbe geschlagen! Pardon wird nicht gegeben! Gefangene werden nicht gemacht! Wer euch in die Hände fällt, sei euch verfallen! Wie vor tausend Jahren die Hunnen unter ihrem König Etzel sich einen Namen gemacht, der sie noch jetzt in Überlieferung und Märchen gewaltig erscheinen läßt, so möge der Name Deutscher in China auf 1000 Jahre durch euch in einer Weise bestätigt werden, daß niemals wieder ein Chinese es wagt, einen Deutschen auch nur scheel anzusehen!« Zit. n. Manfred Görtemaker, Deutschland im 19. Jahrhundert. Entwicklungslinien, 3. Aufl., Bonn 1989, S. 356f.

diglich: »Pardon wird euch nicht gegeben.«[178] Der Ausspruch des Kaisers, so der *Vorwärts*, stehe gleichwohl in der Geschichte fest, und ob dies bald auch von den Stengerschen Befehlen gesagt werden müsse, hinge von der Hauptverhandlung ab.[179]

Stenger wurde freigesprochen, ebenso Laule. Nur Crusius wurde verurteilt, doch hatte sich dieser auch selbst beschuldigt. Ist damit die Forderung des *Vorwärts* nach klärenden Gerichtsverhandlungen eingelöst? Formal ja, aber dennoch bleiben Zweifel. Sie beziehen sich in erster Linie auf die Art und Weise, in der das Gericht zum jeweiligen Ergebnis kam. Daß die Justiz der Weimarer Republik eine autoritäre Justiz war, wird angesichts der juristischen Ausbildung in der Kaiserzeit und der Kriterien für den Justizdienst nicht verwundern. Die Weltsicht der Richter gerade an den oberen und obersten Gerichten war geprägt von Standesdenken und einer sich als Korrektiv zur Republik verstehenden Rechtsauslegung und -anwendung.[180] Sie fällten den »Rechtsspruch nach Stand und Rang«, wie Tucholsky 1921 schrieb.[181] Insofern war vor allem der Freispruch Stengers keine Überraschung, die Frage war nur, wie die Begründung des Gerichts lauten würde.

Wir haben bereits gesehen, daß den Belastungszeugen nicht geglaubt wurde. Im Verfahren gegen Ramdohr tat das Gericht die Aussagen der Kinder und Jugendlichen als Hirngespinste ab. Auch im Verfahren gegen Stenger wurde die Glaubwürdigkeit gerade der elsässischen Zeugen unterhöhlt, und zwar jeweils nach folgendem Muster:

»*Vors.*: Wann sind Sie von der Truppe weg?
Zeuge: Am 23. November.
Vors.: Förmlich entlassen worden oder sind Sie im Elsaß zurückgeblieben beim Rückzug?
Zeuge: [...] sind wir abends weggefahren.
Vors.: Also unbefugt weg?
Zeuge: Jawohl.«[182]

---

178 *Pardon wird nicht gegeben!*, in: Vorwärts, Nr. 307, 2.7.1921, S. 1 (Hervorhebung im Original).
179 Ebenda.
180 Vgl. dazu Friedrich Karl Kübler, *Der deutsche Richter und das demokratische Gesetz. Versuch einer Deutung aus richterlichen Selbstzeugnissen*, in: AcP 162 (1963), S. 117ff.; Ralph Angermund, Deutsche Richterschaft 1919–1945, Frankfurt am Main 1996, S. 19–40.
181 *Das Buch von der deutschen Schande*, in: Kurt Tucholsky, Gesammelte Werke, Bd. 3, 1921–1924, S. 49; zur preußischen Juristenausbildung vgl. ders., *Die Tabelle*, in: ebenda, S. 138.
182 Zit. n. bJ 92/20 (Stenger/Crusius), Bd. 3, Bl. 161; siehe auch die Befragung

Deserteure als Zeugen, deren Aussagen deutsche Offiziere, Generäle gar, belasteten – in der Tat eine Vorstellung, die zu jener Zeit als abwegig empfunden wurde und die keines Kommentars bedurfte. Und bestätigten deutsche Soldaten, die allein aufgrund ihres Wohnortes in östlicheren Teilen Deutschlands keiner Sympathie mit dem Kriegsfeind verdächtig waren, diese Aussagen, fiel das auch nicht weiter ins Gewicht, denn sie bestätigten damit nur ohnehin zweifelhafte Aussagen, was der Bestätigung selbst jeden Wert nahm.[183] Gefördert und zugleich auch gefestigt wurde dieses erkenntnisleitende Interesse des Gerichts noch durch die übereinstimmenden Aussagen der in den Zeugenstand gerufenen Brigadeoffiziere, die das Gericht als wahrheitsgetreu hinnahm. Widersprüchlichkeiten wurden nicht zur Kenntnis genommen,[184] das Verständnis des Gerichts von dem kaiserlichen Generalsstand war offensichtlich dergestalt, daß darin die Vorstellung von einem die Begehung von Kriegsverbrechen befehlenden General oder höheren Offizier keinen Platz hatte.[185]

Ein weiterer wichtiger Faktor zur Erklärung der patriotisch-nationalistischen Rechtsprechung des Reichsgerichts ist allerdings auch in der

---

der Zeugen Karl Kleinhans (Bl. 40), Eugen Oberdorf (Bl. 48) und Paul Baldensperger (Bl. 55).

183 Oder aber den Zeugen wurde, wie dem Zeugen Gustav Grossmann aus Halberstadt (»[U]nd ich sah auch, was schon gegen mein Gefühl war, daß der Befehl ausgeführt ist. Man sah, daß die Gewehre direkt auf die Schläfe oder sonst dergleichen hingehalten worden waren, weil die Einschüsse schwarz waren«), Verbindungen zu Frankreich unterstellt (»*Vors.*: Sie haben vorher niemals in Elsaß-Lothringen gewohnt?«). Vgl. ebenda, Bl. 254f.

184 So erklärte der als Sachverständige geladene General d. Inf. Kuhl, daß ein Brigadekommandeur eine weitreichende Befehlsgewalt habe. Selbst eine der Truppe zugerufene Verhaltensmaßnahme wie »Heute kommt es darauf an!« sei bindend. (Vgl. bJ 92/20, Stenger/Crusius, Bd. 2, Bl. 782.) Vor diesem Hintergrund muß es wohl als ein Zeichen für das Vorverständnis des Gerichts gewertet werden, wenn die Befehle Stengers (»Schießt sie herunter wie die Spatzen! Gefangene können wir nicht brauchen!«) lediglich als Aufforderungen zu erhöhter Vorsicht verstanden wurden.

185 Neben den bereits erwähnten verbalen Verbeugungen des Gerichts vor den als Zeugen geladenen Generälen ist hier auf den ebenfalls bereits angesprochenen Umstand hinzuweisen, daß das Gericht von Anfang an von der Unschuld des Generals Stenger überzeugt war und dies auch im Urteil zum Ausdruck brachte. (»[E]in Befehl des von Crusius behaupteten Inhalts [i. e. Gefangene und Verwundete zu erschießen] hätte mit dem Charakter des Beschuldigten Stenger in unlösbarem Widerspruch gestanden.«) Vgl. Reichstag, Weißbuch, S. 2567.

Rolle Frankreichs in dieser Angelegenheit zu sehen. Hier von einem Bärendienst zu sprechen, den es teilweise, dann allerdings mit weitreichenden Konsequenzen, seiner Forderung nach Bestrafung der von ihm Beschuldigten erwiesen hat, ist sicherlich nicht übertrieben. So erweckte Frankreich über Jahre hinweg den Eindruck, als habe Stenger den Erschießungsbefehl schriftlich erteilt und als liege die Schriftform des Befehls vor.[186] In der Hauptverhandlung gegen Stenger dann – der ersten im übrigen, die auf Betreiben Frankreichs vor dem Reichsgericht durchgeführt wurde – zeigte sich schnell, daß diese Behauptung nicht mehr aufrechterhalten werden konnte. Weder konnte Frankreich die schriftliche Fassung eines solchen Befehls präsentieren noch hatten Zeugen sie gesehen. Lediglich vom Hörensagen wußten einige Zeugen von der angeblichen Existenz eines solchen Befehls.

Im Fall Laule, des zweiten aufgrund einer französischen Beschuldigung durchgeführten Verfahrens, lag dem Gericht das Protokoll einer Zeugenaussage vor, die einige Monate zuvor im nun französischen Mülhausen (Mulhouse) aufgenommen worden war.[187] Danach hatten deutsche Soldaten dem französischen Hauptmann die Epauletten abgerissen, Leutnant Laule hatte, weil als einziger Offizier anwesend, den Erschießungsbefehl gegeben, der von einem Vollstreckungskommando ausgeführt worden war. In der Hauptverhandlung vor dem Reichsgericht aber räumte der Zeuge ein,[188] daß er weder das eine noch das andere gesehen oder gehört habe, ja daß sogar seine Aussage, er habe seinen Bataillonskommandeur den Stengerschen Exekutionsbefehl erörtern hören, so von ihm vor dem französischen Untersuchungsrichter nicht gemacht worden sei (»Das ist sicher ein Mißverständnis«).[189] Ein anderer Zeuge mußte vor Gericht klarstellen, daß sein im *Mülhauser Tageblatt* erschienener Leserbrief von ihm in einer entscheidenden Passage anders formuliert worden war. Er habe nicht geschrieben, »Leutnant Laule gab sofort den Befehl, den Kapitän zu erschießen. Zwei Mann legten an und Kapitän Miga [sic!] brach mitten auf der Straße zusammen«, sondern lediglich, daß der französische Hauptmann erschossen worden sei und Laule vorher gerufen habe: »Zwei Mann.« Darüber hinaus habe er auch nicht gesagt, Laule lüge, wenn er behaupte, Kapitän Migat sei wegen seiner Weigerung, die Waffen abzugeben, erschossen worden. Über die Gründe der Erschießung könne er,

---

186 Vgl. Pic, *Violation systématique des lois de la guerre par les Austro-Allemands*, S. 253; Mérignhac, *De la responsabilité pénale des actes criminels commis au cours de la guerre de 1914–1918*, S. 62.

187 Vgl. bJ 81/20 (Laule), Bd. 3, Bl. 49ff.

188 Ebenda sowie bJ 81/20, Bd. 2, Bl. 45ff.

189 Ebenda.

der Zeuge, vielmehr keine Angaben machen, doch habe er eine Waffe bei Migat nicht gesehen.[190]

Zwei auf Initiative Frankreichs durchgeführte Verfahren, und in beiden gab es in der Beschuldigung Ungereimtheiten, die das französische Vorgehen in den Ruch der bloßen Vergeltung brachten.[191] Das war natürlich Wasser auf die Mühlen derer – und das waren bekanntlich nicht wenige –, die das Ganze für eine unwürdige Veranstaltung hielten und in Bausch und Bogen verwarfen, und es ließ auch die Stimmen zahlreicher und lauter werden, die weniger aus politischen oder pauschal-emotionalen Gründen, sondern aus, wenn auch bisweilen vehement vorgetragenen, sachlichen Erwägungen die Verfahren ablehnten. Die Hauptargumente dieser Kritiker waren zumeist juristischer Natur und reichten von dem Einwand, das Reichsgericht betreibe, da die Verbrechen der Gegenseite unberücksichtigt blieben, im Auftrag der Alliierten eine Art Siegerjustiz, bis hin zum Verweis auf die Begrenztheit oder sogar schlichte Unmöglichkeit der Justitiabilität von Kriegshandlungen. Als Beleg für oder gegen eine bestimmte Meinung diente gewöhnlich das Stenger/Crusius-Verfahren.

Die »fahrlässige Tötung des Feindes« – Zur Kritik an der Rechtsprechung des Reichsgerichts, Teil 1

»Während unsere Soldaten ins Feld zogen mit der Weisung, alle Feinde zu töten, macht ihnen das Reichsgericht nach 5 Jahren zur Pflicht, die dem Feinde gebotene Sorgfalt nicht außer acht zu lassen und nur die nötigen Tötungen vorzunehmen [...].«[192] Spöttisch und stellenweise hämisch war der Kommentar des Schreibers der zitierten Zeilen, eines Mi-

---

190 Ebenda, Bl. 71 und 78ff.

191 In dem Verfahren gegen den General der Kavallerie z. D. Georg von der Marwitz beispielsweise, in dem es um die Erschießung von zwanzig Zivilpersonen ging, verwies Oberreichsanwalt Ebermayer zur Begründung seines Antrags auf Verfahrenseinstellung vom 16.12.1922 u. a. darauf, daß die Aussagen deutscher Kriegsgefangener gegen General Stenger durch Mißhandlungen oder Drohungen erzwungen worden seien (vgl. bJ 143/20, Bl. 16). Hinweise darauf gab es allerdings in dem Prozeß gegen Stenger nicht. Was den Freispruch gegen Laule anbelangt, so kam selbst die französische Beobachterkommission zu dem einhelligen Ergebnis, daß angesichts der Zeugenaussagen ein anderes Urteil nicht hätte erwartet werden können. Vgl. AN Paris, BB 18/2568[3], o. S.

192 Zit. n. W. Hofacker, *Die Leipziger Kriegsprozesse*, in: ZStW 43 (1922), S. 670.

nisterialdirektors aus Stuttgart, zu dem reichsgerichtlichen Urteil gegen den Major a. D. Crusius. In der Sache ähnlich hatte zuvor schon der Rechtsanwalt des Majors argumentiert. Ergänzend hatte er noch auf den Niedergang des Völkerrechts oder genauer auf die Unbrauchbarkeit des Völkerrechts im Krieg verwiesen, die es als Bewertungsgrundlage für Kriegshandlungen ungeeignet mache: »[D]as Völkerrecht hat sich in diesem Krieg unfähig erwiesen, die rohe Gewalt einzudämmen, es hat nicht vermocht, sie zu verhindern, noch sie zu unterdrücken, die schmachvollen Erinnerungen einer versunkenen Zeit richten sich auf [...] seine Schüler und wer berufen ist es zu lehren und wagt, es zu verteidigen, findet kaum mehr als ein boshaftes Lächeln.«[193]

Das war nicht neu. Schon häufig war in der Vergangenheit – am nachdrücklichsten wohl in Kants »Zum ewigen Frieden«, wo Grotius, Pufendorf und Vattel die Bezeichnung »lauter leidige Tröster« zugedacht wurde – die fehlende Beachtung des Kriegsrechts festgestellt oder beklagt worden.[194] Und ebensooft war die Bestätigung für die Sinnlosigkeit kriegsrechtlicher Regeln gesehen oder mit Bedauern konstatiert worden. »[Es] ist doch zu verwundern«, schrieb beispielsweise Kant, »daß das Wort Recht aus der Kriegspolitik noch nicht als pedantisch ganz hat verwiesen werden können.«[195] Was bei ihm jedoch als Aufforderung zur Herbeiführung genau jener Pedanterie zu verstehen war, ließ andere eine geradezu gesetzmäßige rechtliche Bindungslosigkeit zwischen den Staaten propagieren, und das zu einer Zeit, in der bereits erste vertragliche Vereinbarungen zum Kriegsrecht existierten.[196] Ein Völkerrecht wurde von ihnen abgelehnt, zwischen den Staaten gebe es nur Gewalt, was für sie zähle, sei ihr eigener Wille, sonst nichts.[197]

---

193 Zit. n. bJ 92/20 (Stenger/Crusius), Bd. 2, Bl. 845.

194 Vgl. Immanuel Kant, Zum ewigen Frieden, Stuttgart 1984, S. 17.

195 Ebenda.

196 1856 wurde die »Pariser Erklärung über gewisse Seerechtsregeln in Kriegszeiten« angenommen, von 1864 stammt die erste »Genfer Rot-Kreuz-Konvention« (Abkommen zur Verbesserung des Loses der Verwundeten der Heere im Felde) und von 1868 die »St. Petersburger Erklärung« über das Verbot bestimmter Wurfgeschosse in Kriegszeiten. Vgl. Ipsen, Völkerrecht, S. 982.

197 In seinem 1871 erschienenen Buch »Princip und Zukunft des Völkerrechts« sah Adolf Lasson den Staat als »schützendes Gehäuse für die Heiligthümer« der Nation, während eine Weltrechtsordnung zur »gemeinsamen Fäulnis und Verwesung« führen müsse. Ein Volk könne sich dann nämlich nicht mehr nach seiner Eigenart entwickeln und die seinem inneren Wesen entsprechende Rechtsordnung bewahren, es wäre unfrei. »Das soll aber und

Daß dies in Deutschland alles andere als die Meinung einer Minderheit war, wurde dann besonders auf und nach den Haager Konferenzen von 1899 und 1907 deutlich. Keine Macht zeigte so wenig Verständnis für eine Rechtsordnung unter den Völkern wie Deutschland. Die Versuche, durch Abrüstung oder obligatorische Schiedsgerichtsbarkeit den Krieg allmählich überflüssig zu machen, »mochten bedeutungslos erscheinen und stießen von Fall zu Fall auch bei anderen Staaten auf Widerstand, bei Deutschland aber in *jedem* Falle, und immer riß es die Führung der Opposition an sich«.[198] Eine 1902 vom Großen Generalstab herausgegebene Schrift reduzierte die Regeln und Gesetze der HLKO von 1899 zu bloßen Kriegsbräuchen[199] und stellte sie allgemein unter den Vorbehalt: »Humanitäre Ansprüche, d. h. Schonung von Menschen und Gütern können nur insoweit in Frage kommen, als es die Natur und die Zwecke des Krieges gestatten.«[200] Der Felddienstordnung von 1911 wurde zwar als Anhang der Wortlaut der HLKO beigegeben und auch die für Kommandostellen bis hinunter zur Bataillonsebene vorgesehene Heeres-Druckschrift Nr. 231 enthielt den vollen Wortlaut aller Genfer und Haager Abkommen und Erklärungen,[201] doch standen auch sie unter den Kautelen

---

darf nicht der Fall sein. Der Staat kann sich also niemals einer Rechtsordnung wie überhaupt keinem Willen außer ihm unterwerfen.«
Der Münchener Staatsrechtslehrer Max Seydel schrieb 1873, daß es zwischen Staaten keinen höchsten Herrscherwillen als Ordnungsfaktor und Rechtsquelle gebe. Er folgerte daraus: »Zwischen den Staaten kann mithin kein Recht sein, zwischen ihnen gilt nur Gewalt. Es gibt darum kein Völkerrecht. Wohl mögen die Herrscher es bei ihrem Verkehre als in ihrem Vortheile gelegen finden, gewisse Grundsätze gegenseitig zu beobachten; allein keiner ist an dieselben länger gebunden, als er will. Dies ist also offenbar kein Recht.« Vgl. dazu und auch zu den zitierten Passagen Manfred Messerschmidt, *Völkerrecht und »Kriegsnotwendigkeit« in der deutschen militärischen Tradition seit den Einigungskriegen*, in: German Studies Review, VI (1983), S. 238.

198 Vgl. Dickmann, *Die Kriegsschuldfrage auf der Friedenskonferenz von Paris*, S. 13.

199 Der Titel der Schrift lautete denn auch: Kriegsbrauch im Landkriege. Kriegsgeschichtliche Einzelschriften, Heft 31, hrsg. vom Großen Generalstabe, Kriegsgeschichtliche Abteilung I, Berlin 1902.

200 Ebenda, S. 2.

201 Vgl. dazu u. a. die Hinweise bei Hermann von Mangoldt, *Das Kriegsverbrechen und seine Verfolgung in Vergangenheit und Gegenwart*, in: JIAÖR, 1 (1949), S. 304f. Formal war mit der Aufnahme der HLKO in die Felddienstordnung vor allem den Anforderungen von Art. 1 des IV. Haager Abkommens von 1907 (dessen Anlage die HLKO bildete) Genüge getan, der bestimmte: »Die Vertragsmächte werden ihren Landheeren Verhaltungs-

abweichender Bestimmungen und des preußisch-deutschen Kriegsbrauchs, die ihre Verbindlichkeit ohne weiteres zu beseitigen vermochten.[202] So führte der Standardkommentar zum MStGB in der Ausgabe von 1916 folgendes aus:

»Die Kommandogewalt, die nach Art. 63 der Reichsverfassung dem Kaiser zusteht, ist nach innen hin frei und für die Kriegführung allein maßgebend. Sie kann ausdrücklich oder stillschweigend das Völkerrecht als Bestandteil ihres Willens erklären, sie kann es aber auch ganz oder teilweise ablehnen. Es ist also im Grunde stets eigenes Recht, und nur eigenes Recht, das unsere Kriegführung bestimmt. Und auch da, wo auf den Kriegsbrauch verwiesen wird, ist es schließlich der Kriegsbrauch unseres eigenen Heeres, der gemeint ist, mag er sich auch in Wechselwirkung mit dem Kriegsbrauch der übrigen Heere der Großstaaten entwickelt haben.«[203]

Wir erinnern uns, daß nach den Urteilen des Reichsmilitärgerichts und des Oberkriegsgerichts völkerrechtswidrige Kriegshandlungen eines feindlichen Soldaten nach deutschem Recht nicht strafbar waren. Und wir erinnern uns weiter daran, daß bei Kriegshandlungen deutscher Soldaten die Rechtswidrigkeit ausgeschlossen war, so daß auch für sie eine Bestrafung entfiel. Nehmen wir dann noch das obige Zitat, wird deutlich, daß kriegsvölkerrechtliche Vereinbarungen, nachdem sie durch den Filter der in Deutschland vertretenen Rechtsansicht gegangen waren, keinerlei verbindliche Bedeutung mehr hatten.

Kein Wunder also, daß Juristen wie Hofacker darauf verwiesen, daß »[d]er einzelne Soldat, der schießt, kein Mörder oder Totschläger im Strafrechtssinne [ist], weder ein rechtswidriger noch ein rechtmäßiger, ebensowenig sind die Offiziere bis zum Generalstabschef Mittäter oder Anstifter, die Einzelhandlungen sind nur ein Teil einer Gesamthandlung, deren Träger eine juristische Person ist, und fallen von vornherein nicht in den Rahmen des bürgerlichen Strafgesetzbuchs.«[204]

Nun hat aber das Reichsgericht in seiner Entscheidung im Fall Crusius/Stenger sowohl das bürgerliche Strafgesetzbuch als Rahmen benutzt

---

maßregeln geben, welche der dem vorliegenden Abkommen beigefügten Ordnung der Gesetze und Gebräuche des Landkriegs entsprechen.«

202 Näheres dazu unten, S. 228ff.

203 A. Romen, Carl Rissom, Militär-Strafgesetzbuch für das Deutsche Reich. Kommentar, 2. Aufl., Berlin 1916, S. 901.

204 Vgl. Hofacker, *Die Leipziger Kriegsprozesse*, S. 649f.; siehe auch BAL, R 3003, ORA/RG, bJ 92/20 (Stenger/Crusius), Bd. 2, Bl. 840f. Eine der wenigen anderen Meinungen findet sich bei Arthur Wegener, *Die Rechtswidrigkeit der Kriegsverbrechen*, in: ZStW 44 (1924), S. 683–694.

als auch die Frage der Widerrechtlichkeit am Völkerrecht gemessen. Die ihm – in den Worten Hofackers – erstmals gestellte Grundfrage, »ob fehlerhafte Kriegshandlungen keine Kriegshandlungen seien, ob sie von der Militärverwaltung richtigzustellen seien oder wegen ihres Fehlers in die Reihe der gemeinen Verbrechen fallen können«,[205] hat es im Sinne der letzten Möglichkeit beantwortet. Es sagte:

»Dem Willen des Staats, der den Krieg führt und dessen Gesetze für die Frage der Rechtmäßigkeit oder Widerrechtlichkeit entscheidend sind, entspricht die Tötung des Gegners im Kriege nur insoweit, als sie unter den Voraussetzungen erfolgt und die Bedingungen und Schranken einhält, die das Völkerrecht aufstellt. Der in den Krieg mit einem anderen Staat eintretende Staat unterwirft sich dem Völkerrecht mindestens insoweit, als ihn Völkerrechtsvereinbarungen mit dem Kriegsgegner dazu verpflichten. Jede, auch die fahrlässig herbeigeführte Tötung eines Menschen, die unter Verletzung völkerrechtlicher Satzungen erfolgt, ist daher objektiv rechtswidrig. Sie ist auch subjektiv rechtswidrig, wenn sich der Täter seiner Pflicht zu einem anderen Verhalten bewußt war oder – bei fahrlässiger Verursachung – aus Fahrlässigkeit nicht bewußt gewesen ist. Daß die Tötung wehrloser Menschen dem Völkerrecht zuwiderläuft, bedarf keiner Ausführung.«[206]

Das Gericht wollte hier, so scheint es, Selbstverständliches zum Ausdruck bringen. Das Völkerrecht, zumindest das vertragliche, hat in objektiver und subjektiver Hinsicht als Beurteilungsmaßstab für Kriegshandlungen zu gelten. Es bestimmt darüber, ob eine Handlung rechtswidrig im Sinne des StGB ist oder nicht, ob sie, mit anderen Worten, als ein Verbrechen zu qualifizieren ist oder nicht. Soweit die Kernaussagen des Gerichts.

Der Widerspruch, in dem diese Aussagen zu dem stehen, was vorher in Deutschland geschrieben und judiziert wurde, ist offenkundig. War das nur dem Umstand geschuldet, daß es an den Crusius vorgeworfenen und von ihm gestandenen Verbrechen nichts zu deuten gab und der Fall eine hohe öffentliche Aufmerksamkeit genoß? Oder haben wir es hier tatsächlich mit dem ersten Hinweis auf eine neue Rechtsansicht zu tun, die sich hinter beiläufig klingenden Formulierungen versteckte?

Skepsis ist angebracht. Man denke nur an die beiden kriegsgerichtlichen Entscheidungen aus den Jahren 1915 und 1917. Dabei sind sie lediglich die vorläufigen Endpunkte einer Entwicklung, die Jahrzehnte vor dem Ersten Weltkrieg einsetzte, sich verfestigte und in ihrer Ausprägung teilweise erheblich von den im und vom Ausland vertretenen Rechtspositionen abwich.

---

205 Vgl. Hofacker, *Die Leipziger Kriegsprozesse*, S. 667.
206 Zit. n. Reichstag, Weißbuch, S. 2568.

Die Beurteilung völkerrechtswidriger Kriegshandlungen vor dem Ersten Weltkrieg

Im Dezember 1880 schrieb der Chef des deutschen Generalstabes, Generalfeldmarschall von Moltke, dem Schweizer Völkerrechtler Bluntschli einen Brief, in dem er ihm seine Sicht zum Kriegsrecht darlegte. Bluntschli hatte Moltke kurz zuvor eine auf private Initiative hin[207] entstandene kriegsrechtliche Kodifikation mit dem Titel »Manuel des lois de la guerre sur terre« zugeschickt und damit die Bitte verbunden, das Handbuch als Grundlage für ein preußisch-deutsches Kriegsrecht zu verwenden.[208] Moltke reagierte auf diese Bitte unter anderem mit folgendem Hinweis:

> »Jedes Gesetz bedingt eine Autorität, welche dessen Ausführung überwacht und handhabt, und diese Gewalt eben fehlt für die Einhaltung internationaler Verabredungen. Welche dritten Staaten werden nur deshalb zu den Waffen greifen, weil von zwei kriegführenden Mächten durch eine – oder beide – die loi de la guerre verletzt wird? Der *irdische* Richter fehlt. Hier ist nur Erfolg zu erwarten von der religiösen und sittlichen Erziehung der einzelnen, von dem Ehrgefühl und Rechtssinn der Führer, welche sich selbst das Gesetz geben und danach handeln, soweit die abnormen Zustände des Krieges es überhaupt möglich machen.«[209]

Anders gesagt und in Wiederholung eines Arguments, das wir schon oben angetroffen haben: Ein zwischenstaatliches Kriegsrecht etablieren zu wollen ist illusionär, da die Staaten in eigener Sache Richter sind. Wenn überhaupt, dann ist im Krieg die Beachtung ethisch-moralischer Regeln nur möglich durch die Befehlsgewalt der militärischen Führer, also der

---

207 Die Initiative des »Institut de Droit international«, ein Zusammenschluß europäischer und amerikanischer Völkerrechtler, geht zurück auf das Scheitern der Brüsseler Konferenz 1874, auf der erstmals die gewohnheitsrechtlich geltenden Gesetze und Gebräuche des Landkriegs zusammengestellt werden sollten. Es blieb bei einem Entwurf (*Projet d'une Déclaration Internationale concernant les lois et coutumes de la guerre*), der zusammen mit dem erwähnten *Manuel de lois de la guerre sur terre* die zentrale Vorarbeit für die erste Haager Friedenskonferenz 1899 bildet. Vgl. dazu u. a. Paech/Stuby, Völkerrecht und Machtpolitik in den internationalen Beziehungen, S. 127; Schwengler, Völkerrecht, Versailler Vertrag und Auslieferungsfrage, S. 27.

208 Ähnliche Schreiben gingen an auch an andere Regierungen bzw. deren Generalstäbe, vgl. ebenda (Schwengler).

209 Zit. n. Die Zerstörung der deutschen Politik. Dokumente 1871–1933, neu hrsg. und kommentiert von Harry Pross, Frankfurt am Main 1983, S. 35f.; siehe auch Johann Caspar Bluntschli, Denkwürdiges aus meinem Leben, hrsg. von Rudolf Seyerlen, Bd. 3, Nördlingen 1884, S. 471f.

höheren Offiziere. Ein kodifiziertes Kriegsrecht ist ein dazu untaugliches Mittel.

In seiner Antwort auf die ablehnende Reaktion Moltkes, die eingebettet war in Überlegungen zur Unabänderlichkeit des Krieges und seiner kathartischen Funktion,[210] nannte Bluntschli zwei Gründe für die Einhaltung des Kriegsrechts, mit denen er es aus der Sphäre individueller Sittlichkeit des Befehlsgebers herausholen und auf die Basis des Rechts stellen wollte.

Erstens: »Jeder Staat hat zunächst selber die Aufgabe, innerhalb seines Machtbereichs für die Beobachtung des Völkerrechts zu sorgen und offenbare Verletzungen desselben zu bestrafen.«[211] Das klingt nach einer Selbstverständlichkeit, denn die Pflicht eines jeden Staates, die ihn bindenden völkerrechtlichen Normen zu erfüllen, ergibt sich aus seiner Zustimmung zu diesen Normen selbst. Allerdings zeigt die Existenz spezieller Vereinbarungen, wie beispielsweise des Art. 1 der IV. Haager Konvention von 1907, in dem sich die Vertragsparteien ausdrücklich verpflichten, ihren Heeren der Landkriegsordnung entsprechende Verhaltensmaßregeln zu geben,[212] daß die damalige Gemeinschaft der »zivilisierten Staaten« von dieser Selbstverständlichkeit nicht sonderlich überzeugt war. Art. 1 war nämlich mitnichten eine bloße Geste oder ein lediglich deklaratorischer Hinweis auf die Geltung der in der HLKO getroffenen Vereinbarungen,[213] er war vielmehr eine fast schon feierlich-beschwörend zu nennende Absicherung dieser Vereinbarungen. Mit ihr sollten die Vertragsstaaten auf ein bestimmtes Verständnis der Landkriegsordnung verpflichtet und eine abweichende, durch den nationalen Kriegsbrauch wie auch immer begründete Auslegung ausgeschlossen werden.

Man glaubte die Staaten dazu um so leichter anhalten zu können, als die Befolgung des Kriegsrechts im staatlichen Eigeninteresse liegt. Von Soldaten begangene Übertretungen, seien sie eigenmächtig, geduldet oder gar befohlen, sind von schädlichem Einfluß auf die Moral und Disziplin einer Armee. Das wußte auch Moltke, der in seinem Brief »die schon im

---

210 »Der ewige Friede ist ein Traum, und nicht einmal ein schöner, und der Krieg ein Glied in Gottes Weltordnung. In ihm entfalten sich die edelsten Tugenden des Menschen, Mut und Entsagung, Pflichttreue und Opferwilligkeit mit Einsetzung des Lebens.« Zit. n. ebenda.

211 Bluntschli, Denkwürdiges, Bd. 3, S. 475; vgl. auch Johann Caspar Bluntschli, Gesammelte kleine Schriften, 2. Bd.: Aufsätze über Politik und Völkerrecht, Nördlingen 1881, S. 277.

212 Vgl. RGBl. 1910, 107.

213 So aber sinngemäß Schwengler, Völkerrecht, Versailler Vertrag und Auslieferungsfrage, S. 38.

Frieden gehandhabte und eingelebte strenge Manneszucht« als Mittel in der Hand der Regierung bezeichnet hatte, um den schlimmsten Ausschreitungen vorzubeugen.

Der zweite Grund für die Einhaltung des Kriegsrechts war nach Bluntschli der folgende: »Kein Staat wird leichthin [...] sich dem gerechten Vorwurf aussetzen, dass er seine völkerrechtlichen Pflichten missachte. [...] Jeder Staat, auch der mächtigste, wird an Ehre vor Gott und den Menschen erheblich gewinnen, wenn er in Beachtung und Wahrung des Völkerrechts treu und aufrichtig erfunden wird.«[214] Wie zutreffend dieses Argument war, wenn wir »Ehre vor Gott und den Menschen« durch »öffentliche Meinung« ersetzen, zeigte sich dann im Ersten Weltkrieg, als Deutschland im Glauben, gegen seine weltpolitischen Widersacher einen bedingungslosen Kampf um die eigene Existenz führen zu müssen, sich in den Augen neutraler Staaten den Vorwurf einhandelte, den Krieg mit unangemessener Grausamkeit zu führen. Trotz der auf allen Seiten praktizierten propagandistischen Überzeichnung[215] war dies ein wichtiger Grund für den Kriegseintritt der USA im April 1917.[216]

Zwei weitere Gründe für die Befolgung des Kriegsrechts wurden von Bluntschli zwar nicht genannt, waren ihm aber mit Sicherheit bekannt.[217] Der erste ist das Prinzip der Reziprozität, das seinen juristischen Ausdruck im Prinzip der Repressalie findet. Sie galt damals (und gilt heute immer noch) als völkerrechtlich erlaubtes Mittel der Selbsthilfe. Danach durfte die geschädigte Kriegspartei die erlittene Völkerrechtsverletzung mit einer Maßnahme beantworten, die an sich ebenfalls rechtswidrig und einzig kraft ihres Repressaliencharakters gerechtfertigt ist. Die Repressalie sollte den Gegner zur Beseitigung des begangenen Unrechts und zur Rückkehr zu einem rechtmäßigen Verhalten zwingen.[218]

Der zweite Grund schließlich, der zur Beachtung des Kriegsrechts anhalten könnte, ist die Furcht der politisch und militärisch Handelnden,

---

214 Bluntschli, Denkwürdiges, Bd. 3, S. 475; ders., Gesammelte kleine Schriften, Bd. 2, S. 277.

215 Vgl. zu diesem Aspekt Jeffrey Verhey, *Krieg und geistige Mobilmachung: Die Kriegspropaganda*, in: Wolfgang Kruse (Hg.), Eine Welt von Feinden. Der Große Krieg 1914–1918, Frankfurt am Main 1997, S. 176–183.

216 Vgl. Nagler, Nationale Minoritäten im Krieg, S. 99ff.; Hans-Jürgen Schröder, *Demokratie und Hegemonie. Woodrow Wilsons Konzept einer neuen Weltordnung*, in: Michalka (Hg.), Der Erste Weltkrieg, S. 165, wo er die Worte eines bekannten amerikanischen Predigers zitiert: »I tell you it is Bill against Woodrow, Germany against America, Hell against Heaven.«

217 Zu dieser Argumentation vgl. bereits Schwengler, Völkerrecht, Versailler Vertrag und Auslieferungsfrage, S. 39.

218 Zur Repressalie vgl. die Ausführungen weiter unten, S. 309ff.

vom Gegner für ihre rechtswidrigen Maßnahmen und Taten strafrechtlich zur Verantwortung gezogen zu werden. Es war bereits damals anerkannt, daß ein Staat, dessen Angehörige Opfer kriegsrechtswidriger Handlungen geworden waren, kraft völkerrechtlicher Gewohnheit die Befugnis hatte, in seine Gewalt gefallene Täter zur Rechenschaft zu ziehen, und zwar ohne Rücksicht auf den Ort der Tatbegehung.[219] So mußte sich 1865 nach dem amerikanischen Bürgerkrieg der Hauptmann der konföderierten Armee Henry Wirz vor einem Kriegsgericht der siegreichen Nordstaaten verantworten, weil er in dem Kriegsgefangenenlager Andersonville (Georgia), dessen Kommandant er war, Gefangene getötet und ein Schreckensregime etabliert hatte, während dessen infolge Mißhandlung, unzureichender Unterbringung und Verpflegung sowie fehlender medizinischer Versorgung mehrere tausend Gefangene ums Leben gekommen waren. Wegen Körperverletzung, Totschlag und Mord, begangen unter Mißachtung der Gesetze und Gebräuche des Krieges, verurteilte ihn das Gericht zum Tode.[220]

Zu Gerichtsverhandlungen gegen Personen, die der Verletzung des Kriegsrechts beschuldigt waren, kam es ebenfalls nach den Burenkriegen von 1880/81 und 1899 bis 1902. Die Regierung des Transvaal führte gemäß ihrer mit Großbritannien getroffenen Vereinbarung Gerichtsverfahren vor dem High Court von Pretoria durch, deren Ergebnis die Briten allerdings nicht befriedigte, denn das Geschworenengericht sprach alle Angeklagten frei. Dagegen mußte sich ein Burenoffizier 1902 vor einem in Heidelberg zusammengetretenen britischen Kriegsgericht verantworten. Er wurde wegen Mißbrauchs der Parlamentärflagge zum Tode verurteilt.[221]

Bei diesen Fällen der Ahndung von Verletzungen des Kriegsrechts handelte es sich jedoch um Ausnahmen. Wie wir bereits gesehen haben, standen am Ende von Kriegen oder sonstigen gewaltsamen Auseinandersetzungen gewöhnlich Verträge mit Oblivions- oder Amnestieklauseln, die eine strafrechtliche Verfolgung von Kriegsrechtsverstößen entweder ausdrücklich ausschlossen oder, was infolge langer Übung und entsprechender Rechtsüberzeugung gleichbedeutend war, gar nicht mehr erwähnten. Daß gleichwohl der Gedanke an eine Bestrafung der Verant-

---

219 Vgl. u. a. Dahm, Völkerrecht, Bd. 3, S. 296.

220 Vgl. die Anklageschrift, die Verfahrensgrundsätze und das Urteil einschließlich der Vollstreckungsmeldung, in: Miller/Scott, *Memorandum regarding the responsibility og the authors of the war and for crimes committed in the war*, S. 506–524.

221 Vgl. Schwengler, Völkerrecht, Versailler Vertrag und Auslieferungsfrage, S. 55 m. w. N.

wortlichen, zumindest theoretisch, weiterhin virulent war, zeigen die Diskussionen in der Völkerrechtsliteratur. Allerdings bezogen sich diese nicht auf die Bestrafung durch den Kriegssieger, hier stimmten Staatenpraxis und Literatur weitgehend überein,[222] sondern sie bezogen sich hauptsächlich auf die Frage, ob und inwieweit Kriegsgefangene wegen völkerrechtswidriger Kriegshandlungen, die sie vor ihrer Gefangennahme begangen haben, bestraft werden können. Das hatte nur scheinbar etwas mit einer ausschließlichen Konzentration auf Rechtsverstöße des Gegners zu tun. Im Kern ging es dabei um erste, zum Teil noch sehr rudimentäre Definitionen von Handlungen, die im Krieg – unabhängig von der Staatsangehörigkeit des Täters – als verbrecherisch und strafbar angesehen wurden. Anders gesagt: Die Frage nach der Bestrafung von Kriegsgefangenen zwang über die Beantwortung des »Ob« zu einer Klärung des »Wofür«, und dies zwangläufig, wenn es nicht von vornherein als Willkür erscheinen wollte, unabhängig von eventuellen Rachegelüsten des Siegers.

Eine der ersten schriftlichen Aussagen zur Strafgewalt der Staaten gegenüber Soldaten des Gegners, die sich eines Verstoßes gegen die Kriegsbräuche schuldig gemacht haben, findet sich bei dem als Mitbegründer der positivistischen Völkerrechtsschule geltenden Johann Jacob Moser. Er schrieb 1752: »Und wenn sie dem Völker-Recht zuwider handeln, ist man, wenn man ihrer habhaft wird, auch nicht schuldig, gegen ihnen zu verfahren, wie gegen Kriegs-Gefangenen, sondern man kan[n] sie als Räuber, Mordbrenner, usw. behandeln.«[223] Gut 100 Jahre später hieß es in Artikel 119 des Militärstrafgesetzbuches für das Königreich Bayern:

»Militärangehörige und Civilbeamte der feindlichen Macht, welche die Grenzen ihrer Dienstpflicht überschreiten, sowie Angehörige fremder Armee und Civilpersonen, welche im In- oder Auslande zu Schaden oder Gefahr der im Felde stehenden bayerischen oder einer verbündeten Armee oder Angehöriger derselben

---

222 Vgl. ebenda, S. 53, FN 141 die zahlreichen Nachweise zu entsprechenden Meinungen in der Literatur. Wenn Schwengler jedoch behauptet, die Vereinbarung einer Amnestie und ihre Ausgestaltung habe bis zum 19. Jahrhundert im Ermessen der Friedensschließenden gelegen, ist ihm nicht zuzustimmen und auf die m. E. überzeugenderen Ausführungen Jörg Fischs zu verweisen, denen hier (s. o., S. 31ff.) gefolgt wurde.

223 Zit. n. ebenda, S. 46. Zu Moser vgl. Wilhelm G. Grewe, Epochen der Völkerrechtsgeschichte, 2. Aufl., Baden-Baden 1988, S. 416f., sowie Paech/ Stuby, Völkerrecht und Machtpolitik in den internationalen Beziehungen, S. 69f.

handeln und deshalb der Militärbehörde vorgeführt werden, sind [...] zu bestrafen.«[224]

Ähnlich bestimmten die von Lieber ausgearbeiteten kriegsrechtlichen Instruktionen für die Landtruppen der Vereinigten Staaten in Art. 59 Abs. 1: »Ein Kriegsgefangener ist für die Verbrechen verantwortlich, die er vor seiner Gefangennahme gegen die Armee oder die Bevölkerung des Nehmestaates begangen hat und für die er von seinem Staat nicht bestraft worden ist.« An welche Verbrechen Lieber in diesem Zusammenhang dachte, ergibt sich zum einen direkt aus Art. 71: »Wer vorsätzlich einen bereits vollständig kampfunfähigen Feind verletzt, [...] wird, wenn er der Tat überführt ist, mit dem Tode bestraft, und zwar unabhängig davon, ob er zur Armee der Vereinigten Staaten gehört oder ein feindlicher Soldat ist, der die Tat vor seiner Gefangennahme begangen hat«, zum anderen indirekt aus Art. 47 der Instruktionen, der zwar namentlich nur amerikanische Soldaten als mögliche Täter erwähnt, aber zugleich von Verbrechen spricht, die in allen Rechtsordnungen für strafbar erklärt sind und zu denen er unter anderem Mord, Verstümmelung oder Vergewaltigung rechnet.[225]

Während Bluntschli in seiner Arbeit zum Völkerrecht nicht eindeutig Stellung bezieht,[226] tritt Felix Dahn, der zur Zeit des Deutsch-Französischen Krieges 1870/71 eine »volksthümliche Darstellung« des Kriegsrechts herausgegeben hatte, wie Francis Lieber für die Bestrafung von Kriegsgefangenen ein, die sich vor ihrer Gefangennahme ziviler oder militärischer Verbrechen – Dahn verwendete bereits den Begriff »Kriegsver-

224 Ebenda.

225 Art. 47 lautet: »Verbrechen, die nach allen Strafgesetzen strafbar sind und zu denen Brandstiftung, Mord, Verstümmelung, unsittliche Handlungen unter Gewaltanwendung, Straßenraub, Diebstahl, Einbruchdiebstahl, Betrug und Vergewaltigung zählen, sind, wenn sie von einem amerikanischen Soldaten in Feindesland gegen dessen Bewohner begangen werden, nicht nur nach amerikanischem Recht strafbar, sondern sollen in all den Fällen, in denen keine Todesstrafe verhängt wird, nach dem strengeren Gesetz bestraft werden.« Vgl. Schindler/Toman (Hg.), The laws of armed conflicts, S. 3–23; Strupp, Das internationale Landkriegsrecht, S. 168–186.

226 Bluntschli erklärt zwar ganz allgemein, daß Kriegsgefangene für vor ihrer Gefangennahme verübte Vergehen der Strafgerichtsbarkeit des Gewahrsamstaates unterworfen sind. Er bezieht sich auch in der Anmerkung auf Art. 59 der amerikanischen Instruktionen, allerdings ist aus den angeführten Beispielen (Unterschlagung, Diebstahl) nicht mit Sicherheit zu entnehmen, ob auch völkerrechtswidrige Kriegshandlungen gemeint sind. Vgl. Schwengler, Völkerrecht, Versailler Vertrag und Auslieferungsfrage, S. 47, FN 112.

brechen« – schuldig gemacht haben.[227] Der Spanier Nicasio de Landa, Mitglied des Institut de Droit international, entwickelte 1878 auf der Basis der Brüsseler Deklaration,[228] die selbst keine Ausführungen zur Bestrafung einzelner wegen Kriegsrechtsverletzungen enthielt, einen Vorschlag für ein *Droit pénal de la guerre*. Er ordnete den Verstößen gegen kriegsrechtliche Normen folgende, aus dem zivilen und Militärstrafrecht entnommene Straftatbestände zu: Amtsanmaßung, Mißbrauch der Amtsgewalt, Erpressung (*exaction illégale*), Raub, Mord beziehungsweise Totschlag (*assassinat*) und arglistige Täuschung beziehungsweise Treubruch (*félonie*).[229] Das zwei Jahre später vom Institut de Droit international in Oxford verabschiedete Kriegsgesetzbuch (*Manuel des lois de la guerre sur terre*) enthielt zur Strafkompetenz folgende Ausführungen:

»84. Wenn Verstöße gegen die vorgenannten Bestimmungen begangen wurden, sind die Schuldigen in einem Gerichtsverfahren von der kriegführenden Partei zu bestrafen, in deren Gewalt sie sich befinden. [...]

Diejenigen, die die Gesetze des Krieges verletzt haben, werden mit den Strafen bestraft, die das Strafrecht vorsieht.«[230]

Welche »die vorgenannten Bestimmungen« waren, deren Verletzung zu einer Bestrafung aller Verantwortlichen, ob kriegsgefangen oder nicht, führen sollte, war in den Art. 7 bis 9 des *Manuel* aufgeführt und umfaß-

---

227 Felix Dahn, Das Kriegsrecht. Kurze, volksthümliche Darstellung für Jedermann zumal für den deutschen Soldaten, Würzburg 1870. Dahn unterscheidet zwischen dem Strafanspruch des eigenen wie des gegnerischen Staates. Zum Strafanspruch des eigenen Staates schreibt er (S. 7): »Alle Schädigung der Nicht-Combattanten an Leib und Leben, Ehre, Freiheit und Vermögen aus verbrecherischen Motiven der Rache, Habsucht, Wollust etc., jede nicht durch den Kriegszweck gebotene Verletzung von Land und Leuten wird, wenn von Einzelnen verübt, streng, nach Kriegsrecht, geahndet, wenn von der Kriegsgewalt selbst, als barbarische und völkerrechtswidrige Schändung der eigenen Waffenehre verurtheilt und muß auf erhobene Beschwerde von der eigenen Staatsgewalt des schuldigen Befehlshabers gestraft werden.« Zur Strafgewalt des Gegners gegenüber Kriegsgefangenen (S. 10f.): »[Es ist] unzulässig, sie wegen correkter kriegerischer Handlungen gegen den Nehme-Staat zu strafen, [...], selbstverständlich kann sie der Nehme-Staat wegen gemeiner (oder auch wegen Kriegsverbrechen), welche sie vor oder nach der Gefangennahme begangen, und nach allgemeinen Rechtsgrundsätzen der Strafgerichtsbarkeit dieses Staates unterliegen, z. B. weil sie gegen diesen Staat selbst oder dessen Angehörige verübt werden, bestrafen.«

228 Vgl. oben, FN 207.

229 Vgl. Schwengler, Völkerrecht, Versailler Vertrag und Auslieferungsfrage, S. 47.

230 Vgl. Strupp, Das internationale Landkriegsrecht, S. 203.

te Handlungen wie die Mißhandlung der unbeteiligten Zivilbevölkerung, die meuchlerische Tötung des Feindes, die Verwendung von Waffen oder Munition, die unnötige Leiden verursachten, die Tötung oder Verwundung eines wehrlosen oder sich ergebenden Feindes oder die Erklärung, daß kein Pardon gegeben wurde.[231]

Das englische Handbuch des Kriegsrechts, das 1904 im Auftrag des *War Office* herausgegeben und in vielen tausend Exemplaren in der britischen Armee verteilt wurde, ging noch einen Schritt weiter. Wie das Kriegsgesetzbuch des Institut de Droit international enthielt es einen Kernbereich strafbarer Kriegshandlungen und erstreckte die Bestrafung des Täters auf alle Zivil- oder Militärpersonen, die eigenen wie die fremden, ohne auf den Zeitpunkt der Tatbegehung abzustellen. Doch im Unterschied zu jenem zeigte es erstmals die Möglichkeit der Bestrafung nicht nur nach nationalem Recht, sondern unmittelbar nach völkerrechtlichem Kriegsbrauch:

»Personen, welche die Gesetze des Krieges verletzt haben, werden so bestraft, wie es das Militärstrafgesetzbuch der kriegführenden Partei verlangt, in deren Händen sie sich befinden; in Ermangelung eines solchen Gesetzbuches wird von einem Militärgericht die Strafe verhängt, die den Gesetzen und Gebräuchen des Krieges entspricht.«[232]

Der Begriff *war crime* wurde von Lassa Oppenheim, einem englischen Völkerrechtler deutscher Herkunft,[233] in die internationale Rechtssprache eingeführt. Er listete zwanzig Kriegsrechtsverletzungen auf, die als »Kriegsverbrechen« einzustufen und in dieser Eigenschaft in vier Kategorien einzuordnen seien.[234] Erstens: Verletzungen von anerkannten Kriegsgesetzen durch Kombattanten, zweitens: Vornahme von Kriegshandlun-

---

231 Ebenda, S. 194f.

232 Vgl. Schwengler, Völkerrecht, Versailler Vertrag und Auslieferungsfrage, S. 49, dort auch das Zitat; Miller/Scott, *Memorandum regarding the responsibility of the authors of the war and for crimes committed in the war*, S. 491.

233 Zu Lassa Oppenheim vgl. den hetzerischen Artikel von Otto Liebmann, *Deutsche Juristen im feindlichen Lager*, in: DJZ 1915, Sp. 691 (»[Es muß] heilige und vornehme Pflicht deutscher Juristen sein, Männer solcher Gesinnung mit deutscher Verachtung zu strafen, sie aus der Welt der deutschen Rechtswissenschaft und Rechtspflege zu streichen, jetzt während des Krieges, aber lange über den Friedensschluß hinaus – für die Ewigkeit«); zur Bedeutung Oppenheims vgl. den Nachruf von E. A. Whittuck, *Professor Oppenheim*, in: BYIL 1 (1920/21), S. 1–9.

234 Lassa Oppenheim, International Law. Bd. 2: War and Neutrality, S. 264–266.

gen durch Nichtkombattanten, drittens: Spionage und Kriegsverrat, viertens: Marodieren.[235]

Oppenheims Einteilung und seine Ansicht, daß der Begriff »Kriegsverbrechen« ein *terminus technicus* sei, der von moralischen Erwägungen getrennt werden müsse, fanden – zum Teil fast wörtlich – Eingang in zwei vom *War Office* herausgegebene Handbücher: in das offiziöse *Land Warfare* und in das offizielle *Manual of Military Law* von 1914.[236] Dem englischen *Manual* entsprachen die amerikanischen *Rules of Land Warfare* in materieller Hinsicht – so wie dieses hatten sie auch die meisten der von Oppenheim aufgelisteten Kriegsverbrechen übernommen[237] –, und auch in prozessualer Hinsicht stimmten sie darin überein, daß ein Täter wegen der Begehung der genannten Kriegsverbrechen zu bestrafen sei, und zwar ganz gleich, ob die Tat vor einer möglichen Gefangennahme begangen wurde oder nicht.[238]

Vergleichbare Präzisierungen gab es in Deutschland nicht. Im völkerrechtlichen Schrifttum finden sich die letzten Hinweise bei Heffter und Lueder,[239] und auf offizieller Ebene hieß es in der 1902 im Auftrag des

---

235 Die einzelnen Verletzungshandlungen zu dieser Typologie der Kriegsverbrechen sind denjenigen in den genannten Vorarbeiten sehr ähnlich. Sie bezogen sich allerdings nicht nur auf den Landkrieg, sondern auch auf den Seekrieg und reichten von dem Gebrauch vergifteter oder verbotener Waffen bzw. Munition, der Tötung wehrloser oder verletzter Soldaten über das Verbot der Versenkung von Lazarettschiffen bis zum Mißbrauch von Flaggen und Abzeichen oder Wortbruch.

236 Schwengler, Völkerrecht, Versailler Vertrag und Auslieferungsfrage, S. 49; das britische *Manual of Military Law* ist auszugsweise abgedruckt bei Verdross, Die völkerrechtswidrige Kriegshandlung und der Strafanspruch der Staaten, S. 94–98. Die Ausblendung der Moral hielt er deshalb für erforderlich, weil einige Handlungen wie die Spionage höchst patriotisch und lobenswert erschienen, von dem Feind jedoch zu Recht als ein Kriegsverbrechen beurteilt würden.

237 Die Regelungen zum Seekriegsrecht fehlten. Sie wurden u. a. ersetzt durch das Verbot, unverteidigte Orte zu beschießen.

238 Das *Manual* erklärte (Art. 449): »Anklagen wegen Kriegsverbrechen können vor Militärgerichten oder vor solchen Gerichten, welche die betroffene Kriegspartei bestimmt, verhandelt werden.« In dem amerikanischen *Rules* hieß es sogar ausdrücklich (Art. 71): »Ein Kriegsgefangener ist für die Verbrechen verantwortlich, die er vor seiner Gefangennahme an Angehörigen der Streitkräfte oder der Bevölkerung des Nehmestaates begangen hat und für die er von seiner Armee nicht bestraft worden ist.« Vgl. Miller/Scott, *Memorandum regarding the responsibility of the authors of the war and for crimes committed in the war*, S. 491.

239 August Wilhelm Heffter, Das Europäische Völkerrecht der Gegenwart,

Großen Generalstabs erschienenen Schrift über das Haager Abkommen von 1899 betreffend die Gesetze und Gebräuche des Landkriegs – die verbotenen Kriegshandlungen der HLKO wurden darin nicht eigens erwähnt, sondern pauschal und nach eigener Interpretation umschrieben[240] – lediglich: »Wer gegen eines dieser Verbote handelt, ist von seinem Staate zur Verantwortung zu ziehen. Gefangen verfällt er kriegsrechtlicher Bestrafung.«[241]

Zwar wurde auf Drängen Deutschlands 1907 in das überarbeitete IV. Haager Abkommen über die Sitten und Gebräuche des Landkriegs ein Art. 3 eingefügt, der die Schadensersatzpflicht des Staates für alle rechtswidrigen Handlungen der zu seiner Kriegsmacht gehörenden Personen festlegt und der gemeinhin als Bekräftigung des Umstands verstanden wurde, daß das Völkerrecht ausschließlich die Rechtsbeziehungen zwischen Staaten regelt. Gleichwohl war aber der Staat in der Umsetzung völkerrechtlicher Bestimmungen nicht insofern frei, als er sie nach Gutdünken zum Bestandteil des nationalen Rechts machen konnte oder nicht. Enthielten die völkerrechtlichen Verträge selbst Vorschriften zu ihrer Umsetzung und damit zur Beachtung durch den Staat, konkret: durch Organe des Staates wie beispielsweise Soldaten, oblag dem Unterzeichnerstaat auch eine entsprechende Pflicht zur Befolgung dieser Vorschriften. So verpflichtet Art. 28 der II. Genfer Konvention von 1906[242]

---

8. Aufl., bearbeitet von Heinrich Geffken, Berlin 1888, S. 282: »Sollte sich ein Gefangener, der sich nicht auf bestimmte Bedingungen ergeben hat, vorher einer Verletzung der Kriegsmanier schuldig gemacht haben, so würde zwar dem Sieger ein Recht der Ahndung innerhalb der Grenzen menschlicher Wiedervergeltung nicht bestritten werden können; verdammungswürdig aber wäre jede Rache an einem Feinde, der nur seine Pflicht als Krieger gethan hat, [...].« Carl Lueder, *Das Landkriegsrecht im Besonderen*, in: Franz von Holtzendorf (Hg.), Die Staatsstreitigkeiten und ihre Entscheidung, Bd. 4, Hamburg 1889, S. 392: »Die gegen eins der hier besprochenen Verbote handelnden Einzelnen sind von ihrem Staate zur Verantwortung und Bestrafung zu ziehen. In die Gewalt des Feindes geraten, verfallen sie kriegsrechtlicher Ahndung, bezw. Repressalien.«

240 Dem Autor der Arbeit, einem Major Rudolf von Friederich, Mitarbeiter der kriegsgeschichtlichen Abteilung des Großen Generalstabs, waren zum Zeitpunkt ihrer Abfassung der Wortlaut der HLKO und der einschlägigen Konvention unbekannt. Vgl. Christian Meurer, *Die Einführung der Haager Landkriegsordnung beim deutschen Heer*, in: Deutscher Reichstag (Hg.), Völkerrecht im Weltkrieg, 1. Bd., Berlin 1927, S. 49.

241 Zit. n. Schwengler, Völkerrecht, Versailler Vertrag und Auslieferungsfrage, S. 48.

242 RGBl. 1907, 279.

die Vertragsstaaten, zentrale Verbote der Konvention wie die Beraubung, die schlechte Behandlung von Verwundeten und Kranken oder den Mißbrauch der Rot-Kreuz-Flagge unter Strafe zu stellen. Und daß Art. 1 des IV. Haager Abkommens eine ähnliche, wenn auch nicht auf eine gesetzliche Verankerung abzielende Vorschrift enthielt (Erlaß von Verhaltensmaßregeln entsprechend den Bestimmungen der HLKO), haben wir bereits gesehen. Bekannt ist schließlich auch (siehe oben, S. 153f.), daß das preußische Kriegsministerium 1911 zwei Verfügungen erließ: Zum einen sollte der Wortlaut der HLKO der Felddienstordnung, die selbst so gut wie nichts zum Kriegsrecht enthielt,[243] angehängt werden. Die HLKO wurde daraufhin als Anlage II in die Dienstordnung aufgenommen. Zum anderen sollten die Haager und Genfer kriegsrechtlichen Abkommen und Erklärungen zusammengestellt und als Dienstvorschrift für Kommandostellen bis hinunter zur Bataillonsebene veröffentlicht werden.[244] An den einfachen Soldaten wandte sich schließlich Art. 17 der sogenannten »Kriegsartikel für das Heer«, der in der folgenden Fassung schon vor der HLKO existierte und auch danach unverändert blieb:

> »Im Felde darf der Soldat nie vergessen, daß der Krieg nur mit der bewaffneten Macht des Feindes geführt wird. Hab und Gut der Bewohner des feindlichen Landes, der Verwundeten, Kranken und Kriegsgefangenen stehen unter dem besonderen Schutz des Gesetzes, ebenso das Eigentum von gebliebenen Angehörigen der deutschen oder verbündeten Truppen.
>
> Eigenmächtiges Beutemachen, Plünderung, boshafte oder mutwillige Beschädigung oder Vernichtung fremder Sachen im Felde, Bedrückung der Landesbewohner werden mit den schwersten Strafen belegt.«[245]

Das klingt eindeutig, zumal es auch im MStGB einen korrespondierenden Abschnitt gab, der die zitierten Handlungen mit Freiheitsstrafen und sogar

---

243 Die Felddienstordnung beschäftigte sich mit rein militärischen oder militärstrategischen Aspekten wie der Verbindung zwischen den Kommandobehörden und Truppen, der Aufklärung und Sicherung oder der Waffenwirkung. Nur unter Nr. 498 ging sie kurz auf das Genfer Abkommen von 1906 ein, beschränkte sich jedoch im wesentlichen auf die Neutralität des Sanitätsdienstes und ihre Folgen. Vgl. Felddienst-Ordnung, D. V. E. Nr. 267, Berlin 1908.

244 Die Dienstvorschrift Nr. 231 enthielt den Text von sechs Abkommen bzw. Erklärungen, unter ihnen die HLKO, das II. Genfer Abkommen und die Erklärungen zum Verbot der Verwendung von Gas- und Dumdumgeschossen.

245 Vgl. Meurer, *Die Einführung der Haager Landkriegsordnung beim deutschen Heer*, S. 33–54, das Zitat findet sich auf S. 45.

– im Falle der Plünderung mit Todesfolge – mit der Todesstrafe bedrohte.[246] Und ebenso wird man auch, so scheint es, nur schwerlich behaupten können, daß das Deutsche Reich seiner völkerrechtlichen Pflicht zur Umsetzung der Genfer Konvention und der HLKO nicht nachgekommen ist. Andererseits aber gibt es Unterschiede zwischen der Art der Umsetzung in Großbritannien und den USA und derjenigen im Deutschen Reich. Eine Auflistung verbotener und als Kriegsverbrechen bezeichneter Kriegshandlungen wie dort kannte das deutsche Recht nicht. Seine strafbewehrten Verbote bezogen sich auf das feindliche Eigentum und auf dessen Schutz, nicht auf Leib und Leben der Zivilbevölkerung und auch nicht auf die meuchlerische oder in sonstiger Weise »unritterliche« Tötung des feindlichen Soldaten. Außerdem ist in keiner deutschen Vorschrift mehr die Rede von einer Bestrafung der Kriegsgefangenen wegen der Begehung von für verboten erklärten Handlungen, so daß auch in dieser Hinsicht eine Abweichung von der anglo-amerikanischen Auffassung festzustellen ist.

Der zunächst nur klein erscheinende Unterschied zwischen verschiedenen staatlichen Regelungen wird also größer, und wenn man sich noch andere ausländische Bestimmungen anschaut,[247] wird der Eindruck unabweisbar, daß das Deutsche Reich lediglich einem völkerrechtlichen Minimalanspruch genügte, und wahrscheinlich – faßt man die Haager Forderung, den Truppen Verhaltensmaßregeln zu geben, nicht als Forderung nach einer schlichten Wiederholung der HLKO zum Beispiel in einem Anhang auf – nicht einmal dieses. So wurde in Rußland durch Befehl des Zaren 1904 ein Kriegshandbuch eingeführt, in das die Bestimmungen der HLKO eingearbeitet waren. Im ersten Teil, bestehend aus 44 Artikeln, richtete es sich an Offiziere, im zweiten Teil sprach es den einfachen Soldaten an und erklärte ihm in der Formulierung von Geboten unter anderem: »Du kämpfst gegen die feindlichen Truppen und nicht gegen die friedliche Zivilbevölkerung. Kämpfe ehrenhaft. Schone den wehrlosen Soldaten. [...] Grausamkeiten gegenüber der Bevölkerung erhöht die Zahl unserer Feinde. Denke daran, daß Du ein Soldat Christi und des Zaren bist. Ein Verwundeter ist nicht mehr Dein Feind. Behandle Kriegsgefangene mit Menschlichkeit.«[248] Dem französischen »Service des

---

246 Vgl. §§ 127–136 MStGB (»Widerrechtliche Handlungen im Felde gegen Personen oder Eigentum«).

247 Vgl. den Überblick über die nationalen Umsetzungen der HLKO von 1899 bei Mérignhac, *Les théories du Grand Etat-Major allemand sur les »lois de la guerre continentale«*, S. 198ff.

248 Ebenda, S. 198f. Der zweite Teil bestand aus 11 Geboten.

armées en campagne« war zwar auch nur der Wortlaut der HLKO ohne Ausführungsbestimmungen beigegeben, doch waren Verstöße dagegen entweder durch den *code de justice militaire* pönalisiert oder sie fielen, wie in dessen Art. 267 vorgesehen, unter das ordentliche Strafrecht. Durch ein Gesetz vom Juli 1913 hatte Frankreich zudem die Verbotsnormen der II. Rot-Kreuz-Konvention in das nationale Militärstrafrecht übertragen und damit die Beraubung, zusätzliche Verwundung oder Tötung eines verletzten oder kranken feindlichen Soldaten ausdrücklich unter Strafe gestellt. Bestraft werden konnte aufgrund des Gesetzes »tout individu«, jede Person, ganz gleich, ob Ausländer oder nicht, und auch die übrigen einschlägigen Normen des *code de justice militaire* waren nicht ausdrücklich auf französische Soldaten beschränkt,[249] wodurch den kriegsrechtlichen Verbotsnormen nicht allein der Charakter der Disziplinierung, sondern auch eine höhere Allgemeinverbindlichkeit zuerkannt wurde.

Die Beurteilung völkerrechtswidriger Kriegshandlungen im und nach dem Ersten Weltkrieg

Mit den ersten Berichten von den Schauplätzen der Kampfhandlungen veröffentlichten die in den kriegführenden Ländern erscheinenden Zeitungen im August 1914 auch Meldungen, in denen den jeweils feindlichen Truppen Verstöße gegen die elementarsten Grundsätze einer dem Kriegsrecht entsprechenden Kampfführung vorgeworfen wurden.[250] In den folgenden Monaten richteten alle am Krieg beteiligten Staaten besondere Stellen ein, die Beweismaterial über die von den jeweiligen Gegnern begangenen Verletzungen des Kriegsrechts sammeln sollten.[251] Das Materi-

---

249 Vgl. dazu und auch zum Vorstehenden Renault, *L'application du droit pénal aux faits de guerre*, S. 14, 19f.

250 Vgl. Schwengler, Völkerrecht, Versailler Vertrag und Auslieferungsfrage, S. 56.

251 Ebenda, FN 153: Der belgische Justizminister berief schon am 7.8.1914 – nur drei Tage zuvor hatten die ersten deutschen Truppen die belgische Grenze überschritten – eine *Commission d'enquête* zur Feststellung und Untersuchung feindlicher Völkerrechtsverletzungen. Vgl. Rapport sur la violation du droit des gens en Belgique (Publication officielle du gouvernement belge), 2 Bde., Paris/Nancy 1915/16, Bd. 1, S. 41f., Bd. 2, S. 5f.; die Einrichtung einer französischen Untersuchungskommission zur Feststellung feindlicher Kriegsverletzungen erfolgte durch Dekret vom 23.9.1914, abgedruckt in: JDI 42 (1915), S. 247f.; im preußischen Kriegsministerium wurde eine »Militäruntersuchungsstelle für Verletzungen des Kriegsrechts« gebildet, die für die Feststellung aller gegen deutsche Heeresangehörige gerichteten Kriegsrechtsverstöße zuständig war. Vgl. Verordnung des Kriegsministeriums vom

al wurde veröffentlicht, und die Veröffentlichung diente, auch wenn die Regierungen beanspruchten, zur Information der Bevölkerung des eigenen Landes und der neutralen Länder lediglich die Fakten sprechen zu lassen, in erster Linie propagandistischen Zwecken. Über die Darstellung einzelner Ereignisse sollten dem Feind Eigenschaften wie Hinterhältigkeit, Verschlagenheit und Skrupellosigkeit zugewiesen werden, während die eigenen Soldaten als Verkörperung einer Kultur- und Zivilisationsidee erschienen, was sich selbstverständlich auch in der Kampfweise niederschlug.[252] Der Ruf nach einer kriegsgerichtlichen Bestrafung war da nicht weit, und wie wir gesehen haben, zog er sich dann auch ab 1915 wie ein roter Faden durch alliierte Vorstellungen von dem, was nach einem Sieg zu geschehen habe. Auf deutscher Seite wurde er hier und da ebenfalls erhoben, allerdings mehr in Form eines Reflexes – wie die Kriegsgegner sah man sich in Berlin und im deutschen Hauptquartier im belgischen Spa entschieden im Recht. Vor dem Hintergrund der bisherigen Darstellung könnte die Ernsthaftigkeit der deutschen Ankündigung allerdings bezweifelt werden, und diese Zweifel bestehen, wie sich zeigen wird, zu Recht, denn auch wenn es namentlich infolge der französischen und englischen Praxis nicht an Gelegenheiten mangelte, zu einer anderen Rechtsansicht zu gelangen, geschah dies nicht.

21.10.1914, abgedruckt in: AVBl. 1914, S. 372. Sie wurde gemäß Erlaß vom 16.9.1915 eingegliedert in die »Abteilung für Kriegsgefangenenschutz im Auslande und Völkerrechtsverletzungen«, AVBl. 1915, S. 392f.; die britische Regierung bestellte am 15.12.1914 ein Komitee zur Untersuchung der angeblichen deutschen Kriegsrechtsverletzungen, »warrant of appointment«, abgedruckt in: Report of the Committee on Alleged German Outrages appointed by His Majesty's Government and presided over by The Right Hon. Viscount Bryce, London 1915; Rußland folgte mit der Schaffung einer entsprechenden Kommission im Frühjahr 1915, vgl. JDI 42 (1915), S. 380ff.

252 Aus diesen Zuschreibungen entwickelte sich schnell die sogenannte Greuelpropaganda, die bei der Werbung für die Zeichnung von Kriegsanleihen, bei der Werbung von Kriegsfreiwilligen (besonders in Großbritannien vor der Einführung der Wehrpflicht) und nicht zuletzt zur Erhöhung der Kampfmoral der eigenen Truppen eingesetzt wurde. Vgl. u.a. Wolfgang Kruse, *Krieg und nationale Identität: Die Ideologisierung des Krieges*, in: ders (Hg.), Eine Welt von Feinden. Der Große Krieg 1914–1918, Frankfurt am Main 1997, S. 167–176; Verhey, *Krieg und geistige Mobilmachung: Die Kriegspropaganda*, S. 176–183. Als Extrembeispiel auf französischer Seite kann gelten: Edgar Bérillon, La psychologie de la race allemande d'après ses caractères objectifs et spécifiques, Paris 1917; diese ca. 60seitige Broschüre ist in ihrer Art nicht weit von den Stürmerschen antisemitischen Hetzschriften entfernt.

Schon in den ersten Kriegsmonaten zogen französische Militärgerichte in mehreren Fällen Kriegsgefangene für vor der Gefangennahme verübte Handlungen zur Verantwortung. Die Leutnants von Schierstaedt und Graf Stachwitz zum Beispiel, Führer einer deutschen Kavalleriepatrouille, die im Verlauf der Marneschlacht von den eigenen Truppen abgeschnitten worden war und sich drei Wochen lang hinter den feindlichen Linien aufgehalten hatte, wurden zu hohen Zuchthausstrafen verurteilt. Die Patrouille hatte sich in dieser Zeit »Lebensmittel und Kleidungsstücke heimlich und ohne Bezahlung« angeeignet, was vom französischen Gericht als verbrecherischer »Straßenraub«, von deutschen Stellen hingegen als Akte legitimer Requisition bezeichnet wurde.[253] Ein Soldat aus einer sächsischen Einheit, der nach Überzeugung des Gerichts überführt war, an »Plünderungen in bewaffneter Bande«, Brandstiftung und der Tötung von Verwundeten – jeweils begangen auf belgischem Hoheitsgebiet – beteiligt gewesen zu sein, wurde zum Tode verurteilt.[254] Und, um ein drittes Beispiel zu nennen, der Reserveleutnant Willi Erler wurde wegen Brandstiftung zu zwanzig Jahren Zwangsarbeit und zu Rangverlust verurteilt. Er hatte auf Befehl seines Vorgesetzten ein Haus in Brand setzen lassen, aus dem heraus geschossen worden war, angeblich von französischen Franktireurs, in Wahrheit aber, wie auch Erler wußte, als er den Befehl zur Inbrandsetzung weitergab, von betrunkenen deutschen Soldaten.[255]

Die Verurteilungen erfolgten regelmäßig auf der Grundlage des *code de justice militaire* sowie über dessen Art. 267, der ja für Straftatbestände, die in dem Militärstrafgesetzbuch nicht enthalten waren, die Anwendung des zivilen Strafgesetzbuchs (*code pénal*) vorsah, nach ebendiesem Strafgesetzbuch, das heißt, die französischen Militärgerichte beurteilten Kriegshandlungen nach innerstaatlichem Recht. Stimmten die Handlungen eines feindlichen Soldaten mit dem ausdrücklich geregelten Kriegsrecht oder dem anerkannten Kriegsbrauch überein, war er gerechtfertigt und wurde nicht bestraft. Widersprachen sie dem kodifizierten Kriegsrecht beziehungsweise dem Kriegsbrauch oder bestand nach französischer Auffassung eine Lücke – so in dem erstgenannten Beispiel, wo das Gericht keine ausdrückliche oder gewohnheitsrechtliche Regelung finden konnte

253 Vgl. PA Bonn, R 24390, o. S.

254 Vgl. Mérignhac, *De la sanction des infractions au droit des gens commises, au cours de la guerre européenne, par les empires du centre*, S. 35.

255 Ebenda, S. 35f.; Hinweise auf weitere Fälle finden sich bei Jens-Peter Zander, Das Verbrechen im Kriege – ein völkerrechtlicher Begriff. Ein Beitrag zur Problematik des Kriegsverbrechens, Diss. Universität Würzburg, Frankfurt am Main 1969, S. 65f.

(die HLKO regelt in Art. 52 die Requisition nur hinsichtlich des Besatzungsgebiets) –, dann verurteilte das Gericht den Angeklagten.[256]

In Großbritannien stellte sich die Frage nach einer Bestrafung deutscher Kriegsgefangener, denen verbrecherische Handlungen vorgeworfen wurden, ausschließlich im Zusammenhang mit dem U-Boot-Krieg. Es war allerdings auch hier nicht die grundsätzliche Frage nach dem »Ob«, denn daß eine Strafbarkeit nach nationalem wie nach Völkerrecht möglich war, stand schon vorher außer Zweifel, sondern es war eine Frage des »Wie« oder »Wann«. Virulent wurde sie ab März 1915, nachdem es britischen Zerstörern gelungen war, das deutsche U-Boot U 8 zu vernichten. Der geretteten Besatzung versagte die britische Admiralität die ehrenhafte Behandlung als Kriegsgefangene und ließ sie in Marinearrestanstalten (*naval detention barracks*) überführen. Begründet wurde die Maßnahme, die auch die Besatzungen anderer U-Boote traf, mit dem Hinweis, daß die deutschen U-Boote unbewaffnete Handelsschiffe mit Nichtkombattanten, Neutralen, Kindern und Frauen an Bord versenkt hätten. Gefangene, die unter einer solchen Beschuldigung stünden, müßten besonderen Beschränkungen unterworfen werden, sie seien, so eine Meinung, als Piraten *hostes humani generis*, die nach dem Weltrechtsprinzip unmittelbar zur Verantwortung gezogen werden könnten.[257] Eine andere Meinung wollte sie wegen Verstoßes gegen die Gesetze und Gebräuche des Krieges verurteilen, gab aber zu bedenken, daß den Beschuldigten möglicherweise ihr Handeln auf Befehl zugute gehalten werden müsse. Was den eigenen Soldaten laut Dienstvorschrift zugebilligt werde,[258] könne feindlichen Soldaten nicht von vornherein rundweg versagt werden.[259] Man einigte sich schließlich darauf, bis zum Friedensschluß keine Gerichtsverfahren durchzuführen, da erst danach aussagekräftigere Beweise zur Verfügung stünden. Auch wurden nach einigen Monaten die beschuldigten Marinesoldaten aus den Arrestanstalten entlassen und in normale Kriegsgefangenenlager überführt; dies geschah

---

256 Vgl. die Überblicksdarstellung in der Note de la Direction criminelle au ministère de la Justice vom Frühjahr 1917, in: AN Paris, BB 18/2568[2], o. S.

257 Vgl. Willis, Prologue to Nuremberg, S. 17f.; Schwengler, Völkerrecht, Versailler Vertrag und Auslieferungsfrage, S. 67; Wolfgang Abendroth, *Piraterie*, in: Schlochauer (Hg.), Wörterbuch des Völkerrechts, 2. Bd., Berlin 1961, S. 769.

258 Nach Art. 443 des *Manual of Military Law* war es untersagt, Angehörige der Streitkräfte, die auf Befehl ihrer Regierung oder eines Vorgesetzten Verstöße gegen die Gesetze und Gebräuche des Krieges begangen hatten, zu bestrafen.

259 Vgl. Schwengler, Völkerrecht, Versailler Vertrag und Auslieferungsfrage, S. 69; Willis, Prologue to Nuremberg, S. 18.

nicht infolge einer geänderten Rechtsmeinung, vielmehr drohte Deutschland damit, kriegsgefangene britische Armeeoffiziere ebenfalls wie Strafgefangene zu behandeln und hatte diese Drohung überdies schon in einigen Fällen wahr gemacht.[260]

Für das Deutsche Reich erlangte die Frage, ob Kriegsgefangene für vor ihrer Gefangennahme begangene Handlungen bestraft werden können, erstmals an der Ostfront konkrete Bedeutung. Während der Besetzung von Teilen Ostpreußens durch russische Truppen von August 1914 bis März 1915 hätten sich – so eine deutsche Denkschrift – Dinge ereignet, die »mit den Geboten der Menschlichkeit wie mit den Gebräuchen zivilisierter Völker unvereinbar sind und [... die russische] Kriegführung als eine geradezu barbarische erscheinen lassen«.[261] Einige der Täter konnten während der Schlacht bei Tannenberg und den Masurischen Seen gefangengenommen und identifiziert werden. Hinweisen in der juristischen Literatur zufolge wurden sie vor zivile Strafgerichte gestellt und verurteilt, wobei man deren Zuständigkeit offensichtlich in der Tatsache begründet sah, daß die Straftaten auf deutschem Boden, das heißt im Geltungsbereich des Strafgesetzbuchs verübt worden waren.[262] Mit dem Territorialitätsprinzip wurde auch die Zuständigkeit der deutschen Justiz in den Verfahren angenommen, welche gegen feindliche Piloten wegen des Abwurfs aufreizender Schriften hinter der deutschen Front, in denen deutsche Soldaten zum Überlaufen aufgefordert wurden, eingeleitet worden waren. Ein Kriegsgericht – nach § 5 Nr. 4 MStGO war für Fälle dieser Art die Mi-

---

260 Schwengler, ebenda, S. 69.

261 Ebenda; vgl. auch Reichsarchiv (Bearbeitung), Der Weltkrieg 1914 bis 1918. Die militärischen Operationen zu Lande, Bd. 2: Die Befreiung Ostpreußens, Berlin 1925, S. 318–330. Nach deutschen Schätzungen sind im August und September 1914 im östlichen Kriegsgebiet 1620 Zivilpersonen getötet, 433 verwundet und über 10 000 verschleppt worden. Diese Zahlen sowie die angeblich barbarische russische Kriegführung werden allerdings durch das folgende Fazit des Reichsarchivs (S. 329) relativiert: »Wenn man aber berücksichtigt, welche Zerstörungen und Leiden mit der Kriegführung heutiger Heere nun einmal unzertrennlich verbunden sind, so ergibt sich andererseits auch, daß darüber hinaus Ausschreitungen der Russen vielleicht doch nicht ganz so zahlreich, jedenfalls nicht so allgemein gewesen sind, wie es zunächst berichtet worden war. So ist z. B. von den vier als verschleppt gemeldeten Landräten tatsächlich nur der von Lyk nach Rußland mitgeführt worden.«

262 Vgl. Carl Rissom, *Die strafrechtliche Behandlung der Kriegsgefangenen*, in: ZStW 36 (1916), S. 588; Giessner, *Die strafrechtliche Stellung der Kriegsgefangenen nach deutschem Strafrecht, insbesondere ihre Verantwortung für vor der Ergreifung begangene Straftaten*, in: APS 65 (1918), S. 254.

litärstrafgerichtsbarkeit zuständig – verurteilte zum Beispiel zwei englische Fliegeroffiziere zu je zehn Jahren Zuchthaus, weil es darin keine erlaubte Kriegshandlung, sondern einen Kriegsverrat von Ausländern gemäß § 58 Nr. 9 i. V. m. §§ 100, 160 MStGB sah.[263]

Es gab also Verurteilungen von Kriegsgefangenen für Handlungen, die sie vor ihrer Gefangennahme begangen hatten. Die materiell- und verfahrensrechtlichen Grundlagen dafür waren das bereits mehrfach erwähnte MStGB von 1872 und die MStGO von 1900, aber auch das allgemeingültige Strafgesetzbuch (StGB) mit der dazugehörigen Strafprozeßordnung (StPO) von 1871 beziehungsweise 1877. Mit der Mobilmachung fanden ergänzend dazu noch die Kaiserlichen Verordnungen von 1899 über die »Strafrechtspflege bei dem Heere in Kriegszeiten« und über das »außerordentliche kriegsrechtliche Verfahren gegen Ausländer und die Ausübung der Strafgerichtsbarkeit gegen Kriegsgefangene« Anwendung.[264] Was die letztgenannte Verordnung betrifft, so verwies sie hinsichtlich der Kriegsgefangenen allerdings lediglich auf die bestehenden gesetzlichen Regelungen in MStGB und MStGO. Eine wirkliche Ergänzung war sie nur im Hinblick auf die Behandlung von Ausländern, die nicht zu den Truppen des Feindes gehörten und sich strafbarer Handlungen gegen die deutsche Armee und ihre Verbündeten schuldig gemacht hatten. Ihre Bestrafung sollte nicht allein nach den Gesetzen, sondern auch nach dem Kriegsbrauch oder auf der Grundlage von besonderen Verordnungen dazu ermächtigter Befehlshaber erfolgen. Die Kaiserliche Verordnung richtete sich folglich nicht gegen feindliche Soldaten, sie richtete sich vielmehr gegen sonstige Personen, die sich gegenüber dem deutschen Heer feindlich verhielten. An wen man dabei, ohne sie in der Verordnung zu nennen, dachte, wird im Lichte der im Deutsch-Französischen Krieg von 1870/71 gemachten Erfahrungen unschwer deutlich: es waren die Franktireurs, Freischärler oder Partisanen, die seinerzeit nach Ausschaltung der regulären französischen Armee gegen die deutschen Streitkräfte gekämpft hatten, was Frankreich mit dem Hinweis auf den nationalen Notstand gerechtfertigt, Deutschland hingegen als kriegsrechtswidrig verurteilt und

---

263 Vgl. Meurer, *Verletzungen des Kriegsgefangenenrechts* (Gutachten), in: Deutscher Reichstag (Hg.), Völkerrecht im Weltkrieg, 3. Bd., S. 453. § 160 MStGB lautete: »Ein Ausländer oder Deutscher, welcher während wegen eines gegen das Deutsche Reich ausgebrochenen Krieges auf dem Kriegsschauplatze sich einer der in den §§ 57 bis 59 und 134 vorgesehenen Handlungen schuldig macht, ist nach den in diesen Paragraphen gegebenen Bestimmungen zu bestrafen.« Die §§ 57–59 regelten die Strafbarkeit von Landes- und Kriegsverrat, § 134 den Diebstahl im Felde.

264 Vgl. Romen/Rissom, Militärstrafgesetzbuch (1916), S. 898ff.

bestraft hatte.[265] Sollte es, so die Androhung der Kaiserlichen Verordnung, erneut zu einer Kriegsbeteiligung von Freischärlern kommen, würden diese nach deutschem Kriegsbrauch bestraft. Was dies bedeutete, zeigte sich dann etliche Male während des Krieges in Belgien und Nordfrankreich: Franktireurs oder diejenigen, die man deutscherseits dafür hielt, wurden vor ein Feldgericht oder ein Standgericht gestellt, zum Tode verurteilt und hingerichtet. Häuser, aus denen nach deutscher Überzeugung geschossen worden war, ja ganze Dörfer und Stadtteile wurden infolge von Armee-, Korps- oder Divisionsbefehlen eingeäschert.

Offenbar schienen also, ungeachtet vorheriger Diskussionen und Festlegungen, nach Beginn des Krieges beide Aspekte der Kaiserlichen Verordnung in der Form umgesetzt worden zu sein, daß eine Bestrafung immer möglich war, das heißt auch dann, wenn die Gefangennahme erst nach der Tatbegehung erfolgte. Soweit sich das auf feindliche Ausländer bezog, die als Freischärler oder auch Saboteure aktiv geworden waren, ist dies alles andere als ungewöhnlich, denn es entsprach nicht nur deutschem Kriegsbrauch, sondern auch dem Völkergewohnheitsrecht, daß in derartigen Fällen die Betroffenen – da man ihnen nicht den Status des rechtmäßig Kämpfenden und daher auch nicht den des mit Rechten ausgestatteten Kriegsgefangenen zugestand – als Verbrecher vor Gericht gestellt und zum Tode verurteilt werden konnten. Der Streit sollte später im Rahmen der reichsanwaltlichen Ermittlungen dann auch fast ausschließlich um die Frage gehen, ob die Beschuldigten summarisch verurteilt werden durften und ob es sich bei ihnen überhaupt um Freischärler handelte.[266] Soweit es sich hingegen auf Kriegsgefangene bezog, so ist deren Verurteilung schon ungewöhnlich, allerdings nur auf den ersten Blick: Sie stand zwar im Widerspruch zur erwähnten Entscheidung des Reichsmilitärgerichts von 1915, wonach Kriegsgefangene im allgemeinen für vor ihrer Gefangennahme begangene Straftaten nicht zur Verantwortung gezogen werden durften. Doch hatte das Gericht noch offengelassen, ob dies auch für »gemeine Verbrechen« gelten solle, für solche Verbrechen also, die statt von der Militär- von der Zivilgerichtsbarkeit erfaßt werden. Derartige Verbrechen aber betrafen die Urteile der ostpreußischen Zivilgerichte, so daß hier nicht von einer besonderen Entwicklung gesprochen werden kann. Und auch die Verurteilung der feindlichen Piloten stützte sich auf eine Vor-

---

265 Vgl. dazu Stig Förster, *Das Zeitalter des totalen Kriegs, 1861–1945*, in: Mittelweg 36, 6/1999, S. 23; Winkler, Der lange Weg nach Westen, Bd. 1, S. 206; Regina Buß, Der Kombattantenstatus. Die kriegsrechtliche Entstehung eines Rechtsbegriffs und seine Ausgestaltung in Verträgen des 19. und 20. Jahrhunderts, Bochum 1992, S. 145–150.

266 Vgl. dazu S. 186ff. dieser Arbeit.

schrift zum Kriegsverrat, deren uneingeschränkte Anwendung auf Kriegsgefangene durch die §§ 158, 160 MStGB ausdrücklich geregelt war.

An den Verurteilungen ist folglich nichts Ungewöhnliches, und man könnte die Behauptung aufstellen, daß sich die deutsche Praxis letztlich nicht von der englischen oder französischen unterschied. In allen drei Ländern wurden Gefangene für Taten verurteilt, deren Begehungszeitpunkt vor ihrer Gefangennahme lag. Im Laufe des Krieges, genauer gesagt ab 1916, als sich höhere Gerichte mit dieser Frage auseinanderzusetzen begannen, setzte sich in Deutschland jedoch eine abweichende Praxis durch, die der bereits vor dem Krieg erkennbaren Tendenz, den Begriff des Kriegsverbrechens eng zu fassen und nur auf »militärische Verbrechen« anzuwenden, entsprach. Was darunter zu verstehen war, ist am besten negativ zu bestimmen: Nicht unter die Kategorie »militärische Verbrechen« fielen alle diejenigen völkerrechtswidrigen Handlungen, die ein feindlicher Soldat während des Krieges beging und die auch nur entfernt mit dem Krieg in einem Zusammenhang standen; sie waren durch den Kriegszustand gerechtfertigt. Ebenfalls nicht unter diese Kategorie fielen die »gemeinen Verbrechen«, die mit dem Krieg lediglich eine zeitliche Koinzidenz aufwiesen. Wurden sie in einem noch nicht besetzten Kriegsgebiet (Operationsgebiet) begangen, waren sie nach deutschem Recht und Kriegsbrauch zudem auch nicht strafbar.[267] Lag der Tatort im Besatzungsgebiet oder auf deutschem Territorium, war eine gerichtliche Verurteilung möglich, allerdings nur – was überdies so gut wie nie geschah – durch Zivilgerichte. Anders formuliert und wie schon oben (S. 94) angedeutet: Ein Verbrechen im Zusammenhang mit dem Krieg, das auch als solches behandelt und geahndet werden konnte, sah das deutsche Kriegsrecht nur im engen Rahmen der §§ 160, 161 MStGB[268] vor.

---

267 Daß dieser Grundsatz auch die Bestrafung im ordentlichen Gerichtsverfahren ausschloß, zeigte – noch vor der späteren oberkriegsgerichtlichen Entscheidung (oben, S. 95f.) – insbesondere die weitere Verfahrensgeschichte des Falles, der 1915 vor dem Reichsmilitärgericht (RMG) verhandelt worden war. Das RMG hatte seinerzeit ja noch offengelassen, ob ein ziviles Strafgericht zuständig sein könnte (vgl. oben, S. 94), woraufhin das Verfahren an das Landgericht Münster verwiesen worden war. Dieses sprach den französischen Kriegsgefangenen wegen der vor seiner Gefangennahme begangenen Mißhandlungen deutscher Soldaten frei, verurteilte ihn jedoch wegen Beleidigung zu einer kurzen Freiheitsstrafe, weil er in seinem Kriegstagebuch nach Beginn der Kriegsgefangenschaft »unflätige Äußerungen« über das deutsche Heer gemacht hatte. Vgl. Gerbaulet, *Bestrafung von Kriegsgefangenen wegen vor der Gefangennahme im Auslande begangener Straftaten?*, in: DJZ 21 (1916), Sp. 187f.

268 Wobei § 161 MStGB (Straftaten im besetzten Gebiet) von geringerer Be-

Für einen großen und einflußreichen Teil der kriegsrechtlichen Literatur war selbst dieser enge Rahmen noch zu weit, was einer von zwei Gründen dafür war, daß Verurteilungen von feindlichen Armeeangehörigen wegen verbrecherischer Handlungen so selten waren. Der Staatsrechtler Adolf Arndt beispielsweise forderte kategorisch, daß ein Soldat für das, was er unter den Fahnen begangen hatte, nur vor seiner eigenen Gerichtsbarkeit verantwortlich sein dürfe. »Man kann ihm den Pardon versagen, wenn man ihn in dem Verdacht hat, daß er Frauen geschändet oder daß er geplündert oder Wehrlose erschlagen hat. Richten soll man ihn nicht.«[269] Auch Josef Kohler, seinerzeit einer der einflußreichsten Völkerrechtler, plädierte für eine völkerrechtliche Reaktion auf Verbrechen des Kriegsgegners. Als solche kam für ihn nur die Repressalie in Betracht, da sie zwar Sühne bezwecke, aber kein justitielles Instrument sei. Der Rückgriff auf letzteres widerspreche nämlich dem Grundsatz, daß »das Heer dem Feinde [gegenüber] exterritoriell« sei und daher ihm gegenüber Immunität genösse. Bis zur Gefangennahme erwachse dem Staat weder im Bereich der Zivil- noch im Bereich der Militärjustiz ein *jus puniendi.* Etwas anderes zu praktizieren, wie es zum Beispiel in Frankreich mehrfach geschehen sei, komme einer bodenlosen Überschreitung der staatlichen Macht gleich.[270]

Unterstützt wurde Kohler in seiner Auffassung von dem Kriegsgerichtsrat und Kommentator des deutschen Militärstrafgesetzbuchs Carl Rissom. Wie dieser sah Rissom in der Repressalie die richtige Antwort auf eine von feindlichen Soldaten begangene Kriegsrechtsverletzung. Als von den Staaten kriegsrechtlich anerkanntes Zwangsmittel werde sie allein dem Umstand gerecht, daß der Krieg ein Verhältnis von Staat zu Staat und der einzelne Soldat als Teil der bewaffneten Macht Organ des Staates sei. Einen feindlichen Soldaten jedoch gerichtlich zu bestrafen, hieße den Staat zu bestrafen, was aber wegen der Gleichrangigkeit im Verhältnis der Staaten zueinander völkerrechtlich nicht zulässig sei. Ausnahmen könn-

---

deutung war, da er nur die »gemeinen«, bürgerlichen Straftaten im Blick hatte, deren Feststellung immer dann, wenn nicht feindliche Ausländer, sondern feindliche Militärpersonen die Tat begangen hatten, die bereits benannten Schwierigkeiten aufwies. So schrieben Romen/Rissom, Militärstrafgesetzbuch (1916), S. 968: »Soweit sie [feindliche Militärpersonen, G.H.] sich in Uniform befinden, werden ihre Kriegshandlungen nicht als rechtswidrig anzusehen seien.«

269 Vgl. Adolf Arndt, *Zur Frage der Bestrafung Kriegsgefangener und über sogenanntes Kriegsstrafrecht*, in: APS 66 (1919), S. 527. Auch die §§ 160, 161 MStGB wollte er so verstanden wissen (S. 529), daß sie auf die Zeit vor der Gefangennahme nicht anwendbar seien.

270 Vgl. Josef Kohler, *Strafrecht und Völkerrecht*, in: APS 62 (1916), S. 371f.

ten sich nur dann ergeben, wenn die Handlung des feindlichen Soldaten keine militärische Diensthandlung war, wenn er folglich nicht als Organ des Staates aufgetreten sei, sondern im eigenen Namen gehandelt habe. Die Unterscheidung zwischen beiden Aspekten sei allerdings sehr schwierig, da Kriegshandlungen nach deutschem Strafrecht und Kriegsbrauch – nicht nach Völkerrecht, das innerstaatlich ja keine selbständige Bindungswirkung entfalte – grundsätzlich als rechtmäßig gelten würden. So könne man zum Beispiel nicht »eine so klare Kriegshandlung, wie das Töten des Feindes in der Schlacht, wegen ihres Widerspruchs mit völkerrechtlichen Regeln als rein persönliches Handeln« erklären.[271]

Wie zumeist in juristischen Fragen gab es natürlich auch hier gegenteilige Meinungen: Der Strafrechtler Ernst v. Beling beispielsweise lehnte den Exterritorialitätsgedanken und die zu seiner Unterstützung vorgebrachten Argumente als »Begriffsjurisprudenz« ab. Jedem Staat stehe das Recht zu, seine Strafgerichtsbarkeit frei zu gestalten; sie ende nicht notwendigerweise an den Staatsgrenzen. Beling wies zudem auf einen naheliegenden und einleuchtenden Gesichtspunkt hin: Auf eine Strafgerichtsbarkeit über feindliche Soldaten zu verzichten bedeute – und die Forderungen von Kohler oder Rissom gingen bekanntlich genau in diese Richtung –, sie zum Objekt größtenteils ungeregelter Gegenmaßnahmen zu machen, was die Kriegsgefangenen nur vom Regen in die Traufe brächte.[272] Andere Autoren hoben ergänzend hervor, daß die Regelungen der §§ 160, 161 MStGB ausreichten, denn durch die Begehung darüber hinausgehender Straftaten – man dachte hier an die Tötung verwundeter Soldaten oder Verbrechen ähnlicher Schwere auf dem Kriegsschauplatz – kündige der Soldat gewissermaßen selbst seinen Status als rechtmäßiger Kombattant, so daß er wie ein gewöhnlicher feindlicher Ausländer nach der Kaiserlichen Verordnung von 1899 und somit nach Kriegsbrauch behandelt werden könne.[273]

Allerdings wollten auch diese Autoren zwischen militärischen Dienst-

---

271 Vgl. Carl Rissom, *Bestrafung Kriegsgefangener wegen völkerrechtswidriger Kriegshandlungen*, in: APS 62 (1916), S. 382f.; ders., *Die strafrechtliche Behandlung der Kriegsgefangenen*, S. 592ff.

272 Vgl. Schwengler, Völkerrecht, Versailler Vertrag und Auslieferungsfrage, S. 62 m. w. N.; siehe auch die Meinungsübersicht bei Rissom, *Die strafrechtliche Behandlung der Kriegsgefangenen*, S. 589f.

273 Vgl. Giessner, *Die strafrechtliche Stellung der Kriegsgefangenen nach deutschem Strafrecht, insbesondere ihre Verantwortung für vor der Ergreifung begangene Straftaten*, S. 259. Für die Anwendung des Kriegsbrauchs als materielles Strafrecht sprach sich insbesondere der Völkerrechtler Walter Schätzel aus, vgl. ders., *Bestrafungen nach Kriegsbrauch*, in: AfM 8 (1919/20), S. 13–24.

handlungen einerseits und privaten Handlungen andererseits unterscheiden. Sie gingen jedoch nicht so weit wie die Vertreter der Gegenmeinung, die unter Berufung auf das reichsgerichtliche Urteil zur »Patriotenliga«[274] schließlich die weitergehende Behauptung aufgestellt hatten, daß eine Diensthandlung qua ihrer Natur kein Strafgesetz zu verletzen vermochte. Für sie waren nur die militärischen Handlungen rechtmäßig, die dem Völkerrecht entsprachen. Standen die Handlungen dazu im Widerspruch, waren sie ob dieses Widerspruchs nach innerstaatlichem Strafrecht oder, so die allein von Schätzel vertretene Meinung, nach dem Kriegsbrauch zu ahnden; letzteres jedoch nur, wenn sie keinen strafrechtlichen Tatbestand erfüllten.

Auch in Deutschland gab es also Stimmen, die den Gedanken an eine Verbindung von Kriegshandlungen und Verbrechen verfolgten und das Völkerrecht und nicht ein Dienstverhältnis als Maßstab dafür nehmen wollten, ob eine Kriegshandlung zu bestrafen ist oder nicht. Ihr Einfluß war jedoch gering, wenn sie auch vor allem von militärischen Stellen unterstützt wurden, die zur Abschreckung des Gegners auf eine Ausweitung der Strafbarkeit feindlicher Kriegshandlungen drängten.[275] Betroffen waren davon gewöhnlich – wie im Fall des Abwurfs von Propagandamaterial durch feindliche Flugzeuge – Verfahren vor unteren Militärgerichten, die dann von höheren Instanzen aufgehoben oder in ihrer Vollstreckung ausgesetzt wurden,[276] wobei für die Aussetzung allerdings nicht immer rechtliche Kriterien ausschlaggebend waren – zu deutlich sollten die divergierenden Auffassungen nicht werden –, sondern häufig auf drohende feindliche Repressalien verwiesen wurde.[277] Das erklärt

---

274 In dem Urteil gegen deutsche Mitglieder der französischen *Ligue des Patriotes* (RGSt 16, 165), welche die sogenannten Reichslande Elsaß-Lothringen wieder an Frankreich zurückführen wollte, hatte das Reichsgericht im Juni 1887 erklärt, daß völkerrechtlich gedeckte Handlungen auch strafrechtlich nicht rechtswidrig seien. Siehe auch Rissom, *Die strafrechtliche Behandlung der Kriegsgefangenen*, S. 590 und besonders S. 593.

275 Vgl. den Hinweis bei Verdross, Die völkerrechtswidrige Kriegshandlung und der Strafanspruch der Staaten, S. 19.

276 So wurde für die beiden britischen Fliegeroffiziere, die wegen des Abwurfs »aufreizender Schriften« verurteilt worden waren, die Aussetzung des Strafvollzugs angeordnet. Vgl. Meurer, *Verletzungen des Kriegsgefangenenrechts*, S. 453.

277 Im August 1916 kam z. B. zwischen der französischen und der deutschen Regierung ein Abkommen zustande, wonach die Vollstreckung aller bis zum 1. September 1916 verhängten gerichtlichen Strafen bis zum Friedensschluß ausgesetzt und die Gleichbehandlung der Verurteilten mit den anderen Kriegsgefangenen festgelegt wurde. In einer weiteren, am 26. April 1918 ge-

auch – und damit wären wir bei dem zweiten der oben angesprochenen Gründe –, warum sogar in den nach jeder Meinung unproblematischen Fällen des Kriegsverrats nach § 160 MStGB Verurteilungen selten waren und in den letzten beiden Kriegsjahren regelmäßig nicht vollstreckt wurden. Man befürchtete Repressalmaßnahmen an deutschen Kriegsgefangenen[278] und verzichtete deshalb auf weitere juristische Schritte.

Daß sich gleichwohl an der mehrheitlichen Rechtsposition nichts geändert hatte, zeigte der Friedensvertrag von Brest-Litowsk vom Frühjahr 1918, der »den dem anderen Teile angehörenden Kriegsgefangenen für alle von ihnen begangenen gerichtlich oder disziplinarisch strafbaren Handlungen« Straffreiheit gewähren sollte.[279] Und im Januar 1920 gelangte ein juristischer Mitarbeiter der »Hauptstelle zur Verteidigung Deutscher vor feindlichen Gerichten« zu folgendem Ergebnis, an das man zur Beurteilung der alliierten Vorwürfe festzuhalten gewillt war:

»Als herrschende deutsche Praxis der letzten Kriegsjahre ist in Anlehnung an Romen-Rissoms Kommentar folgendes anzusehen:

A) Angehörige des feindlichen Heeres unterstehen wegen der unter ihrer Fahne vor der Gefangennahme begangenen Straftaten grundsätzlich der deutschen Strafgewalt und den deutschen Strafgesetzen in gleichem Umfang wie andere Personen.

B) Die Rechtswidrigkeit der Tat ist jedoch bei Kriegshandlungen ausgeschlossen. Dies gilt auch dann, wenn die Kriegshandlung völkerrechtswidrig ist (z.B. Verwendung von Dum-Dum-Geschossen). Ein deutscher Kriegsgebrauch, der die gerichtliche Bestrafung völkerrechtswidriger Kriegshandlungen feindlicher Heeresangehöriger zum Gegenstand hätte, ist nicht nachweisbar. Es bleibt nur die Möglichkeit, im Vergeltungswege Maßnahmen gegen die Täter zu treffen, die durch ihr völkerrechtswidriges Verhalten den Anspruch auf Pardongewährung und Behandlung als Kriegsgefangene verwirkt haben. Eine gerichtliche Bestrafung ist ausgeschlossen. Abzulehnen ist also auch die Auffassung des Kriegsministeriums und des Generalquartiermeisters, daß feindliche Flieger, die aufreizende Flugblätter abwerfen, vor Gericht gestellt werden können.

C) Voraussetzung für den Ausschluß der Rechtswidrigkeit der Kriegshandlungen ist, daß die feindlichen Heeresangehörigen als Kriegführende anzusehen sind. [...]«[280]

---

troffenen Vereinbarung wurde die Vollstreckung von später verhängten gerichtlichen Strafen geregelt, die unter gewissen Erschwernissen in Sonderlagern stattfinden sollte. Vgl. die Hinweise bei Meurer, ebenda, S. 909, sowie bei Schwengler, Völkerrecht, Versailler Vertrag und Auslieferungsfrage, S. 61.

278 Ebenda (Schwengler).

279 RGBl. 1918, 644.

280 Zit. n. Schwengler, Völkerrecht, Versailler Vertrag und Auslieferungsfrage,

Festzuhalten bleibt demnach, daß nach offizieller deutscher Ansicht, wie sie sich vor Beginn der Leipziger Verfahren darstellte, der Begriff des Verbrechens im strafrechtlichen Sinne nicht zum Krieg gehörte. Der rechtmäßig Kämpfende – nicht der Franktireur – galt als durch sein militärisches, sprich dienstliches, Handeln gedeckt. Die Grenzen dieses Handelns wurden so weit gezogen, daß selbst für die gemeinen oder bürgerlichen Verbrechen, deren Begehung durch Angehörige der Streitkräfte man immerhin als Möglichkeit anerkannte, kein Raum mehr war.

In den beiden wichtigsten alliierten Ländern Frankreich und Großbritannien hingegen schloß der Kriegszustand nicht aus, daß Verbrechen – und zwar nicht nur militärische Verbrechen im engeren Sinne wie der Kriegsverrat – von Soldaten begangen werden konnten. Bewertungsmaßstab in beiden Ländern war das völkerrechtliche Kriegsrecht: Hielt man auf dessen Grundlage in Frankreich eine Handlung für rechtswidrig, zog man den Täter nach nationalem Straf- oder Militärstrafrecht zur Verantwortung. In Großbritannien war unumstritten, daß ergänzend auf die ungeschriebenen Strafrechtsnormen des Kriegsbrauchs oder des Völkergewohnheitsrechts zurückgegriffen werden konnte.

Zur Kritik an der Rechtsprechung des Reichsgerichts, Teil 2

Wie man sieht, konnte sich die Kritik an dem ersten Urteil des Leipziger Reichsgerichts zu den angeblich »fehlerhaften Kriegshandlungen« auf eine lange deutsche Rechtstradition berufen. Das macht es um so erstaunlicher, daß das Gericht ohne weitere Begründung das Völkerrecht heranzog, um über die Rechtswidrigkeit der zur Verhandlung stehenden Tat zu entscheiden. Die Evidenz des Verbrechens, der Erwartungsdruck des Auslands und die als Täter ideale Person des Major Crusius ließen augenscheinlich den Gedanken an eine Unterscheidung zwischen gemeinen und militärischen Verbrechen oder an eine inhaltliche Ausweitung des Begriffs militärische Diensthandlung nicht aufkommen. Die Tat war rechtswidrig nach dem Maßstab des Art. 23 lit. c (Tötung eines wehrlosen Feindes) und lit. d HLKO (Pardonverweigerung), und der Täter hätte dies erkennen können, so die umstandslose Folgerung des Gerichts. Zwar hatte schon einige Jahrzehnte zuvor das Reichsgericht selbst erklärt, daß ein im Krieg völkerrechtsgemäßes Handeln nicht im strafrechtlichen Sinne rechtswidrig sein könne,[281] doch hatte es noch offengelassen, ob

---

S. 59f.; siehe auch BAK, KLE 434 (NL Rechtsanwalt Hirsch); PA Bonn, R 48416, o. S. (Bericht über eine Konferenz der »Hauptstelle zur Verteidigung Deutscher vor feindlichen Gerichten«).

281 RGSt 16, 165 (»Patriotenliga«).

dies auch umgekehrt verstanden werden könne, ob also ein völkerrechtswidriges Handeln im Krieg immer auch eine Rechtswidrigkeit nach deutschem Strafrecht indiziere.

Nimmt man den Wortlaut der Urteilspassage aus dem Stenger/Crusius-Verfahren, dann ist das so. Eine Kriegshandlung fällt tatbestandsmäßig unter das deutsche Strafrecht und ist – unabhängig von den innerstaatlichen Rechtfertigungskriterien – rechtswidrig, wenn sie dem Völkerrecht widerspricht.[282] Und da das Völkerrecht Ausdruck des übereinstimmenden Willens der Staaten ist, liegt es im selbstverständlichen Interesse der Staaten, Verstöße gegen seine Bestimmungen zu ahnden.[283] Um noch einmal die entsprechende Stelle aus dem Urteil gegen Stenger und Crusius zu zitieren: »Dem Willen des Staats [...] entspricht die Tötung des Gegners im Kriege nur insoweit, als sie unter den Voraussetzungen erfolgt und die Bedingungen und Schranken einhält, die das Völkerrecht aufstellt.«

Sicherlich wird man in dieser Aussage, die fast beiläufig in der Urteilsbegründung erscheint, auch einen stillen Vorwurf an die Kriegssieger herauszulesen haben. Denn wenn die Bestrafung kriegsrechtswidriger Handlungen eine solche pure Selbstverständlichkeit ist, wie es das Reichsgericht behauptet, müssen sich die Entente-Mächte fragen lassen, wieso sie die von den eigenen Soldaten begangenen Verstöße gegen das Kriegsrecht nicht gerichtlich verfolgen. Unterschwellige reichsgerichtliche Kritik traf sich hier mit deutlich formulierter Kritik der öffentlichen Meinung, die immer wieder die Veröffentlichung einer Gegenliste forderte und eine Gleichbehandlung einklagte. Zweifel an einer allseitigen Begehung von Taten, wie sie allein deutschen Soldaten zur Last gelegt wurden, bestanden nicht im geringsten. So hatte ein noch vergleichsweise nüchterner Beobachter während des Krieges geschrieben:

---

282 Vgl. Jescheck, Die Verantwortlichkeit der Staatsorgane nach Völkerstrafrecht, S. 65; von Selle, *Prolog zu Nürnberg – Die Leipziger Kriegsverbrecherprozesse vor dem Reichsgericht*, S. 197f. In seiner Analyse des reichsgerichtlichen Urteils zur »Patriotenliga« (S. 198, FN 33) allerdings irrt von Selle, denn in diesem Urteil geht es nicht nur um die rechtliche Bewertung der Kriegsurheberschaft (*jus ad bellum*), sondern auch um das Verhältnis von Völkerrecht und deutschem Strafrecht im Zusammenhang mit dem *jus in bello*. Siehe auch Christiane Nill-Theobald, »Defences« bei Kriegsverbrechen am Beispiel Deutschlands und der USA. Zugleich ein Beitrag zu einem allgemeinen Teil des Völkerstrafrechts, Diss. Universität Freiburg, Freiburg i. Breisgau 1998, S. 87.

283 Verdross spricht von einer Staatenpflicht, »alle jene Personen zur Verantwortung zu ziehen, die der Gegenseite kriegsrechtswidrige Schädigungen zugefügt haben«. Vgl. ders., Die völkerrechtswidrige Kriegshandlung und der Strafanspruch der Staaten, S. 21.

»Der Krieg, an den wir nicht glauben wollten, brach nun aus und er brachte die – Enttäuschung. Er ist nicht nur blutiger und verlustreicher als einer der Kriege vorher, infolge der mächtig vervollkommneten Waffen des Angriffes und der Verteidigung, sondern mindestens ebenso grausam, erbittert, schonungslos wie irgend ein früherer. Er setzt sich über alle Einschränkungen hinaus, zu denen man sich in friedlichen Zeiten verpflichtet, die man das Völkerrecht genannt hatte, anerkennt nicht die Vorrechte des Verwundeten und des Arztes, die Unterscheidung des friedlichen und des kämpfenden Teiles der Bevölkerung, die Ansprüche des Privateigentums.«[284]

Wie aber war die Forderung, die Entente-Mächte müßten ebenfalls ihre Soldaten vor Gericht stellen, sofern sie gleiche oder ähnliche Taten wie die beschuldigten deutschen Armeeangehörigen begangen hatten, juristisch zu bewerten? Daß sie aus national-patriotischen Gründen erhoben wurde und seit Bekanntwerden des Versailler Vertrages in Deutschland gewissermaßen zum festen Bestandteil der öffentlichen Erregung gehörte, ist verständlich und politisch legitim. Konnte sie sich jedoch noch zusätzlich auf eine rechtliche Argumentation stützen, welche die Legitimation der deutschen Forderung in einer objektiveren Weise erhöht hätte?

Das Rechtsinstitut, auf das deutsche Autoren hier ausgesprochen oder unausgesprochen rekurrierten,[285] war das des *tu quoque*. Es bedeutet allgemein, daß ein Staat nicht von einem anderen die Beachtung einer Völkerrechtsregel verlangen kann, gegen die er selbst verstößt oder verstoßen hat. Der Grundsatz des *tu quoque* ist somit zunächst einmal Ausdruck der Reziprozität im Völker- und besonders im Kriegsrecht. Des weiteren aber begründete er einen formalen Einwand gegenüber Beschuldigungen des Feindes, der gleiche oder ähnliche Handlungen begangen hatte. Wenn es eine Bestrafung für völkerrechtswidrige Kriegshandlungen geben sollte,

---

284 Sigmund Freud, Gesammelte Werke. Chronologisch geordnet. 10. Bd.: Werke aus den Jahren 1913–1917, 5. Aufl., Frankfurt am Main 1969, S. 328f. Freud war allerdings der Überzeugung, daß Deutschland sich hinsichtlich einer Verletzung des Kriegsrechts die geringsten Vorwürfe zu machen habe, vgl. ebenda, S. 329.

285 Vgl. z. B. Ernst Müller (Meiningen), *Die Leipziger Prozesse und die »Gegenrechnung«*, in: DJZ 1921, Sp. 506: »[...] sie [die Richter des Reichsgerichts, G. H.] [mußten] einzelne willkürlich zusammengelesene ›Fälle‹ von deutschen Kriegsverbrechen aburteilen, während massenhafte, unendlich krassere Fälle französischer und anderer ententistischer Kriegsmissetaten ungeahndet blieben. Auch sie konnten sich doch der Einsicht nicht entziehen, daß es primitiven Rechtsgrundsätzen widersprach, die Missetaten des einen Teils mit drakonischen Strafen abzuurteilen, das gleiche oder noch weit härter zu beurteilende Tun des ehemaligen Kriegsfeindes aber gewissermaßen mit dem Mantel der christlichen Liebe zu bedecken.«

so mußte es sie auf beiden Seiten geben, lautete die Kernaussage des Prinzips. Eine Bestrafung nur der Verbrechen der einen Seite – deren Gleichartigkeit mit denen der anderen Seite vorausgesetzt – war gewohnheitsrechtlich nicht zulässig.[286]

Nun ging es bei den Leipziger Prozessen jedoch nicht um Verfahren, die von einem Kriegsgegner gegen vormals feindliche Soldaten durchgeführt wurden. Es ging um Verfahren, die Deutschland durch seine Justiz gegen eigene Soldaten durchführte, und schon daher war für den Einwand des *tu quoque* kein Raum. Außerdem hatte sich Deutschland durch die Unterzeichnung des Versailler Vertrages und die nachfolgenden modifizierenden Erklärungen mit der Bestrafung der Beschuldigten, zunächst durch alliierte Kriegsgerichte, dann durch eigene Rechtsprechung, einverstanden erklärt. Damit hatte es sich, zwar unter Druck der Siegermächte, dieses Einwands begeben. Auf die Gültigkeit der Zusage hatte dieser Druck gleichwohl keinen Einfluß, da Verträge oder Vereinbarungen nach einem Krieg, vor allem wenn er mit einem Siegfrieden endet, nie frei von Zwang sind. Wohl konnte das Deutsche Reich einen Strafanspruch geltend machen – und in der Forderung nach einem mit Neutralen besetzten Gericht ist ein solcher zu sehen –, denn ein Verzicht auf einen solchen wurde in Versailles und in den danach gewechselten Schriftsätzen weder gefordert noch geleistet,[287] die Nichtbeachtung dieses Anspruchs durch die Kriegssieger durfte aber nicht dazu führen, daß deutscherseits die Zusagen mit dem Argument des *tu quoque* in Frage gestellt wurden.

Ein anderer Einwand, der anläßlich der ersten Verfahren vor dem Reichsgericht wieder formuliert wurde, war der, daß Deutschland zur Praktizierung eines Sonderrechts gezwungen würde. Der Rechtsgrundsatz des *nullum crimen, nulla poena sine lege* verbiete es, eine Handlung als verbrecherisch zu bezeichnen und zu bestrafen, wenn sie zuvor nicht per Gesetz zu einem Verbrechen erklärt und und ihre Strafbarkeit bestimmt worden sei.[288] Mit der Durchführung der Verfahren gegen die sogenannten Kriegsbeschuldigten verstoße die deutsche Justiz gegen diesen nicht nur im deutschen Strafrecht, sondern allgemein anerkannten Grundsatz.[289]

---

286 Vgl. Frits Kalshoven, Belligerent Reprisals, Leyden 1971, S. 364; Udo J. Franz, Strafrechtliche Verantwortlichkeit nach dem Völkerrecht, unveröffentl. Diss. Universität Konstanz 1995, S. 136f.

287 Vgl. Verdross, Die völkerrechtswidrige Kriegshandlung und der Strafanspruch der Staaten, S. 93.

288 § 2 Abs. 1 RStGB lautete: »Eine Handlung kann nur dann mit einer Strafe belegt werden, wenn diese Strafe gesetzlich bestimmt war, bevor die Handlung begangen wurde.«

289 Vgl. dazu das allerdings zur strafrechtlichen Verantwortlichkeit von Marineangehörigen geschriebene Gutachten von Hermann Willms, das der

Dieser Einwand ist insofern richtig, als das Rückwirkungsverbot als zentraler Rechtsgrundsatz in den Rechtsordnungen aller zivilisierter Staaten galt. Der einzelne sollte vor überraschender Strafe geschützt und dem weit mächtigeren Staat eine Grenze zur Verhinderung von Willkür gesetzt werden.[290] Doch abgesehen davon, daß der Grundsatz völkerrechtlich damals schon nicht in einer strengen, absoluten Form galt – die Strafbarkeit einer Handlung mußte nicht aus einer geschriebenen Norm folgen, die Strafdrohung mußte nicht konkret sein[291] –, ging er als Einwand auch in bezug auf das deutsche Recht fehl. Denn zum einen hatte das Reichsgericht zur Beurteilung der Kriegshandlungen ja deutsches Strafrecht zugrunde gelegt, das in seinen Aussagen sogar der strengen Legalitätsfunktion von *nullum crimen, nulla poena sine lege* entsprach, und zum anderen griff es zur Klärung der Rechtswidrigkeit auf Regeln des Kriegsrechts zurück, die ihrerseits dem völkerrechtlichen Bedeutungsgehalt insbesondere des *Nullum crimen sine lege*-Grundsatzes entsprachen. Diese Regeln, wie zum Beispiel das Verbot der Tötung eines wehrlosen Feindes in Art. 23 lit. c HLKO, dokumentierten (und dokumentieren auch heute) nämlich nicht lediglich ein völkerrechtliches Unrecht, vielmehr begründeten sie die Strafbarkeit bestimmter Handlungen und durchbrachen damit die Freiheit der Staaten, die Vertragsparteien entsprechender Abkommen waren, auf Verletzungen des Kriegsrechts nach eigenem Gutdünken zu reagieren.

Wenn dies im Ergebnis zwar auch, kraft gewohnheitsrechtlicher Geltung einzelner vertraglicher Bestimmungen, für andere am Krieg beteiligte Staaten Gültigkeit besaß, waren doch die Vertragsstaaten von den vertraglich festgehaltenen Verpflichtungen naturgemäß am stärksten betroffen. So verfügten beispielsweise die Art. 41 und 56 Abs. 2 HLKO, daß die Kriegführenden zur Ahndung bestimmter Völkerrechtsverletzungen gehalten sind.[292] In gleicher Weise verpflichtet bekanntlich Art. 28 der Gen-

---

Reichsanwaltschaft im Mai 1921 übergeben wurde, in: BAL, ORA/RG, Generalia, Bd. 52, Bl. 76–106; Kahl, *Untersuchungsausschuß und Staatsgerichtshof*, Sp. 6f.; Deutsche Nationalversammlung, Bd. 331, S. 4041ff.

290 Zur geschichtlichen Entwicklung des Grundsatzes *nullum crimen, nulla poena sine lege* vgl. Triffterer, Dogmatische Untersuchungen zur Entwicklung des materiellen Völkerstrafrechts seit Nürnberg, S. 92–123.

291 Ebenda, S. 121ff.

292 Art. 41 HLKO besagt: »Die Verletzung der Bedingungen des Waffenstillstandes durch Privatpersonen, die aus eigenem Antriebe handeln, gibt nur das Recht, die Bestrafung der Schuldigen und gegebenen Falles einen Ersatz für den erlittenen Schaden zu fordern.« Abs. 2 des Art. 56 HLKO, der unter der Überschrift »Gemeindeeigentum; öffentliche Anstalten« steht, lautet: »Jede Beschlagnahme, jede absichtliche Zerstörung oder Beschädigung von

fer Rot-Kreuz-Konvention von 1906[293] die Signatarstaaten, erforderlichenfalls die nationalen Gesetze zu ergänzen, um eine Beachtung des Konventionszwecks zu erreichen.[294]

Bei diesen Normen handelt es sich etwa nicht lediglich um Ausnahmebestimmungen, denn, so der Völkerrechtler Alfred Verdross, »es ist klar, daß es den Staaten nicht freistehen kann, völkerrechtswidrige Tötungen oder schwere Körperverletzungen unbestraft zu lassen, wenn eine Strafpflicht wegen kriegsrechtswidriger Eigentumsverletzungen besteht (Art. 56 LKO)«.[295] Eines besonderen Strafkodex für Kriegsverbrechen bedürfe es daher nicht. Kriegsverbrechen stellten gewöhnlich Handlungen wie Mord, Totschlag, Körperverletzung oder Sachbeschädigung dar, die in den Strafgesetzbüchern der Kulturstaaten sowieso unter Strafe gestellt seien. Auch wenn normale Kriegshandlungen nach strafrechtlichen Gesichtpunkten ebenfalls als Straftaten wie Mord oder Totschlag erschienen, würden sie so lange nicht als solche behandelt, wie sie dem kriegerischen Schädigungsrecht entsprächen. Erst wenn sie in Widerspruch zu diesem Recht gerieten, würden zu ihrer Bewertung und Ahndung die Vorschriften des nationalen Strafrechts herangezogen. »So beruft das Völkerrecht das nationale Strafrecht zum Beschützer des Kriegsrechtes.«[296]

Das Reichsgericht stand also bei seiner Rechtsanwendung im Einklang mit dem, was Verdross und andere Völkerrechtler[297] als völkerrechtlich anerkannt und geboten bezeichneten. Außerdem hatte es Art. 4 WRV beachtet, der ja die allgemein anerkannten Regeln des Völkerrechts in den

---

derartigen Anlagen, von geschichtlichen Denkmälern oder von Werken der Kunst und Wissenschaft ist untersagt und soll geahndet werden.«

293 Abgedruckt in RGBl. 1907, 279.

294 Art. 28 der 2. GK fordert u. a.: »Die an der Unterzeichnung teilnehmenden Regierungen verpflichten sich gleichermaßen, die erforderlichen Maßnahmen zu treffen oder im Falle der Unzulänglichkeit ihrer Militärstrafgesetze ihren gesetzgebenden Körperschaften vorzuschlagen, um in Kriegszeiten die von einzelnen begangenen Handlungen der Beraubung und der schlechten Behandlung von Verwundeten und Kranken der Heere mit Strafe zu belegen [...].«

295 Vgl. Verdross, Die völkerrechtswidrige Kriegshandlung und der Strafanspruch der Staaten, S. 27f.; zitiert wurde nach: ders., *Kriegsverbrechen und Kriegsverbrecher*, in: Karl Strupp (Hg.), Wörterbuch des Völkerrechts und der Diplomatie, 1. Bd., Berlin und Leipzig 1924, S. 775.

296 Verdross, Die völkerrechtswidrige Kriegshandlung und der Strafanspruch der Staaten, S. 28.

297 Vgl. z.B. James W. Garner, *Punishment of offenders against the laws and customs of war*, in: AJIL 14 (1920), S. 75f., oder Renault, *De l'application du droit pénal aux faits de guerre*, S. 10 und 12.

Rang »bindende[r] Bestandteile des deutschen Reichsrechts« erhob. Allerdings blieb noch offen, ob dies eine in der Natur der zu verhandelnden Sache begründete Entscheidung war oder ob sie sich eher aus anderen, rechtsfremden Gesichtspunkten ergab. In weiteren Verfahren, die den Vorwurf der Gefangenen- oder Verwundetenerschießung zum Gegenstand hatten, sollte sich später zeigen, daß es sich bei dem Urteil des Reichsgerichts nicht um ein Präjudiz gehandelt hatte, sondern um eine auf den besonderen Fall beschränkte Entscheidung.

Weitere Verfahren in Sachen Gefangenen- oder Verwundetenerschießung

Der General der Infanterie a. D. von Strantz war Befehlshaber des 5. Armeekorps. Im Rahmen des deutschen Vormarschs stieß es im August 1914 durch Luxemburg nach Belgien vor, wo es in heftige Kämpfe mit französischen Einheiten verwickelt wurde. In Ethe, einer Ortschaft im Südosten Belgiens, führte die Erbitterung über eine angeblich oder tatsächlich rechtswidrige Kampfweise französischer Soldaten (sie sollen, obwohl »verwundet am Dorfrand liegend«, von hinten auf deutsche Soldaten geschossen und außerdem das Zeichen des Roten Kreuzes mißbraucht haben),[298] zu Massenexekutionen. Das Tagebuch des Armeekorps verzeichnet hier in unzweideutiger Offenheit: »Das Feuer der Franktireurs aus Ethe verlosch erst, als die Bewohner ausgerottet waren.«[299]

In Goméry, einem Dorf nur einige Kilometer von Ethe entfernt, geschah dann wenig später folgendes: Um zu erkunden, ob Goméry vom Feind besetzt war, durchsuchten deutsche Soldaten die Häuser und Gehöfte. Soweit ist der Sachverhalt eindeutig. Was das Weitere anbelangt, gibt es

298 Vgl. bJ 169/20 (General d. Inf. Hermann von Strantz), Bd. 1, Bl. 16f. und 45. Auf dem Hauptverbandsplatz in Ethe sollen sich etwa 100 französische Soldaten mit einer Binde des Roten Kreuzes aufgehalten haben. Da ihm diese Zahl als verdächtig hoch erschien, ließ der Führer einer zum 5. Armeekorps gehörenden Infanteriebrigade, Freiherr von der Horst, die Hälfte von ihnen als Gefangene mitführen. Nachdem im Dorf Ethe auf den Brigadestab und nachfolgende Kompanien aus den teilweise mit einer Rotkreuzflagge gekennzeichneten Häusern heraus geschossen worden war (das Tagebuch spricht von einem heftigen Feuer, bei dem »die Absicht eines wohl überlegten Überfalls [...] unverkennbar« und das »unter Hilfeleistung der Bevölkerung wohl vorbereitet« war, erwähnt aber keine Opfer unter den deutschen Soldaten), gab der Brigadekommandeur den Befehl, »die gefangenen Einwohner und französischen Soldaten, im ganzen etwa 100 Mann, niederzuschiessen«.

299 Ebenda.

unterschiedliche Darstellungen, je nach herangezogener Quelle. Die erste Version ergibt sich aus dem Kriegstagebuch des Armeekorps und aus einem Bericht, der im März 1915 von dem Gericht des Militärgouvernements der Provinz Luxemburg erstellt wurde. Danach hätten sich viele Einwohner zusammen mit französischen Soldaten auf Dachböden und in Kellern versteckt gehalten. Zwei Maschinengewehre seien gefunden und deutsche Abteilungen auf der Dorfstraße beschossen worden, obwohl die belgische Dorfbevölkerung zuvor versichert hatte, es befänden sich keine französischen Soldaten mehr im Dorf. Von den in den Häusern entdeckten französischen Soldaten seien diejenigen, die zu fliehen versucht hätten, erschossen worden. Wie viele Soldaten erschossen wurden, darüber geben weder das Kriegstagebuch noch der Bericht Auskunft.[300]

Die zweite Version erschließt sich aus Zeugenaussagen beteiligter Soldaten, und zwar französischer und deutscher Soldaten, deren vereidigte Aussagen Anfang 1915 von dem Untersuchungsrichter eines Militärgerichts aufgenommen worden waren und die von der Reichsanwaltschaft und vom Reichsgericht in das Verfahren einbezogen wurden. Der Hauptmann der Kompanie, die das Dorf Goméry durchsuchte, erklärte beispielsweise:

»Am 23. August 1914 gab ich bei Ethe dem Leutnant Ruttke, der sich bei meiner Kompagnie [...] befand, den Befehl, mit seinem Zuge das Waldgelände in Richtung Gomery vom Feinde zu säubern und dadurch den Vormarsch des Regiments zu sichern. [...] Gegen Abend tauchte im Regiment das Gerücht auf, dass Ltn. Ruttke auf Befehl des Hauptmanns von Schönermarck, 3. Komp., etwa 150 verwundete französische Soldaten aus den Häusern Gomerys habe schaffen und erschiessen lassen. Leutnant Ruttke hat mir den Vorfall nicht gemeldet. Ich stellte ihn wegen der unterlassenen Meldung zur Rede und gab meiner Bestürzung Ausdruck darüber, dass Ltn. Ruttke überhaupt einen derartigen Befehl ausgeführt habe. Ich fragte ihn, ob er denn blinden Gehorsam nicht von Gehorsam unterscheiden könne. Ltn. Ruttke schwieg, und es schien mir, dass er nicht das richtige Verständnis hierfür habe. –

Gegen Abend kam das 1. Bataillon in die Nähe des brennenden Dorfes Gomery. Ich benutzte einen längeren Halt, um an der Kirchhofsmauer vorbeizugehen, wo die Erschossenen liegen sollten. Ich sah auch eine grössere Anzahl erschossener Franzosen in Uniform und brachte selbst einem noch lebenden schwerverwundeten Franzosen Wasser. Er zeigte mir seinen schweren Bauchschuß und sagte: ›Pourquoi, mon capitaine?‹ Soviel ich mich erinnere, habe ich dann dem Bataillonsführer, damaligen Hauptmann Pikardi, von dem Vorfall Mitteilung gemacht.«[301]

---

300 Vgl. ebenda sowie bJ 215/20 (General d. Inf. von Strantz), verb. mit 169/20, Bd. 1, Bl. 90f.

301 Aussage des Hauptmanns d. R. Walther Schubert, zit. n. bJ 215/20 (von Strantz), Bd. 1, Bl. 51f.

Welche Version die richtige ist, kann heute nicht mehr mit Bestimmtheit gesagt werden. Der in der Aussage erwähnte Hauptmann von Schönermarck und der ebenfalls genannte Leutnant Ruttke sind im Krieg gefallen,[302] und der Disziplinarvorgesetzte des Leutnants, Hauptmann Pikardi, bestätigte die offizielle Version, indem er aussagte, daß »die Landeseinwohner mit den französischen Soldaten gemeinsame Sache« gemacht hätten und flüchtende Soldaten erschossen worden seien.[303] Augenzeuge war er allerdings nicht, im Gegensatz zu anderen Soldaten, deren Aussagen aber in den Untersuchungsbericht nicht eingegangen sind, ganz zu schweigen vom Kriegstagebuch, das ja auf Korpsebene geschrieben wurde. Bei diesen Soldaten handelt es sich um solche aus der Einheit des Leutnants Ruttke, die an der Durchsuchung von Goméry beteiligt waren, oder um solche, die sie aus unmittelbarer Nähe miterlebt haben. Ihre beeidigten Aussagen bestätigen und ergänzen die oben zitierte, nämlich daß am 23. August 1914 in Goméry verwundete und unverwundete französische Soldaten aus Wut über die imaginierte oder de facto erfolgte Beschießung deutscher Einheiten dortselbst und zuvor in Ethe erschossen worden waren.[304] Über die Zahl der insgesamt Erschossenen gibt es

---

302 Vgl. ebenda und Bl. 76.

303 Vgl. bJ 169/20 (von Strantz), Bd. 1, Bl. 17 und 44.

304 Der Grenadier Schlabs sagte am 16.04.1915 aus (bJ 215/20, Bd. 1, Bl. 39f.): »Ich habe Gomery zu anfang [sic!] mit durchsucht. Wir haben ungefähr 20 unverwundete Franzosen gefangen genommen. Als wir mit ihnen aus dem Dorfe bereits abgerückt waren, kam plötzlich der Befehl, wieder nach Gomery einzurücken und dort alle französischen Soldaten, unverwundete und verwundete zu erschiessen. Die 20 unverwundeten franz. Soldaten sind daraufhin unter Leitung des Ltn. Ruttke auf einer Wiese abseits des Dorfes erschossen worden. Ich habe dies von weitem gesehen. Ich habe nunmehr mit anderen zusammen die Häuser von Gomery nach verwundeten franz. Soldaten durchsucht. Ich habe einen verwundeten franz. Feldwebel, der noch gehen konnte, zum Herrn Leutnant Ruttke, nach dem Kirchhof gebracht. Der Feldwebel ist auf Anordnung des Lts. Ruttke mit anderen franz. Heeresangehörigen zusammen erschossen worden. Der betr. Feldwebel war am Oberschenkel verwundet, die Hose war zerrissen, er stützte sich beim Gehen auf mich.«
Der Grenadier Goliner sagte ebenfalls am 16.04.1915 aus (ebenda, Bl. 43): »Ich rückte zusammen mit anderen Kameraden nach einiger Zeit mit dem Auftrag ab, das Dorf weiter zu durchsuchen. Das Dorf brannte zum Teil schon. Während der Durchsuchung erreichte uns der Befehl, alle Personen, verwundete und unverwundete nach dem Kirchhof zu bringen. Ich habe in meinem Hause etwa 30 verwundete und unverwundete franz. Heeresangehörige entdeckt und dies meinem Gruppenführer gemeldet. Sie sind von uns

nur eine Angabe, die eines französischen Soldaten, der die Exekution verletzt unter Leichen liegend überlebt hat. Er spricht, »ohne eine genaue Garantie zu übernehmen«, von ungefähr 200 Toten.[305]

Vergleicht man beide Versionen und die sie stützenden Beweise, ist, wenn auch nicht mit Bestimmtheit, so doch mit hoher Wahrscheinlichkeit davon auszugehen, daß in Goméry eine große Zahl verwundeter oder unverwundeter französischer Gefangener getötet wurden. Damit wäre der Tatbestand des Totschlags oder sogar des Mordes gegeben, denn die Rechtswidrigkeit dieser Handlungen ergäbe sich aus dem Art. 23 lit. c HLKO. Und selbst wenn die offizielle Darstellung zutreffend wäre, es also aus belgischen Häusern einen Beschuß deutscher Truppen durch französische Soldaten gegeben hätte, kann dies nicht *per se* als eine »gemeinsame Sache« zwischen der belgischen Zivilbevölkerung und französischen Einheiten gewertet werden und auch nicht Anlaß dafür sein, die flüchtenden Soldaten zu erschießen und keine Gefangenen zu machen.[306]

Ein Problem aber bleibt, und das ist das Problem der Verantwortungszuweisung. Der Befehlshaber des Armeekorps, zu dessen Operationsgebiet Ethe und Goméry zählten, war zum Tatzeitpunkt nicht am Tatort.

---

zum Kirchhof gebracht u. dort mit noch anderen franz. Militärpersonen unter Leitung des Lts. Ruttke erschossen worden.«

Der Leutnant Homburg sagte am 01.03.1915 aus (ebenda, Bl. 106f.): »Als die Häuser schon brannten, sah ich in meiner Nähe einen Soldaten, der nicht zu meiner Mannschaft gehörte, auf einen feindlichen Mann, der keine Waffe mehr hatte, anlegen. Ich wollte ihn am Schießen hindern. Herr Ltn. Ruttke [...] trat aber hinzu und sagte, meiner Erinnerung nach: ›Nein, die sollen ja erschossen werden‹. Wen er außer jenem Mann meinte, weiß ich nicht.«

Der Grenadier von Stegemann erklärte im reichsanwaltlichen Ermittlungsverfahren (bJ 169/20, Bd. 1, Bl. 33RS): »Dieser [Leutnant Ruttke, G. H.] ließ daraufhin halten, die Gewehre zusammensetzen, und ging allein weiter nach Ethe zu. Nach etwa 20 Minuten kam er wieder zurück und sagte etwa: »Leute, so eine Schweinerei, wir können Gott danken, daß wir paar Leute so glücklich durch Ethe durchgekommen sind, kurz darauf sind die 47er durchmarschiert und von Maschinengewehren aus den Fenstern beschossen worden. Wir müssen sofort nach Gomery zurück und sollen sämtliche Verwundete dort und Gefangene erschießen.«

305 Vgl. die Aussage des Pioniersoldaten Elie Caron vom 10. November 1918, in: bJ 215/20 (von Strantz), Bd. 1, Bl. 12–19 (15).

306 Ein Bearbeiter in der Reichsanwaltschaft sah sich denn auch auf die Aussage hin, daß »die Soldaten, die in den Häusern vorgefunden und flüchteten [sic!], standrechtlich erschossen [wurden]«, zu der Randbemerkung »Warum?« veranlaßt. Vgl. ebenda, Bl. 91.

Laut eigener Aussage und der von Zeugen wurde General von Strantz erst einige Tage später von dem Geschehen unterrichtet. Einen Befehl zur Exekution der französischen Soldaten konnte er also nicht erteilt haben. Wie das Reichsgericht im Einstellungsbeschluß hervorhob, gingen »die Unterbefehlshaber des Beschuldigten ohne dessen Befehl selbständig« vor.[307] Ermittlungen gegen diese Unterbefehlshaber wurden aber nicht eingeleitet, da das Gericht von der Annahme ausging, daß deutsche Truppen in Ethe und Goméry »von den Ortseinwohnern hinterlistig überfallen« worden waren,[308] sie also zu Recht nach dem Kriegsbrauch so gehandelt hatten, wie es von offizieller Seite dargestellt wurde. Zahlreiche anderslautende Zeugenaussagen, die ein glaubhaftes, kohärentes Bild vom wahrscheinlichen Verfahrensablauf zu vermitteln geeignet waren, wurden dagegen wie schon im Stenger-Fall nicht in Betracht gezogen. Zum Teil wird dies auf die Meinung von Reichsanwaltschaft und Reichsgericht zurückzuführen sein, daß die französischen Beschuldigungen ohnehin nur pauschal und im Ergebnis nicht stichhaltig waren – eine Meinung, die beide Justizorgane nach dem Stenger-Fall noch in anderen Verfahren bestätigt sahen.[309] Bedenken hinsichtlich einer folgenlosen Einstellung des Verfahrens in Sachen Goméry bestanden dennoch, wie der Umstand zeigt, daß sie erst nach sechs Jahren, im März 1926, beschlossen wurde.

Andererseits aber weist gerade dieser Umstand auf etwas hin, was wohl zu einem weit größeren Teil für die Verfahrenseinstellung ursächlich ist, nämlich auf das bereits angesprochene Vorverständnis in der deutschen Justiz, wonach Tatvorwürfe der hier in Rede stehenden Art nicht mit einem deutschen Soldaten, schon gar nicht, wenn er ein Offizier ist, in Verbindung zu bringen sind.[310] Richtungweisend mag hier eine Entschei-

---

307 Vgl. bJ 169/20 (von Strantz), Bd. 1, Bl. 94.

308 Ebenda.

309 Im Verfahren bJ 353/20 gegen den Generalfeldmarschall Kronprinz Rupprecht von Bayern z. B. hatte Frankreich unter Nr. 33 seiner Auslieferungsliste die Beschuldigung erhoben, dieser habe den Befehl erteilt, englische Kriegsgefangene zu töten. Als Beweismittel führte es einen Briefauszug an, in dem ein Generalleutnant schreibt, daß sich der allgemeine Haß gegen die Engländer richte, von denen im Bereich der Heeresgruppe des Generalfeldmarschalls fast keiner gefangengenommen, sondern nahezu jeder getötet werde. Bei dem General handelte es sich jedoch um einen bereits 1909 aus dem Dienst geschiedenen, der also nicht »im Felde« gewesen ist. In dem Brief hatte er nach eigener Angabe nur eine »stimmungsmäßige« Ansicht kundgetan, für die er keine tatsächlichen Anhaltspunkte habe. Vgl. bJ 353/20, Bl. 73.

310 Während der Verhandlung gegen Stenger und Crusius z. B. berichtete ein Zeuge: »Wir machten abends Patrouille von drei Mann. Wir haben An-

dung der Reichsanwaltschaft aus dem Jahre 1920 sein, aus einer Zeit also, in der die Ermittlungen in den sogenannten Listen-Fällen erst eingeleitet wurden: Der *Vorwärts* hatte mit Schreiben vom 2. November 1918 dem damaligen Reichskanzler Prinz Max von Baden mitgeteilt, daß ein Generalleutnant am vorangegangenen 5. Oktober auf einer öffentlichen Versammlung gesagt habe, er habe es als Kommandierender General stets bedauert, den Befehl nicht geben zu dürfen, daß keine schwarzen Gefangenen gemacht werden sollten. Jedoch habe er wiederholt seinen Untergebenen gegenüber den Wunsch geäußert: »Ich will keinen Schwarzen lebend sehen.« Aber der gutmütige deutsche Soldat habe doch immer wieder lebende schwarze Gefangene eingebracht.[311]

Wohl wissend, was der »Wunsch« eines Generals für einen einfachen Soldaten bedeutet, empfahl der *Vorwärts* dem Reichskanzler, für die Einleitung eines Ermittlungsverfahrens wegen der »denkbar schwersten Verletzung völkerrechtlicher Grundsätze« zu sorgen.[312] Am 18. Februar 1920, also zwei Monate nach Verabschiedung des »Gesetzes zur Verfolgung von Kriegsverbrechen und Kriegsvergehen«, wurde dann tatsächlich durch den Oberreichsanwalt ein Ermittlungsverfahren gegen Generalleutnant von Liebert eingeleitet, um allerdings ein halbes Jahr später wieder eingestellt zu werden. In der Einstellungsverfügung ist zu lesen, daß der Beschuldigte zugibt, »im Frühjahr 1917 in der Zeit der Schlacht am Chemin des Dames [...] den Offizieren seines Stabes gegenüber den Wunsch geäußert zu haben, keine gefangenen Neger zu sehen«. Weiter habe er auch einmal zu einem Trupp Soldaten, der gefangene Neger begleitet habe, geäußert: »Also bringt Ihr mir doch Neger als Gefangene.« Er habe die Äußerungen allerdings nicht als einen dienstlichen Befehl gegeben, sondern sie mit »der Notwendigkeit einer energischen Gegenwirkung gegen die Anwendung der Neger durch die Franzosen« begründet, welche die Neger durch Alkohol zu größtem Blutdurst und größter Grausamkeit aufgestachelt hätten.[313]

In seiner Einstellungsverfügung ging der Oberreichsanwalt auf diese Interpretation, deren Gewundenheit ihm zu entgehen schien, nicht ein, da seiner Meinung nach nicht erwiesen und nicht erweisbar sei, daß über-

---

schluß an die Bayern gesucht [an Teile des 1. Bayerischen Regiments, G. H.]. Da erzählten die Bayern, sie hätten Gefangene, 12 bis 15 Mann, zu transportieren gehabt, die hätten sie einfach totgeschlagen, um sie nicht zu transportieren zu brauchen.« Das Gericht überging diese Aussage kommentarlos. Vgl. bJ 92/20 (Stenger/Crusius), Bd. 3, Bl. 146.

311 Vgl. aJ 16/20 (Generalleutnant Hans von Liebert), Bl. 3.

312 Ebenda.

313 Ebenda, Bl. 23.

haupt ein feindlicher Soldat infolge der »Äußerungen« getötet worden war, zum einen, weil kein konkreter Fall bekannt sei, und zum anderen, weil etwaige Täter »kaum zugeben werden, völkerrechtswidrig feindliche Soldaten getötet zu haben«.[314] – Ein Wissen, das für endgültig genommen wurde, und eine Hypothese, die man von vornherein als bestätigt ansah, da ist der Eindruck unausweichlich, daß an einer Erforschung des Sachverhalts kein Interesse bestand. Der Umstand, daß es sich bei den möglichen Opfern um sogenannte Neger-Soldaten handelte, wird dieses Interesse sicherlich beeinflußt haben. In der öffentlichen Meinung Deutschlands stieß ihr Einsatz auf in etwa die Entrüstung, die der Gebrauch von Dum-Dum-Geschossen hervorrief. Doch während letztere völkerrechtlich verboten waren,[315] gab es keine Regelung, die die Verwendung von farbigen Truppen aus den Kolonien verboten hätte. Aus deutscher Sicht verstieß jedoch »die Verwendung von Wilden, auch wenn sie eine vorübergehende Zähmung im Truppenverband erfahren haben, gegen das Völkerrechtsgefühl«.[316] Ihre Kampfweise wurde pauschal als derjenigen zivilisierter Völker und damit auch der deutschen entgegengesetzt aufgefaßt, und es kursierten eine ganze Reihe von Greuelgeschichten über tatsächliche oder – was aufgrund der verwendeten immer wieder gleichen Stereotype wahrscheinlicher ist – vermeintliche Verbrechen von »Senegalnegern«, »Turkos« oder einfach nur »Arabern«.[317]

---

314 Ebenda, Bl. 23 RS. Ein Verstoß gegen § 116 MStGB (Mißbrauch der Dienstgewalt) konnte nicht verfolgt werden, weil er wegen der darin angedrohten Höchststrafe von einem Jahr Freiheitsstrafe unter die militärische Amnestie vom 7. Dezember 1918 fiel. Wie bereits in anderem Zusammenhang (oben, S. 64) ausgeführt, galt die Amnestieregelung hier deshalb, weil der Beschuldigte nicht auf der Auslieferungsliste stand.

315 Vgl. die Haager Erklärung betreffend das Verbot von Geschossen, die sich leicht im menschlichen Körper ausdehnen oder platt drücken von 1899 (RGBl. 1901, 478) sowie Art. 23 lit. e HLKO (Verbot von Geschossen, die geeignet sind, unnötige Leiden zu verursachen).

316 Vgl. Liszt, Das Völkerrecht (1925), S. 476, FN 12 (Kommentar von Fleischmann). Daß auch namentlich britische Militärs dies ähnlich sahen, zeigt Cora Stephan, Das Handwerk des Krieges, Berlin 1998, S. 80f.

317 Vgl. die noch während des Krieges veröffentlichte Denkschrift des Auswärtigen Amtes mit dem Titel »Völkerrechtswidrige Verwendung farbiger Truppen auf dem europäischen Kriegsschauplatz durch England und Frankreich«. Darin folgt Beispiel auf Beispiel dafür, daß »farbige Volksgenossen Frankreichs und Englands« abgeschnittene Ohren deutscher Soldaten an Schnüren aufgereiht, Köpfe als Trophäe abgetrennt oder Finger mit Ringen als Beute abgeschnitten hätten. Siehe dazu Meurer, Gutachten über Verletzungen des Kriegsgefangenenrechts, erste Hälfte, in: Deutscher Reichstag (Hg.), Völkerrecht im Weltkrieg, 3. Band, S. 97–102.

Die Reihe der Verfahren wegen der Tötung feindlicher Gefangener könnte noch um einige Fälle ergänzt werden. Dabei handelt es sich sowohl um Fälle, die ebenfalls Gegenstand reichsanwaltlicher Ermittlungen waren und auf Antrag des Oberreichsanwalts vom Reichsgericht eingestellt wurden,[318] als auch um Fälle, die von Zeugen, Beteiligten oder den Tätern selbst festgehalten worden waren und nicht Ziel offizieller Ermittlungen wurden. Diese Zeugnisse aus Briefen, Kriegstagebüchern und aus der Literatur belegen einmal mehr, daß es Erschießungen von gefangengenommenen oder verwundeten feindlichen Soldaten gegeben hat und beglaubigen auf diese Weise zugleich die hier dargestellten Fälle.[319] Darüber hinaus zeigen sie noch etwas anderes – nämlich daß es auch auf seiten der Entente-Mächte zu Fällen der Tötung gefangengenommener, verwundeter feindlicher Soldaten gekommen ist. In der französischen Armee gab es die bereits angesprochenen *nettoyeurs*, die »Grabensäuberer«,

---

318 Hierher gehört teilweise auch die Verfahren gegen Generalmajor a. D. Graf Kielmansegg (bJ 304/20), Generalleutnant a. D. Meister (bJ 307/20) und andere Offiziere, die an der Eroberung der belgischen Stadt Dinant und den anschließenden »Strafaktionen« beteiligt waren. Ein Teil der dort Erschossenen waren Gefangene, und Zeugenaussagen zufolge soll dort auch der Befehl »Pardon wird nicht gegeben« erteilt worden sein. Auf die in diesem Zusammenhang erhobenen Tatvorwürfe wird an anderer Stelle noch gesondert eingegangen (S. 203ff.). Weitere Fälle sind bJ 28/20 (Oberstleutnant Derichs), 29/20 (Leutnant Brockert), 30/20 (Leutnant Erck), 31/20 (Generalmajor a. D. Cramer) und bJ 32/20 (Oberst a. D. Frhr. von Kottwitz). Gegen diese Beschuldigten wurde wegen (mehrfachen) Mordes ermittelt, und die Verfahren wurden jeweils mangels Beweises – in einem Fall wegen des Todes des Beschuldigten (Leutnant Erck) – eingestellt.

319 Vgl. die Sammlung deutscher Feldpostbriefe in Joseph Bédier, Deutsche Verbrechen durch deutsche Dokumente bewiesen, Paris 1915, S. 27–39; Dominik Richert, Beste Gelegenheit zum Sterben. Meine Erlebnisse im Kriege 1914–1918 (hrsg. von Angelika Tramitz und Bernd Ulrich), München 1989, S. 36–41. Richert war Soldat in der Brigade Stenger und berichtet auf diesen Seiten von dem später zur Verhandlung vor dem Reichsgericht gebrachten Brigadebefehl Generalmajors Stenger, daß keine Gefangenen gemacht werden sollten. Vgl. weiter Alan Kramer, *»Greueltaten«. Zum Problem der deutschen Kriegsverbrechen in Belgien und Frankreich 1914*, S. 106, wo Kramer eine Passage aus einem Brief eines Generaloberarztes zitiert, der die Erschießung von Gefangenen damit rechtfertigt, daß diese »mehr Geld und Mannschaften zur Bewachung [kosten], als für Deutschland jetzt von Vorteil ist«; Ludwig Renn, Krieg – Nachkrieg, Berlin und Weimar 1979, S. 56 (Renn, eigentlich Arnold Friedrich Vieth, wurde im Krieg bis zum Leutnant befördert); Niall Ferguson, Der falsche Krieg. Der Erste Weltkrieg und das 20. Jahrhundert, Stuttgart 1999, S. 356–372.

deren Aufgabe darin bestand, die nach einem Angriff in den rückwärtigen Schützengräben verwundet zurückgebliebenen feindlichen, das heißt in der Regel deutschen, Soldaten zu töten.[320] Damit sollte verhindert werden, daß ein lebender Feind hinter den Angriffstruppen zurückblieb und die vorstürmenden Soldaten von hinten, möglicherweise sogar mit einem Maschinengewehr, beschoß.[321]

Englische einheimische Soldaten und namentlich englische Kolonialsoldaten haben ebenfalls, folgt man dem Gutachten von Meurer über alliierte Verletzungen des Kriegsgefangenenrechts, in vielen Fällen wehrlose feindliche Soldaten getötet.[322] Auf konkrete Fälle von Gefangenentötungen geht Niall Ferguson ein, doch weist er zugleich darauf hin, daß die Aussagen englischer Soldaten nicht als einwandfreie Beweismittel gelten könnten, weil sich in ihnen auch ein ganz bestimmter »Sinn für Humor, Ironie und Distanzierung« äußere.[323] Dies mag zutreffen, denn der Ruf des Schreckens und der Unerbittlichkeit konnte, wie Wilhelm II. in seiner »Hunnenrede« veranschaulichte, eine Kriegswaffe und – ob von Taten gefolgt oder nicht – ein Mittel zur Hebung der Kampfmoral sein.[324] Ganz ohne Zweifel zuzustimmen ist ihm aber, wenn er bei den Tötungs-

---

320 Vgl. z. B. den in Jean-Pierre Guéno und Yves Laplume (Hg.), Paroles de Poilus. Lettres et carnets du front (1914–1918), Paris 1998, S. 48f. veröffentlichten Brief eines französischen Soldaten, der u. a. 1915 schrieb: »Les Sénégalais qui passent sur les tranchées ennemies achèvent les blessés. On nous l'avait bien recommandé à nous aussi, mais je n'ai pas le courage.« Einen Regimentsbefehl zur Säuberung der Gräben und Unterstände enthält im Wortlaut: Meurer, Gutachten über Verletzungen des Kriegsgefangenenrechts, S. 78.

321 Vgl. den bei Meurer veröffentlichten französischen Regimentsbefehl.

322 Ebenda, S. 81f.

323 Ferguson, Der falsche Krieg, S. 361.

324 Ferguson zitiert z. B. einen englischen Soldaten wie folgt (S. 362): »Der Fritz, so behaupteten sie, mache auch keine Gefangenen, warum sollten wir es tun? Ich habe es ihnen nicht wirklich geglaubt, doch im Zusammenhang mit einer derartigen Anarchie war eben alles möglich. Gespenstische Geschichten wurden über deutsche Gefangene erzählt, die aus dem einen oder anderen Grund die Gefangenenlager nicht erreichten. Die Lieblingsgeschichte handelte von einer Gruppe sehr kriegerischer Gurkha-Soldaten, die außerordentlich erzürnt waren, weil man ihnen die zeitraubende Arbeit zugeteilt hatte, eine Gruppe von Gefangenen ins Hinterland zu geleiten. Sie entwickelten dann ein eigenes abgekürztes Verfahren, und die höheren Stellen verschlossen die Augen davor. Ob die Geschichte nun wahr ist oder nicht, so wurde diese Erzählung jedenfalls als ein Beispiel rauher Gerechtigkeit mit Befriedigung zur Kenntnis genommen.«

handlungen zwischen solchen differenziert, die in der Hitze des Gefechts erfolgen, und solchen, die nach der Schlacht oder fern vom Schlachtfeld geschehen.

»Wir befanden uns acht Stunden lang unter Granatfeuer. Es erschien mir eher wie ein Traum, wir müssen zu diesem Zeitpunkt absolut irre gewesen sein, einige der Jungs sahen ganz krank aus, nachdem der Angriff vorbei war. Als wir die deutschen Gräben betraten, fanden wir Hunderte von Deutschen, die durch unser Artilleriefeuer wie aus dem Häuschen waren. Eine große Zahl von ihnen kam heraus und winselte um Gnade. Es ist wohl überflüssig zu sagen, daß wir sie auf der Stelle erschossen haben, was das Äußerste an Gnade war, was wir ihnen gewähren konnten.«[325]

Objektiv liegt hier eindeutig ein Verstoß gegen Art. 23 lit. c HLKO vor, doch in subjektiver Hinsicht wird man nicht davon ausgehen können, daß die Soldaten ihre Handlungsweise überblickten, daß sie wußten, was sie taten, und daher vorsätzlich gehandelt haben.[326] Nach der Rechtsprechung des Reichsgerichts läge also mangels Widerrechtlichkeit eine Tötungshandlung (§ 211 oder § 212 StGB) und damit ein Kriegsverbrechen nicht vor.

Anders wäre es, wenn allgemein ein Befehl der Pardonverweigerung ergangen und die Tötung der feindlichen Soldaten eine vom Vernichtungswillen diktierte taktische oder strategische Vorgabe gewesen wäre. Dafür allerdings fehlt es an Belegen, zumindest was derartige Befehle von höherer Stelle anbelangt.[327] Ein Befehl mit einer auch nur ansatzweise gleichen

325 Ebenda.

326 Ernst Jünger beispielsweise hat beobachtet, daß »[d]er Kämpfer, dem während des Anlaufs ein blutiger Schleier vor den Augen wallte, nicht gefangennehmen [will]; er will töten. Er hat jedes Ziel aus den Augen verloren und steht im Banne gewaltiger Urtriebe.« Vgl. ders., In Stahlgewittern. Aus dem Tagebuch eines Stoßtruppführers, Berlin 1921, S. 265.
Keegan berichtet in seinem Buch »Der Erste Weltkrieg« auf Seite 276 von einem entgegengesetzten Fall: »Um 11.30 Uhr wurden die Maschinengewehrstellungen des 11. Jägerbataillons unter Artilleriebeschuss genommen; ein Offizier und 63 Mann ergaben sich, nachdem sie etwa 1000 britische Soldaten getötet hatten.« Auch wenn dieser Fall vielleicht als Extremfall zu gelten hat, weist er doch darauf hin, daß die Beachtung von Kriegsregeln und nicht das Berserkertum die Normalsituation im Krieg waren.

327 Ferguson erwähnt Befehle, die von Ausbildern, also Unteroffizieren, oder von niederen Offiziersdiensträngen (Kompanieführer) erteilt wurden. Meurer bezieht sich in seinem Gutachten über Verletzungen des Kriegsgefangenenrechts (S. 81) auf zwei deutsche Denkschriften von 1917 und 1919 über englische Kriegsrechtsverstöße, doch bleibt ungeklärt, was an den Beispie-

Wahrscheinlichkeit seiner Erteilung wie derjenige, der dem deutschen General Stenger vorgeworfen wurde und der – laut Reichsgericht – angeblich nur in der Vorstellung des Major Crusius existierte, findet sich bei Ferguson und auch in den deutschen Denkschriften über englische Völkerrechtsverstöße nicht. Daß es derartige Befehle oder überhaupt Fälle kaltblütiger, auf Befehl erfolgter Gefangenentötungen durch englische Soldaten gegeben haben kann, ist gleichwohl nicht ausgeschlossen.[328]

Das gleiche gilt für die französische Armee. Mit den geringsten Zweifeln ist allein die französische Praxis des Einsatzes von *nettoyeurs* behaftet. Von deutscher Seite wurde sie als Inbegriff einer verbrecherischen Kriegführung angesehen, doch ist nicht sicher, ab wann sie tatsächlich in der angenommenen Form existierte. Meurer vermittelt in seinem Gutachten den Eindruck, als sei – zunächst jedoch nur vereinzelt – von Kriegsbeginn an die Praxis des »Grabensäuberns« ausgeübt worden.[329] Das Reichsgericht wertet hingegen in dem Verfahren gegen Stenger und Crusius die Tätigkeit der *nettoyeurs* bis 1915 als normales Kampfgeschehen und macht dies daran fest, daß im konkreten Fall (nach einem Gefecht im Herbst 1915 in Nordfrankreich) die verwundeten deutschen Soldaten mit »normalen Waffen« (Gewehrkolben oder Seitengewehr) getötet worden seien. Darauf, daß französische Einheiten ab 1916 mit besonderen Waffen (Messern) zur Säuberung der Schützengräben und Unterstände ausgerüstet wurden, ging das Gericht nicht ein.[330] Dabei dürfte in beiden Fällen, und im letztgenannten Fall wegen der Planmäßigkeit des Vorgehens mit großer Deutlichkeit, ein Verstoß gegen Art. 23 lit. c HLKO und gegen zentrale Bestimmungen der zweiten Genfer Rot-Kreuz-Konvention[331] nicht von der Hand zu weisen sein.

---

len Propaganda ist und was der Wahrheit entspricht. Der gleiche Vorbehalt gilt allerdings auch für die Fallbeispiele Fergusons.

328 Für Ferguson (S. 363) besteht z. B. kein Zweifel daran, daß die Gerüchte und kolportierten Geschichten auch auf Tatsachen beruhten. Zur deutschen Überzeugung während des Weltkriegs vgl. Ernst Schultze, *Die Tötung Kriegsgefangener in englischen Kriegen*, in: ZIR 26 (1916), S. 325–386.

329 Meurer, Verletzungen des Kriegsgefangenenrechts, S. 78.

330 Vgl. bJ 92/20 (Stenger/Crusius), Bd. 2, Bl. 600–602; *Unsere Gegenrechnung im Prozeß Stenger–Crusius*, in: Kreuz-Zeitung, Nr. 308, 5.7.1921.

331 »Abkommen zur Verbesserung des Loses der Verwundeten und Kranken bei den im Felde stehenden Heeren« von 1906 (RGBl. 1907, 279). In Betracht käme hier ein Verstoß gegen die Art. 1–3 des Abkommens, die u. a. die Versorgung von verwundeten und kranken Soldaten und ihre Behandlung als Kriegsgefangene vorschrieben. Wie bereits erwähnt, sah Art. 28 des Abkommens eine Bestrafungspflicht für Staaten gegenüber ihren eigenen Soldaten vor.

Aerschot, Andenne, Dinant, Löwen – Stationen eines blutigen Vormarsches

»[W]ir sind jetzt in der Notwehr, und Not kennt kein Gebot! Unsere Truppen haben Luxemburg besetzt; vielleicht auch schon belgisches Gebiet betreten. Meine Herren, das widerspricht den Geboten des Völkerrechts [...]. [Aber wir waren] gezwungen, uns über den berechtigten Protest der luxemburgischen und belgischen Regierung hinwegzusetzen. Das Unrecht – ich spreche offen – das Unrecht, das wir damit tun, werden wir wieder gutzumachen suchen, sobald unser militärisches Ziel erreicht ist. Wer so bedroht ist wie wir und um sein Höchstes kämpft, der darf nur daran denken, wie er sich durchhaut!«[332]

Mit diesen Worten rechtfertigte der Reichskanzler von Bethmann Hollweg den Einmarsch in Belgien. Verantwortlich für die luxemburgische und belgische Neutralitätsverletzung war Wilhelm II., da er nach Art. 11 Abs. 1 der Reichsverfassung das Recht hatte, im Namen des Reiches einen Krieg zu erklären. Er vertrat das Deutsche Reich völkerrechtlich, war also auch dann verantwortlich, wenn es sich – was vom Ablauf her zutreffender ist – bei dem Einmarsch in Belgien und Luxemburg um eine konkludente Kriegserklärung gehandelt hatte.[333] Bethmann Hollweg mußte als Reichskanzler und Vorsitzendes des Bundesrates die kaiserlichen Anordnungen und Verfügungen gegenzeichnen (Art. 15 der Reichsverfassung). Damit traf auch ihn eine Verantwortung für den Kriegsbeginn gegen Belgien, doch anders als dem Kaiser wurde ihm dies nicht vorgeworfen. Zwar beschuldigte ihn Belgien in der großen Auslieferungsliste unter Nummer 21, »Angriffe auf die belgische Souveränität« (»atteintes à la souveraineté belge«) begangen zu haben,[334] aber damit war, wie Bethmann Hollweg in seiner Erwiderung auf die belgische Beschuldigung unwidersprochen mutmaßte, nicht der deutsche Einmarsch in Belgien gemeint, weil in diesem Falle von einer Verletzung der Neutralität, nicht aber der Souveränität gesprochen worden wäre.[335] Der Vorwurf der »atteintes à la souveraineté belge« meinte vielmehr die Art und Weise der Okkupationsverwaltung, also den Eingriff in die belgische Personalhoheit beispielsweise

---

332 Reichstag, 1914, Bd. 306, S. 7A.

333 Vgl. zur Vorgeschichte des Einmarschs in Belgien, zu den Hintergrundgesprächen und eigentlichen Zielen Frank Wende, Die belgische Frage in der deutschen Politik des Ersten Weltkrieges, Diss. Universität Hamburg, Hamburg 1970, S. 17ff.

334 Vgl. Liste des personnes désignées ..., in: ORA/RG, Generalia, Bd. 56, S. 148.

335 Vgl. bJ 735/20 (Bethmann Hollweg), Bl. 5.

dadurch, daß belgische Staatsangehörige deportiert wurden. Dies zeigt auch ein weiterer Fall, in dem die Beschuldigung der »atteintes à la souveraineté belge« erhoben wurde, und zwar der des ehemaligen Präsidenten der Zivilverwaltung der Provinz Ostflandern, Fritz Ecker. Dieser Vorwurf war nämlich noch dahingehend präzisiert worden, daß es sich bei diesem Angriff auf die belgische Souveränität um die Deportation von Beamten und Angestellten des öffentlichen Dienstes handeln sollte.[336]

Da die Verantwortlichen für den Bruch der luxemburgischen und der belgischen Neutralität nicht zur Rechenschaft gezogen werden konnten beziehungsweise sich diesem Vorwurf nicht zu stellen hatten, konzentrierten sich die alliierten Beschuldigungen auf die unmittelbar aus diesem Bruch hervorgegangenen Verbrechen. Belgien hatte sich, wie in der Antwort auf das deutsche Ultimatum angekündigt, gegen die Verletzung seiner Grenzen und den Vormarsch deutscher Truppen zur Wehr gesetzt. Aufgrund mangelnder Siegesaussichten stellten seine Soldaten sich nicht in offener Schlacht, sondern wandten eine Taktik der Nadelstiche, des plötzlichen Angriffs und des schnellen Rückzugs an.[337] Das Ziel war die »fortwährende Beunruhigung des Feindes«,[338] und in der kaiserlichen Armee tauchte alsbald die Erinnerung an den Franktireur-Krieg von 1870/71 wieder auf, als sich nach der Kapitulation von Napoleon III. bei Sedan am 2. September 1870 und Ausrufung der Republik zwei Tage später ein Volkskrieg in Frankreich entwickelte,[339] der noch Jahre später dem damaligen Generalstabschef Helmuth von Moltke als Inbegriff eines erbarmungslosen Krieges erschien.[340]

Eine derartige Entwicklung war nach Überzeugung des Generalstabs unter der Leitung des Neffen und Namensvetters des früheren Generalstabschefs auch jetzt in Belgien zu beobachten. Gegner der kaiserlichen Armee waren nicht allein die regulären belgischen Truppen, zum Gegner

336 Die Auslieferung Fritz Eckers wird von Belgien in der großen Liste unter Nummer 53 gefordert, vgl. ebenda, S. 150.

337 Vgl. Wieland, Belgien 1914, S. 3.

338 Ebenda.

339 Vgl. Winkler, Der lange Weg nach Westen, Bd. 1, S. 206ff.; Buß, Der Kombattantenstatus, S. 145ff.

340 »Mit dieser Energie [sc. Schwächung des Feindes in allen Bereichen], und doch mit mehr Mäßigung wie je zuvor, ist der letzte Krieg in Frankreich geführt worden. Nach zwei Monaten war der Feldzug entschieden, und erst als eine revolutionäre Regierung ihn zum Verderben des eigenen Landes noch vier Monate länger fortsetzte, nahmen die Kämpfe einen erbitterten Charakter an.« Zitiert aus einem Brief Moltkes an Bluntschli vom 11. Dezember 1880, in: Pross (Hg.), Die Zerstörung der deutschen Politik. Dokumente 1871–1933, S. 37.

wurde auch die belgische Zivilbevölkerung. Ihre zunächst gemutmaßte, dann nach deutscher Auffassung schnell zweifelsfrei feststehende Teilnahme an den Kämpfen bot nämlich eine Erklärung dafür, warum die belgische Guerillataktik trotz der erdrückenden deutschen Übermacht so erfolgreich war. Der Feind kämpfte heimtückisch, und er war, weil von Zivilisten nicht zu unterscheiden, schwer identifizierbar. Nur durch schonungsloses, abschreckendes Vorgehen gegen die belgische Zivilbevölkerung glaubte die deutsche militärische Führung, diese von einer Beteiligung an den Kämpfen abhalten und zu einer widerstandslosen Hinnahme der Besetzung ihres Landes zwingen zu können.

Der häufigste Vorwurf gegen kaiserliche Soldaten unterschiedlicher Dienstgrade, meist jedoch Offiziere, war folglich derjenige, auf dem Vormarsch durch Belgien im Spätsommer und Frühherbst 1914 als unmittelbare Täter Greueltaten (*atrocités*) begangen beziehungsweise – als mittelbare Täter, und hier kamen nur hohe Offiziere in Frage – unterstellte Soldaten zu einer verbrecherischen Handlungsweise aufgefordert, ermutigt oder eine solche Handlungsweise geduldet zu haben (»responsables de la conduite systématiquement inhumaine de leurs troupes«).

Unter den Vorwurf der Begehung von Greueltaten[341] faßten Belgien und Frankreich, das die belgischen Beschuldigungen in einigen Fällen unterstützte, summarische Exekutionen von Zivilpersonen, Geiselerschießungen, Inbrandsetzen von Häusern, Dörfern und ganzen Stadtteilen und Übergriffe gegen einzelne Personen, wozu man Vergewaltigungen, Mißhandlungen und andere Fälle schwerer Körperverletzung rechnete. Was unter »systematischem unmenschlichem Verhalten unterstellter Einheiten« zu verstehen war, wurde von Belgien nicht ausgeführt, auch nicht von Rumänien, das diese Beschuldigung ebenfalls vorbrachte. Die Ermittlungsakten in den jeweiligen Verfahren zeigen aber, daß dabei an planmäßige Ausschreitungen deutscher Soldaten gegen die Zivilbevölkerung gedacht war.

Belgien erhob den Vorwurf des »systematischen unmenschlichen Verhaltens unterstellter Einheiten« 64mal und Rumänien einmal, und zwar gegen den Generalfeldmarschall von Mackensen, den Oberbefehlshaber der deutschen Truppen in Rumänien. Der Begehung von Greueltaten wurden von französischer Seite von den 334 namentlich aufgeführten Beschuldigten mehr als die Hälfte bezichtigt, und auch Belgien sah in den 265 namentlich benannten Fällen ungefähr fünfzigmal den Tatvorwurf als gegeben an. Einen besonderen Platz nahmen dabei die in ei-

---

341 Für Greueltaten (*atrocités*) wurden noch andere Bezeichnungen verwendet, so zum Beispiel Massaker (*massacres*), kriminelle Maßnahmen (*mesures criminelles*) oder einfach Verbrechen (*crimes*).

nigen belgischen Städten begangenen Greueltaten ein,[342] wobei die Konkretisierung der Tatvorwüfe allerdings unterschiedlich war. Es begann beispielsweise mit dem einfachen Vorwurf »atrocités de Louvain« (»Greueltaten in Löwen«), ohne weiteren erklärenden Zusatz gegen namentlich genannte deutsche Offiziere gerichtet, und endete auf der »Probeliste« in der umfangreicheren Beschreibung eines ganzen Tatkomplexes und der namentlichen Nennung der daran beteiligten deutschen Soldaten.

Aerschot, 19. und 20. August

Am Morgen des 19. August 1914 hatte das belgische Militär Aerschot, eine kleine Stadt nordöstlich von Brüssel, verlassen, um sich in den nordwestlich gelegenen Festungsbereich von Antwerpen zurückzuziehen.[343] Als kurze Zeit später Einheiten der 1. Armee in Aerschot einzogen, war es in der Stadt ruhig. Der Bürgermeister las in Begleitung eines deutschen Offiziers eine Proklamation vor, in welcher Ruhe empfohlen und bei Todesstrafe die Ablieferung aller eventuell noch zurückgehaltenen Waffen angeordnet wurde. Außerdem hieß es darin, daß jeder Schuß, der von einem Einwohner abgegeben werden würde, neben der Hinrichtung des Schuldigen diejenige von drei anderen Personen nach sich zöge.[344]

Die Ruhe in Aerschot hielt bis zum Abend an, als plötzlich ein Schuß

---

342 Der Vormarsch der 1., 2. und 3. Armee des kaiserlichen Heeres durch Belgien war bereits Ende August 1914 abgeschlossen. Der belgische Widerstand war gebrochen, die ersten drei deutschen Armeen standen in Nordfrankreich, lediglich Antwerpen und einige südwestlich davon gelegene Hafenstädte, wohin sich der größte Teil der belgischen Armee zurückgezogen hatte, waren noch nicht erobert. Dessenungeachtet war Belgien schon am 23. August durch Kabinettsorder als Generalgouvernement unter deutsche Verwaltung gestellt worden, denn es sollte insbesondere als Hinterland für die Verpflegung der deutschen Armeen dienen.
Zum Generalgouverneur von Belgien wurde der Generalfeldmarschall von der Goltz ernannt (sein Nachfolger ab Ende November 1914 wurde General von Bissing), dem außer einer Militärverwaltung auch eine Zivilverwaltung unterstellt waren. Der Generalgouverneur unterstand nicht der Obersten Heeresleitung, sondern erhielt seine Befehle vom Reichskanzler und vom preußischen Kriegsminister. Vgl. dazu Reichsarchiv (Hg.), Der Weltkrieg. Die militärischen Operationen zu Lande, 3. Band, Berlin 1926, S. 3f. und 327; Wende, Die belgische Frage in der deutschen Politik des Ersten Weltkrieges, S. 33ff.

343 Vgl. Reichsarchiv (Hg.), Der Weltkrieg, 1. Band, S. 214ff. und 240ff.

344 Vgl. bJ 773/20 (Major a.D. Hans Karge), Bd. 2, Bl. 65f.

zu hören war. Es entwickelte sich eine heftige Schießerei, in deren Verlauf der Kommandeur der 8. Infanteriebrigade, Oberst Stenger, ein Bruder des uns bereits bekannten Generals Stenger, erschossen wurde.[345] Deutsche Soldaten drangen daraufhin in die nahe gelegenen Häuser ein und befahlen den Bewohnern – Männern, Frauen und Kindern – herauszukommen und sich auf dem Marktplatz (*Grande Place*) zu sammeln. Die Männer wurden von ihren Familien getrennt, und eine Gruppe von 88 Männern aus der Stadt herausgeführt. Dort wurden kurz darauf 78 von ihnen jeweils in Dreiergruppen erschossen. Eine weitere Gruppe, bestehend aus etwa 100 Männern, mußte in der Nähe die Nacht mit auf dem Rücken gefesselten Händen verbringen. Am folgenden Tag, am 20. August 1914, wurde jeder dritte von ihnen erschossen.[346]

Belgien beschuldigte sechs deutsche Soldaten, diese Taten begangen beziehungsweise befohlen zu haben. Von diesen sechs Soldaten waren, wie die Ermittlungen der Reichsanwaltschaft ergaben, zwei im Krieg gefallen,[347] zwei weitere starben während des Ermittlungsverfahrens.[348] Die beiden verbleibenden Beschuldigten, Oberst Kurt von Dewitz und Oberst Josef Klein, der von einem untergebenen Offizier als derjenige bezeichnet wurde, der den Erschießungsbefehl erteilt hatte, wiesen jede Verantwortung von sich.[349]

Andenne, 20. und 21. August

Die Kleinstadt Andenne liegt etwa 20 Kilometer westlich von Namur und zählte 1914 rund 8 000 Einwohner. Am Morgen des 19. August war von einer sich auf dem Rückzug befindlichen Infanterieeinheit die Brücke, die Andenne über die Maas (*Meuse*) mit dem Dorf Seilles verband, zerstört worden.[350] Als die deutschen Truppen kurze Zeit später in Andenne einmarschierten, wurden sie von den Einwohnern nicht unfreundlich empfangen. Den Soldaten wurde Wasser gereicht, der Truppeneinmarsch neu-

---

345 Ebenda sowie bJ 864/20 (Oberst a. D. Kurt von Dewitz/Oberst a. D. Josef Klein), Bl. 54.

346 Vgl. bJ 378/20 (Oberst Andreas Jenrich), Bl. 87 und bJ 773/20, Bl. 65f.

347 Hauptmann Georg Schleusener, bJ 680/20, gefallen am 23.12.1914; Hauptmann Karl Schwarz, bJ 810/20, gefallen am 14.11.1914.

348 Oberst Andreas Jenrich, Stadtkommandant von Aerschot, bJ 378/20, gestorben am 29.6.1920; Major a. D. Hans Karge, bJ 773/20, gestorben am 21.5.1921.

349 Vgl. bJ 864/20 (von Dewitz/Klein), Bl. 55 RS.

350 Vgl. bJ 49/20 (Generaloberst Karl von Bülow, Oberbefehlshaber der 2. Armee), Bd. 21, S. 1.

gierig beobachtet oder ohne stärkere Gefühlsregung als schicksalhaft hingenommen.[351] Bis in den späten Nachmittag des nächsten Tages, des 20. August, blieb alles ruhig. Als jedoch die deutschen Truppen, nachdem eine Behelfsbrücke über die Maas geschlagen worden war, die Stadt in Richtung Namur verlassen wollten, ertönten plötzlich Schüsse. Sie stammten, so die belgische Erklärung, ausschließlich aus deutschen Gewehren.[352] Folgt man der deutschen Sachverhaltsdarstellung, waren die Schüsse hingegen das Signal für einen Überfall, denn alsbald brach ein »rasendes Feuer von allen Seiten auf die ahnungslosen Truppen« nieder. Aus Kellerluken und künstlich hergestellten Dachöffnungen sei geschossen, Handbomben und Handgranaten seien geworfen worden und Maschinengewehre »sandten ihre mörderischen Kugeln in die Reihen der Soldaten. [...] Überdies gossen Männer und Weiber in toller Wut siedendes Wasser aus den halbgeöffneten Fenstern auf die deutschen Truppen«, so daß von einem Bataillon allein über 100 Mann Verbrühungen erlitten hätten.[353]

Als Vergeltung für diesen »hinterlistigen Überfall« wurde am Morgen des 21. August die Stadt umstellt. Die Häuser wurden durchsucht und etwa 1000 Männer auf dem Marktplatz zusammengetrieben. Von diesen wurden 110 erschossen. Zuvor waren bei der Durchsuchungsaktion bereits 200 Personen getötet worden,[354] meist mit dem Bajonett, dessen Gebrauch empfohlen wurde. Außerdem setzten die deutschen Truppen noch etwa 200 Häuser in Brand.[355] Was die eigenen Verluste anbelangt, so vermerkte der Gefechtsbericht des Garde-Reserve-Schützen-Bataillons: »1 Toter, 7 Verwundete, 2 Pferde«.[356]

Belgien beschuldigte neun deutsche Offiziere, für das Geschehen in Andenne verantwortlich zu sein. Aus seiner Sicht war die Verantwortlichkeit der Beschuldigten sowenig in Zweifel zu ziehen, daß sie auch auf die »Pro-

---

351 Ebenda, Bd. 3 (Der Franktireurüberfall in Andenne. Denkschrift des Kriegsministeriums, Militär-Untersuchungsstelle für Verletzungen des Kriegsrechts, Berlin 1915), S. 1, sowie in der ebenfalls von der Militär-Untersuchungsstelle im Kriegsministerium herausgegebenen Denkschrift »Ergänzende Darstellung der Franktireurkämpfe in Andenne in Belgien (Provinz Namur)«, Berlin 1916, S. 10.

352 Vgl. bJ 49/20 (von Bülow), Bd. 21, S. 2.

353 Ebenda.

354 Vgl. den Gefechtsbericht des Garde-Reserve-Schützen-Bataillons in: bJ 594/20 (Oberstleutnant a. D. Walter Siegfried Bronsart von Schellendorf), Bd. 1, Bl. 129.

355 Vgl. bJ 49/20 (von Bülow), Bd. 21, S. 6 der in diesem Band enthaltenen belgischen Denkschrift.

356 Vgl. bJ 594/20 (Bronsart von Schellendorf), Bd. 1, Bl. 129.

beliste« gesetzt wurden. Unter der Überschrift »In Andenne und Seilles begangene kriminelle Taten« (»Faits criminels d'Andenne et de Seilles«) war darin das, was sich nach belgischer Auffassung in Andenne und Seilles zugetragen hatte, in gedrängter Form wiedergegeben. Bestimmte Handlungen waren allerdings nicht einzelnen Beschuldigten zugeordnet, sondern diese waren lediglich namentlich neben der Sachverhaltsschilderung aufgeführt. Eine Ausnahme bildeten nur die beiden höchstrangigen Offiziere: dem Oberbefehlshaber der 2. Armee, Generaloberst Karl von Bülow, wurde die Duldung des deutschen Vorgehens in Andenne und Seilles vorgeworfen, und der Befehlshaber vor Ort, Generalmajor Hans von Langermann und Erlenkamp, wurde für die Erteilung kriegsverbrecherischer Befehle verantwortlich gemacht.[357]

Gegen zwei weitere Offiziere, gegen die von belgischer Seite keine Vorwürfe erhoben worden waren, eröffnete die Reichsanwaltschaft 1921 aufgrund ihrer eigenen Ermittlungen ein Verfahren.[358]

Dinant, 21. bis 24. August

Am 21. August 1914 gelangten erste größere deutsche Einheiten nach Dinant, eine Stadt von 7000 Einwohnern, nicht weit von der französischen Grenze entfernt an der Maas gelegen. Als das Gros der kaiserlichen Soldaten Dinant vier Tage später, am 24. August, wieder verließ, waren – die Angaben sind unterschiedlich – zwischen 700 und 900 Einwohner der Stadt und des Vororts Leffe getötet und ungefähr 1300 von 1800 Häusern zerstört worden.[359]

Die Tötungs- und Zerstörungshandlungen fanden größtenteils am

---

357 Vgl. Première liste, S. 20. Von Bülow (bJ 49/20) steht auf der großen Liste unter Nummer 36 der von Belgien zur Auslieferung geforderten mutmaßlichen Kriegsverbrecher und auf der Probeliste unter Nummer 24. Generalmajor von Langermann und Erlenkamp (bJ 592/20, Akte im BAL nicht vorhanden) steht unter Nummer 137 bzw. 25. Die weiteren Beschuldigten waren: General von Below (große Liste Nr. 16, Probeliste Nr. 24 a), Prinz Ernst von Sachsen (bJ 58/20), Major Jungé (Ortskommandant von Andenne, bJ 114 und 115/20), Hauptmann Wabnitz (bJ 246/20), Leutnant Steinmetz (bJ 226/20), Oberstleutnant Bronsart von Schellendorf (bJ 33/20) und Major von Bünau (bJ 34/20).

358 Vgl. aJ 19/21 (Oberst a. D. Peter Scheunemann) und aJ 218/21 (Major a. D. Albert Prey).

359 Vgl. bJ 181/20 (Oberstleutnant a. D. Karl d'Elsa), Bd. 1, Bl. 122, 158 RS und 159 (Artikel aus einer belgischen Zeitung: »Les auteurs de la tragédie de Dinant«).

23. August statt. An diesem Tag zum Beispiel befahl der Kommandeur des 1. Bataillons Leibgrenadier-Regiments Nr. 100, Oberstleutnant Bernhard Graf Kielmansegg, die Erschießung von über 100 bereits gefangenen und nicht der Beteiligung an den Franktireur-Kämpfen überführten Belgiern, da er »nicht die Möglichkeit [hatte], die zahlreichen und gefährlichen Gefangenen mitzunehmen oder abzuschieben«[360] und die Bevölkerung auch von jedem Widerstand abgeschreckt werden sollte.[361] Ebenfalls am 23. August wurden zwischen 30 und 40 Belgier, die vor den anrückenden deutschen Soldaten mit ihren Familien in ein Kloster bei Leffe geflüchtet waren und nicht in Verdacht standen, in Zivil an den Kämpfen teilgenommen zu haben,[362] erschossen.[363] Außerdem wurden an diesem Tag noch mehr als 30 Zivilpersonen, die einer deutschen Einheit als lebende Schutzschilde dienten, getötet. Unter den Getöteten befanden sich Frauen und Kinder. Ein deutscher Zeuge: »Der ganze Haufen der Zivilisten wurde getötet, d. h. daß dies geschehen ist, habe ich nachher nur von anderen gehört, ich habe aber selbst gesehen, daß wahllos in den Haufen hineingeschossen wurde, auch auf die Frauen und die Kinder.«[364]

Nach deutscher Darstellung waren die Exekutionen und andere, kleinere, im Ergebnis aber gleich verlaufende Operationen[365] die Reaktion

---

360 Vgl. bJ 304/20 (Generalmajor a. D. Bernhard Graf Kielmansegg), Bl. 76.

361 Ebenda. Ein deutscher Soldat beschreibt den Vorgang wie folgt (Bl. 6 RS): »Am selben Nachmittage drang der älteste Leutnant [...] mit zwölf bis fünfzehn Leuten in ein Haus ein, wie ich selbst gesehen habe. [...] Aus diesem Hause wurden zirka 200 Personen, darunter alte Männer, Frauen und Kinder herausgebracht. Diese wurden sämtlich von uns auf einem großen Platz zusammengeführt. Hier wurden die erwachsenen Männer getrennt und, wohl über 100, auf Befehl des Hauptmanns [Hauptmann von Löben, der von Kielmansegg mit den Exekutionen beauftragt worden war, G. H.] erschossen. [...] Die ganze Kompagnie wurde dazu in zwei Gliedern aufgestellt und die Leute wurden so, wie sie dastanden, erschossen. Die Weiber, Kinder und alten Leute standen etwa 100 Schritte abseits, konnten es aber mit ansehen. Soweit die Leute nicht tot waren, wurden sie von Leuten mit dem Revolver oder dem Gewehr erschossen [...].«

362 Vgl. bJ 302/20 (Oberst a. D. Georg Fränzel), Bd. 1, Bl. 113 RS.

363 Ebenda, Bl. 43 und 77.

364 Vgl. bJ 307/20 (Generalleutnant a. D. Johann Meister), Bd. 1, Bl. 136 RS.

365 »Ende August 1914 hatte unsere ganze Komp. den Auftrag, einen Abhang des Grundes vor Leffe-Dinant nach Franktireurs abzusuchen, und wir erhielten in unserem Zuge vom Komp. Chef Hauptmann von Harling den Befehl, jeden, den wir sähen, zu erschießen. Wir haben im ganzen nur 3 Mann angetroffen, die auch erschossen worden sind. Zwei habe ich selbst erschossen [...]. Daß die beiden Leute, die ich erschossen habe, vorher geschossen hatten, und im Besitz von Waffen waren, kann ich nicht behaup-

darauf, daß deutsche Truppen in Dinant und in Leffe von Zivilisten beschossen worden waren. Einwohner hätten, so die offizielle deutsche Erklärung, mit Schrotflinten und Revolvern aus den Häusern und aus Verstecken geschossen;[366] auch Frauen und Mädchen sollten sich an den wiederholten Überfällen beteiligt haben.[367]

Die belgische Regierung hingegen wies darauf hin, daß bereits am 14. August alle Waffen der *Garde Civique* (bewaffneten Bürgerwehr)[368] und der Einwohner auf dem Rathaus abgegeben worden seien, von belgischen Zivilisten also gar nicht auf deutsche Soldaten geschossen worden sein könne. Ein Straßenkampf habe auch nicht stattfinden können, da sich französische Soldaten schon seit dem 17. August nicht mehr in Dinant und Umgebung befunden hätten. Vielmehr hätten die deutschen Soldaten sich selbst beschossen, was zum großen Teil auf erheblichen Weingenuß zurückzuführen gewesen sei.[369]

Belgien beschuldigte 22 Soldaten der kaiserlichen Armee, vom Leutnant bis hinauf zum General, für das Geschehen von Leffe und Dinant verantwortlich zu sein. Sechs der Beschuldigten waren entweder gefallen oder während der Ermittlungen gestorben;[370] von den verbleibenden 16 Beschuldigten stand keiner auf der »Probeliste«.

---

ten. Sie waren vor uns geflohen und hatten sich in einem Dach versteckt. Dort wurden sie erschossen und lagen so, daß man sie schwer erreichen konnte.« Aussage des Unteroffiziers Paul Zschocke, in: bJ 608/20 (Generalleutnant a.D. Matthias Hoch), Bl. 24.

366 Vgl. bJ 307/20 (Johann Meister), Bd. 2, Bl. 162.

367 Vgl. die Zeugenaussagen in bJ 311/20 (Oberst a.D. Albert Schlick), Bl. 15–18, 27f.

368 Bei der Bürgerwehr handelte es sich um eine Einrichtung, der jeder belgische Bürger zwischen 20 und 40 Jahren angehören mußte, sofern er (noch) nicht den Militärdienst geleistet oder genügend finanzielle Mittel zur Anschaffung einer entsprechenden Ausrüstung hatte. Jedes Mitglied der Bürgerwehr bewahrte gewöhnlich seine Waffe und seine Uniform zu Hause auf. Vgl. dazu: Emil Waxweiler, Hat Belgien sein Schicksal verschuldet?, Zürich 1915, S. 177. Dazu noch ausführlicher unten, S. 277ff.

369 Vgl. bJ 181/20 (Karl d'Elsa), Bd. 1, Bl. 122.

370 Gefallen waren Leutnant Hans Tränkner (bJ 301/20), Hauptmann Freiherr von Hammerstein (bJ 303/20) und Hauptmann Wüttig (bJ 313/20). Gestorben waren Generalleutnant Franz Franke (bJ 300/20), Oberst Fritz von Kirchbach (bJ 305/20) und Generalmajor Adolph von Zeschau (bJ 614/20).

Löwen, 25. bis 28. August

Die ersten deutschen Einheiten rückten am 23. August 1914 in Löwen ein. Die ungefähr 30 Kilometer östlich von Brüssel liegende Stadt hatte zu jener Zeit zirka 42 000 Einwohner.[371] Zwei Tage lang blieb es in der Stadt ruhig, ganz so wie es der Bürgermeister auf überall in der Stadt angeschlagenen Plakaten gefordert hatte.[372] Dann, am 25. August, begann nach deutscher Darstellung folgendes: Die Besatzung Antwerpens unternahm einen Ausfall in Richtung Löwen. Die in und bei Löwen befindlichen deutschen Einheiten warfen sich den belgischen Ausfalltruppen entgegen und schlugen sie zurück. Das Gefecht dehnte sich bis in die Abendstunden aus und erstreckte sich bis in die Nähe von Löwen. In Löwen selbst erfolgte am Abend, wohl in der Annahme, daß der belgische Ausfall erfolgreich verlaufen sei, auf die dort befindlichen deutschen Truppen ein Feuerüberfall aus den Häusern, an dem sich, neben in Zivil gekleideten belgischen Soldaten, Zivilisten mit Jagdgewehren, Schrotflinten und Revolvern beteiligt haben.[373] »Wo immer Abteilungen sich in der Stadt zeigten, wurde auf sie geschossen [...]. Die Bekanntmachungen des Bürgermeisters hatten also nichts gefruchtet. Es blieb daher nichts weiter übrig, als die aus den Häusern herausschießenden Zivilpersonen, die sich zum Teil als Soldaten entpuppten, zu erschießen und die Häuser in Brand zu stecken.«[374] Selbst nachdem Geiseln durch die Stadt geführt und dabei erklärt worden sei, daß diese bei einem erneuten Überfall erschossen würden, der Stadt eine Kontribution in Millionenhöhe auferlegt und sie zerstört werden würde, habe das feindliche Feuer nicht aufgehört.[375]

Nach belgischer Darstellung haben sich deutsche Soldaten gegenseitig beschossen, als sie in Verwirrung und Auflösung vom Gefechtsfeld zurückkamen. Es sei eine Panik entstanden, bei der die Offiziere vollständig

---

371 Vgl bJ 40/20 (Generaloberst a.D. Max von Böhn), Bd. 1, Bl. 19.

372 Ebenda, Bl. 11.

373 Vgl bJ 97/20 (Oberst a.D. Max Karl Schweder), Bd. 1, Bl. 141 RS. Von deutscher Seite wurden vor allem belgische Geistliche für die Überfälle verantwortlich gemacht. So heißt es in einer Aussage (bJ 40/20 [Max von Böhn], Bd. 3, Bl. 11): »Des Abends seien belgische Soldaten in Zivil in die einzelnen Häuser hereingegangen und hätten die Bewohner unter Drohungen gezwungen, sie aufzunehmen und an die Fenster heranzulassen, um daraus zu schießen; vorher wären die Geistlichen in den Häusern herumgegangen und hätten den Bewohnern erklärt, daß diese verpflichtet seien, die belgischen Soldaten aufzunehmen und zu unterstützen, weil die deutschen Truppen einen Krieg gegen den Glauben der Belgier führten.«

374 Zit. n. bJ 40/20 (Max von Böhn), Bl. 28 f.

375 Vgl. bJ 255/20 (Oberst a.D. Walter von Manteuffel), Bd. 1, Bl. 11.

die Kontrolle über ihre Mannschaften verloren hätten, zudem habe reichhaltiger Alkoholkonsum Hemmungen fallen und eine wilde Soldateska entstehen lassen.[376]

Insgesamt verloren mehrere hundert Belgier ihr Leben, unter ihnen auch die erwähnten Geiseln, und 1069 Häuser wurden zerstört,[377] zum Teil wurden sie in Brand gesteckt, zum Teil mit Artillerie beschossen. Die Zahl der Verluste auf deutscher Seite habe, so der Ortskommandant und damalige Major Walter von Manteuffel in einem Bericht vom 30. August, »mehrere Tote und Verwundete« betragen.[378]

Der Begehung von Greueltaten in Löwen beschuldigt wurden von Belgien fünf deutsche Soldaten, allesamt Offiziere. Zwei der Beschuldigten waren während der Ermittlungen gestorben,[379] so daß sich lediglich drei Offiziere für das Geschehen in Löwen zu verantworten hatten.

Greueltaten in anderen Städten und Ortschaften

Den genannten Fällen können noch weitere, weniger bekannte, hinzugefügt werden. So wäre beispielsweise noch das Geschehen in der etwa 40 000 Einwohner zählenden Stadt Arlon im damaligen Belgisch-Luxemburg zu erwähnen. Über 100 Häuser wurden zerstört[380] und, da gegen die »nationalistisch gesinnten Bewohner« mit äußerster Strenge vorzugehen war,[381] mehr als 110 Zivilpersonen erschossen. Über die Erschießung von 102 Männern und einer Frau (sie soll einem verwundeten deutschen Offizier die Augen ausgestochen haben)[382] heißt es in einem offiziellen deutschen Bericht:

»Am 26.8. früh wurden die Leute ihrer Fesseln entledigt, und es wurde ihnen eröffnet, daß sie angeklagt seien, auf deutsche Truppen geschossen, einen Meuchel-

---

376 Vgl. bJ 40/20 (Max von Böhn), Bl. 12. sowie bJ 97/20 (Max Schweder), Bd. 1, Bl. 141 RS. Ein Stabsarzt Hermann Schiler sagte aus (bJ 112/20 [Major a.D. Georg Freiherr von Stössel], Bl. 18f.): »Ich habe an diesem Nachmittage mehrere Soldaten während der Schießerei gesehen, die schwer betrunken waren. Es war ein sehr heißer Tag und die Leute hatten sich über einen offenstehenden Schnapsladen hergemacht.«

377 Vgl. bJ 40/20 (Max von Böhn), Bd. 1, Bl. 18f.

378 Vgl. BJ 255/20 (Walter von Manteuffel), Bd. 1, Bl. 51.

379 Gestorben waren der Generaloberst von Böhn (bJ 40/20) und der Oberarzt Dr. Georg Berghausen (bJ 272/20).

380 Vgl. bJ 41/20 (Generalleutnant a.D. Adolf von der Esch), Bl. 18.

381 Ebenda, Bl. 52.

382 Vgl. bJ 761/20 (Oberst a.D. Eugen von Hedemann), Bl. 7 g.

mord an deutschen Soldaten begangen zu haben; derjenige, welcher sich unschuldig fühle oder irgend etwas vorzubringen habe, solle vortreten und dies sofort zur Sprache bringen; falls niemand etwas anzuführen habe, würden sie zum Tode verurteilt und standrechtlich erschossen werden. Diese Aufforderung ist in französischer und deutscher Sprache, da einzelne deutsch verstanden, in längeren Pausen dreimal wiederholt worden; beim letzten Mal sind sie noch besonders darauf hingewiesen [worden], daß es sich um ihr Leben handle. Trotz alledem ist niemand vorgetreten, es fühlten sich danach sämtliche Leute schuldig. Der 2. Landsturm Inspektion in Luxemburg wurde telefonisch Meldung erstattet und [sie] war mit dem Erschießen der Leute einverstanden. Infolgedessen wurden die Leute in Gegenwart des Gerichtsoffiziers am Bahndamm erschossen.«[383]

Zu erwähnen wäre auch noch das Geschehen in Monceau, einer Stadt an der Sambre in der Nähe von Charleroi. Die am 22. August auf die Stadt vorrückenden deutschen Truppen seien, so die Darstellung im Gefechtsbericht des 10. Reservekorps, von der Zivilbevölkerung sowie von regulärem französischem Militär und belgischen Soldaten, die zum großen Teil Zivilkleidung angezogen hätten, bekämpft worden. Haus für Haus habe erobert werden müssen, um den Widerstand zu brechen. Der Gefechtsbericht endet mit der Feststellung, daß »[d]ie Verluste auf unserer Seite verhältnismäßig gering [waren], während hunderte von Landeseinwohnern und feindlichen Soldaten erschossen wurden oder in den brennenden Häusern umkamen«.[384] Nach belgischen Angaben wurden in Monceau 251 Häuser niedergebrannt und von den Bewohnern »70 Personen jedes Alters und beiderlei Geschlechts« getötet.[385]

Einzugehen ist schließlich noch kurz auf das Geschehen in den Dörfern Louveigné und Lincé, rund 20 Kilometer südlich von Liége (Lüttich). Ein Zeuge berichtet:

»Am nächsten Tage [6. August 1914, G.H.] kamen wir wieder, nachdem wir Kehrt gemacht hatten, nach Lincé. Jetzt brannten hier einzelne Häuser. Es wurde erzählt, dort liegende Dragoner und Ulanen seien von Bauern erschossen worden, sogar der Pfarrer habe einen erschossen und habe einen Ulanen-Einjährigen, der zu ihm kam, um ihn zu verhaften, davon aber auf Bitten des Pfarrers Abstand nahm, beim Weggehen von hinten erstochen. Welche Nummern die Dragoner und Ulanen trugen, kann ich nicht angeben. Ich habe auch keinen Erschossenen oder Erstochenen gesehen, ich weiß alles nur durch Erzählungen. Selbst gesehen habe ich nur, daß das Dorf systematisch in Brand gesteckt wurde, und die sich zeigenden männlichen Einwohner von Infanteristen niedergeknallt wurden.«[386]

---

383 Ebenda, Bl. 7 g und h.
384 Vgl. bJ 820/20 (General d. Inf. Frhr. Richard von Süßkind), Bd. 1, Bl. 149.
385 Ebenda, Bl. 149 (Auszug aus dem belgischen Graubuch).
386 BJ 831/20 (Unbekannt), Bl. 4.

Bezüglich des Geschehens in dem Dorf Louveigné erklärte der Zeuge lapidar: »Wir marschierten nachmittags um 5 Uhr ab. Als wir aufbrachen, knallte es sehr lebhaft aus den Fenstern des Ortes. Dieser Ort ist daraufhin von Infanterie und Artillerie angesteckt worden, und was von [den] Einwohnern sich zeigte, ist erschossen worden.«[387]

Die Liste der Ortschaften, in denen ähnliches geschehen ist, könnte mühelos fast durch das ganze Alphabet fortgesetzt werden. Sie reichte von A wie Acoz[388] über N wie Namur[389] bis W wie Warsage, Waulsort oder Wercken.[390] Insgesamt hieß es in noch rund 20 weiteren Fällen, daß Greueltaten begangen worden seien, und die Gesamtzahl der Beschuldigten betrug gut 100, sämtlich Offiziere oder hochstehende Zivilbeamte.[391]

Auf deutscher Seite wurde immer wieder erklärt, daß deutsche Truppen von Zivilpersonen angegriffen und beschossen worden seien und man aus Notwehr gehandelt habe sowie mit dem Ziel, die Bewohner für ihr Verhalten zu bestrafen.

Belgien wies diese Erklärung zurück und immer wieder darauf hin, daß deutsche Truppen sich, sei es unter dem Einfluß von Alkohol, sei es infolge eines unklaren Schlachtverlaufs, selbst beschossen hätten. Doch gebe es auch, so die belgische Regierung, in einigen Fällen eine andere Erklärung, so im Fall der Erschießung der 102 Männer und einer Frau in Arlon. Der Kommandierende General der Provinz Luxemburg, ein General von Teßmar, habe sich auf der Terrasse eines Cafés in Arlon befunden, als ihm die Nachricht von der Ankunft der Verhafteten übermittelt worden sei. Die Ordonnanz, die sie ihm brachte, habe er gefragt, ob man in Arlon eine zum weiteren Transport der Belgier ausreichende Zahl von Ei-

---

387 Ebenda, Bl. 4f.

388 Vgl. bJ 769/20 (Rittmeister a. D. Max Huck) und bJ 791/20 (Richard Müller). In beiden Verfahren geht es um die Erschießung von drei Dorfbewohnern.

389 Vgl. bJ 300/20 (Generalleutnant a. D. Franz Franke), bJ 591/20 (General Hans von Below), bJ 593/20 (Prinz Ernst von Sachsen-Meiningen), bJ 739/20 (General d. Inf. a. D. Henning von Bonin) und bJ 770/20 (Generalleutnant a. D. Bernhard von Hülsen). Über die Zahl der Opfer sagen die Akten der Reichsanwaltschaft nichts aus.

390 Vgl. zu Warsage bJ 749/20 (Rittmeister Prinz Friedrich von Preußen), zu Waulsort bJ 63/20 (Hauptmann d. R. Werner Kolfers), bJ 111/20 (Major a. D. Karl Schulze) und bJ 284/20 (Generalleutnant a. D. Georg Bärensprung) sowie zu Wercken bJ 750/20 (Vizefeldwebel Friedrich Freisleben). Die Zahlen der Opfer variieren, in Waulsort zum Beispiel wurden je nach Aussage acht oder dreizehn Dorfbewohner erschossen; vgl. dazu bJ 63/20 (Kolfers), Bl. 23 RS und 51.

391 Vgl. Liste des personnes désignées ..., S. 147–171 (der belgischen Liste).

senbahnwagen habe. Auf die verneinende Antwort habe er gesagt: »Dann telegraphieren Sie nach Trier um Wagen.« Im nächsten Augenblick aber habe er die sich entfernende Ordonnanz zurückgerufen und gesagt: »Was machen Sie so viele Geschichten, lassen Sie die Leute einfach erschießen.« Der Befehl sei dann vom Ortskommandanten von Arlon ausgeführt worden.[392]

Die Ermittlungen des Oberreichsanwalts und die Entscheidungen des Reichsgerichts

Keines der Verfahren zu dem Geschehen während des deutschen Vormarschs durch Belgien endete mit einem Urteil. In jedem Fall war das Ergebnis ein Einstellungsbeschluß des Reichsgerichts zugunsten des Beschuldigten oder ein Beschluß zur Außerverfolgungsetzung des Angeschuldigten, wie der Beschuldigte in nächsten Verfahrensstadium hieß.[393]

Die Einstellung wurde formal auf Art. 1 § 1 des ersten Ergänzungsgesetzes vom 24. März 1920[394] gestützt und bedeutete im Ergebnis, daß sowohl der Oberreichsanwalt als auch das Reichsgericht keinen genügenden Anlaß zur Erhebung der öffentlichen Klage sahen. Dem Beschuldigten

---

392 Vgl. bJ 761/20 (Eugen von Hedemann), Bd. 1, Bl. 52 (Bericht des deutschen Gesandten in Brüssel, Landsberg, vom 21. Juni 1920).

393 Vgl. § 157 StPO: »Im Sinne dieses Gesetzes ist: Angeschuldigter der Beschuldigte, gegen welchen die öffentliche Klage erhoben ist, Angeklagter der Beschuldigte oder Angeschuldigte, gegen welchen die Eröffnung des Hauptverfahrens beschlossen ist.«
Nach der seinerzeitigen Fassung der StPO konnte die Klage regelmäßig entweder durch den Antrag auf Voruntersuchung oder durch die Einreichung der Anklageschrift erhoben werden. In beiden Fällen wurde das Gericht mit der Sache dergestalt selbständig befaßt, daß der Staatsanwaltschaft die einseitige Verfügung über die Strafverfolgung nicht weiter zustand. Während der Voruntersuchung führte ein Untersuchungsrichter die Ermittlungen.

394 Vgl. dazu oben, S. 63f.; Art. 1 § 1 lautet: »Besteht nach der Überzeugung des Oberreichsanwalts kein genügender Anlaß zur Erhebung der öffentlichen Klage, so hat er die Akten dem ersten Strafsenate des Reichsgerichts mit dem Antrag auf Einstellung des Verfahrens vorzulegen. Beschließt der Senat die Einstellung, so hat er den Beschluß mit Gründen zu versehen, welche die für seine Entscheidung maßgebenden tatsächlichen und rechtlichen Erwägungen erkennen lassen; der Beschluß ist dem Beschuldigten bekanntzumachen. Lehnt der Senat den Antrag ab, so hat er die Erhebung der öffentlichen Klage anzuordnen.« Zitiert nach RGBl. 1920, 341. Für den Einstellungsbeschluß war später aber nicht nur der Erste Senat zuständig.

war damit, anders als in normalen Strafverfahren, in denen bei nicht ausreichendem Tatverdacht allein die Staatsanwaltschaft das Verfahren einstellt,[395] von zwei Stellen bescheinigt worden, daß der Tatvorwurf nicht die Voraussetzungen eines Strafgesetzes erfüllte. Zugleich war damit auch den alliierten Regierungen kundgetan, daß die Beschuldigung trotz zweifacher gründlicher Prüfung jedes strafrechtlich relevanten Gehalts entbehrte.

War bereits die Voruntersuchung eröffnet worden – was gemäß einer Verfügung des Reichsgerichtspräsidenten beim Untersuchungsrichter des Reichsgerichts zu beantragen war[396] –, so erging dann, wenn es an tatsächlichen oder rechtlichen Gründen für die Annahme der Begehung einer Straftat mangelte, ein Beschluß zur Außerverfolgungsetzung. Auch in diesem Falle kam der Beschluß des Reichsgerichts erst auf einen entsprechenden Antrag des Oberreichsanwalts hin zustande.[397]

Wie sind nun die zahlreichen Einstellungsbeschlüsse und die Beschlüsse zur Außerverfolgungsetzung zu erklären? Die Antwort ist einfach und zeigt gleichzeitig das hohe Maß an Übereinstimmung der an der Entscheidungsfindung beteiligten Stellen: Alle gingen davon aus, ja mehr noch, waren überzeugt davon, daß die deutschen Erklärungen zu den Geschehensabläufen in Belgien der Wahrheit entsprachen. Also: Teile der Zivilbevölkerung – und nicht Verbände der regulären belgischen oder französischen Armee – haben deutsche Truppen angegriffen und bekämpft, letztere haben sich zur Wehr setzen und hart durchgreifen müssen, um weiteren Angriffen vorzubeugen.

»Am Abend des 19. August [...] hat in diesem Orte ein Feuerüberfall auf deutsche Truppen stattgefunden, bei welchem Zivilisten beteiligt waren [...] als Vergeltungsmaßregel [ist] eine Reihe von Einwohnern erschossen und eine Anzahl von Häusern in Brand gesteckt worden.«[398] Mit dieser Feststellung begann der vergleichsweise recht ausführliche, fünfseitige Beschluß des Reichsgerichts in dem Verfahren gegen die beiden deut-

---

395 Vgl. § 170 RStPO: »Bieten die angestellten Ermittlungen genügenden Anlaß zur Erhebung der öffentlichen Klage, so erhebt die Staatsanwaltschaft sie entweder durch einen Antrag auf gerichtliche Voruntersuchung oder durch Einreichung einer Anklageschrift bei dem Gerichte.
Andernfalls verfügt die Staatsanwaltschaft die Einstellung des Verfahrens und setzt hiervon den Beschuldigten in Kenntnis, wenn er als solcher vom Richter vernommen oder ein Haftbefehl gegen ihn erlassen war.«

396 Vgl. u. a. bJ 57/20 (Major a. D. Baron Heinrich von Bünau), Bd. 2, Bl. 2. Nach § 178 RStPO war eine Voruntersuchung immer bei Strafsachen vorgeschrieben, die in die Zuständigkeit des Reichsgerichts fielen.

397 Vgl. ebenda, Bl. 43.

398 Zit. n. bJ 864/20 (von Dewitz/Klein), Bl. 54.

schen Offiziere Oberst a. D. Kurt von Dewitz und Oberst a. D. Josef Klein, denen von Belgien Greueltaten in Aerschot vorgeworfen wurden. Damit übernahm es ohne Umschweife die offizielle deutsche Darstellung, wie sie in der Denkschrift »Belgischer Volksaufstand in Aerschot am 19. und 20. August 1914« enthalten ist, die von der zum Kriegsministerium gehörenden Militäruntersuchungsstelle für Verletzungen des Kriegsrechts herausgegeben worden war. Auch der Oberreichsanwalt hatte in seinem Antrag auf Verfahrenseinstellung auf die Denkschrift Bezug genommen und sie zur Grundlage seines Votums gemacht, das in dem Satz mündete: »Es erübrigt mithin nur noch die Einstellung des Verfahrens« gegen die Beschuldigten.[399]

Das Reichsgericht folgte dem Antrag, im Fall des Beschuldigten von Dewitz mit dem Hinweis, daß er zur Tatzeit nach eigener unwiderlegbarer Einlassung nicht am Tatort war,[400] im Fall des Beschuldigten Klein mit der Begründung, daß nicht er den Befehl zur Erschießung von über 100 Zivilpersonen erteilt, sondern ein ebenfalls beschuldigter, jedoch verstorbener Rittmeister diesen Entschluß aus eigener Initiative getroffen habe. Bei diesem Rittmeister habe es sich, einem ärztlichen Gutachten zufolge, um einen nervösen Menschen »von einer bis in's Krankhafte gesteigerten Impulsivität und Erregtheit«[401] gehandelt. Da der Beschuldigte Klein somit entlastet und der Verantwortliche gestorben war, stellte das Gericht das Verfahren mit der Bemerkung ein, daß es »einer weiteren Erörterung über die Berechtigung des in Rede stehenden Befehls [nicht] bedarf«.[402]

Die rechtliche Zulässigkeit von Befehlen war dann aber in den Verfahren von Bedeutung, die wegen der Erschießungen und Verwüstungen in Andenne eingeleitet wurden. Auch hier gingen der Oberreichsanwalt und ihm folgend das Reichsgericht davon aus, »daß die [...] Division am 20. August 1914 in Andenne [...] besonders hinterhältigen Überfällen durch Ortseinwohner ausgesetzt gewesen ist«.[403] Es müsse als einwandfrei erwiesen festgestellt werden, »daß sich Zivilisten, und zwar nicht nur möglichenfalls in Zivil gesteckte belgische Soldaten, sondern auch Angehörige der Bevölkerung, sogar Frauen, an dem Überfall [...] beteiligt haben«.[404] Darum treffe auch die beiden ranghöchsten Angeschuldigten,

---

399 Ebenda, Bl. 49.
400 Ebenda, Bl. 54 RS und Bl. 55.
401 Ebenda, Bl. 55 RS.
402 Ebenda, Bl. 56.
403 Zit. n. Antrag des ORA auf Außerverfolgungsetzung des Beschuldigten von Bünau in bJ 57/20, Bd. 2, Bl. 43.
404 Zit. n. Beschluß des RG zur Außerverfolgungsetzung des Angeschuldigten Bronsart von Schellendorf in bJ 594/20, Bd. 4, Bl. 186.

einen Oberst a. D und einen Oberstleutnant a. D., keinerlei strafrechtliche Verantwortung. Beide seien nur einem erlassenen Befehl nachgekommen, als sie das »Säubern« der Häuser von Franktireurs und das Abbrennen von Häusern anordneten, und daher durch § 47 MStGB gedeckt. Ihre Handlungsweise habe außerdem dem Kriegsbrauch und der Kriegsnotwendigkeit entsprochen, denn eigene und nachfolgende Truppen hätten gesichert und der ungehinderte Übergang über die Maas gewährleistet werden müssen.[405] Zwar räumte das Gericht ein, daß dabei »bei untergeordneten Stellen in vereinzelten Fällen auch Mißverständnisse und Übergriffe vorgekommen sind, wie sich sowohl aus Aussagen belgischer wie deutscher Zeugen ergibt«, doch sei dies »ein nach Sachlage nicht gänzlich vermeidbares, von [den] Angeschuldigten nicht zu vertretendes Vorkommnis« gewesen.[406]

Was die Exekution von 110 auf dem Marktplatz festgehaltenen Personen[407] anbelangt, so sei ihr ein feldgerichtliches Verfahren vorausgegangen, mit dessen Einsetzung die Angeschuldigten ebenfalls lediglich einen Befehl befolgt hätten. Das Gericht weiter: »Mußte das angewandte Verfahren in Anbetracht der gegebenen Umstände auch ein summarisches sein, so ist doch festzustellen, daß es in Ausführung eines vorliegenden Befehls – an dessen Berechtigung die ihn Ausführenden einen Zweifel nicht hegten – erfolgt ist und daß es alle den Umständen nach verfügbaren Beweismittel erschöpft hat, ehe eine Entscheidung über Schuld oder Nichtschuld getroffen wurde.«[408] Die von belgischer Seite aufgestellte Behauptung, daß Einwohner der Stadt auf Befehl der Angeschuldigten auch ohne Gerichtsverfahren erschossen worden seien, sei nicht erwiesen.[409]

---

405 Ebenda, Bl. 187 RS.

406 Ebenda, Bl. 187 und aJ 19/21 (Scheunemann), Bd. 4, Bl. 93.

407 Die Zahlenangaben des Reichsgerichts schwanken. Obwohl in dem Gefechtsbericht des Angeschuldigten Bronsart von Schellendorf vom 30. August 1914, also gut zehn Tage nach den Vorfällen, von 110 Erschossenen die Rede ist, vermeidet das Reichsgericht in den Beschlüssen eine Zahlennennung und wählt statt dessen die Formulierung, eine nicht näher festzustellende Anzahl von Männern sei erschossen worden. Vgl. bJ 594/20 (Bronsart von Schellendorf), Bd. 1, Bl. 129; Bd. 4, Bl. 185; aJ 19/21 (Scheunemann), Bd. 4, Bl. 91.

408 aJ 19/21, Bd. 4, Bl. 94; bJ 594/20, Bd. 4, Bl. 188.

409 Ebenda. Aus diesem Grunde wurde auch der Kompaniechef, der 32 der Urteile vollstreckt hatte, indem er die Verurteilten von Soldaten seiner Kompanie erschießen ließ, außer Verfolgung gesetzt. Das Gericht: »Dadurch, daß er den ihm von seinem militärischen Vorgesetzten erteilten Dienstbefehl ausgeführt und ein Urteil vollstreckt hat, dessen rechtliche Grundlagen ihm

Der Befehl, der das Verhalten der Angeschuldigten nach Ansicht des Gerichts rechtfertigte, war am 16. August 1914 von dem Kommandierenden General des Garde-Reservekorps (Generalkommando), von Gallwitz, erlassen worden und besagte folgendes:

»Verhalten gegen die feindliche Bevölkerung
1. Bei der überaus feindlichen Haltung der Bevölkerung im Feindesland ist mit rücksichtslosen Mitteln gegen die Beteiligung der Zivilbevölkerung am Kriege vorzugehen. Die Beseitigung aller Waffen, Munition und Sprengmitteln ist hierzu in erster Linie erforderlich.
2. Folgendes Verfahren ist zu beachten:
a) beim Durchmarsch durch eine Ortschaft bleibt die Inf. Spitze ausgeschwärmt. [...] Wird hierbei auf deutsche Soldaten im Ort oder in seiner Umgebung geschossen oder ein tödlicher Angriff verübt, so ist an dem oder der Schuldigen die Todesstrafe zu vollstrecken (vergl. Ziffer 4). Werden die Täter nicht ergriffen, so ist auf Anordnung des Führers der beschossenen Gruppe das Grundstück, aus welchem geschossen worden ist, niederzubrennen. [...]
b) Beim Beziehen von Unterkunft hat der Ortskommandant die gesamte Bevölkerung durch Vermittlung der festgenommenen Geiseln aufzufordern, alle Waffen, Munition und Sprengmittel herauszugeben. Der Bevölkerung ist hierbei bekannt zu geben, dass derjenige, in dessen Besitz oder Grundstück noch Waffen gefunden werden sollten, mit dem Tode bestraft und dass der Ort niedergebrannt wird, wenn irgend ein Anschlag gegen die Truppen erfolgt, sowie, dass derjenige, der Feldtelegraphen- und Fernsprechleitungen beschädigt, gleichfalls mit dem Tode bestraft wird. [...]
4. Steht ein Todesurteil in Aussicht, so bildet der Truppenkommandeur oder, wenn dieser nicht vorhanden, der älteste anwesende Offizier unter seinem Vorsitz ein nach seinem Ermessen zusammengesetztes Gericht von mindestens drei Richtern. Auch Unteroffiziere und Mannschaften können Richter sein. Verhandlung auf Meldekarte oder Notizblatt ist vor der Vollstreckung aufzusetzen. Wortlaut etwa:

Ort und Datum

Der Bürgermeister X aus Y ist wegen Versteckthalten von Waffen trotz vorausgegangener Aufforderung zur Herausgabe zum Tode durch den Strang (oder durch Erschiessen) verurteilt. Die Vollstreckung hat um X Uhr in Y stattgefunden.

A	B	C
Leutnant	Unteroffizier	Grenadier

Das Protokoll ist dem Gerichtsoffizier bei nächster Gelegenheit auszuhändigen. [...]«[410]

---

einwandfrei erscheinen mußte, hat er gegen kein Strafgesetz verstoßen (§ 47 MStGB).« Zit. n. bJ 57/20 (von Bünau), Bd. 2, Bl. 45.

410 Zit. n. bJ 594/20 (Bronsart von Schellendorf), Bd. 1, Bl. 27.

Die Angeschuldigten hätten sich, wie das Gericht unter Verweis auf diesen Befehl ausführte, gemäß § 47 S. 2 MStGB nur dann strafbar gemacht, wenn sie als »gehorchende Untergebene« entweder den ihnen erteilten Befehl überschritten hätten oder wenn ihnen bekannt gewesen wäre, daß der Befehl des Vorgesetzten eine Handlung betraf, die ein bürgerliches oder militärisches Verbrechen bezweckte.

Die erste Alternative schloß das Reichsgericht ohne weiteres aus, und auch auf die zweite mußte nach Ansicht des Gerichts nicht näher eingegangen werden, denn der »lediglich befolgte Befehl des Generalkommandos« sei zulässig gewesen.[411] Er finde seine gesetzliche Grundlage in § 399 MStGO und vor allem in der »Kaiserlichen Verordnung über das außerordentliche kriegsrechtliche Verfahren gegen Ausländer und die Ausübung der Strafgerichtsbarkeit gegen Kriegsgefangene« vom 28. Dezember 1899.[412] In dieser Verordnung, die in 19 Paragraphen die Voraussetzungen und die Modalitäten des kriegsrechtlichen Verfahrens regelte, hieß es unter § 6: »Zur Untersuchung und Entscheidung der Sache wird von dem das außerordentliche kriegsrechtliche Verfahren anordnenden Befehlshaber ein Feldgericht bestellt.«

Ein Feldgericht durfte also gebildet werden, doch bedeutete dies zugleich, daß auch die Verfahren rechtmäßig waren? Das Reichsgericht ging darauf nicht ein, denn Indikatoren für eine negative Antwort waren nicht zu übersehen: Meldekarten oder Notizblätter, denen ein Protokoll der einzelnen Verhandlungen und Urteilsgründe hätte entnommen werden können, waren nicht vorhanden; und Verteidiger, die den Beschuldigten, denen die Todesstrafe drohte, hätten beigeordnet werden müssen (§ 9 der Verordnung), hatte es nicht gegeben.

Waren die Verfahren folglich rechtswidrig? Sie wären es gewiß gewesen, wenn nicht das außerordentliche kriegsrechtliche Verfahren in § 18 der Kaiserlichen Verordnung eine entscheidende Erweiterung erfahren hätte. § 18 Abs. 1 bestimmte nämlich: »Durch vorstehende Bestimmungen wird die Befugnis der kommandierenden Offiziere nicht ausgeschlossen, Ausländer, die im Kriege verräterischer Handlungen gegen die deutschen oder verbündeten Truppen sich schuldig machen, wenn sie auf frischer Tat betroffen werden, ohne vorgängiges gerichtliches Verfahren nach dem bisherigen Kriegsbrauche zu behandeln.« Mit anderen Worten und in Wiederholung dessen, was bereits im Zusammenhang mit der kriegs-

---

411 Ebenda, Bd. 4, Bl. 187 RS.

412 Die Verordnung ist abgedruckt in BAL, R 3003, ORA/RG, Generalia, Bd. 59, Bl. 1 c (Umschlag) sowie im Armee-Verordnungsblatt 1899, 288 und auszugsweise mit Kommentierung in Romen/Rissom, Militärstrafgesetzbuch (1918), S. 569f.

rechtlichen Entwicklung während des Weltkriegs dargestellt wurde (oben, S. 173f.): Ausländer, genauer ausländische Zivilisten, durften im Krieg unter der Voraussetzung, daß sie sich an Kampfhandlungen beteiligt hatten, ohne rechtmäßige Kombattanten zu sein, erschossen werden. Das Recht, das in diesen Fällen zur Anwendung kam, war ein Standrecht, kein Verfahrensrecht. Die Erschießung der 110 Personen konnte damit »hilfsweise« auch auf § 18 der Kaiserlichen Verordnung gestützt werden.[413]

Über die Reichweite und Grenzen dieser Regelung äußerte sich das Reichsgericht allerdings nicht. Und auch über die Frage ihrer Zulässigkeit insbesondere im Blick auf das internationale Kriegsrecht verlor es kein Wort. Beide Punkte standen offensichtlich außer Zweifel, zumal ja schon der Befehl des Generalkommandos als durch die Kriegsnotwendigkeit geboten und mit dem Kriegsbrauch übereinstimmend bezeichnet wurde, was indirekt auf eine gleiche Bewertung der konkreten Anwendung der Verordnungsbestimmung des § 18 schließen läßt.[414]

Die Reichsanwaltschaft ermittelte noch gegen andere Personen als die bisher genannten drei Angeschuldigten. Belgien hatte ja ursprünglich neun Soldaten der kaiserlichen Armee beschuldigt, für das Geschehen von Andenne verantwortlich zu sein. Ein Beschuldigter war im Krieg gefallen,[415] ein weiterer während der Ermittlungen gestorben.[416] Fünf Beschuldigte waren im Tatzeitraum nicht am Tatort und hatten erst später von dem Vorgehen der deutschen Einheiten in Andenne erfahren und es ausdrücklich gebilligt.[417] Inwiefern sie vorher entsprechende Befehle gegeben haben, ist nicht überprüfbar, da die Akten fehlen.

Im Rahmen ihrer Ermittlungen stieß die Reichsanwaltschaft allerdings auf einen ehemaligen Hauptmann, der sich im hier fraglichen Zeitraum auch in Andenne aufgehalten hatte. Ein deutscher Zeuge, der in einem anderen Verfahren aussagte, belastete ihn schwer. Er warf ihm vor, auf die Nachricht, daß bei einer Hausdurchsuchung in Andenne einer seiner Soldaten tödlich verletzt worden sei, ausgerufen zu haben: »Dafür werden mir zehn Belgier bluten« und sogleich zehn Männer aus der auf dem Marktplatz zusammengetriebenen Menge herausgezogen und zur Grup-

---

413 Die Terminologie des Reichsgerichts ist hier uneinheitlich. Mal spricht es von einem Feldgericht, mal von einem Standgericht.

414 Vgl. bJ 594/20 (Bronsart von Schellendorf), Bd. 4, Bl. 187 RS.

415 Major d. R. Jungé (bJ 337/20), gefallen am 15. Juli 1915.

416 Generalfeldmarschall von Bülow (bJ 49/20), gestorben am 31. August 1921.

417 Major von Bünau (bJ 57/20), Hauptmann Wabnitz (bJ 184/20), Leutnant Steinmetz (bJ 333/20), Generalmajor von Langermann und Erlenkamp (bJ 592/20), Prinz Ernst von Sachsen-Meiningen (bJ 593/20).

pe der Verurteilten gestellt zu haben, um sie erschießen zu lassen, was schließlich auch geschehen sei.[418]

Die Aussage wurde von mehreren Zeugen bestätigt, unter anderem von dem Vorgesetzten des Angeschuldigten,[419] einem Oberst und Bataillonskommandeur.[420] Gleichwohl kam das Reichsgericht zu dem Ergebnis, daß der Angeschuldigte »aus dem tatsächlichen Grunde des mangelnden Schuldbeweises« außer Verfolgung zu setzen sei.

»Es ist schwer zu glauben, daß der Angeschuldigte sich erlaubt haben sollte, in so unerhörter Weise in die richterliche Tätigkeit des aus höheren Offizieren bestehenden Feldgerichts einzugreifen, dem Urteilsspruch des Feldgerichts in so eigenmächtiger, allen Regeln von Recht und Gerechtigkeit Hohn sprechender Weise dadurch vorzugreifen, daß er einfach von den noch gar nicht abgeurteilten Personen eine größere Anzahl beliebig auswählte und kurzer Hand zu den zum Tode verurteilten Leuten stellte, um sie ohne Urteil des gleichen Schicksals des Erschießens teilhaftig werden zu lassen. Es erscheint ausgeschlossen, daß sich die Offiziere des Feldgerichts ein solches unerhörtes Eingreifen eines im Range unter ihnen stehenden, am Feldgerichte gar nicht beteiligten Dritten hätten gefallen lassen.«[421]

Abgesehen davon, daß das Reichsgericht in dem Beschluß fälschlicherweise den Eindruck erweckte, die Urteile seien auf dem Marktplatz sämtlich von einem ordnungsgemäßen Feldgericht gefällt worden, ist noch ein weiterer Aspekt bemerkenswert. Der Beschluß endet nämlich mit der Bemerkung des Gerichts: »Dem Angeschuldigten ist die ihm zur Last gelegte Tat um so weniger zuzutrauen, als er allgemein als ein ruhig überlegender, rechtlich denkender Mensch und menschlich fühlender Mann geschildert wird.«[422] Damit überging es das reichsanwaltliche Ermittlungsergebnis, daß eine strafrechtliche Verantwortlichkeit des Angeschuldigten ganz und gar nicht ausschloß, ihm aber zugute hielt, daß nach übereinstimmenden ärztlichen Gutachten anzunehmen sei, »daß sich der Angeschuldigte zur Zeit der Tat infolge der übermenschlichen Anstrengungen und Aufregungen [...] in einem Zustande der Bewußtlo-

418 Vgl. aJ 218/21 (Major a. D. Albert Prey), Bl. 7f. Es handelt sich dabei um eine Abschrift aus dem Verfahren gegen von Below (bJ 591/20).

419 Ebenda, Bl. 11. Der Untersuchungsrichter des Reichsgerichts hatte im Dezember 1921 die Voruntersuchung eröffnet.

420 »Über die Einzelheiten der Vorgänge über die Erschießung in Andenne am 21.8. entsinne ich mich nur noch, dass Hauptmann Prey mir nach Wiedereintreffen beim Bataillon über die Erschießung Bericht erstattet hat.« Vgl. aJ 218/21 (Prey), Bl. 66; eine ähnliche Aussage des Zeugen findet sich noch auf Bl. 68.

421 Vgl. aJ 218/20 (Prey), Bl. 81f.

422 Ebenda, Bl. 82.

sigkeit befunden hat, der die freie Willensbestimmung ausschloß (§ 51 StGB)«.[423]

Ebenso wie im Fall Andenne waren auch in den Verfahren zu Dinant die »Kaiserliche Verordnung über das außerordentliche kriegsrechtliche Verfahren gegen Ausländer« und speziell deren § 18 die entscheidenden Bezugspunkte in der rechtlichen Argumentation des Oberreichsanwalts und des Reichsgerichts. Die Verordnung sei die rechtliche Grundlage für einen Korps-Tagesbefehl gewesen,[424] der in Dinant zur Ausführung gekommen sei. In diesem Tagesbefehl vom 15. August 1915 habe es geheißen, daß »Einwohner, die Waffen gegen die Truppe gebrauchen oder mit der Waffe in der Hand betroffen werden« zu erschießen seien. Wo die Schuldigen nicht ausfindig zu machen seien, so weiter der Tagesbefehl, »haften nach Umständen Geiseln und auch Ortschaften mit Leben und Eigentum für den Schaden«.[425]

Nach Überzeugung des Oberreichsanwalts und des Reichsgerichts hatten die Voraussetzungen für die Anwendung des Befehls vorgelegen. »Das [...] Regiment ist an mehreren Orten in Belgien insbesondere in Dinant Überfällen durch Ortseinwohner (Zivilisten) ausgesetzt gewesen«, erklärte der Oberreichsanwalt, ohne irgendwelche Zweifel erkennen zu lassen.[426] Und das Reichsgericht ging von der Voraussetzung aus, daß in Dinant die »in schwerem Kampf stehenden Truppen den ganzen Tag über von der maßlos verhetzten Zivilbevölkerung in hinterlistigster Weise aus den, teilweise sogar mit dem Zeichen des roten Kreuzes versehenen Häusern beschossen worden waren [...]«.[427]

Die Vorgehensweise der Beschuldigten sei daher völkerrechtlich zulässig gewesen und ein deutsches Strafgesetz nicht verletzt, so die Schlußfolgerung beider Justizorgane.[428] Im übrigen entspreche es in den Fällen, in denen Häuser nach bewaffneten Zivilpersonen abgesucht und diese erschossen worden seien, dem Kriegsbrauch[429] oder aber, wie im Verfahren

---

423 Ebenda, Bl. 78 RS.

424 Vgl. z. B. die Ausführungen in den Beschlüssen des Reichsgerichts in den Verfahren bJ 310/20 (Major a. D. Hans Freiherr von Schaumburg), Bl. 81 RS, bJ 312/20 (Major a. D. Manfred Wilke), Bl. 10 oder bJ 608/20 (Generalleutnant a. D. Matthias Hoch), Bl. 89.

425 Vgl. Ziff. 1 a und e des Befehls, abgedruckt, allerdings ohne Hinweis auf die Unterschrift, in bJ 181/20 (d'Elsa), Bd. 1, Bl. 37 sowie in bJ 605/20 (Generalleutnant a. D. Gustav von der Decken), Bl. 125.

426 So z. B. in bJ 608/20 (Hoch), Bl. 86.

427 Zit. n. bJ 605/20 (von der Decken), Bl. 208.

428 Vgl. z. B. ebenda, Bl. 200.

429 Vgl, bJ 608/20 (Hoch), Bl. 89.

gegen einen der Beschuldigten, den Generalmajor a. D. Kielmansegg, der Kriegsnotwendigkeit.[430]

Um zu diesem Ergebnis, das eindeutig und schlüssig sein wollte, zu gelangen, bedurfte es eines nicht unerheblichen Begründungsaufwands. Zum einen nämlich behaupteten deutsche Zeugen, daß einige der Angeschuldigten den Befehl erteilt hätten, bei der Durchsuchung der Häuser »nur Frauen und Kinder [zu] schonen«, woraufhin nicht nur die mit einer Waffe in der Hand betroffenen Männer erschossen worden seien, sondern alle waffenfähigen Männer, also alle diejenigen, die – nach flüchtiger Einschätzung des jeweiligen deutschen Soldaten – von ihrem Alter her zum Gebrauch einer Waffe in der Lage gewesen seien.[431]

Das Gericht hielt diese Folgerung, die von einer Reihe Soldaten eingestandenermaßen aus dem Befehl gezogen wurde,[432] für abwegig. Das Wort »nur« in dem Befehl »nur Frauen und Kinder schonen« sei in der Bedeutung von »vor allen Dingen« gebraucht worden und zu verstehen, so daß der Sinn des Befehls gewesen sei: »Frauen und Kinder sind unter allen Umständen zu schonen, während Männer nach dem Korpsbefehl vom 15.8.14 zu behandeln, d. h. zu erschießen sind, wenn sie mit der Waffe in der Hand betroffen werden.«[433] Daß sich – der gewundenen Interpretation zum Trotz – unter den Erschossenen auch Frauen und Mädchen befanden, begründe keine rechtswidrige Tötung, denn diese hätten sich, wie das Gericht, im Gegensatz zum ermittelnden Beamten der Reichsanwaltschaft, befand, »mit der Waffe am Kampfe beteiligt«.[434]

---

430 bJ 304/20 (Kielmansegg), Bl. 132 VS/RS.

431 Vgl. bJ 310/20 (von Schaumburg), Bl. 23f.

432 Vgl. z. B. die Aussage des Oberleutnants d. R. a. D. Martin Kipping in bJ 302/20 (Fränzel), Bd. 1, Bl. 19 RS: »Einige Zeit nach dem Einrücken kam der Btls. Kommandeur [...] und sagte: Befehl vom Brgd. Kdr., es sind alle Männer, die in den Häusern aufgefunden werden, zu erschießen. [...] So hat der Major jedenfalls dem Sinn nach gesagt. Daß er gesagt hätte: Alle Männer, die mit <u>den Waffen</u> aufgefunden wurden, seien zu erschießen, glaube ich keinenfalls, denn sonst würde ich anders gehandelt haben, als später von mir geschehen. [...] Ich habe in den Häusern (12–15) nur drei Männer gefunden und zwar, soviel ich mich erinnere, zusammen in einem Haus, in dem sich auch Frauen aufhielten. [...] Die drei Zivilisten habe ich persönlich angetroffen, sie wurden dann aus dem Haus geführt, an die Wand gestellt und auf meinen Befehl, entsprechend der erhaltenen Instruktion, durch eine Gruppe erschossen.«

433 Zit. n. bJ 310/20 (von Schaumburg), Bl. 78 RS. Das RG schloß sich dieser Sichtweise des Oberreichsanwalts an. Vgl. Bl. 81 RS.

434 Vgl. bJ 307/20 (Meister), Bd. 2, Bl. 159 VS/RS und 162 VS/RS. An anderer Stelle (bJ 298/20 [Generalleutnant a. D. Waldemar Vitzthum von Eckstädt],

Eines erhöhten Begründungsaufwands bedurfte es zum zweiten deshalb, weil es zumindest zwei Fälle von Massenexekutionen gegeben hatte, die auch von deutscher Seite nicht mit einer Kampfbeteiligung der erschossenen Zivilpersonen gerechtfertigt worden waren. Im Fall der Bewohner Dinants, die im Kloster Leffe festgehalten wurden, war das Reichsgericht in mehreren Beschlüssen davon ausgegangen, daß sie nicht an den sogenannten Franktireur-Kämpfen beteiligt waren.[435] Gleichwohl war ein Teil von ihnen, wie das Reichsgericht im Laufe weiterer Ermittlungen zur Kenntnis nehmen mußte, erschossen worden. In einem Bericht an eine übergeordnete Stelle hieß es nämlich: »Ich hatte den Befehl vom Herrn Brigadekommandeur, die männlichen Einwohner zu erschießen, auf seinen ausdrücklichen Wunsch hin mußte ich einige 30 bis 40 Mann, die ins Kloster geflüchtet waren, aus diesem zu diesem Zwecke herausholen lassen. Diesen Befehl hat der damalige Hauptmann Gause[436] ausgeführt.« Unterschrieben war der Bericht von einem der Angeschuldigten, dem nunmehrigen Oberst a. D. Fränzel.[437]

Das Reichsgericht kam zu dem Ergebnis, daß Oberst Fränzel deshalb außer Verfolgung gesetzt werden müsse, weil er auf Befehl des Brigadekommandeurs gehandelt habe. Diesen Befehl habe er für zulässig und verbindlich gehalten, so daß die Tat aus subjektiven Gründen nicht strafbar sei (§ 47 MStGB, § 59 StGB).[438] Gegen den Brigadekommandeur, einen späteren Generalleutnant, wurde kein Ermittlungsverfahren eingeleitet.[439] Das Gericht war überzeugt, daß er keinen entsprechenden Befehl gegeben, sondern lediglich Weisungen im Sinne des erwähnten Tagesbefehls vom 15. August 1914 erteilt habe. Der angeschuldigte Oberst müsse die mündliche Äußerung des Generals mißverstanden haben.[440]

In dem zweiten Fall ging es um die Erschießung einer Gruppe von ungefähr 40 Personen. Ein Zeuge: »Ich kann es heute als ausgeschlossen bezeichnen, daß diese Zivilisten und auch diejenigen, die sich außerdem als

---

Bl. 17) legte das Gericht den Korpsbefehl so aus, daß Frauen und Kinder auch dann geschont werden müßten, wenn sie die Deutschen mit der Waffe angegriffen hätten.

435 Vgl. z. B. bJ 312/20 (Major a. D. Wilke), Bl. 10 VS, wo es heißt: »Männer, die in den Häusern mit der Waffe in der Hand angetroffen wurden, wurden erschossen, die übrigen Personen wurden in das Kloster Leffe gebracht.«

436 Während des Krieges gefallen.

437 Vgl. bJ 302/20 (Oberst a. D. Fränzel), Bd. 1, Bl. 43 VS. Der Bericht war auch von Fränzel unterschrieben worden.

438 Ebenda, Bd. 2, Bl. 21 RS.

439 Es handelte sich um den damaligen Generalmajor Morgenstern-Döring.

440 bJ 302/20 (Fränzel), Bd. 2, Bl. 21 RS.

Gefangene dort befunden hatten, etwa auf unsere Truppen geschossen haben. Sie standen ganz in meiner Nähe und waren alle sehr ängstlich. Sie haben etwa 3/4 Stunden dort gestanden, bis die Erschießung eines Teiles von ihnen stattfand [...] Es wurden mehrere Salven abgegeben, aber noch längere Zeit nachher sind weiter einzelne Schüsse auf den Haufen abgegeben worden, die offenbar denen galten, die durch die Salven nicht sofort getötet waren. Unter diesem Haufen der Erschossenen befanden sich auch Frauen und Kinder.«[441]

Das Gericht argumentierte hier ähnlich wie in dem obigen Fall. Eine zweifelsfreie Feststellung, ob überhaupt ein Exekutionsbefehl gegeben worden und von wem er ausgegangen sei, könne nicht getroffen werden. Es sei nicht erwiesen, daß der ranghöchste Offizier der beteiligten Einheit, ein Oberst und jetziger Generalleutnant a.D., überhaupt anwesend gewesen sei. Vielmehr sei davon auszugehen, daß er sich an anderer Stelle befunden habe, um »das regellos gewordene Feuergefecht zu ordnen«.[442] Zugunsten des zweiten Angeschuldigten, seinerzeit Major, Bataillonskommandeur und unmittelbarer Befehlsgeber, müsse angenommen werden, daß er irrtümlich an die Existenz eines höheren Befehls geglaubt habe und diesen nach Lage der Sache für gerechtfertigt, also für vereinbar mit dem Tagesbefehl und der Kaiserlichen Verordnung gehalten habe.[443]

Zum dritten schließlich ergab sich ein erhöhter Begründungsaufwand insofern, als das Reichsgericht vor dem Problem stand, die Erschießung von weiteren 100 Personen – sie waren, da der Beteiligung an den Franktireur-Kämpfen nicht überführt, in das Gefängnis von Dinant verbracht worden – unter den Begriff der Kriegsnotwendigkeit zu subsumieren. Der damalige Bataillonskommandeur Oberstleutnant Graf Kielmansegg behauptete im Ermittlungsverfahren, am 23.8. den Befehl »alles niederzumachen« erhalten zu haben, den er als eine Ausweitung des ursprünglichen Befehls, daß nur diejenigen Einwohner erschossen werden sollten, die mit einer Waffe in der Hand angetroffen würden, verstanden

441 Aussage des Zeugen Hoßfeld, in: bJ 307/20 (Generalleutnant a.D. Johann Meister), Bd. 1, Bl. 130 RS. Ein anderer Zeuge, ein Gefreiter Fritz, sagte aus: »Die Mannschaften, die nach den Zivilisten zu vorn standen, stellten sich auf und schossen auf sie. Es sind auch Frauen und Kinder getroffen worden. Es waren überhaupt meist Frauen und Kinder und von Männern nur wenig junge Leute.« Vgl. bJ 311/20 (Oberst a.D. Albert Schlick), Bl. 28.

442 Vgl. bJ 307/20 (Meister), Bd. 2, Bl. 162 VS/RS.

443 Vgl. den Antrag des Oberreichsanwalts, dem das Reichsgericht in seinem Beschluß entsprach, in: bJ 311/20 (Schlick), Bl. 86 VS/RS.

hätte.[444] Sein Vorgesetzter, ein Oberst und Regimentskommandeur, der im und nach dem Krieg bis zum Generalleutnant befördert worden war, bestritt allerdings, einen solchen Befehl erteilt zu haben. Er gab in mehreren Vernehmungen unwiderlegbar an, erst nach den Erschießungen von diesen erfahren zu haben, woraufhin er außer Verfolgung gesetzt wurde.[445] Kielmansegg sah hingegen keinen Anlaß, an der Rechtmäßigkeit der von ihm befohlenen Massenerschießungen zu zweifeln. Aus einer Aussage: »Man mußte [...] davon ausgehen, daß alle festgenommenen Männer schuldig waren, die etwaigen wenigen Unschuldigen rechtzeitig auszusondern, bestand keine Möglichkeit. Auch der Umstand, daß die im Gefängnis befindlichen Belgier bereits Gefangene waren, gab mir zu einer anderen Entschließung keinen Anlaß.«[446] Eine Möglichkeit, die »zahlreichen und gefährlichen« Gefangenen im Gefängnis weiterhin zu bewachen oder an einen anderen Ort zu bringen, habe er nicht gesehen. Sein Bataillon habe zu Gefechtszwecken weiter vorrücken müssen.[447]

Das Reichsgericht folgte den Aussagen des Angeschuldigten. Gestützt auf ein umfangreiches militärisches Gutachten des Generals der Infanterie a. D. Kuhl, kam es zu dem Ergebnis, »daß die auf Befehl des Angeschuldigten am 23. August 1914 zu Dinant vollzogene Erschießung einer größeren Anzahl festgenommener wehrfähiger Belgier durch die Kriegsnotwendigkeiten geboten war, sohin eine strafbare Handlung nicht vorliegt«.[448]

Das gleiche Argumentationsmuster, also: die Erschießungen von Zivilisten hätten dem Kriegsbrauch entsprochen und seien unter dem »Drucke der Kriegsnotwendigkeit« geschehen und sofern auf höheren Befehl gehandelt worden sei, habe seitens des Befehlausführenden kein Zweifel an der Berechtigung des Befehls bestanden, findet sich durchweg auch in den Beschlüssen zu den Verfahren gegen die Soldaten der kaiserlichen Armee, die der Begehung von Greueltaten in Löwen beschuldigt wurden.[449] Belgische Zeugenaussagen, die ausnahmslos eine Partisanentätig-

---

444 Vgl. die Erklärung des Angeschuldigten Kielmansegg in bJ 605/20 (von der Decken), Bl. 117.

445 Vgl. die Aussage des Angeschuldigten Generalleutnant a. D. Gustav von der Decken in bJ 605/20, Bl. 8 und den Beschluß des Reichsgerichts ebenda, Bl. 208 VS/RS.

446 Zit. n. bJ 304/20 (Kielmansegg), Bl. 75 RS.

447 Ebenda.

448 Ebenda, Bl. 132. Der Untersuchungsrichter hatte eine Strafbarkeit wegen Mordes nach § 211 StGB, §§ 115, 7, 47 MStGB zugrunde gelegt.

449 Vgl. bJ 97/20 (Oberst a. D. Max Karl Schweder, Rittmeister d. R. a. D. Otto von Sandt), Bd. 1, Bl. 142 VS/RS; bJ 112/20 (Major a. D. Georg Freiherr

keit der einheimischen Bevölkerung nicht bestätigen konnten, wurden dahingehend erklärt, daß sie, sofern gutgläubig abgegeben, »eben von am Überfall nicht beteiligten Personen stammen, welche sich während des Überfalls in ihren Häusern befanden und daher erhebliche Bekundungen über ihn zu machen nicht imstande waren«.[450] Es habe einen Armee- und einen Regimentsbefehl gegeben – »die Orte innerhalb der Abschnitte sind [...] abzusuchen, wobei gegen die Bewohner das strengste Verfahren erforderlich ist« (Armeebefehl)[451] und »energischer Waffengebrauch [...] bei geringster Widersetzlichkeit und Ungehorsam« (Regimentsbefehl)[452]–, die von den Beschuldigten und Angeschuldigten lediglich befolgt worden seien.

Wie aber war das Vorgehen eines der Angeschuldigten, eines gewissen Majors a. D. Georg von Stössel, mit der Forderung aus dem Armeebefehl vereinbar, »es sollte rücksichtslos scharf vorgegangen werden, ohne daß jedoch die Leute brutal würden«?[453] Als Bataillonskommandeur in einem Landwehrregiment hatte er am Abend des 28. August 1914 in Kessel-Loo, einem Vorort von Löwen, den Befehl gegeben, wegen der vermeintlichen Beschießung deutscher Soldaten durch die belgische Zivilbevölkerung eine Reihe von Häusern – darunter auch solche, aus denen nach seiner Einschätzung nicht geschossen worden war – zu »säubern« und die darin angetroffenen Männer zusammenzuführen. 54 Männer, unter ihnen auch mehrere katholische Geistliche, wurden schließlich auf einem Platz versammelt und ihm vorgeführt. Alle Festgenommenen beteuerten ihre Unschuld, und auch der Angeschuldigte wußte, daß sich die deutschen Soldaten »im Laufe des Tages [...] vielfach Spirituosen verschafft und sich daran berauscht hatten«. Ihm war ebenfalls bekannt, daß irgendwann eine »wüste, planlose Schießerei« entstanden war, in der 14 Soldaten verwundet wurden. Obwohl also vieles, wenn nicht alles, dafür sprach, daß belgische Zivilisten nicht auf deutsche Soldaten geschossen, diese sich vielmehr selbst beschossen hatten, meinte Major von Stössel, »ein Exempel statuieren zu müssen«. Nicht zu reagieren wäre ihm, wie er aussagte, von den erregten Mannschaften als Schwäche ausgelegt worden. Er ließ darum die ergriffenen Männer in einer Reihe aufstellen und befahl, jeden siebten Mann erschießen zu lassen. Die Ausgezählten, mindestens sieben Männer, darunter einer oder mehrere Geistliche, ließ er an die Friedhofs-

---

von Stössel), Bd. 2, Bl. 24 VS/RS und bJ 255/20 (Oberstleutnant a. D. Walter von Manteuffel), Bd. 1, Bl. 57 VS/RS.

450 So z. B. in bJ 255/20 (von Manteufel), Bl. 56 RS.

451 Vgl. bJ 112 (von Stössel), Bd. 2, Bl. 20 RS.

452 Ebenda sowie Bd. 1, Bl. 99.

453 Ebenda, Bd. 2, Bl. 20 VS.

\- 1 -

b. J. 112 / 20.

15

A n k l a g e s c h r i f t

gegen den

Major a. D. Freiherrn Georg von Stössel
geb. am 23. 10. 1856 in Ratibor (Oberschlesien),
evangelisch, verheiratet, wohnhaft in Podsdam, Oehlertstraße 32, unbestraft.

Ergebnis der Ermittelungen.

Bl. 5. Der Angeschuldigte, welcher sich im Frieden für den Fall eines Krieges zur Verfügung gestellt hatte, rückte bei Kriegsausbruch als Kommandeur des I. Batls Landw. Jnf. Regts. Nr. 20 ins Feld. Das Bataillon überschritt etwa am 17. 8. 1914 bei Aachen die Grenze.

Bl.81, 85. Vom Oberkommando der I. Armee war folgende „Anweisung für das Verhalten gegenüber feindlicher Bevölkerung" ergangen:

Jn Anbetracht der überaus feindlichen Haltung der Bevölkerung in Belgien ist es notwendig, mit rücksichtslosen und durchgreifenden Mitteln gegen die Beteiligung von Nichtsoldaten am Kampf vorzugehen. Um dies zu erreichen, ist die Beseitigung jeglicher Schußwaffen und Sprengmittel aus den Dörfern und Privathäusern unbedingt erforderlich. Die Ortschaften und Gehöfte sind deshalb planmäßig zu entwaffnen. Den Bewohnern ist bekannt gegeben worden, daß sie sich strengster Bestrafung aussetzen, falls Waffen bei ihnen vorgefunden werden. Durch Vermittlung des Bürgermeisters und des Ortsgeistlichen sind die Einwohner zur Waffenabgabe aufzufordern. Mitnahme von Geiseln bei der Absuchung empfiehlt sich. Führt die Entwaffnung nicht zum Ziel, sind strengste Maßregeln gerechtfertigt. Besonders sind in diesem Falle sämtliche Einwohner aus den Dörfern und Gehöften zu vertreiben.

Diese Anweisung entsprach der Befehle der Etappen- Jnspektion der I. Armee vom 17.8.1914 an die 11. Landwehrbrigade, zu welcher das Landwehr-Jnf.
Bl.81,83. Regt. Nr. 20 gehörte. Danach sollten :„alle Ort -

schaften

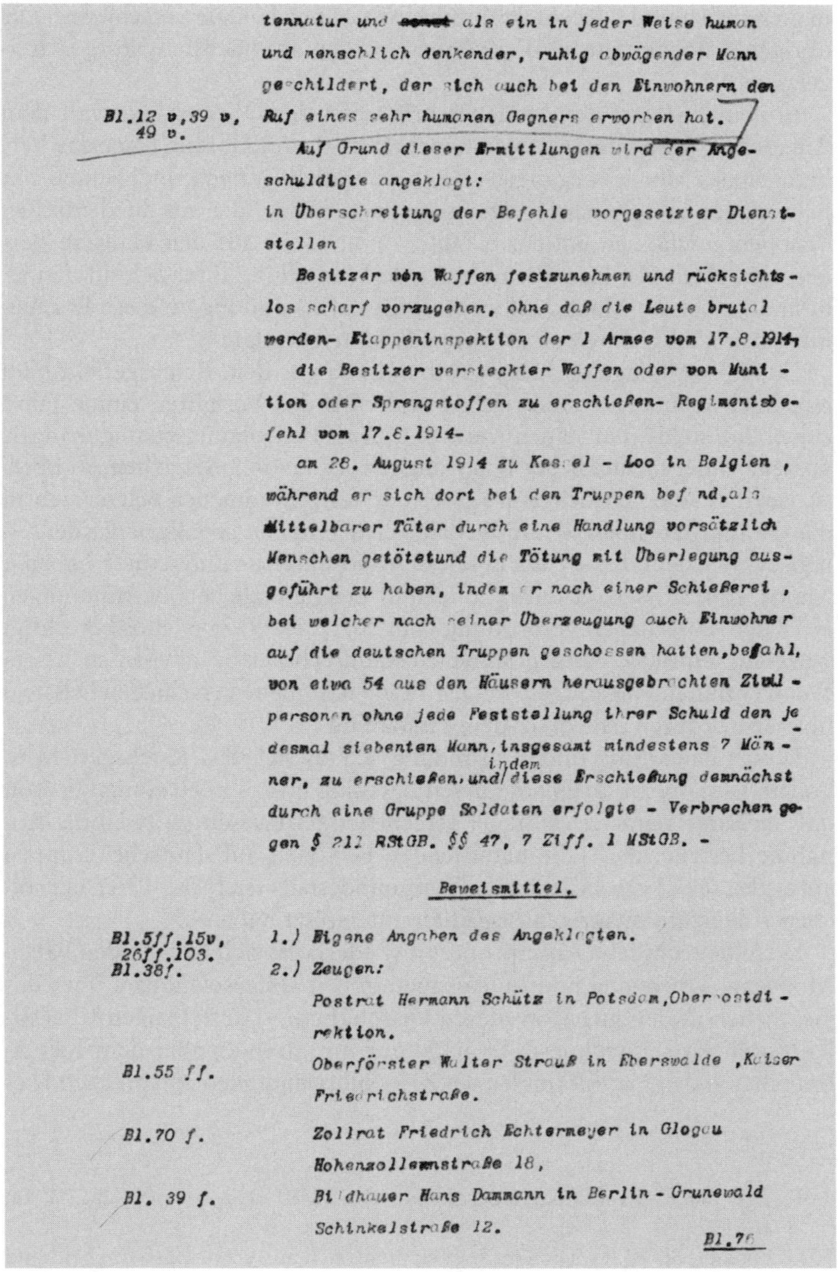

tennatur und ~~sonst~~ als ein in jeder Weise human und menschlich denkender, ruhig abwägender Mann geschildert, der sich auch bei den Einwohnern den

Bl.12 v,39 v, 49 v. Ruf eines sehr humanen Gegners erworben hat.

Auf Grund dieser Ermittlungen wird der Angeschuldigte angeklagt:

in Überschreitung der Befehle vorgesetzter Dienststellen

Besitzer von Waffen festzunehmen und rücksichtslos scharf vorzugehen, ohne daß die Leute brutal werden- Etappeninspektion der 1 Armee vom 17.8.1914,

die Besitzer versteckter Waffen oder von Munition oder Sprengstoffen zu erschießen- Regimentsbefehl vom 17.8.1914-

am 28. August 1914 zu Kessel - Loo in Belgien, während er sich dort bei den Truppen befand, als mittelbarer Täter durch eine Handlung vorsätzlich Menschen getötet und die Tötung mit Überlegung ausgeführt zu haben, indem er nach einer Schießerei, bei welcher nach seiner Überzeugung auch Einwohner auf die deutschen Truppen geschossen hatten, befahl, von etwa 54 aus den Häusern herausgebrachten Zivilpersonen ohne jede Feststellung ihrer Schuld den jedesmal siebenten Mann, insgesamt mindestens 7 Männer, zu erschießen, und indem diese Erschießung demnächst durch eine Gruppe Soldaten erfolgte - Verbrechen gegen § 211 RStGB. §§ 47, 7 Ziff. 1 MStGB. -

Beweismittel.

Bl.5ff.15v, 26ff.103. 1.) Eigene Angaben des Angeklagten.

Bl.38f. 2.) Zeugen:

Postrat Hermann Schütz in Potsdam, Oberpostdirektion.

Bl.55 ff. Oberförster Walter Strauß in Eberswalde, Kaiser Friedrichstraße.

Bl.70 f. Zollrat Friedrich Echtermeyer in Glogau Hohenzollernstraße 18,

Bl. 39 f. Bildhauer Hans Dammann in Berlin - Grunewald Schinkelstraße 12.

Bl.76

Erste und vorletzte Seite des Entwurfs der Anklageschrift gegen den Major a. D. Freiherr Georg von Stössel
Links: BAL, R 3003, ORA/RG, bJ 112/20, Bd. 2, Bl. 15, VS
Rechts: BAL, R 3003, ORA/RG, bJ 112/20, Bd. 2, Bl. 18, RS

mauer stellen und dort sofort durch eine Gruppe Soldaten erschießen. Die übrigen festgenommenen Einwohner wurden am nächsten Morgen freigelassen.[454]

In dem Entwurf der Anklageschrift warf der Oberreichsanwalt dem Angeschuldigten von Stössel vor, mehrfach als mittelbarer Täter das Verbrechen des Mordes begangen zu haben, »indem er nach einer Schießerei, bei welcher nach seiner Überzeugung auch Einwohner auf die deutschen Truppen geschossen hatten, befahl, von etwa 54 aus den Häusern herausgebrachten Zivilpersonen ohne jede Feststellung ihrer Schuld den jedesmal siebenten Mann [...] zu erschießen [...] und indem diese Erschießung demnächst durch eine Gruppe Soldaten erfolgte«.[455]

Zu einer Anklage und einer Verhandlung vor dem Reichsgericht kam es jedoch nicht. Der Oberreichsanwalt ließ das Verfahren einige Jahre ruhen und stellte dann einen Antrag auf Außerverfolgungsetzung mangels ausreichender tatsächlicher Belastung. Es sei davon auszugehen, so Ebermayer, daß »die sämtlichen in Kessel-Loo festgenommenen Belgier sich an dem Franktireurüberfall auf die deutschen Truppen beteiligt oder denselben doch jedenfalls – zum mindesten moralisch – unterstützt haben«. Major von Stössel sei daher aufgrund der gesetzlichen Bestimmungen (§ 18 der Kaiserlichen Verordnung vom 28.12.1899) zweifellos berechtigt gewesen, sämtliche Festgenommenen standrechtlich erschießen zu lassen. Wenn er nur einen geringen Teil der Festgenommenen erschießen ließ, »so übte er hierdurch eine besondere Humanität«.[456]

Dieser Bewertung und Begründung schloß sich das Reichsgericht in vollem Umfang an. In einem kurzen Beschluß hob es noch einmal hervor, daß die angewendete Maßregel gerechtfertigt gewesen sei, weil die Annahme bestehe, daß »die betreffenden Personen auf deutsche Truppen entweder selbst geschossen oder zum mindestens [sic!] die Täter bei solchen völkerrechtswidrigen Angriffen unterstützt haben«.[457]

Dieselbe rechtliche Argumentation wiederholte sich auch in den Fällen Monceau, Louveigné und Lincé sowie in den Untersuchungen über das Geschehen in den gut 20 weiteren Ortschaften. »Hinterlistigen Überfällen durch Ortseinwohnern«[458] habe nur mit Strenge, aber dem Kriegsbrauch und den Erfordernissen der Kriegsnotwendigkeit entsprechend be-

---

454 Vgl. die Sachverhaltsschilderung in bJ 112/20 (von Stössel), Bd. 2, Bl. 16–19.

455 Ebenda, Bl. 18 RS. Die Strafbarkeit ergab sich aus § 211 RStGB, §§ 47 und 7 MStGB.

456 Vgl. ebenda, Bl. 23 RS (Hervorhebung im Original).

457 Ebenda, Bl. 24 RS.

458 Vgl. bJ 169/20 (General der Infanterie a.D. Hermann von Strantz), Bl. 94.

gegnet werden können.[459] Dabei mag es, so der Oberreichsanwalt in einigen Anträgen, »dahingestellt bleiben, ob sich deutsche Truppen, gereizt durch Franctireurüberfälle, in einzelnen Fällen an belgischen Zivileinwohnern vergangen haben«, doch seien diese Taten jedenfalls nicht von den fraglichen Befehlsgebern angeordnet, gefördert oder auch nur geduldet worden.[460]

Irgendeine Verantwortung konnten Oberreichsanwalt und Reichsgericht auch im Falle der Erschießung von 102 Männern und einer Frau in Arlon am 26. August 1914 nicht feststellen. Die Zivilpersonen waren in zwei Güterwaggons in Arlon angekommen und sollten, so die Meinung von Zeugen, wegen nicht näher bekannter Delikte zur Aburteilung nach Deutschland überführt werden. Der Ortskommandant von Arlon, Major Eugen von Hedemann, habe sie aber in einen Schuppen sperren und dann, ohne daß es ein Verfahren gegeben habe, erschießen lassen.[461] Er habe sich in diesem Moment allerdings, wie das Gericht ausführte, in einem Irrtum im Sinne des § 59 StGB befunden, indem er angenommen habe, bei den Zivilpersonen handle es sich um Franktireure, die gemäß § 18 der Kaiserlichen Verordnung zu erschießen seien. Eine fahrlässige Tötung lag nach Auffassung des Gerichts ebenfalls nicht vor, »weil die Umstände, insbesondere die in jener Zeit häufig vorgekommenen und dem Angeschuldigten bekannten Franktireurangriffe und die dadurch herbeigeführte erklärliche Erregung des Angeschuldigten und die Eilbedürftigkeit der Erledigung, die Annahme einer Fahrlässigkeit ausschließen«.[462]

Seinen Vorgesetzten, den Kommandierenden General der Provinz Luxemburg, Generalmajor Richard von Teßmar, treffe ebenfalls keine Verantwortung. Er sei von einem Armeebefehl ausgegangen, wonach die Festgenommenen zu erschießen seien. Deshalb habe er auf Nachfrage des

---

459 Vgl. bJ 41/20 (Generalleutnant a.D. Adolf von der Esch), Bl. 54.

460 Vgl. z.B. die Ausführungen des Oberreichsanwalts in bJ 781/20 (Wilhelm Kronprinz von Preußen), Bl. 25.

461 Vgl. bJ 821/20 (Generalmajor a.D. Richard von Teßmar), Bl. 55f. Dort sagt der Offizierdienstuer Paul Köhler u.a. aus: »Die Personen wurden dann zu je 10 auf einem toten Schienengleis an einer Pallisadenwand aufgestellt. Hierauf wurden 20 Mann Freiwillige der 4. Komp. […] beordert, die Personen zu erschießen […] Die Leute wurden dann zu 10 (zuletzt die Frauenperson) erschossen […] Unter den Erschossenen befanden sich sehr alte Greise und Jugendliche im Alter von etwa noch nicht 14 Jahre, auch ein Mann, der an der Krücke ging. […] Die Leichen der Erschossenen wurden nicht gleich fortgeschafft, sie blieben 1–2 Tage liegen und wurden dann auf offenen Karren durch die Stadt auf den Friedhof in Massengräber geschafft.«

462 Vgl. bJ 761/20 (von Hedemann/von Teßmar), Bd. 3, Bl. 65.

Ortskommandanten keine Einwände erhoben (»Was machen Sie soviele Geschichten, lassen Sie die Leute einfach erschießen«, vgl. oben, S. 210). »Diese Antwort [...] entsprach der Sachlage. Ein Verschulden seinerseits an der Erschießung der Belgier kommt hiernach nicht in Frage.«[463]

Die reichsanwaltlichen Ermittlungen und die reichsgerichtlichen Beschlüsse vor dem Hintergrund des damals geltenden nationalen Rechts und Völkerrechts

Aus der zeitlichen Distanz von etwa 80 Jahren läßt sich natürlich nicht mit Gewißheit rekonstruieren, ob eine Aussage der Wahrheit entsprach oder nicht, beziehungsweise ob Aussagen vom Gericht ihrem Gehalt entsprechend gewürdigt wurden oder nicht. Das schließt jedoch nicht aus, daß – wie wir in den bereits dargestellten Verfahren gesehen haben – Widersprüche oder Fehler feststellbar sind, die über den Einzelfall hinaus symptomatischen Charakter haben können und deshalb eine Bewertung erlauben.

Eine sich nur an der Beweiswürdigung festmachende Kritik wäre allerdings unvollständig, würden nicht auch die rechtlichen Ausführungen aus den Anträgen und Beschlüssen in die Überprüfung einbezogen werden. »Kriegsbrauch«, »Kriegsnotwendigkeit« und »höherer Befehl« waren die juristischen Termini, die in diesem Zusammenhang immer wieder genannt wurden. Sie bildeten ganz entscheidend den Maßstab dafür, ob ein Kriegsverbrechen vorlag oder nicht. Auf ihren Bedeutungsgehalt und ihre mögliche normative Aussage soll daher zunächst eingegangen werden. Sodann werden wir uns dem Tatvorwurf des systematischen unmenschlichen Verhaltens unterstellter Einheiten zuwenden.

Zum Begriff des Kriegsbrauchs

Folgt man der Rechtsüberzeugung von Reichsanwaltschaft und Reichsgericht, so ist in der – auch summarischen – Erschießung von Zivilpersonen, die als solche an kriegerischen Handlungen teilgenommen haben, kein Kriegsverbrechen zu sehen, da sie dem Kriegsbrauch entspricht. Der bereits mehrfach erwähnte § 18 Abs. 1 der Kaiserlichen Verordnung vom

463 Ebenda.

28. Dezember 1899 mache diesen Rechtsstandpunkt Deutschlands deutlich und biete somit eine Rechtsgrundlage für das deutsche Vorgehen in Belgien und die dem zugrundeliegenden konkreten Befehle, seien es nun Armeebefehle, Regimentsbefehle oder Befehle von Vorgesetzten vor Ort.

Was ist nun aber unter Kriegsbrauch – oder Kriegsgebrauch – zu verstehen? Ist mit ihm ein bestimmter Inhalt und ein bestimmtes Verfahren verbunden oder steht es jedem Staat frei, ihn mit Inhalten zu füllen und aus ihm weitgehende Generalermächtigungen herzuleiten, so wie die Kommentatoren des MStGB, A. Romen und Carl Rissom, meinten? Ist er überhaupt ein Rechtsbegriff – und wenn ja, gehört er dem Landes- oder dem Völkerrecht an?

Außer in § 18 der Kaiserlichen Verordnung wurde der Begriff Kriegsbrauch beziehungsweise Kriegsgebrauch seinerzeit noch in zwei weiteren Rechtsvorschriften genannt. Einmal in § 91 StGB von 1871, wo es hieß, daß »[g]egen Ausländer wegen der in den §§ 87, 89, 90 bezeichneten Handlungen [sc. militärischer Landesverrat] nach dem Kriegsgebrauche zu verfahren [ist]«. Und einmal in § 99 der Prisenordnung von 1909,[464] wo festgelegt war, daß nach der Aufbringung eines Schiffes »nur mit denjenigen Personen, die, ohne in die feindliche Streitmacht eingereiht zu sein, an den Feindseligkeiten teilgenommen oder gewaltsam Widerstand geleistet haben, nach dem Kriegsbrauche verfahren« wird. Im StGB ging es um Spione, während sich die Regelung der Prisenordnung wie § 18 der Kaiserlichen Verordnung auf Angehörige der feindlichen Zivilbevölkerung bezog.

Die Nennung des Kriegsbrauchs auch in diesen beiden Vorschriften scheint ihn wie selbstverständlich der Kategorie der Rechtsbegriffe zuzuweisen, wenngleich in den Vorschriften wie auch in den entsprechenden Kommentierungen unklar bleibt,[465] wofür genau Kriegsbrauch steht. Sehen wir von dem Fall der hier nicht interessierenden Spione ab, wird lediglich so viel deutlich, daß der Begriff dann Anwendung findet, wenn Zivilpersonen, die nicht der Armee angehören, an kriegerischen Handlungen teilnehmen. Damit verweist der Begriff des Kriegsbrauchs auf die in der Aufklärung namentlich von Rousseau eingeführte Unterscheidung zwischen Kombattanten und Nichtkombattanten.[466] Nur erstere dürften

---

464 Vgl. RGBl. 1914, 275.

465 So z. B. bei Romen/Rissom, Militärstrafgesetzbuch (1918), S. 569f., oder bei Reinhard Frank (Hg.), Das Strafgesetzbuch für das Deutsche Reich, 11. bis 14. Aufl., Tübingen 1914, S. 201f.

466 Sie geht zurück auf das mit der klassischen Völkerrechtsepoche nach dem Dreißigjährigen Krieg einsetzende Bestreben, den Krieg dem Monopol staat-

kämpfen und bekämpft werden, nicht aber die am Krieg unbeteiligte Zivilbevölkerung. Umgekehrt bedeutete dies, daß Zivilisten, die sich gleichwohl am Kampf beteiligten, ebenfalls bekämpft werden durften. Mehr noch: Da ihre Handlungsweise dem Grundsatz widersprach, daß der einzelne nicht als Mitglied eines Landes, sondern nur als Soldat dieses Landes vom Feind bekämpft wird, lag hier ein Verstoß gegen das seit der Aufklärung bestehende und sich in der Folge als Völkergewohnheitsrecht[467] etablierende Verständnis vom Krieg als einer Auseinandersetzung zwischen Staaten, genauer: zwischen deren Organen, vor.

Daß dieser Verstoß bestraft wurde, ist im Interesse einer Beschränkung des Krieges auf die bewaffneten Streitkräfte nicht verwunderlich. Die Frage ist aber, wie er bestraft wurde. War die Todesstrafe immer die zwangsläufige Straffolge, oder kamen noch andere, mildere Strafen in Betracht?

Einer der ersten Autoren, die sich zur Behandlung illegitimer Kombattanten äußerten, war der Schweizer Eméric de Vattel.[468] Sie sollten, wenn sie in die Gewalt des Feindes gefallen waren, »ohne Schonung wie Diebe und Räuber behandelt und gehängt werden können«.[469] Die Staatenpraxis scheint dieser Rechtsansicht gefolgt zu sein. So hat Napoleon während der Napoleonischen Kriege wiederholt in Deutschland und Spanien bekanntgeben lassen, daß Landeseinwohner, die mit der Waffe in der Hand ergriffen würden, der Todesstrafe verfielen.[470] Lord Wellington soll

---

licher Gewalt unterzuordnen und berechenbar zu machen. In diesem Sinne hatte Jean-Jacques Rousseau 1762 in seinem Werk »Le contrat social« erklärt: »Der Krieg ist keineswegs eine Beziehung von Mensch zu Mensch, sondern eine Beziehung von Staat zu Staat, und die einzelnen sind weder als Menschen noch als Bürger als Feinde anzusehen, sie sind es als Soldaten, nicht als Mitglieder ihres Landes, aber als dessen Verteidiger [...] Da Ziel des Krieges die Zerstörung des gegnerischen Staates ist, besteht das Recht, seine Verteidiger zu töten, solange sie die Waffen in der Hand haben. Sobald sie diese jedoch ablegen und sich ergeben, werden sie wieder einfache Menschen, und man hat kein Recht, ihnen das Leben zu nehmen.« Zit. n. Christopher Greenwood, *Geschichtliche Entwicklungen und Rechtsgrundlagen*, in: Dieter Fleck (Hg.), Handbuch des humanitären Völkerrechts in bewaffneten Konflikten, München 1994, S. 14.

467 Zur abweichenden britischen Haltung vgl. unten (S. 396ff.) die Ausführungen zum Seekrieg.

468 Zu Vattel (1714–1767) vgl. vor allem Grewe, Epochen der Völkerrechtsgeschichte, S. 332ff.

469 Vgl. Hans-Joachim Jentsch, Die Beurteilung summarischer Exekutionen durch das Völkerrecht, Diss. Universität Marburg 1966, S. 87.

470 Ebenda, S. 68.

der Zivilbevölkerung ebenfalls jede Hoffnung auf Schonung für den Fall einer Beteiligung an den Kämpfen genommen und ihr angedroht haben, sie wie Verbrecher zu hängen. Und im amerikanischen Bürgerkrieg (1861–1866) hieß es in einer Proklamation General Paines, des Oberbefehlshabers in West-Kentucky: »I shall shoot every guerilla taken in my district.«[471]

Ähnlich äußerte sich auch Art. 82 in den 1863 verfaßten »Instructions for the Government of the Armies of the United States in the Field«, den nach ihrem Verfasser auch »Lieber-Code« genannten amerikanischen Kriegsartikeln, zur Behandlung von Freischärlern. In seinen hier wichtigen Passagen lautete er: »Männer oder Trupps von Männern, die Feindseligkeiten begehen [...] ohne behördlichen Auftrag und ohne Teil der organisierten feindlichen Armee zu sein und ohne dauernd am Krieg teilzunehmen [...] haben [...], wenn sie gefangengenommen werden, keinen Anspruch auf die Vorrechte von Kriegsgefangenen, sondern sind summarisch als Straßenräuber oder Piraten zu behandeln.«[472]

Der König von Preußen schließlich erließ am 11. August 1870 eine Proklamation, gerichtet an die französische Zivilbevölkerung: »Ich führe Krieg mit den französischen Soldaten und nicht mit den Bürgern Frankreichs. Diese werden demnach fortfahren, eine vollkommene Sicherheit ihrer Person und ihres Eigentums zu genießen, und zwar so lange, als sie mich nicht selbst durch feindliche Unternehmungen gegen die deutschen Truppen des Rechts berauben werden, ihnen meinen Schutz angedeihen zu lassen.«[473]

Die, um die letztgenannte Androhung aufzugreifen, Schutzlosigkeit von Zivilisten für den Fall, daß sie in den Krieg eingriffen, ihre Gleichsetzung mit Räubern und Piraten – letztere seit jeher Inbegriff des rechtlosen Feindes, des *hostis humani generis* – zeigen, daß die Todesstrafe die gewöhnliche Strafe in derartigen Fällen war. Wie noch an weiteren Beispielen belegt werden könnte,[474] stand der Begriff des Kriegsbrauchs somit völkergewohnheitsrechtlich außer in bezug auf Spione auch im Hinblick auf irregulär kämpfende Zivilpersonen für die materielle Haftungsgrundlage, aus der allgemein eine Bestrafung mit dem Tode hergeleitet wurde. Und in formeller Hinsicht war es zumindest nicht ausgeschlossen und –

---

471 Ebenda.

472 Zit. n. ebenda, S. 71.

473 Zit. n. Rudolf Laun, Die Haager Landkriegsordnung, Wolfenbüttel-Hannover 1947, S. 15.

474 Vgl. Institut für Völkerrecht der Universität Göttingen, V. Kriegsrechtliche Haftung des Einzelnen. Haftungsgrundlage: Kriegsbrauch, Göttingen 1955, S. 2ff.

hält man sich einige der obigen Formulierungen vor Augen – sogar die Regel, daß der Kriegsbrauch ein feldgerichtliches Verfahren entbehrlich machte. § 18 der Kaiserlichen Verordnung von 1899 bewegte sich daher durchaus im Rahmen dessen, was als kriegsrechtsmäßig angesehen wurde.

Allerdings ist hier sogleich eine Einschränkung zu machen. Genau in dem Jahr, als die Verordnung erlassen wurde, formulierte in Den Haag der russische Völkerrechtler Friedrich von Martens eine Klausel, die künftig nach ihm benannt werden sollte. Diese Klausel, die auf der ersten Haager Konferenz (1899) angenommen und auf der zweiten Haager Konferenz (1907) bestätigt wurde, stand in der Präambel des Abkommens »betreffend die Gesetze und Gebräuche des Landkriegs« und bezog sich auf mögliche Kriegshandlungen, die nicht oder nur unvollständig durch das Abkommen geregelt werden konnten. In diesen Fällen, so die Klausel, sollten »die Bevölkerung und die Kriegführenden unter dem Schutze und der Herrschaft des Völkerrechts bleiben, wie sie sich ergeben aus den unter gesitteten Völkern feststehenden Gebräuchen, aus den Gesetzen der Menschlichkeit und aus den Forderungen des öffentlichen Gewissens«.[475]

Wie es in der Präambel weiter heißt, wollten die Vertragsparteien des Abkommens namentlich die Art. 1 und 2 der HLKO im Sinne der Martensschen Klausel verstanden wissen. Diese beiden Artikel definieren den Begriff des Kriegführenden, versuchen also den Kombattanten vom Nichtkombattanten in einem juristisch und praktisch handhabbaren Sinne zu unterscheiden.

Ausgehend von der selbstverständlichen Prämisse, daß in erster Linie die Streitkräfte eines Landes Krieg führen, sollten nach Art. 1 auch Milizen und Freiwilligenkorps wie rechtmäßig Kämpfende behandelt werden, vorausgesetzt, sie weisen eine gewisse militärische Organisation auf. Die Voraussetzung ist dann erfüllt, wenn – erstens – jemand an der Spitze dieser Milizen und Freiwilligenkorps steht, der für seine Untergebenen verantwortlich ist, wenn – zweitens – ein bestimmtes, aus der Ferne erkennbares Abzeichen getragen wird, wenn – drittens – die Waffen offen geführt und – viertens – die Gesetze und Gebräuche des Krieges beachtet werden.

Art. 2 betrifft die Zivilbevölkerung. Greift sie in einem nichtbesetzten Gebiet beim Herannahen des Feindes aus eigenem Antrieb zu den Waffen (sogenannte *levée en masse*), wird sie als rechtmäßig kriegführend betrachtet, wenn sie zwei Bedingungen nachkommt, nämlich die Waffen offen führt und die Gesetze und Gebräuche des Krieges respektiert.

---

475 RGBl. 1910, 107.

Doch inwiefern konnten überhaupt die unter gesitteten Völkern feststehenden Gebräuche, die Gesetze der Menschlichkeit und das öffentliche Gewissen als Maßstab dienen? Die Kriege, die zu Beginn des 20. Jahrhunderts geführt wurden – fast ausnahmslos waren es Kolonialkriege –, sind nicht geeignet, die drei Kriterien positiv zu besetzen. Auf den außereuropäischen Kriegsschauplätzen stieß in den Augen der europäischen Staaten die eigene »zivilisierte« Kriegführung auf die regellose, als unfair empfundene Kampfweise der kolonialen Bevölkerung, und in vielen Fällen waren exzessive Grausamkeiten die Folge, die sich häufig nicht nur gegen Kombattanten, sondern auch gegen die Zivilbevölkerung richteten. Von wesentlicher, auf europäischer Seite enthemmend wirkender Bedeutung war dabei, daß die von der Kolonialbevölkerung praktizierte Kriegsform, eine Art Guerillataktik, als Verstoß gegen die klassischen Regeln der Kriegführung gesehen wurde.[476] Soweit bekannt, führten die zur gleichen Zeit angemahnten Menschlichkeitserwägungen oder das zivilisatorische Selbstverständnis der Kolonialmächte nicht dazu, daß der Unterschied zwischen Armee und Zivilbevölkerung in nennenswerter Weise Beachtung erfuhr.[477]

Wie erklärt sich diese Diskrepanz zwischen der Kriegführung europäischer Mächte in ihren Kolonialgebieten und der von ebendiesen Mächten kodifizierten HLKO? War die als »Kriegsgesetzbuch« verstandene HLKO[478] nur ein typisches Produkt der Diplomatie, wohlklingend und gleichwohl nichtssagend?

Hält man sich den Zustand des Völkerrechts um die Jahrhundertwende vor Augen, drängt sich eine Antwort förmlich auf. Das Völkerrecht jener Zeit unterschied nämlich zwischen »zivilisierten Staaten« (*nations civilisées, civilized nations*) und nichtzivilisierten, wilden Staaten, und das waren eben die Kolonien oder ganz allgemein die Staaten außerhalb

---

476 Vgl. Erwin A. Schmidl, *Kolonialkriege: Zwischen großem Krieg und kleinem Frieden*, in: Manfred Rauchensteiner und Erwin A. Schmidl (Hg.), Formen des Krieges. Vom Mittelalter zum »Low-Intensity-Conflict«, Wien u. a. 1991, S. 111ff.

477 Statt vieler Beispiele sei hier nur an das Vorgehen der britischen Truppen während des Anglo-Buren-Kriegs besonders in den beiden letzten Kriegsjahren 1901/02 oder an das der deutschen Truppen während des Hereroaufstandes 1904 in Südwestafrika erinnert. Vgl. ebenda, S. 117ff.; die Nachwirkungen fast ein Jahrhundert später beschreibt Hans Brandt, *Elisabeth II. bedauert Burenkrieg*, in: Frankfurter Rundschau, 12.11.1999, S. 2.

478 Vgl. die Formulierungen bei Christian Meurer, Die Haager Friedenskonferenz. Bd. II: Das Kriegsrecht der Haager Konferenz, München 1907, S. 18.

Europas und Nordamerikas. Zwar wurde der Begriff »Zivilisation« in diesem Zusammenhang in erster Linie juristisch definiert, als Eigenschaft, der Gemeinschaft anzugehören, doch schwang in ihm auch die Bedeutung des allgemeinen Zivilisationsbegriffs mit, wonach die zivilisierten Staaten die Träger der Zivilisation sind, was ihre Sonderstellung rechtfertigt.[479] Kam es zum Krieg zwischen zivilisierten und nichtzivilisierten Staaten, fiel ein großer Teil des Kriegsvölkerrechts, dem ja auch die Idee einer prinzipiellen Gleichrangigkeit möglicher Gegner zugrunde lag, weg. Kriegsregeln, die man in Europa und Nordamerika[480] zu den gewohnheitsrechtlich geltenden Gesetzen und Gebräuchen des Krieges rechnete, besaßen keine oder nur noch eingeschränkte Gültigkeit. Wenn auch in Rechnung zu ziehen ist, daß die Dynamik der rechtlichen Entgrenzung und Verrohung noch durch die für Europäer ungewohnte, stark ritualisierte Kampfweise der Kolonialbevölkerung gefördert wurde,[481] war das Vor- und Grundverständnis dennoch, daß Nichteuropäer nicht als gleichwertige Gegner erachtet wurden.[482] Gleichwertig, weil der gleichen Zivilisation zugehörig, waren einander nur die europäischen Staaten, und auf sie bezogen waren die genannten Kriterien keinen leeren Formeln. Alle Initiativen und Verhandlungen von der ersten Genfer Konvention 1864 über die Petersburger Deklaration 1868 bis hin zur Brüsseler Konferenz 1874 und zum Oxford-Manual des Institut de Droit international 1880 hallten seitens der Teilnehmer und Kommentatoren wider von Berufungen auf Fortschritt, Zivilisation, Menschlichkeit, Gewissen und öffentliche Meinung.[483]

---

479 Vgl. Jörg Fisch, Die europäische Expansion und das Völkerrecht. Die Auseinandersetzungen um den Status der überseeischen Gebiete vom 15. Jahrhundert bis zur Gegenwart, Stuttgart 1984, S. 287; vgl. auch zur Genese des Begriffs »zivilisierter Staat« Grewe, Epochen der Völkerrechtsgeschichte, S. 520ff.

480 Zum Sonderfall Nordamerika, das zwar zu den »zivilisierten Staaten« gerechnet, hinsichtlich der Kriegführung aber belächelt und für unerheblich beachtet wurde, vgl. u. a. Schmidl, *Kolonialkriege: Zwischen großem Krieg und kleinem Frieden*, S. 111ff.

481 Ebenda, S. 118. So gehörte es zum festen Ritual der Zulu, getöteten Gegnern den Bauch aufzuschlitzen, um den Einfluß der bösen Geister abzuwehren, und ihnen als Teil einer Reinigungszeremonie Kleider und Ausrüstung abzunehmen.

482 Zu den Vorläufern dieses Verständnisses, so z. B. zum nur *inter Christianos* geltenden Naturrecht des Hugo Grotius, siehe Fritz Münch, *Die Martenssche Klausel und die Grundlagen des Völkerrechts*, in: ZaöRV 36 (1976), S. 351.

483 Ebenda, S. 350f.

Was bedeutete dies in unserem Zusammenhang für das Verständnis und die Anwendung der Martensschen Klausel? Dazu müssen wir uns noch einmal den Haager Konferenzen zuwenden und kurz auf die kontroverse Diskussion über die Unterscheidung zwischen Kombattanten und Nichtkombattanten in den späteren Art. 1 und 2 des Abkommens zum Landkriegsrecht eingehen. Die Trennungslinie in dieser Diskussion verlief zwischen den großen Militärmächten wie Frankreich und Deutschland – England mit Abstrichen – einerseits und den kleineren Staaten andererseits. Der belgische Delegierte erklärte zum Beispiel:

»Aber wenn man die Kriegsführung einzig und allein den Staaten vorbehält und wenn die Bürger nur noch einfache Zuschauer sind: lähmt man da nicht die Widerstandskraft, nimmt man da nicht dem Patriotismus sein Wirkungsfeld? Ist es nicht die erste Pflicht eines Bürgers, sein Vaterland zu verteidigen? Die schönsten Blätter unserer vaterländischen Geschichte berichten von solchen Leistungen. [...] Belgien ist klein aber infolge seiner geographischen Lage oft das Schlachtfeld Europas gewesen. Aus dieser misslichen Lage ist dann seine Neutralität erwachsen, die nicht nur unser eigenes Interesse wahren will. [...] Wir wollen andere vor der Versuchung bewahren, belgisches Gebiet als Kriegsplatz zu benützen. Wie nun, wenn eine Garantiemacht trotzdem grundlos in das Land einfällt? In zwei Tagen kann das kleine Land besetzt, die Armee untätig in Antwerpen eingeschlossen sein. Wie will man Angesichts [sic!] einer solch ernsten Lage die Belgier ihrer Pflichten gegen das Land entbinden, indem man den Schein erweckt, als rate man ihnen ab, sich am Widerstand zu beteiligen?«[484]

Der Delegierte der Schweiz – um ein weiteres Beispiel für die Haltung eines kleineren Staates zu nennen[485] – hob ebenfalls den Aspekt des Patriotismus hervor, der, weil er sich gegen einen starken Gegner richte, heroisch sei und keine Ächtung, schon gar keine Bestrafung verdiene:

»Ich bitte nur um eine Neuerung, um einen Schritt weiter: setze man keine Strafe auf die Vaterlandsliebe, unterlasse man strenge Massregeln gegen Völker, die sich in Massen zur Verteidigung ihres Bodens erheben. Am Anfang des Jahrhunderts haben in der Gebirgsschweiz mehrere Massenerhebungen stattgefunden, eine andere auch in der Nachbarschaft. Im offenen Kampf hat man sich geschlagen. [...] Selbst Greise, Kinder und Frauen haben Teil am Kampf genommen. Man mag das immerhin für Übertreibungen der Vaterlandsliebe halten; aber sie sind herzerquickend und können sich wiederholen. Man kann keinem Abkommen zustimmen, welches einen Teil der Bevölkerung dem Kriegsgesetz unterwirft. Die Liebe zum Vaterland ist eine Tugend, die man nicht unterdrücken, sondern pflegen muß.«[486]

---

484 Zit. n. Meurer, Die Haager Friedenskonferenz. Bd. 2: Das Kriegsrecht der Haager Konferenz, S. 87.

485 Dezidiert der belgischen Meinung war z. B. noch Holland.

486 Zit. n. Meurer, Die Haager Friedenskonferenz, Bd. 2, S. 91f.

Vertreter der großen Staaten wiesen demgegenüber darauf hin, daß die Interessen ihrer Heere »gebieterisch die Sicherheit für ihre Verbindungen und für ihre Herrschaftsgebiet« verlangten und daß hier »eine Versöhnung zwischen diesen militärischen Interessen und den Interessen der bedrängten Völker unmöglich« sei.[487] Einer ihrer Wortführer war der Vertreter Deutschlands, Oberst Gross von Schwarzhoff. In mehreren Stellungnahmen beschwor er die Gefahr, daß der Zivilbevölkerung zu weitgehende Rechte gegenüber einem eindringenden Feind gewährt würden. »Wenn man so viel von Menschlichkeit redet«, meinte er einmal unter Verwendung eines argumentativen Schlüsselworts der Gegenseite, »so muss ich daran erinnern, dass auch die Soldaten Menschen sind und ein Recht auf menschliche Behandlung haben. Wenn die Soldaten von Anstrengungen ermattet, nach langen Märschen und Kämpfen sich in einem Dorf zur Ruhe niederlegen, so müssen sie sicher sein können, dass sich die friedlichen Einwohner nicht plötzlich in erbitterte Feinde verwandeln.«[488]

Das Bedürfnis, den Krieg weiterhin berechenbar und führbar zu machen, stieß auf das Bedürfnis, Widerstand gegen einen als übermächtig empfundenen Gegner zu leisten, dessen allzu leichte Beute man nicht werden wollte. Zwischen diesen konträren Sichtweisen schien eine Einigung nicht möglich und kam auch nicht zustande in dem Sinne, daß grundsätzliche Positionen aufgegeben worden wären. Den kleineren Staaten, die über keine oder nur kleine reguläre Armeen verfügten, wurde ein Widerstandsrecht zugebilligt, das jedoch an bestimmte Voraussetzungen geknüpft war: Zusammenfassung der Zivilisten zu einer disziplinarisch organisierten Gruppe, offenes Tragen der Waffen und Abzeichen, Beachtung der Gesetze und Gebräuche des Krieges, oder – auf unbesetztem Gebiet – allgemeines Widerstandsrecht unter der Bedingung, daß die Waffen offen getragen werden und das Kriegsrecht beachtet wird. Dadurch blieb der Krieg für die größeren Staaten nach wie vor eine kalkulierbare Angelegenheit, während kleinere Staaten im Falle eines Krieges auch auf Nichtsoldaten zurückgreifen konnten, ohne jedoch ein tendenziell unbeschränktes Widerstandsrecht zu haben.

Dennoch stellten sich die eigentlichen Probleme unverändert. Sie hingen mit einigen Voraussetzungen für die Anerkennung als rechtmäßige Kombattanten zusammen. Was zum Beispiel war ein besetztes Gebiet? Wie sollte der Grad der erforderlichen Beachtung oder nicht mehr hinnehmbaren Nichtbeachtung der Gesetze und Gebräuche des Krieges definiert werden? – Fragen, die nicht einfach, wegen der vielen denkbaren Si-

---

487 So die bilanzierende Zusammenfassung eines Oberst der schweizerischen Armee, in: ebenda, S. 93.

488 Ebenda.

tuationen wohl gar nicht ohne verbleibende Zweifel, zu beantworten sind. Zwar erklärt Art. 42 HLKO, daß ein Gebiet dann als besetzt gilt, »wenn es sich tatsächlich in der Gewalt des feindlichen Heeres befindet«. Was aber unter »tatsächlich in der Gewalt des feindlichen Heeres befindet« zu verstehen ist, darüber gibt die HLKO keine Auskunft. Kein Wunder also, daß später gefragt wurde: »Kann eine Ortschaft als besetzt angesehen werden, wenn der Kampf in einer Straße noch tobt, während andere Teile der Ortschaft bereits fest in den Händen der vorrückenden Truppen sich befinden? Dürfen etwa zwar die Bewohner jener Straße, nicht aber die Bewohner dieser Ortsteile zu den Waffen greifen?«[489] Und was die Beachtung der Kriegsgesetze und -gebräuche angeht, so finden wir wohl normative Aussagen in den Art. 22 und 23 HLKO,[490] doch lassen auch sie einen interpretatorischen Spielraum (besonders Art. 22), und außerdem ist nicht ausgeschlossen, daß eine Kriegspartei der anderen unbegründet Verstöße gegen diese Bestimmungen vorwirft, dies propagandistisch ausschlachtet und zur Verschärfung der eigenen Kriegführung nutzt.

Kurzum, es bedurfte einer Verhaltensmaßregel oder einer Auslegungsdirektive, wenn es um die Bewertung der gegnerischen Kriegführung und die Planung der Reaktion darauf ging. Und diese Maßregel oder Direktive sollte die Martenssche Klausel sein. Ihr Verweis etwa auf die Gesetze der Menschlichkeit oder die Forderungen des öffentlichen Gewissens war mitnichten taktischer Natur – obgleich durch ihn ein Kompromiß zwischen größeren und kleineren Staaten möglich wurde –,[491] vielmehr diente er der Klarstellung, welche die Vertragsparteien an die von ihnen so oft beschworene Völkerrechtskonzeption zivilisierter Staaten gemahnen wollte. Aus heutiger Sicht mag der Verweis naiv-philanthropisch klingen, damals jedoch war er das ganz und gar nicht, denn in ihm äußerte sich eine in vielen vorhergegangenen Kriegen gereifte Erkenntnis, daß der Krieg nur bei allseitigen Versuchen seiner Mäßigung führbar bleibt und

489 Vgl. Liszt, Völkerrecht (1918), S. 294.

490 Art. 22 ist gewissermaßen der Obersatz, die Leitlinie für die Kriegführenden, denn er bestimmt ganz allgemein, daß sie kein unbeschränktes Recht in der Wahl der Mittel zur Schädigung des Feindes haben. Art. 23 listet in einer Reihe von Unterpunkten einzelne Verbote auf, angefangen von dem Verbot der Verwendung von Gift oder vergifteten Waffen bis hin zum Verbot der Beschränkung von Rechten und ihrer Durchsetzbarkeit durch feindliche Staatsangehörige.

491 Erst nach Aufnahme der Martensschen Klausel in die Präambel des landkriegsrechtlichen Abkommens stimmten die kleineren Staaten der HLKO mit der zuvor streitigen Formulierung von Art. 1 und 2 zu. Vgl. Meurer, Die Haager Friedenskonferenz, Bd. 2, S. 96.

daß entgrenzte Gewalt die Existenz der Kriegsparteien selbst gefährden kann. Darum lag es im Interesse aller Beteiligten, der Zivilbevölkerung wie der Kriegführenden, daß die Grundsätze des Völkerrechts so definiert waren, wie es in der Martensschen Klausel geschehen war.[492] Um noch einmal den belgischen Gesandten der ersten Haager Konferenz zu zitieren: »Die Rechte des Siegers, weit davon entfernt ins Masslose zu gehen, werden also beschränkt sein durch die Gesetze des öffentlichen Gewissens; und kein Land, kein General wird es wagen, sie zu verletzen, ohne sich der Verurteilung der gesitteten Nationen auszusetzen.«[493]

Welche Folgerungen sind jetzt aber aus dieser Interpretation der Martensschen Klausel für den Kriegsbrauch zu ziehen? Ist mit ihr, erstens, die Todesstrafe für Zivilisten, die regelwidrig an Kriegshandlungen teilgenommen haben, vereinbar? Darf, zweitens, die Exekution ohne vorheriges Verfahren und Urteil durchgeführt werden?

Zur ersten Frage: Das vertragliche Völkerrecht und das Völkergewohnheitsrecht, auf das sich die Martenssche Klausel ja bezieht, gehen dem Kriegsbrauch vor. Als Teil der Gebräuche des Krieges drückt der hier in Rede stehende Kriegsbrauch ein Entwicklungsstadium aus, in dem sich eine Übung noch nicht zu Gewohnheitsrecht verdichtet hat und daher mit gewohnheitsrechtlichen Regelungen anderen Inhalts kollidieren und von diesen verdrängt werden kann. Für kriegsrechtswidrig kämpfende Zivilisten traf letzteres allerdings nicht zu. Bei einem Verstoß gegen die Art. 1 und 2 HLKO verlor der Verursacher den Schutz des Kriegsrechts, er galt als Kriegsverbrecher,[494] für den die Todesstrafe die gewöhnliche Strafe war. Das Postulat der Martensschen Klausel galt nicht für ihn, und die Selbstverständlichkeit, mit der dieses behauptet oder stillschweigend unterstellt wird, läßt vermuten, daß der Kriegs-

---

492 In der Literatur findet sich oft der Hinweis, daß die Martenssche Klausel die Geltung des Kriegsgewohnheitsrechts für die nicht in der HLKO geregelten Problemkreise und Sachgebiete festschreibe. Das ist richtig, vernachlässigt aber den Gesichtspunkt, daß dem Gewohnheitsrecht durch die Formulierung der Martensschen Klausel eine bestimmte Prägung gegeben worden war. Vgl. z. B. die zitierten Stimmen bei Meurer, Die Haager Friedenskonferenz, Bd. 2, S. 107ff.; Strupp, Das internationale Landkriegsrecht, S. 27, FN 1; Buß, Der Kombattantenstatus, S. 173; Jentsch, Die Beurteilung summarischer Exekutionen durch das Völkerrecht, S. 47.

493 Zit. n. Meurer, Die Haager Friedenskonferenz, Bd. 2, S. 89.

494 So z. B. Oppenheim, International Law. Bd. 2: War and Neutrality, S. 270, wo es heißt, »all war crimes [als ein solches sah Oppenheim auch das rechtswidrige Eingreifen von Zivilisten in einen Krieg an, G. H.] may be punished with death«.

brauch insofern, trotz seiner Bezeichnung, gewohnheitsrechtliche Geltung besaß.[495]

Zur zweiten Frage: So klar, wie die erste Frage bejaht werden kann, muß die zweite verneint werden. In der Zeit zwischen den Haager Konferenzen und dem Beginn des Ersten Weltkriegs finden sich nur noch ganz vereinzelt Stimmen in der Literatur, die eine Exekution ohne Verfahren und Urteil für zulässig halten. In den Handbüchern oder Dienstvorschriften für die amerikanische und britische Armee werden kriegsgerichtliche Verfahren sogar ausdrücklich vorgeschrieben, und auch nach französischem Recht waren Verfahren vorgesehen.[496] Weiterhin können die Art. 46 Abs. 1 und 50 HLKO als Beleg für den damaligen Stand des Völkerrechts angeführt werden. Art. 46 Abs. 1 bestimmt unter anderem, daß auf besetztem feindlichem Gebiet das Leben der Bürger geachtet werden soll, und Art. 50 besagt, daß wegen der Handlung einzelner, für welche die Bevölkerung nicht als mitverantwortlich angesehen werden kann, keine Strafe über eine ganze Bevölkerung verhängt werden darf. Zusammen mit den im Sinne der Martensschen Klausel auszulegenden Art. 1 und 2 HLKO und der Ausstrahlungswirkung der Klausel auf die gesamte HLKO ist ihnen das Verbot zu entnehmen, der Freischärlerei Verdächtige ohne Nachweis der Schuld hinzurichten. Alternativ dazu könnte auch noch auf Art. 30 HLKO verwiesen werden, wonach »der auf der Tat ertappte Spion nicht ohne vorausgegangenes Urteil bestraft werden [kann]«. Was für den Spion gilt, kann dem zweiten Regelungsobjekt des Kriegsbrauchs, dem Freischärler, nicht verwehrt werden, und daher kommt auch beispielsweise Verdross zu dem Ergebnis, daß »in allen Fällen« eine Bestrafung ohne ein vorausgegangenes Verfahren und Urteil unzulässig ist. Mangels eines zureichenden Grundes könne Art. 30 nicht als Ausnahmebestimmung zugunsten der Spione, sondern müsse als Zeugnis

---

495 Vgl. Romen/Rissom, Militärstrafgesetzbuch (1918), S. 568, wo lapidar festgehalten wird: »Die kriegsmäßige Behandlung des ergriffenen Franktireurs besteht also darin, daß er erschossen wird.« Siehe auch Verdross, Die völkerrechtswidrige Kriegshandlung und der Strafanspruch der Staaten, S. 31f.

496 Vgl. Institut für Völkerrecht der Universität Göttingen, V. Kriegsrechtliche Haftungsgrundlage des Einzelnen. Haftungsgrundlage: Kriegsbrauch, S. 13ff.; Jentsch, Die Beurteilung summarischer Exekutionen durch das Völkerrecht, S. 71f. Jentsch kommt in seiner Untersuchung zu dem Ergebnis (S. 70), daß ein Verbot summarischer Freischärlerschießungen während des Zweiten Weltkriegs dem Völkergewohnheitsrecht nicht entnommen werden kann. Dieses Ergebnis steht der hier vertretenen Auffassung gleichwohl nicht entgegen, da es, wie Jentsch auch zeigt, im Zweiten Weltkrieg eine rückläufige Entwicklung gegeben hat.

für einen allgemeinen Grundsatz aufgefaßt werden.[497] Daß er mit dieser Ansicht nicht allein stand, zeigte sich 1919 auf der Vorbereitungskonferenz zum Versailler Vertrag. An die erste Stelle von 32 als verbrecherisch bezeichneten Kriegshandlungen setzten die Delegierten »Mord und Massaker; systematischer Terror« (»meurtres et massacres; terrorisme systématique«) und meinten damit in erster Linie die summarischen Erschießungen während des Vormarschs durch Belgien.[498]

Einen internationalen Kriegsbrauch, der die verfahrenslose Exekution von angeblich kriegsrechtswidrig kämpfenden Zivilisten zugelassen hätte, gab es also zu Beginn des Ersten Weltkrieges nicht mehr. An seine Stelle trat die gegenteilige Ansicht, daß in allen Fällen – und das hieß immer mit einer Selbstverständlichkeit, die einen entsprechenden Hinweis obsolet machte: in allen Fällen, in denen Zivilpersonen nicht auf frischer Tat wie zum Beispiel im Kampf betroffen wurden – ein gerichtliches Verfahren erforderlich war. Ob sich diese Ansicht wegen der übereinstimmenden Meinungen und Rechtsüberzeugungen bereits zu allseits verpflichtendem Gewohnheitsrecht verdichtet hatte, ist wegen der einige Jahrzehnte zuvor noch geübten anderen Praxis allerdings zweifelhaft. Doch davon unabhängig steht fest, daß das deutsche Vorgehen im August und September 1914 in Belgien nicht der internationalen Rechtsansicht entsprach.

Zum Begriff der Kriegsnotwendigkeit

Allgemein gesprochen bedeutet Kriegsnotwendigkeit die aus militärischen, taktischen oder strategischen Gründen resultierende Notwendigkeit, eine bestimmte Maßnahme im Krieg durchzuführen. Ein Gebiet wird beispielsweise verwüstet, um den Vormarsch der feindlichen Armee zu behindern; eine unverteidigte Stadt wird beschossen, weil dem Feind die Möglichkeit des verdeckten Aufmarsches genommen werden soll; Angehörige der feindlichen Zivilbevölkerung werden gefangengenommen und erschossen, da sie nicht bewacht werden können und der Kampfauftrag der militärischen Einheit einen längeren Aufenthalt am Ort der Gefangennahme nicht erlaubt.

Die Kriegsnotwendigkeit, die manchmal auch als militärische Notwendigkeit bezeichnet oder mit dieser gleichgesetzt wird,[499] erlangt eine

497 Vgl. Verdross, Die völkerrechtswidrige Kriegshandlung und der Strafanspruch der Staaten, S. 32.
498 Vgl. La Paix de Versailles, S. 485ff.
499 Vgl. Strupp, Das internationale Landkriegsrecht, S. 7f.; Liszt, Das Völker-

rechtliche Bedeutung dadurch, daß im Zuge ihrer Befolgung Handlungen begangen werden, die nach dem Kriegsrecht verboten sind. Infolge der Berufung auf die Kriegsnotwendigkeit tritt jedoch eine Umwertung ein. Die Abwägung der gegenläufigen Ziele – die der Kriegsnotwendigkeit auf der einen und der schützenden Kriegsrechtsnorm auf der anderen Seite – ergibt einen Vorrang des militärischen Aspekts vor dem rechtlichen, und der Verstoß gegen das Kriegsrecht wird gerechtfertigt. Kriegsräson geht so vor Kriegsmanier.

Daß dies eine deutliche Umkehrung dessen ist, was mit der Kodifikation des Landkriegsrechts erreicht werden sollte, wird niemand bestreiten. Nicht der Kriegszweck sollte die Mittel zu seiner Erreichung bestimmen, sondern die rechtliche Zulässigkeit der Kriegsmittel sollte über die Art und Weise der Erreichung eines Kriegsziels entscheiden. Kriegsmanier oder Kriegsrecht geht vor Kriegsräson – das war der Satz, der den Kodifikationskonferenzen zufolge den Ablauf künftiger Kriege prägen sollte.

Doch schon die Präambel des Abkommens über die Gesetze und Gebräuche des Landkriegs scheint diesem Anliegen zu widersprechen und die Tür zu einem weiten Verständnis von Kriegsnotwendigkeit zu öffnen. Die Bestimmungen des Abkommens sollen die Leiden des Krieges mildern, heißt es darin, gefolgt von der Einschränkung, »soweit es die militärischen Interessen gestatten«. Einige Regelungen der HLKO weisen in die gleiche Richtung. Art 23 lit. g schränkt das Verbot der Wegnahme und Zerstörung feindlichen Eigentums auf die Fälle ein, wo es nicht »durch die Erfordernisse des Krieges dringend erheischt wird«. Art. 43 fordert, »nach Möglichkeit« die öffentliche Ordnung im besetzten Gebiet wiederherzustellen, und Art. 46 spricht davon, daß auch im besetzten Gebiet die Ehre und Rechte der Familien sowie das Leben der Bürger »geachtet werden [sollen]«. Andererseits aber und wie um die Widersprüchlichkeit noch zu vergrößern, existiert in Art. 22 die bereits erwähnte Vorschrift, die den Kriegführenden ein unbeschränktes Recht zur Schädigung des Feindes abspricht. Und die in Art. 23 aufgelisteten Verbotshandlungen kennen (zum Beispiel hinsichtlich der Verwendung von Gift oder vergifteten Waffen,

---

recht (1918), S. 281; einen vielbeachteten und in der deutschen Völkerrechtswissenschaft häufig übernommenen Versuch einer Typologisierung verschiedener Formen der Notwendigkeit im Krieg machte 1913 Max Huber, *Die kriegsrechtlichen Verträge und die Kriegsräson*, in: ZfV VII (1913), S. 351–374. Er unterschied zwischen der Staatsnotwendigkeit (die Existenz eines Staates ist gefährdet), der Kriegsnotwendigkeit (gewisse militärische Operationen sind für die Erreichung des Kriegszwecks erforderlich), der militärischen Notwendigkeit (eine einzelne militärische Operation muß durchgeführt werden) und der Notwendigkeit im Hinblick auf die Erhaltung des Lebens einzelner oder mehrer Personen (eigentlicher Notstand).

der meuchlerischen Tötung oder der Erklärung, daß kein Pardon gegeben wird), mit Ausnahme des Art. 23 lit. g keinerlei Vorbehalte, beanspruchen also eine Geltung unabhängig von einer wie auch immer gearteten militärischen Situation.

Wie ist diese unterschiedliche Betonung von Kriegsmanier und Kriegsräson zu erklären, und wie verhalten sich die angesprochenen Aussagen und Regelungen zueinander? Welches sind vor diesem Hintergrund die Grenzen der Kriegsnotwendigkeit? Kann die Kriegsnotwendigkeit so weit ausgelegt werden, daß sie selbst die Erschießung von Zivilpersonen erlaubt und rechtfertigt?[500]

Bei der einschränkenden Formulierung in der Präambel des IV. Abkommens liegt in der Tat der Gedanke nahe, daß darin ein Generalvorbehalt zu sehen ist. Insbesondere auf militärisches Drängen war auf der ersten Konferenz 1899 (damals hieß das Abkommen noch das II. Haager Abkommen) eine Zeitlang geplant, eine ganze Reihe von Regelungen so zu formulieren, daß sie im Falle einer Kollision mit militärischen Notwendigkeiten hinter diesen zurücktreten müßten. Nach langen Diskussionen nahmen die Delegierten schließlich davon Abstand, weil es dem Geist des Projekts widersprochen hätte, immer wieder Vorbehalte zugunsten militärischer Erfordernisse zu machen. Letztere könnten zwar nicht ignoriert werden, doch könnten sie sich nur in extremen Ausnahmefällen durchsetzen, die von ihrer Art mit einem Notstandsrecht gleichzusetzen seien.[501] Und um genau dieses auszudrücken, nahmen die Konferenzteilnehmer in die Präambel die Wendung »soweit es die militärischen Inter-

---

500 In diesem Zusammenhang sei noch einmal an folgendes erinnert: Zur Zeit der landkriegsrechtlichen Kodifikationen war das Kriegführungsrecht das mit einer jeden Staatlichkeit natürlich verbundene Recht. Kein Staat hätte einem Regelwerk zugestimmt, das die Führung eines Krieges unmöglich gemacht hätte. Deutschlands Haltung in dieser Frage umriß der Völkerrechtler Carl Lueder noch vor den Konferenzen mit den Worten: »Den militärischen Realismus bei diesen sehr militärischen und realen Dingen nicht anerkennen wollen, das kann ich weder für vernünftig und logisch noch praktisch halten. Eine Auflehnung gegen die militärische Realität kann und wird nie die geringste Aussicht auf irgend einen Erfolg haben.« Auch in anderen Staaten wurden zu jener Zeit ähnliche Meinungen vertreten. Vgl. dazu Strupp, Das internationale Landkriegsrecht, S. 8f. (dort das Zitat). Lueder war der Bearbeiter des Artikels über Kriegsrecht in dem Standardwerk von Franz von Holtzendorff, Handbuch des Völkerrechts, Bd. 1–4 (hier Bd. 4, S. 176ff.), Hamburg 1885–1889. Zum Meinungsbild im Ausland vgl. die Zusammenstellung bei Meurer, Die Haager Friedenskonferenz, Bd. 2, S. 8ff.

501 Vgl. die kurze Darstellung des Konferenzverlaufs bei Strupp, Das internationale Landkriegsrecht, S. 6f.

essen gestatten« auf. Was als weitreichender Generalvorbehalt gelesen werden kann, wird auf diese Weise zur Anerkenntnis eines Ausnahmerechts, auf das sich Kriegführende dann, wenn ihre Existenz selbst bedroht ist – und nicht schon dann, wenn eine Kriegsoperation zu scheitern droht –, berufen dürfen.[502] Wäre dem nicht so, stünde die Gültigkeit des Abkommens letztlich immer wieder im Ermessen der jeweiligen Kriegsparteien, und dem Schweizer Völkerrechtler Max Huber wäre beizupflichten, wenn er schreibt: »Es ist nicht recht einzusehen, welchen Wert die Aufstellung eines Kodex von Kriegsgebräuchen in einem Staatsvertrag haben sollte, wenn die darin enthaltenen Regeln nur den Charakter von reinen Sollvorschriften hätten, über deren Anwendung erst der einzelne Kriegführende entschiede, und zwar unter Verhältnissen entschiede, die jede Nachprüfung durch die Gegenpartei ausschliessen.«[503]

Aus dieser Klarstellung folgt, daß die Bestimmungen der HLKO so Geltung beanspruchen, wie sie kodifiziert worden sind, und daß sie nur in Fällen überschritten werden dürfen, in denen es um den Fortbestand eines Staates und seiner Bevölkerung – Verdross führt als Beispiel einen Ausrottungskrieg an[504] – geht. Andernfalls wäre auch nicht verständlich, warum die Beschränkung des Schutzbereichs einzelner Regelungen wie in Art. 23 lit. g, 43 oder 46 HLKO ausdrücklich genannt ist. Die Nennung einzelner Beschränkungen zeigt nämlich gerade, daß an einen Generalvorbehalt zugunsten militärischer Interessen nicht gedacht worden ist, denn wäre dies so gewesen, wäre eine jeweils spezifische Einschränkung überflüssig. Anders gesagt, die in der HLKO vorgesehenen Möglichkeiten der Abweichung beziehen sich nur auf die Norm, in deren Kontext sie genannt werden. Sie sind kein Indikator für eine allgemeine Unterordnung der HLKO unter Erfordernisse der Kriegsnotwendigkeit oder der militärischen Notwendigkeit. Entsprechend verbietet auch Art. 22 HLKO den Kriegsparteien die Praktizierung eines unbegrenzten Schädigungsrechts und untersagt Art. 23 HLKO – mit Ausnahme des Art. 23 lit. g – vorbehaltslos die dort aufgezählten Handlungen. Durchbrochen werden können die Verbote nur bei existentieller Gefahr, nur müßte dann, um auf die

---

502 Verdross, Die völkerrechtswidrige Kriegshandlung und der Strafanspruch der Staaten, S. 74–76; Meurer, Die Haager Friedenskonferenz, Bd. 2, S. 14; Charles de Visscher, *Les lois de la guerre et la théorie de la nécessité*, in: RGDIP 24 (1917), S. 101f.

503 Huber, *Die kriegsrechtlichen Verträge und die Kriegsräson*, S. 369f.

504 Verdross stand jedoch der Gleichsetzung des staatlichen Notstands mit dem strafrechtlichen individuellen Notstand sehr skeptisch gegenüber, gleichwohl schloß er eine Derogation des Kriegsrechts in Extremfällen nicht aus. Vgl. ders., Die völkerrechtswidrige Kriegshandlung und der Strafanspruch der Staaten, S. 75f.

oben gestellte Frage zurückzukommen, der kriegsrechtliche Schutz der Zivilbevölkerung und der Kombattanten zurücktreten, und die Erschießung von Zivilpersonen, die nicht oder nur möglicherweise rechtswidrig an Kampfhandlungen teilgenommen haben, wäre gerechtfertigt und erlaubt.

Soweit die völkerrechtliche Seite, wie sie der Literatur[505] und den Militärhandbüchern oder Dienstvorschriften[506] zu entnehmen ist. Daß die völkerrechtliche Sichtweise eine andere sein kann als eine nationale oder, überspitzt formuliert: daß die Bekundungen nach außen einen anderen Inhalt haben können als die im Innern proklamierten Ziele und Grundsätze, sollte sich erneut am deutschen Beispiel zeigen. Es war von einer Art, die den sicherlich nicht überaus deutschlandkritischen österreichischen Völkerrechtler Alfred Verdross im Rückblick zu der Feststellung bewog: »Keineswegs kann angenommen werden, daß Deutschland in eine ausnahmslose Geltung aller Haager Normen einwilligen wollte.«[507]

Als Beweis hätte er auf das hier schon mehrfach erwähnte, 1902 vom Großen Generalstab herausgegebene und als Anregung für das kaiserliche Offizierskorps gedachte Handbuch »Kriegsgebrauch im Landkrieg« verweisen können, das in der Einleitung in völliger Ignorierung der Ergebnisse der ersten Haager Konferenz hervorhebt: »Humanitäre Ansprüche, d. h. Schonung von Menschen und Gütern können nur insoweit in Frage kommen, als es die Natur und der Zweck des Krieges gestatten.«[508] Ausgehend von dieser Prämisse heißt es darin an anderer Stelle zur Kriegsnotwendigkeit: »Es darf kein Schaden, auch nicht der kleinste, angerichtet werden, der nicht aus militärischen Gründen angerichtet werden mußte; es darf jeder, auch der grösste Schaden zugefügt werden, den die

---

505 Zu der hier genannten Literatur sind vor allem noch Liszt, Völkerrecht (1918), S. 281f., sowie Oppenheim, International Law. Bd. 2: War and Neutrality, S. 79 (letzterer mit weiteren Nachweisen), hinzuzufügen.

506 Diesen war ja, wie dargestellt, entweder der Wortlaut der HLKO als Anlage beigefügt oder sie enthielten, wie die amerikanischen *Rules of Land Warfare* oder das britische *Manual of Military Law*, ausdrückliche Regelungen zur Beschränkung von Kriegsnotwendigkeit oder militärischer Notwendigkeit. In dem »Lieber-Code«, der beide stark beeinflußt hat, hatte es schon geheißen: »14. Militärische Notwendigkeit, wie sie von modernen zivilisierten Nationen verstanden wird, besteht aus der Notwendigkeit der Durchführung von solchen Maßnahmen, die zur Erreichung des Kriegsziels unerläßlich sind und die dem modernen Verständnis der Gesetze und Gebräuche des Krieges entsprechen.« Im Original abgedruckt bei: Strupp, Das internationale Landkriegsrecht, S. 170.

507 Verdross, Die völkerrechtswidrige Kriegshandlung und der Strafanspruch der Staaten, S. 76.

508 Zit. n. Waxweiler, Hat Belgien sein Schicksal verschuldet?, S. 216.

Kriegführung verlangt oder in naturgemässem Verlauf mit sich bringt.«[509] Damit hielt der Große Generalstab[510] an einem Rechtssatz fest, der schon nach dem Stand des Gewohnheitsrechts vor der Haager Konferenz als überwunden galt[511] und der ursprünglich auf Hugo Grotius zurückging, nämlich »in bello omnia licere quae necessaria sunt ad finem belli«.[512] Aus der nur auf extreme Fälle beschränkten Kriegsnotwendigkeit wurde in der Interpretation des Großen Generalstabs eine bloße Kriegszweckmäßigkeit, mit weitreichenden Kompetenzen für den einzelnen Befehlsgeber. Denn wenn schon der Staat als kriegführende Partei sich unter Berufung auf die Kriegsnotwendigkeit mühelos über Rechtsschranken hinwegsetzen darf, dann eröffnet dies auf der Ebene seiner Organe, das heißt zuallererst der Befehlsgeber im Krieg, einen sehr weiten, dem Recht unzugänglichen Handlungsspielraum. »Ob die rechtfertigende Zwangslage vorliegt oder nicht, muß in jedem einzelnen Falle entschieden werden. Die Beantwortung dieser Frage liegt allein in der Macht des Kommandierenden, von dessen Gewissen die heutige Zeit eine so weitgehende Humanität, wie es der Kriegszweck erlaubt, erwarten und verlangen darf. [...] Der subjektiven Freiheit und Willensentscheidung des Kommandierenden sind weite Grenzen gesteckt.«[513]

Da es zur erwartungsgemäßen Ausnutzung der weitgesteckten Grenzen eines bestimmten Offizierstyps bedurfte, erläutert die Generalstabsschrift

---

509 Zit. n. ebenda, S. 222. Im Unterschied dazu vgl. Art. 15 des »Lieber-Code«: »Militärische Notwendigkeit erlaubt jede unmittelbare Zerstörung oder Verletzung des Lebens *bewaffneter* Feinde sowie aller anderen Personen, deren nicht beabsichtigte Tötung oder Verletzung infolge des Kriegsgeschehens *unvermeidbar* sind [...].« Anders als in der deutschen Regelung (»den die Kriegführung verlangt«) gibt es hier keine Unterordnung unter die angeblich rechtfertigenden Gesetze des Krieges.

510 Wohl ist zutreffend, und die Entschließung des Untersuchungsausschusses über »Die Einführung der Haager Landkriegsordnung beim deutschen Heer« weist darauf hin, daß die Schrift »Kriegsgebrauch im Landkrieg« nicht vom Großen Generalstab verfaßt wurde, sondern von einem erst kurz zuvor in diese Vereinigung kommandierten Major, dem die HLKO nicht bekannt gewesen ist. Doch kann die Arbeit deshalb nicht, wie es im Generalstab behauptet wurde, als reine Privatarbeit angesehen werden, denn da sie unter dem Namen des Großen Generalstabs erschienen ist, kommt ihr ein amtlicher Charakter zu.

511 Vgl. die Brüsseler Erklärung von 1874 oder das Oxford-Manual von 1880, beide abgedruckt bei Strupp, Das internationale Landkriegsrecht, S. 187–203.

512 »Im Krieg ist alles erlaubt, was zur Erreichung des Kriegsziels notwendig ist.« Zit. n. Huber, *Die kriegsrechtlichen Verträge und die Kriegsräson*, S. 353.

513 Zit. n. Waxweiler, Hat Belgien sein Schicksal verschuldet?, S. 223.

an anderer Stelle: »Der Offizier hat sich darüber klar zu sein, dass der Krieg notwendig eine gewisse Härte in sich schließt, ja dass die wahre Menschlichkeit oft in der schonungslosen Anwendung dieser Strenge besteht.«[514]

Das Postulat von der schonungslosen militärischen Strenge hatte schon Clausewitz formuliert und zum Prinzip erhoben,[515] der preußischen Militärdoktrin war es zu jener Zeit folglich schon geraume Zeit bekannt. Sie wußte auch, daß sich mit diesem Postulat eine rechtliche Beschränkung der Kriegsnotwendigkeit auf besondere Ausnahmefälle nicht vertrug, was jedoch – siehe oben – als Ausweis wirklicher Humanität gesehen wurde, zumal in der Folge von Clausewitz auch das militärische Vorbild Moltke festgestellt hatte: »Man mag es beklagen, aber es bleibt richtig, dass die Humanität im Kriege dem Kriege nachstehen muss und dass die energischste Kriegsführung zugleich die humanste ist.«[516]

Welche widersprüchlichen Folgerungen und Meinungen aus dieser militärischen Sicht in der Völkerrechtsliteratur erwuchsen, und zwar auch nach den Haager Konferenzen, läßt sich am Beispiel des im Deutschland jener Zeit bekanntesten und anerkanntesten Kommentators der Konferenzen und vor allem der HLKO, des Würzburger Professors und Völkerrechtlers Christian Meurer, ersehen. Auf der einen Seite schreibt er, daß bei Kriegsnotwendigkeit nur an »ganz ausserordentliche Not- und Ausnahmsfälle« gedacht werden darf, um dann auf der anderen Seite den Begriff mit folgender Formel zu definieren: »Eine Verletzung des Kriegsrechts ist nicht vorhanden, wenn die Kriegshandlung [...] erforderlich ist, um eine an sich nicht unzulässige Kriegsunternehmung entweder wirklich durchzuführen oder deren Erfolg zu sichern.«[517] – Was als Hürde für die Durchbrechung kriegsrechtlicher Bestimmungen errichtet wird, wird so im Namen der Kriegsräson wie selbstverständlich wieder eingerissen. Wenn nur der militärische Erfolg beziehungsweise die Durchführung einer Operation zählt, bleibt für eine Beschränkung der Mittel und die verpflichtende Kraft kriegsrechtlicher Normen kein Raum, unabhängig davon, ob das positive Kriegsrecht in Einzelfällen Ausnahmen zuläßt oder nicht. Daß Meurer mit dieser (widersprüchlichen) Ansicht nicht allein stand, darauf wies Oppenheim bereits vor dem Ersten Weltkrieg hin. Und er wies auf noch etwas hin: Diejenigen, die derselben Meinung waren wie

514 Zit. n. ebenda, S. 229.

515 Vgl. Carl von Clausewitz, Vom Kriege, hrsg. von Wolfgang Pickert und Wilhelm Ritter von Schramm, Reinbek bei Hamburg 1996, S. 191ff. (siebtes Buch: Der Angriff).

516 Zit. n. Meurer, Die Haager Friedenskonferenz, Bd. 2, S. 13, FN 2.

517 Ebenda, S. 14.

Meurer, waren deutsche Autoren. Amerikanische, britische, französische und italienische Autoren hingegen begrüßten und verteidigten das restriktive Verständnis von Kriegsnotwendigkeit.[518]

Das Handeln auf Befehl

Der dritte Grund, der von Reichsanwaltschaft und Reichsgericht zur Rechtfertigung[519] von Kriegshandlungen herangezogen wurde, war der »höhere Befehl«. Nach § 47 MStGB war für die in Ausführung eines dienstlichen Befehls begangene Verletzung eines Strafgesetzes der befehlende Vorgesetzte grundsätzlich allein verantwortlich. Überschritt jedoch der Befehlsempfänger den ihm erteilten Befehl oder war ihm bekannt, »daß der Befehl des Vorgesetzten eine Handlung betraf, welche ein bürgerliches oder militärisches Verbrechen oder Vergehen bezweckte«, ging eine Mitverantwortung auf ihn über. Im strafrechtlichen Sinne galt er als Teilnehmer an einer Straftat.

Die erste Alternative, die Überschreitung des erhaltenen Befehls, ist in unserem Zusammenhang weniger von Interesse. Wichtiger ist für uns die zweite Alternative. Sie ist formuliert worden vor dem Hintergrund des militärischen Vertrauensgrundsatzes, wonach der Untergebene dienstlich verpflichtet ist, die Rechtmäßigkeit des Befehls zu unterstellen.[520] Zusammen mit dem daraus hergeleiteten Grundsatz des »unbedingten Gehorsams« weist er bereits darauf hin, daß Fälle, in denen dem Untergebenen bekannt war, »daß der Befehl [...] ein Verbrechen oder Vergehen bezweckte«, äußerst seltene Ausnahmen waren. Dazu mußte nämlich der Vorgesetzte einen Befehl gegeben haben in der Absicht, ein Verbrechen zu bewirken, das heißt, die Bewirkung des Verbrechens mußte das Motiv seines Handelns gewesen sein. War der Befehl nur objektiv rechtswidrig, war er also zum Beispiel einer vermeintlichen, in Wirklichkeit nicht vorliegenden militärischen Notwendigkeit wegen erteilt worden, so genügte das nicht. Der Befehlsgeber mußte vielmehr von dem Drang bestimmt gewesen sein, Menschen zu töten, zu foltern und zu quälen oder sonst ein Verbrechen zu begehen. Dem Untergebenen seinerseits mußte, wenn ihm die

---

518 Vgl. Oppenheim, International Law. Bd. 2: War and Neutrality, S. 79.

519 In der damaligen Literatur sah man im Handeln auf Befehl allerdings einen Schuldausschließungsgrund, vgl. Romen/Rissom, Militärstrafgesetzbuch (1918), S. 118. Diese Auffassung hat sich heute durchgesetzt, vgl. Nill-Theobald, »Defences« bei Kriegsverbrechen am Beispiel Deutschlands und der USA, S. 78.

520 Vgl. Romen/Rissom, Militärstrafgesetzbuch (1918), S. 119.

Berufung auf den höheren Befehl versagt sein sollte, die Tatsache, daß dieser Befehl ausschließlich ein Verbrechen bezweckt hatte, bekannt gewesen sein. Es genügte nicht, daß er bei genauer Nachprüfung den verbrecherischen Charakter hätte erkennen können. Mit anderen Worten: Der Untergebene haftete nur, wenn ihm bekannt gewesen war, daß die auszuführende Handlung den Tatbestand einer strafbaren Handlung erfüllte, und wenn ihm zusätzlich bekannt gewesen war, daß der Vorgesetzte die Handlung im Bewußtsein ihrer Rechtswidrigkeit und Strafbarkeit befohlen hatte.[521] Fahrlässigkeit bei der Prüfung oder vorhandene Zweifel machten ihn strafrechtlich nicht haftbar.[522]

Im Ergebnis bedeutet dies, daß der Untergebene einen ihm erteilten Befehl, durch dessen Ausführung ein Strafgesetz verletzt wird, unbedenklich und ohne weiteres Folge leisten durfte, ohne befürchten zu müssen, seinerseits eine strafbare Handlung zu begehen. Daß er bei der Befehlsausführung die Gewißheit hatte, mit diesem Befehl solle eine strafbare Handlung bezweckt werden, wird ihm nur sehr schwer nachzuweisen sein. Welche Anforderungen an einen solchen Nachweis zu stellen waren, zeigte das seinerzeit in diesem Zusammenhang immer wieder zur Illustration herangezogene Beispiel des bethlehemitischen Kindermords. Einen Befehl zur Begehung eines derartigen Verbrechens dürfe kein Untergebener ausführen, da er sich andernfalls selbst eines Verbrechens schuldig mache.[523]

Wie ist die deutsche Bewertung des höheren Befehls, die praktisch seiner schrankenlosen Anerkennung als – nach damaliger Ansicht in der Rechtsprechung – Rechtfertigungsgrund gleichkommt, zu bewerten? War die deutsche Regelung einzigartig, oder bestanden in anderen Ländern vergleichbare Regelungen? Gab es möglicherweise staatenübergreifende Gemeinsamkeiten in dieser Hinsicht?

Ein Blick in die (Völker-)Rechtsgeschichte macht deutlich, daß sich bereits bei den Vertretern der spanischen Moraltheologie, des weiteren bei Hugo Grotius und seinen Nachfolgern wie auch in den Werken der Naturrechtslehre ausführliche Erörterungen zu den Fragen finden, ob und

---

521 Vgl. die zwei Entscheidungen des Reichsmilitärgerichts (13,185 und 19,190), wonach nicht die Kenntnis vom Vorhandensein des allgemeinen strafrechtlichen Vorsatzes des Vorgesetzten genügte, sondern der Untergebene wissen mußte, daß der Vorgesetzte in der Absicht handelte, »durch das Mittel der Begehung eines Verbrechens oder Vergehens einen rechtswidrigen Zweck zu erreichen«. Siehe dazu auch Romen/Rissom, Militärstrafgesetzbuch (1918), S. 120.

522 Ebenda.

523 Vgl. z. B. die Darstellung der Vorgeschichte zu Nürnberg bei August v. Knieriem, Nürnberg. Rechtliche und menschliche Probleme, Stuttgart 1953, S. 262.

unter welchen Voraussetzungen ein Untertan einen Befehl seines Souveräns zu befolgen hatte – konkret: ob und wann er an einem ungerechten Krieg teilnehmen mußte – und inwiefern es eine Eigenverantwortlichkeit des Untertans gab. Hierbei zeigt sich die Übereinstimmung, daß – abgesehen von der Meinung Hobbes'[524] – der Grundsatz des unbedingten blinden Gehorsams gegenüber jedem Befehl ebenso unbekannt war wie das dem entsprechende Prinzip der völligen Unverantwortlichkeit des Untertans.[525] Man erkannte eine Gehorsamspflicht und die daraus resultierende Befreiung von Eigenverantwortung an, die allerdings nicht grenzenlos sein sollte. Die Grenze der Gehorsamsverpflichtung wurde in dem Befehl gesehen, der zu einer offenbar sündigen Handlung, das heißt insbesondere zu einem ungerechten Krieg, aufforderte. Diese Auffassung kommt vor allem bei denjenigen Autoren zum Ausdruck, die die Reinhaltung der christlichen Seele anstrebten und für die der Grundsatz, daß Gottes Gebot jedem menschlichen vorgeht, das oberste Prinzip darstellte.[526]

---

524 In seiner Schrift »De Cive« (1647) wendet sich Thomas Hobbes (1588–1679) ganz entschieden gegen die Auffassung, daß man den Königen nur in ihren gerechten Befehlen zu gehorchen brauche. Er sagt: »Wenn ich auf Befehl etwas tue, was für den Befehlenden eine Sünde ist, so begehe ich, wenn ich es tue, keine Sünde, sondern der Gebieter, der mein Herr von Rechts wegen ist. Wenn ich zum Beispiel auf Befehl meines Staates in den Krieg ziehe, so tue ich damit kein Unrecht, wenn auch meiner Meinung nach der Krieg mit Unrecht begonnen ist; vielmehr täte ich Unrecht, wenn ich den Kriegsdienst verweigerte und mir die Entscheidung über Recht und Unrecht anmaßen würde, die allein dem Staat gebührt.« Zit. n. Peter Fuhrmann, Der höhere Befehl als Rechtfertigung im Völkerrecht, München und Berlin 1963, S. 28.

525 Dies wird besonders deutlich bei dem Dominikanermönch Francisco de Vitoria (1483–1546), der in seiner Abhandlung ausführt: »Wenn die Untertanen die Überzeugung von der Ungerechtigkeit des Krieges haben, so dürfen sie nicht in den Krieg folgen, mögen sie nun irren oder nicht. [...] Andere niedriger gestellte Leute [...] sind nicht verpflichtet, die Kriegsgründe zu prüfen. Sie können vielmehr im Vertrauen auf die Einsicht der Höhergestellten zulässigerweise ins Feld ziehen.« Damit können sich die Untertanen allerdings nicht immer entschuldigen, denn, so Vitoria: »Nichtsdestoweniger können so starke Beweismittel und Indizien für die Ungerechtigkeit des Krieges sprechen, daß auch für Untertanen jener (minderen) Art [...] die Unwissenheit nicht entschuldigt wird.« Beide Zitate aus Fuhrmann, Der höhere Befehl als Rechtfertigung im Völkerrecht, S. 25.

526 Neben Vitoria war das der Fall bei dem spanischen Jesuitenpater Francisco Suárez (1548–1617), bei dem Rechtsberater in der königlichen Armee in den Niederlanden Balthasar de Ayala (1548–1584) und bei dem Italiener Alberico Gentili (1552–1608). Vgl. dazu Fuhrmann, Der höhere Befehl als

Am weitesten wurde der Grundsatz der Eigenverantwortlichkeit von Hugo Grotius vertreten, der sogar den Scharfrichter verpflichten wollte, sich von der Gerechtigkeit des Todesurteils zu überzeugen, ehe er es vollstreckte.[527] Ihm diametral entgegengesetzt befindet sich Thomas Hobbes, der sich für eine unbedingte Gehorsamspflicht aussprach. Zwischen diesen extremen Standpunkten gab es eine Reihe von vermittelnden Ansichten, von denen namentlich die des deutschen Juristen Samuel von Pufendorf[528] zu erwähnen ist, weil sie dem gehorchenden Untergebenen eine mit der Nichtausführung des Befehls möglicherweise verbundene gegenwärtige Lebensgefahr oder ein anderes schweres Übel zugute halten wollte, womit sie den Gedanken des Notstands einführte, der allerdings nicht schon im Ersten Weltkrieg, sondern erst einen Weltkrieg später von juristischer Bedeutung sein sollte.[529]

Diesen wenigen Beispielen ist bereits zu entnehmen, daß es nach dem Beginn der Neuzeit, als das moderne Heerwesen aufkam, ein völkerrechtliches Prinzip zum Handeln auf Befehl nicht gab. Dazu waren die Meinungen zu unterschiedlich und, was das Entscheidende ist, in ihrer Aussage auf den innerstaatlichen Bereich beschränkt. In Deutschland setzte sich die Ansicht durch, daß der Soldat auch bei Zweifeln an der Rechtmäßigkeit eines Befehls diesen zu befolgen hatte. Erst wenn die Rechtswidrigkeit der mit dem Befehl bezweckten Tat und der verbrecherische Wille des Befehlsgebers so offensichtlich waren, daß sie der Befehlsempfänger – und nur er – wissen mußte, bestand für ihn ein Verwei-

---

Rechtfertigung im Völkerrecht, S. 25ff. Vor allem durch Gentili und sein Werk »De jure belli libri tres« verkomplizierte sich die Entscheidung der Befehlsbefolgung aber ganz erheblich. Er entwickelte die Theorie – die sich künftig durchsetzen sollte – des *bellum iustum ex utraque parte*, des beiderseits gerechten Krieges, und durchbrach damit die Idee der christlichen Einheit, deren moralisch-rechtliche Überlegenheit aus der Dichotomie christliche Völker/wilde, heidnische Völker entstanden war. Vgl. Kimminich, Das Problem der Friedenssicherung im Völkerrecht des 20. Jahrhunderts, S. 299.

527 Vgl. Hellmuth von Weber, *Die strafrechtliche Verantwortlichkeit für Handeln auf Befehl*, in: MDR 1948, S. 35. Nach Grotius (1583–1645) haftet der auf Befehl Handelnde für rechtswidrig verursachten Schaden. Zwar hafte an erster Stelle derjenige, der durch den Befehl den Täter zur Tat bestimmt habe, in seiner Ermangelung aber derjenige, der die Tat verübt habe. Vgl. Fuhrmann, Der höhere Befehl als Rechtfertigung im Völkerrecht, S. 27.

528 Zu Pufendorf (1632–1694) vgl. Grewe, Epochen der Völkerrechtsgeschichte, S. 412ff.

529 Vgl. Weber, *Die strafrechtliche Verantwortlichkeit für Handeln auf Befehl*, S. 35.

gerungsrecht beziehungsweise machte er sich strafbar, wenn er den Befehl gleichwohl ausführte.[530] – Wir sehen, der § 47 MStGB gründete auf deutschem Gewohnheitsrecht.

Für Großbritannien wurde nicht Thomas Hobbes, sondern John Locke bestimmend. Seiner Forderung, daß eine Gehorsamspflicht des Untergebenen nur im Rahmen der Gesetze anzuerkennen sei,[531] fügte die Theorie (nicht die Praxis, wie wir sehen werden) die Straflosigkeit des ausführenden Untergebenen in den Fällen hinzu, in denen sich im Befehl ein entsprechender staatlicher Wille manifestiert. Selbst wenn dieser Wille fehlt, ein Verstoß gegen das Kriegsvölkerrecht also nicht auf einen staatlichen Befehl zurückzuführen ist, sollte nicht der Befehlsempfänger, sondern nur den Befehlsgeber bestraft werden, und zwar auch – Oppenheim, auf den diese Überlegungen zurückgehen, bezog sich hier zuallererst auf das Kriegsvölkerrecht – durch Gerichte der Feindstaaten.[532]

Die Auffassung Oppenheims fand Aufnahme in das unter anderem von ihm selbst bearbeitete *British Manual of Military Law* aus dem Jahre 1914. Darin heißt es in Kapitel XIV, § 443: »Es ist jedoch wichtig darauf hinzuweisen, daß Angehörige von Streitkräften, die auf Befehl ihrer Regierung oder ihres militärischen Vorgesetzten [...] Verstöße gegen die anerkannten Regeln der Kriegführung begehen, keine Kriegsverbrecher sind und daher auch nicht vom Feind bestraft werden können. Letzterer kann allerdings die Zivil- oder Militärpersonen, die für diese Befehle verantwortlich sind, bestrafen, wenn er ihrer habhaft wird [...].«[533]

In dem amerikanischen *Basic Field Manual* aus demselben Jahr wird unter der Überschrift »Rules of Land Warfare« in § 347 ausgeführt: »Angehörige der bewaffneten Streitkräfte werden für diese Verstöße nicht bestraft, sofern sie diese auf Befehl oder mit Erlaubnis ihrer Regierung oder ihrer Vorgesetzten begangen haben. Die befehlenden Vorgesetzten oder diejenigen Personen, die den Oberbefehl über die betreffenden Einheiten innehatten, können aber von der Kriegspartei bestraft werden, die ihrer habhaft wird.«[534]

Im Gegensatz zu Großbritannien und den USA gab es in Frankreich keine spezielle Regelung zur Strafbarkeit des Handelns auf Befehl, denn das französische Militärstrafgesetz und auch der *code pénal* regelten nicht ausdrücklich die Verantwortlichkeit bei rechtswidrigen Befeh-

---

530 Ebenda.

531 Zu Locke (1632–1704) vgl. ebenda sowie Fuhrmann, Der höhere Befehl als Rechtfertigungsgrund im Völkerrecht, S. 28.

532 Ebenda (Fuhrmann), S. 34.

533 Im Original ebenda, S. 33.

534 Ebenda.

len.[535] Aus französischer Sicht, wie sie zum Beispiel von dem Völkerrechtler Louis Renault wiedergegeben wurde,[536] waren in dieser Hinsicht jedoch zwei Dinge zu berücksichtigen: Zum einen ist die Wahrung der militärischen Disziplin unerläßlich, den Soldaten gleich welchen Dienstrangs kann es nicht gestattet sein, einen erhaltenen Befehl zu diskutieren, weil sie oft nicht in der Lage sind, zwischen einem gesetzlichen und einem ungesetzlichen Befehl zu unterscheiden. Zum anderen – und hier tauchte der Gedanke Pufendorfs wieder auf – wird aber ein Soldat auch dann, wenn er die Ungesetzlichkeit des Befehls erkennt, nicht bestraft werden können, weil er sich wegen der im Falle einer Befehlsverweigerung zu vergegenwärtigenden Folgen in einer Zwangslage befunden hat, die ihm keinen anderen zumutbaren Ausweg ließ als den der Befehlsbefolgung.[537]

Die Unterschiede zwischen der englischen, amerikanischen und französischen Auffassung[538] zur Frage der Strafbarkeit beim Handeln auf Befehl sind gering. In allen drei Rechtsordnungen genießt der militärische Untergebene einen großen strafrechtlichen Schutz. Am weitesten reicht dieser Schutz in den USA, wo der Untergebene auch dann für straflos erklärt wird, wenn er lediglich mit Erlaubnis seines Vorgesetzten eine Straftat begeht. In Großbritannien ebenso wie in Frankreich ist dafür ein militärischer Befehl erforderlich, wobei allerdings der miltärische Untergebene nach englischer Auffassung in jedem Fall straflos bleibt, wohingegen das in Frankreich nur bei Vorliegen einer *contrainte* der Fall sein soll, was jedoch – zumal unter Berücksichtigung des erwähnten Obersatzes (Wahrung der militärischen Disziplin) – gewöhnlich anzunehmen ist, so daß Unterschiede zwischen der französischen und englischen Auffassung im Ergebnis schwer auszumachen sind.

Ein Vergleich zwischen den eben dargestellten Auffassungen und der eingangs dargestellten deutschen Rechtsmeinung ergibt ebenfalls, so scheint es zunächst, daß der Unterschied nur sehr gering ist und im wesentlichen in der Formulierung liegt. Während die englischen und amerikanischen Texte dem militärischen Untergebenen im Wortlaut ausdrücklich Straffreiheit zusichern, kommen die französische und die deutsche

535 Vgl. den Hinweis in: Entwurf des Instituts für Völkerrecht der Universität Göttingen, V. Kriegsrechtliche Haftung des Einzelnen, c) Notstand, höherer Befehl, gesetzl. Unrecht, Göttingen o. J., S. 18.

536 Renault, *De l'application du droit pénal*, S. 26f.

537 Renault weist hier auf Art. 64 des *code pénal* hin, der die sog. *contrainte* (Zwang, Zwangslage) regelt(e). Vgl. ders., S. 27.

538 Zu anderen Auffassungen, z. B. der belgischen, portugiesischen, japanischen usw., vgl. den Entwurf der Universität Göttingen, Notstand, höherer Befehl, gesetzl. Unrecht, S. 14ff.

Regelung zum gleichen Ergebnis entweder über den Rechtfertigungs- beziehungsweise Entschuldigungsgrund der *contrainte* oder über die nach damaligem Verständnis in der Praxis nicht zu erfüllende Voraussetzung des positiven Wissens auf seiten des Befehlsempfängers von der mit dem Befehl beabsichtigten Verbrechensbegehung.[539]

Andererseits ist aber zu berücksichtigen, daß Art. 443 des britischen *Manual of Military Law* nur die Unverantwortlichkeit gegenüber dem Kriegsgegner festhält. Von einer generellen Unverantwortlichkeit ist nicht die Rede, und sie widerspräche auch dem anerkannten Rechtszustand. In der Entscheidung, die zu jener Zeit als maßgebend angesehen wurde – das Urteil im Fall *Regina vs. Smith* aus dem Jahre 1900 –, heißt es: »Es ist völlig abwegig anzunehmen, daß ein Soldat auch dann geschützt ist, wenn der Befehl *grob rechtswidrig* war. Daß er aber im Gegenzug auch dann verantwortlich ist, wenn er einen Befehl befolgt, der strenggenommen nicht rechtmäßig war, ist eine Annahme, die das Gericht ebenfalls nicht akzeptieren kann; [...] sofortiger Gehorsam ist gefordert, insbesondere in Kriegszeiten [...]. Das Gericht gelangt daher zu der Auffassung, daß ein Soldat durch die erhaltenen Befehle gedeckt ist, wenn er *aufrichtig* an seine Pflicht zum Gehorsam geglaubt hat und wenn die Befehle nicht so *offensichtlich rechtswidrig* waren, daß er von der Ungesetzlichkeit des Befehls *hätte wissen müssen.*«[540] Es galt somit von der Rechtslage her das Prinzip der beschränkten Verantwortlichkeit.

Auch die amerikanische Rechtslage ist nicht so eindeutig, wie sie nach der Vorschrift des Art. 347 zu sein scheint, denn die Rechtsprechung der amerikanischen Gerichte war nicht einheitlich. Einige Gerichte haben nach dem Wortlaut des genannten Artikels den Grundsatz der Unverantwortlichkeit des Untergebenen vertreten,[541] andere haben im Gegensatz dazu die volle Verantwortlichkeit hervorgehoben.[542] Die herrschende Auffassung folgte jedoch auch hier dem Prinzip der beschränkten Verantwortlichkeit. »Nach der Gesetzeslage ist ein Soldat, der von seinem vorgesetzten Offizier einen Befehl erhält, zur Befolgung des Befehls verpflichtet und in vollem Umfang geschützt, wenn dem Befehl nicht *klar und deutlich seine eigene Rechtswidrigkeit ins Gesicht geschrieben*

---

539 So wies im IMT-Prozeß der Verteidiger des Generaloberst Jodl 1946 in seinem Schlußplädoyer darauf hin, seinem Mandanten sei aus dreißigjähriger Dienstzeit kein Fall bekanntgeworden, daß Untergebene aufgrund des § 47 MStGB bestraft worden seien. Vgl. dazu Knieriem, Nürnberg. Rechtliche und menschliche Probleme, S. 264.

540 Vgl. den Entwurf der Universität Göttingen, Notstand, höherer Befehl, gesetzl. Unrecht, S. 20 (Hervorhebungen auch im Original).

541 Ebenda, S. 21.

542 Ebenda.

ist.«[543] Und an anderer Stelle hieß es im Rückblick zusammenfassend: »Die *allgemeine Regel* ist, daß die Befolgung eines von einem militärischen Vorgesetzten stammenden Befehls eine Rechtfertigung für ein Verhalten ist, daß andernfalls strafrechtliche Folgen nach sich zöge, es sei denn der zugrunde liegende Befehl war *so erkennbar ungesetzlich*, daß ein vernünftiger Dritter seine Ungesetzlichkeit hätte erkennen können.«[544]

In Frankreich schließlich wurde auch die Verantwortlichkeit des Untergebenen ausgeweitet, indem Art. 64 des *code pénal* (Handeln in einer Zwangslage) von den Kriegsgerichten als Schuldausschließungsgrund verworfen wurde.[545] Allerdings geschah dies unter dem Eindruck des Kriegsgeschehens, so daß hier der Gedanke einer Ad-hoc-Pönalisierung feindlicher Kriegshandlungen nicht von der Hand zu weisen ist. Andererseits aber wurde diese Rechtsauffassung als die herrschende bezeichnet und darauf verwiesen, daß bereits vor dem Krieg eine restriktivere Interpretation des Art. 64 *code pénal* mehrheitlich vertreten worden war, es sich also bei der oben skizzierten Meinung um eine Einzelmeinung handele.[546] Dementsprechend wurde 1917 vom französischen Außenministerium ein Konventionsentwurf vorgestellt (*Projet de Convention pour assurer le châtiment des crimes ennemis*), in dessen einzelnen Bestimmungen die Strafbarkeit von auf Befehl erfolgten Handlungen nicht gesondert genannt wird, sondern wie selbstverständlich davon ausgegangen wird, daß derartige Handlungen strafbar sind.[547] Überhaupt mehrten sich während und unmittelbar nach Beendigung des Ersten Weltkriegs in Frankreich die Stimmen, die sich mit der Einrede des höheren Befehls auseinandersetzten, wobei die Bandbreite der Argumente von der (mehrheitlich vertretenen) grundsätzlichen Strafbarkeit von Armeeangehörigen, gleichgültig, ob sie auf Befehl gehandelt hatten oder nicht, bis hin zu ihrer (vereinzelt vertretenen) völligen Straflosigkeit auch bei irrtümlicher Annahme einer Befehlslage reichten.[548]

---

543 Vgl. das Urteil »In re Fair« aus dem Jahr 1900, in dem auf eine Reihe von Präjudizien verwiesen wird. Das Zitat befindet sich im Original ebenda.

544 Ebenda, S. 22 m. w. N.

545 Vgl. Mérignhac, *De la sanction des infractions au droit des gens*, S. 53.

546 Ebenda; Garner, *Punishment of offenders against the laws and customs of war*, S. 87.

547 In Artikel 1 des Entwurfs. Vgl. dazu: AN Paris, BB 18/2568[2], o. S., sowie die (kritischen) Stellungnahmen dazu seitens des französischen Justizministeriums.

548 Vgl. die Übersicht bei Fuhrmann, Der höhere Befehl als Rechtfertigungsgrund im Völkerrecht, S. 43ff. Die grundsätzliche Strafbarkeit von Soldaten

Wenn wir ein vorsichtiges Fazit ziehen wollen, so ist festzuhalten: Den Grundsatz der völligen strafrechtlichen Unverantwortlichkeit des Befehlsempfängers bei der Ausführung des Befehls gab es in den wichtigsten einzelstaatlichen Regelungen nicht. Allerdings wurde die Frage unterschiedlich beantwortet, wann der Befehlsempfänger zur Verantwortung gezogen werden kann. Eine kaum überwindbare Hürde legte die deutsche Rechtsordnung in Form des § 47 MStGB fest, wonach der Untergebene positiv wissen mußte, daß der Befehlsgeber mit seinem Befehl ein Verbrechen bezweckte. Nahm der Befehlsempfänger danach selbst bei einer klar zutage getretenen verbrecherischen Absicht irrtümlich an, einem Befehl gehorchen zu müssen, so blieb er straflos. Anders nach der anglo-amerikanischen Auffassung, wie sie uns in der Praxis entgegentritt. Hier wurde aus der Sicht eines Dritten beurteilt, ob dem Befehlsempfänger das Verbrecherische des Befehls hätte bekannt sein müssen oder nicht, ihm war damit eine nach deutschem Recht gegebene Einrede abgeschnitten. Die französische Auffassung war nicht so klar wie die deutsche, die englische oder die amerikanische. Im Ergebnis aber kam sie den beiden letztgenannten sehr nahe.

Von einem völkerrechtlichen Prinzip wird man aber trotz dieser Übereinstimmungen nicht sprechen können. Bei den dargestellten Regelungen handelte es sich um einzelstaatliche Regelungen, da ja zur Zeit ihrer Herausbildung die Bestrafung wegen Verstöße gegen das Kriegsrecht und die Wirkung des höheren Befehls auf die Strafbarkeit des Täters grundsätzlich dem innerstaatlichen Recht überlassen blieben.[549] Wenn wir dennoch die Übereinstimmungen als etwas sehen wollen, in dem sich eine bestimmte internationale Tendenz äußert, werden wir einen Ausschluß oder eine Eingrenzung der strafrechtlichen Verantwortlichkeit des Untergebenen nicht feststellen können, im Gegenteil: Die Entwicklung wies in Richtung auf eine strafrechtliche Verantwortlichkeit des Befehlsempfängers, und zwar nach möglichst objektiven, das heißt nicht allein auf die Person des Untergebenen abstellenden Kriterien. Die Vorbereitungskommission für die Friedenskonferenz meinte dazu in ihrem Bericht vom 29. März 1919: »Unserer Meinung nach können Zivil- und Militärpersonen nicht aufgrund der bloßen Tatsache von ihrer Verantwortung befreit werden, daß eine Person höherer Stellung wegen derselben Rechtsverletzung verurteilt worden ist. Es obliegt dem einzusetzenden Gericht zu entscheiden,

---

auch bei Handeln auf Befehl forderte z. B. Mérignhac in bezug auf deutsche Soldaten, und zwar u. a. mit der Begründung, sie gehörten nicht zu den zivilisierten Völkern.

549 Ebenda, S. 32.

ob die Berufung auf den höheren Befehl ausreicht, um die beschuldigte Person zu entlasten.«[550]

Als Zwischenergebnis können wir demnach festhalten: Das deutsche Verständnis vom Handeln auf Befehl, von Kriegsnotwendigkeit und Kriegsbrauch unterschied sich von dem des für einen Vergleich in Betracht kommenden Auslands. Die Unterschiede sind allerdings verschieden groß. Beim Rechtfertigungsgrund des Handelns auf Befehl ist zwar eine Abweichung von der anglo-amerikanischen und französischen Ansicht festzustellen, doch da diese Ansicht noch nicht Ausdruck einer internationalen Rechtsregel war, fällt dies völkerrechtlich nicht ins Gewicht. Anders ist dies beim Kriegsbrauch und bei der Kriegsnotwendigkeit, wenn auch wiederum mit unterschiedlicher Ausprägung. Eine verfahrenslose, summarische Hinrichtung von verdächtigen Freischärlern widersprach der im Ausland vertretenen Rechtsansicht zum Kriegsbrauch, wobei jedoch offenbleibt, ob sich diese bereits zu Beginn des Ersten Weltkriegs zu allgemeinverpflichtendem Gewohnheitsrecht verdichtet hatte oder nicht. Dessenungeachtet hatte Deutschland jedenfalls die Martenssche Klausel und die Schutzvorschriften der HLKO zugunsten der Zivilbevölkerung zu beachten. Die Kriegsnotwendigkeit schließlich war völkerrechtlich so definiert, daß sie keine kriegsrechtswidrigen Handlungen zuließ, wenn es um operative Sicherung oder Vorteile ging. Nur eine notstandsähnliche Lage konnte einen Staat von der Beachtung des Kriegsrechts dispensieren.

Welche Folgerung ist daraus für die Rechtsanwendung von Reichsanwaltschaft und Reichsgericht zu ziehen? Oder, konkreter gefragt: Inwiefern vermag das eben Gesagte unser Urteil über den Gang der Verfahren zu beeinflussen?

Einem ersten Impuls zufolge scheint die Frage überflüssig zu sein, denn der Unterschied zwischen der internationalen kriegsrechtlichen Bewertung gewisser Handlungen und ihrer Beurteilung durch die deutsche Justiz ist nicht zu übersehen, ein negatives Urteil mithin selbstverständlich. Doch dann erinnern wir uns, daß das Reichsgericht im Prozeß gegen General Stenger und Major Crusius das Kriegsvölkerrecht nicht auf der Tatbestandsebene, sondern auf der Rechtswidrigkeitsebene angesiedelt hatte, und das auch nur für den Fall, daß das Deutsche Reich durch das Völkerrecht verpflichtet wird, was seine vorherige Anerkennung durch ebendieses Deutsche Reich voraussetzt. Entscheidend für die deutsche Rechtsanwendung war folglich in erster Linie herkömmliches deutsches Recht;

---

550 Zitat im Original, ebenda, S. 36, sowie bei L. C. Green, Superior orders in national and international law, Leyden 1976, S. 265.

das Kriegsvölkerrecht war es nur insoweit, wie die Anerkennung reichte, wie es also Bestandteil der deutschen Rechtsordnung geworden war. Und wie bei jedem Recht galt auch hier der Grundsatz, daß Verständnis und Auslegung seiner Regeln von Traditionen, Interessen oder Zielen geleitet werden. Die obigen Ausführungen beispielsweise zum Begriff des Kriegsverbrechens oder zum Kriegsbrauch und zur Kriegsnotwendigkeit haben gezeigt, daß gerade das Militär, in symbiotischer Einheit mit Kaiser und großen Teilen der Politik, in dieser Hinsicht eine Deutungshoheit beanspruchte und durchsetzte, die in wesentlichen Aspekten auf eine Aushöhlung des internationalen Kriegsrechts hinauslief. Gleichwohl war es noch Recht, wenn auch in deutscher Interpretation. In diesem Sinne meinten denn auch die Kommentatoren des Militärstrafgesetzbuchs in der Ausgabe von 1916, daß es »im Grunde stets eigenes Recht, und nur eigenes Recht [ist], das unsere Kriegführung bestimmt«.[551]

Aber verpflichtete nicht jetzt, so könnte man einwenden, Art. 4 der neuen Reichsverfassung die Justiz, die »allgemein anerkannten Regeln des Völkerrechts« zu beachten, die »als bindende Bestandteile des deutschen Reichsrechts« gelten? Dazu müßte der völkerrechtliche Gehalt von Kriegsbrauch und Kriegsnotwendigkeit (beim Handeln auf Befehl können wir ja noch nicht von einem solchen reden) allgemein anerkannte Regeln im Sinne des Art. 4 WRV entsprechen. Das war jedoch ganz sicher nicht der Fall, was, ohne noch einmal auf die Rechtsqualität dieser Begriffe einzugehen, bereits damit begründet werden kann, daß das Deutsche Reich hinsichtlich ihrer Bedeutung anderer Meinung war, sie also nicht anerkannt hatte. Die fehlende deutsche Anerkennung verhinderte aber, daß für das Deutsche Reich eine Völkerrechtsregel zu einer gemäß Art. 4 WRV allgemein anerkannten werden konnte. Denn das Völkerrecht war nach dem Willen der Reichsverfassung keine höhere, über dem deutschen Staatsrecht stehende Rechtsordnung.[552]

---

551 Romen/Rissom, Militärstrafgesetzbuch (1916), S. 901.

552 In dem Preußschen Entwurf (benannt nach seinem Autor, dem Verfassungsrechtler Hugo Preuß, 1860–1925) hatte es noch geheißen: »Das Reich erkennt das geltende Völkerrecht als bindenden Bestandteil seines eigenen Rechts an.« Weil darin von Teilen der Nationalversammlung die Gefahr des Eingeständnisses gesehen wurde, daß, wie von den Gegnern im Krieg vorgeworfen, Deutschland Verträge und Völkerrechtssätze nicht (hinreichend) geachtet habe – in der kaiserlichen Reichsverfassung gab es keine Bestimmung zum Völkerrecht –, wurde dieser Satz in die Fassung des späteren Art. 4 WRV geändert. Das hatte den Vorteil, daß weniger der Rechtscharakter des Völkerrechts und stärker dessen Abhängigkeit vom Grad der deutschen Zustimmung in den Vordergrund trat. Vgl. Alfred Verdroß, *Reichsrecht und internationales Recht. Eine Lanze für Artikel 3 des Regierungsentwurfes der*

Wenn sich also die Reichsanwaltschaft und das Reichsgericht der in Belgien begangenen Greueltaten in einer Weise näherten, die das Geschehen durch den Filter des deutschen Rechtsverständnisses bewerteten, so kann das nicht verwundern, ganz im Gegenteil. Wo aus Sicht dieser beiden Instanzen objektiv die Voraussetzungen für eine Anwendung von Kriegsbrauch und Kriegsnotwendigkeit erfüllt waren, konnten sie entscheiden, wie sie entschieden haben, das heißt, sie konnten die Verfahren einstellen. Diese Rechtspraxis ist nicht zu kritisieren, wohl aber die ihr zugrundeliegende deutsche Haltung zum Völkerrecht.

Kritik ist an der Rechtspraxis von Reichsanwaltschaft und Reichsgericht hingegen in den Fällen zu äußern, in denen Verstöße gegen das Kriegsrecht vor allem unter pauschalem Rückgriff auf den Kriegsbrauch oder die Kriegsnotwendigkeit mit dem Ziel verneint wurden, ein Kriegsverbrechen juristisch aus der Welt zu schaffen.

Wie häufig eine der beiden Varianten praktiziert wurde, kann heute nicht mehr gesagt werden, zumal auch unklar ist, in welchen Fällen eine offensichtlich nicht zu bemängelnde Rechtsentscheidung weniger dem Willen des Reichsgerichts als anderen Umständen geschuldet war (fehlendes Belastungsmaterial oder widersprüchliche Zeugenaussagen beispielsweise). Sicher ist allerdings, daß die juristische Aufarbeitung des Geschehens in den hier genannten belgischen Städten unter die zweite Variante fällt. Trotz zwingender gegenteiliger Indikatoren hielten Reichsanwaltschaft und Reichsgericht an der Vorstellung einer massiven Freischärlertätigkeit fest und nutzten die Rechtfertigungsgründe des Kriegsbrauchs und der Kriegsnotwendigkeit auf eine Art, die in der massenhaften Tötung Unschuldiger kein Unrecht sah. Auf Einzelfälle aus den bereits skizzierten Geschehensabläufen wird im Zusammenhang mit dem nunmehr zu behandelnden Tatvorwurf des systematischen unmenschlichen Verhaltens deutscher Truppen noch einmal eingegangen, da dort das gleiche Ergebnis (die Tötung von Zivilpersonen) mit in Teilen anderer rechtlicher Begründung (Geiselnahme, Besatzungsrepression) zu einem strafrechtlich unbeachtlichen Handeln erklärt wurde.

---

deutschen Verfassung, in: DJZ 7/8 (1919), Sp. 291–293; Victor Bredt, Der Geist der Deutschen Reichsverfassung, Berlin 1924, S. 449ff.; Willibalt Apelt, Geschichte der Weimarer Verfassung, München und Berlin 1964, S. 144f.

Systematisches unmenschliches Verhalten unterstellter Einheiten

Bei diesem Tatvorwurf handelt es sich sozusagen um das Gegenstück zu den Greueltaten größeren Umfangs, deren Begehung der preußisch-deutschen Armee auf ihrem Vormarsch im August 1914 vorgeworfen worden war. Während sich hierbei der Tatvorwurf gegen die unmittelbar Tatbeteiligten richtete, so richtete er sich nun an die Befehlsgeber, an diejenigen also, die nach Meinung der Alliierten (zumindest ebenfalls) eine Verantwortung traf für das Verhalten ihrer Einheiten, das nicht auf ein Geschehen an einem Ort begrenzt war. Gemeint waren damit die Befehlsgeber auf Bataillons-, Regiments-, Brigade-, Divisions und Armee-Ebene,[553] das heißt Offiziersdienstgrade vom Oberstleutnant oder Oberst bis zum General oder Feldmarschall.

Allerdings waren die Beschuldigten nicht immer namentlich benannt. Belgien zum Beispiel, das in diesem Punkt die meisten Tatvorwürfe erhob, listete unter der Überschrift »b) Die Auslieferung der nachfolgend genannten Generäle und höherer Offiziere wird verlangt, da sie für das systematische unmenschliche Verhalten der ihnen unterstellten Truppen verantwortlich sind« die jeweiligen Einheiten auf, deren Befehlshaber ausgeliefert werden sollten (insgesamt 64).[554] Auch Frankreich sprach in der großen Auslieferungsliste unter Nummer 236 zunächst nur von »der Person oder den Personen in der Regierung und im Großen Generalstab«, die verantwortlich gewesen sein sollten für die systematischen Zerstörungen und Plünderungen während des Rückzugs hinter die Hindenburg-Linie im Frühjahr 1917.[555] Unter Nummer 237 und 238 wurden dann aber noch zwei Namen genannt, nämlich Hindenburg und Ludendorff, deren Verantwortung aufgrund ihrer Stellung in der Obersten Heeresleitung für Frankreich unbestreitbar war und denen zudem noch die Bildung von Zivilarbeiter-Bataillonen[556] und die planmäßigen Zerstörungen auf dem Rückzug aus Frankreich 1918 vorgeworfen wurden.

Schließlich forderten Rumänien und der aus Teilen Österreich-Ungarns

---

553 Das waren Truppenverbände in einer Stärke von ca. eintausend bis zu mehreren zehntausend Mann.

554 Vgl. Liste des personnes désignées ..., in: ORA/RG, Generalia, Bd. 56, S. 168ff.

555 Ebenda, S. 106. Den Mitgliedern der Regierung oder des Großen Generalstabs wurden auch Deportationen aus dem besetzten Nordfrankreich vorgeworfen, doch wird auf diesen Punkt im folgenden noch gesondert eingegangen.

556 Dieser Aspekt wird im Zusammenhang mit dem Tatvorwurf der Deportation der Zivilbevölkerung behandelt.

und des Osmanischen Reiches gebildete serbisch-kroatisch-slowenische Staat, das spätere Jugoslawien, noch die Auslieferung des Generalfeldmarschalls von Mackensen, einmal wegen der barbarischen Kriegführung in Rumänien, zum zweiten wegen der Erteilung verbrecherischer Befehle während der Offensive gegen Serbien im Herbst 1915.[557]

Zu den Tatvorwürfen von belgischer Seite

Die Befehlsgeber der Taten, die von deutschen Soldaten in Belgien in erster Linie im August 1914 begangen worden waren, wurden strafrechtlich nicht zur Verantwortung gezogen. Das lag nicht daran, daß die Hinweise in der Auslieferungsliste zu ungenau gewesen wären. Der Reichsanwaltschaft ist es in allen Fällen gelungen, die Identität des jeweiligen Offiziers festzustellen. Mehr schon lag es daran, daß Belgien, wie übrigens auch in den bereits untersuchten Fällen, ab 1922[558] jede Zusammenarbeit mit den deutschen Strafverfolgungsbehörden ablehnte und es damit dem Oberreichsanwalt und dem Reichsgericht leichtmachte, Verfahren auch bei hinreichendem Tatverdacht einzustellen. Die erforderliche Argumentation war oft vorgegeben, was nicht verwundern wird, denn den Befehlsempfängern eine Rechtfertigung zuzubilligen legt nahe, dies auch für die Befehlsgeber zu tun. Folglich hieß es auch in den Fällen, in denen den Beschuldigten eine planmäßige unmenschliche Kriegführung vorgeworfen wurde, häufig: Die Befehlserteilung sei durch die Verordnung von 1899, durch den Kriegsbrauch oder die Kriegsnotwendigkeit gedeckt gewesen. Ebenso häufig hieß es auch: Die Truppe habe sich der völkerrechtswidrigen Angriffe der Zivilbevölkerung erwehren müssen, Geiselnahmen und andere Maßnahmen der Repression seien erforderlich gewesen. Hier wie dort ist aber wieder die Bandbreite dessen erstaunlich, was nach deutscher höchstrichterlicher Auffassung – gestützt auf militärische Gutachten und eine starke öffentliche Meinung – als rechtmäßig erachtet wurde.

Nicht alle Einstellungsbeschlüsse[559] enthalten allerdings rechtliche Ausführungen. Oft ist der Beschluß nur etwa eine Seite lang und auf einige formelhafte Wendungen beschränkt, die ihrerseits auf den Vordruck zurückgehen, den die Reichsanwaltschaft ab 1923 für den Antrag auf Ver-

---

557 Vgl. Liste des personnes désignées ..., S. 187 (Rumänien, Nr. 21) und S. 192 (serbisch-kroatischer-slowenischer Staat, Nr. 3).

558 Vgl. dazu oben, S. 103f., sowie nachfolgend, S. 488f.

559 Es sind die Unterlagen zu 48 Verfahren, die aufgrund der belgischen Beschuldigungen eingeleitet wurden, erhalten.

fahrenseinstellung nutzte.[560] Darin heißt es, der oben angesprochenen Argumentation zufolge:

»Die inländischen Ermittlungen haben nicht die geringsten Anhaltspunkte für eine von Angehörigen des/der .... , geschweige denn von dem .... begangene nach deutschem Strafrecht strafbare Handlung ergeben. Der/Das .... ist an mehreren Orten in Belgien Überfällen durch Ortseinwohner (Zivilisten) ausgesetzt gewesen. Gegen diese Überfälle wurde mit aller Schärfe nach dem Kriegsgebrauche in Gemäßheit des § 18 der Kaiserlichen Verordnung über das außerordentliche kriegsrechtliche Verfahren gegen Ausländer vom 28.12.1899 vorgegangen. Unzulässige und strafbare Übergriffe haben die Ermittlungen in keiner Weise ergeben.«[561]

Anderen Einstellungsbeschlüssen ist auch heute noch das Unverständnis und die Entrüstung des Gerichts ob der erhobenen Beschuldigungen anzumerken. Entweder wurde besonders hervorgehoben, daß die Ermittlungen »nicht die geringsten Anhaltspunkte« für eine strafbare Handlung ergeben hätten,[562] oder aber es hieß, die Beschuldigung sei unverständlich, denn dem Beschuldigten sei allseits »das Zeugnis seltener Herzensgüte und Menschenfreundlichkeit ausgestellt« worden.[563]

»Herzensgüte« und »Menschenfreundlichkeit«, zwei Begriffe, die nicht so recht passen wollen zum Ablauf des Einmarsches in Belgien und zum Krieg gegen eine – wovon man ja überzeugt war und was man immer wieder bestätigt fand – sich widersetzende Bevölkerung. Das Kriegstagebuch des Infanterieregiments Nr. 20 sagt zum Verlauf der ersten Tage des belgischen Krieges folgendes:

»Abmarsch von Hahn am 4.8.14 5.^{45} vorm. Ankunft in Eupen 8.^{45} Vorm. Vormarsch über Limburg – Verviers – Hodimont. Hier gegessen. Abmarsch 4 Uhr Nachm. Über Basse Tribomont auf Soiron. Ankunft in Soiron 6.^{10} Abds. Hier 12 Uhr Nachts Überfall durch Ortseinwohner I. und II/20 wurden alarmiert und rückten zur Verstärkung der Sicherungskompanie ab. 1.^{30} Nachts rückten die Truppen wieder in ihre Alarmquartiere. Keine Verluste. Abmarsch der beiden Bataillone um 3 Uhr Vorm. von Soiron auf Oine, Ankunft in Oine um 3.^{50} Vorm. 5 Uhr Vorm. Bereitstellen der Bataillone zum Angriff von St. Hadelin gegen Höhe 255, 800 m nordöstlich Foret. 6.^{10} Vorm. Angriff. Es befanden sich nur einige

---

560 Zum Beispiel im Verfahren bJ 859/20 (Generalmajor a. D. Otto Schneider), im Verfahren bJ 849/20 (Generalmajor a. D. Konrad Graf von Moltke) oder in bJ 844/20 (Generalmajor a. D. Walter von Schönberg).

561 In die gepunkteten Stellen waren jeweils die betreffende Einheit und der Name des Beschuldigten und wiederum die Einheit einzusetzen.

562 Vgl. z. B. bJ 850/20 (Major a. D. Max Graf von Soden), Bl. 65.

563 Vgl. bJ 863/20 (Generalmajor a. D. Ferdinand Wilhelmi), Bl. 29.

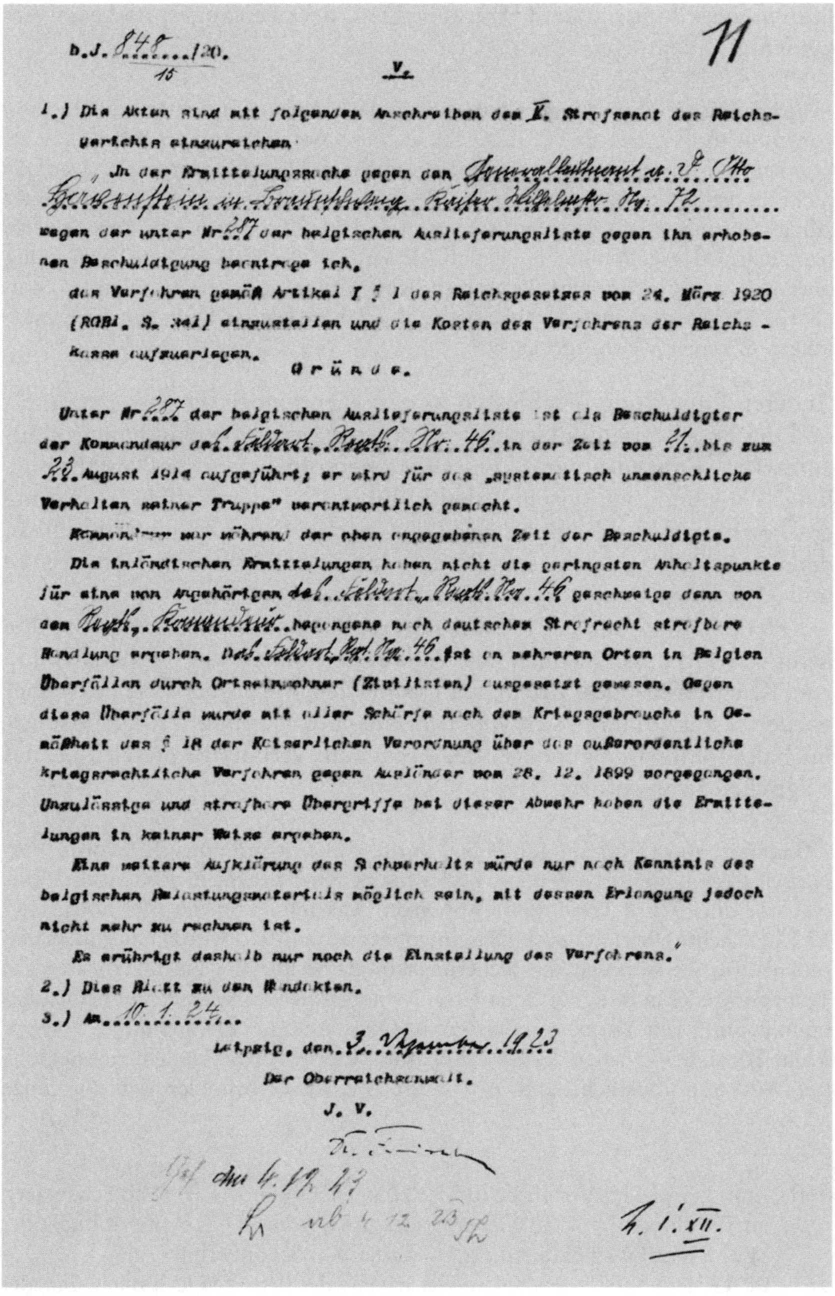

b.J. 848/20.
15

11

V.

1.) Die Akten sind mit folgendem Anschreiben dem V. Strafsenat des Reichsgerichts einzureichen:

„In der Ermittelungssache gegen den Generalleutnant a. D. Otto [illegible] in Braunschweig, Kaiser Wilhelmstr. Nr. 72 wegen der unter Nr. 287 der belgischen Auslieferungsliste gegen ihn erhobenen Beschuldigung beantrage ich,

das Verfahren gemäß Artikel I § 1 des Reichsgesetzes vom 24. März 1920 (RGBl. S. 341) einzustellen und die Kosten des Verfahrens der Reichskasse aufzuerlegen.

Gründe.

Unter Nr. 287 der belgischen Auslieferungsliste ist als Beschuldigter der Kommandeur des Feldart. Regts. Nr. 46 in der Zeit vom 21. bis zum 23. August 1914 aufgeführt; er wird für das „systematisch unmenschliche Verhalten seiner Truppe" verantwortlich gemacht.

Kommandeur war während der oben angegebenen Zeit der Beschuldigte.

Die inländischen Ermittelungen haben nicht die geringsten Anhaltspunkte für eine von Angehörigen des Feldart. Regts. Nr. 46 geschweige denn von dem Regts. Kommandeur begangene nach deutschem Strafrecht strafbare Handlung ergeben. Das Feldart. Rgt. Nr. 46 ist an mehreren Orten in Belgien Überfällen durch Ortseinwohner (Zivilisten) ausgesetzt gewesen. Gegen diese Überfälle wurde mit aller Schärfe nach dem Kriegsgebrauche in Gemäßheit des § 18 der Kaiserlichen Verordnung über das außerordentliche kriegsrechtliche Verfahren gegen Ausländer vom 28. 12. 1899 vorgegangen. Unzulässige und strafbare Übergriffe bei dieser Abwehr haben die Ermittelungen in keiner Weise ergeben.

Eine weitere Aufklärung des Sachverhalts würde nur nach Kenntnis des belgischen Belastungsmaterials möglich sein, mit dessen Erlangung jedoch nicht mehr zu rechnen ist.

Es erübrigt deshalb nur noch die Einstellung des Verfahrens."

2.) Diese Blatt zu den Handakten.

3.) Am 10. 1. 24.

Leipzig, den 3. Dezember 1923

Der Oberreichsanwalt.

J. V.

[illegible]

Gef. den 4. 12. 23

[illegible] ab 4. 12. 23 [illegible]

[illegible] 1. XII.

Ausgefülltes Formular für den Antrag auf Verfahrenseinstellung
BAL, R 3003, ORA/RG, bJ 848/20, Bd. 2, Bl. 11, VS

Forestiers auf der Höhe, die aber die Flucht ergriffen. Beim Durchschreiten des Dorfes Foret erhielten die Bataillone Feuer aus den Häusern. Einige Zivilpersonen, mit Waffen in den Häusern betroffen, wurden sofort erschossen. Häuser wurden angezündet. [...] 12.^{40} Nachts Abmarsch über Hauteur – Chantraine auf Romsée, hier gegen 5.^{30} heftiges Infanteriefeuer von allen Seiten. Angriff gegen die belgischen Truppen durch Stacheldrahthindernisse sehr erschwert. Oberst Schulze gefallen; mehrere Tote, Verwundete und vermißte Mannschaften. Gegen 7 Uhr Ende des Gefechts. [...] Um 1.^{30} Vormarsch nördlich und südlich der Eisenbahn Herve – Lüttich, Häuser auf Waffen untersucht, Waffen gefunden, Leute erschossen. 2.^{30} Rückmarsch auf den alten Sammelplatz. Von hier aus um 4 Uhr Abmarsch. [...] Gegen 12.^{30} heftiges Artilleriefeuer in Romsée. Regiment marschierte als hinteres Regiment der Brigade. Gegen 3.^{30} Nachm. auf Befehl des kommandierenden Generals Abmarsch nach Beyne-Heusay. Zur Sicherheit wurden Geiseln mitgenommen. Beim weiteren Vormarsch auf der Chaussee nach Lüttich zur Citadelle wurde das Regiment aus den Häusern nicht beschossen.«[564]

Bereitwillig glaubte man auf höchster Ebene Berichte von Proklamationen des belgischen Königs an die Bevölkerung mit der Aufforderung: »Frauen und Kinder, bewaffnet Euch, um die Eindringlinge zu vertreiben.«[565] Zahlreiche Tagesbefehle ergingen, in denen gewarnt wurde, daß die Bevölkerung Belgiens »außerordentlich feindselig« sei und daß beim Durchmarsch durch Ortschaften sofort Geiseln zu nehmen seien, die in der Kolonne zu marschieren hätten.[566] Zivilisten der feindlichen Bevölkerung, die Waffen trügen, seien sofort zu erschießen.[567]

Bedenken gegen die Durchführung derartiger Befehle gab es zwar, allerdings nur vereinzelt, und sie waren nicht so groß, daß sie die Befolgung des Befehls verhindert hätten, zumal sie im Offizierskorps weitestgehend auf Unverständnis und Ablehnung stießen. Einem Oberstleutnant und Regimentskommandeur, dem es schwerfiel, Zivilpersonen, die sich mit regulären Kräften an einem Überfall beteiligt haben sollten, zu erschießen (»den Henker zu spielen, ist für einen Offizier nichts, das kann ich nicht«), wurde von einem anderen Offizier erklärt, daß auch Richter und Geschworene einen Mörder verurteilten, ohne deshalb Henkersknechte zu sein. Hier sei der Bürger – aus der mutmaßlichen Franktireur-Eigenschaft der Zivilisten war inzwischen, allerdings ohne Untersuchung, eine zwei-

---

564 Zit. n. bJ 906/20 (Oberst a.D. Karl Ludwig Witt), Bl. 10f.

565 Vgl. bJ 841/20 (Generalleutnant a.D. Benno von Massow), Bl. 24. Dort berichtet ein Oberleutnant, er habe in mehreren belgischen Dörfern, an deren Namen er sich nicht mehr erinnere, Anschläge mit der erwähnten Proklamation gesehen.

566 Vgl. z.B. bJ 846/20 (Major von der Oelsritz), Bl. 23.

567 Vgl. ebenda.

felsfreie geworden – zum Mörder geworden, und wenn er zum Mörder werde, müsse er auch die Strafe des Mörders erleiden. »Ich würde mich keinen Augenblick besinnen«, versicherte der Offizier, der später von Belgien einer planmäßigen unmenschlichen Kriegführung bezichtigt werden sollte,[568] »den Befehl zu geben, diese Leute niederzuschießen, und würde mir auch keinen Augenblick ein Gewissen daraus machen, wenn ich dazu kommandiert würde.«[569] Um wie viele Zivilisten es sich handelte, ist nicht zu erfahren, wohl aber, daß der ursprüngliche zögerliche Kommandeur letztlich den Exekutionsbefehl gab: »Noch hatten wir Tamines nicht verlassen, als die Kolonne plötzlich halten mußte, ohne daß jemand wußte warum. Es herrschte tiefes Schweigen in der Kolonne. Da rasselte plötzlich hinter uns ein minutenlanges Schnellfeuer. Als es schwieg, setzte sich die Marschkolonne wieder in Gang, und es wurde gesagt: ›Jetzt sind sie fuseliert.‹«[570]

»Scharf« sollte durchgegriffen werden; Widerstand mußte bestraft werden, und die Frage nach dem tatsächlichen Vergehen der Opfer wurde nicht gestellt oder im vorhinein als erwiesen erachtet. Ein Soldat berichtete bereits im September 1914 von einer Vergeltungsaktion in einer Ortschaft bei Lüttich. Als sein Bataillon durch den Ort gezogen sei, habe man es mit Jagdgewehren und Pistolen beschossen. Zwei Mann des Bataillons – immerhin gut 1000 Mann stark – seien verwundet worden, und weiter: »Abends wurden gegen 50 Zivilisten aus der betreffenden Ortschaft erschossen und die Häuser eingeäschert.«[571] Ob diese Aussage der Wahrheit entsprach, konnte vom Reichsgericht nicht überprüft werden, da der Zeuge seinen Kriegsverletzungen erlegen war. Daß er wahrheitsgemäß berichtet hatte, ist jedoch anzunehmen, denn zum einen ist der Zeuge im Rahmen einer gerichtlichen Untersuchung vernommen worden[572] und zum andern fand die Befragung kurz nach der Vergeltungsaktion statt. Was aber vor allem für den Wahrheitsgehalt der Aussage spricht, ist der Umstand, daß sie sich mit vielen anderen Aussagen im Verlauf der reichsanwaltlichen Ermittlungsverfahren deckt. Wie in den Ermittlungsverfahren wegen des Vorwurfs der Begehung von Greueltaten berichten Zeugen oder Kriegstagebücher immer wieder in dramatischen Worten von Feuer-

568 Vgl. das Verfahren bJ 848/20 gegen Generalleutnant a. D. Otto Havenstein.
569 Zit. n. ebenda, Bl. 19.
570 Ebenda.
571 Vgl. das Verfahren gegen den Generalmajor a. D. Paul Weicke (bJ 845/20), Bl. 10.
572 In einigen Fällen hatte das Kriegsministerium wegen des auch von neutralen Staaten erhobenen Vorwurfs, die kaiserliche Armee führe besonders in Belgien einen völkerrechtswidrigen Krieg, Untersuchungen angeordnet, in deren Verlauf u. a. auch der Zeuge befragt wurde.

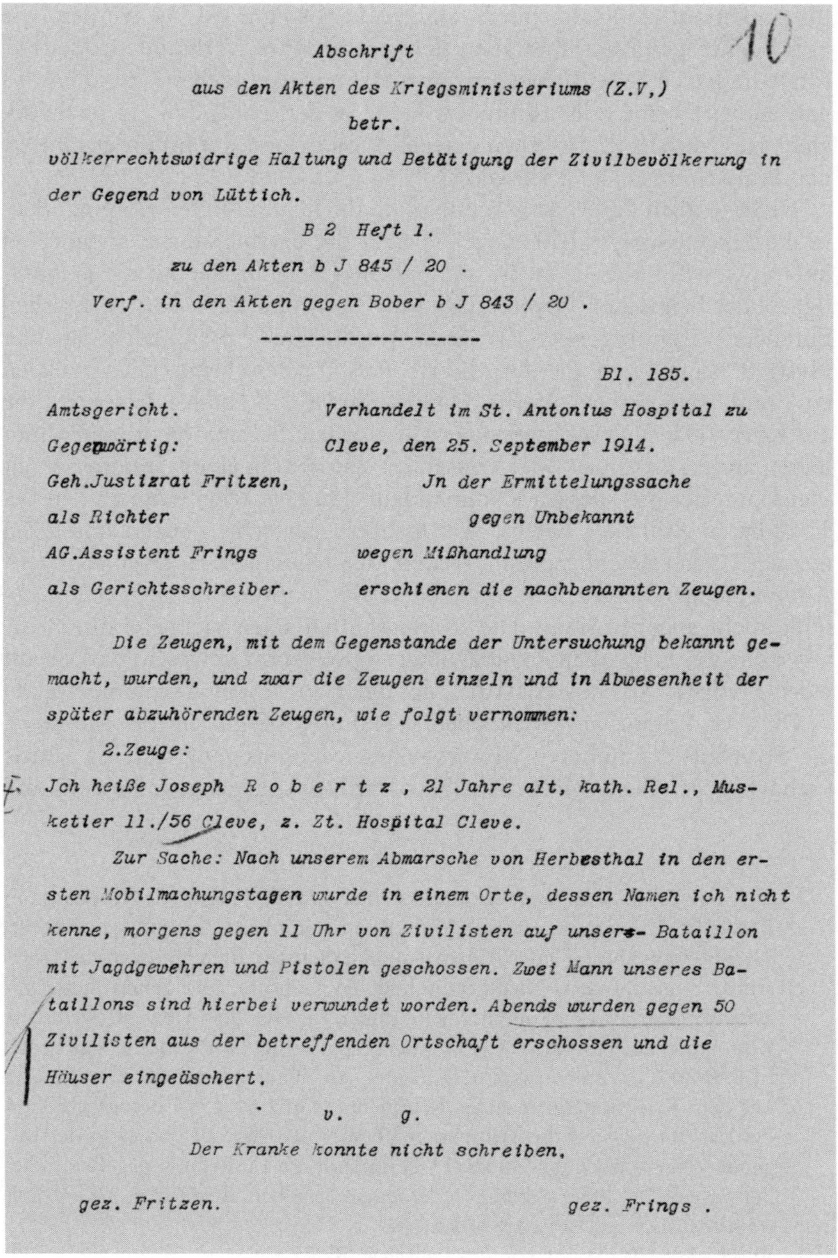

10

Abschrift

aus den Akten des Kriegsministeriums (Z.V,)

betr.

völkerrechtswidrige Haltung und Betätigung der Zivilbevölkerung in der Gegend von Lüttich.

B 2 Heft 1.

zu den Akten b J 845 / 20 .

Verf. in den Akten gegen Bober b J 843 / 20 .

Bl. 185.

Amtsgericht.
Gegenwärtig:
Geh.Justizrat Fritzen,
als Richter
AG.Assistent Frings
als Gerichtsschreiber.

Verhandelt im St. Antonius Hospital zu Cleve, den 25. September 1914.

Jn der Ermittelungssache
gegen Unbekannt
wegen Mißhandlung
erschienen die nachbenannten Zeugen.

Die Zeugen, mit dem Gegenstande der Untersuchung bekannt gemacht, wurden, und zwar die Zeugen einzeln und in Abwesenheit der später abzuhörenden Zeugen, wie folgt vernommen:

2.Zeuge:

Jch heiße Joseph R o b e r t z , 21 Jahre alt, kath. Rel., Musketier 11./56 Cleve, z. Zt. Hospital Cleve.

Zur Sache: Nach unserem Abmarsche von Herbesthal in den ersten Mobilmachungstagen wurde in einem Orte, dessen Namen ich nicht kenne, morgens gegen 11 Uhr von Zivilisten auf unser- Bataillon mit Jagdgewehren und Pistolen geschossen. Zwei Mann unseres Bataillons sind hierbei verwundet worden. Abends wurden gegen 50 Zivilisten aus der betreffenden Ortschaft erschossen und die Häuser eingeäschert.

v. g.

Der Kranke konnte nicht schreiben.

gez. Fritzen. gez. Frings .

Aussage des Zeugen Joseph Robertz
BAL, R 3003, ORA/RG, bJ 845/20, Bd. 1, Bl. 10, VS

überfällen auf nichtsahnende Soldaten, doch so gut wie nie werden, wie es bei derartigen Feuerüberfällen zu erwarten wäre, Verwundete oder Getötete in den eigenen Reihen erwähnt, was einen einfachen Grund hat: Es gab zumeist keine oder zumindest keine in der Zahl, daß ein nachvollziehbares Verhältnis zwischen eigenen Opfern und daraufhin erschossenen Franktireurs ersichtlich wäre.[573]

Nicht in allen Fällen ist erkennbar, ob die beschuldigten Kommandeure die Erschießungsbefehle gegeben oder die Erschießungen angeordnet haben. Gewiß haben aber die anfänglichen Befehle, die auf die Feindseligkeit der belgischen Bevölkerung hinwiesen und die sofortige Erschießung der waffentragenden Zivilisten anordneten,[574] zur Entstehung einer Hysterie beigetragen, die dazu führte, daß in jedem belgischen Zivilisten ein Franktireur gesehen wurde. Hinzu kommt, daß Befehle dieser Art, die auf Korps- oder Divisionsebene erteilt wurden, bei untergeordneten Einheiten anders ankamen oder verstanden wurden. In einem Infanterieregiment zum Beispiel, dessen Kommandeur von belgischer Seite zu den Beschuldigten zählte,[575] hat es, wie mehrere deutsche Zeugen unter Eid aussagten, den Befehl gegeben, »jeden, den wir sähen, zu erschießen«.[576] Andere Zeugen hingegen bekundeten, daß es in ihren Einheiten solche Befehle nicht gegeben habe. Die Mannschaften seien vielmehr durch die Überfälle der belgischen Zivilbevölkerung so erbost gewesen, daß sie auf jeden Zivilisten geschossen hätten, der ihnen zu Gesicht gekommen sei.[577]

Ob aber nun auf ausdrücklichen Befehl oder ob aus eigener Initiative, die Strategie der höheren Militärstellen jedenfalls ging auf. Es wurde »scharf« gegen die belgische Zivilbevölkerung vorgegangen, die samt und

---

573 Vgl. dazu z. B. den Tagebuchauszug einer Maschinengewehr-Kompanie in bJ 844/20 (Generalmajor a. D. Walter von Schönberg), Bl. 5R, wo es heißt: »Regiment während einer Ruhepause plötzlich aus allen Häusern der Dorfstraße angeschossen. Niederbrennung der Gehöfte, aus denen Feuer gekommen war. Erschießung der Schuldigen. […] Bei dem Überfall verlor die Kompanie einen Vorratswagen mit Bespannung (4 Pferde).« Vgl. auch bJ 838/20 (Generalleutnant a. D. Georg von Wachter), Bl. 50. Der Auszug aus dem Kriegstagebuch seines Regiments vom 14.8.1914 besagt, daß um 7.30 vormittags auf die Truppen geschossen worden sei und es in der folgenden Nacht noch einmal zwei Überfälle durch Einwohner gegeben habe. Beim Regiment habe es keine Verletzungen gegeben, doch seien 8 Zivilisten standrechtlich erschossen worden.

574 Vgl. bJ 846/20 (Major von der Oelsritz), Bl. 23.

575 Vgl. das Verfahren bJ 608/20 gegen den späteren Generalleutnant a. D. Mathias Hoch.

576 Ebenda, Bl. 24.

577 Vgl. bJ 863/20 (Generalmajor a. D. Ferdinand Wilhelmi), Bl. 21.

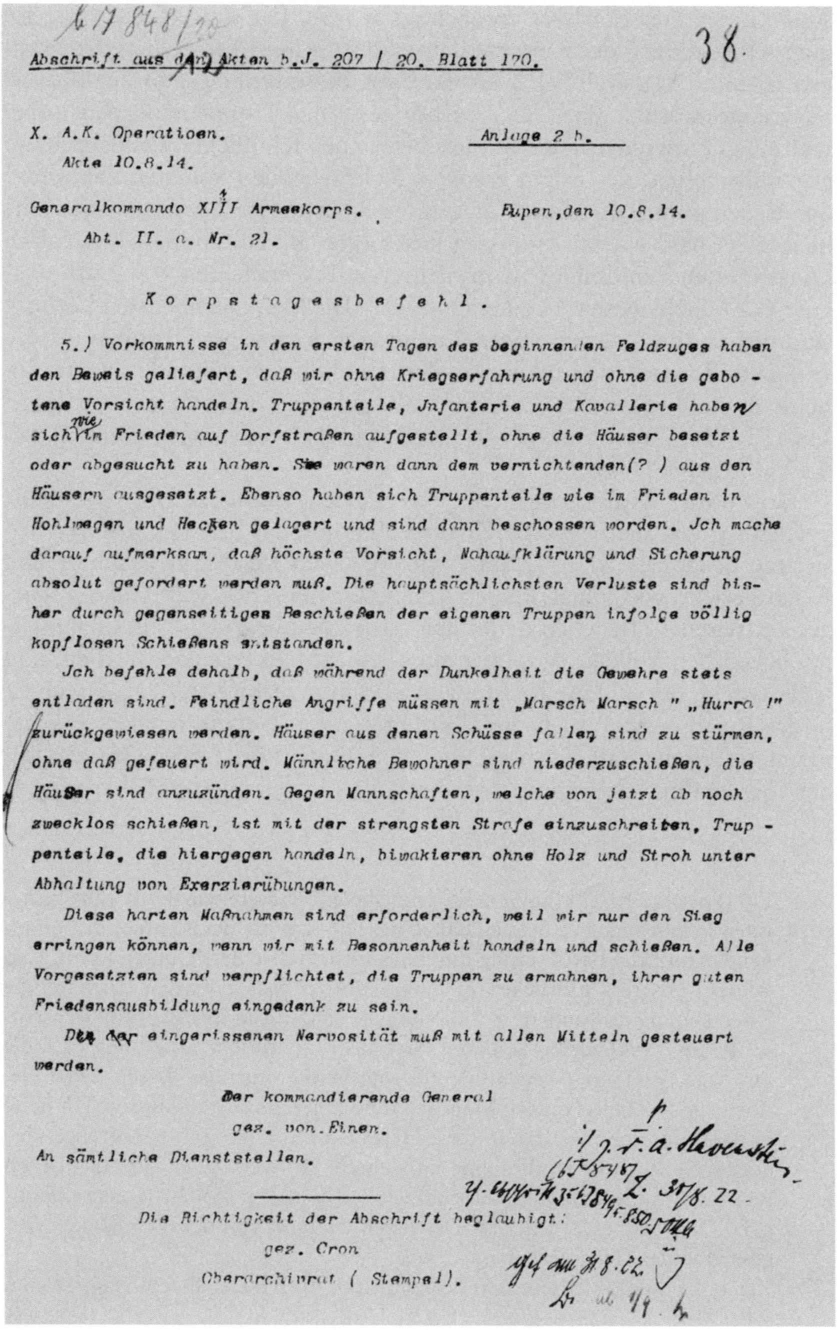

bJ 848/20 — 38.

Abschrift aus den Akten b.J. 207 / 20. Blatt 170.

X. A.K. Operationen. — Anlage 2 b.
Akte 10.8.14.

Generalkommando XIII Armeekorps. — Eupen, den 10.8.14.
Abt. II. a. Nr. 21.

K o r p s t a g e s b e f e h l .

5.) Vorkommnisse in den ersten Tagen des beginnenden Feldzuges haben den Beweis geliefert, daß wir ohne Kriegserfahrung und ohne die gebotene Vorsicht handeln. Truppenteile, Jnfanterie und Kavallerie haben sich wie im Frieden auf Dorfstraßen aufgestellt, ohne die Häuser besetzt oder abgesucht zu haben. Sie waren dann dem vernichtenden(?) aus den Häusern ausgesetzt. Ebenso haben sich Truppenteile wie im Frieden in Hohlwegen und Hecken gelagert und sind dann beschossen worden. Jch mache darauf aufmerksam, daß höchste Vorsicht, Nahaufklärung und Sicherung absolut gefordert werden muß. Die hauptsächlichsten Verluste sind bisher durch gegenseitiges Beschießen der eigenen Truppen infolge völlig kopflosen Schießens entstanden.

Jch befehle dehalb, daß während der Dunkelheit die Gewehre stets entladen sind. Feindliche Angriffe müssen mit „Marsch Marsch " „Hurra !" zurückgewiesen werden. Häuser aus denen Schüsse fallen, sind zu stürmen, ohne daß gefeuert wird. Männliche Bewohner sind niederzuschießen, die Häuser sind anzuzünden. Gegen Mannschaften, welche von jetzt ab noch zwecklos schießen, ist mit der strengsten Strafe einzuschreiten, Truppenteile, die hiergegen handeln, biwakieren ohne Holz und Stroh unter Abhaltung von Exerzierübungen.

Diese harten Maßnahmen sind erforderlich, weil wir nur den Sieg erringen können, wenn wir mit Besonnenheit handeln und schießen. Alle Vorgesetzten sind verpflichtet, die Truppen zu ermahnen, ihrer guten Friedensausbildung eingedenk zu sein.

Der eingerissenen Nervosität muß mit allen Mitteln gesteuert werden.

Der kommandierende General
gez. von Einem.

An sämtliche Dienststellen.

Die Richtigkeit der Abschrift beglaubigt:
gez. Cron
Oberarchivrat (Stempel).

Beispiel für einen Tagesbefehl vom August 1914
BAL, R 3003, ORA/RG, bJ 848/20, Bd. 1, Bl. 38, VS

sonders der Freischärlerei verdächtigt wurde. Die Franktireur-Hysterie ging selbst einigen der Kommandeure, die zur ihrer Entstehung beigetragen hatten,[578] zu weit. »Ich erwarte mit Bestimmtheit«, so beginnt ein Korpstagesbefehl, »daß die Angehörigen aller Truppenteile den unbewaffneten Einwohnern der von uns betretenen feindlichen Landstriche so gegenübertreten, wie es gut erzogenen ehrliebenden Soldaten zukommt, damit der gute Ruf unserer Armee auch in dieser Beziehung gewahrt bleibt.«[579] Und ein nur mühsam kaschiertes Eingeständnis eines falsch konstruierten Feindbildes ist in mehreren Tagesbefehlen von Mitte August 1914 nachzulesen. In einem hieß es: »Die hauptsächlichsten Verluste sind bisher durch gegenseitiges Beschiessen der eigenen Truppen infolge völlig kopflosen Schiessens entstanden. Der kommandierende General befiehlt deshalb, dass die Gewehre während der Dunkelheit zu entladen sind. [...] Das Ausschänken von Schnaps [ist] zu untersagen und [...] dieses Verbot zu überwachen.«[580]

Trotz dieser Widersprüchlichkeiten und den deutlichen Hinweisen darauf, daß gegen die belgische Zivilbevölkerung ein brutaler, auf Terrorisierung bedachter Krieg geführt wurde, sahen Reichsanwaltschaft und Reichsgericht, wie gesagt, keinen Anlaß, von der schon während des Krieges vertretenen offiziellen deutschen Linie abzuweichen. Dem imaginierten belgischen Volkskrieg mußte mit allen Mitteln begegnet werden, und jeder Befehl, der in diese Richtung ging, war gerechtfertigt. Dazu rechnete das Reichsgericht auch die Hinrichtung von Geiseln nach dem sogenannten Geiselverfall, das heißt nach dem Eintritt des Ereignisses, das mit der Geiselnahme abgewendet werden sollte. In den meisten Fällen ging es

578 Ein typischer Befehl (hier ein Divisionsbefehl) lautete wie folgt: »Die bisherigen Erfahrungen in Belgien haben gezeigt, daß die noch im Lande befindliche männliche Bevölkerung durchaus nicht so friedfertig und gutmütig ist, wie bei unserem Einrücken im Lande vorher gesagt wurde. Ich habe die Überzeugung gewonnen, daß die jüngere männliche Bevölkerung sich entweder aus verkleideten Soldaten oder aus Franktireurs zusammensetzt, die am Tage der Truppe gegenüber ein entgegenkommendes Wesen zeigen, jedoch zur Nachtzeit unsere Mannschaften hinterrücks beschiessen. Ich halte es daher für geboten, daß in dieser Hinsicht mit unerbittlicher Strenge vorgegangen wird. Es ist dies eine unbedingte Notwendigkeit, um das Leben unserer Mannschaften zu beschützen.« Zit. n. bJ 859/20 (Generalmajor a.D. Otto Schneider), Bl. 41. Der Befehl stammt von dem damaligen Vorgesetzten des Generalmajors.

579 Zit. n. bJ 846/20 (Major von der Oelsritz), Bl. 23. Der Befehl stammt vom 9.8.1914.

580 Zit. n. bJ 845/20 (Generalmajor a.D. Paul Weicke), Bl. 21, und bJ 848/20 (Generalleutnant a.D. Otto Havenstein), Bl. 38.

nicht einmal mehr auf den Unterschied zwischen Freischärlern und Geiseln ein, so klar erschien ihm die Rechtslage, die es, soweit ersichtlich, nur einmal ausführlich behandelte, und zwar in einem – allerdings auf französisches Betreiben – durchgeführten Verfahren gegen einen Oberst a.D. Richard von Keiser. Dieser war beschuldigt worden, im August 1914 im nordfranzösischen Jarny den Befehl zur Exekution von fünf Geiseln gegeben zu haben. Obgleich dem Oberst der Gedanke, Zivilisten und insbesondere Geiseln erschießen zu lassen, widerwärtig gewesen sei, hielt er den Befehl für unter anderem deshalb unbedenklich, weil er in seiner Ausbildung gelernt habe, daß Geiseln mit ihrem Leben bürgen müßten, und die Theorie später durch die – vom Kaiser in seiner »Hunnenrede« ausdrücklich gewünschte – Praxis im Kampf gegen den chinesischen »Boxeraufstand« bestätigt worden sei.[581]

Reichsanwaltschaft und Reichsgericht bestätigten mit Hilfe eines Gutachtens des Kriegsministeriums die Sichtweise des beschuldigten Oberst: Die Kriegsnotwendigkeit könne den Schutz des Lebens von Angehörigen der Zivilbevölkerung (Art. 46 HLKO) beseitigen und das Nehmen von Geiseln erforderlich machen. Die Geiseln dürften auch getötet werden.[582]

Angesichts der damaligen Rechtslage ist ihnen in dieser rechtlichen Beurteilung grundsätzlich zuzustimmen. Doch wie in anderen Rechtsbereichen zeigt sich auch hier, daß die deutsche Position bis an die äußerste Grenze des völkerrechtlich Zulässigen ging und in nicht wenigen Fällen diese Grenze auch überschritt. Zu Hilfe kam ihr dabei die teilweise uneindeutige Rechtslage hinsichtlich der Geiselnahme und Geiselbehandlung.

Ein großer Teil der Völkerrechtswissenschaft lehnte die Geiseltötung ab[583] und wurde darin auch, so hat es den Anschein, zunächst von der Staatenpraxis bestätigt. Für die Napoleonischen Kriege beispielsweise wird von Geiselnahmen berichtet, jedoch sollen keine Geiselexekutionen

---

581 »Außerdem hatte ich schon einen Präzedenzfall erlebt. Im ostasiatischen Feldzuge hatte meine Kompagnie eine Anzahl Chinesen bei Liangsiang in der Nähe von Peking gefangen genommen. Ich schickte zu meinem Bataillonskommandeur Major von Kronhelm und bat um Instruktion. Er wies mich auf die Äußerung seiner Majestät des Kaisers hin, daß keine Gefangenen zu machen seien, und ich mußte infolgedessen die Gefangenen erschiessen lassen.« Zit. n. bJ 136/20 (Oberst a.D. Richard von Keiser), Bd. 1, Bl. 73.

582 Ebenda, Bd. 2, Bl. 423f., 548–551, 556ff.

583 Vgl. Achim Tobler, *Geiseln*, in: Schlochauer (Hg.), Wörterbuch des Völkerrechts, 1. Bd., S. 635ff. Weitere Hinweise u.a. bei Oppenheim, International Law. Bd. 2: War and Neutrality, S. 271ff.

vorgekommen sein. Die schärfste Maßnahme bei einem »Geiselverfall« soll vielmehr in der Deportation der Geiseln bestanden haben.[584] Auch während des Deutsch-Französischen Krieges 1870/71 ist es zu Geiselnahmen gekommen, nicht allerdings zu Exekutionen.[585] Im Burenkrieg praktizierte Großbritannien ebenfalls die Geiselnahme, um vom Kriegsgegner ein bestimmtes Verhalten zu erzwingen. Nachdem sie jedoch im englischen Unterhaus auf Kritik gestoßen war, wurde sie eingestellt.[586]

Die Staatenpraxis änderte sich im und nach dem Ersten Weltkrieg. Von deutscher Seite wurden während des Vormarsches durch Belgien und der Besetzung des Landes Geiseln genommen und nach Eintritt des »Geiselverfalls« getötet. Ähnlich, wenn auch bei weitem nicht so verbreitet, war die russische Praxis an der Ostfront. Der russische Etappenkommandant von Krosno zum Beispiel veröffentlichte am 10. März 1915 eine Bekanntmachung, in der es hieß, »daß aus den durch das russische Heer besetzten Gebieten Geiseln entnommen und nach Rußland abtransportiert sind, von denen je zwei mit dem Tode büßen werden für jeden Bürger, der seitens der Österreicher oder Preußen verfolgt wird oder für jeden Spion, der in diesen Gebieten gefangen wird«.[587] Frankreich sicherte nach dem Krieg seinen Abzug aus Frankfurt am Main durch die Festnahme von Geiseln, unter denen sich auch der Oberbürgermeister, der Polizeipräsident und hohe Kommunalbeamte befanden. Französische Soldaten nahmen ebenfalls Geiseln, als am 4. Juli 1921 beim Einzug interalliierter Truppen in die oberschlesische Stadt Beuthen ein französischer Major erschossen wurde. Auch Belgien hat die Praxis der Geiselnahme ausgeübt. Als der

---

584 Vgl. Jentsch, Die Beurteilung summarischer Exekutionen durch das Völkerrecht, S. 64f.; Tobler, *Geiseln*, S. 636.

585 Das wird zu einem großen Teil daran gelegen haben, daß es sich bei den Geiseln um »Gefahrengeiseln« handelte, d. h., höhere Offiziere, Würdenträger oder lokale Politiker wurden z. B. auf Lokomotiven gesetzt, um Anschläge auf Eisenbahntransporte zu verhindern. Vgl. dazu Tobler, ebenda; Oppenheim hält dieses Vorgehen entgegen zahlreicher Kritik aus Frankreich und Belgien für rechtmäßig. Vgl. ders., War and Neutrality, S. 272f.

586 Vgl. Oppenheim, ebenda; Jentsch, S. 65.

587 Zit. n. Jentsch, Die Beurteilung summarischer Exekutionen durch das Völkerrecht, S. 65f. In den russischen Bekanntmachungen wurde häufig unter den in Betracht kommenden Adressaten differenziert. Auf der untersten Stufe standen die Juden. So drohte die erwähnte Bekanntmachung auch an, »daß die jüdische Bevölkerung der durch das russische Heer besetzten Gebiete für jeden durch die Österreicher oder Preußen an hier ansässigen Bürgern verübten Gewaltakte verantwortlich erklärt wird«. Vgl. Jentsch, ebenda. Bei dieser Ankündigung handelt es sich genaugenommen um eine Repressalie, dazu weiter unten, S. 309ff.

belgische General Lemercier am 5. Dezember 1918 die Stadt Neuß besetzte, bestimmte er fünf Geiseln, die sich im Rathaus zu seiner Verfügung halten mußten, um mit ihrem Leben für die Sicherheit der Soldaten zu bürgen.[588]

Nun besteht natürlich ein Unterschied zwischen der bloßen Androhung der Exekution von Geiseln und deren massenhafter Erschießung, wie sie von deutschen Soldaten erstmals im Ersten Weltkrieg praktiziert wurde. Aber die Beispiele zeigen, daß die Praxis der Geiselnahme existierte, und die Annahme ist sicherlich nicht zu gewagt, daß der Androhung, um glaubhaft zu bleiben, im konkreten Fall auch die Umsetzung gefolgt wäre und auch tatsächlich (während der russischen Besatzung in Ostpreußen) gefolgt ist. Eine Annäherung der Staatenpraxis an die Völkerrechtstheorie hat folglich nicht stattgefunden, zumal auch die HLKO über das Problem der Geiselnahme und der Behandlung von Geiseln beim »Geiselverfall« schweigt.[589] Ob die Geiselnahme im Umkehrschluß allerdings uneingeschränkt erlaubt ist, ist eine andere Frage. Immerhin wäre es denkbar, daß sich schon bis zu Beginn des 20. Jahrhunderts gewohnheitsrechtliche Regeln herausgebildet hatten.

Folgt man dem deutschen Völkerrechtler Liszt, so war die Geiselnahme und sogar -tötung international anerkannt als eine berechtigte Selbsthilfe, »um die Gefahr völkerrechtswidriger Angriffe auf die Truppen und das Kriegsmaterial abzuwenden [...]. Diese ›Kriegsgeiseln‹ gelangen in eine der Kriegsgefangenschaft ähnliche Stellung. Sie können getötet werden, wenn die Festnahme zur Erreichung des Zwecks nicht genügt.«[590]

Nicht von der möglichen Tötung, wohl aber – wie die deutsche Felddienstordnung[591] oder das französische Kriegshandbuch[592] – von der Gei-

---

588 Ebenda.

589 So auch das Fazit des Gutachtens in dem Verfahren gegen von Keiser, bJ 136/20, Bd. 2, Bl. 423f.

590 Vgl. Liszt, Völkerrecht (1915), S. 321.

591 Der Felddienstordnung von 1908 erwähnt die Geiselfestnahme in Artikel 398: »Sind Überfälle vielleicht unter Mitwirkung der Zivilbevölkerung zu besorgen, so sind besondere Vorsichtsmaßnahmen zu treffen, wie Strafandrohung an die Anwohner, Festnahme von Geiseln [...].« Vgl. dazu Zentrale Stelle der Landesjustizverwaltungen in Ludwigsburg (Hg.), Geisel- und Partisanentötungen im zweiten Weltkrieg. Hinweise zur rechtlichen Beurteilung, Ludwigsburg 1968, S. 17. Die »Hinweise« enthalten immer wieder, vor allem auf den S. 3–20, Darstellungen der Entwicklung des »Geiselrechts«.

592 In der Ausgabe von 1913 ist die Geiselnahme »dans un cas de nécessité absolue« für zulässig erklärt worden. Vgl. Rupprecht von Keller, Der [sic!] Geisel im modernen Völkerrecht, Diss. Universität Erlangen, Forchheim 1932, S. 17f.

selfestnahme spricht Oppenheim.[593] Doch wie Liszt, die deutsche Felddienstordnung und andere vergleichbare nationale Regelungen[594] spricht auch er nur von einem völkerrechtswidrigen Akt, der mittels der Geiselnahme verhindert werden soll. Weitere Voraussetzungen werden nicht genannt, existieren aber, wie ein Blick zurück in die Kriegsrechtsgeschichte zeigt.

Die erste Voraussetzung für die Rechtmäßigkeit der Geiselnahme ist – ihrer präventiven Funktion entsprechend – die Androhung des »Geiselverfalls«, wenn der Feind völkerrechtswidrig handelt. Der Feind muß also von der Festnahme eigener Leute wissen und in die Lage versetzt werden, sein Verhalten entsprechend zu ändern.[595]

Die zweite Voraussetzung ist in der Beachtung des Humanitätsgebotes zu sehen. Was darunter zu verstehen ist, ergibt sich indirekt aus der Martensschen Klausel: Von den Maßnahmen, die den Gegner von Verletzungen des Kriegsrechts abhalten, darf nur die humanste angewandt werden. Frauen und Kinder dürfen nicht als Geiseln getötet werden, und Geiseltötungen überhaupt sind nur als *ultima ratio* zulässig.[596]

Aus dem Humanitätsgedanken folgt die dritte Voraussetzung einer rechtmäßigen Geiselnahme, nämlich die Proportionalität.[597] Sie besagt,

---

593 Vgl. Oppenheim, War and Neutrality, S. 272f.

594 Vgl. Zentrale Stelle (Hg.), Geisel- und Partisanentötungen im zweiten Weltkrieg, S. 14ff., wo andere nationale Regelungen – aus den USA, aus Großbritannien und aus Frankreich – genannt werden. Vgl. auch Christian Meurer, *Der belgische Volkskrieg*, in: Deutscher Reichstag (Hg.), Völkerrecht im Weltkrieg. Dritte Reihe. Zweiter Band, Berlin 1927, S. 214ff.

595 Vgl. von Keller, Der Geisel im modernen Völkerrecht, S. 42, 56; Zentrale Stelle (Hg.), Geisel- und Partisanentötungen im zweiten Weltkrieg, S. 28f.

596 Ebenda, S. 58 bzw. 25f.

597 Der Gedanke der Proportionalität wurde, was wegen der partiellen Wesensgleichheit beider Maßnahmen naheliegt, dem Repressalienrecht entnommen. So findet sich schon in Art. 86 des *Manuel d'Oxford* (Oxford-Manual) von 1880 die Bestimmung: »In den schwierigen Fällen, in denen sich Repressalien als eine zwingende Notwendigkeit erweisen, dürfen ihre Durchführung und ihr Ausmaß niemals die Schwere der vom Feind begangenen Rechtsverletzung übersteigen [...] Die Gesetze der Menschlichkeit und der Moral sind in jedem Fall zu beachten.« Strupp (Das internationale Landkriegsrecht, S. 35) meinte entsprechend: »[...] Daß dabei der Art nach ein innerer Zusammenhang zwischen der kausalen Handlung und der anzuwendenden Repressalie liege, und daß diese nicht dem Grad nach zu sehr kontrastieren, ist zu fordern.« Auch Meurer (*Verletzungen des Kriegsgefangenenrechts*, S. 649) erklärt die zur Zeit des Krieges bestehende gewohnheitsrechtliche Rechtslage in dieser Hinsicht wie folgt: »Es muß Ver-

daß Art und Intensität des Verstoßes gegen kriegsrechtliche Regeln den Umfang der Geiselnahme und die Zahl der Erschießungen bestimmen. Zwar war streitig, ob es dafür ein festes Zahlenverhältnis gibt,[598] unstreitig war aber, daß die Proportionalität deshalb beachtet werden soll, weil auf diese Weise »Exzesse« vermieden und die Frage der untersten Grenze, bei der der Zweck der Geiselnahme noch erreicht werden kann, sorgfältig geprüft wird.[599]

Mißt man die alliierten Beschuldigungen an den genannten Erfordernissen und versucht so, die Frage nach einem Rechtsverstoß auf der objektiven Ebene zu beantworten, stellen sich schnell einige Schwierigkeiten ein. Die größte ist, daß in den Fällen der Exekution von Zivilpersonen durch Einheiten der preußisch-deutschen Armee oft nicht zwischen Geiseln und Sühnegefangenen (Repressalgefangenen) unterschieden wurde. In Bekanntmachungen hieß es zwar, »wo die Schuldigen nicht auffindig zu machen sind, haften nach Umständen Geiseln und auch Ortschaften mit Leben und Eigentum für den Schaden«,[600] doch gibt es andererseits auch zahlreiche Aussagen, in denen davon berichtet wird, wie erst nach einem Angriff von Freischärlern eine Anzahl von Personen festgenommen und erschossen wurde, wobei diese Personen auch als Geiseln bezeichnet wurden.[601] Immerhin scheint jedoch in den Fällen, in denen es sich um

---

hältnismäßigkeit zwischen Unrecht und Unrechtsfolge bestehen, aber offenbare Barbareien haben zu unterbleiben.«
Die Proportionalität bei Geiselnahme und Repressalie war nicht unumstritten, doch gelangten diejenigen, die sie ablehnten, über das Erfordernis der Humanitätsschranke zum gleichen Ergebnis. Vgl. von Keller, Der Geisel im modernen Völkerrecht, S. 59f.; Zentrale Stelle (Hg.), Geisel- und Partisanentötungen im zweiten Weltkrieg, S. 32.

598 Ebenda (Keller, Zentrale Stelle), S. 59f. bzw. 30ff.

599 Ebenda.

600 Vgl. bJ 181/20 (Oberstleutnant a.D. Karl d'Elsa), Bd. 1, Bl. 37. Es handelt sich hier um einen Korpstagesbefehl des XII. Armeekorps vom 15.8.1914. In einem anderen Tagesbefehl vom 16.8.1914 des Generalkommandos des Garde-Reservekorps heißt es, daß beim »Beziehen von Unterkunft der Ortskommandant die gesamte Bevölkerung durch Vermittlung der festgenommenen Geiseln [auffordert], alle Waffen, Munition und Sprengmittel herauszugeben«. Vgl. bJ 594/20 (Oberstleutnant a.D. Bronsart von Schellendorf), Bd. 1, Bl. 23. An wieder anderer Stelle (Korpstagesbefehl vom 9.8.1914) wird befohlen: »Die Bevölkerung Belgiens ist außerordentlich feindselig. Beim Durchmarsch durch Ortschaften in Feindesland sind sofort Geiseln gefangen zu nehmen, die in der Kolonne marschieren.« Vgl. bJ 846/20 (Major von der Oelsritz), Bl. 23.

601 Das trifft auf die Städte wie beispielsweise Aerschot, Dinant oder Andenne zu. In der letztgenannten Stadt soll sich die Zahl derer, die am 21.8.1914 als

Geiseln gehandelt hat, nicht gegen das gewohnheitsrechtlich geltende Gebot der Bekanntgabe oder Androhung verstoßen worden zu sein, was im übrigen auch leicht verständlich und nachvollziehbar ist, denn die Prävention eines völkerrechtswidrigen Verhaltens ist nur möglich, wenn die zu erwartende Sanktion bekannt ist.

Die Voraussetzungen zwei und drei, nämlich das Humanitätsgebot und die Proportionalität, sind hingegen nicht – zumindest nicht in jedem Fall – gewahrt worden. Die Einschränkung in dieser Feststellung muß deshalb gemacht werden, weil in einigen Fällen die Aussagen zu widersprüchlich sind und dazu noch die Schwierigkeit kommt, daß oft belgisches Belastungsmaterial fehlte. In den meisten Fällen aber, und sie machen das Gros der hier untersuchten Beschuldigungen aus, liegt ein augenfälliger Verstoß gegen das Humanitätsgebot und gegen die zu wahrende Proportionalität vor. In Dinant wurden, weil es schnell gehen mußte und keine Zeit zur Trennung der Familien blieb, auch Frauen und Kinder erschossen.[602] Außerdem sei hier noch auf die schon angesprochenen Fälle verwiesen, in denen von deutscher Seite von heftigster Beschießung durch Franktireurs die Rede ist, dann aber keine eigenen Gefallenen und nur wenige Verwundete oder nicht einmal diese erwähnt werden, trotzdem aber eine große Zahl von Geiseln erschossen wurden.

Ob den beschuldigten Offizieren auch auf der subjektiven Ebene ein Vorwurf zu machen ist, ist indes ein gesondertes Problem. Ein Unrechtsbewußtsein wäre ihnen nur dann nachzuweisen, wenn sie vorsätzlich oder doch fahrlässig gehandelt hätten. Das Reichsgericht gab in dieser Hinsicht in einem Beschluß als Leitlinie vor, daß »in einer Kriegslage [...] der Beschuldigte nicht für jede Handlung, wenn sie selbst rechtswidrig gewesen wäre, strafrechtlich verantwortlich gemacht werden kann, die von irgend welchen Angehörigen der ihm unterstellten Truppe ohne seinen Befehl und sogar ohne seine Kenntnis vorgenommen ist [...]«.[603] Strafbar hätte sich danach ein Befehlsgeber nur dann gemacht, wenn er einen entsprechenden Befehl, durch den zudem das deutsche Strafrecht verletzt worden wäre, erteilt hätte, und zwar – und dies ist das Entscheidende – im Bewußtsein der Rechtswidrigkeit des Befehls. In der Regel aber fehlte es, so das Reichsgericht, bereits an einem solchen Befehl, die einzelnen Truppenteile hätten vielmehr selbständig gehandelt.[604] Außerdem seien die

---

Geiseln festgenommen wurden, auf etwa 800 belaufen haben. Vgl. von Keller, Der Geisel im modernen Völkerrecht, S. 60. Siehe auch bJ 478/20 (Oberstleutnant a.D. Boldt), Bd. 1, Bl. 41 und 70 (zu der Ortschaft Ethe).

602 Das wurde später auch von deutscher Seite nicht bestritten, vgl. von Keller, Der Geisel im modernen Völkerrecht, S. 58f.

603 Vgl. bJ 307/20 (Generalleutnant a.D. Meister), Bd. 2, Bl. 162 RS.

604 Vgl. z.B. bJ 608/20 (Generalleutnant a.D. Hoch), Bl. 86: »Der Befehl hier-

Soldaten, wie in den Aussagen immer wieder zu lesen ist, derartig erbost gewesen, daß sie »auf jeden Zivilisten schossen, der ihnen zu Gesicht kam«.[605]

Es fällt schwer zu glauben, daß die militärischen Vorgesetzten von diesem Verhalten ihrer Untergebenen nichts wußten oder daß sie nicht die Verbindung herzustellen vermochten zwischen ihrer Aufforderung, »scharf vorzugehen«, und den Regellosigkeiten innerhalb der Truppe. Wie erklären sich sonst die in der zweiten Augusthälfte erlassenen Tagesbefehle, in denen die Wiederherstellung der Disziplin gefordert wurde? In einem der Tagesbefehle, er stammt vom 24.8.1914 und wurde vom Generalkommando des IX. Armeekorps erlassen, heißt es:

»Zu meinem größten Bedauern ist zu meiner Kenntnis gekommen, daß Angehörige des Korps in roher Weise auch die friedlich gesonnenen Bewohner dieses Landes behandelt haben. [...] Ich mache die Vorgesetzten aller Grade für die Handlungen ihrer Untergebenen verantwortlich. Sie haben zu verhindern, daß, meist aus Trunkenheit, Zustände einreißen, die unserm tapferen Heere für alle Zeiten einen Makel aufdrücken. Jede Ausschreitung ist sofort zur Meldung zu bringen, damit ich in der Lage bin, gegen die Schuldigen kriegsgerichtlich vorzugehen. Dieser Befehl ist allen Angehörigen des Korps zur Kenntnis zu bringen und von den Vorgesetzten eingehend zu besprechen. Daß dies geschehen, melden die Divisionen zum 1. September.«[606]

Von den Vorgesetzten aller Grade, also auch von den Kommandeuren auf Regiments- oder Bataillonsebene, wurde niemand kriegsgerichtlich zur Verantwortung gezogen, ja es wurde nicht einmal ein Ermittlungsverfahren eingeleitet. Dies mag daran liegen, daß die Befehle erst in der zweiten Augusthälfte, also gegen Ende des Vormarsches durch Belgien, erlassen wurden und es danach in Belgien bei weitem nicht mehr zu Greueltaten des hier in Rede stehenden Umfangs kam. Wahrscheinlicher ist aber, daß man vorher wie nachher auf allen Ebenen von der Notwendigkeit eines scharfen und schonungslosen Vorgehens überzeugt war, denn schließlich galt es, einen regelwidrig kämpfenden Feind niederzuwerfen, was die Bandbreite an zweckmäßigen und daher »erlaubten« Maßnahmen erheblich erweiterte.

Reichsanwaltschaft und Reichsgericht jedenfalls haben sich dieser Überzeugung vorbehaltlos angeschlossen. Wie schon in den Ermittlungen

---

zu ist nicht vom Beschuldigten gegeben worden, der dem Regiment erst nachfolgte, sondern die von den Zivilpersonen angegriffenen Truppenteile haben selbständig gehandelt.«

605 Vgl. bJ 863/20 (Generalmajor Wilhelmi), Bl. 21.

606 Zit. n. bJ 846/20 (Major von der Oelsritz), Bl. 26.

zum Vorwurf der Begehung von Greueltaten wurde den Beschuldigten eine gemessen an den Kriterien des deutschen Strafrechts und des deutschen Völkerrechtsverständnisses rechtmäßige Handlungsweise bescheinigt. Bei den Greueltaten, wo es um konkrete Tötungsfälle oder um Massentötungen unter Anwesenheit des Beschuldigten ging, war das nicht so einfach gewesen. Da vermochte zwar der Hinweis auf den »höheren Befehl«, auf den Kriegsbrauch und die Kriegsnotwendigkeit der Handlung die Rechtswidrigkeit zu nehmen, und wenn das nicht ausreichte, das heißt angesichts des Geschehens argumentativ als zu schwach erschien – obwohl der Kriegsbrauch und die Kriegsnotwendigkeit nach deutschem Verständnis weit mehr zuließen als nach völkerrechtlichem[607] –, versuchten Reichsanwaltschaft und Reichsgericht ihr Ziel durch Hervorhebung einzelner Aussagen bei gleichzeitiger Übergehung vieler gegenteiliger Aussagen zu erreichen (das war zum Beispiel durchgehend in den Verfahren zu den Massenhinrichtungen in Aerschot, Andenne, Dinant oder Löwen der Fall). Oder die Reichsanwaltschaft ließ die Verfahren eine Zeitlang ruhen – wofür noch fehlendes belgisches Belastungsmaterial immer ein wohlfeiles Argument abgab –, um dann mit veränderter Begründung einen Antrag auf Einstellung des Verfahrens zu stellen, dem das Reichsgericht umgehend folgte. Dem Angeschuldigten Oberst Fränzel beispielsweise, dem die Erschießung von 30 bis 40 Männern, die zusammen mit ihren Familien in ein Kloster bei Dinant gebracht worden waren, vorgeworfen wurde, hielt der Oberreichsanwalt zunächst vor, daß er sich als älterer Offizier über die Völkerrechtswidrigkeit des Befehls, den er von einem Vorgesetzten erhalten haben wollte,[608] hätte klar sein müssen. Später dann billigte Ebermayer ihm zu, daß er der Meinung gewesen sein durfte, es habe sich um einen völkerrechtlich zulässigen Befehl gehandelt, mit dem die Zivilbevölkerung für den hinterlistigen Überfall auf deutsche

607 Dessen scheint man sich teilweise schon während des Krieges in Deutschland bewußt geworden zu sein. Durch eine Kaiserliche Verordnung vom 29. Juni 1916 wurde § 18 der Verordnung von 1899, die als Ausdruck geltenden Kriegsbrauchs angesehen wurde, dahingehend geändert, daß das Tatbestandsmerkmal »auf frischer Tat betroffen« definiert wurde. Der neu hinzugefügte Abs. 1 Satz 2 sagte dazu: »Der Täter gilt als auf frischer Tat betroffen, wenn er unter Umständen ergriffen wird, die nicht nur einen Verdacht begründen, sondern den Umstand des Verbrechens ohne weiteres klar erkennen lassen.« Zit. n. Romen/Rissom, Militärstrafgesetzbuch (1918), S. 569.

608 Der Vorgesetzte Generalmajor Morgenstern-Doering bestritt, wie bereits dargestellt, die Erteilung eines derartigen Befehls, vgl. bJ 302/20 (Oberst a. D. Georg Fränzel), Bd. 2, Bl. 20.

Truppen habe bestraft werden sollen.[609] Was der Angeschuldigte ursprünglich hatte wissen müssen, mußte er nun, nach der neuen Erkenntnis des Oberreichsanwalts, nicht mehr wissen; er durfte den Befehl für einen verbindlichen halten und war demnach gemäß § 47 MStGB nicht strafbar.

Mit den Gründen, die zur Verurteilung von Major Crusius in dem Verfahren gegen diesen und General Stenger geführt hatten (Crusius hätte wissen müssen, daß der – nur in seiner Vorstellung – existente Befehl, gefangengenommene und verwundete französische Soldaten zu erschießen, gegen das Völkerrecht verstieß), war der juristische Bewertungswandel des Oberreichsanwalts nicht vereinbar. Das Reichsgericht fügte deshalb in seinem zustimmenden Beschluß zur Außerverfolgungsetzung von Fränzel hinzu, daß nach Zeugenaussagen – nur ein einziger Zeuge wurde dafür benannt, viele andere hatten das Gegenteil bekundet – die ins Kloster abgeführten Männer mit zu denen gehört hätten, die deutsche Soldaten mit der Waffe angegriffen und dadurch ihr Leben verwirkt hatten.[610]

Beim Tatvorwurf der Verantwortlichkeit für systematisches unmenschliches Verhalten unterstellter Einheiten wurde hingegen das Handeln auf Befehl nicht als Rechtfertigungsgrund herangezogen. Auch das fehlende und deshalb vorsatzausschließende Unrechtsbewußtsein, das über das Auffangnetz des § 59 StGB vielen der in Sachen Greueltaten Beschuldigten zugute gekommen war, spielte kaum eine Rolle. Das lag zum einen an der hohen militärischen Stellung der Beschuldigten, die sie nicht als Befehlsempfänger auswies, und zum andern daran, daß deren strafrechtliche Verantwortungslosigkeit nach Ansicht von Reichsanwaltschaft und Reichsgericht klar und unabweisbar war. Eines Ausweichens auf die subjektive Ebene bedurfte es nicht, Widersprüche, die den Glauben an die Existenz eines belgischen Volkskriegs hätten erschüttern können, wurden ignoriert.

Mit diesem Fazit könnte die Untersuchung zur Verantwortung der Befehlsgeber abgeschlossen werden. Es klänge plausibel und stimmte mit dem Ergebnis der Untersuchung zu dem Vorwurf der Begehung von Greueltaten überein – wie auch nicht, denn schließlich betreffen beide denselben Geschehensablauf. Allerdings wäre genaugenommen seine Begründung noch unvollständig, da zwei Aspekte, die bisher nur am Rande eine Rolle spielten, noch zu berücksichtigen sind.

Der erste ergibt sich aus der Frage, ob es wirklich, wie von deutscher Seite behauptet, einen Volkskrieg in Belgien gegeben hat, oder ob, worauf die Indizien und viele Zeugenaussagen hinweisen, dieser Krieg in weiten Teilen oder ausschließlich ein Konstrukt gewesen ist, das seinen Ursprung

609 Ebenda, Bl. 20 RS.
610 Ebenda, Bl. 21 RS.

in paranoiden, durch den Krieg von 1870/71[611] genährten Vorstellungen der deutschen politischen und militärischen Führung hatte. Sicher ist, daß in Belgien eine Einrichtung namens *Garde Civique* bestand, eine Art Bürgerwehr, der jeder Belgier zwischen 20 und 40 Jahren angehören mußte. Die *Garde Civique* teilte sich auf in einen aktiven (in Orten mit mehr als 10 000 Einwohnern) und einen nichtaktiven Teil (in allen anderen Ortschaften). Die Angehörigen beider Teile bewahrten ihre Waffen zu Hause auf und trugen eine Uniform (blaue Bluse, dreifarbige Kokarde, dreifarbige Armbinde). Die Aufgabe der *Garde Civique* bestand unter anderem darin, »für die Wahrung der nationalen Unabhängigkeit und der Integrität des Landes zu sorgen«.[612] Das legt die Folgerung nahe, daß sie auch im Krieg gegen die einfallenden deutschen Truppen eingesetzt wurde, wogegen rechtlich keine Bedenken erhoben werden können, da Art. 1 HLKO Milizen und Freiwilligenkorps den Heeren ausdrücklich gleichstellte. Problematisch war nur, daß es in den ersten Kriegstagen keine offizielle Mobilisierung der *Garde Civique* gab[613] und daß ihre nichtaktiven Angehö-

---

611 Nach dem Sieg von Sedan am 1. September 1870 war der Deutsch-Französische Krieg nicht beendet. Die französische Regierung fand sich mit der Kapitulation nicht ab. Sie bildete aus Milizen vier Armeen und förderte die Entstehung kleiner Einheiten von Freischärlern – Franktireuren – (insgesamt gab es 300 Einheiten mit ca. 57 600 Mitgliedern), die weitgehend selbständig agierten und von der Zivilbevölkerung oft nicht zu unterscheiden waren. Was für die Franzosen Ausdruck eines heroischen Widerstands war, war für die Deutschen ein verbrecherischer Verstoß gegen das Kriegsrecht, auf den sie mit Härte reagierten. Der amerikanische General Sheridan, der sich im Großen Hauptquartier aufhielt, hatte ihnen aufgrund seiner Erfahrungen aus dem Sezessionskrieg empfohlen, dem solcherart kämpfenden Gegner »nichts als die Augen übrig [zu] lassen, um den Krieg zu beweinen«. Einen Rat, den die deutsche Armee in Form von drakonischen Gegenmaßnahmen (Massenhinrichtungen, Beschießungen und Niederbrennen von Häusern, Dörfern und Städten) befolgte. Vgl. Volkmar Regling, *Grundzüge der Landkriegführung zur Zeit des Absolutismus und im 19. Jahrhundert*, in: Militärgeschichtliches Forschungsamt (Hg.), Handbuch zur deutschen Militärgeschichte, Bd. 5, Abschnitt IX: Grundzüge der militärischen Kriegführung 1648–1939, S. 408–425; Petra Weitz, Der Begriff des Nichtkombattanten in historischen Dokumenten, Entwürfen und völkerrechtlichen Verträgen, Berlin 1999, S. 32ff., sowie John Horne, Alan Kramer, German Atrocities, 1914. A history of denial, New Haven und London 2001, S. 140ff.

612 Vgl. Waxweiler, Hat Belgien sein Schicksal verschuldet?, S. 177, 186f.

613 Vgl. Horne/Kramer, German Atrocities, 1914, S. 127; am 8. August teilte die belgische Regierung der deutschen mit, daß die Bürgerwehr mobilisiert und die Beamten und Aufseher des Wasser-, Forst-, Zoll- und Akzisendienstes militärisch formiert worden seien. Sie versicherte darin außerdem, daß

rigen, die durch königlichen Erlaß am 5. August aktiviert worden waren und deren Zahl innnerhalb weniger Tage um 40 000 Freiwillige auf etwa 100 000 angestiegen war, teilweise nur über eine rudimentäre Ausrüstung verfügten und ein Erscheinungsbild abgaben, das mangels einheitlicher Kennzeichnung an bewaffnete Zivilisten, nicht aber an eine militärische Formation im Sinne von Art. 1 HLKO denken ließ.[614] Insofern ist es überhaupt nicht ausgeschlossen, daß deutsche Soldaten Angehörige der *Garde Civique* für Franktireurs gehalten haben, zumal einzelne Widerstandsaktionen von belgischen Zivilisten auch nicht als nach Art. 2 HLKO erlaubte *levée en masse* anzusehen sind.[615] Erinnern wir uns dann noch an die Reden belgischer Delegierter auf den Haager Konferenzen, in denen aus patriotischen Gründen ein jederzeitiges Widerstandsrecht der Zivilbevölkerung gefordert wurde, kann es als sehr wahrscheinlich und sogar sicher gelten, daß es einen kriegsrechtlich unzulässigen bewaffneten Widerstand seitens der belgischen Zivilbevölkerung gegeben hat. Welches Ausmaß er angenommen hat und inwieweit die ursprünglich nichtaktive *Garde Civique* daran beteiligt war und diesen Kriegsrechtsverstoß »geheilt« hat, ist eine, auch wegen der unklaren völkerrechtlichen Stellung der nichtaktiven belgischen Bürgerwehr, nicht zweifelsfrei zu beantwortende Frage.[616] Doch selbst wenn man so weit ginge und die Existenz eines

---

die Voraussetzungen an den Status des rechtmäßigen Kombattanten nach Art. 1 HLKO beachtet würden. Vgl. Deutscher Reichstag (Hg.), Völkerrecht im Weltkrieg. Zweiter Band: Der belgische Volkskrieg, S. 136f.

614 Vgl. Waxweiler, Hat Belgien sein Schicksal verschuldet?, S. 189; John Horne, Alan Kramer, *War between soldiers and enemy civilians, 1914–1915*, in: Roger Chickering, Stig Förster (Hg.), Great War, Total War. Combat and mobilization on the western front, 1914–1918, Cambridge 2000, S. 155, sowie dies., German Atrocities, 1914, S. 125ff., hier vor allem das Foto auf S. 128, das eine Gruppe der nichtaktiven *Garde Civique* zeigt.

615 Art. 2 HLKO spricht von einer Bevölkerung eines nichtbesetzten Gebiets, die zu den Waffen greift, und nicht von einzelnen Personen. Vgl. dazu Strupp, Das internationale Landkriegsrecht, S. 43 mit (Anm. 3) Hinweisen auf die englische und französische Literatur.

616 John Horne und Alan Kramer haben hier in ihren Untersuchungen weniger oder gar keine Zweifel. Im Ergebnis laufen ihre Folgerungen darauf hinaus, daß eine arg- und harmlose belgische Bevölkerung von einer deutschen Soldateska heimgesucht wurde, die besonders im August 1914 Verbrechen über Verbrechen begangen habe. Das ist in seiner Pauschalität so nicht zu halten, zumal Horne und Kramer Kriegshandlungen (z. B. Geiseltötungen) ohne nähere Begründung als verbrecherisch bezeichnen, was sie nach damaligem Recht nicht waren. Ähnlich auch Wieland, Belgien 1914. Zurückhaltender sind Franz Petri, Peter Schöller, *Zur Bereinigung des Franktireurproblems vom August 1914*, in: VfZ 9/1961, S. 234–248.

Krieges mit massiver Beteiligung der Zivilbevölkerung unterstellte, wären die deutschen Gegenmaßnahmen größtenteils unzulässig gewesen. Die Exekution der Freischärlerei bloß Verdächtiger, die Tötung von Frauen und Kindern, gezielt oder in der Hektik der Massenhinrichtung, und das unterschiedslose Inbrandsetzen von Häusern waren, um es zu wiederholen, weder mit dem Kriegsbrauch noch mit der Kriegsnotwendigkeit, noch mit dem daraus hergeleiteten Recht zur Geiselnahme und -tötung zu vereinbaren. Erst recht konnten sie nicht durch das vertragliche Kriegsrecht in der HLKO begründet werden. Zwar ermächtigte Art. 43 die Besatzungsmacht, im Besatzungsgebiet die öffentliche Ordnung wiederherzustellen und aufrechtzuerhalten, doch wird er durch das Verbot der Kollektivstrafe in Art. 50[617] begrenzt, der die Prüfung der Verantwortlichkeit beispielsweise für einen Angriff auf die Besatzungsmacht voraussetzt. Außerdem ist fraglich, ab wann Belgien sich tatsächlich in der Gewalt des deutschen Heeres befand, also Besatzungsgebiet gemäß Art. 42 HLKO war. Zum Generalgouvernement wurde es am 23. August 1914 gemacht, und wenn auch vorher schon im Zuge des Vormarschs Besatzungsgebiete entstanden waren, war doch in jedem Fall die Martenssche Klausel bei der Unterscheidung zwischen rechtmäßigen und unrechtmäßigen Kombattanten zu beachten.[618] Daß sie die deutsche Reaktion auf den tatsächlichen wie fiktiven belgischen Widerstand zur Zurückhaltung zwang, hätten die Befehlsgeber wissen müssen, dies um so mehr, als in ihren eigenen Befehlen und Meldungen die Kenntnis von keinen oder geringen Verlusten trotz »mörderischen Franktireur-Feuers« und von der häufigen Mißachtung der Feuerdisziplin infolge von Panik, Alkoholkonsum oder beidem unübersehbar ist.

Der zweite Aspekt, der für das Fazit zur Verantwortung der Befehlsgeber zu berücksichtigen ist, ist eng mit dem Verbot der Kollektivstrafe in Art. 50 HLKO verbunden. Er bezieht sich auf einen Begriff, der zwar erst einige Jahre nach dem Krieg zur Bezeichnung der deutschen Maßnahmen gegen die feindliche Zivilbevölkerung eingeführt wurde, in dem sich aber gleichwohl die auch vorher schon bestehende Auffassung von Militär und Justiz spiegelte. Die Rede ist von dem Begriff der »Besatzungsrepression«,

---

617 Art. 50 HLKO lautet: »Keine Strafe in Geld oder anderer Art darf über eine ganze Bevölkerung wegen der Handlungen einzelner verhängt werden, für welche die Bevölkerung nicht als mitverantwortlich angesehen werden kann.«

618 Zur Gegenansicht vgl. insbesondere Christian Meurer, *Der Volkskrieg und das Strafgericht über Löwen*, in: ZfV VIII (1914), S. 609–640; Karl Strupp, *Der belgische Volkskrieg und die Haager Landkriegsordnung*, in: ZfV IX (1916), S. 281–297.

der inhaltlich Parallelen mit der Geiselnahme und der Repressalie aufwies, über beide aber insofern hinausging, als er, so die deutsche Behauptung, nicht an Art. 50 HLKO gebunden war. Das erklärt auch, warum die Geiselnahme nur in wenigen Fällen von Reichsanwaltschaft und Reichsgericht zur Rechtfertigung des deutschen Vorgehens herangezogen wurde und warum die Repressalie, von gelegentlichen bloßen Erwähnungen abgesehen, in diesem Zusammenhang keine Rolle spielte. Während die Geiselnahme nämlich über den Humanitätsgedanken und das Verhältnismäßigkeitsprinzip dem auf Mäßigung abzielenden Art. 50 HLKO nahekam und dieser von einigen Autoren sogar als unbedingt zu beachtende Schranke angesehen wurde[619] und während die Repressalie nur bei Nichtbeachtung einer völkerrechtlichen Kriegsregel durch den *im staatlichen Auftrag handelnden einzelnen* anwendbar war,[620] hatte die Besatzungsrepression den rechtlichen Charakter einer polizeilichen Notstandsmaßnahme, die sich auch gegen solche Personen wenden konnte, die für die Gefährdung nicht verantwortlich waren.[621] An Beschränkungen war sie nicht gebunden – ihre Wirkung sollte eine präventive und keine strafende sein, weshalb sie schon begrifflich nicht unter Art. 50 HLKO fallen konnte –, und selbst die Martenssche Klausel wurde in der deutschen Literatur als Korrektiv abgelehnt oder nicht einmal erwähnt.[622] Es zählte allein das

---

619 Vgl. z.B. Mérignhac, *De la sanction des infractions au droit des gens*, S. 12; siehe auch den Hinweis bei Meurer, *Der belgische Volkskrieg*, S. 220.

620 Mit dieser Argumentation umging namentlich die deutsche Völkerrechtswissenschaft die Regelung des Art. 50 HLKO, sofern ihre Anwendbarkeit auf Repressalien nicht grundsätzlich unter Hinweis auf die Entstehungsgeschichte der Norm abgelehnt wurde. Statt dessen sprach sie von sogenannten unechten Repressalien, weil der Rechtsverstoß nicht durch Staatsorgane (Soldaten, rechtmäßige Freikorps oder Milizen), sondern durch Zivilperson und aus deren eigenem Antrieb begangen wurde. Die Reaktion auf derartige Rechtsverstöße richtete sich ausschließlich nach innerstaatlichem Recht bzw. Besatzungsrecht. Vgl. Strupp, Das internationale Landkriegsrecht, S. 32ff.; Roth, Die Repressalie, S. 27ff. Zur im Ausland vertretenen Meinung vgl. Institut für Völkerrecht (Hg.), V. Kriegsrechtliche haftung des Einzelnen. D) Repressalien, S. 1f.

621 Daher wurde sie ebenfalls manchmal als »unechte Repressalie« bezeichnet. Vgl. Erich Schumann, Die Repressalie, Diss. Universität Rostock, Rostock 1927, S. 28f.; ähnlich auch Meurer, *Der belgische Volkskrieg*, S. 221.

622 Meurer (*Der Volkskrieg und das Strafgericht über Löwen*, S. 630–640) lehnt sie ab, Schuhmann (Die Repressalie) erwähnt sie nicht, letzterer m.w.N. Auch Liszt (Völkerrecht [1918], S. 295) spricht davon, daß es zur Niederschlagung eines bewaffneten Widerstands, der nicht Art. 1 HLKO entspricht, der Kriegsmacht erlaubt sein muß, »alle ihr erforderlich erscheinenden Sicherungsmaßregeln zu ergreifen«.

Ergebnis, das heißt die Wiederherstellung einer für die deutsche Armee sicheren Lage. Wie es erreicht werden würde, war unerheblich – schließlich läßt sich jede Strafmaßnahme mühelos zu einer Maßnahme der Prävention umdeuten. Ein objektiver völkerrechtlicher Verstoß gegen das Verbot der Kollektivstrafe war damit nach deutscher Rechtsansicht gar keiner, und ein Befehlsgeber, der einen entsprechenden Befehl gegeben hatte, war von vornherein von jeder strafrechtlichen Verantwortung befreit.

Zu den Tatvorwürfen von französischer Seite

»Vous partir, tout kapout, tout brûlé« seien nach französischen Zeugenaussagen die meistgehörten Befehle deutscher Soldaten im Frühjahr 1917 und im Spätsommer 1918 gewesen.[623] Weggehen, weil alles zerstört oder in Brand gesetzt werde, sollte die Zivilbevölkerung aus den Rückzugsgebieten in Nordfrankreich. Beim ersten Mal, Anfang 1917, ging es der neuen 3. Obersten Heeresleitung unter Hindenburg und Ludendorff um einen strategischen Rückzug zur Verkürzung und Begradigung der eigenen Linien. Die in diesem Bereich eingesetzten Armeen (1., 2, 6. und 7. Armee) sollten sich auf die Linie Arras – Lâon – Verdun – Metz (die sogenannte Hindenburg-Linie) zurückziehen. In einem Befehl der Obersten Heeresleitung vom 2.10.1916, der bereits die Vorbereitungen für den Rückzug anordnete, hieß es unter Ziffer 5: »Im weiteren ist es notwendig, eingehende Vorbereitungen zu treffen für die völlige Zerstörung aller Bahnen, Straßen, Brücken, Kunstwasserstraßen und Schleusen, Ortschaften, aller Vorräte und Anlagen, die von uns nicht zurückgeführt werden, aber dem Feind von irgendwelchem Nutzen sein können. Der Gegner muß ein völlig ausgesogenes Land vorfinden, in dem seine Bewegungsfreiheit auf das äußerste erschwert ist.«[624]

Zerstört wurde dann vor dem Rückzug etwa fünf Wochen lang ein 15 Kilometer tiefer Streifen vor der Hindenburg- oder, wie ihre Abschnit-

623 Vgl. Liste des personnes désignées ..., S. 108. Der Vorwurf der Plünderung und systematischen Zerstörung wurde außerdem von Italien und Belgien erhoben, allerdings nur in jeweils einem Fall. Zu Italien siehe bJ 326/20 (Major a.D. Graf Hubert von Carmer) und zu Belgien bJ 740/20 (Fabrikbesitzer und Geheimer Rat Konrad von Borsig). Beide Verfahren wurden 1925 bzw. 1923 eingestellt, weil es sich um völkerrechtlich zulässige Requisitionen gehandelt hatte und weil die Beschuldigungen zu allgemein formuliert waren.

624 Zit. n. Deutscher Reichstag (Hg.), Völkerrecht im Weltkrieg, Dritte Reihe, Bd. 1: Die Zerstörungen in Nordfrankreich anläßlich der Rückzüge des deutschen Heeres 1917 und 1918, Berlin 1927, S. 67.

te in Anlehnung an deutsche Heldensagen genannt wurden, vor der Wotan-, Siegfried- oder Hunding-Linie. Zur Bezeichnung der Zerstörungen griff man wieder auf das Nibelungenlied zurück und sprach – wohl zur Erinnerung an die nachahmenswerte wütende Energie dieser Sagengestalt – von den Alberich-Zerstörungen.[625] Bei dem der 15-Kilometer-Zone vorgelagerten Gelände reichte es laut eines Befehlszusatzes vom 6.10.1916 aus, lediglich Vorbereitungen »zum Abbrennen und zum Zerstören sanitärer Einrichtungen (Wasserleitungen usw.)« zu treffen.[626]

In der Liste der von französischer Seite Beschuldigten wird das Ergebnis der Zerstörungen wie folgt beschrieben:

»In den Gebieten, die von der deutschen Armee während des Rückzugs auf die Hindenburg-Linie geräumt worden waren, erstreckt sich eine Zone, die von gnadenlosen Horden vollständig zerstört worden ist. Die Zerstörung ist überall: Am Straßenrand liegen, aufgereiht wie Kadaver, jahrhundertealte Bäume, Ulmen und Pappeln, die knapp über dem Erdboden abgesägt wurden. In jedem Dorf Apfelbäume, die auf Manneshöhe gestutzt wurden. Inmitten der Häuser, die von Rammen zerstört, von Sprengstoff verwüstet oder vom Feuer vernichtet wurden, steht die stark beschädigte Kirche. Etwas weiter entfernt stehen im Schutt einer Fabrik die Maschinen, die nicht mehr zu gebrauchen sind. Die Zerstörung, die systematisch, in blinder Wut und zugleich mit der Wissenschaftlichkeit und Präzision einer Ingenieursarbeit durchgeführt worden ist, hat aus dieser Region eine Wüste gemacht. [...] Alle Kirchen in diesem Bereich wurden gesprengt. In den Ruinen der Kirche von Bucquoy hat man das Verpackungsmaterial für drei große Dynamitladungen gefunden, die man für die Sprengung benutzt hat. [...] Fast alle Brunnen wurden mit Hilfe von Dynamit unbrauchbar gemacht oder mit Mist vergiftet.«[627]

Die planmäßigen Zerstörungen, die nichts auch nur irgendwie Benutz- oder Verwertbares ausgelassen hätten, seien allerdings nur der Schlußpunkt anderer verbrecherischer Handlungen gewesen. So seien die Bewohner der betroffenen Gebiete mißhandelt und in andere Regionen Frankreichs deportiert worden, und es habe in großem Umfang Plünderungen gegeben.[628]

---

625 Ebenda, S. 64a sowie bJ 515/20 (Kaufmann Albin von Schenk).

626 Deutscher Reichstag (Hg.), Völkerrecht im Weltkrieg, Bd. 1: Die Zerstörungen in Nordfrankreich, S. 74.

627 Zit. n. Liste des personnes désignées ..., S. 106.

628 Die französische Liste zitiert in diesem Zusammenhang eine Äußerung Hindenburgs vom 22.11.1914: »Das Land [sc. Frankreich] leidet [...], das ist bedauerlich, aber das ist auch gut; man kann einen Krieg nicht mit Sentimentalitäten führen. Je unbarmherziger die Kriegführung ist, desto humaner ist sie in Wirklichkeit, da sie den Krieg schneller beendet. Der humanste Krieg ist und bleibt derjenige, der in möglichst kurzer Zeit zum Frieden führt.« Zit. n. ebenda.

Das alles habe sich dann, so die französischen Beschuldigungen weiter, im Herbst 1918 im Nordosten des Landes wiederholt, als sich die deutschen Armeen nach fehlgeschlagener Offensive zurückziehen mußten in die – erneut ein Rückgriff auf ein germanisches Heldenepos – Hermann-Stellung und von dort aus weiter in die sogenannte Antwerpen-Maas-Stellung.[629] Die den deutschen Einheiten in diesem Zusammenhang erteilten Zerstörungsbefehle waren jedoch weniger hart; ob dies aus Furcht vor Sanktionen nach der zu diesem Zeitpunkt absehbaren Niederlage geschehen ist, mag dahingestellt bleiben, jedenfalls kann darin ein Eingeständnis vergangenen »Fehlverhaltens« gesehen werden. Die Befehle lauteten in ihren Fassungen vom 30.9.1918 und vom 16.10.1918:

»Verwüstung des zu räumenden Gebietes, wie Abbrennen von Ortschaften und dergleichen, hat zu unterbleiben.« (30.9.1918)

»Es ist nochmals allen Truppen bekanntzugeben, daß nur militärisch wichtige Objekte zu zerstören sind. Jede Art von Verwüstung, Abbrennen von Ortschaften und dergleichen, ist mit den schärfsten Mitteln zu verhindern. [Es komme allein an auf die] gründliche Zerstörung aller Verkehrswege und der Fernsprechanlagen, die Zerstörung oder wenigstens Sperrung der Straßen, die Zerstörung der Eisenbahnen. [...] Während der gesamten Räumungsbewegung sind alle Maßnahmen zu treffen, um ein Plündern zu verhindern. Nur die ordnungsmäßig beschlagnahmten Werte dürfen zurückgeführt werden. Alles übrige, vor allem Hausgeräte, Möbel, ist Privateigentum und darf nicht mitgenommen werden.« (16.10.1918)[630]

Mehr noch als die militärisch begründeten Zerstörungen und die – wegen des kurze Zeit später geschlossenen Waffenstillstands – nur kurzfristige Abschiebung der Zivilbevölkerung empörte Frankreich die Zerstörung der nordfranzösischen[631] Bergwerke. Über deren Umfang vermittelt der Schlußbericht der Militär-Bergwerksdirektion an den Generalquartiermeister einen Eindruck. Danach waren bis zum 17.10.1918 die nordfranzösischen Steinkohlegruben vollständig zerstört worden. Die Gruben westlich Douai seien »befehlsgemäß durch Sprengen der Tagesanlagen und der Schächte selbst im Wasserhorizont in überwiegender

629 Vgl. Deutscher Reichstag (Hg.), Völkerrecht im Weltkrieg, Bd. 1: Die Zerstörungen in Nordfrankreich, S. 90ff.

630 Zit. n. ebenda, S. 92.

631 Auch belgische Bergwerke wurden zerstört, doch nicht in dem Umfang wie in Frankreich (in Belgien wurden »nur« die Förderanlagen zerstört), da sich in dieser Phase des Rückzugs in Deutschland bereits eine neue Regierung gebildet hatte und ein Waffenstillstandsangebot an die Entente ergangen war. Vgl. ebenda, S. 106.

Zahl derart zerstört, dass auf 5 bis 6 Jahre kein Förderbetrieb möglich sein dürfte«.[632] Die weitaus größere Zahl der Schachtanlagen seien bis auf wenige Ausnahmen allerdings nur oberirdisch durch Sprengen der Tagesanlagen zerstört worden.[633] Insgesamt waren nach dem Ergebnis der französischen Ermittlungen 220 Gruben unbrauchbar gemacht und alle Tagesanlagen zerstört worden, die Jahresproduktion von 20 Millionen Tonnen – etwa die Hälfte der gesamten inländischen Produktion – sei auf Jahre hinaus nicht mehr zu erreichen, und mehr als 100 000 Bergarbeiter hätten ihren Arbeitsplatz verloren.[634]

Frankreich beschuldigte in allen Punkten zunächst pauschal Mitglieder der Reichsregierung und des Großen Generalstabs, die nach seiner Einschätzung aufgrund ihrer Funktion mit den Zerstörungen und Abschüben befaßt waren. Namen oder sonstige konkretisierende Angaben wurden nicht gemacht,[635] so daß insofern die Einstellung dieser Verfahren alles andere als überrascht.[636] Namentlich genannt als Vertreter des Großen Generalstabs wurden nur Hindenburg und Ludendorff sowie der Oberbefehlshaber der 6. Armee, Kronzprinz Rupprecht von Bayern.[637] Im einzelnen wurde ihnen vorgeworfen, den Abschub von Zivilpersonen, Plünderungen, Zerstörungen und Verwüstungen angeordnet zu haben.

Das Reichsgericht nahm zu den einzelnen Beschuldigungen nur kurz Stellung:[638] Der Abschub der Zivilbevölkerung habe zur Räumung der

---

632 Vgl. bJ 257/20 (Edelmann, Hauptmann der Landwehr und ehemaliger Direktor der Bergverwaltung von Valenciennes), Bl. 41.

633 Ebenda, Bl. 41 RS.

634 Ebenda, Bl. 71.

635 Es hieß jeweils nur »La ou les personnes du Gouvernement et du Grand État-Major responsables des dévastations systématiques …«. Vgl. Liste des personnes désignées …, S. 106, 111, 116.

636 Die Akte bJ 528/20 über die diesbezüglichen Ermittlungen gegen Zivil- und Militärpersonen fehlt im Bestand des BAL.

637 bJ 539/20 (Feldmarschall Hindenburg); bJ 540/20 (General d. Inf. Ludendorff); bJ 353/20 (Kronprinz Rupprecht von Bayern).

638 Die Akte Hindenburg fehlt, doch ist angesichts der jeweils gleichlautenden Beschuldigungen davon auszugehen, daß sie die gleiche rechtliche Beurteilung enthält, zumal die Einstellung des Verfahrens gesichert ist. Gegen Hindenburg wurde auf eine Anzeige hin noch einmal 1927, da war er bereits Reichspräsident, ein Ermittlungsverfahren eingeleitet (aJ 4/27). Grund für die Einleitung des Verfahrens war die Behauptung des Anzeigeerstatters, Hindenburg solle 1915 an der Ostfront den Befehl gegeben haben, feindliche verwundete Soldaten auf dem Schlachtfeld zu erschießen. Das Verfahren wurde durch Verfügung des Oberreichsanwalts eingestellt, weil der Anzeigeerstatter von diesem Befehl nur über Dritte gehört hatte (vgl. Bl. 2 der Akte).

Kampfzone gedient[639] und sei völkerrechtlich zulässig gewesen, weil er zur Sicherheit der deutschen Truppen geboten war. Der Abschub habe sich nur auf Wehrfähige und auf Personen erstreckt, die über die Verteidigungsanlagen des deutschen Heeres hätten Auskunft geben können. Die übrige Bevölkerung sei in einzelnen Orten zusammengefaßt und mit ausreichender Verpflegung dem Gegner überlassen worden.[640]

Die Bildung der Hindenburg-Linie sei eine Kriegsnotwendigkeit und deshalb ebenfalls völkerrechtlich erlaubt gewesen. Das Freimachen des Schußfeldes durch Zerstörung von Ortschaften und Wäldern sowie die Unbrauchbarmachung von Verkehrsmitteln, um dem Feind eine schnelle Verfolgung zu erschweren, seien nach Art. 23 lit. g HLKO völkerrechtlich gestattete Handlungen, weil die Gebote des Krieges ein solches Vorgehen »dringend erheischt« hätten.[641] Auch bei den infolge der allgemeinen Rückzugsbewegungen im Herbst 1918 vorgenommenen Zerstörungen handle es sich um solche, die durch die Gebote des Krieges verursacht worden und darum völkerrechtlich zulässig seien. Plünderungen, so das Gericht, seien niemals »anbefohlen« worden.[642]

Ludendorff sei nach dem Ergebnis der Ermittlungen überdies sehr schonend vorgegangen. Er habe ausdrücklich befohlen, »daß die planmäßige Zerstörung von Ortschaften zu unterbleiben habe, wenn militärische Rücksichten nicht unbedingt diese verlangten«.[643] Ähnlich anerkennend äußerte sich das Reichsgericht zu Rupprecht von Bayern. Beweise dafür, daß der Beschuldigte für Mordtaten, Plünderungen und Brandstiftungen, die angeblich seine Truppen begangen haben sollten, die Verantwortung trage und die Inbrandsetzung von Cambrai befohlen habe, gebe es nicht. Das Gericht: »Nach den Aussagen der zahlreichen Zeugen, die hierüber gehört worden sind, ist es völlig ausgeschlossen, daß solche Taten auf Befehl oder auch nur unter Duldung des Kronprinzen verübt worden sind. Cambrai ist, wie der General [...] als Augenzeuge berichtet hat, beim Rückzug der deutschen Truppen im Jahre 1918 von den Engländern in Brand geschossen worden. Grausamkeit und Ungerechtigkeit stehen nach übereinstimmendem Urteil aller Zeugen, die sich hierzu geäußert haben, im schroffsten Widerspruch mit der Wesensart des Kronprinzen, der stets und entschieden für möglichste Milderung der unvermeidlichen Kriegshärten eingetreten und auf schonende Be-

---

639 Zur Deportation allgemein und zu den sog. Zivilarbeiter-Bataillonen vgl. weiter unten, S. 378ff.

640 Vgl. PA Bonn, R 48428, o. S.

641 Ebenda.

642 Ebenda.

643 Ebenda.

handlung der eingesessenen Bevölkerung besonders bedacht gewesen ist.«[644]

Wegen der Zerstörung nordfranzösischer Bergwerke wurden von Frankreich namentlich fünf Offiziere der sogenannten Bergverwaltung beschuldigt.[645] Die Akten zu den Verfahren sind aber bis auf diejenigen zum Verfahren gegen den ranghöchsten Beschuldigten, den Direktor der Bergverwaltung von Valenciennes und Hauptmann der Landwehr Edelmann, nicht erhalten. In dem Verfahren gegen Edelmann begründete das Reichsgericht die Einstellung am 26. April 1923 wie folgt: »Der Beschuldigte hat glaubhaft versichert, daß er sich bei der Ausführung der Befehle seiner militärischen Vorgesetzten keine Verfehlungen habe zu schulden kommen lassen.«[646] Dem Beschuldigten kamen also die Regelung des Handelns auf Befehl nach § 47 MStGB und vor allem aber der Umstand zu Hilfe, daß Frankreich die Beschuldigung nicht näher präzisiert und dem Reichsgericht kein Belastungsmaterial zur Verfügung gestellt hatte. Es gab also allein die Aussage des Beschuldigten und die dem Gericht vorliegenden Beweismittel, aus denen zwar der Zerstörungsumfang hervorging, nicht aber die Verantwortlichkeit des Beschuldigten. Das Gericht konnte daher nicht anders entscheiden, als es entschieden hat, und diese Entscheidung wurde sozusagen zur Leitentscheidung des Reichsgerichts in all den Fällen, in denen es um die Zerstörung von Industrieanlagen durch nachgeordnete Militärstellen ging. Lediglich in einem Verfahren ging das Reichsgericht über diese Argumentation hinaus. Beschuldigter war hier ebenfalls ein Hauptmann der Reserve und früherer Überwachungsoffizier der Kriegsrohstoffabteilung,[647] dem vorgeworfen wurde, an den allgemeinen Zerstörungen von Fabrikanlagen und dem Abtransport von Materialien aller Art nach Deutschland beteiligt gewesen zu sein. Das Gericht erklärte in seinem Beschluß vom 19. Juni 1924: »Für die […] kann er nach § 47 Mil. StGB nicht verantwortlich gemacht werden, da er nach den angestellten Ermittlungen nur die – überdies durch die Kriegslage und die von den feindlichen Mächten herbeigeführte Unmöglichkeit der Erlangung der notwendigen Eisenmengen aus dem neutralen Ausland

---

644 Zit. n. bJ 353/20 (Kronprinz Rupprecht von Bayern), Bl. 73ff.

645 Vgl. Nr. 257–261 der Liste des personnes désignées …, S. 116f.

646 Zit. n. bJ 257/20 (Edelmann), Bl. 85.

647 bJ 126/20 (Oberingenieur Wilhelm Ismer), Nr. 243 der französischen Liste. Die Kriegsrohstoffabteilung wurde auf Vorschlag von Walther Rathenau kurz nach Kriegsbeginn im Preußischen Kriegsministerium eingerichtet. Die Aufgabe der Abteilung, deren Leitung Rathenau zunächst selbst innehatte, bestand darin, für die deutsche Kriegswirtschaft Rohstoffe zu beschaffen und zu verteilen. Bei Kriegsende hatte sie über 2500 Beschäftigte. Vgl. Ullrich, Die nervöse Großmacht 1871–1918, S. 456f.

gebotenen – Befehle der vorgesetzten Stellen ausgeführt hat.«[648] Nicht nur die Befehle rechtfertigten somit das Handeln des Beschuldigten, sondern es war eigentlich die Kriegführung des Feindes – die englische Blockade hatte in Deutschland eine notstandsähnliche Situation hervorgerufen –, welche selbst die Rechtfertigung lieferte.

Doch ungeachtet dieses ergänzenden Hinweises bleibt festzuhalten, daß das Reichsgericht mit seiner Rechtsprechung im Ergebnis dieselben Handlungen für straflos hielt, die noch 1919 von der Vorbereitungskommission für den Versailler Vertrag als Kriegsverbrechen bezeichnet worden waren. In der von ihr aufgestellten Liste verbrecherischer Handlungen waren unter Nummer 18 die »grundlose Verwüstung und Zerstörung von Eigentum«, unter Nummer 19 die »[v]orsätzliche Bombardierung unverteidigter Plätze« und unter Nummer 20 die »[g]rundlose Zerstörung historischer, dem Gottesdienst, der Wohltätigkeit und Erziehung dienender Gebäude und Denkmäler« aufgeführt.[649]

Auch wenn entsprechende Erläuterungen seitens der Vorbereitungskommission fehlen, ist aus der Auflistung sicherlich nicht zu folgern, daß die Handlungen gewissermaßen *per se* ein Kriegsverbrechen darstellen, ohne daß geprüft werden müsse, ob Rechtfertigungs- oder Entschuldigungsgründe wie ein höherer Befehl oder die nicht grundlose Zerstörung vorliegen. Andererseits ist aber auch fraglich, ob, wie das Reichsgericht annahm, in allen Fällen keine strafbare Handlung vorliegt, eben weil ein Rechtfertigungs- oder Entschuldigungsgrund bestanden haben soll.

Untersuchen wir zunächst die Rechtslage im Hinblick auf die den deutschen Beschuldigten vorgeworfenen Zerstörungen. Taktische oder strategische Maßnahmen zur Freilegung des Schußfeldes, zur Lähmung von Bewegungen des Gegners oder zu dessen Behinderung bei Absetzbewegungen werden als Devastationen bezeichnet.[650] Im Altertum und Mittelalter, als noch jedes Mittel zur Überwindung des Gegners erlaubt war, stieß

---

648 Zit. n. bJ 126/20, Bl. 22.

649 Vgl. La Paix de Versailles, S. 473f.; eine deutsche Übersetzung findet sich – mit kleinen Abweichungen – bei: Ahlbrecht, Geschichte der völkerrechtlichen Strafgerichtsbarkeit im 20. Jahrhundert, S. 34; Puttkamer, *Die Haftung der politischen und militärischen Führung des Ersten Weltkriegs für Kriegsurheberschaft und Kriegsverbrechen*, S. 444f.

650 Vgl. Eberhard Spetzler, *Devastation*, in: Schlochauer (Hg.), Wörterbuch des Völkerrechts, Bd. 1, S. 357ff. Spetzler unterscheidet noch zwei weitere Formen der Devastation, nämlich die Devastation als notwendige Begleiterscheinung des Kampfes und die sogenannte selbständige Devastation, die das Kriegspotential und die Schlagkraft des Gegners allgemein treffen soll (Demoralisierung der Bevölkerung; Terrorisierung und Verwüstung um ihrer selbst willen).

sie auf keinerlei rechtliche Vorbehalte. Und auch im Dreißigjährigen Krieg waren Verwüstungen in Deutschland, selbst solche extremer Art wie die Zerstörung Magdeburgs 1631 durch Tilly, nichts Ungewöhnliches. In nachfolgenden Kriegen aber wurde eine sinnlose Devastation (zum Beispiel die der Rheinpfalz 1689 durch Ludwig XIV.) schon mehr und mehr verurteilt. Mit der in der Nachfolge von Rousseau sich verbreitenden Auffassung von dem Krieg als einem Kampf zwischen Staaten, nicht aber gegen unbeteiligte Bürger und deren Eigentum, wurde die Zulässigkeit der Devastation unter das Erfordernis einer zunehmend enger formulierten Kriegsnotwendigkeit gestellt.[651] Eine positiv-rechtliche Regelung zur Devastation fand dann 1899/1907 Eingang in die HLKO, deren Art. 23 lit. g bestimmt, daß die »Zerstörung oder Wegnahme feindlichen Eigentums außer in den Fällen, wo die Zerstörung oder Wegnahme durch die Erfordernisse des Krieges dringend erheischt wird« untersagt sind.

Zu Beginn des Ersten Weltkriegs herrschte somit kein uneingeschränktes Verbot der hier zunächst allein interessierenden Zerstörung feindlichen Eigentums. Zwar wurde sie auf den Haager Konferenzen im allgemeinen als kriegsrechtswidrig angesehen, Ausnahmen aber wurden in besonderen Fällen – siehe den Wortlaut von Art. 23 lit. g HLKO – für möglich gehalten und anerkannt. Das Vorverständnis hingegen, daß zur Anerkenntnis der Ausnahmen führte, war je nach Staat unterschiedlich und richtete sich danach, wie weit man die Grenzen des sogenannten militärischen Realismus steckte.

Communis opinio war, unter Berufung auf Moltke, in deutschen militär-politischen Kreisen eine Sichtweise, die im Ergebnis einer Beseitigung kriegsrechtlicher Vorgaben gleichkam. Jenseits der Begriffe wie Kriegsbrauch oder Kriegsnotwendigkeit wurde sie, wenn wir uns an die dortigen Ausführungen erinnern, letztlich mit humanitären Gesichtspunkten begründet. »Die wahre Humanität fordert eine möglichst energische und rücksichtslose Kriegführung« oder »Den Krieg um augenblickliche Milde und Humanitätsrücksichten willen länger hinziehen zu lassen, wäre nur der Schein und das Gegenteil wahrer Humanität«, lautete das jeweilige Credo.

Die Zerstörungen 1917 und während des Rückzugs 1918 wären also als Ausdruck wahrer Humanität zu verstehen, so könnte, ja müßte man aus dem eben Gesagten folgern. Dann wäre jedoch unklar, inwieweit sie der Verkürzung des Krieges dienten. Hinsichtlich der Zerstörungen im Frühjahr 1917 könnte ein solcher Zweck eventuell noch ausgemacht werden, wenngleich auch dann die Frage bleibe, ob zur Verkürzung des Krieges ausschließlich Maßnahmen zählen, die den eigenen Sieg sichern

---

651 Ebenda, S. 358.

wollen und daraus ihre rechtliche Zulässigkeit beziehen. Hinsichtlich des Rückzugs 1918 aber wird von einer irgendwie gearteten Verkürzung nicht mehr gesprochen werden können. Hier handelte es sich um nichts anderes als um eine rückwärtige Fluchtbewegung, und die Zerstörungen waren rein taktischer Art, da ein schnelles Nachsetzen des Feindes erschwert werden sollte. Andererseits ließe sich aber anführen, daß bei einem weitgehend unbedrängten Rückzug das Leben der eigenen Soldaten besser geschützt wird und deshalb die Zerstörungen 1918 kriegsrechtlich gerechtfertigt waren. Doch welche Erklärung auch die richtige sein mag, den Beschuldigten wird weder für die Zerstörungen 1917 und noch weniger – da sie nicht so umfassend waren – für diejenigen des Jahres 1918 ein strafrechtlich relevanter Vorwurf zu machen sein. Ihre jeweilige Behauptung, von der Rechtmäßigkeit ihres Tuns überzeugt gewesen zu sein – zumal Ende 1916, Anfang 1917 britische Sprengtrupps in Rumänien die wichtigsten Industrieanlagen (Ölfelder, Bohranlagen und Raffinerien) zerstört hatten, damit sie nicht vorrückenden deutschen Einheiten in die Hände fielen[652] –, wird wohl auch bei einer im Einzelfall gegebenen objektiven Rechtswidrigkeit, die zu belegen wegen des fehlenden Beweismaterials sehr schwierig, wenn nicht gar unmöglich ist, nach der vorsatzausschließenden Irrtumsregelung des § 59 StGB entschuldigt.[653]

Ändert sich an diesem Ergebnis etwas, wenn die Abschiebung der Zivilbevölkerung aus den zerstörten Gebieten als zusätzlicher Punkt der Beschuldigung berücksichtigt wird?

Die HLKO äußert sich zu dem Problem der Abschiebung (Abschub, Zwangsverschickung) nicht.[654] Das Völkergewohnheitsrecht, auf das daher zu rekurrieren ist, gab zu jener Zeit ebenfalls keine Auskunft.[655] Hält man sich jedoch die Zulässigkeit von Zerstörungen, sofern sie dringender Kriegsnotwendigkeit entspringen, vor Augen, muß dem entnommen werden, daß auch die Räumung des zu zerstörenden Gebiets, das

---

652 Vgl. Keegan, Der Erste Weltkrieg, S. 427.

653 Auch aus diesem Grund verweist der Bericht des Untersuchungsausschusses (Die Zerstörungen in Nordfrankreich) in einer »Zusammenstellung über planmäßige Zerstörungen in früheren Kriegen« (ebenda, S. 150–154) auch auf das Verhalten vornehmlich amerikanischer (General Sherman im Bürgerkrieg) und englischer Befehlsgeber (Lord Roberts und Lord Kitchener im Burenkrieg) hin.

654 Zu dem davon zu unterscheidenden Problem der Deportation zum Zweck der Zwangsarbeit vgl. weiter unten, S. 378ff.

655 Vgl. Hartwig Bülck, *Zwangsverschickung*, in: Schlochauer (Hg.), Wörterbuch des Völkerrechts, 3. Bd., Berlin 1962, S. 894ff.

heißt die Verschickung der dort lebenden Bevölkerung in ein anderes Gebiet des verschickenden Staates,[656] zulässig sein muß. Als entscheidende Voraussetzung wird hier aber noch hinzukommen, daß die Verschickung der Zivilbevölkerung in Übereinstimmung mit der Martensschen Klausel unter menschlich befriedigenden Umständen abläuft.

Die Abschiebung war 1917 in Weisungen an die jeweiligen Ortskommandanten geregelt.[657] Sie beziehen sich auf die Unterbringung, Verpflegung und die ärztliche Behandlung der Zivilbevölkerung, die sich, so die einleuchtende Annahme, hauptsächlich aus alten, gebrechlichen Leuten und aus Kindern zusammensetze. So wurden Heizmaterial und Stroh für die Unterkünfte angefordert, fehlende Nahrungsmittel sollten durch ein Divisions-Feldmagazin »entsprechend den in der Heimat der deutschen Bevölkerung gewährten Sätzen« sichergestellt werden, und mehrere Ärzte waren mit der Behandlung der Bevölkerung beauftragt. Sie sollten sogenannte Ortskrankenstuben einrichten, während für ansteckend Kranke und Schwerkranke eine Überweisung an das Zivilkrankenhaus in Noyon vorgesehen war. In besonderen Fällen konnte auch die Unterstützung von in der Nähe liegender Sanitätseinheiten angefordert werden.[658]

Vor ihrer Verschickung wurde die Zivilbevölkerung in Lagern zusammengefaßt, und Bekanntmachungen wie die folgende machten unmißverständlich klar, daß es sich um eine Kriegsmaßnahme handelte:

»Bekanntmachung.
Die Einwohner erwarten ihre Abreise in dem zu diesem Zweck vorgesehenen Orten.
Es ist strengstens verboten, weder das Lager zu verlassen, noch mit irgendeinem Insassen in Verbindung zu treten.
Im Lager hat Ruhe zu herrschen.
Die festgenommenen Geiseln werden für die Haltung ihrer Mitbürger verantwortlich gemacht.
Die Befehle der Ortskommandanten, ihrer Beauftragten oder der Wachen müssen strengstens befolgt werden.
Jeder, der gutwillig den Anordnungen der militärischen Befehlshaber nachkommt, wird mit der größten Nachsicht behandelt werden.
Jeder, der Widerstand leistet, insbesondere den Versuch zu Aufruhr oder zur Flucht macht, wird erschossen.«[659]

---

656 Andernfalls läge eine Vertreibung vor, vgl. Hartwig Bülck, *Vertreibung*, in: ebenda, S. 560ff.
657 Vgl. bJ 515/20 (von Schenk), Bd. 1, Bl. 42f.
658 Alle Beispiele ebenda.
659 Zit. n. bJ 515/20 (von Schenk), Bd. 1, Bl. 76.

Gleichwohl wird auch aus Bekanntmachungen dieser Art nicht gefolgert werden können, daß die Abschiebungen aus den zu zerstörenden Gebieten eine Verletzung des Kriegsrechts darstellten, für die die Verantwortlichen individuell haftbar gemacht werden können. Beschuldigungen wie der in diesem Zusammenhang erhobene Vorwurf der »déportation criminelle«[660] sind zu allgemein und eher Ausdruck einer großen Verbitterung, als daß sie als Grundlage eines Strafverfahrens dienen könnten. Kriegsrechtliche Vergehen oder Verbrechen im Zusammenhang mit den Abschiebungen 1917 und 1918 sind den französischen Angaben und dem der Reichsanwaltschaft vorliegenden Material nicht zu entnehmen. Allerdings ist die beschönigende Darstellung im Untersuchungsausschuß – »[a]n den Einladebahnhöfen wurden, soweit längere Bahnfahrten in Betracht kamen, warme Getränke abgegeben«[661] – ebensowenig geeignet, ein realistisches Bild von den Vorkommnissen zu zeichnen.

Bleiben noch die Tatvorwürfe der Zerstörung von Bergwerken, der Requisitionen und der Plünderungen. Sämtliche Tatvorwürfe entbehrten nach Ansicht des Reichsgerichts jeglicher Grundlage. Was die Zerstörung von Bergwerken betrifft, machte es sich die »Denkschrift der Obersten Heeresleitung über die wirtschaftliche Ausnutzung im Operations- und Etappengebiet auf dem westlichen Kriegsschauplatz während des Krieges 1914–1918« zu eigen.[662] Darin werden die Zerstörungen als Ergebnis einer skrupulösen Abwägung zwischen der wirtschaftlichen Bedeutung dieser Bergwerke für die Entente einerseits und den möglichen Folgen einer Zerstörung der Bergwerke im Fall eines für Deutschland »unglücklichen Kriegsausgangs« andererseits dargestellt.[663] Mit anderen Worten: Die Zerstörungen waren auf ein Mindestmaß reduziert worden, das zudem von der Kriegsnotwendigkeit diktiert worden war. Sie seien daher nach der einschlägigen Bestimmung des Art. 23 lit. g HLKO nicht zu beanstanden gewesen. Weder die Reichsanwaltschaft noch das Gericht fragten sich oder die Beschuldigten, warum denn ein Teil der Bergwerke so zerstört worden sei (Sprengung unter der Wasserlinie), daß auf Jahre hinaus die Kohleförderung unmöglich gemacht wurde, wenn doch in der Obersten Heeresleitung schon seit August 1918 die Einschätzung bestanden habe, der Krieg sei nicht mehr zu ge-

660 Vgl. Liste des personnes désignées ..., S. 106.

661 Vgl. Deutscher Reichstag (Hg.), Völkerrecht im Weltkrieg, Bd. 1: Zerstörungen in Nordfrankreich, S. 75.

662 Vgl. bJ 257/20 (Edelmann); die Denkschrift, die 1919 erschienen ist, ist in die Akte eingelegt.

663 Vgl. S. 4f. der Denkschrift, Teil 2.

winnen und werde sich äußerstenfalls noch bis ins Jahr 1919 hineinziehen.[664] Zumindest hätte hier doch der Gedanke an eine willkürliche, gewissermaßen vorsorgliche Schädigung eines der absehbaren Kriegssieger nahegelegen.

In ähnlicher Weise von dem Gedanken einer posthumen Rechtfertigung rechtlich zweifelhafter Kriegshandlungen getragen sind die Einstellungsbeschlüsse des Reichsgerichts hinsichtlich des Vorwurfs unzulässiger Requisitionen oder Plünderungen. Art. 52 HLKO erklärt, daß Naturalleistungen – Requisitionen aus Sicht der Besatzungsmacht[665] – von Gemeinden und Einwohnern nur für die Bedürfnisse des Besatzungsheers gefordert werden dürfen.[666] Sie müssen zudem im Verhältnis zu den Ressourcen des Landes stehen, dürfen mithin nicht auf eine Ausplünderung des besetzten Landes hinauslaufen. Die Plünderung selbst ist in Art. 28 und 47 HLKO und in § 129 MStGB verboten.[667]

Einen Eindruck vom Umfang der Requisitionen, um die es hier geht, gibt der folgende Auszug aus einem Schreiben des Generalquartiermeisters General Ludendorff an das Kriegsamt in Berlin vom 16.1.1917:

»Zunächst wären die bei Valenciennes gelegenen Hochöfen und Eisenwerke, soweit sie verfügbar sind, abzubrechen, um alsbald ein größeres Ergebnis zu erzielen. Im übrigen ist unter Berücksichtigung des gegenwärtigen Zustandes der Fabriken und ihrer Verwendung zu Heereszwecken folgende Reihenfolge für den Abbruch im französischen Gebiet aufgestellt:

---

664 Vgl. Deutscher Reichstag (Hg.), Völkerrecht im Weltkrieg, Bd. 1: Zerstörungen in Nordfrankreich, S. 62f. und 98.

665 Zu dieser Begriffsdefinition vgl. Liszt, Völkerrecht (1915), S. 330; ders., Völkerrecht (1918), S. 311.

666 Diese Beschränkung hebt auch Liszt hervor, in: ders., Völkerrecht (1918), S. 311, und er stellt klar, daß andere Truppenteile außerhalb des Besatzungsgebiets oder die Bevölkerung in der Heimat nicht Adressaten der Requisitionsleistungen sein dürfen.

667 Art. 28 HLKO: »Es ist untersagt, Städte oder Ansiedlungen, selbst wenn sie im Sturme genommen sind, der Plünderung preiszugeben.«
Art. 47 HLKO: »Die Plünderung ist ausdrücklich untersagt.«
§ 129 MStGB: »Der Plünderung macht sich schuldig, wer im Felde unter Benutzung des Kriegsschreckens oder unter Mißbrauch seiner militärischen Überlegenheit
1. in der Absicht rechtswidriger Zueignung eine Sache der Landeseinwohner offen wegnimmt oder denselben abnötigt, oder
2. unbefugt Kriegsschatzungen oder Zwangslieferungen erhebt oder das Maß der von ihm vorzunehmenden Requisitionen überschreitet, wenn dies des eigenen Vorteils wegen geschieht.«

1.) Zuckerindustrie (164 Anlagen)
2.) Brauereien, Mälzereien (955 Anlagen)
3.) Stärkeindustrie (4 Anlagen)
4.) Papierindustrie (35 Anlagen)
5.) Chemische Industrie und verwandte Industriezweige (210 Anlagen)
6.) Eisenwerke einschl. Gießereien (500 Anlagen ohne Longwy u. Briey)
7.) Maschinenbauanstalten
8.) Faserstoffindustrie
9.) elektrische Industrie.«[668]

Von Requisitionen lediglich für die Bedürfnisse des Besatzungsheers wird man angesichts dieser Auflistung nicht sprechen können. Hinter der angeblichen »Verwendung zu Heereszwecken« verbirgt sich nichts anderes als der Versuch, die deutsche Kriegsindustrie zu stärken und die Versorgung der Bevölkerung in Deutschland zu verbessern. Außerdem ist in dieser Auflistung nicht weniger als ein industrieller Kahlschlag zu sehen, die weitere Zulässigkeitsvoraussetzung der Requisition, nämlich die Anforderung von Leistungen proportional zu den Leistungsfähigkeiten des besetzten Landes, ist also ebenfalls nicht erfüllt. Die Requisitionen haben damit gegen das Kriegsvölkerrecht verstoßen, und die Befehlsgeber trifft objektiv der Vorwurf, sich völkerrechtswidrig verhalten und auch gegen die innerstaatliche Norm des § 129 MStGB verstoßen zu haben. Damit ist allerdings noch nicht gesagt, ob ihnen auch individuell ein Schuldvorwurf zu machen ist. Denn zu ihrer Rechtfertigung wies das Reichsgericht auch hier wieder darauf hin, daß Deutschland sich bedingt durch die englische Seeblockade in einer Notlage befunden habe, also in einer dem strafrechtlichen Notstand (§ 54 StGB) vergleichbaren Situation.[669] Wenn sich die Befehlsgeber in ihren Handlungen aber für gerechtfertigt hielten oder halten konnten, so fehlte es ihnen in jedem Fall infolge des § 59 StGB an dem Vorsatz, eine strafbare Plünderung zu begehen. Die völkerrechtswidrigen Requisitionen blieben somit straflos, auf der Ebene der Befehlsgeber aus den eben erwähnten Gründen, auf der Ebene der Befehlsempfänger aufgrund der §§ 47, 129 MStGB. Außerdem sah das Gericht in keinem Fall einen Ansatzpunkt dafür, daß erhaltene Befehle überschritten

---

668 Zit. n. bJ 126/20 (Ismer), Bl. 17.

669 Vgl. dazu auch Liszt, Völkerrecht (1918), S. 313, wo er in bezug auf die Requisitionen schreibt, daß »[diese] Überschreitung der durch die Landkriegsordnung gezogenen Schranken […] aber ihre ausreichende Rechtfertigung in dem Notstand [findet], in den das ganze deutsche Volk und damit das Reich selbst durch den Aushungerungskrieg gebracht worden ist, den England unter Mißachtung aller Sätze des Seekriegsrechts zu führen unternommen hat«.

beziehungsweise der Umfang der vorzunehmenden Requisitionen nicht beachtet worden waren.

Der Fall Mackensen

Als Generalfeldmarschall von Mackensen im Herbst 1915 in der Funktion des Oberbefehlshabers der zur Unterstützung der österreichisch-ungarischen Armee gebildeten deutschen Expeditionsarmee nach Serbien kam, galt er bereits, ähnlich wie Hindenburg, als ein Kriegsheld und Mythos.[670] Er hatte vom Chef der (2.) Obersten Heeresleitung, Falkenhayn, den Befehl erhalten, die serbische Armee »entscheidend zu schlagen und die Verbindung über Belgrad und Sofia nach Konstantinopel zu öffnen«, denn das bedrängte Osmanische Reich brauchte Waffenlieferungen.[671] Innerhalb von fünfzig Tagen war Serbien besiegt, und Mackensen ordnete »rücksichtsloseste Verfolgung« fliehender Verbände an. Sogleich begann die Ausbeutung der besetzten Gebiete. Deutschland und die anderen Mittelmächte versorgten sich mit kriegswichtigen Gütern und Nahrungsmitteln. »Täglich gehen ganze Züge mit Schweinen, Schafen und Rindern ab und bald werden wir auch Getreide senden können«, erklärte Mackensen stolz, aber auch: »Die Menschen sterben vor Hunger und Kälte und liegen inmitten gefallener Pferde und Ochsen an der Landstraße.«[672]

Nachdem Rumänien im August 1916 auf seiten der Entente in den Krieg eingetreten war, marschierten deutsche Einheiten, zusammen mit bulgarischen und österreichisch-ungarischen Verbänden, unter dem Oberbefehl Mackensens in Rumänien ein. Bei diesem Vormarsch, so Mackensen in einem Brief, habe die »Erbitterung« der bulgarischen Soldaten bereits bei Österreichern und Deutschen »Schule gemacht«, eine Erbitterung, die nicht nach der Zahl der Gefangenen frage, »sondern alles über den Haufen schießt, was ihnen vor die Gewehre kommt«.[673] Bereits im Dezember war Bukarest erobert, und Anfang Januar 1917 war das Land weitgehend besetzt. Die Militärverwaltung in Rumänien wurde dem Oberkommando Mackensens unterstellt und bis Kriegsende, fast volle zwei Jahre, stand er dem Besatzungsregime im größten und volkreichsten

---

670 Vgl. dazu Theo Schwarzmüller, Zwischen Kaiser und »Führer«. Generalfeldmarschall August von Mackensen. Eine politische Biographie, Paderborn u. a. 1995, S. 92ff.

671 Ebenda, S. 120.

672 Ebenda, S. 125.

673 Ebenda, S. 138.

Staat Südosteuropas vor.[674] Nach dem Waffenstillstand am 11. November 1918 mußte er jedoch das Feld räumen, was ihm sehr schwerfiel, denn schließlich handelte es sich um »im ehrlichen Waffengang eroberte Gebiete«. Seiner Enttäuschung machte er dadurch Luft, daß er für den Rückzug den Befehl gab, alles – Brücken, Bahnhöfe, Tunnel – zu zerstören. Wie deutsche Diplomaten nach Berlin telegraphierten, hinterließ die Heeresgruppe Mackensen in Rumänien Inflation, Lebensmittelknappheit und »einen außerordentlichen Haß auf alles Deutsche«.[675]

Während des Rückzugs allerdings, im Dezember 1918, wurde Mackensen – wohl aus politischer Rücksichtnahme gegenüber Frankreich – von ungarischen Regierungstruppen festgenommen. Frankreich, das danach die Kriegsgefangenschaft überwachte, erlaubte ihm erst Ende November 1919 die Rückkehr nach Deutschland.[676] Insofern ist es schon überraschend, daß gut zwei Monate später seine Auslieferung von Serbien und Rumänien verlangt wurde; von einer Absprache zwischen den alliierten und assoziierten Mächten – zu letzteren gehörten auch Serbien und Rumänien – und vielleicht auch von einer besonderen Ernsthaftigkeit des Auslieferungsverlangens wird man hier nicht sprechen können.

Serbien, das neben der Auslieferung Mackensens noch die Auslieferung von drei weiteren Offizieren forderte, beschuldigte ihn, nicht nur Belgrad zwei Wochen lang wissentlich und willentlich der Plünderung überlassen zu haben, sondern auch gegen Plünderungen in anderen besetzten Gebieten Serbiens nichts unternommen zu haben. Diese Plünderungen seien systematisch vorbereitet worden, da die Soldaten bereits vorher über das notwendige Werkzeug verfügt hätten. Außerdem sei er verantwortlich für alle Exzeßtaten, die während der Offensive im Herbst 1915 von deutschen Einheiten begangen worden seien.[677]

Den Vorwurf geduldeter systematischer Plünderungen sowie befohlener Grausamkeiten auf dem Rückzug 1918 (Mord, Raub, systematische Zerstörungen) erhob auch Rumänien gegen Mackensen. Darüber hinaus wurde ihm vorgeworfen, die Bombardierung offener Städte und die methodische Ausplünderung des Landes angeordnet, willkürlich Todesurteile bestätigt und das Völkerrecht dadurch verletzt zu haben, daß er »ohne Not« (»sans nécessité«) die rumänischen Gesetze und die Verfassung geändert und die Gerichtsbarkeit durch eine deutsche ersetzt habe.[678]

---

674 Ebenda, S. 141 und 144. Rumänien war damals mit ca. 100 000 qkm etwa dreimal so groß wie Belgien und hatte fünf Millionen Einwohner.

675 Ebenda, S. 165, 168.

676 Ebenda, S. 170f., 177ff.

677 Vgl. Liste des personnes désignées ..., S. 192.

678 Ebenda, S. 187.

Das Ermittlungsverfahren gegen Mackensen begann am 7. Juni 1920, und es endete am 28. November 1922 mit einem Einstellungsbeschluß des Reichsgerichts. Verglichen mit anderen Verfahren war dies eine kurze Zeit, was sich zum einen damit begründen läßt, daß man deutscherseits einen diplomatischen Protest Serbiens oder Rumäniens nicht sonderlich fürchtete. Zum anderen überstrahlte gewissermaßen der Ruf des Generalfeldmarschalls das gesamte Verfahren, eine Verurteilung oder auch nur eine ernstzunehmende Beschuldigung durch eine deutsche Ermittlungsbehörde – beispielsweise durch die Eröffnung der Voruntersuchung – wäre nahezu allseits als ungehörig aufgefaßt worden.[679] Es traf sich daher gut, daß rein formal zu Recht auf die fehlenden Beweismittel und die mangelnde Kooperation Serbiens und Rumäniens verwiesen werden konnte. So erklärte das Reichsgericht: »Beschuldigungen wie diejenige, daß ein deutscher Heerführer im besetzten Feindeslande Morde, Grausamkeiten [...] nicht nur geduldet, sondern unmittelbar befohlen haben sollte, sind aber von vorneherein so ungeheuerlich, daß ihnen nur bei Angabe ganz bestimmter Tatsachen und Beweismittel näher getreten werden könnte.«[680] Abgesehen davon, daß hier der konkrete Fall hinter einer allgemeinen Formulierung (»ein deutscher Heerführer«) unkenntlich gemacht wird, wird zugleich die Hürde für ein Tätigwerden des höchsten deutschen Justizorgans so hoch gelegt, daß sie, gemessen an dem normalen Erfordernis für die Einleitung eines Ermittlungsverfahrens, nur schwer überschritten werden kann.

Ganz bestimmte Tatsachen und Beweismittel, wie sie vom Reichsgericht gefordert wurden, gab es allerdings – das ist zutreffend – von serbischer oder rumänischer Seite nicht.[681] Was es gab, das waren Hinweise in

679 Das wußte natürlich auch Mackensen, der die Aufforderung des Oberreichsanwalts zur Stellungnahme lediglich mit der Bemerkung versah: »Die frei erfundenen Beschuldigungen würdige ich keines Wortes.« Vgl. 726/20 (Generalfeldmarschall von Mackensen, Akte zur serbischen Beschuldigung), Bl. 3 RS.

680 Vgl. bJ 713/20 (Generalfeldmarschall von Mackensen, Akte betrifft die rumänischen Beschuldigungen), Bd. 2, Bl. 7.

681 In einem Schreiben vom 24. Mai 1921 erklärte beispielsweise das rumänische Außenministerium, daß seine Untätigkeit in der Beantwortung der deutschen Rechtshilfeersuchen auf einem Irrtum beruhte. Dieser Irrtum lief im Kern darauf hinaus, daß rumänische Behörden nicht erkannt hatten, welche Beschuldigungen Gegenstand der Ersuchen waren. Nachdem dies erkannt worden war, geschah von rumänischer Seite gleichwohl nichts. Mit Schreiben vom 2. Juni 1922 teilte das rumänische Justizministerium schließlich mit, daß es auf keine Rechtshilfeersuchen mehr antworten werde, weil die

den Akten[682] und in anderen Quellen wie in der bereits erwähnten Mitteilung aus diplomatischen Kreisen über den »außerordentlichen Haß auf alles Deutsche« oder in dem 1919 von Kurt Tucholsky, der im April 1918 als Unteroffizier zur Besatzungsarmee nach Rumänien versetzt worden war, veröffentlichten Artikel[683] und natürlich in den Aussagen anderer Zeugen, in denen ebenfalls von regelrechten Beutezügen deutscher Soldaten die Rede ist. »Kein Parasyt [sic!] vermag irgend ein lebendes Wesen in der Weise auszusaugen, wie es die Deutschen mit uns getan haben«, meinte zum Beispiel Mitte 1918 ein »angesehener, deutschfreundlicher rumänischer Politiker« namens Antipa.[684]

Der Oberreichsanwalt war in seinem Antrag an das Reichsgericht auf Einstellung des Verfahrens gegen Mackensen denn auch wesentlich zurückhaltender, was die faktische Grundlage der Tatvorwürfe anbelangt. Dafür hob er, in Anlehnung an den uns mittlerweile bekannten § 59 StGB, die subjektive Tatseite hervor und erklärte, »Beschießung offener Städte, Tötung von Personen [...] Eingriffe in feindliches Eigentum durch Weg-

---

Beschuldigten nicht auf der »Probeliste« stünden. Vgl. PA Bonn, R 48431, o. S.

682 Vor allem in denjenigen zu anderen Verfahren, die infolge rumänischer oder serbischer Beschuldigung eingeleitet worden waren, wie z. B. bJ 707/20 (Geh. Regierungsrat Paul Dorbritz), in dem es um die Mißhandlung der Zivilbevölkerung ging; bJ 709/20 (Leutnant d. R. a. D. Alfred Egenolff), in dem die Erpressung von Aussagen den Untersuchungsgegenstand bildete (gegen Egenolff wurde im Dezember 1922 von Oberreichsanwalt Ebermayer eine Anklageschrift beim Reichsgericht eingereicht, doch 1925 wurde das Verfahren mit Rückgriff auf die nunmehr entgegengesetzte Argumentation des Oberreichsanwalts eingestellt), oder bJ 725/20 (Major d. R. a. D. Dr. Hermann Heuer), das einem Plünderungsvorwurf in Serbien nachging und 1923 eingestellt wurde. Der Tatvorwurf konnte allerdings nicht widerlegt werden.

683 Vgl. Schwarzmüller, Zwischen Kaiser und »Führer«, S. 162; Vgl. Kurt Tucholsky, Gesammelte Werke, Bd. 2: 1919–1920, Reinbek bei Hamburg 1975, S. 16f. Tucholsky schreibt (S. 17): »In Rumänien wurde in der ersten Zeit, besonders in Bukarest und besonders durch Organe der Politischen Polizei, unsagbar gestohlen. [...] Der deutsche Offizier – und er besonders, weil er ja an den maßgebenden Plätzen saß – stahl ohne Bedenken, allerdings fast nur im großen Stil. Es fing mit ›Erinnerungen‹ an (manche Offiziersfrauen tragen diese Souvenirs noch heute), und es hörte mit Waggonladungen auf. Der gemeine Mann, ein getreuer Diener seines Herrn, hätte es anstandslos ebenso gemacht, wenn er nur gekonnt hätte.«

684 Vgl. den Wochenbericht der politischen Polizei OKM (Oberkommando Mackensen) vom 23.–29. Juni 1918, in: BA-MA, PH 5/I 16, S. 12.

nahme und Zerstörung; das alles sind Handlungen, die als solche der Kriegführung geboten und durch das Völkerrecht gerechtfertigt sein können. Schon der bloße, wenn auch irrige Glaube an das Gegebensein einer Lage, in der die betreffende Maßregel völkerrechtlich zulässig ist, ja die, sei es auch irrtümliche Überzeugung von der völkerrechtlichen Zulässigkeit einer Maßregel im gegebenen Falle, schließt bei dem Befehlshaber, der sie anordnet, den auf Begehung einer Straftat gerichteten Vorsatz aus.«[685] Beim Beschuldigten Mackensen träfen diese vorsatzausschließenden Elemente in der einen wie in der anderen Konstellation zu, denn es gebe – so die absolvierende Folgerung des Oberreichsanwalts – keinen Grund zu der Annahme, »daß der Beschuldigte bei seinen Befehlen jemals von dem, was er für nach Lage der Sache völkerrechtlich erlaubt hielt, abgewichen wäre«. Die Person des Beschuldigten könne auch nicht mit der willkürlichen Bestätigung von Todesurteilen in Verbindung gebracht werden, eine Persönlichkeit von seinem Ruf und seiner Stellung lasse es vielmehr als von vornherein ausgeschlossen erscheinen, daß er vorsätzlich oder fahrlässig unrechtmäßig ergangene Todesurteile hätte vollstrecken lassen.[686]

Rechtliche Fragen spielten folglich in dem reichsanwaltlichen Ermittlungsverfahren keine Rolle, mögliche völkerrechtliche Einwände verblaßten förmlich angesichts der Person des Beschuldigten. Daß Art. 43 HLKO die Besatzungsmacht bei der Wiederherstellung der öffentlichen Ordnung dazu verpflichtet, »soweit kein zwingendes Hindernis besteht, unter Beachtung der Landesgesetze« vorzugehen, daß Art. 47 HLKO die Plünderung im besetzten Gebiet untersagt und daß nach Art. 52 HLKO Natural- und Dienstleistungen nur für die Bedürfnisse des Besatzungsheeres gefordert werden dürfen und dabei die Leistungsfähigkeit des Besatzungsgebiets zu berücksichtigen ist, alles das war ohne Bedeutung. In seinem Antrag auf Einstellung des Verfahrens weist der Oberreichsanwalt das Reichsgericht darauf hin, daß der Beschuldigte bei seiner entsprechenden Tätigkeit kraft »der ihm vom Kaiser als dem unumschränkten Träger der obersten Gewalt verliehenen Befehlsbefugnis« gehandelt habe und seine Verwaltungsmaßnahmen daher, »mögen sie mit dem Völkerrecht vereinbar sein oder nicht, niemals einen Verstoß gegen ein deutsches Strafgesetz bilden können«.[687] – Deutlicher ist in keinem Verfahren der nicht einmal geringe, sondern gänzlich fehlende Stellenwert des Völkerrechts im deutschen Recht zum Ausdruck gebracht worden.

---

685 Zit. n. bJ 713/20 (Mackensen), Bd. 2, Bl. 5 RS.

686 Ebenda.

687 Ebenda. Das Verbot der Plünderung nach deutschem Recht, und zwar nach § 129 MStGB, erwähnte der Oberreichsanwalt nicht.

Es ist nicht auszuschließen, daß Mackensen während des Vormarsches durch Serbien und der Besetzung Rumäniens im guten Glauben gehandelt hat, so wie es ihm die oft zitierte preußische Korrektheit und Rechtsgebundenheit geboten. In einem Brief an seine Frau schrieb er, »gerecht und bestimmt« wünsche er die Bevölkerung zu behandeln, die Beamten durch eine unbestechliche Verwaltung ersetzt und die Bauern für ihre Ware anständig bezahlt wissen.[688]

Andererseits ist die Annahme auch nicht abwegig, daß er über die Zustände besonders in Rumänien sehr wohl auf dem laufenden war und sie, wenn nicht befohlen, so doch hingenommen hat. Weitere, vertiefende Ermittlungen hätten sich jedenfalls angeboten (»ohne Rücksicht auf die Person [soll] nur der Gerechtigkeit Geltung werden«, hatte Reichsjustizminister Schiffer versprochen), und diesen Schritt unterlassen zu haben beleuchtet grell das Verständnis der deutschen Justiz von der versprochenen und zur gesetzlichen Verpflichtung erhobenen Ahndung möglicher Kriegsverbrechen und -vergehen. Gerade das Beispiel Mackensen zeigt, in welchem Maße sich die Justiz zur Helfershelferin einer verhängnisvollen Kontinuität machte und Mackensen – neben Hindenburg – zur Inkarnation eines Deutschland werden ließ, das sich siegreich behaupten werde, wenn es den »unbeugsamen und unerbittlichen Willen« dazu habe.[689]

---

688 »Ich habe im Krieg nach Pflicht und Gewissen gehandelt«, schrieb er darum auch dem Oberreichsanwalt als Reaktion auf die rumänischen Beschuldigungen. Vgl. bJ 713/20 (Mackensen) sowie Schwarzmüller, Zwischen Kaiser und »Führer«, S. 160. Schwarzmüller kommt zu dem Ergebnis (S. 161), daß Mackensen seine Stellung nicht zu persönlichem Vorteil oder zum Vorteil seiner Familie mißbrauchte.

689 1933 sollte »[n]ach dem Willen des Führers und Reichskanzlers [...] dem Dank des deutschen Volkes an den ruhmvollen Heerführer des Weltkrieges und preußischen Generalfeldmarschall von Mackensen unvergänglicher Ausdruck gegeben werden«. Zu diesem Zweck wurde ihm eine Domäne als Dotation übereignet, zudem wurde ihm zur Einrichtung und zum Betrieb der Domäne ein Betrag von rund 350 000 Reichsmark zur Verfügung gestellt. Vgl. dazu BAL, R 43 I/702 (Oberste Heeresleitung und Heerführung), Bl. 88.
Am 17. März 1935, dem Sonntag nach der Proklamation der allgemeinen Wehrpflicht und als Heldengedenktag glanzvoll inszeniert, trat Mackensen an der Seite Adolf Hitlers auf und – ausgestattet mit dem Nimbus der Unbesiegtheit – ging mit diesem die Frontreihen ab. Vgl. dazu Schwarzmüller, Zwischen Kaiser und »Führer«, S. 7f.

Zum Tatvorwurf des Mordes und des Totschlags an Angehörgen der feindlichen Zivilbevölkerung

In vielen Fällen warfen die Alliierten – hier: Italien, Frankreich, Belgien und Großbritannien – deutschen Soldaten vor, Morde oder vereinzelte Greueltaten begangen zu haben.[1] Im Unterschied zu den im vorigen Kapitel behandelten Vorwürfen ging es dabei um die Ermordung oder Tötung bestimmter, namentlich bekannter Personen und nicht um diejenige einer größeren Gruppe von Menschen, von der meist nicht mehr bekannt war als deren ungefähre Zahl.

Auch diese Verfahren endeten alle mit einem Einstellungsbeschluß. Die Begründungen unterschieden sich ebenfalls kaum: Entweder gab es keine Anhaltspunkte für eine strafbare Handlung, oder aber es fehlte alliiertes Beweismaterial, so daß keine Klarheit in die widersprüchlichen Aussagen der deutschen Zeugen gebracht werden konnte.

In vielen Fällen trafen diese Begründungen in der Tat zu. Die Beschuldigungen waren zu allgemein, als daß sie einen hinreichenden Tatverdacht gegen eine Person hätten begründen können. Da sich die Alliierten zudem ab 1922 – nach dem oben bereits angesprochenen Votum einer von ihnen eingesetzten Kommission – weigerten, deutschen Gesuchen um Rechtshilfe, die nicht die »Probeliste« betrafen, nachzukommen, blieb der deutschen Justiz häufig nichts anderes übrig als der Verzicht auf eine Anklage. Daß ihr das nicht ungelegen kam und sie in der Überzeugung vom diffamatorischen Charakter der Beschuldigungen bestärkte, dürfte nach den bisherigen Ausführungen außer Zweifel stehen. Zugleich bot sich ihr die Gelegenheit, in formalrechtlich abgesicherter Form alle Verfahren sozusagen »über einen Leisten zu schlagen«, also auch diejenigen Fälle einzustellen, die wegen des hinreichenden Verdachts eines Verstoßes gegen das Kriegsvölkerrecht zumindest in einer Anklage hätten münden müssen.

---

1 Laut Auslieferungsliste waren dies über 200 Fälle, vgl. BAL, R 3003, ORA/RG, Generalia, Bd. 62; aus den Gründen, die sich aus der weiteren Darstellung ergeben, wurden aber nur 90 Verfahren durchgeführt.

Wahrheit, Psychose oder Propaganda – »abscheuliche Verbrechen« und »haltlose Beschuldigungen«

Porquéricourt (Oise), 26. September 1914: »Leutnant Rudolph Schulz gab seinen Soldaten den Befehl, sich auf meinen Mann zu stürzen, der sie davon abhalten wollte, meine Schwägerin zu belästigen. Ungefähr zwanzig schlugen ihn mit dem Gewehrkolben gegen den Kopf. Sie nahmen ihn mit; etwas später hörte ich Schüsse: Mein Mann war erschossen worden.«[2]

Ausgehend von dieser Aussage eröffnete die Reichsanwaltschaft 1920 ein Ermittlungsverfahren gegen den Beschuldigten, einen Rittergutsbesitzer aus Pommern. Die Ermittlungen ergaben, daß in der Tat ein Einwohner aus dem fraglichen Ort erschossen worden war. Er »scheint«, so der Oberreichsanwalt in seinem Antrag auf Verfahrenseinstellung,[3] deutsche Soldaten tätlich angegriffen zu haben, von diesen bei der Abwehr des Angriffs durch Kolbenstöße verletzt und am folgenden Tag, als er zu seiner Vernehmung in eine benachbarte Stadt überführt werden sollte, bei einem Fluchtversuch erschossen worden zu sein.

Eine nähere Aufklärung war nicht möglich, weil die französische Regierung kein Beweismaterial zur Verfügung gestellt hatte. Fest stand jedoch nach dem Ergebnis der inländischen Ermittlungen, daß der Beschuldigte zur Zeit des Geschehens bei seiner vorgesetzten Dienststelle weilte, als Täter also nicht in Frage kam. Das Reichsgericht bestätigte dieses Ergebnis und hob in seinem Einstellungsbeschluß vom 22. Dezember 1922 insbesondere hervor: »Belastendes Material ist von der französischen Regierung bis jetzt nicht mitgeteilt worden. Eine weitere Mitteilung ist nicht mehr zu erwarten. Die Beschuldigung erscheint daher gänzlich unbegründet.«[4]

Drei Jahre später wurde der Beschuldigte Schulz in einem Abwesenheitsverfahren vor dem Kriegsgericht in Amiens zum Tode verurteilt. Das Gericht sah es als erwiesen an, daß Schulz einen Bauern aus Porquéricourt namens Dumez unter dem Vorwand, ihn in ein Krankenhaus bringen lassen zu wollen, in einem Steinbruch hatte erschießen lassen. Dumez sei bei dem Versuch, seinen Bauernhof vor einer Plünderung und seine Schwägerin vor Zudringlichkeiten durch deutsche Soldaten zu schützen, verletzt

---

2 Zit. n. Liste des personnes désignées ..., S. 48. Der Beschuldigte stand auf der französischen Auslieferungsliste unter Nummer 29.

3 Vgl. BAL, R 3003, ORA/RG, bJ 1/20 (Leutnant Rudolf Schulz), Bl. 29.

4 Ebenda, Bl. 31.

worden.[5] – So könnte es sich durchaus abgespielt haben, zumindest ist der Ablauf schlüssiger als das Verhalten eines französischen Bauern, der sich – einfach so – auf bewaffnete deutsche Soldaten stürzt. Und ob der Beschuldigte sich zur Tatzeit wirklich bei einer vorgesetzten Dienststelle aufhielt, wurde auch nur von Offizieren derselben bestätigt – natürlich, wie man hinzufügen möchte.

Wie es in Wahrheit gewesen ist, bleibt auch im nächsten Fall, von dem hier noch kurz berichtet werden soll, im dunkeln. Es geht darin um die Erschießung von fünf Einwohnern des elsässischen Dorfes Burzweiler (Burzwiller), die, den französischen Angaben zufolge,[6] ohne ersichtlichen Grund auf Befehl eines Hauptmanns mit dem Namen Derichs erfolgt sein soll. Nach der Exekution sollen die Leichen ausgestellt und die Dorfbevölkerung, Frauen und Kinder eingeschlossen, gezwungen worden sein, an ihnen mit erhobenen Armen vorbeizugehen.

Die reichsanwaltlichen Ermittlungen kamen zu dem Ergebnis, daß ein deutsches Bataillon von Zivilisten beschossen worden war und unter dessen Offizieren kein Zweifel an der Täterschaft der später Erschossenen bestanden habe.[7] Mit der Erschießung der fünf Verdächtigen sei der Beschuldigte Derichs beauftragt worden, das heißt er hatte auf Befehl seines Vorgesetzten gehandelt, doch habe er den Befehl ausdrücklich gutgeheißen. Zutreffend war auch, wie die deutschen Tatzeugen ohne Umschweife zugaben, daß die Dorfbewohner zur Warnung und Abschrekkung an den Leichen der vorher Erschossenen vorbeimarschieren mußten.[8]

Der Vorfall hatte seinerzeit für erhebliche Unruhe und Empörung in der elsässischen Bevölkerung gesorgt – Burzweiler gehörte zu den sogenannten Reichslanden, die seit 1871 Teil des Deutschen Reichs waren –, so daß 1915 eine militärgerichtliche Untersuchung in dieser Sache durchgeführt wurde.[9] Das Gericht sah keine Anhaltspunkte für ein deutsches Fehlverhalten, wenn auch einige der befragten Soldaten nichts von Schüssen feindlicher Zivilisten gehört hatten und auf das damals kursierende Gerücht verwiesen, wonach die Schüsse von einem deutschen Nachbarregiment gekommen seien.[10]

---

5 *Soudards allemands condamnés à mort par contumace*, in: Le Journal, 11.11.1925, abgedruckt ebenda, Bl. 34.

6 Vgl. Liste des personnes désignées ..., S. 45; kurzer Sachverhalt unter Nummer 14 der französischen Liste.

7 Vgl. bJ 28/20 (Oberstleutnant a.D. Franz Joseph Derichs), Bd. 1, Bl. 46. Zur Zeit des Geschehens war Derichs noch Hauptmann.

8 Ebenda, Bl. 44.

9 Ebenda, Bl. 26.

10 So die Aussage des Leutnants Hoffmann am 9.4.1915, ebenda, Bl. 15f.

Das Reichsgericht ging diesen Widersprüchen nicht nach und konnte dies auch nicht ohne die Befragung französischer Zeugen. Da Frankreich eine Rechtshilfe verweigerte, schloß sich das Gericht dem Antrag des Oberreichsanwalts an und stellte das Verfahren 1923 mit der Begründung ein, daß es für die Ausnahmeregelung im § 47 MStGB (Befolgung eines Befehls im Wissen um dessen verbrecherischen Charakter) an jeglichem Anhaltspunkt fehle.[11] – Unter den obwaltenden Umständen eine Entscheidung, die zu rechtlichen Bedenken keinen Anlaß gibt. Aus dem Ablauf des Geschehens, wie es sich für die deutsche Justiz darstellte, war das Handeln des Beschuldigten durch § 47 MStGB gedeckt. Irgendwelche Indikatoren, die zu einer anderen rechtlichen Bewertung führen könnten oder müßten, wie beispielsweise die summarische Erschießung einer größeren Zahl von Menschen, lagen nicht vor.

Dies wäre ganz anders gewesen in dem nächsten Fall, wenn er sich denn als wahr erwiesen hätte. Der Fall sollte das Wüten der Deutschen in Frankreich demonstrieren, er sollte zeigen, daß die deutschen Soldaten die Bezeichnung »boches«[12] oder »soudards« (letzteres pejorativ für Soldat, die deutsche Entsprechung wäre Landsknecht) zu Recht verdienten. Ein deutscher General, so die Beschuldigung, soll in einem französischen Dorf »Grausamkeiten und ein Blutbad« begangen haben. Laut Zeugenaussagen war folgendes geschehen:

»Der General ritt durch die Straßen in Gerbéviller indem er rief: ›Frauen und Kinder müssen erschossen werden; diese ganze Nation muß verschwinden.‹ Die Plünderung war allgemein. Während dieser Zeit mordeten Soldaten die Einwohner, die die Feuersbrunst aus ihren Häusern trieb. Ein Mädchen von 10 Jahren, Solange Schneider, ist in dem Augenblick getötet worden, als sie zu fliehen versuchte. Madame Rémy, die auf ihren Armen ein drei Monate altes Kind trug, ist von einer Kugel getroffen worden. Madame N..., 78 Jahre alt, ist unter den Augen ihrer Tochter erschossen worden. Später hat man festgestellt, daß diese Frau vergewaltigt worden war, daß man ihre Brüste verstümmelt hatte und daß man ihr eine Summe von 4000 Frcs. geraubt hatte, die sie in ihrer Kleidung trug.

Eine durch Zufall festgenommene Gruppe von 15 Einwohnern wurde von der Truppe auf das Feld namens ›La Prêle‹ geführt. Alle wurden erschossen. Als ihre Leichen später wieder gefunden wurden, konnte man bemerken, daß vieren oder fünfen von ihnen die Geschlechtsteile abgeschnitten waren. Eines der Opfer [...] wurde niedergehockt aufgefunden, das Gesicht der Erde zugekehrt, die Hose her-

---

11 Ebenda, Bl. 46f.

12 Abwertend für deutsch oder Deutscher, über *Allemoche* (für Allemagne = Deutschland), das zu *Alboche* geworden war (steht für einen tumben Menschen), entstanden. Vgl. Alain Rey und Josette Rey-Debove (Hg.), Le Robert, Dictionnaire de la langue française, Paris 1981, S. 194.

untergezogen, in einer Stellung, die darauf hindeutete, daß der Leichnam durch ein Attentat widernatürlicher Unzucht geschändet worden war... Man sagt, daß der General Clauß, als er die Hinrichtung der 15 Zivilpersonen befahl, bei einer großen Esche, ungefähr 200 m vom Richtplatz entfernt saß an einem Tisch, auf den er Champagner hatte stellen lassen. Er hatte befohlen, das Feuer zu beginnen, wenn er sein Glas erhebe.«[13]

Getrübte Erinnerung der Zeugen, Ausdruck einer Greuelpsychose zur möglichst intensiven Beschreibung des Erlittenen oder schlicht und einfach die Wahrheit? Die deutschen Ermittlungen jedenfalls ergaben und die Eintragungen im Kriegstagebuch der Brigade belegten ebenfalls, daß General Clauß zum Tatzeitpunkt gar nicht in Gerbéviller war, er mithin, wie Kriegsgerichtsrat Jorns in seinem Antrag auf Einstellung des Verfahrens schrieb, »mit den Vorkommnissen in Gerbéviller nicht das geringste zu tun hat«. Er fügte hinzu: »Weitere Aufklärung des Sachverhalts würde nur nach Kenntnis des französischen Belastungs- und Beweisstoffes möglich sein, mit dessen Erlangung nicht mehr zu rechnen ist.«[14] Hinsichtlich der anderen gegen Clauß erhobenen Beschuldigungen (Plünderungen und Erschießungen von Zivilpersonen in anderen Ortschaften) wurde das Verfahren gleich miteingestellt, und es kann als sicher gelten, daß die Richter dabei der öffentlichen Meinung in Deutschland nicht fernstanden, die Vorwürfe dieser Art *en bloc* als Greuelpropaganda abtat, zumal noch eine ganze Reihe weiterer Fälle ähnlich gelagert war.[15] Nachweisbare Berichte

---

13 Zit. n. bJ 35/20 (Generalleutnant a.D. Eugen Ritter von Clauß), Bl. 65f.; Originalwortlaut der Beschuldigung in: Liste des Personnes désignées ..., S. 58.

14 bJ 35/20, Bl. 66 RS. Das Verfahren wurde am 24.9.1923 eingestellt, ebenso wie das andere Verfahren, das die Erschießung von Zivilpersonen in Gerbéviller zum Gegenstand hatte (bJ 36/20, Generalmajor Arthur Hay). General Clauß wurde 1924 vom Kriegsgericht Nancy in Abwesenheit wegen Mordes zum Tode verurteilt. Otto von Stülpnagel, Oberstleutnant im Reichswehrministerium, empfahl daraufhin dem Auswärtigen Amt die Sendung einer Funknotiz, um im Ausland auf die Entscheidung des Reichsgerichts hinzuweisen und den Charakter französischer Kriegsgerichtsurteile zu verdeutlichen. Vgl. bJ 35/20, Bl. 81; PA Bonn, Schreiben Stülpnagels an Ministerialdirektor Gaus, R 48425.

15 Das Verfahren gegen den Generalleutnant Waldemar Graf Vitzthum von Eckstädt (bJ 298/20) wegen des Vorwurfs im belgischen Dinant begangener Greueltaten wurde eingestellt, weil er zum fraglichen Zeitpunkt nicht Kommandeur des betreffenden Regiments war. Aus dem gleichen Grund – Nichtanwesenheit am angeblichen Tatort – wurde auch das Verfahren gegen den General der Infanterie a.D. Oskar von Hutier eingestellt (bJ 106/20). Ein weiterer General der Infanterie a.D., Otto Ritter von Breitkopf, wurde u.a. beschuldigt, die Vergewaltigung eines Mädchens befohlen oder geduldet zu haben (bJ 101/20). Da Frankreich nicht zur Aufklärung dieses Vorwurfs bei-

über berserkerhaftes Verhalten deutscher Soldaten konnten so ignoriert oder, wenn das nicht möglich war, »elegant« gelöst werden.

Wie eine andere Form der eleganten Lösung aussehen konnte, hatten schon die Verfahren gegen den Major a. D. Crusius oder den Major a. D. Prey[16] gezeigt, und das Verfahren gegen einen Kavallerieoffizier, den Major a. D. Carl Döhn, demonstrierte dies noch einmal: Der Angeschuldigte wurde außer Verfolgung gesetzt, weil »mindestens nach der inneren Tatseite kein hinreichender Tatverdacht gegen ihn vorliegt«, er also nicht vorsätzlich Unrecht begangen hat, und weil zudem – und das ist der Punkt, der hier hervorgehoben werden soll – »begründete Zweifel an seiner Zurechnungsfähigkeit zur Zeit der Taten bestehen«.[17]

Döhn hatte, auch nach deutschen Zeugenaussagen, in Nordfrankreich »wie ein Wahnsinniger gewütet«. »Männer und Greise schoß er nieder, Frauen und Kinder schlug er mit der Reitpeitsche, dass das Blut spritzte, trat sie mit dem Stiefelabsatz in den Leib [...].«[18] Einem Schreiben des Untersuchungsrichters Dr. Metz zufolge stand Döhn in Verdacht, eigenhändig sechs Zivilpersonen getötet und den Befehl zur Erschießung weiterer acht bis zehn Personen erteilt zu haben.[19] Da das Geschehen auch von einem deutschen General, der kurze Zeit später am Tatort eingetroffen war, bestätigt wurde (»Der Herr machte auf mich einen üblen Eindruck, zumal er mir meldete, dass er auf diesen seinen Verdacht hin eine

---

trug, stellte das Reichsgericht das Verfahren mit der Bemerkung ein, daß es »geradezu widersinnig« sei, den Beschuldigten für die durch nichts bewiesene Vergewaltigung verantwortlich zu machen. Derartige Fälle zeigten in den Augen der deutschen Öffentlichkeit erneut, »daß es den führenden Männern der Entente nicht auf Gerechtigkeit ankommt, sondern lediglich auf die Schändung u. Verächtlichmachung des deutschen Mannes und insbesondere die Beschmutzung deutscher Persönlichkeiten, deren Namen im deutschen Volke u. deutschen Heere einen besonders guten Klang hatten« (zit. n. bJ 749/20 – Prinz Friedrich Karl von Preußen). Kam es dann noch zu Verurteilungen durch belgische oder französische Gerichte in Abwesenheitsverfahren, wurde jedesmal der Ruf nach Gegenreaktionen laut, vor allem nach der Veröffentlichung einer Gegenliste. Vgl. Aufzeichnungen des Ministerialdirektors Köpke vom 28. Februar 1922, in: Fox, Jardin, Mantzke, Stamm, Grupp (Hg.), Akten zur deutschen auswärtigen Politik, Serie A, Bd. V, Nr. 297, S. 621; *Wie lange noch?*, in: Süddeutsche Zeitung, 6.6.1925, Kopie in: PA Bonn, R 48417, o. S.

16 Vgl. oben, S. 138ff., 217f.

17 Vgl. aJ 151/20 (Major a. D. Carl Döhn), Bd. 3, o. S.; gemäß § 51 Abs. 1 StGB bedeutete dies die Straflosigkeit des Täters, weil er die Einsicht, unrecht zu tun, nicht hatte.

18 Vgl. aJ 151/20, Bd. 1, Bl. 16.

19 Ebenda, Bd. 2, Bl. 235.

Anzahl Ortsinsassen an die Wand gestellt und selbst niedergeschossen habe«[20]), bedurfte es zur argumentativen Absicherung der Außerverfolgungsetzung des Angeschuldigten eines zusätzlichen Grundes, der dann in der Psyche des Majors Döhn gefunden wurde. Vier von dem Verteidiger des Angeschuldigten beauftragte Sanitätsräte kamen übereinstimmend zu dem Ergebnis, daß Döhn die ihm vorgeworfenen Taten »in einem Zustande von krankhafter Störung der Geistestätigkeit begangen hat, durch den die freie Willensbestimmung ausgeschlossen war«.[21]

Eine weitere Form der Reaktion auf den alliierten Vorwurf, Greueltaten begangen zu haben, bestand deutscherseits darin, den Vorwurf gegen seine Urheber zu wenden. Schon während des Kriegs hatte Deutschland versucht, der namentlich von Großbritannien ausgehenden Kriegspropaganda entgegenzuwirken,[22] mit nur mäßigem Erfolg allerdings, denn un-

---

20 Ebenda, Bd. 1, Bl. 170.

21 Ebenda, Bd. 2, Bl. 259–263. Die Lektüre des in der Akte eingehefteten Gutachtens eines Prof. Dr. med. Döllken läßt unweigerlich den Eindruck entstehen, daß nichts unerörtert blieb, um eine vorübergehende Geisteskrankheit des Döhn zu belegen, und angesichts dessen stellt sich die Frage, wie Döhn überhaupt bis in den Rang eines Majors hat aufsteigen können. Ein kleiner Auszug aus dem Gutachten (Bl. 243): »Der Vater des D. ist an Schwindsucht gestorben, die Mutter war schwer nervenleidend, hatte (anscheinend) Migräne und häufige Bewusstseinsstörungen. Der älteste Bruder hatte sich infolge von Geisteskrankheit erschossen. Der zweite Bruder leidet an Erregungszuständen und wahrscheinlich an Migräne. Ein Sohn des Vaterbruders ist geisteskrank. D. selbst soll als Kind oft auf den Kopf gefallen sein. In der Schule hat er sehr schwer gelernt und mit steter Nachhilfe endlich die Berechtigung zum einjährig-freiwilligen Dienst mit 17 Jahren erlangt.« Zu den charakterlichen Anforderungen an einen kaiserlichen Offizier vgl. den historischen Rückblick bei Thomas Flemming, *»Willenspotentiale«. Offizierstugenden als Gegenstand der Wehrmachtspsychologie*, in: Ursula Breymayer, Bernd Ulrich, Karin Wieland (Hg.), Willensmenschen. Über deutsche Offiziere, Frankfurt am Main 1999, S. 111–122.

22 Der Krieg war von der englischen Regierung als ein Kampf demokratischer und fortschrittlicher Mächte im Dienst der Kultur und Humanität gegen ein autokratisches System und den preußischen Militarismus proklamiert worden. Als Beleg dafür dienten insbesondere die Verletzung der belgischen Neutralität und die deutsche Kriegführung in Belgien und Frankreich. Vgl. zu diesem Thema Wiegand Schmidt-Richberg, *Die Regierungszeit Wilhelms II.*, in: Militärgeschichtliches Forschungsamt (Hg.), Handbuch zur deutschen Militärgeschichte 1648–1939, Abschnitt V: Von der Entlassung Bismarcks bis zum Ende des Ersten Weltkrieges, 1890–1918, S. 140–144.
Der Erfolg der englischen Propaganda rührt auch daher, daß England dank seiner Kontrolle über sämtliche Überseekabel 1914 zum Nachrichten-Welt-

mittelbarer Kriegsschauplatz war, von einigen Ausnahmen abgesehen, eben nicht Deutschland, und die deutsche Zivilbevölkerung war nicht wie die alliierten Zivilbevölkerungen über die gesamte Kriegsdauer hinweg von Kriegsmaßnahmen betroffen.[23] Jetzt, nach dem Krieg, wo laut Anklage die deutschen Soldaten allein Greueltaten begangen haben sollten, wurde der Vorwurf wieder laut, deutsche Soldaten seien Opfer von Greueltaten gerade der belgischen und französischen Zivilbevölkerung geworden. Ein Soldat sagte aus:

»Während des Straßenkampfes in Charleroi sah ich, als ich gerade um eine Straßenecke guckte, daß in einer Entfernung von etwa 80 m ein deutscher Kavallerist auf dem Boden lag und 2 Zivilpersonen sich über ihn gebeugt hatten und ich meine auch, daß sie sich zu schaffen machten, wenn ich auch näheres nicht sehen konnte. Ich schoß gleich auf die Zivilisten, worauf die beiden wegliefen und in einem Hause verschwanden. [...] Den Kavalleristen habe ich mir aber noch angesehen. Mit mir befanden sich noch eine Menge Kameraden dort zusammen, die sich den Mann auch ansahen. Er hatte einen Beinschuß. Ferner sah ich, daß ihm beide Augen ausgestochen waren, d. h. die beiden Augen waren aus dem Kopf heraus und die Umgebung der Augen zeigte böse Verletzungen, wie von Schnitten herrührend.«[24]

Andere Soldaten berichteten von abgeschnittenen Ohren und Geschlechtsteilen, von Scheiterhaufen, auf denen noch lebende Soldaten verbrannt worden seien, oder von halbverkohlten Leichen auf glühenden Ofenplatten.[25] Ob oder inwieweit die Angaben der Wahrheit entsprachen oder einer überhitzten Phantasie im Kontext der Franktireur-Psychose entsprungen sind, ist nicht nachprüfbar. Ihrer Glaubhaftigkeit abträglich ist aber die häufige Erwähnung bestimmter Greuelakte, wie beispielsweise das Ausstechen der Augen oder die Verletzung der Augenpartien.[26] Sie

---

monopolisten geworden war. Vgl. Wolfgang Schivelbusch, Die Kultur der Niederlage. Der amerikanische Süden 1865, Frankreich 1871, Deutschland 1918, Berlin 2001, S. 262.

23 Zu den Ausnahmen vgl. die Ausführungen zum See- und Luftkrieg in dieser Untersuchung.

24 Aussage des Infanteristen Alwin Chatton, zit. aus bJ 729/20 (General d. Infanterie a. D. Max von Bahrfeldt), Bd. 2, Bl. 6 RS.

25 Vgl. die Aussagen in bJ 453/20 (General d. Infanterie a. D. Adolf von Oven), Bd. 1, Bl. 158ff.

26 Das findet sich, mit zum Teil wortgleicher Formulierung, überall, wo von Greueltaten an deutschen Soldaten die Rede ist. Hellmut von Gerlach erkannte darin – unter Einbeziehung von Berichten über angebliche Greueltaten an der Ostfront – ein Leitmotiv und spottete: »[I]m Osten wird gehackt und geschnitten, im Westen gestochen.« Vgl. ders., Die große Zeit der Lüge.

läßt den Verdacht der Kolportage aufkommen, vielleicht aber war auch nur das Reservoir an Bestialitäten beschränkt. Wie dem auch sei, in Deutschland jedenfalls[27] war man überzeugt von der Existenz der Greueltaten, und sogar der als besonnen geltende Reichskanzler erklärte gegenüber amerikanischen Presseagenturen, daß Frauen und Mädchen deutschen Verwundeten die Augen ausstachen, daß Beamte belgischer Städte deutsche Offiziere zum Essen eingeladen und über den Tisch hinüber erschossen hatten und belgische Frauen den Soldaten, die sie in Quartier aufgenommen und die sich zur Ruhe gelegt hatten, die Hälse durchschnitten.[28]

Die Zulässigkeit von Repressalien – Der Fall Vallade

Von Vergeltung und Bestrafung wurde in vielen Verfahren gesprochen. Es ging dabei im allgemeinen um das behauptete völkerrechtswidrige Verhalten der feindlichen Zivilbevölkerungen, die unter Mißachtung der Art. 1 und 2 HLKO zu den Waffen gegriffen hatten. Einige Befehlsgeber erwähnten in ihren Aussagen auch den Begriff der Repressalmaßnahmen,[29] das Reichsgericht aber vermied diesen Begriff in seinen Beschlüssen, und wenn es ihn verwendete, dann ohne Kommentierung. Der Grund für diese Zurückhaltung war – neben dem bereits genannten zur grundsätzlichen Anwendbarkeit der Repressalie[30] – der folgende: Die Repressalie zielte *per definitionem* auf die Durchführung einer völkerrechtswidrigen Maßnahme, mit der auf eine völkerrechtswidrige Handlung des Feindes geantwortet werden sollte, um ihn zu einem völkerrechtsgemäßen Verhalten zu zwingen.[31] Die Bekämpfung der Franktireure war aber nach deutscher Auffassung gerade nicht rechtswidrig, sondern durch den

---

Der erste Weltkrieg und die deutsche Mentalität (1871–1921), hrsg. von Helmut Donat und Adolf Wild, Bremen 1994, S. 71–77.

27 Zu den englischen, französischen und belgischen Darstellungen deutscher Greueltaten (Vergewaltigungen, körperliche Verstümmelungen wie insbesondere das Abschlagen von Händen junger Mädchen und Frauen) und der Rolle der alliierten Presse bei der Rezeption der Greueltaten in den jeweiligen Öffentlichkeiten, vgl. Horne/Kramer, German Atrocities, 1914, S. 175–225.

28 Vgl. Meurer, *Der Volkskrieg und das Strafgericht über Löwen*, S. 635.

29 Vgl. bJ 57/20 (Major a. D. Heinrich Baron von Bünau) oder bJ 453/20 (von Oven).

30 Ihre Anwendbarkeit bedingte ein vorheriges staatliches Handeln, vgl. oben, S. 281f.

31 Vgl. Liszt, Völkerrecht (1915), S. 321.

Kriegsbrauch, die Kriegsnotwendigkeit und die Besatzungsrepression gerechtfertigt. Auf die Repressalie einzugehen erübrigte sich daher.

Ein Fall allerdings, in den sich sogar noch der kurzzeitig amtierende Reichsjustizminister Gustav Radbruch einschaltete, bildet eine Ausnahme. Gutachten wurden eingeholt, und Reichsanwaltschaft wie auch Reichsgericht nahmen direkt oder durch Verweis auf gutachterliche Äußerungen zur Repressalie und ihrer kriegsrechtlichen Zulässigkeit Stellung.

Zunächst zum Sachverhalt: Ende Oktober 1914 ging eine Gruppe, bestehend aus einem Unteroffizier und vier Soldaten, auf Patrouillengang in der Nähe von Emberménil, einem kleinen lothringischen Straßendorf von etwa 300 Einwohnern. Die Patrouille sollte feststellen, ob sich in oder bei Emberménil noch französische Soldaten befanden. Als sie an den Ortsrand gelangte, fragte ein französischsprachiger Soldat eine Frau, ob das Dorf von französischen Soldaten besetzt sei. Die Frau antwortete, daß sie heute noch keine Soldaten gesehen habe, tags vorher seien jedoch noch gut zwanzig französische Soldaten in Emberménil gewesen. Auf die erneute Frage, ob sich wirklich keine Soldaten mehr im Dorf befänden, gab die Frau keine Antwort und verschwand in ihrem Haus. Die Patrouille ging weiter vor in Richtung auf die Dorfkirche. »Als die Patrouille sich der Kirche auf etwa 15 Meter genähert hatte, erblickte sie hinter der Mauer des Pfarrhofes plötzlich Franzosen. Es entstand zwischen diesen und der Patrouille ein heftiges Feuergefecht, in dessen Verlauf der Unteroffizier Ebert verwundet und gefangen genommen wurde, während es den übrigen Mannschaften der Patrouille gelang, zu entkommen und zu ihrem Truppenteil zurückzukehren.«[32]

Der Kommandeur des Landwehrregiments, dem die Soldaten der Patrouille angehörten, Oberst Ludwig von Vallade, ließ daraufhin das Dorf mit Granaten beschießen.[33] Zehn Tage später, als Teile des Regiments wieder in die Nähe von Emberménil gelangten, erließ von Vallade folgenden Befehl:

»Wenn später das heutige Unternehmen auf meinen Befehl abgebrochen wird, muß auf dem Rückweg bei Tag oder Nacht die Gelegenheit wahrgenommen werden, den Einwohnern von Embermenil für den hinterlistigen Überfall auf die Patr. Untoff. Ebert (II. Bataillon) unerbittlich zu bestrafen.

Zu diesem Zweck sind mehrere Häuser in Embermenil anzuzünden oder zu zerstören, 2–3 Einwohner inmitten des Ortes zu erschießen, bewegliches Eigentum wie Pferde, Rindvieh, Fahrzeuge, Werkzeuge soweit in kurzer Zeit durch-

---

32 Vgl. bJ 12/20 (Generalmajor a. D. Ludwig von Vallade), Bd. 3, Bl. 51, dort auch die zitierte Stelle.

33 Vgl. ebenda, Bd. 1, Bl. 15.

führbar, fortzuschaffen. Den Einwohnern ist zu erklären, warum diese Strafe vorgenommen wird.«[34]

Mit der Ausführung des Befehls beauftragt wurde ein Hauptmann Rexroth, und dieser reagierte auf den Befehl wie die meisten Offiziere des Regiments, nämlich mit Ablehnung. »Henkerdienste« wolle er nicht erbringen müssen, soll er Zeugenaussagen zufolge gesagt haben.[35] Daß er dennoch den Befehl ausführte, habe an seiner Furcht vor einem kriegsgerichtlichen Verfahren, in dem er wegen Gehorsamsverweigerung vor dem Feind zum Tode hätte verurteilt werden können, gelegen. In dieser Furcht sei er auch von anderen Kompanieführern des Regiments bestätigt worden.[36]

Hauptmann Rexroth ließ die Dorfbevölkerung sich auf dem Kirchplatz versammeln, gab ihr den Befehl Vallades bekannt und forderte die Person, welche die Gefangennahme des Unteroffiziers verschuldet hätte, auf, sich zu melden. Diese meldete sich auch, erklärte aber, tatsächlich nicht gewußt zu haben, ob sich noch französische Soldaten im Dorf befunden hätten. »Darauf«, so der Oberreichsanwalt in seinem Ermittlungsbericht, »suchte Rexroth nach Mitschuldigen der Frau, da er annahm, daß an dem Verrat noch weitere Dorfeinwohner beteiligt gewesen seien. Rexroth verfiel alsbald auf einen [...] jungen Menschen, der ihm verdächtig vorkam und von dem er nach seinem Aussehen annahm, daß er wohl an dem Verrat beteiligt gewesen sein könne. Die Dolmetscherin teilte Rexroth mit, daß der betreffende junge Mann blödsinnig sei und als Dorfidiot gelte. Rexroth beruhigte sich bei diesem Gedanken, daß mit diesem Blödsinnigen ein nicht besonders kostbares Leben vernichtet würde.«[37] Nachdem ein Exekutionskommando nicht ohne Schwierigkeiten zusammengestellt worden war – viele Soldaten der Kompanie hatten sich im Wissen um das Kommende »in die Häuser verzogen«[38] –, wurden die Frau und der Mann vor dem Friedhof erschossen. Das Abbrennen einiger Häuser und das Wegschaffen beweglichen Eigentums folgte danach.

Der Oberreichsanwalt beschuldigte von Vallade, der in der französischen Auslieferungsliste nicht namentlich, sondern nur in seiner Eigenschaft als verantwortlicher Führer (*le Colonel*) des 4. Bayerischen

---

34 Zit. aus ebenda, Bd. 2, Bl. 23.

35 Vgl. die Aussage des Hauptmanns Rückert, in: ebenda, Bd. 1, Bl. 22, oder die Aussage des Oberleutnants Haggenmüller, Bl. 16f.

36 Ebenda, Bl. 17.

37 Ebenda, Bd. 3, Bl. 52 VS/RS.

38 Ebenda, Bd. 1, Bl. 17.

Landwehr-Infanterieregiments aufgeführt war,[39] des zweifachen Mordes (§ 211 StGB i. V. m. § 7 MStGB). Auf seinen Antrag eröffnete der Präsident des Reichsgerichts die Voruntersuchung und setzte einen Untersuchungsrichter ein.[40] Dieser, ein Richter des Landgerichts München, ersuchte das Reichswehrministerium und die Heeresabwicklungsstelle Bayern in München jeweils um eine gutachterliche Äußerung über die Auskunftspflicht der feindlichen Bevölkerung und über die Zulässigkeit möglicher damit verbundener Sanktionen. Hintergrund seiner Anfrage war folgende juristische Ausgangssituation: Art. 23 Abs. 2 HLKO untersagt den Kriegführenden, Angehörige der Gegenpartei zur Teilnahme an den Kriegsunternehmungen gegen ihr Land zu zwingen. Art. 44 HLKO legt konkret das Verbot fest, »die Bevölkerung eines besetzten Gebiets zu zwingen, Auskünfte über das Heer des anderen Kriegführenden oder über dessen Verteidigungsmittel zu geben«, und Art 46 HLKO fordert außerdem die Achtung des Lebens und des Privateigentums der Zivilbevölkerung. Art. 50 HLKO schließlich verbietet Kollektivstrafen.

Nach Ansicht des Untersuchungsrichters konnte nur ein Akt des Kriegsverrats (eine gegen die deutsche Kriegführung gerichtete Handlung) eine Abweichung von diesen Regelungen erlauben. Er wollte daher insbesondere wissen,

– ob eine verräterische Handlung darin zu erblicken ist, daß eine feindliche Zivilperson einer deutschen Patrouille im Operationsgebiet wissentlich – so die Annahme des Untersuchungsrichters – eine falsche Auskunft über die Besetzung einer Ortschaft mit feindlichen Truppen gibt und ob diese Person dafür auch nach Ablauf einer Reihe von Tagen erschossen werden darf;

– ob ein deutscher Kriegsbrauch besteht, nach dem wegen einer als Kriegsverrat erachteten falschen Auskunft Strafmaßregeln gegen eine ganze Ortschaft angeordnet und dabei noch weitere am Verrat nicht beteiligte Personen erschossen werden dürfen.[41]

Das Gutachten der bayerischen Heeresabwicklungsstelle bestätigte die

---

39 Vgl. Liste des personnes désignées ..., S. 74. Die Ermittlungen wurden durch einen Artikel beschleunigt, der am 18.10.1919 in der Zeitschrift *Marienburg* (»Zeitschrift für kritische Betrachtung der Vergangenheit und Gegenwart«) erschienen war. Der Artikel beschreibt das Geschehen in Emberménil und die Beteiligung des Oberst von Vallade daran. Die Redaktion der Zeitschrift wies in einer Anmerkung zum Artikel darauf hin, daß von Vallade in Würzburg in republikanischen Diensten als Leiter einer militärischen Auflösungsstelle stehe. Kopien des Artikels und der Anmerkung in: bJ 12/20 (von Vallade), Bd. 1, Bl. 2–5.

40 Vgl. ebenda, Bl. 52.

41 Ebenda, Bl. 60f.

Ansicht des Richters. In der Falschauskunft der Frau sei ein Kriegsverrat i. S. d. § 160 MStGB[42] zu sehen, der nach dem Kriegsbrauch mit dem Tod bestraft werden könne. Allerdings mußte das Gutachten dazu auf der subjektiven Ebene mit zwei Annahmen operieren: Einmal mußte es der beschuldigten Frau einen Handlungsvorsatz, also eine zwanglose, willentliche und wissentliche Falschauskunft unterstellen, was in Anbetracht des Handlungsablaufs nicht leicht zu begründen war und vom Heeresabwicklungsamt auch nicht begründet wurde. Zum zweiten mußte das Gutachten seine Feststellung umgehen, daß nach deutschem Kriegsbrauch in Übereinstimmung mit Art. 50 HLKO wegen einer als Kriegsverrat zu erachtenden Auskunft Strafmaßnahmen gegen eine ganze Ortschaft einschließlich der Erschießung einer weiteren, am Verrat nicht beteiligten Person, unzulässig sind.[43] Es hieß daher am Ende des Gutachtens, daß »bezüglich der Verantwortlichkeit auch zu berücksichtigen sein [wird], inwieweit der eine solche Massnahme Anordnende [...] auf höheren Befehl oder in der berechtigten Annahme des Vorliegens eines solchen Befehls handelte«.[44] Das überzeugend zu vertreten wäre jedoch nicht so einfach gewesen. Wenn im Regiment allgemein »eine große Empörung oder zum mindesten Erregung« über die Maßnahmen gegen Emberménil herrschte,[45] wie sollte dann ausgerechnet dessen Führer von jedem Zweifel frei gewesen sein? Das Gutachten des Heeresabwicklungsamtes zeigte folglich einen schlecht begehbaren Weg.

Das zweite Gutachten versprach indes Abhilfe. Das Reichswehrministerium erklärte die (Nicht-)Auskunft der Frau ebenfalls zu einem Akt des Kriegsverrats,[46] dessen Sanktionierung mit der Todesstrafe im standgerichtlichen Verfahren aber nur möglich sei, wenn sie sich gegen den auf frischer Tat betroffenen Täter richte. Der Zeitablauf zwischen Tatbegehung und Bestrafung sowie das Ausmaß der vollzogenen Strafen zeigten, daß diese Voraussetzung nicht beachtet worden sei.

---

42 § 160 MStGB verweist u. a. auf § 58 MStGB, wo es unter Nr. 5 heißt, daß derjenige, der »als Wegweiser kriegführende deutsche oder verbündete Truppen irre leitet« einen Kriegsverrat begeht, wenn er dabei mit dem Vorsatz handelt, den deutschen oder verbündeten Truppen Nachteile zuzufügen.

43 bJ 12/20 (von Vallade), Bd. 2, Bl. 62f.

44 Ebenda, Bl. 62 RS.

45 Ebenda, Bd. 1, Bl. 17 RS.

46 Art. 23 Abs. 2 HLKO verbiete, so das Reichswehrministerium, die Erzwingung einer Auskunft nicht, da sie nicht zu seinem Regelungsbereich gehöre. Das explizite Verbot des Art. 44 HLKO beziehe sich nur auf das besetzte Gebiet, nicht auf das Operationsgebiet, um das es hier aber gehe. Außerdem habe das Deutsche Reich Art. 44 nicht anerkannt Vgl. ebenda, Bd. 2, Bl. 65f.

Trotzdem kam das Gutachten nicht zu dem Ergebnis, daß der Befehl Vallades rechtswidrig war. Er wurde lediglich anders interpretiert, und schon erschien er rechtlich in einem ganz neuen Licht. Mitnichten habe nämlich der Beschuldigte, wie das Gutachten weiter ausführte, ein Strafgericht angeordnet, vielmehr habe es sich bei dem Befehl um eine völkerrechtliche Kriegsrepressalie gehandelt. Und in hilfreicher Unterstellung subjektiver Beweggründe fügte es hinzu: »Der Befehlshaber ist [...] von der Annahme ausgegangen, dass die Person oder Personen, die die falsche Auskunft erteilt haben, im bewussten und gewollten Zusammenwirken mit der französischen Besatzung des Dorfes gehandelt haben, dass sie vorgeschickt waren, um die deutsche Patrouille sicher zu machen und in den ihr gelegten Hinterhalt hineinzulocken.«[47] Als Repressalie aber war der Befehl aller Beschränkungen ledig. Die Art. 46 und 50 HLKO verlören, so das Gutachten, ihre Gültigkeit, weil die Bevölkerung als mitverantwortlich anzusehen sei. Zu fordern sei nur, »dass zwischen dem völkerrechtswidrigen Verhalten des Gegners und der anzuwendenden Repressalie kein allzu großer Kontrast besteht«.[48]

Reichsanwaltschaft und Reichsgericht bot sich damit, so scheint es, ein juristisch gangbarer Weg. Vallade hatte eine Repressalmaßnahme befohlen, die rechtmäßig war, wenn sie nicht gegen das Gebot der Verhältnismäßigkeit verstieß. Ob Reichsanwalt Feisenberger in diesem Punkt Bedenken hatte oder ob er bei der Frau und den Einwohnern von Emberménil keine Anhaltspunkte für ein »bewußtes und gewolltes Zusammenwirken« mit den französischen Soldaten im Dorf sah, ist nicht feststellbar. Jedenfalls beantragte er nach Abschluß der Voruntersuchung gemäß § 112 StPO den Erlaß eines Haftbefehls, weil er eine Anklage wegen Totschlags gegen Vallade beabsichtigte.[49] Mit anderen Worten: Die Reichsanwaltschaft hielt, da hier dringender Tatverdacht die alleinige gesetzliche Voraussetzung für den Erlaß eines Haftbefehls[50] war, eine Verurteilung Vallades zwar nicht mehr wie ursprünglich wegen Mordes, sondern nunmehr wegen Totschlags[51] für sehr wahrscheinlich.

---

47 Ebenda, Bl. 67.

48 Ebenda, Bl. 68.

49 Vgl. das Schreiben Feisenbergers vom 15. April 1921, in: bJ 12/20 (von Vallade), Bd. 4, Bl. 20f.

50 § 112 StPO bestimmte, daß »[d]er Angeschuldigte nur dann in Untersuchungshaft genommen werden [darf], wenn dringende Verdachtsgründe gegen ihn vorhanden sind und [...] er der Flucht verdächtig ist [...]. Der Verdacht der Flucht bedarf keiner weiteren Begründung: 1. wenn ein Verbrechen den Gegenstand der Untersuchung bildet; [...].«

51 Der Unterschied zwischen Mord (§ 211 StGB) und Totschlag (§ 212 StGB)

Der Antrag wurde noch am Tag seines Eingangs beim Untersuchungsrichter von diesem abgelehnt. Der Kernsatz der Begründung für die Ablehnung lautete: »Eine nach § 212 StGB strafbare Handlung liegt nach dem Ergebnis der Voruntersuchung nicht vor, da dem Angeschuldigten das Bewußtsein der Rechtswidrigkeit seiner Handlung gefehlt hat.«[52] Worauf sich das fehlende Bewußtsein der Rechtswidrigkeit bei dem Angeschuldigten, der immerhin drei Jahre lang die bayerische Kriegsakademie besucht hatte und von dort mit der Qualifikation zum Generalstab entlassen worden war,[53] stützte, sagte der Beschluß nicht.

Reichsanwalt Feisenberger verfaßte gleichwohl eine Anklageschrift mit dem von ihm angekündigten Inhalt (Verdacht einer strafbaren Handlung nach § 212 StGB),[54] die allerdings nie an das Reichsgericht gelangte. Der damalige Reichsjustizminister Radbruch nämlich teilte dem Oberreichsanwalt mit, daß er darum bitte, »von der Einreichung der Anklageschrift[en][55] [...] vorläufig noch abzusehen«.[56] Eine erschöpfende Aufklärung des Sachverhalts sei, so Radbruch, ohne ausländisches Beweismaterial nicht möglich. Ein sich nur auf das inländische Beweismaterial stützendes Urteil stünde nach Lage der Gesetzgebung einer nochmaligen späteren Verhandlung entgegen und wäre deshalb einem Abkommen mit den Alliierten über eine Ausweitung der »Probeliste« hinderlich.[57]

Gegen diese Argumentation ist zunächst einmal nichts einzuwenden. Die Wiederaufnahme eines rechtskräftig abgeschlossenen Verfahrens war nach § 359 StPO möglich, wenn neue Tatsachen vorgebracht und diese durch neue Beweismittel belegt werden konnten. Nach Lage der Dinge hätten diese Tatsachen und die Beweismittel nur von den Einwohnern Emberménils oder von den französischen Soldaten kommen können, die sich zur Zeit des Patrouillengangs im Ort aufhielten.

Aber was hätten die einen wie die anderen aussagen sollen? Daß es ein Zusammenwirken zwischen der Dorfbevölkerung und den Soldaten gegeben hatte? Davon gingen nicht einmal Untersuchungsrichter und Reichsanwalt aus, und der von deutschen Zeugen bestätigte Geschehens-

---

bestand darin, daß im ersten Fall die Tötung mit Überlegung erfolgen mußte, im zweiten nicht.

52 bJ 12/20 (von Vallade), Bd. 4, Bl. 20 RS.

53 Ebenda, Bd. 3, Bl. 50 RS.

54 Ebenda, Bd. 4, Bl. 26ff.

55 Radbruch bezieht sich auf zwei Anklageschriften, und zwar auf die Anklageschrift gegen von Vallade und auf die gegen einen Major a. D. von Stössel. Zu von Stössel (bJ 112/20) vgl. oben, S. 223ff.

56 Das Schreiben ist vom 27. Mai 1922 und in Abschrift enthalten in: bJ 12/20 (von Vallade), Bd. 4, Bl. 17f.

57 Ebenda.

ablauf läßt einen solchen Schluß auch nicht zu. Der Eindruck liegt nahe, daß hier unter Rückgriff auf ein formales Argument ein Gerichtsverfahren gegen Vallade vermieden werden sollte, das mit einiger Wahrscheinlichkeit zu einer Verurteilung hätte führen können. Zwar räumte Radbruch in dem Schreiben ein, daß das Ruhenlassen eines Verfahrens nach förmlichem Abschluß der Voruntersuchung nicht unproblematisch sei, wobei er zur Erklärung auf das Auswärtige Amt verwies, das von Anträgen an die Alliierten zur Überlassung von Beweismaterial oder zur Gewährung von Rechtshilfe abgeraten habe.[58] Aber auch das ist nur eine scheinbare Erklärung, denn kurz nach der Veröffentlichung des interalliierten Kommissionsberichts Anfang 1922 über die bis dahin durchgeführten Verfahren war klar, daß die Alliierten ihre Kooperation auf die Fälle der »Probeliste« beschränken würden. In den Sachen der »großen Liste«, zu denen das Verfahren gegen von Vallade gehörte, auf weitere französische Beweismittel oder Rechtshilfe zu warten, hieß damit, daß es nie ein Verfahren geben würde. Das konnte Radbruch nicht unbekannt gewesen sein, und wie wir uns erinnern,[59] sollte er 25 Jahre später auch schreiben, daß während seiner Amtszeit die Kriegsverbrecherprozesse dilatorisch behandelt werden mußten und daß später dann die zahlreichen auf haltlose Beschuldigungen gegründeten Verfahren durch Reichsanwaltschaft und Reichsgericht eingestellt wurden.

Dilatorisch behandelt und schließlich eingestellt wurde auch das Verfahren gegen Vallade. Bis 1924 geschah nichts. Dann verurteilte ihn ein französisches Kriegsgericht wegen zweifachen Mordes, Brandstiftung und Plünderung in Abwesenheit zum Tode. Das Gericht hatte sich nur auf französische Zeugenaussagen gestützt, die sich, von einigen patriotischen Bekundungen abgesehen, in nichts von den deutschen Aussagen unterschieden.[60] Ein gutes halbes Jahr später, als keine allzu großen Auswirkungen auf die französische öffentliche Meinung mehr befürchtet wurden, beantragte der Oberreichsanwalt die Außerverfolgungsetzung des Angeschuldigten Vallade »mangels ausreichender tatsächlicher Belastung«.[61] Ansatzpunkte für ein strafrechtliches Verhalten sah er jetzt nicht mehr. Er hielt das von Vallade angeordnete Strafgericht für eine völkerrechtlich zulässige Kriegsrepressalie, wobei er sich zur Begründung auf ein zwischenzeitlich eingeholtes Gutachten des Generals d. Inf. a. D. von Kuhl

---

58 Ebenda.

59 Vgl. oben, S. 104.

60 *Les atrocités allemandes en Lorraine. Le Colonel bavarois von Vallade condamné à mort par contumace*, in: Matin, 18.6.1924, Abschrift in bJ 12/20 (von Vallade), Bd. 3, Bl. 42.

61 Ebenda, Bl. 50.

berief, der uns in den Verfahren gegen Stenger/Crusius oder Kielmansegg bereits begegnet ist. Dieser erklärte Emberménil zu einem strategisch wichtigen Ort, dessen Bevölkerung, falls sie französische Soldaten unterstützte, zu einer großen Gefahr für deutsche Einheiten werden konnte. Die eigene Aufklärung würde erheblich erschwert, die feindliche durch eine Mitwirkung der Einwohner erleichtert. Es sei zu befürchten, daß die eigenen Patrouillen das Vorgehen gegen Ortschaften scheuten, wenn sie dort eines Überfalls gewärtig sein müßten. Vorausgesetzt, daß die Bewohner des Dorfes tatsächlich der Patrouille eine falsche Auskunft gegeben hätten, um sie in einen Hinterhalt zu locken, so seien die vor einer Wiederholung abschreckenden Repressalien eine Kriegsnotwendigkeit und deshalb zulässig gewesen.[62]

Das Reichsgericht entsprach dem Antrag des Oberreichsanwalts, erweiterte aber, indem es den Hinweis des Gutachters auf die Kriegsnotwendigkeit aufnahm, die Begründung dahingehend, »daß der Angeschuldigte sonder Zweifel seine Anordnungen als durch die Erfordernisse des Krieges dringend notwendig angesehen und darum nicht für rechtswidrig gehalten hat«.[63] Zu dieser ostentativen Festigkeit in der Begründung gelangte das Gericht dadurch, daß es der Zivilbevölkerung insgesamt verräterische und feindselige Handlungen unterstellte, welche augenscheinlich die Anforderungen an das Unrechtsbewußtsein Vallades erheblich reduziert hätten. Die Frage, ob überhaupt die feindliche Zivilbevölkerung zu Auskünften über die eigene Armee gezwungen werden darf und inwieweit solche Auskünfte auch freiwillig sein können mit der Folge, daß keine Mitverantwortung der Bevölkerung angenommen werden kann, wurde nicht in Erwägung gezogen.[64] Der Rechtsverstoß der Zivil-

---

62 Ebenda, Bl. 53. Der Hinweis des Angeschuldigten, daß er vor der Erteilung des Befehls diesen mit seinen Vorgesetzten besprochen habe (Bd. 2, Bl. 104 RS), ist als Schutzbehauptung zu werten. Zum einen gibt es darüber nichts Schriftliches, zum anderen ist der Zeitablauf widersprüchlich. Es ist davon auszugehen, daß Vallade sie erst nachher von seinem Vorgehen informiert hat.

63 Beschluß vom 26. März 1926, ebenda, Bl. 55.

64 Das Reichswehrministerium, das in seinem Gutachten einen Auskunftszwang im Operationsgebiet für zulässig hielt, scheint mit seiner Auffassung, soweit ersichtlich, alleine zu stehen. Das Heeresabwicklungsamt lehnte einen Zwang als unvereinbar mit der HLKO ab (vgl. bJ 12/20, von Vallade, Bd. 2, Bl. 64), der Standardkommentar zum MStGB lehnte ihn ebenfalls ab und verwies zur Begründung auf eine Arbeit des Völkerrechtlers Karl Strupp. Wie das Reichswehrministerium ging auch Strupp von dem Vorbehalt, den das Deutsche Reich zu Art. 44 HLKO (Verbot des Auskunftszwangs auf besetztem feindlichem Gebiet) erklärt hatte, aus, folgerte daraus jedoch nicht dessen Zuläs-

bevölkerung mußte pauschal als massiv erscheinen, damit die Anordnung einer Repressalie in objektiver, zumindest aber in subjektiver Hinsicht (Irrtum über die Zulässigkeit der Anordnung auf seiten von Vallade) als rechtmäßig erscheinen konnte. Daß dazu ein bestimmtes Verständnis vom Wesen und von der Zulässigkeit der Repressalie erforderlich war, zeigt ein Blick auf ihre bereits damals anerkannten völkerrechtlichen Voraussetzungen. Zwar wird er dadurch erschwert, daß es keine positivrechtlichen Regelungen gab, aber es hatten sich gewohnheitsrechtlich einige Punkte herausgebildet, die aus der Repressalie weit weniger als ein beliebig interpretierbares Rechtsinstitut gemacht hatten:

- Es mußte eine Verletzung des Völkerrechts vorliegen; nur dann war dem Gegner überhaupt die Möglichkeit eröffnet, Vergeltungsmaßregeln, die auch in sonst verbotenen Akten bestehen können, zu ergreifen, um eine Beendigung des rechtswidrigen Vorgehens zu erzwingen.[65]
- Die Vergeltungsmaßnahmen durften nicht den Grad der Verletzung durch den Feind überschreiten, sie mußten in einem angemessenen Verhältnis zum angetanen Unrecht stehen.[66]
- Repressalien durften nicht unmenschlich oder grausam sein; bei ihrer Anordnung war die Martenssche Klausel aus dem IV. Haager Abkommen zu beachten, das heißt, sie standen unter den dort als subsidiäre Rechtsquellen anerkannten »Gesetzen der Menschlichkeit« und »For-

---

sigkeit im Operationsgebiet, sondern entwickelte das Verbot des Auskunftszwangs aus Art. 23 Abs. 2 HLKO (Verbot des Zwangs zur Teilnahme an Kriegsunternehmungen gegen das eigene Land) und Art. 24 HLKO (Nachrichtenverschaffung). Beide Artikel beziehen sich auf das Operationsgebiet und seien, so Strupp, im Lichte des Art. 2 HLKO auszulegen, dem der Gedanke zugrunde liege, »daß die Angehörigen des feindlichen Staates [...] zu keinerlei Diensten herangezogen werden sollen, durch die sie ihrem eigenen Vaterlande schaden müßten, eventuell sich sogar diesem gegenüber objektiv eines Verbrechens schuldig machen würden«. Vgl. Strupp, Das internationale Landkriegsrecht, S. 68–74 (Zitat S. 70f.), sowie Romen/Rissom, Militärstrafgesetzbuch (1916), S. 621.
Die §§ 160 i.V.m. 58 Nr. 5 MStGB (vorsätzliche Irreleitung deutscher Truppen als Kriegsverrat) können hier undiskutiert bleiben, weil sie Strafnormen sind und nur die Bestrafung der Frau von Emberménil gerechtfertigt hätten.

65 Vgl. Entwurf des Instituts für Völkerrecht der Universität Göttingen, V. Kriegsrechtliche Haftung des Einzelnen, d) Repressalien, S. 4 m.w.H.; Verdross, Die völkerrechtswidrige Kriegshandlung und der Strafanspruch der Staaten, S. 66.

66 Ebenda (Verdross); Strupp, Das internationale Landkriegsrecht, S. 35; Heinrich Albrecht Schütze, Die Repressalie unter besonderer Berücksichtigung der Kriegsverbrecherprozesse, Bonn 1950, S. 61.

derungen des öffentlichen Gewissens«. Begründet wurden diese und die vorgenannte Beschränkung damit, daß die Repressalie, die ja den Gegner vor weiteren Rechtsverletzungen abhalten sollten, ihren Zweck verfehlt, wenn sie übermäßig ist, da sie dann den Feind veranlaßt, seinerseits zu Repressalien zu greifen.[67]

- Umstritten war, ob die Repressalie vor ihrer Anwendung angekündigt beziehungsweise so weit im voraus angedroht worden sein mußte, daß die Adressaten Gelegenheit zu völkerrechtsgemäßem Verhalten hatten. Verdross und Oppenheim behaupteten, daß sich kein entsprechender allgemeiner Völkerrechtssatz nachweisen lasse,[68] andere Autoren hingegen verwiesen auf eine entgegengesetzte Praxis und bezeichneten die vorherige Ankündigung von Repressalmaßnahmen als ein »unbedingtes Erfordernis« zur Vermeidung des Vorwurfs, der Krieg werde – wenn Vergeltungsmaßregeln für gewöhnliche Kriegshandlungen genommen würden – mit völkerrechtswidrigen Mitteln geführt.[69]
- Nicht eindeutig geklärt war auch, wer zur Anordnung von Repressalien befugt war, wobei jedoch Einigkeit darüber bestand, daß dies wegen der möglichen Auswirkungen nicht niederrangigen Offizieren überlassen bleiben dürfe.[70]

Übertragen wir diese Kriterien auf den vorliegenden Sachverhalt, so stellen wir fest, daß bereits das erste Erfordernis für die kriegsvölkerrechtliche Zulässigkeit einer Repressalie nicht erfüllt war. Unabhängig davon, ob man einen Auskunftszwang bejaht oder nicht, wird man in dem Verschwinden der Frau ins Haus, also in einer verbalen Nichtreaktion, keine vorsätzliche Falschinformation erblicken können. Eine Verletzung des Völkerrechts scheidet daher aus.

Doch auch wenn wir von einer bewußten Falschinformation ausgingen, würde eine Verletzung des zweiten Erfordernisses, das der Proportionalität, zu konstatieren sein. Die Erschießung von zwei Personen, das Abbrennen von Häusern samt der Folgemaßnahmen kann kaum als adäquate Reaktion auf die Verwundung und Gefangennahme eines einzigen Soldaten gelten, zumal hier auf seiten des Feindes reguläre Kombattanten beteiligt waren.

Inwiefern die Durchführung der Repressalie außerdem unmenschlich

---

67 Institut für Völkerrecht der Universität Göttingen, Repressalie, S. 3; Verdross, Die völkerrechtswidrige Kriegshandlung, S. 71.

68 Ebenda (Verdross), S. 70, dort auch (Anm. 112) der Hinweis auf Oppenheim.

69 Vgl. Roth, Die Repressalie, S. 31 m. w. N.; vgl. auch den Literaturüberblick in: Institut für Völkerrecht der Universität Göttingen, Repressalie, S. 6f.

70 Vgl. Oppenheim, International Law. Bd. 2: War and Neutrality, S. 262f.; Verdross, Die völkerrechtswidrige Kriegshandlung, S. 69f.

oder grausam war, kann dahingestellt bleiben. Schon jetzt ist unschwer zu erkennen, daß es zwischen der völkerrechtlichen Sicht auf die Repressalie und ihrer deutschen Handhabung Unterschiede gibt. Dort wurde es als ein Rechtsinstitut gesehen, das, gerade weil es einen gewollten Kriegsrechtsverstoß impliziert, an bestimmte Regeln gebunden ist. Hier hatte es den Charakter einer Maßnahme, die über die Repressalie Bestrafungs- oder Racheaktionen in den Rang einer letztlich rechtmäßigen Kriegshandlung erheben will.

Die völkerrechtliche Forderung nach Proportionalität sei eine Phrase, hatte der deutsche Jurist Albert Zorn erklärt. Entscheidend sei, daß mit der zu verhängenden Strafe der erstrebte Zweck in möglichst großem Umfang erreicht werde. Auch Strupp hatte, obwohl er die Einmütigkeit in der ausländischen Literatur hinsichtlich der Wahrung einer Proportionalität zugeben mußte, jede Rechtspflicht zu ihrer Beachtung abgelehnt. Und Meurer hatte unter Verweis auf die Schrift des Großen Generalstabs »Kriegsrecht im Landkrieg« die Meinung vertreten, dem Gebiet der Repressalie fehle noch jede Rechtsschranke und mithin auch das gewünschte Verbot.[71] »Die Repressalie verträgt keine Normen« wurde während des Krieges denn auch in unmißverständlicher Klarheit und behelfsweisem Rückgriff auf die Kriegsnotwendigkeit von wissenschaftlicher Seite propagiert.[72] Im Ergebnis bestätigten Argumentation und Entscheidung von Reichsanwaltschaft und Reichsgericht diese Auffassung einschränkungslos.

---

71 Vgl. die zusammenfassende Darstellung bei Schütze, Die Repressalie unter besonderer Berücksichtigung der Kriegsverbrecherprozesse, S. 64.

72 Vgl. Roth, Die Repressalie, S. 30.

Zum Tatvorwurf der Mißhandlung von Kriegsgefangenen

»Was ist das denn für ein Zug?
Daraus werd' der Teufel klug!
Platte Mützen, hohe Mützen,
Breite Borten, Silberlitzen,
Schäb'ge Mäntel, ohne Knöpfe,
Knochige Kalmückenköpfe,
Hohle Augen, platte Nasen –
Schweigend schlürft's auf kahlen Straßen.
Und dem Schwarm zu beiden Seiten
Schmunzelnde Ulanen reiten.
Wer trieb all' die jungen strammen
Und die alten Kerls zusammen?
Die Tataren und Kalmücken,
Die Kosacken voller Tücken,
Reiter, Schütz und Korporal – –?
Hindenburg schon wieder mal!«[1]

In Kriegsgefangenschaft geraten zu sein, das bedeutete fast solange, wie es Kriege gibt, den Status der völligen Rechtlosigkeit. Kriegsgefangene konnten, wenn sie wirtschaftlich nicht verwertbar waren, ohne weiteres getötet werden. Oder sie konnten, wovon beispielsweise das römische Recht regelmäßig ausging, in Sklaverei geraten. Das Christentum lehrte zwar mildere Sitten, doch nicht gegenüber Ungläubigen, und die Praxis im Mittelalter bis in die tiefe Neuzeit hinein sah ohnehin ganz anders aus. So ließ Karl der Große 782 bei Verden an der Aller 4500 Sachsen enthaupten;[2] Heinrich V. von England ordnete nach der Schlacht bei Azincourt (1415) die Tötung mehrerer tausend Gefangener an,[3] und der französische König Ludwig XI. (1423–1483) gab die Weisung, die Kriegs-

---

1 *Hindenburgs Gefangene*, in: Kriegskinderspende deutscher Frauen (Hg.), Vater ist im Kriege. Ein Bilderbuch für Kinder, Berlin und Leipzig, o. J., o. S.

2 Norbert Ohler, Krieg und Frieden im Mittelalter, München 1997, S. 270.

3 Ebenda. Ohler schreibt, daß die Anordnung wegen des entgangenen Lösegeldes nur unter Murren vollstreckt wurde. Keegan hingegen berichtet, daß sich die Ritter, die den Tötungsbefehl erhalten hatten, weigerten, ihn zu befolgen. Ihre Ehre verbot es ihnen, einen Feind, der sich ergeben hatte und entwaffnet worden war, zu töten. Der Befehl, über dessen genauen Inhalt Keegan zufolge jedoch Unklarheit besteht, wurde schließlich von Bogenschützen vollstreckt, die außerhalb der Ritterschaft standen und sich aus allerlei zwielichtigen Elementen zusammensetzten. Vgl. John Keegan, Das Antlitz des Krieges, S. 124–129.

gefangenen nicht dem einzelnen Soldaten zur Erlangung von Lösegeld zu belassen, sondern sie der Generalbeute zuzuteilen, »damit sie ein anderes Mal alles töten und keine Gefangenen mehr machen«, da sie kein direktes Finanzinteresse mehr an ihnen haben. Noch im 17. Jahrhundert mußte in Verträgen ausdrücklich vereinbart werden, daß die Gefangenen der Kriegsparteien nicht zu Galeerensklaven gemacht wurden.[4]

Mit der Aufklärung trat hier, wie im gesamten Kriegsrecht, eine Wende ein. Sie war allerdings, ebenso wie im Kriegsrecht, zunächst theoretischer Art. Die Völkerrechtspraxis folgte ihr nur langsam und mit vielen Rückschritten.[5] Aber dennoch: Das theoretische Fundament war gelegt, und es fand seinen Niederschlag im Verhältnis der Staaten untereinander. Der preußisch-amerikanische Vertrag von 1785 beispielsweise verbot in Art. 24 das Festhalten von Kriegsgefangenen in Strafgefängnissen und ihre Fesselung und ordnete ihre Verbringung an »gesunde« Orte an, wo sie wie die Truppen des Nehmestaates untergebracht und verpflegt werden sollten.[6] Damit nahm der Vertrag vorweg, was 100 Jahre später als mittlerweile gewohnheitsrechtliche Regel von dem deutschen Völkerrechtler Triepel zu dem Grundsatz formuliert wurde, daß die Kriegsgefangenen nicht Straf-, sondern Sicherheitsgefangene seien,[7] deren Gefangenhaltung allein dem Ziel der Schwächung des Feindes diene.

Welches die Rechte und Pflichten der von einer so verstandenen Gefangenschaft Betroffenen waren, wurde erstmals auf den Haager Konferenzen 1899 und 1907 durch Kodifikation des geltenden Gewohnheitsrechts festgelegt. Dem Verständnis folgend, wonach der kriegsgefangene Angehörige des Feindes kein Feind mehr ist und vor unmittelbaren Racheakten geschützt werden soll, gebot die einleitende Bestimmung in Art. 4 HLKO,[8] daß Kriegsgefangene nicht der Gewalt der Personen oder der Abteilungen, die sie gefangengenommen haben, unterstehen, sondern der Gewalt der feindlichen Regierung. Von dieser sollten die Gefangenen mit Menschlichkeit behandelt werden. Was darunter zu verstehen war, er-

---

4 Vgl. Friedrich Berber, Lehrbuch des Völkerrechts, 2. Bd., Kriegsrecht, München 1969, S. 148f.

5 Vgl. Paech/Stuby, Machtpolitik und Völkerrecht in den internationalen Beziehungen, S. 23–53, 86ff.; Kimminich, *Das Problem der Friedenssicherung im Völkerrecht des 20. Jahrhunderts*, S. 298–308.

6 G. F. de Martens, C. de Martens, Recueil de Traités, Bd. 4, 1785–1790, Göttingen 1818, S. 37ff.

7 Die Urheberschaft dieser Unterscheidung billigt Triepel gleichwohl dem Schweizer Bluntschli zu. Vgl. Heinrich Triepel, Die neuesten Fortschritte auf dem Gebiet des Kriegsrechts, Sonderdruck, Leipzig 1894, S. 51.

8 Mit der rechtlichen Stellung der Kriegsgefangenen beschäftigten sich die Art. 4–20 HLKO.

klärte die HLKO nicht, doch ist davon auszugehen, daß der Begriff der Menschlichkeit im Sinne der Martensschen Klausel zu verstehen war, daß also der Kriegsgefangene nicht zum Objekt zivilisations- oder kulturwidriger barbarischer Handlungen gemacht werden durfte.[9] Weiterhin erschloß er sich zumindest teilweise durch einige der folgenden Bestimmungen der HLKO, von denen zu nennen sind: das Gebot, »die Kriegsgefangenen in Beziehung auf Nahrung, Unterhalt und Kleidung auf demselben Fuße zu behandeln wie die Truppen der Regierung, die sie gefangen genommen hat« (Art. 7); die Geltung der Gesetze, Vorschriften und Befehle, die für die Armee des Nehmestaates in Kraft sind, auch für die Kriegsgefangenen (Art. 8); die Einrichtung einer Auskunftsstelle für Kriegsgefangene zum Zwecke ihrer Registrierung und der Unterrichtung des Heimatstaates oder von Hilfsgesellschaften (Art. 14–16); die Entlassung der Kriegsgefangenen in ihre Heimat nach dem Friedensschluß »binnen kürzester Frist« (Art. 20).

Die Zahl der Soldaten, die sich im Ersten Weltkrieg in deutscher Kriegsgefangenschaft befanden, beläuft sich auf etwa 2,5 Millionen.[10] Die größte Gruppe der Gefangenen, nicht ganz 1,5 Millionen, waren Russen. Aus Frankreich stammten rund 500 000, aus Großbritannien 190 000, aus Rumänien 150 000 und aus Italien 130 000 Kriegsgefangene. Von der Gesamtzahl der Kriegsgefangenen starben ca. 135 500 während der Gefangenschaft in deutschen Lagern. Auch hier fiel auf russische Gefangene die höchste Zahl (76 000), gefolgt von den rumänischen (25 000), französischen (18 000), italienischen (7700) und britischen (5500). Umgekehrt waren rund eine Million deutscher Soldaten in Kriegsgefangenschaft geraten, von denen nicht ganz 55 000 die Gefangenschaft nicht überlebten.[11] Wie viele der in den deutschen oder alliierten Lagern gestorbenen Kriegsgefangenen infolge von Kampfverletzungen, durch Seuchen und Krank-

---

9 Als Beispiel führt Strupp, Das internationale Landkriegsrecht, S. 46, den Fall an, daß Gefangene an einen den Geschossen ihrer eigenen Landsleute ausgesetzten Platz gebracht werden, um letztere an der Beschießung zu hindern.

10 Diese Zahl wie auch die folgenden sind entnommen: Deutscher Reichstag (Hg.), Völkerrecht im Weltkrieg. Bd. 3: Verletzungen des Kriegsgefangenenrechts, 1. Halbband, S. 19.

11 Die Liste des Untersuchungsausschusses, der sich mit Verletzungen des Kriegsgefangenenrechts beschäftigte, weist auch noch eine Rubrik »unaufgeklärte Fälle« auf, jedoch nur für die deutschen Kriegsgefangenen. Da eine solche Rubrik bei den alliierten Kriegsgefangenen in Deutschland fehlt und daher nicht klar ist, was mit den ungeklärten Fällen, die es sicher gegeben haben muß, geschehen ist (wurden sie den Überlebenden zugerechnet oder nicht?), bleibt sie hier unberücksichtigt.

heiten im Lager oder durch unmittelbare Gewalteinwendung seitens Dritter ums Leben gekommen sind, ist nicht bekannt.

Die ersten Vorwürfe, daß die Gefangenen nicht dem Kriegsrecht gemäß und insbesondere nicht menschlich behandelt würden, wurden bald nach Kriegsbeginn erhoben. Kaum etwas war, wie sich in den kommenden Jahren zeigen sollte, besser geeignet, auf Dauer die öffentliche Meinung in den kriegführenden Ländern zu erregen und zu mobilisieren als die Vorstellung von den eigenen Soldaten, die als Kriegsgefangene schutzlos der Willkür des Feindes ausgeliefert seien. Schlechte Unterkünfte, mangelhafte Ernährung, Arbeitszwang und körperliche Mißhandlung waren die wesentlichen Vorwürfe, welche die Alliierten gegen das Deutsche Reich und dieses gegen jene erhob und welche beide als Repressalien rechtfertigten oder als Anlaß für die Verhängung neuer Repressalien nahmen, wodurch ein oft undurchsichtiger Mechanismus ausgelöst oder verstärkt wurde. Doch auch in dieser Zuspitzung gab es rechtswidriges, vorwerfbares Handeln, denn die als Repressalmaßnahme gedachte Verbringung von Gefangenen in ein unwirtliches Gebiet Ostpreußens bedeutete zum Beispiel nicht, daß sie auch noch auf dem Transport geschlagen oder in anderer Weise mißhandelt werden durften. Wir werden auf diesen Punkt noch zurückkommen.

Es gab allerdings auch andere Vorwürfe, konkreter, und gegen namentlich benannte oder benennbare deutsche Heeresangehörige gerichtet. Ein Beispiel:

»Memorandum

Zwecks Mitteilung an den Niederländischen Minister (britische Abteilung) in Berlin

Seiner Majestät Regierung beehrt sich hiermit Abschriften von Aussagen, die seitens ehemaliger Kriegsgefangener des Lagers Elbingrode gemacht worden sind, zu übersenden.

Aus diesen Berichten dürfte hervorgehen, dass die in diesem Lager herrschenden Zustände sehr schlecht sind.

Seiner Majestät Regierung würde sehr verpflichtet sein, wenn die Niederländische Gesandtschaft (britische Abteilung) in Berlin, die Liebenswürdigkeit besitzen möchte, eine scharfe Untersuchung zu veranlassen, und möchte besonders darum ersuchen, dass der Name der Person, die dem Lager zur Zeit des Todes von Cheesman und Rice vorstand und für ihren Tod verantwortlich ist, ihr mitgeteilt wird.«[12]

Noch im Monat des Waffenstillstandsvertrages beschloß die neue Reichs-

---

12 Memorandum des Foreign Office vom 12.8.1918, zit. n. bJ 17/20 (Gefreiter Friedrich Hase), Bl. 8.

regierung die Bildung einer Kommission, der im Zusammenhang mit den deutschen Bemühungen zur Rehabilitierung der eigenen Kriegführung bereits erwähnten (oben, S. 53f.) »Kommission zur Untersuchung der Anklagen wegen völkerrechtswidriger Behandlung der Kriegsgefangenen in Deutschland«. Aufgabe der Kommission sollte es sein, wie Staatssekretär Erzberger auf ihrer konstituierenden Sitzung hervorhob, »den Beweis zu erbringen, dass die Regierung des neuen republikanischen Deutschlands entschlossen ist, mit größter Schärfe und ohne Rücksicht auf Rang und Stellung gegen Jedermann vorzugehen, der sich einer der Anordnungen der Behörden oder den Gesetzen der Menschlichkeit widersprechenden Behandlung Kriegsgefangener schuldig gemacht hat«.[13] Doch nicht nur um die Ahndung eigener Verfehlungen ging es. Den Kriegsgegnern sollte auch demonstriert werden, daß die »Rückkehr zur Idee des Rechts« nicht vor Staatsgrenzen haltmachte. »[W]ir hoffen«, erklärte der Vorsitzende der Kommission, der Völkerrechtler Schücking, »dass die Kulturwelt sich dem Eindruck des Beispiels, mit dem das deutsche Volk in der Behandlung solcher Klagen seinen Feinden vorangeht, nicht wird entziehen können und dass unsere Feinde ihrerseits die gleichen Maßregeln ergreifen werden, damit jedes Unrecht gesühnt wird, das irgend einem Kriegsgefangenen in diesem Kriege geschehen ist.«[14]

Der Kommission, die nach ihrem Vorsitzenden bald »Kommission Schücking« genannt wurde, gehörten neben diesem noch zehn Persönlichkeiten aus Politik, Militär und Verwaltung an, unter ihnen der USPD-Politiker und damalige Beigeordnete im Reichsschatzamt Eduard Bernstein.[15] Eine eigene Strafkompetenz hatten die Kommission und ihre jeweiligen Spruchkammern nicht; bei Feststellung einer strafbaren Handlung mußte sie die Angelegenheit an das zuständige Gericht verweisen. Lediglich in besonderen Ausnahmefällen konnte sie selbst als Strafe die »Ausstoßung aus dem Heere ohne Pension« aussprechen.[16]

---

13 Zit. n. PA Bonn, R 24324, o. S.

14 Ebenda.

15 Weitere Mitglieder waren Rechtsanwalt Dr. Cohn (USPD, Beigeordneter im Reichsjustizamt), Geheimer Justizrat Dove (Fortschrittliche Volkspartei, Vizepräsident des Reichstages seit 1912), Wirklicher Geheimer Legationsrat Dr. Eckardt (Rechtsabteilung des AA), Oberst v. Fransecky (Direktor des Unterkunfts-Departement im preußischen Kriegsministerium), Hildenbrand (Württembergischer Gesandter bei der Reichsregierung), Dr. Pfeiffer (Zentrum), Heinrich Prinz zu Schönaich-Carolath (Nationalliberale Partei/DDP), D. Stücklen (SPD, Vorsitzender der Anfang 1919 gegründeten Reichszentrale für Kriegs- und Zivilgefangene), Kapitän z. S. E. Vanselow (Mitglied der Waffenstillstandskommission).

16 So dann, wenn der Beschuldigte durch ein rechtskräftig gewordenes Urteil

Die Tätigkeit der Kommission Schücking

Die Kommission konzentrierte sich zunächst auf die Untersuchung der Fälle, die als schwerwiegend angesehen wurden, also auf Fälle der Tötung von Gefangenen, sowie auf solche, die immer wieder Gegenstand alliierter Beschwerdenoten gewesen waren. Zu ihnen gehörten in erster Linie die Heranziehung von Kriegsgefangenen zu Kriegsarbeiten für den Nehmestaat und die Verhängung angeblicher Disziplinarstrafen wie das Anbinden Gefangener an einen Pfahl oder die im Gefangenenjargon »Biwak«, »Käfig« oder »Unterseeboot« genannten Strafen. Eine Überprüfung aller in Betracht kommender Fälle, dessen waren sich die Kommissionsmitglieder bewußt, würde es aufgrund ihrer hohen Zahl nicht geben können. Soweit möglich, sollten typische Einzelfälle ausgewählt werden, um allgemein zu ihnen Stellung zu nehmen.[17]

Einer der ersten Fälle, mit denen die Kommission sich beschäftigte, betraf ein ostpreußisches Kriegsgefangenenlager namens Heilsberg. Der zugrundeliegende Sachverhalt ist, nach dem Maßstab des zu jener Zeit geläufigen Kriegsschreckens, geradezu banal: Ein russischer Gefangener war getötet worden.[18] Wie die spanische Botschaft (Spanien nahm die Interessen Rußlands wahr) dem Berliner Kriegsministerium am 1. August 1918 mitteilte, war er von einem Hauptmann mit dem Revolver erschossen worden, nachdem er zusammen mit anderen Gefangenen eines Arbeitskommandos die Arbeit verweigert hatte. Für die Arbeitsverweigerung gab es aber, so die spanische Botschaft in ihrem Bericht, einen guten Grund, nämlich den Umstand, daß die Gefangenen schon seit mehreren Sonntagen kein Essen bekommen hätten. Daraufhin hätten sich diese an einem Montag geweigert, die Arbeit auf einem Gut aufzunehmen, was den genannten Hauptmann und Besitzer des Gutes dazu veranlaßt habe, auf die Gruppe der Kriegsgefangenen zu schießen und sie mit Peitschenhieben zu traktieren. Dabei sei der Gefangene Gadalow tödlich getroffen worden.[19]

---

eines deutschen Kriegsgerichts freigesprochen worden war, dieses Urteil aber insofern einen Rechtsirrtum erkennen ließ, als es dem Völkerrecht widersprach. Vgl. R 30003, ORA/RG, Generalia, Bd. 62, o. S. (Urteil in Sachen Gefangenenlager Parnewinkel, Bl. 8).

17 Ebenda.

18 Zur Behandlung der russischen Kriegsgefangenen allgemein vgl. Evgenij Sergeev, *Kriegsgefangenschaft aus russischer Sicht. Russische Kriegsgefangene in Deutschland und im Habsburger Reich (1914–1918)*, in: Forum für osteuropäische Ideen- und Zeitgeschichte 1 (1997), Heft 2, S. 113–134.

19 BAL, R 3003, ORA/RG, Generalia, Bd. 61, o. S.

Gegen den Hauptmann war vor dem Gouvernementgericht in Königsberg ein Verfahren wegen Körperverletzung mit Todesfolge eingeleitet worden, das jedoch alsbald mit der Begründung eingestellt wurde, daß der Beschuldigte zur Erzwingung der Arbeitsleistung zum Waffengebrauch berechtigt war oder sich für berechtigt halten konnte. Das Gericht weiter: »Die Körperverletzung – mehr war nicht beabsichtigt – ist hiernach keine rechtswidrige, mindestens nicht eine bewußt rechtswidrige.«[20]

Nach Prüfung der Gerichtsakten und erneuter Zeugenvernehmung bestätigte die »Kommission Schücking« im Ergebnis die Einstellungsbegründung. Bei der Arbeitsverweigerung habe es sich, da Kriegsgefangene wie deutsche Heeresangehörige dem deutschen Militärstrafrecht unterstünden,[21] um eine »gemeinschaftlich verabredete Verweigerung des Gehorsams« und damit um eine Meuterei im Sinne des § 103 MStGB gehandelt. Der Beschuldigte sei befugt gewesen, gegen die Meuterer vorzugehen, allerdings unter Beachtung der gesetzlichen Vorschriften, die einen Waffengebrauch nur bei einem drohenden gefährlichen Angriff zuließen.[22] Einen derartigen Angriff habe es aber, so die Kommission, nicht gegeben, die Kriegsgefangenen hätten vielmehr passiv Widerstand geleistet. Insofern sei der Waffengebrauch des Beschuldigten objektiv rechtswidrig gewesen. In subjektiver Hinsicht jedoch könne kein rechtswidriges Verhalten festgestellt werden. Der Beschuldigte habe den Waffengebrauch als gerechtfertigt ansehen können, da von der Kommandantur des Kriegsgefangenenlagers eine Verfügung ergangen sei, wonach »jede Mißhandlung der Gefangenen mit Stöcken oder der Hand strengstens verboten ist«, und in der abschließend bestimmt wurde: »Bei Arbeitsverweigerungen, Widersetzlichkeiten pp. darf zur Erzwingung des Gehorsams ein für alle mal nur von der Waffe Gebrauch gemacht werden.«[23]

Damit war die Überprüfung allerdings noch nicht abgeschlossen. Die Verfügung der Kommandantur, die den Waffengebrauch im vorliegenden Fall obligatorisch machte, widersprach nämlich, wie die Kommission feststellte, dem Gebot aus Art. 4 HLKO, der eine menschliche Behandlung der Kriegsgefangenen forderte. In rechtlich unbedenklicher Weise

---

20 Ebenda.

21 § 158 MStGB: »Auf strafbare Handlungen eines Kriegsgefangenen finden nach Maßgabe seines Militärranges die Vorschriften dieses Gesetzes entsprechende Anwendung.«

22 So die wesentliche Aussage einer kraft kaiserlicher Kommandogewalt 1914 erlassenen Vorschrift, die im übrigen dem § 124 MStGB nachgebildet war, der Offizieren den Waffengebrauch z. B. zur Abwehr eines tätlichen Angriffs erlaubte.

23 Ebenda.

»in den Haufen der in der Baracke zusammengedrängten Kriegsgefangenen [hineinzuschießen]« sei mit diesem Gebot nicht vereinbar.[24]

Wer aber war nun für diese Völkerrechtsverletzung verantwortlich? Einen Verantwortlichen in der militärischen Hierarchie zu finden war wenig aussichtsreich, da mit der Berufung auf den Rechtfertigungsgrund des Handelns auf Befehl gerechnet werden mußte. Für die völkerrechtliche Verantwortlichkeit, das heißt für die Verantwortlichkeit des Deutschen Reiches im Verhältnis zum Heimatstaat des getöteten Kriegsgefangenen, war dies jedoch auch, worauf die Kommission hinwies, ohne Belang. Nach Art. 3 des Haager Abkommens über die Gesetze und Gebräuche des Landkrieges war eine Kriegspartei »für alle Handlungen verantwortlich, die von den zu ihrer bewaffneten Macht gehörenden Personen begangen werden«. Das Deutsche Reich war somit laut Spruch der Kommission zur Leistung von Schadensersatz – die in Art. 3 vorgesehenen Rechtsfolge – verpflichtet.[25]

Noch in drei anderen Fällen stellte die Kommission Schücking Verletzungen völkerrechtlicher Bestimmungen fest, allerdings handelte es sich dabei nur um solche Fälle, die sich nach der Unterzeichnung des Waffenstillstandsvertrages ereignet hatten. Der erste Fall betraf das Lager Langensalza bei Kassel Ende November 1918, wo 15 Kriegsgefangene erschossen und 14 verwundet worden waren. Wiederum billigte die Kommission den Angehörigen des Bewachungspersonals, die nachweislich geschossen hatten, die berechtigte Annahme von der Notwendigkeit des Waffengebrauchs zu. Die fälschliche Annahme, daß kein mit Waffengewalt erzwungener Ausbruch von Gefangenen geplant gewesen sei, sondern es lediglich einen Versuch der Brennholzbeschaffung (das Holz war als Waffe angesehen worden), begleitet von Unmutsäußerungen über die schleppende Rückführung der Gefangenen in ihre Heimatländer, gegeben habe, sei den Wachmannschaften in der allgemeinen Auflösung nach

---

24 Ebenda.

25 Ebenda. Die Schadensersatzpflicht einer Kriegspartei bei einer Völkerrechtsverletzung ihrer Organe war auf Drängen Deutschlands in das Abkommen aufgenommen worden. Vgl. dazu insbesondere Frits Kalshoven, *State responsibility for warlike acts of the armed forces. From article 3 of Hague Convention IV of 1907 to article 91 of Additional Protocol I of 1977 and beyond*, in: ICLQ 40 (1991), S. 830–833.
Nach Art. 232, 233 i.V.m. Nr. 4 der Anlage VIII des Versailler Vertrages wurden Schadensersatzansprüche wegen der rechtswidrigen Tötung von Kriegsgefangenen zu den Reparationsforderungen gerechnet. Da die Sowjetunion jedoch nicht zu den Parteien des Vertrages gehörte, fiel ein Schadensersatz für die Tötung russischer Kriegsgefangener weg.

Kriegsende nicht vorzuwerfen.[26] Art. 8 HLKO unterstelle Kriegsgefangene ausdrücklich den Gesetzen, Vorschriften und Befehlen des Staates, in dessen Gewalt sie sich befänden, und das deutsche Recht erlaube den Waffengebrauch bei Aufruhr oder Angriffen auf militärisches Eigentum.

Andererseits aber hätten diese Rechtsquellen, so die Kommission, in dem Obersatz über das Gebot der Menschlichkeit eine innere Schranke: »Nationale Vorschriften über den Waffengebrauch gegen die Kriegsgefangenen, die mit jenem obersten Grundsatz des internationalen Rechts unvereinbar wären, wären deshalb unzweifelhaft als völkerrechtlich ungültig zu erachten.« Zwar hätten, wie die Kommission umgehend hinzufügte, die deutschen Vorschriften über den Waffengebrauch diesen Charakter nicht gehabt, trotzdem sei der Waffengebrauch im vorliegenden Fall völkerrechtswidrig, weil unverhältnismäßig gewesen. Ruhige und besonnene Führer, so schlußfolgerte sie, »hätten bei der Handhabung der Vorschriften das nach den Geboten der Menschlichkeit erforderliche Maß eingehalten und von Schritten abgesehen, deren Ziel, nämlich die Verhinderung eines vermeintlichen Ausbruchsversuchs und der Schutz deutschen Eigentums, in keinem Verhältnis zu dem großen Schaden an Leben und Gesundheit einer beträchtlichen Anzahl von Menschen stand, die zum Teil an den Unruhen völlig unbeteiligt waren. Für diese Folgen wie für ihre Ursachen ist das Deutsche Reich nach Völkerrecht verantwortlich.«[27]

Die zwei weiteren Fälle, in denen die Kommission Schücking eine Pflicht zur Schadensersatzleistung an den Heimatstaat konstatierte, waren ähnlich gelagert. Im ersten Fall ging es um die Erschießung von drei französischen Gefangenen am 22. November 1918 im Lager Mannheim, im zweiten Fall um die Erschießung von fünf und die Verwundung von zehn russischen Kriegsgefangenen am 21. Dezember 1918 im Lager Sagan. Verantwortlich seien, so die Kommission in ihren Entscheidungen, jeweils deutsche Posten gewesen, die auch dann, wenn die schwierige Situation nach Kriegsende berücksichtigt werde, fahrlässig gehandelt hätten. Da die Haftungsgrundlage in Art. 3 des IV. Haager Abkommens nicht auf eine vorsätzliche Handlungsform beschränkt sei, lösten jedoch auch fahrlässige Verhaltensweisen die darin vorgesehene Rechtsfolge aus.[28]

---

26 Vgl. die Abschrift der Kommissionsentscheidung in: BAL, R 3003, ORA/RG, Generalia, Bd. 52, Bl. 218f.; siehe auch bJ 87/20 (Hauptmann a.D. Richard Koch, Uffz. Julius Kraus), Bd. 10.

27 Ebenda, Bl. 224.

28 Vgl. BAL, R 3003, ORA/RG, Generalia, Bd. 60, o.S.; bJ 335/20 (Generalmajor a.D. Otto Röhrich), Bd. 2 (das Urteil der »Kommission Schücking« ist in der Akte eingelegt).

In elf anderen Fällen, die sich ebenfalls zum größten Teil auf Geschehnisse in den Monaten nach dem Waffenstillstand bezogen, verneinte die Kommission eine Völkerrechtsverletzung. Soweit es sich bei den untersuchten Fällen um Tötungen von Gefangenen handelte (acht Fälle), konnten sich die Beschuldigten nach Ansicht der Kommission zu Recht auf Notwehr oder Putativnotwehr berufen. Unter Hinweis auf die Grundsätze der Haftung im Völkerrecht führte sie noch einmal aus, daß die Verletzung der völkerrechtlichen Vertragspflicht, das Leben der Kriegsgefangenen zu schützen, nur dann zu einer Haftung des Nehmestaates führe, wenn Vorsatz oder Fahrlässigkeit entweder auf seiten des Nehmestaates selbst (beispielsweise infolge der Auswahl eines ungeeigneten Bewachungspersonals) oder seiner Vertretungsorgane, das heißt der Wachsoldaten, vorgelegen habe. Dies sei jedoch in keinem der Fälle festzustellen gewesen.[29] Eine Erfolgshaftung, also eine Schadensersatzpflicht für Tod oder Verletzung eines Kriegsgefangenen unabhängig von den Umständen ihres Eintritts, kenne das Völkerrecht nicht.[30]

In einer ganzen Reihe von Fällen – laut einer Auflistung der Kommission waren es 21 – wurde die Untersuchung nicht durch einen Spruch zur völkerrechtlichen Haftung beendet, sondern anderweitig eingestellt, in der Regel, weil der Sachverhalt unaufklärbar war. Dazu gehörten Fälle wie das Einsperren von Gefangenen in einen Käfig oder ihr Festhalten im Freien, ohne Schutz gegen Kälte, Regen oder Schnee (im Soldatenjargon wurde diese Praxis als »Unterseeboot« bezeichnet).[31] Ausführlicher Stellung nahm die Kommission jedoch noch zu zwei weiteren Fällen, da sie beide typische, von alliierter Seite immer wieder erhobene Vorwürfe betrafen.

Der erste Fall bezog sich auf die Behandlung von Kriegsgefangenen während ihres Transports in rückwärtige Gefangenenlager. 1915 sollten,

---

29 Der Vorwuf in den drei der elf Fälle, die keine unmittelbaren Tötungshandlungen beinhalteten, lautete auf »(angebliche) Mißhandlungen von Kriegsgefangenen« bzw. Begünstigung einer Fleckfieberepidemie. Vgl. ebenda.

30 Vgl. z.B. den Kommissionsbericht zur Erschießung eines französischen Kriegsgefangenen im Lager Heilsberg, in: BAL, R 3003, ORA/RG, Generalia, Bd. 62, o.S. Auch in diesen Fällen wurde der Maßstab für die Bewertung der subjektiven Tatseite natürlich von den allgemeinen Auflösungserscheinungen nach Kriegsende beeinflußt. In einem Kommissionsbericht hieß es dazu: »Der Siegestaumel unserer Feinde hatte auch in den Kriegsgefangenenlagern in Deutschland Zustände geschaffen, wie sie vorher unmöglich gewesen wären. Die sich als Herren gebärdenden Kriegsgefangenen führten in ihrer Disziplinlosigkeit zu den schwersten Konflikten mit den Lagermannschaften [...].« Zit. n. PA Bonn, R 24390, o.S.

31 Vgl. BAL, R 3003, ORA/RG, Generalia, Bd. 60, Anlage C.

so ein in dieser Hinsicht häufiger Vorwurf, serbische Kriegsgefangene gezwungen worden sein, sechs Tage lang ohne Nahrung zu marschieren, wobei sie zudem noch »barbarischen Züchtigungen« unterworfen gewesen seien. Die Gewaltmärsche und die Mißhandlungen hätten den Tod zahlreicher Gefangener zur Folge gehabt.[32]

Die seinerzeit an den fraglichen Orten operierenden Truppenteile und zuständigen Behörden konnten sich indes an derartige Vorgänge nicht erinnern. Die Abwicklungsstelle des Oberkommandos Mackensen gab lediglich zu, »daß die Lage der serbischen Kriegsgefangenen Ende 1915 während ihres Rücktransportes durch Serbien sicherlich zu Klagen Anlaß gegeben haben wird«.[33] Die Lage der Gefangenen sei aber nicht durch deutsche Grausamkeiten hervorgerufen worden, sondern in den allgemeinen Zuständen begründet gewesen, »unter denen auch die deutschen Truppen aufs schwerste zu leiden« gehabt hätten.

Die Kommission folgte dieser Sichtweise. Sie sah es als erwiesen an, daß der schnelle Vorstoß der deutschen Armee, die große Zahl der Gefangenen und die drohende Gefahr eines Aufstandes es notwendig gemacht hätten, die Gefangenentransporte nach Ungarn mit der »größtmöglichen Beschleunigung« durchzuführen. Es sei nicht verwunderlich, daß es dabei Opfer gegeben habe, denn die serbischen Gefangenen seien durchweg von Strapazen und Hunger völlig erschöpft, krank und nur mit Lumpen bekleidet gewesen. Der Bericht[34] schloß mit dem beschwichtigenden Satz: »Daß bei dem jämmerlichen Zustand der Gefangenen unbillige Härten nach Möglichkeit vermieden wurden, kann als selbstverständlich angesehen werden.«[35]

Der zweite Fall betraf einen doppelten Vorwurf. Feindliche Soldaten sollen häufig, und ganz konkret am 10./11. November 1914 in Dixmuiden, nach ihrer Gefangennahme als lebende Deckung gegen feindliches Feuer benutzt und außerdem gezwungen worden sein, kriegswichtige Arbeiten (Aufwerfen von Schützengräben, Befestigung von Stellungen) zu verrichten.[36] Nach der Beweisaufnahme, der allerdings nur deutsche Angaben zugrunde lagen, wies die Kommission beide Vorwürfe zurück. Es gebe nicht den geringsten Anhaltspunkt dafür, daß – wie behauptet – französische Gefangene als menschliche Schutzschilde verwendet und

---

32 Vgl. den Bericht in: PA Bonn, R 24351, o. S.

33 Ebenda (Unterstreichung im Original).

34 Der Bericht vom 3. Dezember 1919 war als ein vorläufiger Bericht gedacht, denn die Ermittlungen sollten noch weitergeführt werden. Es blieb aber offen, wie dies geschehen sollte.

35 PA Bonn, R 24351, o. S.

36 PA Bonn, R 24349, o. S.

ihnen befohlen worden sein solle, deutsche Einheiten in ihrer Kriegführung unmittelbar zu unterstützen. Die Gefangenen hätten vielmehr nicht aus dem Feuerbereich herausgebracht werden können, und überdies habe es am 11. November 1914 in der Gegend um das belgische Dixmuide unverwundete Gefangene zur Aushebung von Schützengräben gar nicht gegeben.[37]

Die neue Reichsregierung unter Ebert, soviel dürfte gerade nach den letzten beiden Beispielen deutlich geworden sein, wurde von der »Kommission Schücking« nicht in Bedrängnis gebracht. Vereinzelt festgestellten Völkerrechtsverletzungen stand eine vergleichsweise große Zahl von Fällen gegenüber, in denen dem Deutschen Reich kein rechtserheblicher Vorwurf zu machen war. Wohl waren die Untersuchungen nur unter Verwendung deutschen Materials durchgeführt worden, doch gleichviel, einige der gravierendsten alliierten Vorwürfe schienen entkräftet, und außenpolitisch hatte die Kommission ihre Funktion spätestens dann erfüllt, als die Siegermächte auf eine Auslieferung der sogenannten »Kriegsbeschuldigten« verzichteten und sich – unter Vorbehalten zwar – zur Annahme des deutschen Vorschlags, die Beschuldigten vor ein eigenes Gericht zu stellen, bereit erklärten. Folgerichtig kam die Tätigkeit der »Kommission Schücking« Anfang 1920, als die Reichsanwaltschaft ihre Ermittlungen in Sachen Kriegsverbrechen und Kriegsvergehen aufnahm, allmählich zum Erliegen und endete Mitte des Jahres ganz.[38] Weit über 100 Fälle, darunter viele, die sich auf die Anwendung brutaler Strafmaßnahmen oder lebensbedrohliche Mißstände in Kriegsgefangenenlagern bezogen und die noch bei der Kommission in Bearbeitung waren,[39] gingen über in die Zuständigkeit von Reichsanwaltschaft und Reichsgericht. Die Frage war nun nicht mehr die nach der Verantwortlichkeit des klassischen Völkerrechtssubjekts Staat, sondern die nach dem individuellen, möglicherweise völkerrechtswidrigen Verhalten des einzelnen Soldaten und seiner Strafbarkeit nach deutschem Recht.

---

37 Ebenda.

38 Vgl. das Schreiben des Berichterstatters der Kommission, Amtsgerichtsrat Lilie, an den Oberreichsanwalt vom 18.8.1920, in: BAL, R 3003, ORA/RG, Generalia, Bd. 50, Bl. 318a ff.

39 Vgl. ebenda, Bd. 60, o. S.

Die Verfahren vor dem Reichsgericht

Die ersten drei Anklagen, die zur Verhandlung kamen, waren auf englische Initiative zurückzuführen. Alle drei betrafen im wesentlichen die gleichen Tatvorwürfe: Ein Unteroffizier namens Karl Heynen soll – entweder persönlich oder durch Untergebene – Kriegsgefangene, in der Mehrzahl britischer Staatsangehörigkeit, geschlagen und in anderer Weise brutal behandelt haben. Die Gefangenen seien häufig gezwungen worden, fast 16 Stunden täglich zu arbeiten, und das bei völlig unzureichender Ernährung und nahezu fehlender medizinischer Versorgung.[40] Ein Hauptmann Emil Müller, Komandant eines Kriegsgefangenenlagers in Frankreich, soll ebenfalls britische Kriegsgefangene mißhandelt haben. Außerdem sei er für den miserablen Zustand des Lagers verantwortlich gewesen. 1200 Gefangene hätten sich drei Baracken teilen und auf dem feuchten Boden schlafen müssen. Täglich seien Gefangene gestorben.[41] Der einfache Soldat Robert Neumann schließlich soll als Angehöriger des Wachpersonals in einem ostdeutschen Lager fortlaufend Gewalttätigkeiten gegen Gefangene begangen haben.[42]

Alle drei Verfahren endeten mit einer Verurteilung, doch machten die nach der Beweisaufnahme für gegeben angesehenen Anklagepunkte und das entsprechend ausgesprochene Strafmaß (zehn Monate Gefängnis für Heynen, sechs Monate jeweils für Müller und Neumann) in den Augen der deutschen Öffentlichkeit deutlich, daß zwischen den englischen Beschuldigungen und den deutschen Tatsachenfeststellungen ein großer Unterschied bestehe. Angeblich systematische brutale Mißhandlungen hätten sich als vereinzelte Übergriffe überlasteter Wachsoldaten erwiesen, Mißstände als übertrieben dargestellt und nicht in den Verantwortungsbereich des betreffenden Kommandanten gehörend. Was sich bei den Untersuchungen der »Kommission Schücking« angedeutet hatte, nämlich daß die Beschuldigungen zu pauschal waren, schien sich zu bestätigen. Aber, so der andere Teil der Botschaft, die Justiz arbeitet, sie spricht Recht und sorgt so verläßlich dafür, daß in Deutschland auch kleinste Verfehlungen nicht ungeahndet bleiben.

---

40 Vgl. Première liste, Nr. 5, S. 4. Heynen ist dort irrtümlich unter dem Namen Heinze/Heimann aufgeführt.

41 Ebenda, Nr. 3, S. 3f.

42 Ebenda, Nr. 7, S. 4.

Falsch verstandenes Pflichtgefühl

Mit dem Augenblick seiner Gefangennahme wurde der feindliche Soldat unmittelbarer Untergebener des Wachpersonals, dem er zugewiesen war. Das entsprach, worauf bereits hingewiesen wurde, völkerrechtlich anerkannter Anschauung (Art. 4 und 8 HLKO). Als Kriegsgefangener war der feindliche Soldat der deutschen militärischen Hierarchie eingegliedert, das Militärstrafgesetzbuch, einschließlich bestimmter ordnungsgemäß erlassener Vorschriften, war auf ihn anwendbar. Befolgte er eine Anordnung nicht, verweigerte er zum Beispiel den Befehl, eine Arbeit auszuführen, konnte dies als Befehlsverweigerung oder, wenn die Weigerung kollektiv erfolgte, als beginnender Aufruhr und Akt der Meuterei gewertet werden. Auch darauf wurde bereits hingewiesen.

Wie aber verhielt es sich, wenn die befohlene Arbeit eine völkerrechtlich unzulässige war? Nach Art. 6 HLKO erstreckte sich die grundsätzliche Arbeitspflicht von Kriegsgefangenen – von der jedoch Offiziere ausgenommen waren – nicht auf übermäßige Arbeiten beziehungsweise auf Arbeiten, die in Beziehung zu Kriegsunternehmungen standen. Bei dem ersten Verbot handelte es sich um eine Konsequenz aus dem Gebot der menschlichen Behandlung gemäß Art. 4 Abs. 2 HLKO, das zweite war aus dem Bedenken heraus entstanden, daß der Gefangene nicht der Gefahr strafbarer Handlungen gegen seinen eigenen Staat ausgesetzt werden dürfe, weshalb unter dem Verbot nicht nur Arbeiten verstanden wurden, die unmittelbare Beziehung zu den Operationen auf dem Kriegsschauplatz hatten,[43] »sondern jegliche militärische Arbeiten, die irgendwie Unternehmungen dienen könnten, die gegen den Feind des Gefangenen gerichtet sind«.[44]

Was als übermäßige oder kriegsdienliche Arbeit zu gelten hatte, war allerdings nirgendwo geregelt.[45] Strenggenommen war fast jede Arbeit eine Unterstützung der nationalen Kriegswirtschaft und ein zumindest indirekter Beitrag zur militärischen Stärke eines Landes. Und übermäßig konnte eine Arbeit auch in vielerlei Hinsicht sein, angefangen von der Arbeitszeit bis hin zur physischen Konstitution des Kriegsgefangenen. Die Untertagearbeit in Bergwerken, wozu beispielsweise Gefangene durch den Angeklagten Heynen gezwungen worden waren, stand nach deut-

---

43 So noch in Art. 25 der Brüsseler Erklärung von 1874 (»travaux publics qui n'aient pas un rapport direct avec les opérations sur le théâtre de la guerre«).

44 Vgl. Strupp, Das internationale Landkriegsrecht, S. 48.

45 Meurer zu Art. 6 HLKO: »Über den Umfang der hierdurch ausgeschlossenen Arbeiten hat man aber gestritten und wird man vermutlich immer streiten.« Zit. n. ders., Das Kriegsrecht der Haager Konferenz, S. 129.

scher Ansicht nicht im Zusammenhang mit Kriegsunternehmungen, und unter das Übermaßverbot fiel sie nur teilweise. Nur Kriegsgefangene, die gelernte Bergarbeiter waren, sollten unter Tage arbeiten müssen, andere durften ausschließlich über Tage eingesetzt werden.[46]

Beschränkungen dieser Art wurden jedoch im Laufe des Krieges aufgehoben. In einem Erlaß des preußischen Kriegsministeriums vom 16. Mai 1915 hieß es, unter Anspielung auf die englische Blockade, zu den Beschränkungen des Art. 6 HLKO: »Diese müssen [aber] fallengelassen werden, wenn die Not es fordert. Über alles Völkerrecht geht jetzt in dem unserem Volke mit der ›Aushungerung‹ angesagten Kriege das Gebot der Selbsterhaltung. Also zu aller und jeder Arbeit, wo wir sie brauchen können, verwenden wir die Kriegsgefangenen.«[47]

Nach deutschem Recht war damit *per se* der Einsatz von Gefangenen im Untertageabbau oder, wie im Fall des Angeklagten Neumann, zu schwerer körperlicher Arbeit (Füllen und Verladen von Asphaltsäcken) zulässig und rechtmäßig. Doch konnten die Gefangenen aus der möglichen Völkerrechtswidrigkeit der ihnen befohlenen Arbeit keine Rechte herleiten. Völkerrechtliche Bestimmungen richteten sich unmittelbar allein an Staaten, und bei Nichtbeachtung stand, darauf hatte schon die »Kommission Schücking« hingewiesen, nur der Staat in der Verantwortung. Verweigerten Kriegsgefangene die Arbeit, weil sie ihnen wie in den vorliegenden Fällen zu schwer und deshalb übermäßig erschien, dann verstießen sie gegen deutsches Recht und lösten die im Militärstrafgesetzbuch oder in spezielleren Vorschriften vorgesehenen Rechtsfolgen aus. Zu diesen Rechtsfolgen gehörten auch Zwangsmaßnahmen, und die Aufgabe des Reichsgerichts in den Anklagen gegen Heynen, Müller und Neumann war es zu entscheiden, wo bei der Anwendung von Zwangsmaßnahmen die Grenze zu einem strafbaren Verhalten überschritten war.

Die §§ 121–123 MStGB untersagten dem militärischen Vorgesetzten, einen Untergebenen zu beleidigen, körperlich zu mißhandeln oder auf an-

---

46 Meurer, *Verletzungen des Kriegsgefangenenrechts*, in: Deutscher Reichstag (Hg.), Völkerrecht im Weltkrieg, 3. Band, 1. Halbband, S. 329, 337; vgl. auch die Ausführungen des Gutachters im Heynen-Prozeß, in: BAL, R 3003, ORA/RG, bJ 21/20 (Heynen), Bd. 3, Bl. 216f.
Der Einsatz in den Bergwerken war nicht nur wegen der schweren körperlichen Arbeit gefürchtet, sondern auch wegen der Unterbringung in werkseigenen Arbeitslagern und der schlechten Ernährung. Vgl. dazu: Jochen Oltmer, *Arbeitszwang und Zwangsarbeit – Kriegsgefangene und ausländische Zivilarbeitskräfte im Ersten Weltkrieg*, in: Spilker/Ulrich, Der Tod als Maschinist, S. 104f.

47 Zit. n. Meurer, *Verletzungen des Kriegsgefangenenrechts*, S. 355.

dere Weise seine Gesundheit zu schädigen. Für den Fall der Mißachtung drohten sie ihm eine Arrest-, Gefängnis- oder Zuchthausstrafe – letztere bis zu zehn Jahren – an. Entsprechend ihrer Einordnung in das militärische Gefüge galt dies auch zum Schutz von Kriegsgefangenen. In einer Dienstanweisung des Gefangenenlagers Münster aus dem Jahr 1915, dem die Kommandostelle des Angeklagten Heynen unterstand, war beispielsweise ausdrücklich festgehalten:

»Das Verhalten der Wachmannschaften muss unter Vermeidung aller Vertraulichkeiten ernst, streng und gerecht sein. Jede Misshandlung [...] auch Kränkung des Nationalempfindens [...] ist bei strenger Strafe verboten. Körperliche Züchtigun [gen ...] durch das Bewachungspersonal sind unzulässig, als Misshandlung aufzufassen und demgemäss zu bestrafen. Die Kommandoführer haben die Wachmannschaften am 10. jeden Monats hierüber zu belehren und bis zum 14. jeden Monats der Kommandantur zu melden, dass die Belehrung erfolgt ist.«[48]

Andererseits aber wurde in den Erlassen des Kriegsministeriums bei Gehorsamsverweigerung von Gefangenen ein »scharfes, entschlossenes Auftreten« gefordert. Ein Vorgesetzter mußte sich darüber im klaren sein, »dass er bis zum letzten gehen muss und, wenn er nicht anders seinen Willen aufzwingen kann, dass er seine Leute laden und in die Gefangenen hineinschiessen lässt«.[49]

Gewalt also durfte angewendet werden, aber es mußten dabei bestimmte Formen beachtet werden. Mit einer Waffe zu schießen, sie als Schlag- oder Stoßinstrument zu benutzen war nötigenfalls erlaubt; dem Gefangenen gegenüber unter Preisgabe körperlicher Distanz handgreiflich zu werden, ihn mit Fäusten zu schlagen oder mit nicht als Waffe gedachten Gegenständen zu traktieren war hingegen verboten. Dem veränderten Kriegsbild entsprechend sollte der Kriegsgefangene kein persönlicher Feind des Wachsoldaten sein. Im Auftrag des jeweils eigenen Staates tat jeder Soldat seine Pflicht, und wenn Gewalt eingesetzt werden mußte, dann zu Zwecken der Disziplin, Ordnung oder des Arbeitseinsatzes. Die Gewaltanwendung diente höheren Zwecken, sie war gewissermaßen entpersönlicht.

Insofern bestand kein Zweifel, daß die den Angeklagten Heynen, Müller und Neumann vorgeworfenen Taten sowohl völkerrechtswidrig waren als auch gegen das deutsche Recht verstießen. Fraglich war allein, ob und gegebenenfalls in welchem Umfang sie sich bestätigen sollten.

Die geringsten Schwierigkeiten in den Ermittlungen und in der Be-

---

48 Zit. n. BAL, R 3003, ORA/RG, bJ 21/20 (Heynen), Bd. 3, Bl. 260f.

49 So der Sachverständige General von Fransecky während der Gerichtsverhandlung gegen Karl Heynen, ebenda, Bl. 221.

Der Angeklagte Karl Heynen (X) mit seinen Verteidigern vor dem Reichsgerichtsgebäude
BAK, Bild 183, 2002/1030/500

weisaufnahme gab es bei dem Angeklagten Heynen. Er war bereits im April 1916 vom Inspektionsgericht des VII. Armeekorps wegen der Mißhandlung von Kriegsgefangenen verurteilt worden. Laut Tatbericht hatte er in neun Fällen englische Gefangene geschlagen, mit Fußtritten »bearbeitet« und auf andere Weise gedemütigt.[50] Das Gericht sprach gegen Heynen eine Strafe von zwei Wochen mittleren Arrests[51] aus, doch wurde

---

50 Ebenda, Bd. 2, Bl. 1–2 RS. Ein Beispiel (Nr. 4) aus dem Tatbericht: »Am 15.11.15 verband der Beschuldigte dem Engländer James Cross eine Wunde am linken Fuß. Bei dieser Gelegenheit wurde der Mann furchtbar gequält, und weil er laut schrie, fortwährend geschlagen. Er lag mit gefalteten Händen vor dem Kommandoführer auf den Knieen [sic!]. Sodann wurde er unter die kalte Brause gestellt. Der Gefangene, der am 16.11. zum Lazarett Münster zurückgebracht wurde, brach auf dem Wege öfters zusammen.«

51 Es wurde zwischen dem gelinden, mittleren und strengen Arrest unterschieden. § 25 MStGB: »Der mittlere Arrest wird in der Art vollstreckt, daß der Verurteilte eine harte Lagerstätte und als Nahrung Wasser und Brot erhält.

das Urteil nicht vollstreckt und schließlich infolge der militärischen Amnestie vom 7. Dezember 1918 aufgehoben.[52] Aus der Welt waren die Tatvorwürfe damit allerdings nicht. Da nach § 2 des Ergänzungsgesetzes zum Gesetz zur Verfolgung von Kriegsverbrechen und Kriegsvergehen vom 18. Dezember 1919[53] die Gewährung von Straffreiheit oder ein früheres Verfahren der Durchführung eines erneuten Verfahrens in gleicher Sache nicht entgegenstanden, wurden die bereits kriegsgerichtlich abgeurteilten Tatvorwürfe wiederum Gegenstand eines Strafverfahrens, diesmal vor dem Reichsgericht. Hinzu kamen neue Beschuldigungen: In fast dreißig weiteren Fällen soll der Unteroffizier Heynen als Kommandoführer ihm unterstellte Kriegsgefangene mißhandelt oder deren Mißhandlung befohlen haben. Dabei ging es um Handlungen, die den bereits vor dem Kriegsgericht verhandelten ähnelten, nämlich um das Schlagen der Gefangenen mittels Gewehrkolben, Seitengewehr, Fäusten oder Riemen.[54] Neu und aus heutiger Sicht zugleich ein – vor dem Hintergrund des gewöhnlichen Kriegsgeschehens – nicht unkomischer Beleg für den demonstrativ-unnachgiebigen Ermittlungseifer der Reichsanwaltschaft war der Vorwurf der Gefangenenbeleidigung (Heynen hatte englische Gefangene angeblich als »englische Schweinehunde« bezeichnet).

Während der Hauptverhandlung bestätigten die insgesamt 32 deutschen und britischen Zeugen im wesentlichen die Tatvorwürfe. Doch entgegen der Auffassung des Oberreichsanwalts sowie in reichlicher Verkürzung der Sachverständigenmeinung[55] und in eigenwilliger Interpretation der Rechtslage sah das Gericht einen Teil der Tatvorwürfe nicht als strafbar an. Soweit der Angeklagte die Handlungen begangen habe, um die Gefangenen zur Arbeitsaufnahme im Bergwerk zu zwingen, hätte er sich im Rahmen des rechtlich Zulässigen bewegt. Wenn bei Aufruhr oder auf-

---

Diese Schärfungen kommen am vierten, achten, zwöften und demnächst an jedem dritten Tage in Fortfall.«

52 Vgl. bJ 21/20 (Heynen), Bd. 2, Bl. 83. Zur Amnestie vom 7.12.1918 vgl. oben, S. 64.

53 Zu diesem Gesetz vom 24. März 1920 vgl. oben, S. 63ff.

54 Vgl. die Anklageschrift vom 23. Februar 1921 und die nach Erhalt neuen Belastungsmaterials erstellte Nachtragsanklage vom 14. Mai 1921, in: bJ 21/20 (Heynen) Bd. 4, Bl. 43–48, und Bd. 5, Bl. 34–35 RS.

55 Militärischer Sachverständiger war General a. D. von Fransecky, der schon Mitglied in der »Kommission Schücking« gewesen war. Fransecky hatte in seiner Ausage mehrmals darauf hingewiesen, daß Kriegsgefangene wohl »scharf« angefaßt werden dürften, Züchtigungen oder Mißhandlungen aber verboten seien. »[Heynen] durfte nicht misshandeln, aber er durfte zufassen, wo es notwendig war, sich den Gehorsam zu erzwingen.« Vgl. bJ 21/20 (Heynen), Bd. 3, Bl. 221–225, Zitat Bl. 225.

rührerischer Gehorsamsverweigerung sogar der Gebrauch der Waffe erlaubt sei, könne das mildere Mittel, und zwar der Einsatz von Kolben und Seitengewehr, nicht verboten sein.[56] Daß die Gefangenen auch mit Fäusten, Stöcken und Riemen zur Arbeit gezwungen worden waren, erwähnte das Gericht im Urteil nicht.

Dieser Umstand war für die Richter erst dann von Belang, als es um Tatvorwürfe ging, die aus gewissermaßen nichtdienstlich motivierten Beweggründen heraus geschehen waren (Gefangene hatten sich »provokativ« verhalten, hatten nicht richtig gegrüßt oder Krankheiten vorgetäuscht). Hier ging das Gericht nach der Beweisaufnahme von 15 Fällen der Mißhandlung von Kriegsgefangenen, drei minderschweren Fällen einer vorschriftswidrigen Behandlung und ebenfalls drei Fällen einer Beleidigung aus. Eine fortgesetzte Handlung, die Ausweis einer größeren kriminellen Energie und damit eines höheren Unwertgehaltes gewesen wäre, sah es in den einzelnen Taten nicht. Alle seien selbständige Handlungen gewesen, die jeweils einer durch die Umstände bedingten – der Angeklagte Heynen hatte mit zwölf Wachsoldaten 240 Gefangene zu beaufsichtigen – »fast krankhaften Reizbarkeit und Erregung« entsprungen seien.[57]

Für die Mißhandlungen im Sinne des § 122 MStGB[58] setzte das Gericht Einzelgefängnisstrafen von zwei bis drei Monaten, für die gegen § 121 MStGB[59] verstoßenden vorschriftswidrigen Behandlungen und Beleidigungen Arreststrafen von drei Tagen bis einer Woche fest. Die daraus gebildete Gesamtstrafe von zehn Monaten Gefängnis – der Oberreichsanwalt hatte für die gleichen Fälle eine Gesamtfreiheitsstrafe von zwei Jahren gefordert[60] – begründete das Gericht damit, daß der Angeklagte »unter rücksichtsloser Einsetzung seiner tatkräftigen Persönlichkeit der gestellten Aufgabe gerecht werden wollte« und, wie der weitere Kriegsverlauf gezeigt habe, ein Mann »treuer Pflichterfüllung« gewesen sei.[61]

---

56 Vgl. Weißbuch, S. 2544.

57 Ebenda, S. 2547.

58 »Wer vorsätzlich einen Untergebenen stößt oder schlägt, oder auf andere Weise körperlich mißhandelt oder an der Gesundheit beschädigt, wird mit Gefängnis oder Festungshaft bis zu drei Jahren bestraft; in minder schweren Fällen kann die Strafe bis auf Eine [sic!] Woche Arrest ermäßigt werden.« (Abs. 1)

59 »Wer einen Untergebenen beleidigt oder einer vorschriftswidrigen Behandlung desselben sich schuldig macht, wird mit Freiheitsstrafe bis zu zwei Jahren bestraft.« (Abs. 1)

60 bJ 21/20 (Heynen), Bd. 3, Bl. 296.

61 Heynen war, nachdem seine Ausschreitungen gegen die Kriegsgefangenen bekanntgeworden waren, seines Kommandos enthoben worden. Er meldete

Ein Vorbild an Einsatzfreude und Pflichterfüllung war nach Auffassung des Gerichts auch der Angeklagte Emil Müller. Als Hauptmann der Landwehr a. D. war er im April und Mai 1918 Kommandant eines Lagers mit etwa 1000 britischen Kriegsgefangenen. Innerhalb kurzer Zeit sei es ihm gelungen, der infolge der englischen Blockade schwierigen Situation der Gefangenen hinsichtlich Unterkunft und Verpflegung Herr zu werden und die Voraussetzungen für weitere Verbesserungen zu schaffen. Doch habe er sich »gerade durch seinen Eifer und seine Neigung zu raschem, scharfem Eingreifen, verbunden mit einer krankhaften Überreizung des Nervensystems, zu einer Reihe von Ausschreitungen verleiten lassen, die eine Verletzung seiner Dienstpflichten wie auch des Strafgesetzes enthalten und durch die Umstände nicht entschuldigt werden«.[62]

Das Gericht sah es als erwiesen an, daß der Angeklagte in neun Fällen Gefangene mißhandelt hatte oder durch Untergebene mißhandeln ließ[63] – unter anderem in Form eines stundenlanges Anbindens an einen Pfahl[64] – und in weiteren sechs Fällen für eine minderschwere rechtswidrige Gefangenenbehandlung (Beleidigungen, Arbeitszwang auch für kranke Gefangene) verantwortlich war. Da darin aber lediglich »ein Ausfluß seines Diensteifers, der sich zu einer überspannten Auffassung von den Anforderungen militärischer Ordnung und Manneszucht gesteigert hatte«, gesehen werden könne, verurteilte ihn das Gericht zu einer Gesamtfreiheitsstrafe von sechs Monaten.[65] Zweifel bestanden nur, ob eine Gefängnisstrafe oder Festungshaft[66] zu verhängen war. Das Gericht entschied sich für eine Gefängnisstrafe. Zwar habe der Angeklagte wegen der Zielrichtung seiner Handlungen die Offiziersehre nicht verletzt, gleichwohl sei das Geschehene eine Entwürdigung des Heeres gewesen, die bei einer Person von der Bildung und bürgerlichen Stellung des Ange-

---

sich an die Westfront, erhielt das Eiserne Kreuz 2. Klasse und wurde zum Sergeanten befördert. Vgl. Weißbuch, S. 2547.

62 Weißbuch, S. 2549; bJ 901/20 (Emil Müller), Bl. 15f. (Nachtragsanklage). Die Hauptakten des Verfahrens (bJ 588/20) fehlen.

63 § 143 MStGB bestimmte: »Wer als Befehlshaber einer militärischen Wache, eines Kommandos [...] eine strafbare Handlung wissentlich begehen läßt, welche er verhindern konnte und zu verhindern dienstlich verpflichtet war, wird ebenso bestraft, als ob die Handlung von ihm selbst begangen wäre.«

64 Nach der Kaiserlichen Verordnung vom 26. Mai 1917 war diese Art der Bestrafung unzulässig.

65 Weißbuch, S. 2552.

66 Nach § 16 Abs. 1 MStGB war die Freiheitsstrafe im Sinne des MStGB Gefängnis, Festungshaft oder Arrest.

klagten (er war im Zivilleben Rechtsanwalt) stark belastend ins Gewicht falle.[67]

Zu einer Freiheitsstrafe von sechs Monaten Gefängnis wurde auch der Angeklagte Robert Neumann, ein ehemaliger Wachsoldat in einem Kriegsgefangenenlager, verurteilt. In zwölf der ihm vorgeworfenen siebzehn Fälle hatte er nach der Überzeugung des Gerichts britische Gefangene geschlagen oder in anderer Weise mißhandelt, in einem Fall einen Gefangenen beleidigt. Und auch bei Neumann wies das Gericht zur Begründung des Strafmaßes wieder darauf hin, daß er sich »im dienstlichen Verkehr mit den ihm unterstellten Kriegsgefangenen von keinen unehrenhaften Beweggründen [hat] leiten lassen«.[68] Die Triebfeder seines Handelns sei lediglich Pflichtgefühl gewesen. Ob für den früheren Wachsoldaten Neumann die mildere Festungshaft in Frage kommen könnte, prüfte das Gericht gleichwohl nicht.

Dreitausendfacher Mord? Die Fleckfieberepidemie im Kriegsgefangenenlager Kassel-Niederzwehren

Von ähnlich großer Bedeutung wie das Verfahren gegen Stenger und Crusius wegen der Erschießung gefangengenommener und/oder verwundeter französischer Soldaten war für Frankreich das Verfahren gegen den Generalleutnant a. D. Hans von Schack und den Generalmajor a. D. Benno Kruska. Beide waren 1914/15 verantwortlich für ein auf 15 000 Kriegsgefangene ausgelegtes Lager in der Nähe von Kassel. Von Schack war Kommandeur der Infanteriebrigaden, denen das Gefangenenlager unterstellt war; Kruska war bis Mai 1915 Kommandant des Lagers.[69] In der »Probeliste« standen sie unter den Nummern 17 und 18, wo es hieß, beide hätten in systematischer Vernachlässigung ihrer Pflichten, ja sogar mit Absicht die Ausbreitung einer Typhusepidemie im Lager gefördert und seien so als Täter oder Teilnehmer verantwortlich für den Tod von über 3000 Gefangenen. Was im Lager geschehen sei, finde nicht einmal eine Entsprechung in Berichten über die Barbarei dunkelster Zeiten. Auf die Mißstände wie die Zusammenlegung von infizierten russischen mit gesunden britischen oder französischen Gefangenen angesprochen, habe Kruska lediglich gemeint: »Wieso denn? Die Leute brauchen nur zu beten.« Oder: »Ich führe den Krieg auf meine Weise.«[70]

---

67 Weißbuch, S. 2552.
68 Ebenda, S. 2555.
69 BAL, R 3003, ORA/RG, bJ 296/20 (von Schack, Kruska), Bd. 1, Bl. 143.
70 Première liste, S. 11f. Französische Zeugen gaben vor einem französischen

Der Oberreichsanwalt erhob keine Anklage gegen die Generäle von Schack und Kruska. Wie schon in den Fällen Stenger und Laule beantragte er, nach den Ermittlungsergebnissen überzeugt davon, daß die französischen Beschuldigungen Übertreibungen enthielten, nur die Durchführung einer Hauptverhandlung. Zwar habe es, so Ebermayer, im Lager Niederzwehren tatsächlich eine Epidemie gegeben, an der von 18 300 Kriegsgefangenen mehr als 7000 erkrankt und fast 1300 gestorben seien. Bei der Epidemie habe es sich jedoch um eine bis dahin unbekannte Art, hervorgerufen durch das Fleckfieber, gehandelt. Die Gefangenen seien ohne Wissen um die Gefährlichkeit des Fiebers zusammengelegt worden, wobei der Befehl dazu nicht von den Beschuldigten, sondern vom preußischen Kriegsministerium ergangen sei. Wie segensreich gerade der Kommandant Kruska im Lager gewirkt habe, zeige der Umstand, »daß nach der von einem Göttinger Professor vorgenommenen Berechnung der Nährwert der Gefangenenkost erheblich höher war, als der der deutschen Bevölkerung zustehenden Nahrung, sodaß der Kommandierende General in Cassel die Veröffentlichung dieses Ergebnisses verbieten mußte, um eine schwere Beunruhigung der Bevölkerung zu vermeiden«.[71]

Das Reichsgericht bestätigte nachdrücklich die reichsanwaltliche Sicht. Es sprach die Beschuldigten nicht nur frei, sondern erklärte darüber hinaus mit kaum verhohlener Kritik an Frankreich, daß »für die ungeheuerliche Anschuldigung« an die Adresse der beiden Generäle »die Hauptverhandlung vor dem Reichsgericht auch nicht den Schatten eines Beweises erbracht« habe.[72] General von Schack habe bereits am 15. Januar 1915 den Oberbefehl über das Kriegsgefangenenlager abgegeben, gut vier Wochen vor Ausbruch der Fleckfieberepidemie. Eine rechtliche Verantwortlichkeit treffe ihn daher in keiner Weise. General Kruska sei nach glaubwürdigen Zeugenaussagen unausgesetzt bemüht gewesen, der Ausbreitung der Seuche Einhalt zu gebieten. Eine eigene Ansteckung nicht fürchtend, habe er es nach der Devise »Unser Leben steht in Gottes Hand. Wir müssen unsere Pflicht tun« für seine Pflicht gehalten, selbst unter den

---

Untersuchungsrichter u.a. an, daß »die Todesfälle häufig waren und im Durchschnitt die Höhe von 60 täglich erreicht oder überschritten haben. Absichtlich legte der deutsche Kommandant die russischen Gefangenen, die mit Läusen bedeckt waren, mit uns zusammen.« Man habe die Toten manchmal eine Woche in den Unterkünften gelassen, wodurch es unmöglich geworden sei, eine Ansteckung zu vermeiden. Vgl. bJ 296/20 (von Schack/Kruska), Bd. 2, Bl. 14ff.

71 Ebenda, Bd. 1, Bl. 142–147, Zitat Bl. 144.

72 Weißbuch, S. 2574; das Urteil ist auch abgedruckt in bJ 296/20 (von Schack/Kruska), Bd. 1, Bl. 259–267.

schwierigsten Verhältnissen für das Wohl der ihm unterstellten Gefangenen zu sorgen. Der vom preußischen Kriegsministerium geäußerten Forderung, wonach sich der Kommandant eines Kriegsgefangenenlagers als »Vater der Kriegsgefangenen« zu verstehen habe, sei General Kruska ziemlich nahe gekommen.[73]

Ganz augenscheinlich wollte das Gericht nicht an dem Bild kratzen, das während der Verhandlungen von den elf deutschen Zeugen und drei Sachverständigen von den Verhältnissen im Lager Kassel-Niederzwehren und den Verdiensten der Beschuldigten gezeichnet wurde.[74] Wie schon in dem Verfahren gegen General Stenger zeigte sich namentlich der Vorsitzende Dr. Schmidt von einer großen Beflissenheit gegenüber den Beschuldigten. Aussagen wurden nicht in Zweifel gezogen,[75] Zeugen, deren Bekundungen das Bild hätten trüben können, zurechtgewiesen oder unglaubwürdig gemacht,[76] und allgemein wurden die neuen Verhältnisse

---

73 Weißbuch, S. 2575, 2579.

74 Ein deutscher Zeuge konnte dem Gericht sogar ein Gedicht vortragen, das er für die Weihnachtsfeier 1915 geschrieben hatte (bJ 296/20, Bd. 3, Bl. 214f.). Darin heißt es u. a.:
»Ob Belgier, Franzos, Russe oder Brit',
Dem wird in seinem Innern Klarheit,
Wie hoch der Deutsche steht in aller Völker Mitt.
Und ganz besonders können wir die Wahrheit künden,
Für die zu sorgen hier war unser Ziel
Man wird wohl keinen unter ihnen finden,
Der nicht nach Hause mitnimmt das Gefühl:
Dein Schicksal im Gefangenenlager Cassel war,
Behütet väterlich, gepflegt von vielen Händen,
Die Deutschen sind mitnichten die Barbaren
Wie falsche Zungen sie benannten.«

75 So erklärte der Vorsitzende auf eine Aussage des Beschuldigten von Schack, in der dieser die sehr große Pflichttreue aller beteiligten Stellen herausstrich, entschuldigend (bJ 296/20, Bd. 3, Bl. 8): »Exzellenz, ich wollte selbstverständlich in Ihre Worte keinerlei Zweifel setzen, sondern ich wollte Ihnen nur das vorhalten, was vorzuhalten meine Pflicht und meines Amtes ist.«

76 Vgl. bJ 296/20, Bd. 3, Bl. 206f.: Der deutsche Zeuge Koecke, im Zivilberuf Oberregierungsbausekretär, hatte bekundet, daß die Zahl der Arrestzellen im Gefangenenlager nicht ausgereicht hätte und deshalb noch Pfähle zum Anbinden von Gefangenen errichtet worden seien, was die beschuldigten Generäle heftig bestritten.
»Der *Vors.*: Erlauben Sie mal, die beiden Herren widersprechen, daß trotz des Vorhandenseins von 3 Arrestzellen noch Pfähle auf dem Hof errichtet worden wären.

beklagt.[77] Die französischen Beschuldigungen, das stand für das Gericht von Anfang an fest, waren »bodenlos und leichtfertig«.[78] Man hielt sie für das Ergebnis einer Hysterie und dadurch verzerrter Wahrnehmung.[79]

Französische Zeugen, die möglicherweise das Gegenteil hätten aussagen können, gab es nicht. Sie hatten alle noch während des ersten Verhandlungstags das Gericht und Leipzig aus Protest gegen die Verhandlungsführung verlassen.[80] Lediglich zwei von ihnen waren bis dahin in den Zeugenstand gerufen worden, hatten aber aus eigener Beobachtung nur Unwesentliches mitteilen können und die französischen Beschuldigungen nicht zu stützen vermocht. Die Aussagen der abwesenden Zeugen wurden in der Form verlesen, wie sie vor einem französischen Untersuchungsrichter gemacht worden waren. Nachfragen oder Klarstellungen waren daher nicht möglich und wären nach Ansicht des Gerichts auch überflüs-

---

Beschuldigter *Kruska*: Die Pfähle wurden im Anfang errichtet, bevor die Arrestzellen da waren. Nachher fielen sie fort.
Vors.: Sie werden wohl die Richtigkeit der Angaben des Herrn Generals nicht bestreiten können?
Zeuge: Nein, das kann ich nicht bestreiten.«
Unglaubwürdig gemacht wurden insbesondere wiederum Zeugen aus Elsaß-Lothringen.

77 So in bezug auf die dem beschuldigten Generalmajor Kruska zugeschriebene Bemerkung, die Gefangenen bräuchten nur zu beten, um ihre mißliche Lage zu ändern. Dazu erklärte Kruska vor Gericht (bJ 296/20, Bd. 3, Bl. 64): »Ich habe öfters zu meinen Offizieren geäussert, die Sache ist so furchtbar, dass wir den allmächtigen Gott anflehen müssen, die Aerzte können nichts machen. Das habe ich beim Frühstück gesagt. Wenn so ein Mann, der da aus- und eingeht, das weiterquatscht, konnte so etwas entstehen.
Vors.: Ja, das Verständnis für derartige Aeusserungen ist heutzutage nicht mehr sehr groß.«

78 Weißbuch, S. 2575.

79 Auf Interesse stieß die Aussage eines deutschen Zeugen, der folgendes zu berichten wußte (bJ 296/20, Bd. 3, Bl. 179f.): »Es muß hier mit der Mentalität und der psychologischen Beschaffenheit der Franzosen gerechnet werden. Ich will nur einen Fall erzählen, der lächerlich erscheinen wird, der aber allen Ernstes vorgebracht wurde. Es war eine Impfung für die Gefangenen angesetzt. Da sagten ein paar Franzosen: Haben Sie schon gehört, die Deutschen haben eine Lymphe erfunden, um uns die deutsche Gesinnung einzuimpfen. (Heiterkeit [im Gerichtssaal, G.H.]) Ich habe gedacht, es handle sich um einen Scherz, habe aber mit Erstaunen feststellen müssen, daß man zu der deutschen Wissenschaft tatsächlich so viel Zutrauen hatte, daß das möglich wäre. (Erneute Heiterkeit.) Daraus geht der Geisteszustand der Franzosen zu Genüge hervor.«

80 Vgl. bJ 296/20 (von Schack/Kruska), Bd. 3, Bl. 129.

sig gewesen angesichts der übereinstimmenden Aussagen deutscher Zeugen und Sachverständiger, die detailliert von den schwierigen Umständen im Kriegsgefangenenlager (rapide Zunahme der Gefangenenzahlen, Überbelegung, sehr schlechte gesundheitliche Verfassung russischer Soldaten) zu berichten wußten.[81]

Da die im Verfahren tatsächlich wie rechtlich entscheidende Frage war, ob die Beschuldigten durch aktives Tun oder Unterlassen vorsätzlich den Tod von über 3000 Gefangenen verursacht hatten, hätte es eindeutiger Beweise für diese Beschuldigung bedurft. Nachdem jedoch der Hauptbelastungszeuge, auf dessen in Frankreich veröffentlichten Bericht die Tatvorwürfe weitestgehend fußten,[82] mangels eigener Beobachtung als unmittelbarer Tatzeuge ausgefallen war,[83] brach für das Gericht die gesamte Beschuldigung zusammen, zumal sich schon die französischen Zahlenangaben als deutlich überhöht erwiesen hatten.[84] – Angesichts dieser Verfahrensentwicklung kommt man um die Feststellung nur schwer umhin, daß hier ein auf beiden Seiten bestehendes Vorverständnis Bestätigung suchte und auch fand, wobei die deutsche Bereitwilligkeit, sich von der Haltlosigkeit der Vorwürfe überzeugen zu lassen, der gegenteiligen französischen in nichts nachstand. Die massive Beschuldigung Frankreichs stieß in Deutschland auf eine ebensolche Ablehnung, und in der Entschlossenheit zu ihrer Widerlegung blieb für Zwischenstufen kein Platz. Psychologisch mag dies verständlich sein, mit dem Legalitätsprinzip, das

---

81 Eine Zusammenfassung dieser Aussagen enthält der Antrag des Oberreichsanwalts auf Anberaumung der Hauptverhandlung, in: bJ 296/20, Bd. 1, Bl. 142–147. Vgl. auch Weißbuch, S. 2575–2578.

82 Vgl. z.B. die Aussagen der früheren Kriegsgefangenen Jules Dangeard oder Léonard Maignan vor dem Untersuchungsrichter in Le Mans (bJ 296/20, Bd. 2, Bl. 14ff.). Diese und andere Aussagen gleichen Inhalts wurden dann nach Abreise der Zeugen vor Gericht gemäß §§ 250, 222 StPO verlesen. Siehe auch Weißbuch, S. 2574f.

83 Vgl. bJ 296/20, Bd. 3, Bl. 104ff.; Weißbuch, S. 2574f. Dabei ging es in erster Linie um den Generalmajor Kruska zugeschriebenen Satz »Ich führe den Krieg auf meine Weise«, worin von französischer Seite ein entscheidender Beleg für die verbrecherische Absicht des Generals und ein Schlüssel zur Erklärung der Mißstände im Lager gesehen wurde. Der Hauptbelastungszeuge Karl Roulon [sic!] hatte diesen angeblich auf einer Weihnachtsfeier gefallenen Satz allerdings von Dritten erfahren und lediglich in Beziehung zu eigenen Beobachtungen gesetzt.

84 Bis Ende 1915 starben nach deutschen Angaben 1280 Kriegsgefangene, unter ihnen 721 Franzosen, an Fleckfieber. Die Behauptung einer höheren Zahl von Toten konnte Frankreich nicht belegen. Vgl. bJ 296/20, Bd. 1, Bl. 18 RS.

Politik und Justiz zum Nachweis ihrer Unparteilichkeit häufig herausgestellt hatten, war es nicht vereinbar. Obwohl das Reichsgericht selbst auf die Möglichkeit einer fahrlässigen Tatbegehung hingewiesen hatte,[85] prüfte es diesen Punkt nicht weiter, sondern stellte lediglich hinsichtlich des Generals Kruska fest: »Hat der Beschuldigte hiernach in jeder Beziehung seine Pflicht erfüllt und alles getan, was unter den obwaltenden Umständen von ihm als Lagerkommandanten billigerweise verlangt werden konnte, so erweist sich damit auch der Vorwurf der Fahrlässigkeit als ungerechtfertigt. Hieran ändert es nichts, wenn im langen Verlaufe der Epidemie an einzelnen Stellen des Lagers auch wirklich einmal Unregelmäßigkeiten vorgekommen sind.«[86]

Dem Gericht dürften gleichwohl zwei Schreiben nicht unbekannt gewesen sein, die sich in den Akten befinden. Das eine stammt von der Inspektion der Kriegsgefangenenlager des XI. Armeekorps und ist vom 4. Mai 1915 datiert. Darin wird dem stellvertretenden Generalkommando dieses Armeekorps gemeldet:

> »Die Leitung des grossen Gefangenenlagers Cassel stellt an die Kommandanten ausserordentlich mannigfaltige und schwierige Anforderungen, insbesondere organisatorischer Art, denen Generalmajor Kruska sich nicht gewachsen gezeigt hat. [...] Die grosse Gefahr einer Fleckfieberseuche hat er nicht rechtzeitig erkannt und die in der Voraussicht notwendigen Massnahmen zu spät in die Wege geleitet. Auch fehlte es an der genügenden Anweisung der Offiziere und Ärzte, energischem und tatkräftigem Durchgreifen und Ausnutzung des zur Verfügung stehenden Personals.«[87]

Das zweite Schreiben stammt vom 9. August 1919 und gibt die Äußerung eines Generals an das XI. Armeekorps wieder: »General Kruska war ein sehr wenig umsichtiger und nicht sehr tüchtiger Lager-Kommandant, auch bei den Kriegsgefangenen in hohem Grade unbeliebt. Seine Mobilmachungsbestimmung wurde daher im Sommer 1915 aufgehoben [...] Die in dem französischen Bericht geschilderten Zustände entsprechen – abgesehen von den Übertreibungen bezüglich der Zahl der Toten und der Kranken – im allgemeinen den Tatsachen.«[88]

---

85 Ebenda, Bd. 3, Bl. 4, wo der Vorsitzende Richter sagt: »Ich mache also von vorneherein auch gleichzeitig darauf aufmerksam, dass [...] doch die Ausserachtlassung bestimmter Fürsorgemassnahmen, zu denen die Herren verpflichtet waren nach menschlicher Einsicht, dass also die Ausserachtlassung solcher Fürsorgemassnahmen sie verantwortlich machen könnte für die Verbreitung der Epidemie, demgemäss für den Tod einzelner auch dem Gesichtspunkte des fahrlässigen Verschuldens.«

86 Zit. n. Weißbuch, S. 2578f.

87 bJ 296/20 (von Schack/Kruska), Bd. 4, Bl. 4.

Für die Prüfung einer fahrlässigen Tat des Generals Kruska (§ 222 fahrlässige Tötung oder § 230 fahrlässige Körperverletzung) hätte es mithin genügend Anlaß gegeben.[89] Doch das Gericht sah dies, wie wir gesehen haben, ganz anders. So blieb als Bilanz nach dem Verfahren ein Freispruch, der allem Anschein nach zu Recht ergangen war, da Generalleutnant von Schack zur behaupteten Tatzeit keine Kommandogewalt mehr über das Kriegsgefangenenlager hatte.[90] Es blieb ein zweiter Freispruch für den Generalmajor und Lagerkommandanten Kruska, ein mit Zweifeln und politischer Intention behafteteter Freispruch. Und es blieb Erbitterung sowohl auf deutscher als auch auf alliierter und vor allem französischer Seite, wo das Verfahren als Bestätigung für den jeweiligen Grundverdacht gesehen wurde.

»Nicht der Schatten eines Beweises« – Das Verfahren gegen den Frauenarzt Dr. Oskar Michelsohn

Um den Vorwurf der vorsätzlich und planmäßig durchgeführten massenhaften Tötung ging es auch im letzten Verfahren, das zum Tatkomplex »Mißhandlung von Kriegsgefangenen« vor dem Reichsgericht verhandelt wurde. Allerdings ereignete sich das Geschehen nicht in einem Kriegsgefangenenlager, sondern in einem Krankenlazarett im besetzten Nord-

---

88 Ebenda, Bl. 4ff. In diesem wie in dem Schreiben von 1915 waren die Autoren trotz ihrer Kritik bemüht, letzterer die Spitze zu nehmen, indem sie z.B. erklärten, daß zu Beginn des Krieges niemand »auf das umgehende Zuströmen von Kriegsgefangenen« vorbereitet, gleichwohl aber »der gute Wille überall vorhanden« gewesen sei.

89 Nach allgemeiner damaliger Definition verstand man unter Fahrlässigkeit die Vernachlässigung der gebotenen, durch die Umstände geforderten Sorgfalt, deren Beachtung vom Täter hätte erwartet werden können. Vgl. Frank (Hg.), Strafgesetzbuch, § 59, S. 145ff.

90 Daß er gleichwohl an den Mißständen im Lager Kassel-Niederzwehren nicht völlig unbeteiligt war, wenn auch nicht mit der in der französischen Beschuldigung behaupteten Willensrichtung, zeigt sein Schreiben vm 29.10.1914 an die Kommandantur des Gefangenenlagers:
»1) zur Meldung hierunter wieviele russische Kriegsgefangene an ägyptischer Augenkrankheit leiden und wieviele
2) an Krätze leiden. Diese Mannschaften insbesondere die ersteren würden ohnedies von den Gesunden
3) abzusondern sein, im Uebrigen scheint es durchaus unbedenklich, wenn die Franzosen und Engländer von ihren Bundesbrüdern Läuse bekommen [...].« Zit. n. bJ 296/20, Bd. 1, Bl. 37.

frankreich, das unter der Leitung eines landsturmpflichtigen Arztes, des Beschuldigten Dr. Oskar Michelsohn, stand. Nach französischen Angaben soll er sich nicht nur des Mordes in zahlreichen Fällen schuldig gemacht haben, er soll auch Lebensmittel unterschlagen, Beihilfe zu einer Abtreibung geleistet und eine Reihe von Kranken selbst mißhandelt haben oder den Befehl dazu gegeben haben.[91]

Bei der Untersuchung dieser Vorwürfe kam die Reichsanwaltschaft zu einem zweigeteilten Ergebnis. Was die behaupteten Tötungsdelikte und den Vorwurf der Teilnahme an einer Abtreibung anbelangte, sah sie keinen Tatverdacht. Daß der Beschuldigte vorsätzlich den Tod ihm anvertrauter Kranker herbeigeführt habe, gehe weder aus dem französischen Belastungsmaterial hervor, noch ließe sich ein solcher Verdacht durch die Aussagen deutscher und französischer Zeugen zweifelsfrei erhärten. An den primitiven und mangelhaften Zuständen im Lager treffe ihn keine Schuld, sie seien vielmehr durch die militärischen Umstände bedingt. Aus diesem Grund scheide auch eine fahrlässige Tatbegehung aus. Wenn Michelsohn auf eine Klage über die Situation im Lazarett einer deutschen Pflegeschwester gesagt habe, »sie sollten die Kranken doch in den Schnee werfen oder auf die Zäune hängen, es käme auf einen mehr oder weniger doch nicht an«,[92] oder wenn er bei anderer Gelegenheit erklärt habe, »man solle die Kranken doch krepieren lassen«,[93] dann sei dies auf den Ärger über die Schwierigkeiten zurückzuführen, die der Beschuldigte mit der großen Zahl Kranker – mit einem französischen Arzt war er für über 1000 Kranke unterschiedlicher Nationalität zuständig – gehabt habe.

Der Vorwurf der Beihilfe zur Abtreibung konnte aus Sicht der Reichsanwaltschaft nicht aufrechterhalten werden, weil er dem Beschuldigten nicht nachzuweisen war. Zwar habe, so der Oberreichsanwalt, der Beschuldigte ein »geschlechtsvertrauliches Verhältnis« mit einer Französin unterhalten und sogar von seinem Schlafzimmer aus, während er mit ihr im Bett lag, Befehle und Aufträge erteilt, doch habe es sich bei der Schwangeren um eine andere Französin gehandelt, die ebenfalls ein Verhältnis mit einem deutschen Heeresangehörigen unterhalten habe. Diese Frau habe eine Abtreibung vornehmen lassen und sei an den Folgen des

---

91 Vgl. PA Bonn, R 48432v (Akte Michelsohn). Die Verfahrensakte bJ 512/20 ist nicht im Bestand des BAL und gilt als verschollen; siehe auch Première liste, S. 10f. Zu den Tötungshandlungen hieß es in der Liste unter Nr. 16, daß Michelsohn die Kranken absichtlich in unbewohnbaren Räumen untergebracht, ihnen ärztliche Hilfe verweigert und eine solche auch durch andere verhindert habe. »Von den 700 Toten im Lazarett hätten 650 gerettet werden können, wenn Dr. Michelsohn es gewollt hätte.«

92 PA Bonn, R 48432v, o. S.

93 Ebenda.

Eingriffs gestorben. Dafür daß der Beschuldigte daran beteiligt gewesen sei, gebe es keine Beweise, wenn auch befremdlich bleibe, daß er Herzschlag als Todesursache angegeben habe.[94]

Was nun die behauptete Unterschlagung und Mißhandlung von Kranken betraf, so hielt die Reichsanwaltschaft nach dem Ergebnis ihrer Ermittlungen beide Vorwürfe für berechtigt. Bei der Anforderung von Lebensmitteln und Gebrauchsgegenständen habe er die Zahl der in den Lazaretten untergebrachten Kriegsgefangenen in betrügerischer Absicht unter der Rubrik »Militärpersonen« mit aufgeführt, »sodaß er auf diese Weise statt etwa 20 deutschen Lazarettangestellten zeitweilig 150 bis 200 Bezugsberechtigte aufführte und für diese große Zahl auch Lebensmittel bezog. Diese Sachen hat er dann für sich und für das deutsche Lazarettpersonal, welch letzteres infolgedessen gut leben konnte, verwendet.«[95] Da Michelsohn sich nicht am Ravitaillement, das heißt an der von einem internationalen Komitee für die Kranken organisierten Versorgung, vergriffen habe und die betrügerische Unterschlagung somit ausschließlich zum Nachteil der deutschen Heeresverwaltung erfolgt sei, falle sie jedoch unter die militärische Amnestie vom 7. Dezember 1918. Der Beschuldigte könne daher insoweit nicht belangt werden.[96]

Die Mißhandlung von Kranken war nach Ansicht von Oberreichsanwalt Ebermayer in der Form geschehen, daß für Verstöße gegen die Hausordnung, für Fluchtversuche oder Diebstähle an den Schuldigen die Prügelstrafe vollzogen worden sei. Die Zahl der Stockschläge habe zwischen fünf und 50 geschwankt. Der Reichsanwaltschaft gelang es, eine Reihe von Einzelfällen zu rekonstruieren, darunter den folgenden: »Ein russischer Kriegsgefangener hatte mit einer Sprengpatrone unvorsichtig hantiert, sodaß die Patrone explodierte. Dem Russen wurden hierbei zwei Finger abgerissen. Nachdem er von dem Angeschuldigten verbunden worden war, ordnete dieser an, daß der Russe zur Strafe durchgeprügelt werden solle. Dies geschah auch. Der Kranke wurde in die Besenkammer geführt und dort gezüchtigt.«[97] Zeugen aus dem Lazarettpersonal berichteten von einem Russen mit dem Spitznamen »der Henkersknecht«, der auf Anordnung Michelsohns mit einem dünnen Weidenstöckchen geschlagen und auch weitergeschlagen habe, nachdem Blut geflossen sei. Sie

94 Ebenda.

95 Ebenda.

96 Ebenda. Die Aufhebung des *Ne bis in idem*-Grundsatzes durch das 1. Ergänzungsgesetz vom März 1920 galt nur für Verbrechen oder Vergehen gegen *feindliche* Staatsangehörige oder *feindliches* Vermögen (vgl. § 1 des Gesetzes vom 18.12.1919).

97 Ebenda.

seien auch selbst gezwungen worden, die Prügelstrafe vorzunehmen, in einem Fall habe der Beschuldigte sogar eigenhändig geschlagen.[98]

Der Oberreichsanwalt erhob Anklage wegen Körperverletzung, da seiner Meinung nach Michelsohn durch die übereinstimmenden Zeugenaussagen überführt war. Hinsichtlich der anderen Tatvorwürfe stellte er, ganz so wie in dem Verfahren gegen von Schack und Kruska, lediglich einen Antrag auf die Durchführung einer Hauptverhandlung.[99]

Das Gericht sprach Michelsohn in allen Punkten frei und folgte damit dem Oberreichsanwalt nicht, der wegen der Mißhandlung von kranken Gefangenen eine Gefängnisstrafe von einem Jahr beantragt hatte. Unter Verwendung einer Formel, die uns aus dem Prozeß gegen von Schack und Kruska bekannt ist, erklärte es, die Hauptverhandlung habe »nicht den Schatten eines Beweises erbracht«.[100] Und wie in dem genannten Prozeß gehorchte die Urteilsbegründung einem Argumentationsmuster, das von der Nichterweislichkeit oder Widerlegung des schwerwiegendsten Tatvorwurfs – Totschlag oder Mord in zahlreichen Fällen – auf die Haltlosigkeit gleich aller Vorwürfe schloß. Die französische Beschuldigung sei nichts weiter als Propaganda des ehemaligen Kriegsgegners, so die unausgesprochene Botschaft des Gerichts, und wenn sie – erwartungsgemäß – in einem Punkt nicht stimme, stimme sie auch in allen anderen Punkten nicht.

Das Gericht hatte während der viertägigen Hauptverhandlung im Juli 1922 mehrere Sachverständige und die Aussagen von 65 Zeugen gehört. 51 Zeugen waren Deutsche und 14 Franzosen, letztere waren jedoch – noch eine Parallele zum Schack-Kruska-Verfahren – nicht persönlich vor dem Reichsgericht erschienen, so daß ihre vor französischen Gerichten eidlich bestätigten Aussagen verlesen werden mußten. Nachfragen oder Klarstellungen waren bei ihnen somit nicht möglich, wohl aber bei den deutschen Zeugen und Sachverständigen, und die reichsanwaltliche Annahme, wonach widrige Umstände für die Mißstände im Krankenlazarett verantwortlich gewesen seien, sah das Gericht auf diese Weise voll und ganz bestätigt: »[E]s [widerstreitet] in der Tat allem gesunden Menschenverstande, einem Manne wie dem Angeklagten, von dem feststeht, daß er sich die erdenklichste Mühe gegeben hat, seinen Kranken in dem verwahrlosten Effry ein menschenwürdiges Dasein zu bereiten, zu unterstellen, daß er hinterdrein darauf ausgegangen wäre, dieselben Kranken alsdann meuchlerisch ums Leben zu bringen.«[101] Anderslautende Be-

98 Ebenda.
99 Ebenda.
100 BAL, R 3003, ORA/RG, Generalia, Bd. 62, S. 5 des Urteils.
101 Ebenda.

hauptungen französischer Zeugen verrieten eine solche »Feindseligkeit, daß ihnen schon deshalb nur ein sehr bedingter Beweiswert zukommt. Sie strotzen zudem von bewußten Übertreibungen und enthalten hier und da sogar handgreifliche Unwahrheiten.«[102]

Ähnlich starke Worte (»allgemeines Gerede«, »Etappengeschwätz«) fand das Gericht hinsichtlich der minderschweren alliierten Tatvorwürfe, also hinsichtlich der fahrlässigen Tötung, der Unterschlagung und der Beihilfe zur Abtreibung. Aber auch der von der Reichsanwaltschaft bestätigte Vorwurf der Mißhandlung Kranker wurde mit diesen Attributen charakterisiert.[103] Dem in anderen Verfahren bereits festgestellten Muster der Beweiswürdigung und Urteilsbegründung entsprach diese Bewertung des Gerichts sogar bis in den Punkt hinein, daß sie auch dann geäußert wurde, wenn deutsche Zeugen die Vorwürfe bestätigten, was in der Voruntersuchung im Hinblick auf den Vorwurf der Krankenmißhandlung sogar nahezu übereinstimmend der Fall gewesen war.[104] Selbst das Gericht kam um die Feststellung nicht umhin, daß in den Lazaretten, die unter der Leitung des Dr. Michelsohn standen, geprügelt wurde.[105] Eine Verantwortung des Arztes sah es gleichwohl nicht, zum einen weil einige Zeugen von ihren belastenden Aussagen abgerückt waren, zum andern weil der Eindruck des Gerichts von der Person des Arztes (»ein durch und durch anständiger Mensch und ehrenhafter Charakter«[106]) die konvergierenden Aussagen der verbliebenen Belastungszeugen zu verdrängen vermochte.

Ernsthafte juristische Aufarbeitung oder Justizkomödie? – Zu den reichsgerichtlichen Urteilen in Sachen Gefangenenmißhandlung

Von den sechs Gerichtsverfahren gegen deutsche Soldaten wegen des Vorwurfs der Mißhandlung von Kriegsgefangenen endeten drei mit einem Freispruch und drei mit einer Verurteilung zu insgesamt 22 Monaten Gefängnisstrafe. Ein deutliches Mißverhältnis, wenn man an die alliierten

---

102 Ebenda.

103 Ebenda, S. 8, 12, 14 des Urteils.

104 Ebenda, S. 16–21; vgl. PA Bonn, R 48432v, o. S. (Antrag und Anklageschrift nebst Auflistung der Zeugen) sowie dort auch das Schreiben des ehemaligen Feldlazarettinspektors Hans Frenzel an das Auswärtige Amt vom 3.6.1920.

105 Ebenda, S. 15.

106 Ebenda, S. 20.

Beschuldigungen nur in diesen sechs Fällen denkt, und geradezu eine Nichtigkeit, wenn man sich die Zahl und die Schwere aller alliierten Beschuldigungen zu diesem Tatvorwurf vor Augen führt.

Der Schluß von den vor Gericht verhandelten Einzelfällen auf die Gesamtheit der Listenfälle konnte schon für sich allein leicht den Eindruck hervorrufen, daß die Tatvorwürfe unbegründet waren, daß Deutschland vielmehr noch nach dem Krieg zum Opfer einer ehrrührigen Verleumdung gemacht worden war. Wenn es in den Verurteilungen dann noch hieß, der Angeklagte sei ein vorbildlicher Soldat gewesen, der sich lediglich in Momenten höchster nervlicher Anspannung zu Tätlichkeiten habe hinreißen lassen, mußte dieser Eindruck sogar zwangsläufig entstehen. Und von dort war es nicht mehr weit bis zur Überzeugung, daß die deutsche Kriegführung sich auch in diesem Punkt nichts zuschulden hatte kommen lassen, zumindest nicht mehr und nicht weniger als andere Kriegsparteien. In diesem Sinn hatte schon in dem ersten Verfahren der Verteidiger des Angeklagten Heynen in seinem Plädoyer erklärt:

»Meine Herren! Auf den Angaben dieser Liste und auf ihrer öffentlichen Bekanntgabe beruht vielleicht die in weiten Kreisen der Welt vertretene Ueberzeugung und vertretene Behauptung, dass die nach den Verhältnissen des Krieges leider stets unvermeidlichen bedauerlichen Uebergriffe und Verletzungen von Recht und Sitte auf deutscher Seite und in der deutschen Armee in besonders grossem Umfang und in besonders schwerer Form zutage getreten seien.

Diese Ueberzeugung, diese Behauptung – davon sind wir fest überzeugt – wird durch die heutige Verhandlung und die Verhandlungen, die sich anschliessen werden, dahin verwiesen werden, wohin sie gehört: in das Gebiet der Legende und in das Gebiet der Geschichtsfälschung.«[107]

Dem Wunsch nach Bagatellisierung auf deutscher Seite entsprach der Hang zur Skandalisierung auf seiten alliierter Länder. Die *Times* sprach nach dem Urteilsspruch gegen Heynen von einem »scandalous failure of justice«,[108] die französische Presse titelte ähnlich und die französische Regierung ging sogar so weit, während der Verhandlung gegen die Generäle von Schack und Kruska die aus Frankreich angereisten Zeugen zurückzurufen.[109] Mit ihnen verließ auch die französische Prozeßbeobachterkommission Deutschland. Für sie hatten die sich abzeichnenden

---

107 Zit. n. bJ 21/20 (Heynen), Bd. 3, Bl. 358.

108 Vgl. den Zeitungsausschnitt vom 27.5.1921 in: AN Paris, BB 18/2568³, o. S.

109 *Senatspräsident Dr. Schmidt über das französische Vorgehen*, in: Kreuz-Zeitung, 9.7.1921, Nr. 216, S. 1; vgl. auch das Prozeßprotokoll in bJ 296/20 (von Schack/Kruska), Bd. 3, Bl. 129.

Abend-Ausgabe Nr. 314 Einzelnummer 30 Pf. Berlin, Freitag, 8. Juli 1921

Neue Preußische Zeitung (Kreuz-Zeitung)

Vorwärts mit Gott für König und Vaterland

Nr. 314 Abend-Ausgabe Einzelnummer 30 Pf. Berlin, Freitag, 8. Juli 1921

Der Friedensvertrag mit Deutschland.

Die von Hughes geplanten Abänderungen des Versailler Vertrages.

(Drahtmeldung.)

W Paris, 7. Juli.

„New York Herald" meldet aus Washington, daß Staatssekretär Hughes dem Senat einen Friedensvertrag mit Deutschland vorzulegen gedenke, welcher derart starke Abänderungen des Versailler Vertrages aufweise, daß er auf seine Annahme im Senat hoffe. Der erste auf den Völkerbund bezügliche Teil des Versailler Vertrages, sowie der zweite und dritte Teil, in denen von den Grenzen Deutschlands und dem politischen Statut Europas gesprochen werde, seien in dem Hughesschen Entwurf ausgemerzt. Bezüglich des vierten Teiles, der beibehalten werde, mache Hughes Vorbehalte hinsichtlich der Souveränität Frankreichs über Marokko und derjenigen Englands über Ägypten. Er beseitige auch alle Friedensvertragsklauseln betreffs Schantungs. Der fünfte Teil und ein Teil des sechsten Abschnittes seien in dem neuen Dokument nahezu unverändert geblieben. Auch die Bestimmungen über den Prozeß gegen Kaiser Wilhelm und die anderen Kriegsbeschuldigten und sämtliche Bestimmungen über die Reparationen bleiben bestehen. Es wird bestimmt, daß eine amerikanische Vertretung bei der Reparationskommission unterhalten wird und daß Amerika an dem Verkauf chemischer Produkte, Schiffe und anderen deutschen Materials teilnimmt. Der 11. und 12. Teil werden mit einigen Abänderungen, welche die Vereinigten Staaten von jedem rein europäischen Konflikt fernhalten, beibehalten. Der 13. Teil, der von der Arbeitsorganisation spricht, ist beseitigt. Der 14. und 15. Teil werden mit kleinen Abänderungen beibehalten. Eine von ihnen betrifft das Gebiet an der Schweizer Grenze und die Beziehungen Frankreichs zu Monaco.

Nach einer Meldung der „Chicago Tribune" aus Washington hat Präsident Harding den Generalanwalt Daugherty um seine Meinung darüber befragt, ob nach der Annahme der Friedensentschließung des Kongresses eine Friedensproklamation notwendig sei.

*

Wie „Chicago Tribune" aus Washington mitteilt, hat der Senat die Abänderungsanträge des Repräsentantenhauses zum Flottenbudget abgelehnt und an die gemeinsame Konferenz des Kongresses zurückverwiesen. Der Senat verlangt in einer Reihe von Punkten höhere Ausgaben als das Repräsentantenhaus. Nach dem gleichen Blatt erklärte Präsident Harding gestern bei der Besprechung der Resolution Borah, er beabsichtige eine Zusammenkunft von Senatoren im Weißen Hause demnächst einzuberufen, um mit ihnen die nächsten Schritte zu besprechen, die zur Ausführung des in der Resolution Borah vorgezeichneten Abrüstungsprogramms zu unternehmen seien.

Die britische Reichskonferenz.

Die Richtlinien für die Politik im Stillen Ozean und fernen Osten.

(Drahtmeldung.)

W London, 8. Juli.

Auf der gestrigen Sitzung der Reichskonferenz wurde die Haltung des britischen Reichs gegenüber den europäischen

Die Entente gegen die Reichsgerichts-Urteile.

Abberufung der französischen Vertreter aus Leipzig.

Die Kriegsbeschuldigtenfrage als Vorwand für die Aufrechterhaltung der Sanktionen.

(Drahtmeldung.)

W Paris, 8. Juli.

„Matin" meldet, in Verfolg der Freisprechung des Generals Stenger habe Briand gestern abend den französischen Vertretern die telegraphische Anweisung gesandt, unverzüglich nach Paris zurückzukehren. Er habe ebenso bei der englischen und belgischen Regierung die Anregung gegeben, in Zukunft, wie Frankreich, darauf zu verzichten, Rechtsvertreter nach Leipzig zu entsenden.

„Petit Parisien" beschäftigt sich mit den Urteilen des Reichsgerichts in Leipzig und sagt, die französische Regierung werde zweifelsohne sofort bei ihren Alliierten und auch bei der deutschen Regierung gegen die Urteile protestieren und ein juristisches Verfahren aufhalten, das auch die englische Presse als eine Phrase bezeichne. Aber es gebe noch eine zweite Konsequenz, welche die Sanktionen betreffe. Man habe den guten Willen der Regierung Wirths anerkannt, die ihre Verpflichtungen zu erfüllen gedenke. Man habe auch erklärt, daß es recht und schicklich sei, die wirtschaftlichen Sanktionen, die die wirtschaftliche Tätigkeit Deutschlands erschweren, in naher Zukunft aufzuheben. Es gebe aber eine Sanktion, die der deutschen Tätigkeit keinen Schaden zufüge. Das sei die Besetzung der drei Häfen Düsseldorf, Ruhrort und Duisburg. Nach dem, was sich in Leipzig abgespielt habe, werde es, da die Frage der Kriegsbeschuldigten noch immer ungeregelt bleibe, schwierig sein, den Zeitpunkt abzusehen, an dem die drei Rheinhäfen geräumt werden. Frankreich dürfe nicht darauf verzichten, wirtschaftlich mit Deutschland zusammen zu arbeiten, aber es dürfe auch auf keine einzige seiner Sicherheiten verzichten. In ähnlichem Sinne äußert sich die Mehrzahl der Pariser Morgenblätter. So erklärt u. a. noch Hervé in der „Victoire", das ungenügende Leipziger Urteil gegen Major Crusius werde einen Haß von zwei Jahrhunderten auf Seiten der Franzosen zeitigen.

*

Die neue Wendung in der Kriegsbeschuldigtenfrage, wie sie in der Abberufung der französischen Vertreter aus Leipzig ihren Ausdruck findet, kommt nicht völlig überraschend. Die französische Presse hat den Prozeß gegen General Stenger von Anfang an mit einer Kritik beurteilt, die die vom „Matin" in anderem Sinne gebrauchte Bezeichnung „skandalös" verdient. Daß sich nun auch das amtliche Frankreich dieser gutgespielten Entrüstung der französischen Presse anschließt, die nur ein Vorwand zur Verlängerung und Aufrechterhaltung der Zwangsmaßnahmen gegen Deutschland sucht, kann weiter nicht überraschen. Ein ausführlicher Bericht der französischen Kommission über den Verlauf des Prozesses gegen General Stenger und die Begründung des Freispruches kann in Paris noch kaum vorgelegen haben. Wenn Briand trotzdem die französischen Vertreter abberuft, so beweist das nur, wie gierig er darauf bedacht war, einen neuen Zwischenfall zu konstruieren, um sich einen Vorwand zur Fortsetzung seiner Haß- und Gewaltpolitik gegen Deutschland zu schaffen.

Briands Verhalten steht im krassen Gegensatze zu der Stellungnahme des englischen Generalstaatsanwalts Pollack, der die rechtliche Objektivität der Verfahren vor dem Reichsgericht im englischen Unterhause offiziell anerkannt hat. Belgien geht natürlich in dieser Frage Hand in Hand mit Frankreich. So hat nach einer Meldung aus dem Haag der belgische Außenminister Jaspar bereits erklärt, daß er durch den belgischen Gesandten in Berlin gegen den Freispruch der von belgischer Seite Beschuldigten Protest habe einlegen lassen. Belgien könne nicht zulassen, daß das Reichsgericht weiter fortfahre, Deutsche, die unter Anklage in Belgien begangener Verbrechen ständen, abzuurteilen. Die belgische Regierung beabsichtige, beim Obersten Rat in dieser Angelegenheit Vorstellung zu erheben.

Aller Voraussicht nach wird also die Frage der Kriegsbeschuldigten erneut den Obersten Rat beschäftigen. Welche Lage sich für den Augenblick ergibt, läßt sich mit Bestimmtheit noch nicht erkennen. Die Leipziger Verfahren sind auf Grund einer Vereinbarung mit der Entente zustande gekommen und immerhin besteht die Möglichkeit, daß durch die Abberufung der Ententekommission weitere Verfahren illusorisch werden. Man wird zunächst abwarten müssen, welche Haltung der Feindbund in der Folge einzunehmen gedenkt. Sollte er erneut das für die deutsche Ehre unmögliche Auslieferungsbegehren wiederholen, so wird er auch diesmal, wie wir zuversichtlich hoffen, auf den ebenso einmütigen wie energischen Widerstand des gesamten deutschen Volkes stoßen.

Mit Deutlichkeit aber zeigt der Schritt der französischen Regierung, daß es ihr unter allen Umständen daran liegt, Deutschland vor der Welt ins Unrecht zu setzen. Wir haben das Ultimatum angenommen, wir haben uns dem wirtschaftlichen Diktat gebeugt, wir sind den Entwaffnungsforderungen in jeder Hinsicht nachgekommen und nun muß die Frage der Kriegsbeschuldigten dazu herhalten, Deutschland noch weiterhin zu knebeln. O. B.

Ein französischer Wahnsinnsausbruch.

(Drahtmeldung.)

Paris, 8. Juli.

Der Freispruch des Generals Stenger findet hier weiter eine außerordentlich erregte Kommentierung, von der wohl die Aeußerung des „Intransigeant" einen Begriff geben mag, daß, wenn ein halbes Dutzend französischer Flieger morgen die holländische Residenz Wilhelms II. mit einem Hagel von Bomben in die Luft sprengen würde, dies alle Völker der Entente als eine Tat ausgleichender Gerechtigkeit begrüßen würden. Man müsse nicht glauben, daß sich dafür niemand finde.

Die drohende Gefahr der Sforza-Linie.

Mit ziemlicher Bestimmtheit wird, nachdem auch die französische Regierung anscheinend den Plan einer provisorischen Neutralisierung des oberschlesischen Industriegebietes hat fallen lassen, auf der bevorstehenden Tagung des Obersten Rates, deren Zeitpunkt allerdings noch nicht feststeht, die endgültige Entscheidung über Oberschlesien fallen. Unter diesen Umständen ist es notwendig, uns noch einmal die verschiedenen Vorschläge vor Augen zu führen, die über die Aufteilung des Abstimmungsgebietes bestehen. Die sogenannte Korfantylinie und die vom General Le Rond in Aussicht genommene Grenzlinie wollen mit verhältnismäßig geringen Abweichungen das gesamte Industriegebiet Polen zuteilen, nämlich die Kreise Pleß und Rybnik, einen Teil von Ratibor, Gleiwitz, Königshütte, Hindenburg, Beuthen, Tarnowitz, Lublinitz und Groß-Strehlitz. Die englische Linie wollte zugunsten der Polen die Kreise Rybnik und Pleß, sowie kleinere Teile des Abstimmungsgebietes an der Ostgrenze herausschneiden. Schließlich liegen zwei von dem bisherigen italienischen Außenminister Grafen Sforza ausgearbeitete Vorschläge vor, die beide darauf hinauslaufen, die Kreise Pleß und Rybnik, sowie einen größeren Streifen des übrigen Industriegebietes, als es der englische Teilungsplan vorsieht, an Polen fallen zu lassen. Die eine Sforzalinie spricht den Polen außer Pleß und Rybnik Teile der Kreise Ratibor und Hindenburg, ferner die Kreise Kattowitz und Königshütte, sowie Teile der Kreise Beuthen und Tarnowitz zu, während nach der zweiten Sforzalinie der Kreis Königshütte, sowie ein Teil der Kreise Kattowitz und Beuthen bei Deutschland verbleiben sollen.

Der endgültige Vorschlag der Interalliierten Kommission, den diese an den Obersten Rat zur Beschlußfassung weiterzuleiten hat, liegt zurzeit noch nicht vor. Nach einer englischen Meldung, die die Auffassung unterrichteter Londoner Kreise wiedergeben dürfte, sollen jedoch die englisch-französischen Meinungsverschiedenheiten über die künftige Grenzführung so gut wie beigelegt sein, und zwar durch Annahme der Pläne des Grafen Sforza, dergestalt, daß der größere Teil des Industriegebietes mit Kattowitz, Königshütte, Beuthen und Tarnowitz sowie die Kreise Pleß und Rybnik an Polen fallen, während Deutschland das Industriegebiet an Hindenburg und Gleiwitz zugesprochen wird.

Sollte diese Nachricht tatsächlich zutreffen, so wäre die Befürchtung, daß England auch diesmal den Wünschen seines französischen Bundesgenossen nachgeben werde, zur Tatsache geworden und die von uns nie geteilte Hoffnung der deutschen Regierung auf das fair play Lloyd Georges wäre wieder einmal trügerisch gewesen, denn die Sforzalinie entspricht völlig den polnisch-französischen Raubplänen, die darauf abzielen, die Kohlengebiete zu Polen zu schlagen, während sich Deutschland mit den landwirtschaftlichen Gebieten begnügen soll. Von dem Industriegebiet würde bei Deutschland lediglich das bergmännisch teilweise bereits erschöpfte Gebiet von Gleiwitz und Tarnowitz und das von seiner Kraft- und Wasserversorgung abgeschlossene Hindenburg verbleiben, Kattowitz, Königshütte, Beuthen, die großen Städte des Industriegebietes, aber Polen zufallen.

Die Entscheidung im Sinne der Sforza-Linie wäre gleichbedeutend mit einer Zerreißung des unteilbaren Industriegebietes und damit auch einer Vernichtung Oberschlesiens. Politisch und wirtschaftlich unmöglich, würde sich die Sforzalinie gleichzeitig darstellen als eine Umkehrung der Ergebnisse der Volksabstimmung in ein krasses Unrecht angesichts der Mehrheitsverhältnisse bei der Abstimmung in den großen Industriestädten, die sich mit überwältigender Mehrheit für Deutschland erklärt haben. Daß die Sforzalinie für das deutsche Volk eine Unmöglichkeit der Erfüllung des Ultimatums bedeuten würde, ist ohne weiteres klar; daran würde auch nichts geändert werden, wenn nach dem angeblichen englisch-französischen Einigungsplan infolge des Ausfalles finanzieller Kraftquellen durch

Erste Seite der »Kreuz-Zeitung« vom 8. Juli 1921, Abendausgabe

Freisprüche der beiden Generäle das sprichwörtlich Faß zum Überlaufen gebracht, das durch die Entscheidungen in Sachen Stenger/Crusius und Laule bereits bis an den Rand gefüllt war.[110]

Daß Frankreich durch die unbewiesene Schwere der Beschuldigungen selbst an der ganzen Entwicklung nicht schuldlos war, ging dabei völlig

110 Dem Bericht des Kommissionsvorsitzenden Paul Matter zufolge war ein weiterer Grund für die Abreise das feindselige Klima gegenüber der französischen Delegation in Leipzig. Vgl. das Schreiben Matters an den französischen Außenminister vom 8.7.1921 in: AN Paris, BB 18/2568[3], o. S.

unter. Ebensowenig war man sich darüber im klaren, daß auf genau diese Weise der deutschen Justiz die Argumentationslinie und Entscheidungsfindung vorgegeben wurden. Wer wollte, nachdem sich die ursprüngliche Beschuldigung zerschlagen hatte, einen Offizier der Armee des eigenen Landes wegen einer minderschweren Tatmodalität verurteilen? Hätte das nicht, Legalitätsprinzip hin, Legalitätsprinzip her, geheißen, sich zum Exekutor französischer Vergeltungswünsche zu machen? – Ein für ein deutsches Gericht jener Zeit unerträglicher Verdacht, der die weitere Behandlung des Falles bestimmte: lediglich pauschale Prüfung anderer Verdachtsmomente und anschließende Freisprechung des Beschuldigten von jeglichem Verdacht.

Waren somit die Verfahren in Sachen Mißhandlung Kriegsgefangener eine Justizkomödie, eine Veranstaltung im Namen des Rechts, aber an letzterem nicht interessiert? Der Umstand, daß sie zeitlich die Verhandlungen gegen Ramdohr, Stenger/Crusius und Laule einrahmten, spricht dafür. Wieso sollte die einseitige Parteinahme zugunsten der Beschuldigten, die es vorher und nachher gab, nicht auch in der Zwischenzeit praktiziert werden?

Für die französischen und englischen Medien war, wie gesagt, die Antwort eindeutig. Auch die französische Regierung ließ, wie der Rückruf der Zeugen beweist, keinen Zweifel an ihrer Bewertung der Verfahren. Im Bericht der von ihr eingesetzten Beobachterkommission war von einer subtilen Zeugenbeeinflussung die Rede, und was man dem Gericht bei der Behandlung der englischen Fälle (Heynen, Müller, Neumann) allenfalls zuzubilligen bereit war, war eine »gewisse Unparteilichkeit«.[111] Die verhängten Strafen zeugten von einer zu großen Nachsicht gegenüber den Angeklagten, und was den Lazarettarzt Michelsohn anbelange, so hätten schon die deutschen Zeugenaussagen für eine Verurteilung ausgereicht.[112]

Die englische Beobachterkommission unter Leitung des Kronanwalts Ernest Pollock war hingegen weit weniger kritisch und ablehnend. Zwar empfand sie die verhängten Freiheitsstrafen auch als zu gering, maß aber dem Umstand, daß überhaupt Strafen ausgesprochen worden waren, schon eine nicht zu unterschätzende Bedeutung bei. Die Verurteilung eines deutschen Soldaten und namentlich eines deutschen Offiziers zu einer Gefängnisstrafe treffe, so Pollock, das deutsche Militär und seine gesellschaftlichen Hintermänner ins Mark. Man sehe darin einen Flecken auf dem soldatischen Ehrenschild und eine Art Stigma. Mehr könne nicht erreicht werden, denn keine noch so schwere Strafe sei dem Geschehenen

111 Ebenda, o. S. Bericht vom 4.6.1921 an den Präsidenten des Rats der Alliierten und französischen Außenminister.

112 Ebenda, Berichte vom 4.6.1921 und vom 8.7.1922.

Der englische Kronanwalt Sir Ernest Pollock (Mitte) und das Unterhausmitglied Ellis Home Williams (links) vor dem Reichsgericht
BAK, Bild 183, 2002/1030/502

angemessen. Man habe nicht Rache, sondern ein – notwendigerweise symbolisches – Gerichtsverfahren gewählt, und zwar in Deutschland selbst. Hätte man die Beschuldigten in London vor Gericht gestellt, so würde man für sie in Berlin ein Denkmal errichtet haben.[113]

Ein anderes Mitglied der Beobachterkommission, das wie die übrigen Kommissionsmitglieder[114] die Einschätzung Pollocks teilte, verwies zur Erklärung der Urteile außerdem auf den Zeitablauf, der die Beweisführung erschwert habe. Und in leiser Kritik am französischen Vorgehen

---

113 Ernest Pollock, *Einleitung*, in: Claud Mullins, The Leipzig Trials. An account of the war criminals trials and an study of german mentality, London 1921, S. 10–13. Siehe auch den Hinweis bei A. Mendelssohn-Bartholdy, *Leges inter arma. Betrachtungen zu den Leipziger Prozessen gegen die »Kriegsbeschuldigten«*, in: DJZ 26 (1921), Sp. 444.

114 Vgl. den Hinweis auf die Kommission und ihre Gesamtbewertung bei Willis, Prologue to Nuremberg, S. 139.

fügte er hinzu, daß es, wie die englischen Fälle in Sachen Gefangenenmißhandlung gezeigt hätten, besser gewesen sei, niedrigere Dienstränge vor Gericht zu bringen, da bei ihnen die unmittelbare Verantwortlichkeit leichter nachgewiesen werden könne als bei hohen Offizieren, die sich – siehe die Fälle Kruska und Schack – in einem Geflecht von Zuständigkeiten bewegt oder in Anbetracht der Größe ihres Befehlsbereichs immer wieder ihr Nichtwissen hätten beteuern können. Der Botschaft der Verfahren habe die englische Konzentration auf niedrigere Ränge ebenfalls keinen Abbruch getan, denn schließlich gehe es in erster Linie um die Verurteilung eines unmenschlichen, brutalen Systems und nicht um individuelle Schuld.[115]

Wenn man dieser Auffassung auch ansonsten zustimmen kann, verdient sie in einem Punkt doch Widerspruch. Das deutsche Militär und das dahinterstehende System sollten nach deutschem Verständnis durch die Verfahren gerade nicht verurteilt, ja noch nicht einmal getadelt werden. Verantwortlich waren nach Darstellung des Gerichts denn auch allein die einzelnen Soldaten, die jedoch, um nun wirklich jeden weitergehenden Verdacht zu vermeiden, in einer persönlichen Ausnahmesituation gehandelt hatten.

Möglicherweise hätten diese Stimmen der englischen Beobachterkommission aber auch anders gelautet, wenn von ihr auch das Verfahren gegen den Arzt Dr. Michelsohn berücksichtigt worden wäre – ihr erster Bericht erschien bereits im Sommer 1921 und in erweiterter Fassung im Herbst desselben Jahres – oder wenn sie zu diesem Zeitpunkt schon um die weitere Behandlung der »Kriegsbeschuldigten-Frage« durch das Reichsgericht gewußt hätten.

Die Einstellungsbeschlüsse des Reichsgerichts zum Vorwurf der Gefangenenmißhandlung

Im März 1917 entwarf das Internationale Komitee vom Roten Kreuz (IKRK) eine Protestnote an die Kriegsparteien, in der die Durchführung von Repressalien an Kriegsgefangenen als unzulässige barbarische Maßnahme angeprangert wurde.[116] Obwohl zur strikten Neutralität verpflichtet, ging es dem IKRK in der Note fast ausschließlich um die deutsche Praxis. Bei den Deportationen aus Belgien und der Verschärfung des U-Boot-Krieges habe man geschwiegen, so der Entwurf, jetzt jedoch sei ein Stadium erreicht, das eine Reaktion erfordere. Wenn im Deutschen

115 Vgl. Mullins, The Leipzig Trials, S. 30ff., 191f.
116 Vgl. Archiv des IKRK, Genf, 400/445/I, carton 59, projet de protestation.

Reichstag der Kriegsminister Maßnahmen gegen französische und britische Kriegsgefangene verkünde, die unweigerlich den Tod vieler Gefangener zur Folge haben würden,[117] dann sei das nicht nur eine eklatante Verletzung internationalen Rechts, sondern auch ein Anschlag auf die elementarsten Grundsätze der Moral, und das um so mehr, als Frankreich und Großbritannien die deutschen Vorwürfe zurückgewiesen hätten und auch das Rote Kreuz sich davon überzeugt habe, daß keine deutschen Kriegsgefangenen im Operationsgebiet festgehalten würden.[118] Und dann hieß es im Entwurf wörtlich:

»Man proklamiert mit lauter Stimme, daß der Krieg umso kürzer ist, je heftiger er geführt wird, und daß er umso schneller beendet wird, je schlimmer die Schmerzen sind, die er hervorruft. Wir lehnen dieses blutige Prinzip voller Entrüstung ab und glauben im Gegenteil, daß es einem wirklichen Frieden abträglich ist, einem Frieden, wie ihn die ganze Welt wünscht. Aus diesem Grunde zögern wir auch nicht, an einen der kriegführenden Staaten und insbesondere an das deutsche Volk zu appellieren und ihm zu sagen: Dieser Friede, den Sie wie wir herbeisehnen und der nicht nur das Schweigen der Kanonen und Gewehre bedeutet, sondern die Rückkehr zu brüderlichen Beziehungen zwischen den Nationen, meinen Sie ihn eher und vollständiger haben zu können, wenn aus der Brust Ihrer Feinde, sei es der Soldat, den Sie gezwungen haben, seinen Kameraden zu erschießen, sei es der alte Mann, den Sie von seinem Hof vertrieben haben oder die Frau, der Sie die Tochter genommen haben, wenn aus ihrer aller Brust nur ertönt der einzige Schrei: ›Rache‹.«[119]

Man mag hier einwenden, daß in einen Entwurf vieles geschrieben werden könne und daß er erst dann Ausdruck einer offiziellen Position sei, wenn er angenommen und seinen Adressaten notifiziert worden ist. Mit dem vorliegenden Entwurf ist all das nicht geschehen. Nichtsdestoweniger zeigt sein Inhalt anschaulich, wie die deutsche Kriegführung von einer Stelle, die neutral sein mußte, um wirken zu können, gesehen wurde.

Sofern später die vom IKRK angeprangerte Kriegführung in Deutschland zum Gegenstand strafrechtlicher Ermittlungen wurde, endeten die

---

117 Am 1.3.1917 hatte der Staats- und Kriegsminister und General der Artillerie von Stein in Reaktion auf den Vorwurf, deutsche Kriegsgefangene würden in England und vor allem Frankreich in der Feuerzone festgehalten, im Reichstag angekündigt, in gleicher Weise nun auch mit französischen bzw. englischen Kriegsgefangenen verfahren zu lassen und künftig nicht mehr zu verhandeln, sondern sofort Gleiches mit Gleichem zu vergelten. Vgl. Reichstag, Bd. 309, S. 2445f.

118 Projet de protestation, S. 3f.

119 Ebenda, S. 5.

Verfahren sämtlich mit einer Einstellung. Das wird hier noch weniger verwundern als in anderen Fällen der Verfahrenseinstellung, denn staatlich angeordnete Politik und individuelles Verhalten standen – die Rede des Kriegsministers von Stein ließ es bereits vermuten – in einem sehr engen Zusammenhang. Dessenungeachtet machen die Verfahren gleichwohl deutlich, welche Maßnahmen die deutsche Rechtsansicht zu rechtfertigen in der Lage war, und das sowohl in objektiver wie in subjektiver Hinsicht.

Beginnen wir mit einem Verfahren, das aufgrund englischer Beschuldigungen eingeleitet wurde. Die Beschuldigungen richteten sich gegen die Verantwortlichen eines Gefangenenlagers an der Ostfront, in dem 1917 500 britische Kriegsgefangene Zwangsarbeit leisten mußten.[120] Sie hätten dort in der Feuerzone arbeiten müssen, lautete der Hauptvorwurf, und weiter: campiert worden sei teilweise im Freien, die Wachen seien gewalttätig gewesen, und jeder briefliche Kontakt nach außen sei verboten worden. Nach zwei Monaten habe es nicht einmal mehr 100 arbeitsfähige Gefangene gegeben; der Hunger sei zu groß und die Sterblichkeitsrate mit 23 Toten innerhalb kurzer Zeit sehr hoch gewesen.[121]

Das Reichswehrministerium, von der Reichsanwaltschaft nach diesen Vorwürfen befragt, bezeichnete sie als eine »krasse Uebertreibung und Entstellung der [wirklichen] Vorgänge«. Den noch vorhandenen Unterlagen zufolge habe sich vielmehr folgendes ereignet:

»Veranlassung zur Aufstellung des Engländer-Kommandos I und seine Ueberführung nach Kurland gab eine Note der englischen Regierung, in der mitgeteilt wurde, dass zwei grössere Abteilungen deutscher Kriegsgefangener zu Hafenarbeiten nach Rouen bzw. Le Havre gesandt worden seien. Diese Maßnahme bedeutete bei dem Verhalten der französischen Zivilbevölkerung gegen deutsche Gefangene zweifellos eine Verschlechterung ihrer Lage und das Kriegsministerium entschloss sich, als die deutschen Gefangenen täglich heftige Klagen in den Briefen an ihre Angehörigen vorbrachten, in gleicher Weise 2000 englische Kriegsgefangene den deutschen Lagern zu entziehen und als Arbeitskommando in das Gebiet des Oberbefehlshabers Ost zu verlegen. Es betonte in dem an den Oberbefehlshaber Ost gerichteten Schreiben ausdrücklich, dass die Leute zwar intensiv arbeiten, im übrigen aber ›gut erträgliche Lebensbedingungen‹ unterworfen sein sollten. Der Chef des Generalstabes des Oberbefehlshabers Ost, Exzellenz Graf Ludendorff, erklärte sich mit der Ueberweisung der englischen Kriegsgefangenen einverstanden und verfügte ihre Zuteilung an die Etappen-Inspektion 8 mit dem Hinweis, die eintreffenden Gefangenen in Libau und Mitau zu beschäftigen.«[122]

---

120 Vgl. Liste des personnes désignées ..., S. 27. Von den möglichen Verantwortlichen sind fünf (drei Offiziere und zwei Unteroffiziere) namentlich genannt.

121 Ebenda.

122 Zit. n. bJ 904/20 (Unbekannt), Beiheft, S. 1f.

Die Aufstellung des sogenannten Engländer-Kommandos I und seine Verbringung nach Osten begannen am 1. Mai 1916. Gegen Endes des Jahres erhielt das Kriegsministerium die nach eigenen Angaben sichere Nachricht, daß deutsche Kriegsgefangene von England zu Arbeiten in der Feuerzone gezwungen wurden. Es forderte, die Gefangenen mindestens 30 Kilometer hinter diese Zone zurückzuführen und kündigte an, englische Gefangene der gleichen Behandlung zu unterwerfen. Dazu wurden vom Engländer-Kommando 600 Soldaten bestimmt und in zwei Gruppen à 100 und 500 Gefangene in die Feuerzone an der Ostfront verbracht. »Dem Sinne der Massregel entsprechend, sind die Gefangenen zu gefährlichen und unbequemen Arbeiten zu verwenden«, lautete der Befehl des Chefs des Oberkommandos der 8. Armee.[123] Und das Kriegsministerium hatte zuvor per Telegramm klargestellt: »Gegen durch Heranführung an Feuerzone bedingte Verschlechterung der Unterkunft und so weiter hier keine Bedenken.«[124]

Darüber, was dann weiter geschah, gibt das Kommando-Tagebuch der größeren Gruppe einen Eindruck. Es heißt darin u. a.:

»25.2.17 Um 6 Uhr antreten zum Marsch nach dem 28 km entfernten Latschen, Eintreffen daselbst 4,30 nachmittags. Engländer werden kriegsmässig notdürftig heizbaren Zelten untergebracht. [...]

27.2.17 Beginn der Arbeiten im Feuerbereich mit 400 Mann. Bau von Laufgraben, Tragen von Rundhölzern. Trotz Beschiessung keine Verluste. Gesundheitszustand bisher leidlich. [...]

1.3.17 Zur Arbeit 443 Mann, 5 revierkrank, Beschiessung ohne Verluste, gefangener Marlott mit 14 Tagen strengen Arrest wegen Rauchens bestraft. [...]

3.3.17 Revierkrank 17, trotz Beschiessung und Bombenangriff feindlicher Flieger keine Verluste, Gefangener Watts sucht sich mit Telefondraht zu erwürgen. [...]

6.3.17 Revierkrank 7. Ins Lazarett überführt 2 (wegen erfrorener Gliedmassen). Verpflegung wird genau nach den von der Etappen-Inspektion erlassenen Vorschriften gegeben. [...]

8.3.17 Revierkrank 8. 3 Gefangene wegen erfrorener Gliedmassen ins Lazarett Mitau.«[125]

Am 8. Juni wurden beide Gruppen aus der Feuerzone abberufen, da nach deutschen Informationen England Kriegsgefangene nicht mehr in Feuerzonen an der Westfront einsetzte. Von den 600 Gefangenen wa-

---

123 Ebenda, S. 11ff. Dieser Befehl ging auf eine Weisung des Kriegsministeriums und des Generalquartiermeisters – seinerzeit war das Ludendorff – zurück.

124 Ebenda, S. 13.

125 Ebenda, S. 14.

ren bis dahin 24 (nicht 23, wie die englische Beschuldigung sagte) gestorben, 116 in deutsche Lazarette abgeschoben worden und 100 befanden sich im Lazarett Mitau. 360 wurden als noch arbeitsfähig bezeichnet.[126] In nicht ganz vier Monaten hatte die Verschärfung der deutschen Vergeltungsmaßnahme also gesundheitsschädigende bis tödliche Auswirkungen auf fast die Hälfte der davon betroffenen Gefangenen gehabt.[127]

Der Chef der Bewachungskompanie des Engländer-Kommandos sagte in diesem Zusammenhang aus:

»Das Leben der 500 Gefangenen war äußerst hart. Insbesondere lagen sie in der ersten Zeit in einem Zelt auf Drahtmaschen, erst später wurde für eine gewisse Heizung gesorgt. Es ist klar, daß bei solcher Lebensführung der Gesundheitszustand sehr schlecht war. Der ärztliche Dienst lag in der Hand verschiedener Ärzte benachbarter Fronttruppenteile. Diese Herren haben ihren Dienst mit humaner Gesinnung versehen. Es wurde aber von oben stark darauf gedrückt, daß möglichst nur die Schwerkranken dem Lazarett zugeführt wurden. Es lag dies im Sinne der Vergeltungsmaßnahmen.«[128]

Andere Aussagen von Augenzeugen, die zum Teil ebenfalls erheblich von der offiziellen Darstellung abweichen, berichteten davon, daß selbst die deutschen Begleitmannschaften es für »einen Gewaltakt erster Güte« hielten, »die Gefangenen in diesem krankhaften Zustande zur Arbeit zu bringen«.[129]

Das zweite Verfahren, das hier als Beispiel herangezogen werden soll, wurde ebenfalls auf englische Initiative eingeleitet. Unter Nr. 70 der englischen Liste wurde einem Offizier namens Georgi vorgeworfen, Gefangene in der Feuerzone gehalten und zu Arbeiten gezwungen zu haben, die in direkter Beziehung mit Kriegsunternehmungen gestanden hätten.[130]

---

126 Ebenda, S. 18.

127 Ende November 1917 kehrte das vollständige Kommando nach Deutschland zurück, nachdem England den Arbeitseinsatz von deutschen Kriegsgefangenen in Rouen und Le Havre beendet hatte. Vgl. ebenda, S. 19.

128 Leutnant d. R. Karl Nennemann, zit. n. bJ 905/20 (Unbekannt), Bl. 26.

129 Vgl. z. B. die Aussage des Sanitätsgefreiten Kuno Scholter, der u. a. auch noch bekundete, daß die Gefangenen in vollständig unterernährtem Zustande täglich 1½ bis 2 Stunden von ihrem Lager bis zum Schützengraben gehen und dabei Drahtverhaue und Spanische Reiter tragen mußten und daß ein Gefangener, weil er geraucht hatte, stundenlang an einen Baum gebunden wurde (bJ 661/20, Verfahren gegen den Leutnant d. R. Hermann Prahl, Bl. 9).

130 Vgl. Liste des personnes désignées ..., S. 25.

Die Ermittlungen ergaben, daß der Beschuldigte, ein Oberleutnant d. R., im Frühjahr 1917 in Nordfrankreich die Befehlsgewalt über ein Lager hatte, in dem englische »Vergeltungsgefangene« einer »Sonderbehandlung« unterzogen werden sollten.[131] Der Befehl dazu war von der Heeresleitung und dem Oberkommando der 6. Armee erlassen worden, weil – wie im ersten Verfahren – deutsche Kriegsgefangene nahe der Front festgehalten würden, wo sie dem deutschen Feuer ausgesetzt seien. Er sah unter anderem vor:

»Unterbringung zu je 100–200 Mann in den einzelnen Räumen im Fort, in denen auch die Mahlzeiten eingenommen werden. Jeder Gefangene hat als Schlafgelegenheit ein Brett über dem Fußboden. Die Notdurft wird im Unterbringungsraum verrichtet.

Für jeden Raum ist ein Ältester zu bestimmen. Waschgelegenheit und Reinigen der Wäsche im allgemeinen alle 4 Tage für jeden Raum; hierzu ist ein großer Kübel in den Raum zu stellen. Heißes Wasser darf nicht abgegeben werden. Knappste Versorgung mit Seife.«[132]

Berücksichtige man noch die engen und dunklen, nur mit einer dürftigen künstlichen Beleuchtung versehenen Räume im Fort, seien die Lebensbedingungen dort, so der Oberreichsanwalt, in der Tat sehr hart gewesen. Eine strafrechtliche Schuld sah er bei dem Beschuldigten gleichwohl nicht, und die Begründung, die er dafür angab und die vom Reichsgericht übernommen wurde, findet sich in allen Entscheidungen zu Repressalmaßnahmen an Kriegsgefangenen.[133] Sie verweist auf die Regelung des § 47 MStGB und hebt hervor, daß der Beschuldigte auf Befehl gehandelt hat, also nach dem in § 47 Satz 1 enthaltenen Grundsatz frei von Verantwortung ist, und daß die Ausnahmebestimmung in § 47 Satz 2 Nr. 2 nicht greift, und zwar aus zwei Gründen:

Erstens betrafen die Befehle nicht Handlungen, die ein militärisches Vergehen oder Verbrechen zum Inhalt hatten. Vorgesetzte Stellen waren von einem völkerrechtswidrigen Verhalten Englands überzeugt und haben eine Vergeltung durch Repressalien beschlossen. Wenn aber Völkerrechtswidrigkeiten des anderen Teils durch gleichwertige Handlungen erwidert werden, ist die Völkerrechtswidrigkeit dieser Handlungen aufgehoben; sie sind völkerrechtsmäßig und können daher auch keine Verbrechen oder Vergehen im strafrechtlichen Sinn sein.

Zweitens ist für den Fall, daß Befehle zur Behandlung der Gefangenen

---

131 So der Oberreichsanwalt in seinem Antrag auf Verfahrenseinstellung an das Reichsgericht, in: bJ 659/20 (Oberleutnant Willy Georgi), Bl. 58 RS.

132 Ebenda, Bl. 59.

133 Vgl. ebenda, Bl. 61, und die in den folgenden Fußnoten genannten Fälle.

tatsächlich völkerrechtswidrig waren und dies der Beschuldigte erkannt hat, davon auszugehen, daß er an die Berechtigung Deutschlands glaubte, für die Behandlung deutscher Kriegsgefangener im feindlichen Ausland Vergeltung zu üben. Anders – und in bezug auf den § 47 Satz 2 Nr. 2 formuliert: Unabhängig davon, ob er objektiv gegeben war oder nicht, der Befehlsempfänger hatte nichts von einem verbrecherischen Zweck des Befehls gewußt, so daß schon aus subjektiven Gründen eine Strafbarkeit ausschied.[134]

Von alliierter Seite wurden jedoch nicht nur niedere Dienstgrade der massiven Mißachtung von Rechten Kriegsgefangener beschuldigt. In einigen Fällen waren in den Listen auch hohe Offiziere genannt, so der General der Infanterie Otto von Below, der Generalleutnant Franz von Trotta und der Generalmajor Max Koch.[135] Von Below war an der Westfront von Februar bis Oktober 1918 Oberbefehlshaber der 17. Armee, die beiden anderen Generäle waren seine Untergebenen. Von Trotta hatte die Funktion eines Etappeninspekteurs inne, und Koch war in dieser Inspektion zuständig für den Landsturm und das Gefangenenwesen.[136] Die gegen sie gerichteten Beschuldigungen waren jeweils identisch: Sie sollen verantwortlich dafür gewesen sein, daß Kriegsgefangene in der Feuerzone festgehalten wurden, und sie sollen den Einsatz von Gefangenen zu Munitionstransporten befohlen haben, zu Arbeiten also, die in unmittelbarer Beziehung zu Kriegsunternehmungen standen.[137]

---

134 Ebenda, Bl. 59 RS, 60. Vgl. insbesondere auch bJ 86/20 (Feldwebelleutnant Karl Friers), Bl. 63–68. Dem Beschuldigten war vorgeworfen worden, französische Unteroffiziere zu Arbeiten (Torfstechen) gezwungen zu haben, die im Widerspruch zu Art. 5 HLKO (Rücksichtnahme auf die Dienststellung des Kriegsgefangenen) standen. Außerdem soll er Gepäckmärsche angeordnet haben, bei denen das Gepäckgewicht durch Sandsäcke erhöht wurde. Beide Maßnahmen, die sich in den Ermittlungen bestätigten, sah das Gericht als durch § 47 MStGB gedeckt an. Weitere Fälle, in denen es um Verfahren gegen Unteroffiziere oder niedrige Offiziersdienstgrade als Befehlsempfänger bei den sog. Vergeltungsmaßnahmen geht, sind bJ 14/20 (Hauptmann d. R. Bruno Förster), bJ 562/20 (Oberleutnant der Landwehr a. D. Hugo Beyer), bJ 888/20 und 889/20 (Verfahren gegen die Lagerkommandanten von Hellingroth, Kombst, Bollmann, Trumel, Steinhäuser, Beyer), bJ 892/20 (Leutnant Robert Schmitt), bJ 897/20 (Gottlieb Schwarz, Lagerkommandant).

135 Alle drei finden sich unter Nr. 69 der englischen Liste, vgl. Liste des personnes désignées ..., S. 25.

136 Vgl. bJ 653/20 (General der Infanterie a. D. Otto von Below), Bl. 13.

137 Vgl. Liste des personnes désignées ..., S. 25. Den Beschuldigten wurde

In der Tat hatte es, wie die reichsanwaltlichen Ermittlungen ergaben, im Gebiet der 17. Armee Kriegsgefangene in der Feuerzone gegeben, und speziell im Bereich der Etappeninspektion waren sie auch zu Dienstleistungen für die Front herangezogen worden.[138] Verstöße gegen das Kriegsrecht lagen somit vor, und für diese Verstöße waren, so hatte es den Anschein, die Beschuldigten verantwortlich. Wenn ihnen die Erteilung entsprechender Befehle auch nicht nachzuweisen war, hatten sie doch zumindest Kenntnis von der Verwendung der Kriegsgefangenen in ihrem Befehlsbereich. Das Oberkommando der 17. Armee beispielsweise, eine dem General von Below unmittelbar untergeordnete Entscheidungsinstanz, befahl die Übergabe von Kriegsgefangenen an Fronttruppen zur Arbeitsleistung,[139] und in der unter der Befehlsgewalt der Generäle von Trotta und Koch stehenden Etappe mußten deutschen Zeugenaussagen zufolge Kriegsgefangene teilweise in Munitionsdepots oder Munitionssammelstellen arbeiten, die zur Versorgung der Front dienten.[140] In objektiver Hinsicht konnte folglich davon ausgegangen werden, daß die Tatbestände der vorschriftswidrigen Behandlung Untergebener (§ 121 MStGB), der Mißhandlung Untergebener (§ 122 MStGB), der Nötigung (§ 240 StGB) oder – falls es nachweislich, wie von englischer Seite behauptet, zu zahlreichen Todesfällen unter den Gefangenen gekommen war – diejenigen eines Tötungsverbrechens wie Mord, Totschlag oder fahrlässige Tötung (§§ 211, 212, 222 StGB) erfüllt waren.

Wie würde das Gericht zur Einstellung der Verfahren gelangen? Ein Rückgriff auf die Schutzfunktion des in § 47 MStGB geregelten höheren Befehls kam nicht ernsthaft in Betracht, dazu war die Position der Beschuldigten zu hoch und ihr Entscheidungsspielraum zu groß.[141]

---

außerdem vorgeworfen, für die äußerst mangelhafte Unterkunft, Gesundheitspflege und Ernährung sowie für die körperlichen Mißhandlungen der Gefangenen durch Aufseher verantwortlich zu sein.

138 Vgl. bJ 651/20 (Generalleutnant a. D. Franz von Trotta), verb. m. bJ 652/20 (Generalmajor a. D. Max Koch), Bd. 2, Bl. 30; bJ 653/20 (von Below), Bl. 14.

139 bJ 653/20 (von Below), Bl. 14.

140 bJ 651/20 (von Trotta), Bd. 2, Bl. 30.

141 Die genannten Straftatbestände waren den Beschuldigten daher auch nicht unmittelbar zurechenbar, sondern nur über § 147 MStGB (schuldhafte Verletzung der dem Vorgesetzten obliegende Beaufsichtigung von Untergebenen) und vor allem über § 143 MStGB: »Wer als Befehlshaber [...] eine strafbare Handlung wissentlich begehen läßt, welche er verhindern konnte oder zu verhindern dienstlich verpflichtet war, wird ebenso bestraft, als ob die Handlung von ihm selbst begangen wäre.«

Das Gericht ging hier vor wie in anderen bereits dargestellten Fällen, das heißt es löste den Fall auf der subjektiven Ebene. Dem beschuldigten General Otto von Below bescheinigte es in Übereinstimmung mit der Reichsanwaltschaft, daß es »[s]eine Stellung und seine Aufgaben als Armeeführer selbstverständlich aus[schlossen], daß er sich um die Angelegenheiten des Kriegsgefangenendienstes im Etappengebiet, nachdem für dessen Regelung und Beaufsichtigung durch bewährte höhere Kommandostellen gesorgt war, noch persönlich kümmerte«.[142] Mit anderen Worten: Welche Befehle ihm unmittelbar unterstellte Stellen erteilten, brauchte ihn nicht zu interessieren. Er konnte und durfte sich darauf verlassen, daß die Befehle rechtmäßig waren. Mit dieser Argumentation war § 147 MStGB (Beaufsichtigungspflicht des militärischen Vorgesetzten), der immerhin eine Freiheitsstrafe von sechs Monaten und bei Offizieren zugleich die Möglichkeit der Dienstentlassung vorsah, schlichtweg überflüssig.

Bei den Beschuldigten von Trotta und Koch war die Einstellung nicht so einfach, sondern bedurfte noch eines Zwischenschritts, der aber von der Reichsanwaltschaft in ihrem Antrag bereits vorgezeichnet worden war. Die deutsche Übersetzung des Art. 6 Abs. 1 Satz 2 HLKO sei zu ungenau, hieß es darin. Wenn sie davon spreche, daß die Arbeiten der Kriegsgefangenen in keiner Beziehung zu den »Kriegsunternehmungen« stehen dürften, entspreche dies nicht dem Ausdruck »opération de la guerre« im französischen Grundtext des Abkommens, der nur die eigentlichen kriegerischen Handlungen im Kampfgebiet meine. Nach dem deutschen Wortlaut sei das Verbot also umfassender als nach Wortlaut und Sinn der französischen Fassung, wonach die Arbeiten unmittelbar mit den Kriegsunternehmungen zusammenhängen müßten, um verboten zu sein. Bestätigt werde diese Auslegung auch durch eine deutsch-englische Sondervereinbarung vom März 1918, die einen Einsatz von Kriegsgefangenen für jede Art von Arbeit untersage, »which is directly connected with the operations of war«.[143]

Im Antrag des Oberreichsanwalts auf Einstellung des Verfahrens wurde den Beschuldigten von Trotta und Koch allerdings in einer Hinsicht der strafrechtliche Schutz des § 47 MStGB zugute gehalten. Es ging dabei um den Befehl des Oberkommandos der 17. Armee, daß Kriegsgefangene aus der Etappe den Fronttruppen zu Arbeitsleistungen zuzuweisen seien. Dieser Befehl sei, so die Begründung, nicht auf die Begehung von Verbrechen oder Vergehen gerichtet und deshalb verbindlich gewesen. Vgl. bJ 651/20 (von Trotta), Bd. 2, Bl. 29.

142 bJ 653/20 (von Below), Bl. 13 RS, 15.

143 Vgl. bJ 651/20 (von Trotta), Bd. 2, Bl. 29 RS.

Ob die Ansicht der Reichsanwaltschaft richtig war, mag dahingestellt bleiben. Im französischen Grundtext fehlte jedenfalls ein Wort, das dem englischen »directly« entsprochen hätte. Zweifel sind also erlaubt. Andererseits aber war für die Behandlung der englischen Kriegsgefangenen die erwähnte Sondervereinbarung ausschlaggebend, die Deutschland gerade in dem hier interessierenden Zeitraum völkerrechtlich dazu verpflichtete, Gefangene von solchen Arbeiten zu befreien, »die unmittelbar mit den Kriegsunternehmungen zusammenhängen«. Daß darunter auch die Arbeit in Munitionsdepots oder Munitionssammelstellen fällt, welche die Front mit Munition versorgen, scheint klar. Sie kann sogar ohne Mühe als Paradebeispiel für eine im obigen Sinn unzulässige Tätigkeit gelten.

Nicht so für die Reichsanwaltschaft und in seiner Folge für das Reichsgericht. Zwar äußerten auch sie »schwere Bedenken« hinsichtlich der Zulässigkeit solcher Arbeiten, erklärten jedoch im gleichen Atemzug, es sei »auch hier die Auslegung denkbar, daß auch solche Tätigkeit den Kriegsunternehmungen eben nur ›mittelbar‹ diente«.[144] In welcher Form das der Fall sein könnte, sagten sie allerdings nicht.

Damit war ein wichtiger Schritt für die Beschuldigten von Trotta und Koch getan, denn wenn eine solche Auslegung denkbar war, war es auch möglich, daß beide gutgläubig die Vereinbarkeit der in ihrer Etappe praktizierten Arbeiten mit völkerrechtlichen Vorschriften angenommen hatten. Mit anderen Worten und auf das Strafrecht gemünzt: Beide konnten sich in einem Irrtum befunden haben, der, da er sich auf das Völkerrecht bezog und deshalb ein außerstrafrechtlicher war, den Vorsatz ausschließen würde. Eine für die Beschuldigten gute Lösung, das sah auch das Gericht so, denn die §§ 143, 147 MStGB, über die ihnen die in Frage kommenden Delikte ja hätten zugerechnet werden können, setzten vorsätzliches Handeln oder Unterlassen voraus. Konnte man dieses, wie es ja schon mehrfach geschehen war, durch die Zubilligung eines außerstrafrechtlichen Irrtums rechtsdogmatisch beseitigen, war der Weg zur Einstellung des Verfahrens geebnet und mußte nur noch beschritten werden. So geschah es auch hier, ungeachtet des Umstands, daß es sich bei den Beschuldigten um Generäle handelte, von denen ein mehr als rudimentäres Wissen um kriegsrechtliche Regeln hätte erwartet werden können, auch wenn, worauf die Reichsanwaltschaft erklärend hinwies, das preußische Kriegsministerium dazu neigte, den Kreis der zulässigen Arbeiten so weit wie möglich zu ziehen.[145]

Wie flexibel das subjektive Unvermögen, den Unrechtsgehalt einer bestimmten Verhaltensweise zu erkennen, vom Gericht gehandhabt wurde,

---

144 Ebenda, Bl. 30.
145 Ebenda sowie Bd. 1, Bl. 25.

zeigt das Verfahren gegen einen anderen Befehlsgeber, einen Generalmajor namens Friedrich Vetter.[146] Vetter war von 1916 bis 1918 Inspekteur der Kriegsgefangenenlager im Bereich des I. Bayerischen Armeekorps. Als Verantwortlicher für die Gefangenenlager, die alle in Deutschland lagen, soll er, so die französische Beschuldigung, seinen Untergebenen die an Kriegsgefangenen zu vollziehende Strafmaßnahme des sogenannten Biwaks oder offenen Arrests befohlen haben.[147] Was darunter zu verstehen war, gab ein Zeuge, ein ehemaliger Postprüfungsoffizier, wie folgt zu Protokoll:

»Es [das Biwak, G.H.] bestand aus einem Flächenraum von 6–7 qm. An den 4 Ecken war je ein Pflock in die Erde eingeschlagen, der je einen halben Meter über dem Boden herausragte. Diese 4 Pflöcke waren am oberen Ende durch einen Draht mit Stacheln verbunden. Es bestand nur dieses eine offene Biwak. Es war errichtet etwa 1½–2 m westlich von der etwa 15 m hohen Westwand der Reitschule und hatte von keiner Seite Schatten. Eine Bedachung war nicht vorhanden. [...] Mir ist kein Fall erinnerlich, wo ein Gefangener weniger als 3 Tage offenes Biwak hatte. Die durchschnittliche Dauer war drei Tage. Von mehreren Fällen, wieviel weiss ich nicht annähernd, ist mir erinnerlich, dass die Dauer mehr als 8 Tage betrug. Die Höchstdauer ist mir in einem Falle von 56 Tagen bekannt. [...] Meines Wissens mussten die Gefangenen auch Nachts über im Biwak bleiben; wenigstens habe ich bei Kontrollen als Lagerdienst stets Leute im offenen Biwak gesehen, solange dieses bestand. Ob bei längerer Dauer des Biwaks eine Unterbrechung eintrat weiss ich nicht.

Bei Tag sah ich die Gefangenen im offenen Biwak wiederholt nur mit Hemd und Hose bekleidet und ohne Kopfbedeckung und zwar bei grosser Hitze. [...] In der kälteren Jahreszeit hatten sie auch tagsüber ihre Röcke. In dem Biwak waren öfter bis zu zehn Mann; es war immer gut besetzt. Den Biwakboden bildete Kiesgrund. Innerhalb des Zaunes hatten die Leute volle Bewegungsfreiheit, sie durften stehen, gehen, sich setzen oder hinlegen. Decken hatten sie nicht. Sie durften nicht sprechen.

Die Leute bekamen zu bestimmten Zeiten, nämlich 3mal im Tag einen 3 Literkrug mit Wasser gefüllt sowie 3mal pro Mann ein Stück Brot, wie gross weiss ich nicht. Sie bekamen jeden dritten Tag Suppe, ob einmal im Tag oder öfter, weiss ich nicht. Die Gefangenen blieben auch bei Regenwetter im offenen Biwak. Es war auch bei andauerndem Regenwetter besetzt, der Boden wurde da morastig und die Leute konnten sich da nicht hinlegen.«[148]

---

146 Seine Auslieferung war ursprünglich von Italien und Frankreich gefordert worden, vgl. Nr. 13 bzw. 276 auf der Liste des personnes désignées ..., S. 120, 141.

147 Ebenda.

148 Aussage des Zeugen Engelbert Strehle vor dem Amtsgericht Landsberg, zit. n. bJ 197/20 (Generalmajor a.D. Friedrich Vetter), Bd. 3, Bl. 212 VS/RS.

Ziel des Biwaks war es, laut General Vetter, Fälle von Arbeitsverweigerung, fälschlicher Krankmeldung und passiver Resistenz zu ahnden. Den sechs Lagerkommandanten seiner Inspektion teilte er in einem Befehl mit, sie seien persönlich verantwortlich dafür, »daß allen Widersetzlichkeiten, Zusammenrottungen und Ausschreitungen mit rücksichtslosester Energie – Biwakieren – Hungernlassen –, wenn nötig mit der Waffe entgegengetreten wird«. Für sich daraus ergebende Folgen würde die Inspektion jede Verantwortung übernehmen.[149]

Als einige Monate später ein bayerisches Kriegsgericht, das über einen zuvor im Biwak festgehaltenen Kriegsgefangenen zu urteilen hatte, monierte, der offene Arrest sei als Straf- oder Disziplinarmaßnahme den deutschen Gesetzen unbekannt, deklarierte sie Vetter kurzerhand zu einer Verwaltungsmaßnahme. Als solche fiel sie nämlich, worauf er in einem Befehl an seine Lagerkommandanten deutlich hinwies, nicht unter militärrechtliche oder sonstige Bestimmungen. Sie bewegte sich sozusagen im rechtsfreien Raum, ihre Verhängung war in das Gutdünken des einzelnen Kommandanten gestellt, und damit das so blieb, durfte sie, so Vetter, nicht in Tatberichten erwähnt werden, denn diese unterlagen möglicherweise einer gerichtlichen Überprüfung.[150] Im Klartext: Vetter wußte, daß die von ihm geförderte Maßnahme des Biwaks keine rechtliche Grundlage hatte. Sie war ein Akt der Willkür und sollte es auch sein. Offizielle Reaktionen auf Nachrichten oder Gerüchte über völkerrechtswidrige Behandlungen deutscher Kriegsgefangener in Frankreich erschienen ihm, wie ein Zeuge bekundete, nicht hart genug, so daß er sich selbst zur Demonstration fehlender Härte berufen fühlte.[151]

Gegenüber dem Untersuchungsrichter des Reichsgerichts[152] berief sich

---

Am 2.6.1918 ordnete Vetter an, daß künftig die Biwaks mit Schutzdächern gegen ungünstige Witterungseinflüsse zu versehen seien, vgl. bJ 197/20, Bd. 1, Bl. 89.

149 Befehl vom 21.3.1917, vgl. ebenda, Bl. 77.

150 Befehl vom 11.11.1917, vgl. ebenda, Bl. 78. Nach dem Gesetz waren Tatberichte bei allen Festnahmen zu schreiben. Gemäß § 181 MStGO war der Festgenommene unverzüglich der nächsten Militärbehörde zu überstellen, die ihn dann, wenn sie nach seiner Vernehmung nicht seine Freilassung verfügte, an den zuständigen Gerichtsherrn zu überweisen hatte.

151 Major z.D. Adolf Kebbel, im Krieg Kriegsgefangenenreferent im bayerischen Kriegsministerium, sagte aus: »Ich kann nur allgemein angeben, dass Generalmajor Vetter Repressalien übte, wenn er Kenntnis von völkerrechtswidriger Behandlung deutscher Kriegsgefangener in Frankreich erhalten hat.« Vgl. bJ 197/20 (Vetter), Bd. 3, Bl. 298.

152 Das Ermittlungsverfahren gegen Friedrich Vetter war im März 1920, das Vorverfahren im August 1922 eröffnet worden. Vgl. ebenda, Bd. 1, Bl. 186

Vetter darauf, die von ihm angeordneten Maßnahmen seien zur »Disziplinierung und Gehorsamserzwingung von besonders unbotmäßigen und arbeitsverweigernden Gefangenen«, zu denen er nach der Oktoberrevolution in erster Linie die russischen zählte, notwendig gewesen. Eine Repressalie habe er darin nicht gesehen, wie er überhaupt den ihn schwer kränkenden Vorwurf zurückweise, vorsätzlich oder auch nur fahrlässig die ihm unterstellten Gefangenen geschädigt zu haben. Sein Bestreben sei es stets gewesen, »auch ihnen gegenüber gerecht zu sein und ihnen ein menschenwürdiges Dasein zu ermöglichen, obwohl ich wußte, daß das auf feindlicher Seite nicht erwidert wurde«. Im übrigen sei er nicht Erfinder des offenen Biwaks gewesen, das preußische Kriegsministerium habe ihn auf diese Maßregel aufmerksam gemacht, und auch das bayerische Kriegsministerium habe diese Praxis gekannt.[153]

Nachdem die »Zentralstelle für Völkerrechtsverletzungen« im Reichswehrministerium diesen Hinweis bestätigt und außerdem erklärt hatte, Nachforschungen ließen den Schluß zu, daß General Vetter »in vollem Einverständnis« mit seinen vorgesetzten Stellen gehandelt habe,[154] fiel eine anderslautende eidesstattliche Aussage, wonach das preußische Kriegsministerium ganz sicher keine Kenntnis von dieser Praxis hatte und eine Kenntnis des bayerischen Kriegsministeriums und anderer vorgesetzter Stellen in Bayern sehr zweifelhaft sei,[155] nicht mehr ins Gewicht. Der Oberreichsanwalt stellte einen Antrag auf Außerverfolgungsetzung des Angeschuldigten Vetter, dem das Reichsgericht mit der ihm vorgelegten Begründung zustimmte: General Vetter habe, da seine Vorgesetzten sein Verhalten nicht kritisiert und folglich gebilligt hätten, das Bewußtsein gefehlt, Unrecht zu tun. Ein strafbares Verhalten könne ihm nicht vorgeworfen werden.[156] Mit der gleichen Begründung, allerdings kürzer gefaßt und bestimmter formuliert (»es gibt nicht den geringsten Anhaltspunkt für eine strafbare Handlung«), wurden auch die Verfahren gegen die Ge-

---

VS/RS. Als Straftatbestände kamen vor allem § 115 MStGB (Mißbrauch der Dienstgewalt) und § 118 MStGB in Betracht. Letzterer lautete: »Wer vorsätzlich seine Strafbefugnisse überschreitet, insbesondere wer wissentlich unverdiente oder unerlaubte Strafen verhängt, wird mit Gefängnis bis zu fünf Jahren bestraft; zugleich kann auf Dienstentlassung erkannt werden.«

153 Ebenda, Bd. 3, Bl. 238–242 RS.

154 Schreiben an den Untersuchungsrichter Dr. Metz vom 1.3.1923, ebenda, Bl. 301f.

155 Aussage des Oberlandesgerichtsrates und Hauptmanns d. L. a. D. Dr. Karl Hass vom 20.9.1922, ebenda, Bd. 6, Bl. 1 (Brief).

156 Ebenda, Bd. 3, Bl. 318f.

neral Vetter unterstellten Kommandanten der Kriegsgefangenenlager eingestellt.[157]

Insgesamt stellte das Reichsgericht noch etwa 110 Verfahren gegen Beschuldigte ein, die von den Alliierten wegen der Mißhandlung Kriegsgefangener auf die große Auslieferungsliste gesetzt worden waren. Einstellungen aus subjektiven Gründen, das heißt entweder aufgrund eines fehlenden Unrechtsbewußtseins oder eines, trotz klarer gegenteiliger Indizien, angeblichen Nichtwissens auf seiten des Beschuldigten – beides gewöhnlich attestiert in all den Fällen, in denen die Verletzung des Kriegsrechts offensichtlich war[158] –, wechselten sich ab mit Einstellungen, die

---

157 Auf der französischen Auslieferungsliste standen vier Kommandanten (Liste des personnes désignées ..., S. 121, 123, 133), von denen zwei jedoch vor Ermittlungsbeginn gestorben waren. Einstellungsbeschlüsse ergingen in dem Verfahren gegen den Hauptmann a. D. Xaver Haller (bJ 198/20) und gegen den Oberstleutnant a. D. Franz Oberniedermayer (bJ 199/20).

158 Vgl. bJ 562/20 (Oberleutnant d. L. a. D. Hugo Beyer). Beyer war 1916 Führer eines sogenannten Franzosenkommandos, das von der deutschen Heeresverwaltung als Repressalmaßnahme gebildet worden war. Die in dem Kommando zusammengefaßten Gefangenen sollten hart behandelt werden, doch war »jede Mißhandlung zu unterlassen«. Gleichwohl existierte in dem Kommando die Strafart des »Silo«, worunter man die Praxis verstand, einen Gefangenen in ein Erdloch zu stecken, das mit einer Holzplatte abgedeckt war. Die »Silo«-Bestrafung war dem Beschuldigten Beyer von vorgesetzten Stellen befohlen worden, so daß er durch § 47 MStGB von jeder Verantwortung frei wurde. Andererseits hatte er bei der Umsetzung des Befehls eine »Gestaltungsfreiheit«, die er nutzte und in deren Folge zwei französische Kriegsgefangene starben. Zwar gab sich das Reichsgericht überzeugt, daß der Tod der Gefangenen auf »ein altes Lungenleiden« und mitnichten auf das Silo zurückzuführen war, doch hob es sicherheitshalber noch hervor, daß »der Beschuldigte der festen Überzeugung war und sein konnte, Deutschland übe mit seinem Vorgehen gegen die fraglichen französischen Kriegsgefangenen nur eine erlaubte und gerechte Vergeltung aus«. Vgl. auch bJ 18/20 (Unteroffizier Wilhelm Schmidt). Nach Aussagen auch deutscher Zeugen hatte Schmidt den Befehl erteilt, Gefangene zu schlagen. Sie wurden daraufhin in einen Keller gebracht und von Wachleuten, die sich dabei, wenn sie müde wurden, abwechselten, mit Gummischläuchen geschlagen. Gleichzeitig mußten andere Wachleute im Lager »durch Trommeln, Lärmen, Aufschlagen von Gegenständen Geräusch machen [...], damit man das Schreien mißhandelter Gefangener nicht hören konnte«. Vgl. schließlich auch noch die Ermittlungen, die im Zusammenhang mit den belgischen und französischen Beschuldigungen wegen Mißhandlungen im Strafgefangenenlager Sedan eingeleitet wurden. In diesem Lager wurden ab Mitte 1917 Strafgefangene festgehalten, die von einem deutschen, französischen oder belgischen Gericht zu einer Freiheitsstrafe von 6 Wochen und mehr verur-

mit unzureichendem Belastungsmaterial begründet wurden,[159] oder mit solchen, bei denen trotz vollständiger Unterlagen der Sachverhalt nicht aufzuklären oder aber die Aussage des Beschuldigten nicht zu widerlegen war.[160] In einer Reihe von Fällen schließlich ergingen die Einstellungsbeschlüsse allerdings auch aus unmittelbar einsichtigen Gründen, so beispielsweise dann, wenn die Beschuldigungen deutlich übertrieben oder unbegründet waren[161] oder ihnen schlicht eine Personenverwechselung zugrunde lag. Letzteres traf beispielsweise auf den Fall Elsa Scheiner zu,

---

teilt worden waren. Die Sterblichkeit im Lager war sehr hoch, so starben nach deutschen Angaben von einer aus 116 Personen bestehenden Gruppe von Sträflingen 32 innerhalb eines Jahres. Dem diensthöheren deutschen Wachpersonal wurde belgischer- und französischerseits vorgeworfen, die Strafgefangenen mit Gewehrkolben, Ketten, Stock, Fußtritten und Faustschlägen mißhandelt zu haben. Siehe dazu auch: bJ 54/20 (Unteroffizier Valentin Piechocki); bJ 135/20 (Leutnant d. R. Hubert Engel); bJ 595/20 (Sergeant Karl Holz); bJ 603/20 (Feldwebelleutnant Albert Denzin).

159 Nach dem Bericht der interalliierten Kommission weigerten sich bekanntlich die Alliierten, der Reichsanwaltschaft Material für die Fälle zukommen zu lassen, die nicht zur »Probeliste« gehörten. In zahlreichen Beschlüssen findet sich daher die Formulierung, »weiteres Belastungsmaterial sei nicht mehr zu erwarten, so daß nur noch die Einstellung des Verfahrens erübrige« (z. B. bJ 123/20, Generalleutnant a. D. Bothe; bJ 252/20, Adolf Soa, Bergwerksdirektor; bJ 320/20, Oberstabsarzt Dr. Otto Kaßler).

160 Dies betraf hauptsächlich Fälle der Erschießung von Kriegsgefangenen durch Wachsoldaten, die letztere ausnahmslos mit einem Angriff des Kriegsgefangenen auf ihre Person, also mit Notwehr rechtfertigten. Vgl. z. B. bJ 25/20 (Unteroffizier Wilhelm Wiese); bJ 88/20 (Landsturmmann Wilhelm Göbel); bJ 148/20 (Johann Breunig/Hermann Rau, Wachsoldaten). In den Fällen, in denen nach den Aussagen auch deutscher Zeugen von einer Bedrohung des Wachsoldaten durch einen Kriegsgefangenen nicht gesprochen werden konnte, stellten Reichsanwaltschaft und Reichsgericht zugunsten des Beschuldigten auf Putativnotwehr ab, vgl. vor allem bJ 363/20 (Feldwebelleutnant Johann Beyerlein).

161 Vgl. bJ 364/20 (Dr. Bernhard Meyer); Meyer wurde von Frankreich für den Tod von Gefangenen im Lager Grafenwöhr verantwortlich gemacht. Die Ermittlungen ergaben keinen Anhaltspunkt für eine strafbare Handlung. Laut bJ 178/20 sollte Oberstleutnant a. D. Karl Kolb, so die ursprünglichen französischen und italienischen Behauptungen, für Gefangenenmißhandlungen und ein unmenschliches Strafsystem im Lager Wittenberg verantwortlich sein. Überprüfungen einer schwedischen und schweizerischen Kommission hatten aber ergeben, daß die Verhältnisse im Lager während des Kommandos von Kolb keinen Anlaß zu Klagen boten. Ähnlich auch bJ 281/20 (Leutnant d. R. August Platzhoff), bJ 371/20 (Wilhelm Wedland) oder bJ 376/20 (Dr. Julius Stern).

der schon erwähnten einzigen Frau auf der Auslieferungsliste. Laut französischen Angaben soll sie 1916 in der Frauenstrafanstalt von Valenciennes Diebstähle und Plünderungen begangen sowie die gefangengehaltenen Frauen derart mißhandelt haben, daß einige von ihnen an den Folgen der Verletzungen gestorben seien.[162] Die reichsanwaltlichen Ermittlungen hingegen ergaben, daß Elsa Scheiner nachweislich erst Mitte 1917 die Leitung der Strafanstalt übernommen hatte, sie also als Täterin nicht in Betracht kommen konnte.[163] Und mit dieser Feststellung war für Reichsanwaltschaft und Reichsgericht der Fall auch abgeschlossen. Wer 1916 die Verantwortliche gewesen war und ob die Vorwürfe ganz oder teilweise begründet waren, wurde nicht in Erfahrung zu bringen versucht.

Repressalien an Kriegsgefangenen: eine verbreitete Praxis, die Verantwortlichkeiten verwischte

Wir haben gesehen, daß in vielen Fällen von Kriegsgefangenenmißhandlung die Repressalie zur Erklärung und Rechtfertigung herangezogen wurde. Individuelle Verantwortung in strafrechtlicher Hinsicht ließ sich dahinter mühelos zum Verschwinden bringen beziehungsweise, da die Repressalie eine Kriegsrechtsverletzung voraussetzt, letztlich der gegnerischen Seite zuweisen. Auf diese Weise entstand eine sich zuspitzende Dynamik, denn der Adressat der Repressalie leugnete in der Regel die Völkerrechtsverletzung und antwortete seinerseits mit einer Repressalie, was wiederum zu einer Verschärfung der ursprünglichen Repressalie führte und eine erneute Reaktion der Gegenseite hervorrief und so weiter. Daß es auch schon damals das Verbot gab, Repressalien mit Repressalien zu vergelten,[164] wurde mit einem Achselzucken zur Kenntnis genommen, schließlich hatte man nicht angefangen, sondern übte nur berechtigte Selbsthilfe.

Erst sehr spät, im zweiten Halbjahr 1917 und im letzten Kriegsjahr 1918, kam es zu Vereinbarungen zwischen Deutschland und seinen Kriegsgegnern über die Begrenzung von Repressalmaßnahmen an Kriegsgefangenen und über weitere Maßregeln für deren Behandlung.[165] Re-

---

162 Vgl. Liste des personnes désignées ..., Nr. 233, S. 105.

163 Vgl. bJ 174/20 (Elsa Scheiner), Bl. 36.

164 Das ergibt sich aus der Rechtsnatur der Repressalie, die, obwohl eine Völkerrechtsverletzung darstellend, wegen der vorangegangenen Rechtsverletzung der anderen Seite nicht rechtswidrig ist. Vgl. u. a. Roth, Die Repressalie, S. 15f.; Liszt, Das Völkerrecht (1918), S. 281f.

165 Die Vereinbarungen kamen vor allem durch Vermittlung des Roten Kreuzes

pressalien sollten künftig erst nach Ablauf einer Frist von wenigstens vier Wochen seit ihrer Ankündigung durchgeführt werden,[166] Strafen wie der strenge Arrest, das Biwak oder das Anbinden waren künftig untersagt. Die »normale« Behandlung von Kriegsgefangenen sollte zudem gewährleisten, daß sie vor persönlichen Beleidigungen, tätlichen Angriffen und öffentlicher Neugier geschützt sind, daß sie nach ihrer Gefangennahme unverzüglich in Sammellager gebracht werden, die mindestens 30 Kilometer von der Feuerzone entfernt liegen und daß sie, innerhalb einer Woche nach Beginn ihrer Gefangenschaft die Gelegenheit bekommen, ihren Familien davon auf einem Formularblatt Mitteilung zu machen.[167]

Angesichts der Existenz dieser Vereinbarungen ist die Frage wohl naheliegend, ob darin nicht ein allseitiges implizites Anerkenntnis von Kriegsrechtsverletzungen zu sehen ist, ob also nicht alle Kriegsparteien in irgendeiner Form Verantwortung tragen, jedenfalls nicht nur Deutschland allein oder überwiegend. Daß es in französischer Kriegsgefangenschaft zahlreiche Fälle mangelhafter Unterbringung und rechtswidriger Behandlung gab und vor allem in den nordafrikanischen Lagern die Strafpraxis grausam und die gesundheitlichen Gefahren infolge der Malaria groß waren, zeigen gesammelte Berichte deutscher Kriegsgefangener.[168] Aber auch in englischen Kriegsgefangenenlagern waren die Verhältnisse nach

---

zustande. Man unterschied die folgenden: Haager Vereinbarung über Kriegs- und Zivilgefangene zwischen der deutschen und der großbritannischen Regierung vom 2. Juli 1917; Berner Vereinbarungen zwischen der deutschen und französischen Regierung vom 15. März und 26. April 1918; Berner Vereinbarungen zwischen der deutschen und der italienischen Regierung vom 15. Mai 1918; Haager Vereinbarung zwischen der deutschen und der großbritannischen Regierung vom 14. Juli 1918; Berner Vereinbarung zwischen Deutschland und den Vereinigten Staaten von Amerika vom November 1918 (die beiden letzten nicht mehr ratifiziert). Vgl. dazu ZfV 9 (1920), S. 90ff.; Clemens Plassmann, *Das Kriegsgefangenenrecht und seine Reform*, in: ZfV 14 (1928), S. 527.

166 Vgl. § 20 der Haager Vereinbarung über Kriegs- und Zivilgefangene; Meurer, *Verletzungen des Kriegsgefangenenrechts*, S. 653.

167 Vgl. Plassmann, *Das Kriegsgefangenenrecht und seine Reform*, S. 528.

168 Deutsche Kriegsgefangene in Feindesland. Amtliches Material. Frankreich, Berlin und Leipzig 1919. Eine z.B. in Algerien praktizierte Strafe war *le tombeau* [das Grab, G.H.], bei welcher der Gefangene während der Zeit, in der er nicht arbeitete, gezwungen wurde, sich tagsüber und nachts unter einer Zeltplane aufzuhalten, die 50 cm über dem Boden gespannt war und nicht alle Körperteile bedeckte. Etwas über 200 namentlich benannte französische Wachsoldaten haben sich nach deutschen Angaben der Mißhandlung von Kriegsgefangenen schuldig gemacht (in der Regel durch Schläge, Tritte und andere körperliche Angriffe), vgl. ebenda, S. 310–312.

den Aussagen deutscher Gefangener so, daß den Vorschriften zur Behandlung von Kriegsgefangenen[169] nicht immer entsprochen wurde. Während der ersten beiden Kriegsjahre gab es kaum Klagen, und man sah die Behandlung in den englischen Lagern im großen und ganzen als »korrekt« an,[170] doch dann kam es vermehrt zu Beschwerden über zu schwere Arbeiten und zu lange Arbeitszeiten[171] und vereinzelt auch über körperliche Mißhandlungen, insbesondere hinter der englischen Front, weniger in den englischen Innenlagern.[172] Repressalien wurden hauptsächlich an deutschen U-Boot-Besatzungen geübt, Unteroffiziere und Mannschaften durch ein »P« auf dem Rücken als »pirates« gekennzeichnet und zusammen mit Offizieren nicht in Kriegsgefangenenlagern, sondern in Strafanstalten untergebracht.

Über die Behandlung deutscher Kriegsgefangener in italienischen und amerikanischen Lagern[173] lagen den deutschen Militärbehörden keine Informationen vor, die auf massive Verletzungen des Kriegsgefangenenrechts hätten schließen lassen. Im allgemeinen sei die Behandlung dort einwandfrei gewesen, hatte es in Berichten Schweizer Delegierter und anderer Diplomaten geheißen.[174] In den Gefangenenlagern Serbiens und insbesondere Rußlands und Rumäniens hingegen waren die deutschen Kriegsgefangenen größtenteils einem Willkürregime der Lagerkommandanten unterworfen, das sich erst allmählich, durch deutschen Druck und durch Intervention neutraler Mächte, abschwächte. Den Berichten ehemaliger Gefangener zufolge seien körperliche Strafen an der Tagesordnung gewesen, mitunter seien Gefangene sogar zwei Stunden in der Kälte an Pfähle gebunden oder in einen Kasten gesteckt worden, in dem sie weder stehen noch liegen konnten. In einzelnen Lagern habe es keine Decken, keinen Ersatz für geraubte Kleidung, kein Eßgeschirr und keine ausreichende Nahrung gegeben. Ärzte und Medikamente hätten gefehlt, Krankheiten wie Dysenterie, Bauchtyphus oder Flecktyphus hätten an manchen Tagen bis zu 100 Opfer gefordert.[175]

---

169 Vgl. z.B. die »Army Council Instruction« Nr. 1494 von 1917, die sich auf Kriegsgefangene bezog und deren Pflichten und Behandlung ausgehend von Art. 8 HLKO (Unterordnung der Kriegsgefangenen unter die militärischen Gesetze und Vorschriften des Nehmestaates) regelte. Abdruck, auch auf deutsch, in: Archiv des IKRK (Genf), 400/431, Karton V.

170 Meurer, *Verletzungen des Kriegsgefangenenrechts*, S. 430.

171 Ebenda, S. 378.

172 Ebenda, S. 431f.

173 Etwa 50000 Deutsche befanden sich in amerikanischer Kriegsgefangenschaft in Frankreich, vgl. ebenda, S. 436a.

174 Ebenda, S. 436f.

175 Ebenda, S. 433ff.

Selbstverständlich wird man davon ausgehen können, daß die Berichte Übertreibungen enthalten, und natürlich dienten sie auch der Propaganda, obschon nicht ausschließlich, wie es das preußische Kriegsministerium von den feindlichen Berichten über Mißhandlungen alliierter Kriegsgefangener zu behaupten pflegte. Auch ist es ohne weiteres nachvollziehbar, daß in einem Mechanismus von Reaktion und Gegenreaktion die Anfänge oftmals nur schwer feststellbar sind. Für die Reichsanwaltschaft und das Reichsgericht bestanden indes keine Zweifel, daß Deutschland in allen Fällen auf Völkerrechtsverletzungen der anderen Seite lediglich reagiert hatte. Die eigentlich rechtswidrige Handlung erfuhr dadurch eine Rechtfertigung, und wo dennoch Fragen offenblieben, wurden sie mit dem gleichen Ergebnis auf der subjektiven Ebene beantwortet. Daß sogenannte Privatrepressalien, das heißt Repressalien, deren Durchführung nicht auf staatlicher Entscheidung, sondern auf dem Befehl und dem dahinterstehenden Rachebedürfnis eines Militärführers beruhten, verboten waren,[176] konnte so ebenfalls umgangen und das Geschehene als gewiß bedauerliches, aber leider hinzunehmendes Kriegsgeschehen dargestellt werden. Und noch etwas konnte auf diese Weise übergangen oder im Nebel vermeintlich zwangsläufiger Kriegsbrutalisierungen belassen werden: Die vom Kriegsministerium auf Vorschlag des Heeresgruppenkommandos beschlossenen Repressalien gingen in den bekannten und nachprüfbaren Fällen deutlich über Grad und Intensität des gegnerischen Verhaltens hinaus. Es scheint, als hätten sich die zuständigen Stellen fatalerweise zu Herzen genommen, wovor Carl Peters, Afrikaforscher und Vorkämpfer des deutschen Kolonialismus, gewarnt hatte: »Das fortwährende Geflenne über Völkerrechtsbrüche gegen uns, wo wir doch alle Handhaben zur Vergeltung besitzen, läßt uns einfach auf der ganzen Erde als pinselhafte Schwächlinge erscheinen und reizt nur zu immer neuen Übergriffen gegen uns an.« Und allem Anschein nach standen sie auch bei der Entscheidung für bestimmte Repressalmaßnahmen und der Beurteilung ihrer Auswirkungen auf die Weltöffentlichkeit der von ihm gemachten Einschätzung nicht fern, daß »wir [...] in der Beziehung in der Lage eines Menschen [sind], der, bereits durchgeregnet, einen neuen Guß nicht mehr zu fürchten braucht«.[177]

---

176 Liszt, Völkerrecht (1915), S. 295f., 321.

177 Carl Peters, *Vergeltungsmaßregeln gegen die Belgier*, in: Hamburger Nachrichten, Nr. 485, 22.9.1917. Als Reaktion darauf, daß belgische Soldaten, wie Peters behauptete, deutsche Männer, Frauen und Kinder gezwungen hätten, in Tropenhitze und unter Beschimpfungen von schwarzen Treibern 100 Tage einen »unfreiwilligen Spaziergang am Kongo entlang« zu machen, schlug er beispielsweise vor, »die doppelte Anzahl belgischer Männer, Frau-

Ein erstes Beispiel: Auf die Nachricht, daß deutschen Soldaten nach ihrer Gefangennahme durch französische Einheiten hin und wieder nicht nur militärisch wichtiges Material, sondern auch private Wertsachen wie Uhren, Ringe oder Bekleidungsstücke abgenommen worden seien und sie mehrere Tage lang in offenen und engen Drahtkäfigen bei unzureichender Ernährung untergebracht würden und danach bei langer Arbeitszeit schwerste Arbeit zu verrichten hätten, erging im November 1917 der folgende, sich auf französische Soldaten beziehende Befehl:

»1. Anordnung, daß grundsätzlich alle Gefangenen (ausschließlich Überläufer) während der ersten Tage ebenfalls in offenen Drahtkäfigen ohne Verpflegung untergebracht werden.

2. Ordnungsgemäße Abnahme aller Wertsachen der eingebrachten Gefangenen – einschließlich der bereits in den Lagern befindlichen – zur Pfandhinterlegung für die Fälle, in denen unsere Gefangenen ihre Wertsachen nicht zurückerhielten.

3. Schärfere Heranziehung zur Arbeit unter Ausdehnung der Arbeitszeit. [...]«[178]

Verstöße gegen das Kriegsvölkerrecht, die zahlenmäßig nicht genau angegeben werden konnten, jedoch nicht wesenstypisch für die Kriegführung des Feindes waren, wurden absichtlich als genau das aufgefaßt und entsprechend beantwortet. Ob es sich bei der französischen Maßnahme selbst um eine Repressalie handelte, sich also Deutschland ursprünglich rechtswidrig verhalten hatte, wurde nicht geprüft. »Scharf«, das heißt in besonderem Maße völkerrechtswidrig, mußte immer wieder die deutsche Reaktion sein. Was ein vermeintlicher Wesenszug feindlicher Kriegführung war, wurde so zum Ausweis des eigenen Kriegsverständnisses, das sowohl Härte und Unbeugsamkeit dem Feind gegenüber demonstrieren als auch »den entschlossenen Siegeswillen im Heer und in der Heimat« aufrechterhalten sollte.[179]

Ein zweites Beispiel: Auf den ebenfalls an die französische Adresse gerichteten Vorwurf, Bewohner Elsaß-Lothringens nach Frankreich verschleppt zu haben, reagierte die deutsche Armeeführung im Dezem-

---

en und Kinder, und zwar zum Teil aus den besten Kreisen, zu zwingen, bei Winterkälte und Gefängniskost, sagen wir – zehn-, zwölf- oder fünfzehnmal zwischen Konstanz und Riga hin- und herzulaufen.«

178 Vgl. Meurer, *Verletzungen des Kriegsgefangenenrechts*, S. 660f.

179 Zur Funktion der Repressalie als Propagandainstrument in Deutschland vgl. die Schreiben des Chefs des Generalstabs des Feldheeres vom 26.1.1917 und des preußischen Kriegsministers vom selben Tag, beide erwähnt in der Minderheitenentschließung des Untersuchungsausschusses zu »Verletzungen des Kriegsgefangenenrechts«, in: Deutscher Reichstag (Hg.), Völkerrecht im Weltkrieg, 1. Halbband, S. 26.

ber 1917 mit dem Befehl, 600 Franzosen nach Rußland in ein Lager an der Bahnstrecke Kaunas–Wilna und 400 Französinnen in das Gefangenenlager Holzminden zu verbringen. Es sei dabei, so der Befehl, Wert darauf zu legen, daß es sich bei den Männern um einflußreiche Persönlichkeiten und bei den Frauen um solche »besseren Standes« handle.[180]

Nun ist bei einer Bewertung dieser und ähnlicher Fälle zu berücksichtigen, daß bei der Anwendung der Repressalie die Frage der Verhältnismäßigkeit umstritten war. In den bisherigen Ausführungen wurde bereits darauf hingewiesen, daß zwar grundsätzlich ein Prinzip anerkannt war, wonach zwischen Unrecht und Unrechtsfolge, zwischen Kriegsrechtsverstoß und Repressalie, ein Verhältnis bestehen mußte, wie es aber auszusehen hatte, darüber bestand keine Einigkeit. Unbestritten war allein, daß eine Humanitätsschranke zu beachten war, offenbare Barbareien bei der Ausübung einer Repressalie unzulässig waren und daß die Reaktion der Ursache möglichst angepaßt sein sollte. Vieles blieb damit der konkreten Situation des Einzelfalls überlassen oder anders gesagt: Es lag zu einem großen Teil im Ermessen des verletzten Staates, wie einschneidend er das ihm in der Behandlung »seiner« Kriegsgefangenen zugefügte Unrecht bewertete und welche Gegenmaßregel er für angemessen erachtete.[181] Das bedeutete aber auch, daß dem Deutschen Reich wegen der Durchführung von Repressalien, die in ihrer Tragweite die ursprüngliche Kriegsrechtsverletzung überstiegen, nur sehr schwer ein rechtsrelevanter Vorwurf zu machen war. Das gilt ebenso für die beteiligten Personen, es sei denn, sie

---

180 Wie viele Elsaß-Lothringer nach deutscher Überzeugung zwangsumgesiedelt worden sind, ist nicht bekannt. Vgl. Meurer, *Verletzungen des Kriegsgefangenenrechts*, S. 676f.
Die deutsche Armeeführung wählte mit Vorliebe Repressalopfer aus den sogenannten besseren Kreisen aus, so ordnete sie z. B. als Reaktion auf die Inhaftierung deutscher U-Boot-Besatzungen in englischen Strafanstalten die Verbringung einer entsprechenden Anzahl kriegsgefangener englischer Offiziere, die »möglichst den vornehmsten Familien angehören sollten«, in Gefängnisse an. Vgl. ebenda, S. 688.
Einen weiteren Fall der Verschickung von französischen Staatsangehörigen im November 1916 behandelt das Verfahren gegen den General der Artillerie a. D. Gustav von Heinrich (bJ 173/20), der von Oktober 1914 bis Februar 1916 Stadtgouverneur von Lille war. Das Verfahren wurde 1923 eingestellt.

181 Roth, Die Repressalie, S. 19f.; Meurer, *Verletzungen des Kriegsgefangenenrechts*, S. 649; die Bandbreite möglicher Reaktionen betonend: Oppenheim, International Law, Bd. 2, S. 259ff., sowie z. B. noch Renault, *De l'application du droit pénal aux faits de guerre*, S. 9f.

hätten eigenmächtig Gewalttaten verübt, was aber, wie wir gesehen haben, in der für die Repressalie gewissermaßen kennzeichnenden Situation einer »legalen Völkerrechtswidrigkeit« so gut wie nicht nachzuweisen war oder – was der Wahrheit wohl näher kommt – mühelos nicht nachgewiesen werden konnte.[182]

Anders stellte sich die Situation hingegen dann dar, wenn mit der Repressalie sozusagen ein »negativer Qualitätssprung« verbunden war, wenn also mit der ersten Repressalie oder im Wechselspiel zwischen den einzelnen Repressalien Entscheidungen getroffen und durchgesetzt wurden, die – wie in der Reaktion auf (angebliche) Völkerrechtsverletzungen der belgischen Zivilbevölkerung während des Vormarschs 1914 – in keinem Verhältnis zu der vorherigen gegnerischen Maßnahme standen. Durch die Verschickung von Kriegsgefangenen und Zivilpersonen in den eisigen Winter Ostpreußens, durch Zwangsarbeit bei mangelhafter Versorgung oder durch Einrichtungen wie das »Biwak« oder das »Silo« trieb Deutschland die Kriegführung auf ein Niveau, das die Alliierten mit der Existenz vertraglich geregelten Kriegsrechts für überwunden glaubten. Sie sahen darin, ungeachtet ihres von deutscher Seite behaupteten Charakters als Repressalmaßnahmen, verbrecherische Handlungen und wollten sie bestraft wissen.[183] Nicht so das Reichsgericht. In Fällen, die im Zusammenhang mit Repressalien standen, zu Verurteilungen zu gelangen hätte einen dunklen Schatten auf Anordnungen von höchster militärischer Stelle geworfen und die deutsche Kriegführung insgesamt in Frage gestellt. Das durfte nicht nur in bezug auf die Behandlung der Kriegsgefangenen nicht sein, sondern auch, wie wir in den folgenden Kapiteln feststellen werden, in anderen Bereichen, in denen höchste staatliche und militärische Stellen an völkerrechtswidrigen Kriegsentscheidungen entscheidend beteiligt waren.

---

182 Daß sich Deutschland durch die Durchführung immer schärferer Repressalien in moralischer Hinsicht immer weiter diskreditierte und in den Augen der Weltöffentlichkeit seinen Platz auf der Anklagebank mit immer größerer Berechtigung innehatte, versteht sich von selbst.

183 In die Liste verbrecherischer Kriegshandlungen setzte die Vorbereitungskommission unter Nr. 7 und 8 die Deportation und Internierung von Zivilpersonen unter unmenschlichen Bedingungen und unter 29 und 30 die Mißhandlung von Kriegsgefangenen bzw. die Beschäftigung von Kriegsgefangenen zu nicht erlaubten Arbeiten. Vgl. La Paix de Versailles, S. 473f.

Zum Tatvorwurf der Deportation und Zwangsarbeit

Wenige Tage nach Kriegsbeginn erging vom preußischen Kriegsministerium an untergeordnete militärische Kommandostellen die Weisung, die auf dem Gebiet des Deutschen Reiches befindlichen ausländischen Landarbeiter – in erster Linie russische und österreichisch-polnische Saisonarbeiter in der ostelbischen Landwirtschaft – an einer Rückkehr in ihre Heimatländer zu hindern und sie »soweit irgend möglich zur Einbringung der Ernte und zu anderen dringenden Arbeiten« einzusetzen. Im Oktober 1914 wurde der Befehl auf alle polnischen Arbeiter, das heißt auch auf die in der Industrie beschäftigten, ausgeweitet. Fast eine halbe Million polnischer Arbeiter aus Rußland und – zu einem kleineren Teil – aus Österreich-Ungarn waren nunmehr gezwungen, auch gegen ihren Willen an ihren Arbeitsplätzen in Deutschland zu bleiben.[1]

Verglichen mit der Behandlung sogenannter feindlicher Ausländer in früheren Kriegen war das neu: Zu Beginn des Deutsch-Französischen Krieges 1870 beispielsweise hatten beide Seiten vereinbart, daß Zivilisten der jeweiligen Feindnation weiterhin ohne Belästigungen und Restriktionen im Land leben und es ohne Schwierigkeiten rechtzeitig verlassen durften. Dies wurde gestattet, obwohl viele der Ausländer wehrfähig waren und eine Gefahr für die Stabilität der Heimatfront hätten darstellen können.[2] Der Kriegsverlauf brachte zwar manche Abweichung von dieser Vereinbarung,[3] doch ging keine Seite so weit und internierte Angehörige des Feindstaates. Auch in nachfolgenden Kriegen wie 1879 zwischen Bolivien und Chile, 1894 zwischen China und Japan oder 1904/05 zwischen Rußland und Japan gab es keine Zivilgefangenen.[4]

Neu war diese Regelung aber auch vor dem Hintergrund der sich zu Beginn des Ersten Weltkrieges abzeichnenden und im Verlauf des Krieges verfestigenden Entwicklung. So beschlossen zwar die Regierungen der En-

---

1 Vgl. Ulrich Herbert, Fremdarbeiter. Politik und Praxis des »Ausländer-Einsatzes« in der Kriegswirtschaft des Dritten Reiches, Berlin und Bonn 1985, S. 24.

2 Vgl. Nagler, Nationale Minoritäten im Krieg, S. 51.

3 So verweigerte Frankreich während des Krieges 39 000 deutschen Staatsbürgern kurzfristig das Recht, nach Deutschland zurückzukehren. Nach längeren Verhandlungen revidierte Frankreich jedoch seine Entscheidung und wies diese Deutschen aus. Weitere Ausweisungen von in der Region Paris lebenden Deutschen erfolgten, als die Stadt von deutschen Truppen belagert wurde. Vgl. ebenda, S. 51f.

4 Ebenda, S. 52.

tente aus Furcht vor mangelnder Loyalität, Spionage und Sabotage zunächst die Erfassung und Überwachung, dann die Internierung deutscher und österreichisch-ungarischer Staatsangehöriger, mit dem Ergebnis, daß in Europa schließlich 400 000 von ihnen interniert waren.[5] Und auch im Gebiet des Deutschen Reiches belief sich die Zahl der internierten feindlichen Ausländer bis Kriegsende auf über 110 000. Eine Verpflichtung zur Arbeit bestand jedoch weder auf der einen noch auf der anderen Seite. Obwohl die Internierten jeweils in Lagern und zumeist zusammen mit militärischen Kriegsgefangenen festgehalten wurden,[6] hielten die zuständigen Stellen in den kriegführenden Ländern daran fest, daß die in der HLKO geregelte Arbeitspflicht nicht auf Zivilgefangene, sondern nur auf Kriegsgefangene im Sinne von Art. 3 HLKO anwendbar war.[7]

Mit dem Rückkehrverbot für polnische Arbeiter und dem damit verbundenen Zwang, für die deutsche Kriegswirtschaft zu arbeiten, das heißt Zwangsarbeit zu leisten, setzte sich Deutschland also deutlich über die Grenzen des Kriegsrechts hinweg. Dennoch wäre dieser Verstoß wohl ohne größeren Protest von den späteren Siegermächten – zu denen Rußland bekanntlich nicht gehörte – zur Kenntnis genommen worden, wenn er nicht der Anfangspunkt einer Entscheidung gewesen wäre, die mit zum Inbegriff der verbrecherischen deutschen Kriegführung werden sollte. Als nämlich ein wesentlicher Grund für die Arbeitsverpflichtung, die Freisetzung deutscher Arbeiter für die Front, wegen des ausbleibenden Kriegserfolges immer drängender wurde, ging man deutscherseits dazu über, Arbeitskräfte aus besetzten Gebieten nach Deutschland zu deportieren, um sie in der Kriegswirtschaft einzusetzen.

Die erste innerstaatliche Legitimation für diese Politik lieferte die im Oktober 1916 erlassene »Verordnung zur Bekämpfung der Arbeitsscheu«, die als Ergänzung für ein bis dahin praktiziertes System der Anwerbung gedacht war, das ohnehin nur in geringem Maße auf Freiwilligkeit basierte. Denn die militärischen Besatzungsbehörden waren jederzeit in der Lage, auf die Bevölkerung der okkupierten Gebiete, deren soziale Not sich durch Betriebsschließungen und wirtschaftliche Ausbeutung noch verschärft hatte, zusätzlichen Druck auszuüben, so daß genügend

5 Vgl. ebenda, S. 54 m. w. N.

6 Im Bereich des Deutschen Reiches z. B. waren sie auf etwa 80 Lager verteilt und zumeist mit militärischen Kriegsgefangenen verschiedener Nationalität untergebracht. In einigen wenigen Lagern stellten die Zivilgefangenen die Mehrheit der Gefangenen, wie zum Beispiel in Rastatt und Holzminden. In Ruhleben vor den Toren Berlins, dem wohl bekanntesten deutschen Internierungslager für feindliche Ausländer, wurden insgesamt 4400 überwiegend britische Zivilisten festgehalten. Vgl. ebenda, S. 54f.

7 Vgl. Strupp, Das internationale Landkriegsrecht, S. 45.

hohe Anwerbezahlen verzeichnet werden konnten. Außerdem führten schon die Andeutung und gelegentliche Durchführung von Zwangsmaßnahmen zu dem für die Behörden positiven Effekt, daß die Zahl der sich freiwillig meldenden Arbeitskräfte stieg. Bei vielen war dabei wohl der Gedanke ausschlaggebend, lieber jetzt »freiwillig« einen Arbeitskontrakt zu unterschreiben, als später den möglicherweise erheblich schlechteren Bedingungen der Zwangsverpflichtung zu unterliegen.[8]

Mit rund 5000 blieb die Zahl der polnischen Deportierten noch relativ gering. Sie wurde – und darin ist ein wesentlicher Grund für die weltweite Empörung zu sehen – um ein Vielfaches von der Zahl der aus Belgien Zwangsdeportierten übertroffen, die rasch 60 000 und mehr erreichte.[9] Schon 1915, verstärkt jedoch ab 1916, war das Land in das Visier der deutschen Rüstungswirtschaft geraten,[10] und wie im Falle Polens changierte die Beschaffung von Arbeitskräften zwischen offener Gewalt, vor allem nach der zweiten »Verordnung gegen die Arbeitsscheu« vom Mai 1916, und mittelbarem Zwang durch eine gezielte Verschlechterung der Lebensbedingungen, unter anderem herbeigeführt durch die Erhöhung der Lebensmittelpreise und die Herabsetzung der Löhne.[11]

Man war sich auf deutscher Seite durchaus bewußt, daß die Deportation und erst recht die Deportation zum Zwecke der Zwangsarbeit dem Kriegsvölkerrecht widersprachen. Zwar sind beide Begriffe in der HLKO

---

8 Vgl. Herbert, Fremdarbeiter, S. 29.

9 Ebenda, S. 29, 31. Die Zahl von 60 000 Deportierten ist eine Mindestgröße, anderen Angaben zufolge waren es über 200 000, wobei aber auch freiwillige Meldungen, die häufig jedoch unter Androhung der Deportation zustande kamen, berücksichtigt wurden. Vgl. Lothar Elsner, *Belgische Zwangsarbeiter in Deutschland während des ersten Weltkrieges*, in: ZfG 24 (1976), S. 1260.

10 Am 2.3.1916 fand auf Anregung der rheinisch-westfälischen Schwerindustrie in Berlin eine Beratung der zuständigen Ressorts im Kriegsministerium statt, auf der die zwangsweise Überführung von 400 000 belgischen Arbeitern nach Deutschland verlangt wurde. Vgl. Elsner, *Belgische Zwangsarbeiter*, S. 1258. Walther Rathenau, Präsident der AEG und kurzzeitig Chef der Kriegsrohstoffabteilung, verlangte sogar im Rahmen des »Hindenburgprogramms«, daß 700 000 Arbeiter dem deutschen Markt zugeführt werden sollten. Vgl. Gerhard Ritter, Staatskunst und Kriegshandwerk. Das Problem des »Militarismus« in Deutschland. 3. Bd.: Die Tragödie der Staatskunst. Bethmann Hollweg als Kriegskanzler (1914–1917), München 1964, S. 441.

11 Vgl. Herbert, Fremdarbeiter, S. 31; Elsner, *Belgische Zwangsarbeiter*, S. 1259: Ab Mai 1916 haben die deutschen Besatzungsbehörden zudem »keinerlei Förderung irgend welcher belgischer Industrien oder Interessen mehr zugelassen«, die »auch nur in ihren Fernwirkungen die Geschäfte der Arbeiteranwerbungen hätten stören können«.

nicht genannt, doch ergibt eine grammatikalische und systematische Auslegung unschwer, daß sie aus den Vorschriften herauszulesen sind. Art. 43 verpflichtet die Besatzungsmacht zur Wiederherstellung und Aufrechterhaltung der öffentlichen Ordnung im besetzten Gebiet, und zwar unter Wahrung der Landesgesetze; Art. 46 fordert unter anderem die Achtung der Ehre und Rechte der Familie sowie des Lebens der Zivilpersonen, und die in Art. 52 angesprochenen Dienstleistungen beziehen sich allein auf das Besatzungsgebiet und dürfen daher über die Bedürfnisse des Besatzungsheeres nicht hinausgehen. Auch die Einschränkungen in Art. 43 (»nach Möglichkeit«, »kein zwingendes Hindernis«) und in Art. 46 (»sollen geachtet werden«) können kein Einfallstor für Deportation und Zwangsarbeit sein, da sie andernfalls im Widerspruch zu Art. 52 stünden, der nicht mit einer »Umstandsklausel« versehen ist. Außerdem müssen die möglicherweise derogierenden militärischen Notwendigkeiten im besetzten Gebiet begründet und darauf beschränkt sein (Art. 43) beziehungsweise dürfen die Ehre und Familienrechte (Art. 46) keinesfalls verletzt werden.[12] Schließlich noch fordert die Martenssche Klausel, die Zivilbevölkerung entsprechend den »Gesetzen der Menschlichkeit« und den »Forderungen des öffentlichen Gewissens« zu behandeln.[13]

Den Vertretern der OHL, des Kriegsministeriums, des Reichsamtes des Inneren, des Auswärtigen Amtes sowie der Generalgouvernements Brüssel und Warschau ging es angesichts dieser Regelungen vor allem um die Frage, »ob sich eine juristische Begründung für Zwangsarbeit finden ließe, die der Haager Konvention nicht allzu offensichtlich widerspräche«.[14] Allerdings gingen die Vorstellungen darüber, was denn der Haager Konvention offensichtlich widerspräche, stark auseinander. Oberste Heeresleitung und Kriegsministerium hatten die geringsten Skrupel. »Etwaige völkerrechtliche Bedenken dürfen uns nicht hindern, sie müssen der unentrinnbaren Notwendigkeit weichen, jede in deutscher Gewalt befindliche Arbeitskraft der kriegswirtschaftlich produktivsten Verwendung zuzuführen«,[15] hieß es auf ihrer Seite. Der Generalgouverneur von Belgien, Generaloberst von Bissing, plädierte hingegen für ein vorsichtigeres Vorgehen. Neben den praktischen Schwierigkeiten der Erfassung und

---

12 Vgl. Strupp, Das internationale Landkriegsrecht, S. 99f., 103.

13 Zum historisch-teleologischen Herleitung besonders des Deportationsverbots vgl. Robert Muharremi, *Die Haager Landkriegsordnung und das Verbot von Vertreibung und Deportation*, in: Wilfried Fiedler (Hg.), Deportation, Vertreibung, »Ethnische Säuberung«, Bonn 1999, S. 95ff.

14 So auf einer Besprechung im September 1916, vgl. Elsner, *Belgische Zwangsarbeiter*, S. 1260.

15 Ebenda, vgl. auch Ritter, Staatskunst und Kriegshandwerk, Bd. 3, S. 439.

Zwangsabführung Hunderttausender befürchtete er, daß sich »die Neutralen, ganz besonders das benachbarte Holland, aber auch Schweden, über die neue deutsche Völkerrechtsverletzung empören«. Er schlug daher als Alternativlösung vor, nur solche Menschen zu deportieren, die gegen die Arbeitsscheu-Verordnung verstießen, also trotz Aufforderung die Annahme einer Arbeit verweigert hatten.

Mit diesem Hinweis lieferte er dem Auswärtigen Amt, das zwar ebenfalls die Notwendigkeit der Arbeitskräftebeschaffung bejahte, doch sich über Mittel und Wege und deren juristische Absicherung noch nicht klar war, das entscheidende Argument, auf das sich die Deportationen würden stützen lassen können. Nicht als, wie von Bissing geschrieben hatte, »Strafgefangene« sollten sie nach Deutschland gebracht werden, denn dafür wäre das einzuhaltende Verfahren zu umständlich gewesen (Bissings Vorschlag ging von einer vorherigen gerichtlichen Verurteilung wegen Verstoßes gegen die Arbeitsscheu-Verordnung aus[16]), sondern als »Aufrührer« und »Störer« der öffentlichen Ordnung. Dann nämlich wären die Abschiebungen »Sicherungsmaßnahmen« und nicht länger rechtswidrig, wie der Völkerrechtler und Wirkliche Geheime Rat Johannes Kriege in einem Gutachten für das Auswärtige Amt hervorhob. Art. 43 HLKO verpflichte die Besatzungsmacht sogar zur Aufrechterhaltung der öffentlichen Ordnung im Besatzungsgebiet, und genau das werde durch die Abschiebung »arbeitsscheuer Belgier« erreicht.[17] Wenn noch darauf geachtet werde, daß die von den Abgeschobenen im Deutschen Reich zu verrichtende Arbeit keinen militärischen Zwecken diene, stehe dem Vorhaben nach völkerrechtlichen Gesichtspunkten gar nichts mehr im Wege.[18]

Für Reichskanzler Bethmann Hollweg, dem die letzte Entscheidung über die Deportationen aus Belgien oblag,[19] gab das Gutachten den Ausschlag zugunsten der Pläne von Industriellen und Militärs. Frei von Zweifeln war er aber dennoch nicht. Seine Mahnungen, daß die »[g]eplante

---

16 Nach Art. 2 der Verordnung wurde derjenige, der die Übernahme oder Fortsetzung einer angemessenen Arbeit ohne hinreichenden Grund ablehnte, mit Gefängnis von 14 Tagen bis zu einem Jahr bestraft. Die Verordnung ist abgedruckt in: Deutscher Reichstag (Hg.), Völkerrecht im Weltkrieg. 1. Bd.: Die Zwangsüberführung belgischer Arbeiter nach Deutschland, S. 236f.

17 Vgl. Ritter, Staatskunst und Kriegshandwerk, Bd. 3, S. 444f.; Kriege, *Die Zwangüberführung belgischer Arbeiter nach Deutschland* (Gutachten), in: Deutscher Reichstag (Hg.), Völkerrecht im Weltkrieg, 1. Bd., S. 221.

18 Ebenda (Völkerrecht im Weltkrieg), S. 208.

19 Da Ludendorff und von Bissing sich über die Deportation, ihren Umfang und Ablauf nicht einigen konnten, baten sie Bethmann Hollweg um eine Entscheidung in dieser Frage. Vgl. Ritter, Staatskunst und Kriegshandwerk, Bd. 3, S. 444.

Maßnahme mit Vorsicht ausgeführt werden« müsse und es zu begrüßen wäre, wenn alles »ohne Zwang oder wenigstens durch bloße Andeutung von Zwangsmaßnahmen« geschähe,[20] lassen eher die gegenteilige Annahme zu. Doch ob er nun in der rechtlichen Begründung eine tragfähige sah oder sie nur als vorgeschoben empfand, letztlich stimmte er den Deportationen aus Belgien zu, und alle Aufrufe zur Mäßigung sind wohl nichts anderes gewesen als hilflose Versuche, ein schlechtes Gewissen zu beruhigen oder den fehlenden Mut zu einer anderen Entscheidung zu überspielen.[21]

Am 28. Oktober 1916 erteilte der Generalgouverneur von Bissing den allgemeinen Befehl, mit der Deportation belgischer Arbeitskräfte zu beginnen. Eingedenk der Mahnung Bethmann Hollwegs war der Befehl zunächst in einem beschwörenden, verständnissuchenden Ton gehalten, fast so, als werde in Bedrängnis Hilfe angeboten. Er verwies darauf, daß seit Kriegsanfang ein sehr großer Teil der belgischen Arbeiter krankfeiere, was zum einen auf einen Mangel an Rohstoffen infolge der feindlichen Blockade, zum anderen schlicht auf Arbeitsunwilligkeit zurückzuführen sei. Dann ging er über zu den »üblen Folgen«, welche die lange Dauer dieses Zustands zu zeigen anfange. Es gebe Unterernährung, Arbeitsentwöhnung und eine Gefährdung der öffentlichen Sicherheit und Ruhe. Trotz der Anwerbung freiwilliger Arbeitskräfte belaufe sich die Zahl der Arbeitslosen immer noch auf 400 000 bis 500 000, die im Generalgouvernement nur begrenzt zur Arbeit herangezogen werden könnten. Schließlich kam er auf die Lösung dieser »Übelstände« zu sprechen, die ohne zwangsweise Abführung der Arbeitsunwilligen nach Deutschland nicht denkbar sei. Dabei müsse folgendermaßen verfahren werden – und im Anschluß daran folgte ein Maßnahmenkatalog mit dreizehn Punkten, der deutlich machte, um was es in Wahrheit ging. Er sah unter anderem vor:

»1.) Die Kreischefs erhalten durch die Einforderung der von den Bürgermeistern aufzustellenden Listen Kenntnis über die Anzahl der vorhandenen Arbeitslosen und ihrer Berufe; die Listen sind, nachdem Abschrift erfolgt ist, an das Generalgouvernement einzureichen. [...]

2.) Auf Grund der Listen wird in Zukunft durch das Generalgouvernement angeordnet werden, an welchen Orten und wann der zwangsweise Abschub beginnen soll.

3.) Für den Tag der Abschiebung wird durch den Kreischef mit Hilfe des Meldeamts eine Versammlung aller im Bezirk vorhandenen Arbeiter einberufen und in einem geeigneten Raum abgehalten werden [...]

---

20 Ebenda, S. 445.

21 Ebenda, S. 442.

5.) Den [...] Arbeitslosen und Arbeitsfähigen ist durch anwesende Vertreter des Industriebüros zu eröffnen, daß sie noch jetzt sich zu freiwilliger Arbeit in Deutschland gegen guten Lohn, erheblich höher wie in Belgien, melden können. Diejenigen, welche hierzu bereit sind, werden zu sofortiger Abschließung eines Arbeitsvertrages mit dem Industriebüro abgesondert, welches dann das Erforderliche veranlaßt.

6.) Die anderen Arbeiter werden unter militärischer Bedeckung zum Bahnhof geführt und in einem bereitstehenden Zug verladen. Sie werden direkt nach Deutschland gebracht, um dort Arbeit für Löhne zu finden, die freilich niedriger sein werden, als die für freie Arbeiter.

7.) Damit keine Unordnungen stattfinden, ist selbstverständlich militärische Beaufsichtigung des Gestellungsplatzes und seiner Umgebung, sowie des Bahnhofs anzuordnen [...]

8.) [...] Die Anzahl der Abzuschiebenden ist auf höchstens 1000 anzunehmen.

9.) Das Transportkommando befindet sich im Wachdienst, ist bewaffnet und mit Munition versehen. Sein Verhalten gegen die Arbeiter muß energisch, aber frei von unnötigen Härten sein. Es erfordert viel Takt. Über kleine Ungehörigkeiten ist hinwegzusehen, gegen größere streng einzuschreiten [...]

11.) Die Fahrt geht nach Deutschland an einen Verteilungsort, wo die Arbeiter an die deutschen Industriewerke, in denen sie beschäftigt werden sollen, verteilt werden. Diese Verteilung findet in Lagern statt, welche sonst zur Unterbringung von Gefangenen benutzt werden. Die Arbeiter sind aber hier nicht als Kriegsgefangene anzusehen, sondern sind darauf hinzuweisen, daß sie hier nur verteilt werden sollen [...]

13.) Sollte infolge des zwangsweisen Abschubs die vom Comité National gewährte Unterstützung an die Familie des Abgeschobenen aufhören, so wird sie durch die deutsche Verwaltung erfolgen, bis die Arbeiter in der Lage sind, aus ihrem Arbeitsverdienst Geldzuwendungen an ihre Familien zu schicken; eine entsprechende Benachrichtigung an die Angehörigen der Abgeschobenen durch die Kreischefs wird zur Beruhigung der Bevölkerung beitragen [...].«[22]

Deportation und Zwangsarbeit als Mittel zur Vermeidung von Armut, Arbeitsunlust und öffentlichen Ärgernissen; eine militärische Entscheidung, die, mit den Worten Abschub oder Abschiebung zu einem quasiadministrativen Akt erklärt, zugleich eine humane Geste sein will – das waren also nach dem Wortlaut des Befehls dessen Kernaussagen. Der überfallartige Ablauf der angekündigten Maßnahmen, der den Betroffenen keine Möglichkeit der Vorbereitung ließ, paßte zwar nicht dazu, aber zum Ausgleich gab es ja eine zumindest vorübergehende finanzielle Unterstützung für die zurückgebliebenen Familien. Das mag in der Tat die Empfänger dieses Befehls, in erster Linie die Kreis- und Verwaltungschefs, bei

---

22 Zit. n. BAL, R 3003, ORA/RG, bJ 37/20 (Hauptmann a.D. Ernst Engelbrecht), Bl. 13f.

dessen Ausführung beruhigt und Zweifel an seiner Rechtmäßigkeit verdrängt haben; das Reichsgericht und die Reichsanwaltschaft jedenfalls nahmen jeden in diesem Sinne entschuldigenden Hinweis auf und stellten von den über 100 in dieser Sache eingeleiteten Verfahren die meisten mit der Begründung des Handelns auf Befehl nach § 47 MStGB ein. Oft faßte das Reichsgericht nur einen kurzen, fünf- bis sechszeiligen Beschluß, um die Einstellung eines Verfahrens zu begründen. Allerdings hatten die polnischen Behörden auch kein Belastungsmaterial zur Verfügung gestellt,[23] und die belgischen Angaben waren zu allgemein, als daß einem Beschuldigten zwingend Kenntnis vom verbrecherischen Charakter des erhaltenen Deportationsbefehls hätte unterstellt werden können. Der Befehl sei erhalten und nach pflichtgemäßem Ermessen erfüllt worden, so wie es das Wohl des deutschen Vaterlandes erfordert habe, lauteten die nicht zu widerlegenden Aussagen,[24] und: Widerstand oder auch nur eine verweigernde Handlung seien unmöglich gewesen.[25]

Doch waren nicht alle Fälle so einfach oder so einfach darzustellen. Der allgemeine Deportationsbefehl des Generalgouverneurs war nicht selten nur eine Fassade, das heißt die Realität seiner Umsetzung entsprach nicht einmal derjenigen, die man nach seinem Wortlaut hätte erwarten können. In Wirklichkeit nämlich ging es nicht nur um die Deportation von Arbeitslosen, es ging vielmehr um »die Zuführung möglichst vieler belgischer Arbeitskräfte für die deutsche von Arbeitern entblößte Kriegsindustrie«. Zumindest sollen dies, deutschen Zeugenaussagen zufolge, zwei Vertreter des Generalgouverneurs in dessen Namen vertraulich der Aushebungskommission mitgeteilt haben. Man habe, so hieß es in einem an-

---

23 Dies war sogar bei einem so hochrangigen Beschuldigten wie dem im polnischen Generalgouvernement eingesetzten Polizeipräsidenten von Warschau, Ernst von Glasenapp, der Fall, dessen Verfahren bereits im November 1922 eingestellt wurde. Vgl. BAL, R 3003, ORA/RG, bJ 132/20.

24 So in bJ 37/20 (Hauptmann Ernst Engelbrecht), bJ 50/20 (Leutnant Heinrich Forck), bJ 137/20 (Oberstleutnant Adolf Buz), bJ 138/20 (Rittmeister Max Hünten), bJ 140/20 (Oberstleutnant Hermann Melsheimer), bJ 151/20 (Fritz Ecker, ehemaliger Präsident der Zivilverwaltung für die Provinz Ostflandern) oder bJ 317/20 (Hauptmann Heinrich Braune).

25 Vgl. dazu die ausführliche Aussage des Beschuldigten Adolf Salomon in bJ 139/20 (Generalmajor Albert Krüger-Velthusen), Bl. 11–19. Salomon berichtet dort (Bl. 16f.) von seinen Versuchen und von denjenigen des Generalmajors, bestimmte Personengruppen (z. B. Mitglieder des belgischen Ernährungswerks, einer Fürsorgeeinrichtung für Bedürftige) aus den Deportationen herauszunehmen. Die Versuche waren vergeblich, der Befehl kam in verschärfter Form wieder, und ihm mußte entsprochen werden.

deren Zusammenhang, »in den offiziellen Schriftstücken nicht weiter gehen können«, abgeschoben werden sollten aber möglichst alle Arbeitsfähigen.[26]

Auch die Fakten sprechen insofern eine eindeutige Sprache. So berichtete ein anderer Zeuge, »daß für jeden Abschiebungsort bereits ein Eisenbahnzug zum sofortigen Abtransport der Ausgehobenen bereit gestellt wurde, und man von vorneherein jedesmal Vorsorge zum Abschub einer gleich großen Anzahl Arbeiter – 5-600 – getroffen hatte«.[27] Und mehrere Beschuldigte gaben an, daß es vorgesetzten militärischen Stellen allein um die Erfüllung bestimmter Soll-Zahlen ging, ganz gleich, wie sie erreicht wurden.[28]

Die Deportierten, die nach Deutschland gelangten, erwartete nicht etwa, wie die Formulierung des von Bissing-Befehls und die Argumentation wirtschaftlicher Stellen hätten vermuten lassen,[29] eine alsbaldige Zuweisung einer Arbeitsstelle. Die meisten wurden über Monate hinweg in Kriegsgefangenenlagern festgehalten,[30] in denen Hunger, Krankheit und Tod an der Tagesordnung waren. Ein Zeuge:

---

26 Vgl. bJ 819/20 (Hermann Strahl, Leiter eines Amtes für Zivilverwaltung in Belgien), Bl. 11 (Schreiben an den Präsidenten der Zivilverwaltung für die Provinz Luxemburg vom 13.1.1917).

27 Ebenda, Bl. 12f.

28 Vgl. z.B. die Aussage des Johannes Rothenberg, vormals Chef des Arbeitsamtes von Courtrai, in bJ 803/20, Bl. 5 VS/RS: »Ich erinnere mich, daß ich öfters der Etappenkommandantur angegeben habe, ich könnte nicht so viele Arbeiter stellen, wie befohlen war, da nicht so viele Arbeitslose im Bezirk wären, es wurde mir aber daraufhin regelmäßig bedeutet, ich müßte die befohlene volle Anzahl unbedingt stellen. Darauf sind dann ab und zu auch Leute abgeschoben worden, die an sich nicht arbeitslos waren. Ich habe geglaubt, den Befehlen meiner unmittelbar vorgesetzten Behörde unbedingt Folge leisten zu müssen, zumal diese wiederum ja schließlich auf dem Befehl der Obersten Heeresleitung beruhten. Es waren der Obersten Heeresleitung aus dem Bezirk öfters weniger Leute als arbeitslos gemeldet worden, als später zur Gestellung befohlen waren; es wurde aber trotzdem darauf bestanden, daß die volle angeforderte Anzahl Arbeiter gestellt wurde.«

29 Die Industrie verlangte pro Woche 20 000 zusätzliche Arbeitskräfte. Vgl. Elsner, *Belgische Zwangsarbeiter*, S. 1260.

30 Von den bis Anfang 1917 etwa 56 000 Deportierten befanden sich im Februar, also fünf Monate nach Beginn der Deportationen, noch 40 000 in den Sammellagern; 8000 waren vorübergehend zur Arbeit eingesetzt, und ca. die gleiche Anzahl hatte »freiwillig« Arbeitsverträge unterschrieben. Vgl. Herbert, Fremdarbeiter, S. 31.

»Ich war Adjutant im Kriegsgefangenenlager Guben, welches etwa für 8000 Kriegsgefangene Platz bot. Am 15.11.1916 wurden uns 12 000 belgische Abschüblinge telegraphisch gemeldet. [...] Es kamen etwa 10 000 Belgier, die zum großen Teil schlecht ernährt und wenig widerstandsfähig waren, ins Lager und mußten dort untergebracht werden. Die Ernährungsverhältnisse lagen, wie bekannt, im Winter 1916/1917 äußerst ungünstig. [...] Wegen des strengen Frostes im damaligen Winter, der mit geringen Unterbrechungen bis Ende Februar währte (es kam Kälte bis zu 20 Grad Reaumur vor), war es nicht möglich, Kartoffeln heranzubringen, selbst wenn welche vorhanden gewesen wären. Auch fehlte es an Heizmaterial, welches Mitte Februar besonders knapp wurde. [...] Die Kälte machte sich umso empfindlicher geltend, als die Baracken leicht gebaut waren (Für eine solch lange Kriegsdauer waren sie nicht berechnet gewesen.).

Alle die vorgeschilderten Umstände wirkten zusammen, um Seuchen unter den Abschüblingen zu erzeugen, denen auch eine ganze Reihe zum Opfer gefallen ist ...«[31]

Nach offiziellen deutschen Angaben betrug die Zahl der gestorbenen Belgier 1250, das waren 1,82 % bei einer Gesamtzahl von 66 150, die zwischen Oktober 1916 und Februar 1917 deportiert worden waren.[32] Was in dem Zitat wie eine Fatalität klingt, unbeeinflußbar von deutscher Seite – Ankunft der Belgier in einem schlecht ernährten und wenig widerstandsfähigen Zustand, widrige Witterungsverhältnisse –, verdeckt den im Bissing-Befehl angeordneten Durchführungsablauf, der Erkrankungen und Todesfälle zwangsläufig miteinkalkulieren mußte, da man den Betroffenen die Möglichkeit des Abschieds von ihren Familien und der Versorgung mit dem Nötigsten verweigerte und sie in einem besonders kalten Winter auf endlosen Fahrten und bei dürftiger Verpflegung in ungeheizten Güter- oder Viehwagen nach Deutschland transportierte.[33] Die wahre Zahl der Todesfälle unter den belgischen Deportierten wird jedoch um einiges höher gelegen haben, denn nach der Einstellung der Zwangsabschiebungen im Februar 1917 führte man viele Deportierte nicht in ihren Herkunftsort in Belgien zurück, sondern preßte sie, ohne Familienangehörige über den weiteren Verbleib zu informieren, in Zivil- oder Strafarbeiterbataillone, wo sie Arbeiten für die Etappe verrichten mußten.[34]

---

31 Zit. n. bJ 464/20 (Generalleutnant Viktor von Eichstedt), Bl. 32 VS/RS.

32 Vgl. Kriege, *Die Zwangsüberführung belgischer Arbeiter nach Deutschland*, S. 210.

33 So auch die Minderheitsentschließung im Untersuchungsausschuß, S. 198; vgl. ebenfalls Ritter, Staatskunst und Kriegshandwerk, Bd. 3, S. 446.

34 Vgl. bJ 139/20, Bl. 15. In einigen belgischen Gemeinden war die Zahl der Toten infolge von Deportationen höher als die Zahl derer, die im Krieg als

Wie wurde in diesen Fällen der Einstellungsbeschluß begründet? Das Handeln auf Befehl auch hier durchweg als Rechtfertigungsgrund zu akzeptieren hätte die Erteilung eines entsprechenden Befehls vorausgesetzt. Das konnte und wollte man nicht zugeben, denn die Beweislage gerade im Hinblick auf die inoffizielle Auslegung des Deportationsbefehls – Deportation der Arbeitsfähigen statt nur der Arbeitslosen – war gut und hätte einige Mitglieder der Obersten Heeresleitung und des Generalgouvernements in arge Bedrängnis gebracht. Reichsanwaltschaft und Reichsgericht verlegten daher die Verantwortlichkeit in die Sphäre der Opfer, indem sie die fehlerhafte Arbeit belgischer Stellen als die eigentliche Ursache für die organisatorischen »Fehlgriffe« bezeichneten. Von den belgischen Behörden seien die Listen der örtlichen Arbeitslosen nicht ordnungsgemäß erstellt worden, sie hätten die Maßnahmen nach Kräften sabotiert, nicht zuletzt auch, um im In- und Ausland die Verbitterung über den deutschen Deportationsbefehl zu schüren. Für Deutschland war diese Argumentation in zweierlei Hinsicht von Vorteil:

Der erste Vorteil war, daß sie unwidersprochen blieb. Belgien legte kein Material zu ihrer Widerlegung vor, denn die Beschuldigungen in Sachen Deportationen und Zwangsarbeit gehörten nicht zu den Fällen der »Probeliste« und waren daher von der Aufkündigung der Kooperation zwischen den alliierten und den deutschen Behörden im Gefolge des interalliierten Kommissionsberichts vom Januar 1922 betroffen.

Der zweite Vorteil war, daß mit dieser Argumentation eine genauere rechtliche Begründung für die Einstellung der Verfahren gegen die Befehlsgeber nicht erforderlich war. In eine tatbestandliche Prüfung von Delikten wie der Freiheitsberaubung (§ 239 StGB) oder der Nötigung (§ 240 StGB), deren Rechtswidrigkeit zu Kriegszeiten ja am Maßstab des Völkerrechts hätte geprüft werden müssen, traten Reichsanwaltschaft und Reichsgericht erst gar nicht ein. Sie beschränkten sich auf allgemeine Aussagen wie: »Nach Lage der Sache bedarf es keiner weiteren Darlegung, daß kriegsnotwendige Maßnahmen in einem besetzten feindlichen Lande stets in einem gewissen Gegensatze zu den Interessen dieses Landes stehen werden«,[35] oder sie erklärten die deutschen Maßnahmen pauschal für vereinbar mit den Art. 43 und 52 der HLKO.[36] In dem Bemühen, das Ge-

---

Soldaten der belgischen Armee ums Leben gekommen waren. Vgl. dazu Le Fur, *Guerre juste et juste paix*, S. 373, FN 2.

35 Zit. n. bJ 747/20 (Generaloberst Freiherr von Falkenhausen), Bl. 8. Generaloberst v. Falkenhausen war während des Krieges zeitweilig Generalgouverneur von Belgien.

36 So in dem Verfahren gegen den Generalfeldmarschall und Chef der 3. Obersten Heeresleitung von Hindenburg (bJ 765/20). Die Akte ist im Bundesar-

schehen zu verharmlosen, legitimierten sie das Vorgehen der damaligen militärischen und politischen Führung Deutschlands und gingen sogar noch über diese hinaus, indem sie die seinerzeit geäußerten Skrupel an der Zulässigkeit der Maßnahmen außer acht ließen und die HLKO entgegen dem Wortlaut, dem systematischen Zusammenhang und dem Willen der Kodifikationskonferenz auslegten.

Art. 43 HLKO, so ihre Argumentation,[37] gehe den anderen Regeln über die Ausübung der militärischen Gewalt im besetzten Gebiet vor. Wenn darin, soweit ein »zwingendes Hindernis« bestehe, für die Wiederherstellung der öffentlichen Ordnung ein Abweichen von den Landesgesetzen für erlaubt erklärt worden sei, könne dem die Beschränkung der Dienstleistungspflicht auf die Bedürfnisse des Besatzungsheeres gemäß Art. 52 HLKO nicht entgegengehalten werden. Wenn also die Arbeitslosigkeit in Belgien ein Ausmaß erreicht hatte, daß sie zu einer Bedrohung für die öffentliche Ordnung geworden war, sei die Besatzungsmacht berechtigt gewesen, die Arbeitslosen unter Übergehung der belgischen Gesetze auch außerhalb des besetzten Gebiets zu verwenden. Die nach Art. 43 HLKO mögliche Nichtbeachtung der Landesgesetze, das heißt auch der Gesetze, die zum Schutz von Personen und Eigentum erlassen worden seien, entspreche im übrigen auch dem Verständnis von militärischer Notwendigkeit. Denn es könne wohl darüber kein Zweifel bestehen, daß in einem besetzten Gebiet die Wiederherstellung und Aufrechterhaltung der öffentlichen Ordnung und des öffentlichen Lebens eine militärische Notwendigkeit ist.[38]

Daß die Deportationen zum Zwecke der Zwangsarbeit auch der deutschen Wirtschaft zugute kamen, ja daß sie, folgt man den anfänglichen Erklärungen und Beschlüssen, sogar ausschließlich wirtschaftlichen Zielsetzungen dienten, fand das Reichsgericht kaum der Erwähnung wert. Ein »zwingendes Hindernis«, das die Umgehung belgischer Gesetze unvermeidbar macht, oder eine militärische Notwendigkeit hätten so auch schwerlich konstruiert werden können.[39] Aber abgesehen davon legte das Reichsgericht auch in seiner gewöhnlichen Begründung die Rechte der Be-

---

chiv nicht vorhanden, vgl. aber Kriege, *Die Zwangsüberführung belgischer Arbeiter nach Deutschland*, S. 282.

37 Die Argumentation des Gerichts liegt nicht vor, sie wird hier nach den Ausführungen Krieges nachgezeichnet. Vgl. ebenda, S. 220ff.

38 Zitat nach Kriege, ebenda, S. 222. Vgl. auch die Einstellungsbeschlüsse zu bJ 107/20 (Generalleutnant a. D. Eugen Zoellner) sowie bJ 747/20 (Generaloberst von Falkenhausen).

39 Da beide Gründe für die Abweichung nach Art. 43 HLKO ihren Ursprung im Besatzungsgebiet haben müssen, vgl. oben, S. 381.

satzungsmacht so weit aus, daß das Besatzungsrecht der HLKO letztlich zur Disposition militärstrategischer Überlegungen stand.

Zuzugeben ist dem Reichsgericht allerdings, daß mit einem »zwingenden Hindernis«, welches zur Wiederherstellung der öffentlichen Ordnung eine Beachtung der Landesgesetze unmöglich machte, in der Tat auch ein aus Überlegungen der militärischen Notwendigkeit entsprungener Grund gemeint sein konnte. Bei der Formulierung des Art. 43 HLKO waren sich die Delegierten darin einig, daß die militärische Sicherheit der Besatzungstruppen vorgehe. Sollten sie das Ziel irgendwelcher Feindseligkeiten der Zivilbevölkerung werden, habe diese Strafen und Repressalien zu gewärtigen. In diesem Zusammenhang sei auch denkbar, die Verfassung des besetzten Landes aufzuheben oder zu ändern oder neue Gesetze zu erlassen.[40] Und auch spätere Kommentierungen wollten Gesetzesänderungen im Besatzungsgebiet im gravierendsten Fall nur in der Form zulassen, daß das lokale Strafrecht durch das Kriegsrecht des Okkupanten ergänzt oder ersetzt wird, um Angriffe auf Soldaten des Besatzungsheers, Sabotage oder Kriegsverrat ahnden zu können.[41] Nirgendwo findet sich jedoch ein Hinweis darauf, daß die Abänderung oder Aufhebung des lokalen Rechts so weit gehen kann, daß die Deportation ganzer Bevölkerungsteile und ihre Zwangsverpflichtung zur Arbeit auf dem Territorium der Besatzungsmacht rechtlich möglich werden. Ein solcher Hinweis würde die Schutzrechte zugunsten der Zivilbevölkerung Makulatur werden lassen, und das zudem aus einem Grund, der mit dem anerkannten inhaltlichen Verständnis einer militärischen Notwendigkeit nichts zu tun hätte.[42]

---

40 Vgl. Meurer, Die Haager Konferenzen, Bd. 2, S. 237f. Meurer verweist dort zur Verdeutlichung auf eine Strafverordnung aus dem Deutsch-Französischen Krieg 1870/71, in der Elsaß-Lothringern aus dem deutsch besetzten Gebiet für den Fall des Eintritts in die französische Armee durch eine Strafverordnung die Einziehung des gegenwärtigen und künftigen Vermögens und zehnjährige Verbannung angedroht wurde. Außerdem war ein Verlassen des Wohnortes nur mit schriftlicher Erlaubnis des Präfekten zulässig, und die erlaubnislose Entfernung von mehr als acht Tagen begründete die Vermutung des Eintritts in die Armee, was zur Verurteilung ausreichte.

41 Vgl. z.B. Strupp, Landkriegsrecht, S. 100; Liszt, Völkerrecht (1915), S. 329f.

42 In der Ausgabe von 1918 seines Buches zum Völkerrecht erklärt Liszt ausdrücklich (S. 310), daß die Gewalt des besetzenden Staates dem besetzten Gebiet und dessen Bewohnern gegenüber so weit reicht, »als sie nicht durch die Bestimmungen der ›Ordnung‹ eingeschränkt wird«. An welche Bestimmungen er dabei dachte, führt er dann im folgenden aus, nämlich an die Art. 45ff. HLKO zum Besatzungsrecht.
Allerdings scheint auch danach die Rechtsmeinung in Deutschland nicht ein-

Was für die Deportationen nach Deutschland als rechtliche Begründung zu ihrer Zulässigkeit dienen mußte, wurde nach der Ableitungsformel *a maiore ad minus* auch in den Einstellungsbeschlüssen zu den Deportationen innerhalb des besetzten Gebiets wiederholt. Die größte dieser Deportationen hatte 1916 stattgefunden und die nordfranzösischen Städte Tourcoing, Roubaix und vor allem Lille betroffen. In Lille war beispielsweise durch den Stadtgouverneur zunächst bekanntgegeben worden, daß »erwerbslose Arbeiter beiderlei Geschlechts [...] mit ihren Familien auf dem Land untergebracht werden [können], wo sie Gelegenheit zu besserem Lebensunterhalt durch landwirtschaftliche Arbeiten und andere Beschäftigung finden«.[43] Nachdem sich auf diese Bekanntgabe nur zehn Männer und sechs Frauen gemeldet hatten, wurde ein geheimer Kommandanturbefehl herausgegeben, der die zwangsweise Abschiebung von Teilen der Bevölkerung vorsah. Es hieß darin: »Das Zusammenbringen der Leute erfolgt quartierweise nach Umstellung eines Stadtbezirks durch Truppen. Die Häuser sind dann zu durchsuchen, die für den Abschub geeigneten Leute festzunehmen. Sodann sind die Leute in geeignete Räume (Zitadelle Lille, Fabriken usw.) zusammenzuführen und dort bis zum Abtransport zu belassen.«[44] Die Festnahmen sollten um fünf Uhr morgens beginnen. Festzunehmen waren nur arbeitsfähige Personen zwischen 14 und 55 Jahren, wobei alle über 17jährigen von ihren Familien getrennt werden konnten.[45] Auf diese Weise waren am 22. April annähernd 7000 Frauen und Mädchen deportiert worden.[46]

Insgesamt belief sich die Zahl der aus Lille, Tourcoing und Roubaix Deportierten auf 20 121, darunter, was für besondere Erbitterung in der französischen Bevölkerung sorgte, fast 9000 Frauen und Mädchen.[47] Nach deutscher Lesart handelte es sich bei allen um Menschen, die »infolge von Trunk, Müssiggang, Arbeitslosigkeit oder Arbeitsscheu«[48] für ihren Unterhalt oder den ihrer Familie nicht sorgen konnten und auf Unterstützung angewiesen waren. Zur Sicherung der die öffentliche Ord-

---

hellig gewesen zu sein. Ein deutsch-belgisches Schiedsgericht bezeichnete in einem Spruch vom 3. Juni 1924 die Deportationen als völkerrechtswidrig, begründete diese Entscheidung jedoch nicht. Vgl. den Hinweis bei Kriege, *Die Zwangsüberführung belgischer Arbeiter nach Deutschland*, S. 194.

43 Zit. n. Ernst Johann, Innenansicht eines Krieges. Bilder – Briefe – Dokumente 1914–1918, Frankfurt am Main 1968, S. 182.

44 Zit. n. ebenda, S. 185.

45 Ebenda, S. 186.

46 Vgl. BAL, R 3003, ORA/RG, bJ 173/20 (General der Artillerie Gustav von Heinrich), Bl. 36 RS.

47 Vgl. bJ 107/20 (Zoellner), Bl. 39.

48 Vgl. bJ 173/20 (von Heinrich), Bl. 33.

nung gefährdenden Ernährungslage in den drei Städten hätten, so die damalige Militärführung und ihr folgend auch das Reichsgericht, diese Maßnahmen ergriffen und widersprechendes französisches Recht verdrängt werden müssen. Sie seien daher mit dem Besatzungsrecht der HLKO vereinbar gewesen.[49]

Schließlich fand die Argumentation der militärischen Notwendigkeit auch noch Anwendung in den Fällen, in denen es um die Zusammenfassung belgischer Zivilisten in sogenannte »Zivil-Arbeiter-Bataillone« (ZAB) ging. Diese an militärische Formationen erinnernde Einrichtungen wurden 1916 geschaffen und vor allem im Etappen- und Operationsgebiet eingesetzt, wo sie zusammen mit Kriegsgefangenen zur Entlastung deutscher Soldaten arbeiten mußten. Die ZAB waren in Lagern untergebracht und unterstanden wie Kriegsgefangene der deutschen Militäraufsicht. In den letzten beiden Kriegsjahren waren in ihnen über 60 000 Belgier erfaßt.[50] Sie setzten sich aus Personen zusammen, die von den deutschen Zivil- und Militärbehörden von vornherein als arbeitsscheu eingestuft wurden, sowie aus solchen, die der ihnen von den Arbeitsämtern zugewiesenen »freiwilligen« Arbeit nicht nachkommen wollten.[51]

In den Verfahren vor dem Reichsgericht ging es weniger um die Zulässigkeit der Bildung von ZAB – in den Beschlüssen gegen Hindenburg und Ludendorff war kurz und bündig festgestellt worden, daß sie nach Art. 52 HLKO (Heranziehung der Zivilbevölkerung zu Dienstleistungen für die Bedürfnisse des Besatzungsheeres) statthaft waren[52] –, sondern vielmehr um Fälle der Mißhandlung von Angehörigen dieser Bataillone und damit

49 So ausdrücklich in bJ 107/20 (Zoellner), Bl. 39; vgl. auch, mit der zusätzlichen Begründung, auf Befehl gehandelt zu haben, bJ 223/20 (Rittmeister Heinrich Bauermeister), Bl. 27; bJ 228/20 (Oberstleutnant Max Freiherr von Tessin), Bl. 65 oder bJ 325/20 (Generalleutnant Karl von Grävitz, früherer Stadtkommandant von Lille), Bl. 10.

50 Vgl. Elsner, *Belgische Zwangsarbeiter*, S. 1261.

51 So heißt es in einem Befehl des Armeeoberkommandos 1, der Bezug nimmt auf einen Befehl des Generalquartiermeisters Ludendorff vom 10.3.1917, daß die Arbeitsämter bei den ständigen Ortskommandanturen die Aufgabe haben, »die arbeitsfähige Bevölkerung jeder einzelnen Ortschaft [...] entsprechend ihrer Leistungsfähigkeit und Eignung für bestimmte Arbeiten einzuteilen«. Am Ende wies der Befehl auf folgendes hin: »In der Möglichkeit der [...] Kasernierung oder Einstellung in ein Z. A. B. werden die arbeitsgebenden Dienststellen ein wirksames Zugmittel und einen Ansporn zu fleißiger Arbeit gewinnen.« Vgl. bJ 899/20 (General der Infanterie Otto von Below), Bl. 12–14.

52 Vgl. den Einstellungsbeschluß in bJ 540/20 (General der Infanterie Erich Ludendorff), Bd. 1, Bl. 247, in: PA Bonn, R 48428, o. S.

um Beschuldigungen gegen die untere militärische Ebene. Ein insofern typisches Verfahren war das gegen den Leutnant der Landwehr Hermann Schmincke, der von Belgien beschuldigt worden war, die Arbeiter eines bestimmten Bataillons, dessen Bewachung ihm oblag, geschlagen zu haben. Die Beschuldigung war sehr pauschal, ohne Angabe von Einzelheiten, doch war das nicht der Grund für die Einstellung des Verfahrens. Reichsanwaltschaft und Gericht gingen nämlich davon aus, daß sich das etwa 2500 Mann starke ZAB 32 »aus den minderwertigsten Elementen« zusammengesetzt habe. Arreststrafen hätten nichts gefruchtet, deshalb habe der Beschuldigte nach Rücksprache mit seiner vorgesetzten Dienststelle die Prügelstrafe eingeführt, die in der Form vollzogen worden sei, daß die Betroffenen 10 bis 15 Schläge mit einem Lederriemen auf das bedeckte Gesäß erhalten hätten. Ob diese Art der Strafe objektiv zulässig gewesen sei, sei zwar fraglich, könne aber dahingestellt bleiben, da anzunehmen sei, daß »der Beschuldigte geglaubt hat, zu ihrer Anwendung berechtigt zu sein«, zumal auch das zuständige Armeeoberkommando angeordnet habe, »jede Auflehnung von vornherein mit unerbittlicher Strenge niederzuhalten und gegen jeden Widerstand rücksichtslos vorzugehen«.[53]

Entscheidungen wie diese überraschen letztlich nicht. Die Mißhandlungen in diesem wie auch in den anderen Fällen[54] waren nicht so gravierend, als daß den Beschuldigten nicht ein Handeln im guten Glauben oder auf Befehl hätte zugebilligt werden können, zumal es den Beschuldigungen häufig an Genauigkeit fehlte. Aus ebendiesem Grund sind auch die Einstellungsbeschlüsse hinsichtlich der Deportationen im besetzten Gebiet (mit dem Ziel der Arbeitsbeschaffung) nicht überraschend. Art. 52 HLKO erlaubt die Verpflichtung der Zivilbevölkerung zu Natural- und Dienstleistungen für die Bedürfnisse des Besatzungsheeres. Daß dies von der Militärverwaltung nicht ausreichend versorgt werden kann, wenn die Wirtschaft des besetzten Gebiets nicht im erforderlichen Maße Leistungen erbringt, und insoweit von der Besatzungsmacht, will sie ihre Position nicht gefährden, Abhilfe zu schaffen ist, wird man bei realistischer Betrachtungsweise nicht bestreiten können.[55] Anders verhält es sich nur dann, wenn es bei den Deportationen zu Gewalttätigkeiten durch deut-

---

53 Vgl. bJ 806/20 (Leutnant d. L. a. D. Hermann Schmincke), Bl. 57–60.

54 Vgl. z. B. bJ 727/20 (Unteroffizier Heinrich Haberlandt), wo es um das stundenlange Anbinden »unbotmäßiger Belgier« an Bäume ging. Diese »Strafe« war als Ersatz für den strengen Arrest bis Mai 1917 zulässig, doch wurde sie hier bis Kriegsende praktiziert.

55 Vgl. dazu auch die Darstellung der Diskussionen anläßlich der Kodifikation des Art. 52 HLKO bei Meurer, Haager Konferenzen, Bd. 2, S. 292ff., sowie die Kommentierung bei Strupp, Landkriegsrecht, S. 109ff.

sche Soldaten gekommen ist oder wenn die Besatzungsarmee die wirtschaftliche Notlage selbst verursacht hat oder diese vom Besatzungsstaat politisch gewollt war. Die Beweislage war hier jedoch in allen Fällen gleich schwierig. So waren, was Mißhandlungen im Zusammenhang mit Deportationen anbelangt, die Beschuldigungen sehr allgemein gehalten und, da weiteres Belastungsmaterial fehlte, durch deutsche Zeugenaussagen leicht zu erschüttern und zu widerlegen.[56] Und was die Herbeiführung der wirtschaftlichen Schwierigkeiten in Belgien oder Nordfrankreich durch Deutschland betrifft, so war zwischen kampfbedingten Zerstörungen und anderen zielgerichteten Maßnahmen zur dauerhaften Schwächung der dortigen Wirtschaft und Industrie nur schwer zu unterscheiden, wenn auch deutliche Hinweise auf das Vorhandensein solcher Ziele existierten.[57] Sie jedoch als Beweismittel in die Verfahren einzuführen hätte eine massive Kritik und möglicherweise sogar Verurteilung der deutschen Kriegführung bedeutet. Denn in diesem Punkt ging es nicht um einzelne niedere Dienstgrade, die – bei nach offizieller Einschätzung ansonsten tadelloser Führung und großem Einsatz – kurzzeitig die Nervenanspannung nicht ausgehalten hatten und die das Reichsgericht verurteilen konnte, ohne daß ein zu großer Schatten auf die preußisch-deutsche Armee fiel. In diesem Punkt ging es um die politische und militärische Führung, die ins Blickfeld der Justiz geraten wäre. Das sollte vermieden werden, und zwar nicht als besonderer Akt der Willensanstrengung oder des vorauseilenden Gehorsams, sondern als pure Selbstverständlichkeit. So gesehen sind auch die Einstellungsbeschlüsse in Sachen Deportationen zur Zwangsarbeit außerhalb des Besatzungsgebiets nicht verwunderlich. Gerade weil sie nachweisbare und strafrechtlich individuell vorwerfbare Rechtsverstöße darstellten,[58] die in Anklagen gegen oberste Militärführer – allen voran

---

56 Vgl. nur die Fälle bJ 728/20 (Franz Aldenhoven) oder 732/20 (Theodor Bauer).

57 Vgl. oben, S. 284f. So erklärte z.B. der Generalgouverneur von Bissing, daß die belgische Industrie nicht ein Konkurrent der deutschen Industrie sein sollte. »[E]s sollen vielmehr die belgischen Fabriken und Arbeiter gewissermaßen requiriert und der deutschen Industrie wie eine Filiale zur Verfügung gestellt werden.« Vgl. Elsner, *Belgische Zwangsarbeiter*, S. 1259, FN 21. Siehe auch Fritz Fischer, *Theobald von Bethmann Hollweg*, in: ders., Hitler war kein Betriebsunfall, 3. Aufl., München 1993, S. 156, 163f.

58 Nach Ansicht der Vorbereitungskommission für den Versailler Vertrag war die Deportation aus völkerrechtlicher Sicht ein Kriegsverbrechen. Vgl. La Paix de Versailles, S. 473. Die Behauptung Ahlbrechts (Geschichte der völkerrechtlichen Strafgerichtsbarkeit im 20. Jahrhundert, S. 35), daß das Verbot der Deportation im damals geltenden Kriegsrecht und insbesondere in der

Hindenburg und Ludendorff als Chefs der 3. Obersten Heeresleitung – hätten münden können,[59] wurden sie nach mehrjährigen Ruhefristen sang- und klanglos eingestellt.[60]

HLKO keine rechtliche Grundlage besessen habe, ist nach der hier vertretenen und dargestellten Auffassung unzutreffend.

59 Das Verfahren gegen den ehemaligen Reichskanzler von Bethmann Hollweg (bJ 735/20) wegen des Vorwurfs der Deportation von Zivilpersonen wurde im Juni 1921 eingestellt, da der Beschuldigte im Januar 1921 gestorben war.

60 Die Verfahren gegen Hindenburg und Ludendorff wurden z. B. erst 1925, nachdem sie über drei Jahre geruht hatten, eingestellt.

Zum Seekrieg im allgemeinen und zum Tatvorwurf der warnungslosen Versenkung von Schiffen im »uneingeschränkten« U-Boot-Krieg im besonderen

Paradoxerweise spielte eine Waffe, um deren möglichst umfangreicher Besitz ein Wettrüsten zwischen Deutschland und Großbritannien eingesetzt hatte, das schließlich mitursächlich für den Ausbruch des Ersten Weltkriegs werden sollte,[1] so gut wie keine Rolle in diesem Krieg. Gemeint sind Schlachtschiffe, jene für die damalige Zeit riesigen gepanzerten Festungen, die Deutschlands Weltgeltung deutlich machen und Englands Position in der Weltpolitik schwächen sollten. Sie sollten dafür sorgen, daß möglichst schnell die »Pax Britannica« durch die »Pax Germanica« ersetzt werden konnte.[2]

Zu Beginn des Krieges verfügte Deutschland über 17 Großkampfschiffe, England über 27. In den folgenden Monaten veränderte sich das Verhältnis zwar noch leicht, doch konnte an einer englischen Überlegenheit kein Zweifel bestehen.[3] Für die kaiserliche Marine kam der Krieg zu früh (wenn sie ihn auch bereitwillig akzeptierte), denn nach den deutschen Kriegsplanungen war von einer schnellen Entscheidung zu Lande auszugehen, eine Seeschlacht also eher unwahrscheinlich. Die intakt gebliebene deutsche Flotte sollte nach dem Sieg weltpolitisch eingesetzt werden können, und aus diesem Grund erteilte die Marineleitung sogar den Befehl, die Flotte zurückzuhalten, kaum daß es zu ersten Verlusten in einem unglücklich verlaufenden Gefecht gekommen war.[4]

---

1 Zum Bau einer großen deutschen Schlachtflotte und den aus der sogenannten »Flottenpolitik« entstandenen gefährlichen Rivalitäten mit England als der größten Seemacht vgl. Ullrich, Die nervöse Großmacht, S. 196ff.; Winkler, Der lange Weg nach Westen, Bd. 1, S. 272ff.

2 Vgl. dazu besonders Michael Epkenhans, *Die kaiserliche Marine im Ersten Weltkrieg: Weltmacht oder Untergang?*, in: Michalka (Hg.), Der Erste Weltkrieg, S. 319.

3 Vgl. Rolf Güth, *Die Organisation der deutschen Marine in Krieg und Frieden 1913–1933*, in: Militärgeschichtliches Forschungsamt (Hg.), Handbuch zur deutschen Militärgeschichte 1648–1939, Bd. 4, Abschnitt VIII, S. 297.

4 Ebenda, S. 299; Epkenhans, *Die kaiserliche Marine im Ersten Weltkrieg*, erwähnt (S. 323f.) die Versenkung eines Schlachtschiffes in der Ostsee und dreier Kreuzer in der Nordsee in den ersten Kriegswochen.

Erst 1916, nachdem sich die Gesamtkriegslage der Mittelmächte verschlechtert hatte und ein durchschlagender Erfolg mit den bis dahin eingesetzten Kriegsmitteln nicht erkennbar war, erhielt Admiral Reinhard Scheer, seit Januar des Jahres Chef der Hochseestreitkräfte, größeren Handlungsspielraum. Ende Mai und Anfang Juni kam es am Skagerrak (Jütland) zu einer Schlacht zwischen deutschen und englischen Schiffen, die mit großen englischen Verlusten endete, aber der deutschen Seite dennoch nicht den Sieg brachte.[5] Die englische Seestreitmacht war, wie die deutsche militärische und politische Führung feststellen mußte, trotz der gewaltigen deutschen Rüstungsanstrengungen zu stark, um in einer Seeschlacht so geschwächt zu werden, daß die englische Regierung einen deutschen Frieden hätte akzeptieren müssen. Wie zuvor auch schon wurde die deutsche Hochseeflotte in den folgenden zwei Kriegsjahren daher hauptsächlich zum Schutz der eigenen Häfen eingesetzt, nur selten unternahm sie Vorstöße, die über die Küstengewässer hinausreichten.[6] Auf den Kriegsverlauf hatte sie keinen Einfluß mehr, und am 21. Juli 1919, bevor sie, wie im Versailler Vertrag vorgesehen, den Alliierten übergeben werden konnte, versenkte sie sich selbst in ihrem Internierungshafen Scapa Flow, einer Bucht der Orkney-Inseln nördlich von Schottland.

Die geringe Bedeutung der deutschen Hochseeflotte für den Kriegsverlauf schlug sich auch in der sehr geringen Zahl der alliierten Beschuldigungen eines kriegsrechtswidrigen, verbrecherischen Verhaltens deutscher, zur Hochseeflotte gehörender Marinesoldaten nieder. Insgesamt waren es nur zwei Fälle, in denen ein solcher Vorwurf erhoben wurde, und zwar von Großbritannien, das ohnehin, gefolgt von Italien, die meisten Fälle einer vermuteten strafbaren Verletzung des Seekriegsrechts vorbrachte. Die Kapitäne zur See Otto von Bülow und Max Leonardi sollten, so die Beschuldigung, am 17. Oktober 1917 mit ihren beiden Kreuzern mehrere Schiffe eines skandinavischen Geleitzugs ohne Warnung beschossen und die Besatzungen ihrem Schicksal überlassen haben.[7]

Die deutschen Ermittlungen bestätigten dies, allerdings mit einer kleinen Korrektur und einer Ergänzung. Die Korrektur: nicht Otto von Bülow war zum angeblichen Tatzeitpunkt Kommandant des einen Kreuzers, sondern ein anderer Kapitän zur See namens Siegfried Westerkamp. Und die Ergänzung: der skandinavische Geleitzug wurde an der Spitze und am Ende von einem englischen Zerstörer begleitet und seitlich zudem von einem bewaffneten englischen Fischdampfer eskortiert. Das heißt, die

5 Vgl. Keegan, Der Erste Weltkrieg, S. 382ff.

6 Vgl. Güth, *Die Organisation der deutschen Marine in Krieg und Frieden 1913–1933*, S. 300f.; Keegan, Der Erste Weltkrieg, S. 377ff.

7 Vgl. Liste des personnes désignées ..., Nr. 40 und 41 der englischen Liste, o. S.

eigentlich neutralen norwegischen, schwedischen und dänischen Handelsschiffe fuhren in Begleitung von Kriegsschiffen, die einer feindlichen Macht angehörten, sie waren grau angestrichen und führten, von einer Ausnahme abgesehen, keine Flaggen, die auf ihre nationale Zugehörigkeit hätten hinweisen können. Außerdem bewegten sie sich in einem Gebiet der Nordsee, das von der deutschen militärischen Führung als ein Sperrgebiet bezeichnet worden war, ein Gebiet, in dem laut Befehl »auch unbewaffnete Schiffe von Überwasserstreitkräften ohne weiteres vernichtet werden« durften.[8]

Andererseits aber waren bei der Versenkung der Schiffe – nur der Fischdampfer war der Beschießung entkommen – zahlreiche Menschen getötet worden, und, was vielleicht noch schwerer wog, Rettungsversuche hatten die deutschen Kreuzer keine unternommen, vielmehr hatten sie sich nach einiger Zeit vom Ort des Geschehens entfernt, weil sie, so die Behauptung der beschuldigten Kommandanten, das Eintreffen überlegener feindlicher Streitkräfte befürchteten.[9] Darin – wie überhaupt in dem direkten Angriff auf die Handelsschiffe – sah die schwedische Gesandtschaft, wie sie in einer Protestnote dem Auswärtigen Amt mitteilte, eine Kränkung der »Grundsätze des Völkerrechts und der Humanität«, zumal »es [...] unter allen Umständen gegen das Völkerrecht [streitet], in einer solchen Lage die Schiffe zu versenken, bevor die an Bord befindlichen Passagiere in Sicherheit gebracht wurden«.[10]

Das Reichsgericht stellte das Verfahren mit der Begründung ein, die Beschuldigten hätten auf einen Befehl gehandelt, von dessen rechtlicher Zulässigkeit sie überzeugt gewesen seien. Eine Überschreitung des Befehls sei nicht ersichtlich, und selbst wenn in der Ausführung des Befehls »äußerlich die Verletzung eines Strafgesetzes zu finden wäre, könnten die Beschuldigten dafür gemäß § 47 MStGB strafrechtlich nicht verantwortlich gemacht werden«.[11] Der Beschluß fiel bereits Ende 1922, nach einer nur eineinhalbjährigen Verfahrensdauer. Verglichen mit anderen Verfahren ist dies eine sehr kurze Zeitspanne, die sich jedoch durch den Verfahrensgegenstand erklärt: Die in Deutschland in dieser Hinsicht vertretene Rechtsauffassung war klar, und sie hatte sich in den vor dem Reichsgericht verhandelten Fällen zum »uneingeschränkten« U-Boot-Krieg, die in vielerlei Hinsicht wie der vorliegende Fall gelagert waren, herausgebildet.

---

8 Vgl. BAL, R 3003, ORA/RG, bJ 642/20 (Kapitäne z. S. Otto von Bülow, Max Leonardi, Siegfried Westerkamp), Bl. 107f.

9 Ebenda.

10 Ebenda, Bl. 54f. Schreiben ähnlichen Inhalts richteten auch die Gesandtschaften Norwegens und Dänemarks an das Auswärtige Amt in Berlin.

11 Vgl. ebenda, Bl. 107 RS.

Ihren argumentativen Anknüpfungspunkt bildeten politische Entscheidungen und militärische Maßnahmen, die gleich zu Beginn des Krieges auf beiden Seiten getroffen worden waren.

Minen, Seeblockade, Sperrgebiete und U-Boot-Krieg – Der Untergang des Seekriegsrechts

Im Oktober 1914 nahm das Reichsgericht die Klärung einer zivilrechtlichen Streitigkeit zum Anlaß, Grundsätzliches zum deutschen Kriegführungsrecht kundzutun. Der Kläger, ein französischer Staatsangehöriger, hatte die Nichtigkeit eines Patents beantragt, das aufgrund der Anmeldung eines deutschen Reichsangehörigen erteilt worden war. Das Kaiserliche Patentamt hatte die Klage abgewiesen, das Reichsgericht hingegen gab ihr jetzt statt, wobei es seine Entscheidung aus der Jahre zuvor geschlossenen Pariser Konvention zum Schutz des gewerblichen Eigentums entwickelte. Die innerstaatliche Wirksamkeit eines verbindlichen Völkerrechtsvertrages, so das Reichsgericht, sei erst dann in Frage gestellt, wenn sie mit den Zwecken einer Kriegführung unvereinbar sei. Bei einem sich lediglich auf das Privatrecht beziehenden Abkommen könne davon keine Rede sein, denn »[d]em deutschen Völkerrechte liegt die Anschauung gewisser ausländischer Rechte fern, daß der Krieg unter möglichster wirtschaftlicher Schädigung der Angehörigen feindlicher Staaten zu führen ist [...]. Vielmehr gilt der Grundsatz, daß der Krieg nur gegen den feindlichen Staat als solchen und gegen dessen bewaffnete Macht geführt wird [...].«[12]

Wen das Gericht mit der Hervorhebung »gewisser ausländischer Rechte« meinte, war unschwer zu erraten. Nicht Frankreich, das durch das Verfahren ja zumindest mittelbar betroffen war, sondern England hatten die Richter im Sinn, als sie die Abweichung von der Rousseauschen Kriegsauffassung beklagten. Dort nämlich hatte sich schon Anfang des Jahrhunderts die Auffassung weitgehend durchgesetzt, man könne einen Krieg gegen Deutschland entscheiden, indem man die deutschen Nahrungsmittelimporte nachhaltig dezimierte. Nach Meinung der britischen Admiralität würden die Räder der eigenen Seemacht die deutsche Bevölkerung »immer kleiner mahlen« und, so die in unverblümter Direktheit formulierte Prognose, »früher oder später würde auf den Straßen von Hamburg Gras wachsen und weitverbreiteter Mangel und Zerstörung würden die Folge sein«.[13]

Auf der zweiten Haager Konferenz 1907 waren England und Deutsch-

---

12 Vgl. RGZ 1914, 376.
13 Vgl. Ferguson, Der falsche Krieg, S. 125.

land nicht bereit, seekriegsrechtliche Beschränkungen ihrer Machtpositionen hinzunehmen. England beharrte auf dem Recht zur Blockade, während Deutschland keinerlei Konzessionen im Seebeuterecht hinnehmen wollte, da es das Recht, feindliche und unter bestimmten Voraussetzungen auch neutrale Schiffe aufzubringen, als Korrektiv zur englischen Position verstand.[14] Eine zusammenfassende Kodifikation des Seekriegsrechts, ähnlich der des Landkriegsrechts in der HLKO, gelang folglich nicht; lediglich in einzelnen Bereichen kamen Übereinkommen zustande.[15] Eine umfassende Regelung auch in bezug auf das Blockaderecht und das Seebeuterecht enthielt erst die Londoner Seerechtsdeklaration von 1909.[16] Sie trat nicht in Kraft, wurde allerdings in den folgenden Jahren auch nicht nur als eine lediglich unverbindliche Erklärung angesehen, sondern – insbesondere im Hinblick auf ihre Regelungen zur Zulässigkeit der Blockade und zur sogenannten Kriegskonterbande, das heißt zur Unterbindung des Handels mit kriegswichtigen Gütern – als Ausdruck geltenden Gewohnheitsrechts.[17]

---

14 Vgl. Dülffer, Regeln gegen den Krieg?, S. 303f. Aufschlußreich ist in diesem Zusammenhang ein Schreiben des damaligen Staatssekretärs im Reichsmarineamt, von Tirpitz, an den Reichskanzler von Bülow vom 20. April 1907, in dem er diesen in fast beschwörendem Ton auffordert, sich den englischen Versuchen auf der Haager Konferenz, das Seebeuterecht zu beseitigen oder einzuschränken, zu widersetzen. »Die Achillesferse für England, die einzigste Stelle, <u>an der es sich selbst noch für verwundbar hält</u>, nämlich die Zufuhr von Nahrungsmitteln und Rohmaterialien, soll durch Beseitigung des Seebeuterechts gesichert werden. <u>Und dazu wollen wir selbst helfen!</u> […] Gelingt es uns auf der Konferenz nicht, ohne uns selbst zu exponieren, die Absichten Englands, das Seebeuterecht zu seinen Gunsten umzuändern, zu durchkreuzen, so wird nichts anderes übrig bleiben, als unsere Zustimmung von ›für England unannehmbaren Konzessionen betreffend Einschränkung des Blockaderechts‹ abhängig zu machen.« Zit. n. BAL, AA 30029; 36321, Bd. 52.

15 Es waren dies die Haager Abkommen VI bis XIII, von denen eines, das XII. Haager Abkommen über die Errichtung eines Internationalen Prisenhofs, nie in Kraft getreten ist. Die übrigen hat auch das Deutsche Reich ratifiziert, die wichtigsten davon sind: das VII. Haager Abkommen über die Umwandlung von Kauffahrteischiffen in Kriegsschiffe (RGBl. 1910, 207), das VIII. Haager Abkommen über die Legung von unterseeischen selbsttätigen Kontaktminen (RGBl. 1910, 231) und das X. Haager Abkommen betreffend die Anwendung der Grundsätze des Genfer Abkommens auf den Seekrieg (RGBl. 1910, 283).

16 Zu ihrer Vorgeschichte vgl. Viktor Böhmert, *Londoner Seerechtskonferenz von 1908/1909*, in: Schlochauer (Hg.), Wörterbuch des Völkerrechts, Bd. 2, S. 428.

17 Vgl. ebenda; Joachim Hinz, Elmar Rauch, Kriegsvölkerrecht. Völkerrecht-

Was letztlich gleich in den ersten Kriegsmonaten zur Abkehr auch von diesen Regelungen führte, ist auch heute noch nicht eindeutig zu klären. England zeigte von Anfang an wenig Neigung, das in der Seerechtsdeklaration geregelte Beute- und Konterbanderecht auch tatsächlich anzuerkennen. Im Kontext der Diskussion um die Ratifizierung der Deklaration erklärte das britische Oberhaus, die in Übereinstimmung damit geplante »Naval Prize Bill« widerspreche dem traditionellen Prisenrecht, wie es von Großbritannien praktiziert werde.[18] Als die amerikanische Regierung am 6. August 1914 die kriegführenden Parteien aufforderte, das in der Londoner Deklaration enthaltene Gewohnheitsrecht als für den Seekrieg verbindlich anzuerkennen, erklärten diese zwar ihr grundsätzliches Einverständnis,[19] doch schon kurze Zeit später, am 20. August 1914, verkündete Großbritannien die einseitige Änderung des Konterbanderechts sowie die Wiedereinführung des Prinzips der »fortgesetzten Reise« (»continuous voyage«), wonach die Aufbringung eines neutralen Schiffes, das trotz einer Blockade dem Feind kriegswichtige Güter liefern konnte, jederzeit bis zum Erreichen des Heimathafens möglich ist, also auch zu einem Zeitpunkt, nachdem die Güter entladen worden sind.[20] Was der Anwendung dieses Prinzips, das in einer weiteren *Order* noch durch weitreichende Beweisvermutungen für das Vorliegen von kriegswichtiger Konterbandeware ergänzt wurde,[21] aber seine besondere Brisanz verlieh, war der Umstand, daß infolge des geänderten Konterbanderechts immer mehr Waren zur Bannware wurden. Unterschied die Seerechtsdeklaration in Art. 22 und 24 noch, gewohnheitsrechtlicher Auffassung entsprechend, zwischen absoluter und relativer Konterbande – zu ersterer zählten

---

liche Verträge über die Kriegführung, die Kriegsmittel und den Schutz der Verwundeten, Kriegsgefangenen und Zivilpersonen im Kriege. Textsammlung mit Erläuterungen, Übersichten und Stichwortverzeichnis, 3. überarbeitete und erweiterte Aufl., Köln/Berlin/Bonn/München 1984, Nr. 1531, Anm. 2.

18 Vgl. Böhmert, *Londoner Seerechtskonferenz von 1908/1909*, S. 429.

19 Ebenda.

20 Vgl. Liszt, Das Völkerrecht (1915), S. 339; Lothar Kotzsch, *Blockade, kriegerische*, in: Schlochauer (Hg.), Wörterbuch des Völkerrechts, Bd. 1, S. 216. Die britische *Order in Council* ist mit deutscher Übersetzung abgedruckt in: Deutscher Reichstag (Hg.), Völkerrecht im Weltkrieg, 4. Bd., Der Unterseebootkrieg, Anlage 1, S. 185–188, die hier wichtige Stelle ist Nr. 2, S. 186. Art. 20 der Seerechtsdeklaration sah vor, daß die Beschlagnahme eines Schiffes unzulässig ist, das Ziel einer Verfolgung war, aber nicht gestellt werden konnte.

21 Diese Beweisregelungen widersprachen ebenfalls der Seerechtsdeklaration, und zwar deren Art. 33 und 34. Zur entsprechenden *Order in Council* in englischer und deutscher Sprache vgl. ebenda, Anlage 2, S. 189–192.

Gegenstände, die unmittelbar für die Kriegführung genutzt werden konnten und daher der Beschlagnahme unterlagen (Waffen, Munition, Werkzeug speziell zu deren Herstellung), zu letzterer gehörten solche Stoffe oder Dinge (Lebensmittel, Kleidung, Metalle wie Gold oder Silber, Papiergeld), die für friedliche wie für kriegerische Zwecke zu verwenden waren und die nur dann, wenn sie nachweislich zu Kriegszwecken gebraucht wurden, beschlagnahmt werden durften –, so verwischten sich die Grenzen zwischen beiden Kategorien zusehends in der Form, daß von englischer Seite die Liste der relativen Konterbande mehrmals ergänzt und letztere im gleichen Atemzug als schon deshalb für beschlagnahmefähig deklariert wurde, weil die aufgelisteten Objekte und Materialien zwar nicht für Kriegszwecke bestimmt, aber dafür zumindest geeignet waren. Großbritannien versuchte also schon in den ersten Kriegsmonaten, den Kriegsgegner Deutschland durch seine Flottenüberlegenheit in möglichst großem Umfang von der Zufuhr wirtschaftlicher Güter abzuschneiden. Frankreich und andere Länder der Entente folgten dem englischen Beispiel,[22] und es entstand ein verhängnisvoller Kreislauf von Aktion und Reaktion, denn auch Deutschland als die wichtigste Seemacht der Mittelmächte änderte sukzessive seine Prisenordnung, die zunächst noch der Londoner Seerechtsdeklaration entsprochen hatte.[23] Relative Konterbande wurde zu absoluter erklärt und deren Umfang erheblich ausgeweitet, bis Mitte 1916 schließlich bis auf Harze, Lacke, Ziegelsteine, Seife, Mode- und Galanteriewaren und dergleichen alles, und zwar von allen Seiten, als der Prise unterliegend angesehen wurde.[24] Das Seebeuterecht, wie es in der Seerechtsdeklaration in den Bestimmungen zur Konterbande nach gewohnheitsrechtlich begründeter Ansicht formuliert worden war, hatte in den folgenden Kriegsjahren seinen Rechtscharakter verloren, es existierte schlechthin nicht mehr.[25]

Doch ist das nur die eine Seite, diejenige, die in ihrer Entstehung und

---

22 Vgl. den Überblick bei Ulrich Scheuner, *Konterbanderecht*, in: Schlochauer (Hg.), Wörterbuch des Völkerrechts, 2. Bd., S. 291.

23 Die deutsche Prisenordnung wurde 1909 von Wilhelm II. genehmigt, jedoch erst 1914 im RGBl. (S. 275) veröffentlicht. Die in den Art. 21 und 23 genannten Gegenstände der absoluten und der relativen Konterbande entsprachen wörtlich den entsprechenden Artikeln der Seerechtsdeklaration.

24 In der Verordnung vom 22.7.1916 nahm Deutschland ausdrücklich Bezug auf die geänderten Bestimmungen Englands und anderer mit ihm verbündeter Staaten und listete zugleich auch alle eigenen Reaktionen auf, die jeweils wieder zu Antworten auf gegnerischer Seite geführt hatten, vgl. RGBl. 1916, 773.

25 Zur Frage, ob es sich hier um eine Abfolge von Repressalmaßnahmen handelte, die auf ein Rechtsbewußtsein hinweisen, vgl. unten, S. 407ff.

Entwicklung zum großen Teil auf das Konto Großbritanniens geht. Die andere Seite, für die Deutschland eine, so scheint es, erhebliche Verantwortung trägt und die den Seekrieg ebenfalls in eine Form drängte, die seine schließlich deutlich zutage tretende Barbarisierung fördern sollte, war die Verwendung von Minen. Selbstverständlich war die deutsche Marineführung schon seit Jahren über die englische Blockadestrategie informiert,[26] und um zu verhindern, daß sie umgesetzt werden konnte, daß also die Warenzufuhr auf neutralen Schiffen nach Deutschland ernsthaft behindert werden würde, sann sie auf ein wirksames Gegenmittel. Sie glaubte dies in einem Instrument des sogenannten »Kleinkriegs« gefunden zu haben, das noch relativ jung, aber schon im Russisch-Japanischen Krieg 1904/05 mit beachtlicher Wirkung eingesetzt worden war.[27] Durch die Verlegung von Seeminen sollte die Bewegungsfreiheit britischer Schiffe eingeengt, die Zufahrtsrouten zu deutschen Häfen gesichert und zugleich diejenigen zu den englischen zu einem gefährlichen Risiko für neutrale Schiffe gemacht werden. Rechtlich war das zulässig, sofern dabei die Voraussetzungen des Haager Abkommens über die Legung von unterseeischen selbsttätigen Kontaktminen von 1907,[28] das die Kriegführenden trotz der Allbeteiligungsklausel in Art. 7 – Rußland hatte das Abkommen nicht ratifiziert – für verbindlich erachteten, berücksichtigt wurden.

Wesentlicher Grundgedanke dieses Abkommens war, daß die friedliche Schiffahrt möglichst nicht beeinträchtigt werden durfte (Art. 3). Daher mußten verankerte wie auch unverankerte Minen (Treibminen) so konstruiert sein, daß sie nach kurzer Zeit unschädlich wurden, wenn sie sich losgerissen hatten oder außer Kontrolle der sie verwendenden Macht geraten waren (Art. 1). Die verminten Gewässerbereiche waren, »sobald es die militärischen Rücksichten gestatten«, dem Gegner und den neutralen Ländern mitzuteilen (Art. 3). Schließlich war es noch untersagt, Küsten und Häfen des Gegners nur zu dem alleinigen Zweck zu verminen, die Handelsschiffahrt zu unterbinden (Art. 2), doch hatten Deutschland und

---

26 Hier sei noch einmal auf das Schreiben von Tirpitz an den Reichskanzler Bülow anläßlich der Haager Konferenz 1907 erinnert, in dem es mit Blick auf einen künftigen Krieg hieß: »Die Häfen Deutschlands und höchstwahrscheinlich auch die seiner nächsten westlichen Nachbarstaaten werden durch effektive Blockade vom Handelsverkehr abgeschlossen werden.« Vgl. BAL, AA 30029; 36321, Bd. 52.

27 Vgl. Tirpitz, Politische Dokumente, S. 55f. Tirpitz selbst war mit dieser Art der Seekriegführung nicht einverstanden, er drängte auf den Einsatz der Hochseeflotte.

28 RGBl. 1910, 231.

Frankreich dieses Verbot in einem Vorbehalt als nicht für sich verbindlich bezeichnet.[29]

Nachdem bis Mitte September 1914 nicht nur einige britische Kriegsschiffe, sondern auch sieben britische und acht neutrale Handels- und Fischereischiffe durch Minenkontakt zerstört und ungefähr 60 Menschen getötet worden waren, kritisierte die englische Regierung in einer an die betroffenen neutralen Mächte gerichteten Note scharf die deutsche Seekriegführung. Die deutsche Marineleitung, hieß es darin, hätte die Minen nicht nur zur Schädigung des Kriegsgegners gelegt, sie habe auch und vor allem den Handel der Neutralen beeinträchtigen wollen. Notifikationen habe es keine gegeben. Für das Legen der Minen seien keine Kriegsschiffe, sondern, um möglichst nahe unverdächtig an die Küsten zu gelangen, Fischerboote benutzt worden. Insgesamt habe man es hier mit einer Handlungsweise zu tun, die »ein schamloser Bruch der vom internationalen Gesetz gutgeheißenen Grundsätze« sei und »im Widerstreit mit den ersten Vorschriften der Humanität« stehe.[30]

Die deutsche Regierung reagierte auf diese Vorwürfe ihrerseits in einer Note an die Neutralen, in der sie die einzelnen Vorwürfe widerlegte beziehungsweise abstritt und den Protest Großbritanniens als einen durchsichtigen Versuch charakterisierte, »die englischerseits beliebten schweren Verletzungen der in der Londoner Seekriegsrechtserklärung niedergelegten Regeln des geltenden Völkerrechts zu verdecken«.[31]

Zwar war man sich in der deutschen Regierung und Marineleitung bewußt, daß sich der eigene Minenkrieg am Rande des völkerrechtlich Legalen und nicht selten auch jenseits davon bewegte – in beschönigender Umschreibung sprachen offizielle Verlautbarungen in solchen Fällen von einer »offensiven Verwendung« der Minen.[32] Trotzdem sah man sich im Recht, und das so eindeutig, daß man so gut wie keine Anstrengungen zur

---

29 Vgl. Hinz/Rauch, Kriegsvölkerrecht, Nr. 1528, S. 3, FN 4.

30 »Englischer Protest gegen den deutschen Minenkrieg vom 26. September 1914«, abgedruckt in: Deutscher Reichstag (Hg.), Völkerrecht im Weltkrieg, 4. Bd., Der Unterseebootkrieg, Anlage 5, S. 197–199.

31 »Deutsche Erwiderung auf den englischen Protest gegen den deutschen Minenkrieg vom 7. November 1914«, abgedruckt in: ebenda, Anlage 6, S. 200–202.

32 Vgl. Kruse, *Minen*, S. 539. Ein als »ganz geheim« deklarierter, von Wilhelm II. am 30.7.1914 erlassener »Operationsbefehl für den Nordseekriegsschauplatz« lautet z.B. unter Nr. 1: »Ziel der Operationen soll sein, die englische Flotte durch offensive Vorstöße gegen die Bewachungs- oder Blockade-Streitkräfte der Deutschen Bucht sowie durch eine bis an die britische Küste getragene rücksichtslose Minen-[...]Offensive zu schädigen.« Zit. n. BAL, R 3003, ORA/RG, bJ 619/20 (Admiral Reinhard Scheer), Bl. 11.

Begründung der eigenen Vorgehensweise unternahm. Und dann geschah noch etwas, was nach heutiger Diktion als eine Art »Steilvorlage« für die deutsche Rechtsmeinung bezeichnet werden muß: Am 2. November 1914 gab die britische Admiralität bekannt, daß sie ab dem 5. November die ganze Nordsee zum Kriegsgebiet erkläre. »In diesem Gebiete sind jede Art von Handelsschiffahrt, Kauffahrteischiffe aller Länder, Fischereifahrzeuge und alle anderen Schiffe durch Minen, die ausgelegt werden mußten, und durch Kriegsschiffe, die Tag und Nacht angestrengt nach verdächtigen Fahrzeugen suchen, den schwersten Gefahren ausgesetzt.«[33] Begründet wurde diese Entscheidung mit der *clausula rebus sic stantibus*, mit der Notwendigkeit also, neuartige Maßnahmen zu ergreifen, um auf die völlig neue Qualität der Seekriegführung, deren Dimension durch den deutschen Minenkrieg vorgegeben worden sei, reagieren zu können. Großbritannien sei, so die Admiralität, gewissermaßen in der Pflicht, denn auch »die großen, der britischen Flotte anvertrauten Interessen [...] die Sicherheit des friedlichen Handels auf hoher See und [...] die Aufrechterhaltung des Handels zwischen den neutralen Ländern« geböten diesen Schritt.[34]

Die neutralen Länder allerdings waren von dieser Art Wahrung ihrer Interessen wenig angetan. Die niederländische Regierung wies in einer Protestnote darauf hin, daß nach dem Völkerrecht lediglich der unmittelbare Umkreis der militärischen Unternehmungen der Kriegführenden das »Kriegsgebiet« bilde, in dem sich die Polizeihoheit eines Kriegführenden auswirken könne. Ein Meer von der Größe der Nordsee zu einem unmittelbaren militärischen Aktionsbereich zu deklarieren bedeute einen »schweren Eingriff in den von allen Völkern des Erdballs anerkannten Grundsatz der Freiheit der Meere«.[35] Über ihren Botschafter übermittelten die USA der britischen Regierung ebenfalls eine Protestnote, in der vor allem die zunehmende Gleichsetzung von relativer mit absoluter Konterbande zum Beispiel bei den Lebensmitteln kritisiert wurde.[36] Die Auf-

---

33 »Bekanntmachung der Britischen Admiralität über die Erklärung der Nordsee zum britischen Seekriegsgebiet vom 2. November 1914«, abgedruckt in: Deutscher Reichstag (Hg.), Völkerrecht im Weltkrieg, 4. Bd., Der Unterseebootkrieg, Anlage 3, S. 193–195.

34 Ebenda.

35 »Protestnote der Niederländischen Regierung an den Britischen Gesandten im Haag gegen die britische Nordseesperre vom 16. November 1914«, abgedruckt in: ebenda, S. 218–221.

36 Was zudem, wie die USA darlegten, auch früherer britischer Rechtsüberzeugung und -praxis widersprach. So sei noch während des Burenkriegs erklärt worden: »Lebensmittel können, auch wenn sie für Feindesland bestimmt

bringung und Beschlagnahmung von immer mehr Schiffen beziehungsweise Schiffsladungen beeinträchtigten den amerikanischen Handel und ließen im Land öffentliche Kritik und Klagen laut werden. Wenn auch diplomatisch zurückhaltend formuliert, so bestand für die USA doch kein Zweifel daran, daß die englische Vorgehensweise als widerrechtlich beurteilt werden müsse:

»Die Regierung der Vereinigten Staaten verkennt keineswegs die gewaltige Bedeutung des gegenwärtigen Kampfes, den Großbritannien führt, und beabsichtigt nicht, sich in selbstsüchtiger Weise ungebührliche Handelsvorteile zu sichern. Mit Widerstreben sieht sie sich jedoch zu der Erkenntnis genötigt, daß die gegenwärtige Politik der Britischen Regierung gegenüber neutralen Schiffen und Ladungen über die klar zu Tage liegenden Notwendigkeiten der Kriegführung hinausgeht und die Rechte amerikanischer Bürger auf hoher See in einer Weise beschränkt, die weder durch die Regeln des Völkerrechts gerechtfertigt noch nach dem Rechte auf Selbsterhaltung erforderlich ist.«[37]

In der Tat hat es den Anschein, daß die Berufung Großbritanniens auf die *clausula rebus sic stantibus* eher einem in eine Rechtsform gekleideten Vorwand ähnelt als der zwingenden Konsequenz gänzlich veränderter Umstände. Zwar waren die Voraussetzungen für die Rechtsgeltung der *clausula rebus sic stantibus* im einzelnen noch unklar,[38] anerkannt war aber schon seit Jahrhunderten, daß eine grundlegende Änderung der Umstände gegenüber denen, die bei Vertragsschluß geherrscht hatten, zu einer einseitigen Auflösung der vertraglichen Bindung führen konnten und durften.[39]

Fraglich ist nur, ob solche Umstände bei der englischen Kriegsgebietserklärung vorgelegen haben. Deutschland hat in offensiver Weise, also unter zumindest teilweiser Nichtbeachtung der Seerechtsdeklaration, Minen verlegt. Es hat dazu nicht nur Kriegsschiffe, sondern auch – wie es später indirekt zugab – Fischerboote oder sogar Schiffe unter neutraler

---

sind, als Konterbande nur dann betrachtet werden, wenn sie für die feindlichen Streitkräfte bestimmt sind. Es genügt nicht, daß sie so verwendet werden können, vielmehr muß bewiesen werden, daß dies zur Zeit ihrer Beschlagnahme in der Tat ihre Bestimmung war.« Zit. n. »Erste Protestnote des Botschafters der Vereinigten Staaten von Amerika in London an die Britische Regierung gegen die britischen Maßnahmen im Seehandelskrieg vom 28. Dezember 1914«, abgedruckt in: ebenda, S. 222–232, hier S. 229.

37 Ebenda, S. 225.

38 Vgl. Heintschel von Heinegg in: Ipsen, Völkerrecht, S. 180.

39 Vgl. Paech/Stuby, Völkerrecht und Machtpolitik in den internationalen Beziehungen, S. 456f.

Flagge benutzt.[40] Großbritannien hat seinerseits das Seebeuterecht in einer Form ausgeweitet, welche die Annahme eines Wirtschaftskriegs gegen Deutschland, der ja ohnehin zu den strategischen Überlegungen britischer Militärpolitik gehörte, plausibel machte. Welche Art der Kriegführung nun als erste praktiziert wurde, läßt sich nicht mit Sicherheit sagen, da verläßliche Unterlagen fehlen. Und daß sich beide Staaten gegenseitig beschuldigten, den jeweils ersten Schritt getan zu haben, wird nicht verwundern.

Vieles spricht mithin dafür, daß es einen grundlegend neuen Umstand, der eine Abkehr vom bis dahin anerkannten Seekriegsrecht gerechtfertigt hätte, nicht gegeben hat. Weitere Rechtfertigungen, die nicht *expressis verbis* genannt, aber angedeutet wurden, kommen ebenfalls nicht in Betracht: Weder befand sich Großbritannien in einem Notstand, der im Interesse der nationalen Existenz eine Maßnahme wie die getroffene als Akt der Notwehr hätte rechtlich akzeptabel machen können,[41] noch konnte es die Kriegsgebietserklärung rechtlich haltbar als Repressalie bezeichnen, denn die Geschädigten gehörten nicht nur dem Rechtskreis des Verursachers an, sondern auch neutralen Staaten, die an dem angeblich ursächlichen völkerrechtswidrigen Verhalten Deutschlands nicht beteiligt waren.[42] Ziel und kriegsoperative Rechtfertigung der britischen Entscheidung sind deshalb, wie bereits angedeutet, im ökonomischen Bereich zu suchen. Deutschland sollte wirtschaftlich isoliert werden, wobei es nicht allein um eine Schwächung der Kriegswirtschaft ging, sondern – man denke an die Gleichsetzung von relativer und absoluter Konterbande – um eine Zerstörung der Volkswirtschaft überhaupt. Die Nordsee zu einem Kriegsgebiet zu erklären war gleichbedeutend mit einer Blockade Deutschlands und seiner neutralen Nachbarstaaten,[43] so daß möglichst

---

40 Vgl. BAL, R 3003, ORA/RG, bJ 642/20, 64; Karl Zemanek, *Sperrgebiet*, in: Schlochauer (Hg.), Wörterbuch des Völkerrechts, Bd. 3, S. 286.

41 Vgl. Huber, *Die kriegsrechtlichen Verträge und die Kriegsräson*, S. 354ff.; Verdross, Die völkerrechtswidrige Kriegshandlung und der Strafanspruch der Staaten, S. 72ff.

42 Vgl. Zemanek, *Sperrgebiet*, S. 287; siehe auch den Meinungsüberblick bei Roth, Die Repressalie, S. 36f.

43 In diesem Zusammenhang ist darauf hinzuweisen, daß die Blockade als Mittel der Auseinandersetzung im Seekrieg nicht verboten war. Sie mußte dafür allerdings gewisse Voraussetzungen erfüllen, von denen die wichtigste diejenige war, daß die Blockade »effektiv« zu sein hatte. Was darunter zu verstehen war, erklärte die Gewohnheitsrecht spiegelnde Regelung in Art. 2 der Londoner Seerechtsdeklaration: »[D]ie Blockade [muß], um rechtlich wirksam zu sein, tatsächlich wirksam sein, das heißt, durch eine Streitmacht aufrechterhalten werden, welche hinreicht, um den Zugang zur feindlichen Küste

keine Güter in das Land des Kriegsgegners gelangen konnten. Eine immer schwieriger werdende Versorgungslage wurde nicht nur in Kauf genommen, sie war vielmehr das Ziel dieser Strategie.[44] Der Feind stand nicht nur an der militärischen Front, er stand auch an der Heimatfront, und um diese zu erschüttern, sollten die Auswirkungen des Krieges unmittelbar und in aller Härte für die Zivilbevölkerung spürbar sein.

Mit der zum Schutz der Zivilbevölkerung getroffenen Unterscheidung zwischen Kombattanten und Nichtkombattanten, wie sie im Haager Abkommen betreffend die Gesetze und Gebräuche des Landkriegs festgeschrieben worden war, ließ sich diese Art der britischen Kriegführung ganz offensichtlich nicht vereinbaren. Die Frage stellt sich daher, ob diese Unterscheidung nur für den Landkrieg galt oder ob sie als ein anerkanntes Rechtsprinzip auch auf den Seekrieg Anwendung finden mußte.

Die Meinungen hierzu waren, grob gesagt, zweigeteilt. Eine Reihe von Staaten hatte auf der zweiten Haager Konferenz versucht, einzelne Elemente des Landkriegsrechts auf das Seekriegsrecht zu übertragen. Ansatzweise gelungen war dies aber nur in zwei Abkommen.[45] In allen anderen seekriegsrechtlichen Abkommen wie auch in der Londoner Deklaration stießen derartige Versuche immer auf ein britisches Veto, wonach in dem wichtigsten Bereich des Seekriegs – dem Handelskrieg – nicht auf die Möglichkeit der Ausweitung der Feindseligkeiten auf die Zivilbevölkerung verzichtet werden sollte. Ob nun vermeintlich oder tatsächlich als *ultima ratio* – Großbritannien hatte die Kriegsgebietserklärung ja mit der *clausula rebus sic stantibus* und als adäquate Reaktion auf deutsches Verhalten gerechtfertigt –, der Krieg gegen die feindliche Bevölkerung gehörte nach britischer Auffassung zur Seekriegführung.[46]

---

in Wirklichkeit zu verhindern.« Da die Erklärung einer bestimmten Region zum Kriegsgebiet nicht sofort eine effektive Blockade bewirkt, handelt es sich bei ihr um zumindest eine Zeitlang um eine sogenannte Papierblockade, die rechtlich unzulässig ist. Vgl. dazu Kotzsch, *Blockade*, S. 217.

44 Vgl. Avner Offer, *Blockade and the Strategy of Starvation, 1914–1918*, in: Roger Chickering und Stig Förster (Hg.), Great War, Total War. Combat and Mobilization on the Western Front, 1914–1918, Cambridge 2000, S. 172.

45 Das VIII. Abkommen über die Legung von unterseeischen selbsttätigen Kontaktminen und das IX. Abkommen betreffend die Beschießung durch Seestreitkräfte in Kriegszeiten, wo in der Präambel jeweils von den Interessen der Menschlichkeit und der Milderung der Härten des Krieges die Rede ist und allgemein auf die grundsätzlichen Regelungen zum Landkrieg verwiesen wird. Vgl. auch Fischer, in: Ipsen, Völkerrecht, S. 1063, sowie Liszt, Völkerrecht (1915), S. 333.

46 Vgl. Albrecht Mendelssohn-Bartholdy, Der Kriegsbegriff des englischen

Aus heutiger Sicht und vor dem Hintergrund der im Verlauf des Krieges mehr und mehr zutage tretenden Dimensionen seiner Mechanisierung wird das britische Seekriegsverständnis als Schritt hin zu einer Totalisierung des Krieges angesehen werden müssen.[47] Damals hingegen war die Kritik, auf Dauer gesehen, höchst einseitig, obwohl das kontinentaleuropäische Rechtsverständnis in dieser Hinsicht anders war. Die Kritik kam zudem von einer Seite – Deutschland und Österreich-Ungarn –, die mit der gleichen Selbstverständlichkeit parteilich war wie die der englischen Verbündeten, welche das Gegenteil behaupteten. Auch die neutralen Staaten verstummten bald in ihrer Kritik an Großbritannien, denn sie sahen sich ab Februar 1915 und nach einer längeren Unterbrechung wieder ab Februar 1917 mit dem Einsatz einer Waffe konfrontiert, die alles Wissen über eine grausame deutsche Kriegführung beglaubigte und alle Gerüchte über deutsche Kriegsgreuel zu Tatsachen aufwertete. Welchen Krieg Großbritannien zur See führte, interessierte – bis auf seinen hoffentlich siegreichen Ausgang – vor dem Hintergrund des zunächst beschränkten, dann unbeschränkten U-Boot-Krieges, den Deutschland gegen feindliche und neutrale Schiffe führte, nicht mehr.

Am 4. Februar 1915 kündigte die Reichsregierung an, daß sie sich zu ihrem Bedauern zu militärischen Maßnahmen gegen England gezwungen sehe, »die das englische Verfahren vergelten sollen. Wie England das Gebiet zwischen Schottland und Norwegen als Kriegsschauplatz bezeichnet hat, so bezeichnet Deutschland die Gewässer rings um Großbritannien und Irland mit Einschluß des gesamten englischen Kanals als Kriegsschauplatz und wird mit allen ihm zu Gebote stehenden Kriegsmitteln der feindlichen Schiffahrt daselbst entgegenstehen«. Jedes feindliche Handelsschiff, das sich vom 18. Februar an auf diesen Kriegsschauplatz begeben sollte, würde zerstört werden, »ohne daß es immer möglich sein wird, die dabei den Personen und Gütern drohenden Gefahren abzuwenden«. Neutralen Schiffen werde empfohlen, das Gebiet zu umfahren, da sie wegen des von der britischen Regierung angeordneten Mißbrauchs neutraler Flaggen nicht in jedem Fall als solche erkennbar seien.[48]

Rechts. Erläuterungen zum Fall Panariellos, Mannheim/Berlin/Leipzig 1915, S. 60ff.; Scheuner, *Seekriegsrecht*, S. 234; Ipsen, in: ders., Völkerrecht, S. 990.

47 Vgl. Offer, *Blockade and Strategy of Starvation, 1914–1918*, S. 169–188.

48 Die »Denkschrift der Deutschen Regierung über die Erklärung der Gewässer rings um Großbritannien und Irland zum Kriegsgebiet vom 4. Februar 1915« sowie die entsprechende Bekanntmachung des Admiralstabs der Marine sind abgedruckt in: Tirpitz, Politische Dokumente, S. 290–292, 305f.; Deutscher Reichstag (Hg.), Völkerrecht im Weltkrieg, 4. Bd., Der Unterseebootkrieg, Anlagen 14 und 15, S. 267–270.

Die Realität, die diese Ankündigung zeitigte, war indes eine ganz andere, als ihre Worte vermuten ließen. Versuche, die »den Personen und Gütern drohenden Gefahren abzuwenden«, gab es so gut wie keine. Feindliche Handelsschiffe, die in das Sperrgebiet fuhren, wurden ohne Warnung von deutschen U-Booten versenkt.[49] Der Ablauf war immer der gleiche: Nachdem einige Torpedoschüsse auf das feindliche Schiff abgefeuert worden waren, tauchte das deutsche U-Boot auf; der Kommandant des U-Bootes vergewisserte sich des Erfolgs der Torpedotreffer; notfalls wurde noch ein Schuß abgegeben, um den Untergang zu beschleunigen. Die Schiffsbesatzungen überließ man ihrem Schicksal,[50] und auch an der Bergung oder Sicherung der Ladungen zeigte man kein Interesse.

Allein im Jahr 1915 verlor die britische Handelsflotte monatlich 50 bis 100 Schiffe durch U-Boot-Angriffe.[51] Wie viele Menschen diesen Angriffen zum Opfer fielen, ist nicht bekannt, doch was darüber hinaus für Erbitterung nicht nur in England, sondern auch in neutralen Ländern sorgte,[52] war die warnungslose Torpedierung von unter feindlicher Flagge fahrenden Passagierdampfern – erinnert sei nur an die Versenkung der *Lusitania* – und von neutralen Schiffen, sobald sie nur im geringsten verdächtig waren (kein sofortiges Stoppen der Maschinen nach der ersten Aufforderung, fehlende oder unvollständige Beleuchtung) oder für verdächtig gehalten wurden. Sogar außerhalb des Sperrgebiets versenkten deutsche U-Boote vereinzelt neutrale Schiffe, zwar nicht ohne vorherige Warnung, aber mit demselben Ergebnis wie bei den warnungs-

---

49 Durch kaiserlichen Befehl vom 18.2.1915 waren noch ergänzende Bestimmungen ergangen, in denen es u. a. hieß: »U-Handelskrieg ist mit allem Nachdruck zu führen. Feindliche Handelsschiffe sind zu vernichten.« Verstanden wurden dieser Befehl wie auch die allgemeine Ankündigung dahingehend, »daß Handelsschiffe feindlicher Nationalität ohne vorheriges Anhalten und Durchsuchen ohne weiteres mit allen Mitteln über oder unter Wasser zum Sinken gebracht werden sollten«. Vgl. bJ 622/20 (Korvettenkapitän Max Valentiner), Bd. 1, Bl. 130 RS, 131.

50 In der Anfangszeit des U-Boot-Krieges kam es jedoch vor, daß U-Boote die Rettungsboote des versenkten feindlichen Schiffs bis in die Nähe der Küste schleppten. Auch gibt es zahlreiche Aussagen darüber, wie schwer es den U-Boot-Besatzungen fiel, die Überlebenden sehenden Auges ertrinken zu lassen oder anderweitig dem sicheren Tod auszusetzen. Vgl. bJ 632/20 (Kapitänleutnant a. D. Karol Siegfried Ritter von Georg), Bl. 32; bJ 698/20 (Kapitänleutnant a. D. Wolfgang Steinbauer), Bl. 44 RS.

51 Keegan, Der Erste Weltkrieg, S. 373.

52 Vgl. die Protestnoten bei Tirpitz, S. 338ff., 356ff., 378ff. sowie in: Deutscher Reichstag (Hg.), Völkerrecht im Weltkrieg, 4. Bd., Der Unterseebootkrieg, Anlagen 19 und 20, S. 276–281.

losen Versenkungen, das heißt, ohne sich um die Besatzungen zu kümmern.[53]

Begründet wurde diese Vorgehensweise deutscherseits mit der typischen Eigenart der U-Boote. Nach der Prisenordnung und nach Völkerrecht zu verfahren sei nicht möglich. Die Schiffe könnten bei U-Boot-Einsätzen inbesondere in Sperrgebieten nicht gewarnt, angehalten, auf die Art der Ladung untersucht, den an Bord befindlichen Personen nicht die Möglichkeit gewährt werden, mit Proviant versehen in die Rettungsboote zu steigen, um erst danach das Schiff zu versenken (§§ 82, 87, 90, 94 und 116 der Prisenordnung; Art. 45, 49 und 50 der Londoner Seerechtsdeklaration[54]). Entsprächen die U-Boote diesen für Überwasserfahrzeuge festgelegten Anforderungen, wäre ihr Auftrag – die Vernichtung von Schiffsraum beziehungsweise die Verhinderung der Zufuhr kriegswichtiger Konterbande – nicht möglich. Handelsschiffe seien schneller als U-Boote, könnten diesen also entkommen. Nicht selten seien sie auch nur getarnte U-Boot-Fallen, das heißt schwerbewaffnete Kriegsschiffe mit dem Aussehen eines Handelsschiffs, dazu ausgerüstet, ein sich näherndes U-Boot zu zerstören. Daß neutrale Schiffe von deutschen U-Booten versenkt würden, sei nicht zu verhindern und letztlich von der englischen Regierung zu verantworten, die ihren bewaffneten Handels- und Fischereischiffen die Verwendung von Flaggen neutraler Länder befohlen habe. Die Rettung der Besatzungen müsse unterbleiben, weil die beengten Verhältnisse in einem U-Boot die Aufnahme von Passagieren nicht erlaubten.[55] »Möglichste Sicherheit des eigenen Fahrzeuges muß [...] beim U-Boot-Krieg allen anderen Rücksichten vorgehen«, lautete ein kaiserlicher Befehl vom 2. April 1915.[56]

Es waren vor allem die Proteste der zu jener Zeit noch neutralen USA, die, weil sie mit dem Abbruch der diplomatischen Beziehungen drohten, eine Beendigung dieser Form des deutschen U-Boot-Krieges bewirkten.[57] Anfang Mai 1916 erklärte die Reichsregierung, daß die deutschen Seestreitkräfte angewiesen worden seien, »in Beobachtung der allgemeinen völkerrechtlichen Grundsätze über Anhaltung, Durchsuchung und Zerstörung von Handelsschiffen auch innerhalb des Seekriegsgebiets Kauf-

---

53 Vgl. dazu das Verfahren wegen der Versenkung der *Ancona*, nachfolgend S. 430ff.

54 RGBl. 1914, 292; Hinz/Rauch (Hg.), Kriegsvölkerrecht, S. 14f.

55 Vgl. das Gutachten von U-Boot-Offizieren, in: Tirpitz, Politische Dokumente, S. 369–372; Liszt, Völkerrecht (1918), S. 334f.; bJ 625 (Kapitänleutnant Karl Neureuther), Bl. 12–14, 23; Keegan, Der Erste Weltkrieg, S. 491.

56 Zit. n. bJ 630/22 (Korvettenkapitän Claus Rücker), Bd. 1, Bl. 207.

57 Vgl. Rahn, *Strategische Probleme der deutschen Seekriegführung 1914–1918*, S. 355f.

fahrteischiffe nicht ohne Warnung und Rettung der Menschenleben zu versenken [...]«.[58] In den folgenden Monaten zeigte sich dann, daß der U-Boot-Krieg nach den Grundsätzen der Prisenordnung mitnichten die von der Marineführung behaupteten Gefahren für die Sicherheit der U-Boote in sich barg.[59] Bei nur geringen eigenen Verlusten wurde eine beträchtliche Zahl britischer Handelsschiffe versenkt, nicht genug, um Großbritannien im Wirtschaftskrieg zum Einlenken zwingen zu können, doch ausreichend, um die Ausgangsbasis für einen Verhandlungsfrieden zu bilden, zumal diese Art des U-Boot-Krieges nicht das Risiko eines Konflikts mit den USA heraufbeschwor.[60]

Die 3. Oberste Heeresleitung unter Hindenburg und Ludendorff hingegen hatte, gestützt auf die Marineleitung und einflußreiche Politiker, andere Ziele: Jetzt, nach den verlustreichen Schlachten an der Marne, nach der militärisch völlig unsinnigen und ergebnislosen »Blutmühle« von Verdun, sollte der Siegfrieden auf dem Meer herbeigezwungen werden. Gegen den Widerstand des zu diesem Zeitpunkt bereits faktisch entmachteten Reichskanzlers Bethmann Hollweg drängten sie darauf, möglichst bald nicht nur den U-Boot-Krieg in Form der warnungslosen Versenkung von feindlichen Kriegs- und Handelsschiffen wiederaufzunehmen, sondern diesen auch auf alle Schiffe, die sich in dem neu gekennzeichneten Sperrgebiet aufhalten sollten, auszuweiten.[61] Am 31. Januar 1917 ließ Wilhelm II. den gewünschten Tagesbefehl bekanntgeben, mit dem aus dem vormals noch »beschränkten« der »uneingeschränkte« U-Boot-Krieg werden sollte.[62] Daß damit nahezu zwangsläufig die USA

---

58 Zit. n. »Staatssekretär v. Jagow an Botschafter Gerard« vom 4. Mai 1916, in: Tirpitz, Politische Dokumente, S. 541.

59 Das war auch schon vorher nicht der Fall, denn von den 35 bis Mitte 1916 verlorengegangenen U-Booten waren nur vier durch U-Boot-Fallen, aber kein einziges durch bewaffnete Handelsschiffe vernichtet worden. Vgl. Rahn, *Strategische Probleme der deutschen Seekriegführung 1914–1918*, S. 355f.

60 Ebenda, S. 356.

61 Ebenda; Ullrich, Die nervöse Großmacht, S. 507ff.; Keegan, Der Erste Weltkrieg, S. 490f.; das erweiterte Sperrgebiet umfaßte alle Gewässer um Großbritannien, Frankreich, Italien und Teile des östlichen Mittelmeers, vgl. Deutscher Reichstag (Hg.), Völkerrecht im Weltkrieg, Bd. 4, Der Unterseebootkrieg, Anlage 16 und 17, S. 271f.; Tirpitz, Politische Dokumente, S. 592ff.

62 »Seine Majestät der Kaiser haben die Eröffnung des uneingeschränkten Unterseebootkrieges gegen England für den 1. Februar 1917 befohlen.
Hiermit treten wir in einen Kriegsabschnitt ein, der für uns um so bedeutsamer ist, als die Verantwortung, den entscheidenden Druck auf unseren Hauptgegener auszuüben, auf die Marine gelegt ist. [...]« Zit. n. Tirpitz, Politische Dokumente, S. 594.

in den Krieg hineingezogen werden würden und schließlich auch im April 1917 tatsächlich der alliierten Allianz beitraten, kümmerte die entscheidenden deutschen Stellen nicht weiter.[63] Deutschland handele, so die verbreitete Überzeugung, aus einer Notlage heraus, die ihm keine andere Wahl lasse. Allein die »Wunderwaffe« U-Boot, so auch die öffentliche Meinung, könne die britische Seeblockade und Aushungerung Deutschlands beenden. Ihren ungehemmten Einsatz hätten sich die Feinde Deutschlands selbst zuzuschreiben. »Jetzt gibt es keinen Halt mehr. Es geht aufs Ganze! Mit Freuden setzen wir alle unsere Kräfte ein: Durch zum Sieg!«[64]

Die Begeisterung über die anfänglichen Erfolgsmeldungen des U-Boot-Kriegs war in einer derart aufgeladenen Atmosphäre natürlich groß, zumal in den offiziellen Meldungen keine genaueren Schilderungen des Ablaufs zu lesen waren, die auch nur annähernd eine Vorstellung vom Schrecken dieser Art der Kriegführung hätten vermitteln können. Über 700 000 Bruttoregistertonnen englischer Schiffstonnage wurden zu Beginn des »uneingeschränkten« U-Boot-Krieges monatlich torpediert, was einem Verlust von mehr als 200 Handelsschiffen jeweils in diesem Zeitraum entsprach.[65] Nach Einführung des Konvoisystems sank diese Zahl zwar um gut die Hälfte,[66] aber die Menge der Fischereischiffe, neutralen Handelsschiffe und Passagierdampfer, die mitsamt ihren Besatzungen und Passagieren versenkt wurden, blieb bis zum Kriegsende im November 1918 hoch. Wie viele Menschen dabei ihr Leben verloren,

---

63 Man glaubte nicht, daß die USA in kurzer Zeit genügend Soldaten nach Europa würden verschiffen können, außerdem galten amerikanische Soldaten als wenig kampfstark. Vgl. u. a. Rahn, *Strategische Probleme der deutschen Seekriegführung 1914–1918*, S. 357.
Ein weiterer Grund für den Kriegseintritt der USA war das sogenannte »Zimmermann-Telegramm« des neuen Staatssekretärs im Auswärtigen Amt Arthur Zimmermann vom Januar 1917, in dem Mexiko für den Fall eines deutsch-amerikanischen Krieges finanzielle Unterstützung, Eroberungen im Süden der USA sowie den Beitritt Japans zu diesem Kriegsbündnis in Aussicht gestellt wurden. Das Telegramm, das vom englischen Geheimdienst abgefangen worden war, rief in den noch neutralen USA große und allgemeine Empörung hervor. Vgl. Hürter, *Die Staatssekretäre des Auswärtigen Amtes im Ersten Weltkrieg*, S. 237f.

64 Vgl. den Leitartikel *Es geht aufs Ganze!*, in: Hannoverscher Kurier, Nr. 32919, 1.2.1917; Ullrich, Die nervöse Großmacht 1871–1918, S. 508.

65 Vgl. Güth, *Die Organisation der deutschen Marine in Krieg und Frieden 1913–1933*, S. 313; Rahn, *Strategische Probleme der deutsche Seekriegführung 1914–1918*, S. 356f.

66 Ebenda (Rahn), S. 357.

läßt sich nur schätzen,[67] ganz gewiß jedoch sorgten die Berichte Überlebender über den Ertrinkungstod von Frauen und Kindern, über die Beschießung von Rettungsbooten und sogar Lazarettschiffen dafür, daß die deutsche Seekriegführung als unzweifelhafter, deutlichster Beleg für die völkerrechtswidrige, verbrecherische deutsche Kriegführung angesehen wurde.

Will man die hier notwendigerweise schematische Darstellung der seekriegsrechtlichen Entwicklung im Ersten Weltkrieg zusammenfassen, wird man zunächst festzuhalten haben, daß Deutschland schnell da angelangt war, wo es Großbritannien schon lange vorher – und nicht zu Unrecht – wähnte: bei einer Kriegführung, die keinen Unterschied machte zwischen Kombattanten und Nichtkombattanten, die den Feind ebenso in der Zivilbevölkerung sah wie in der bewaffneten Macht. Im November 1914 hatte der Erste Lord der britischen Admiralität, Winston Churchill, Deutschland »eine wirtschaftliche Erdrosselung durch die Blockade« angekündigt,[68] also noch einmal das eigentliche Ziel der kurz vorher erfolgten Kriegsgebietserklärung hervorgehoben. Aus deutscher Sicht lag als Reaktion darauf nichts näher, als dieses Gebiet ebenfalls zum Sperrgebiet zu erklären und England – statt durch Minen und Überwasserfahrzeuge – durch den Einsatz von U-Booten von der Zufuhr wirtschaftlicher Güter abzuschneiden.[69] Auf eine kriegsrechtswidrige Maßnahme sollte mit einer Repressalie geantwortet werden,[70] die man für gleichartig und darum auf jeden Fall für rechtlich zulässig hielt. »Es kann keinen rechtlichen Unterschied machen«, so der Völkerrechtler Franz von Liszt, »wenn die automatisch wirkende Seemine durch Tauchboote ergänzt oder ersetzt wird. Wie die Mine nicht warnt, so bedarf es auch, die Generalnotifikation vorausgesetzt, keiner besonderen Warnung des von dem Tauchboot im Sperrgebiet angegriffenen feindlichen oder neutralen Handelsschiffes. Die Grundsätze des Kreuzerkrieges finden im Sperrgebiet keine Anwendung; wer es befährt, tut es auf eigene Gefahr. Es ist nicht anders, als wenn im Landkrieg ein Kriegsberichterstatter sich in die Feuerzone begibt.«[71]

---

67 Die Zahlen gehen sicher in die Zehntausende.

68 Vgl. Rahn, *Strategische Probleme der deutschen Seekriegführung 1914–1918*, S. 354.

69 In einem Interview gab Tirpitz auf die Ankündigung Churchills zu verstehen, daß Deutschland »dasselbe Spiel« treiben könne, indem man alle britischen Schiffe torpediere. Vgl. ebenda.

70 Wie bereits weiter oben ausgeführt, wird hier nicht der englischen Behauptung, die Kriegsgebietserklärung sei eine Repressalie gegen den deutschen Minenkrieg und daher gerechtfertigt, gefolgt.

71 Zit. n. Liszt, Völkerrecht (1918), S. 326; ähnlich argumentierend und dazu

Was sich so rechtlich-nüchtern ausnimmt, hatte in der Realität eine Dimension – und das ist der zweite und letzte Aspekt, der in der Zusammenfassung festzuhalten ist –, welche die Schreckensdimensionen des bisherigen Kriegsgeschehens, und zwar auch das des Landkriegs, weit hinter sich ließ. Ganz bewußt wurde auch die Zivilbevölkerung, zum Beispiel durch die Versenkung von Passagierschiffen, zum Ziel von Kampfhandlungen gewählt. Als Repressalie stand dies jedoch völlig außer Verhältnis zur ursprünglichen Rechtsverletzung. Außerdem ist es ein Unterschied, ob eine Mine im englischen Sperrgebiet ein Schiff durch Explosion beschädigt und möglicherweise auch versenkt, oder ob ein U-Boot im deutschen Sperrgebiet Jagd auf feindliche und neutrale Schiffe macht und diese in jedem Fall so lange torpediert, bis sie sinken. Man mag den Einsatz von U-Booten noch der waffentechnischen Entwicklung zuschreiben, die sich eine Kriegspartei zur Erreichung militärischer Vorteile zunutze macht, der »beschränkte« und insbesondere der »uneingeschränkte« Einsatz von U-Booten ohne Beachtung der Prisenordnung aber dokumentieren einen verhängnisvollen Präzedenzfall für die Anwendung blinder, totaler Gewalt, die allein durch das überwunden geglaubte Diktum von der Kriegsräson, die vor der Kriegsmanier geht, zu begründen ist.

So in etwa hätte die Bewertung eines patriotisch nicht verblendeten deutschen Völkerrechtlers der damaligen Zeit lauten können. Natürlich war eine solche Bewertung während des Krieges nicht zu lesen. In Deutschland galt der Wille der 3. Obersten Heeresleitung und die autoritative Stimme von Liszts und anderer Juristen,[72] ebenso wie insbesondere in England die gegenteilige Stimme derer, die in der Empörung über die deutsche Seekriegführung die schärfsten Strafen für die dafür Verantwortlichen forderten, U-Boot-Besatzungen mit gemeinen Piraten gleichsetzten und sie entsprechend behandelt wissen wollten.[73]

Daß beide Seiten sich jemals würden annähern können, schien ausgeschlossen, und doch sollte genau dies später im Umfeld der Leipziger Verfahren geschehen. Noch überraschender war, daß dabei die englische Seite sich mit großer Selbstverständlichkeit mehr auf die deutsche zubewegen sollte als umgekehrt.

---

weit in die Vergangenheit zurückgehend: Ernst Schultze, *Die Furcht vor neuen Waffen*, in: ZIR 27 (1917/18), S. 1–39.

72 Zu nennen wären hier z. B. noch Josef Kohler, Christian Meurer, Karl Strupp oder Heinrich Triepel.

73 Vgl. nur die kurze Darstellung bei William Edward Hall, A Treatise on International Law, Oxford 1924, S. 627.

Die Reduzierung der alliierten Beschuldigtenliste in bezug auf den Seekrieg und die gleichwohl uneingeschränkte deutsche Strafverfolgung

Die Zahl der Beschuldigten auf der großen Liste, denen Verbrechen im Seekrieg vorgeworfen wurden, betrug 42. In 31 Fällen kamen die Beschuldigungen aus Großbritannien, in elf Fällen aus Italien.[74] Ihr Wortlaut stimmte weitgehend überein, das heißt, die Beschuldigten wurden als verantwortlich angesehen für das »warnungslose Torpedieren von Schiffen«, deren Art sodann spezifiziert wurde, sowie für die »warnungslose, mit einer außerordentlichen Brutalität und Unmenschlichkeit durchgeführte Versenkung« von namentlich genannten Handels-, Passagier- oder Lazarettschiffen. Großbritannien beschuldigte darüber hinaus noch einige ehemals hochgestellte Befehlsgeber wie den Großadmiral von Tirpitz, die Admiräle von Capelle, Bachmann und Scheer, den Befehl für den uneingeschränkten U-Boot-Krieg und das Verlegen von automatischen, gegen die Handelsschiffahrt gerichteten Kontaktminen erteilt zu haben.[75]

In der einige Monate später veröffentlichten sogenannten »Ersten Liste« oder »Probeliste« war die Zahl derer, die der Begehung von Verbrechen im Seekrieg beschuldigt wurden, auf vier geschrumpft (drei Namen hatte Großbritannien, einen Italien auf die Liste gesetzt). Unter den Beschuldigten war jetzt kein hoher Befehlshaber mehr; alle vier waren U-Boot-Kommandanten, die im Verdacht standen, 1917 und 1918 Lazarettschiffe ohne vorherige Warnung versenkt zu haben beziehungsweise, so die italienischen Angaben, Anfang August 1916, also noch vor der italienischen Kriegserklärung an Deutschland, unter anderem ein italienisches Passagierschiff torpediert und zum Sinken gebracht zu haben.[76]

Vordergründig entsprach die Nennung dieser vier Fälle der alliierten Absicht, dem Reichsgericht zu Beginn der Verfahren nur solche Fälle vorzulegen, die nicht nur sehr gut dokumentiert, sondern auch rechtlich unproblematisch waren. Andere Fälle ähnlicher Art sollten dann, wenn das Reichsgericht die Ernsthaftigkeit der deutschen Rechtsanwendung unter Beweis gestellt hatte, folgen – so zumindest lautete die Absprache.[77] Vor-

---

74 Mehrfachnennungen von Personen auf der englischen Liste sind hier berücksichtigt. Ein Beschuldigter, Kapitänleutnant Max Valentiner, steht sowohl auf der englischen Liste als auch auf der italienischen. Vgl. Liste des personnes désignées ..., S. 7–13, 139f.

75 Ebenda, S. 7, 12.

76 Vgl. Première liste, S. 3, 13–15.

77 Vgl. zu diesen Überlegungen der Alliierten oben, S. 54ff.

behalte dagegen wurden nicht geäußert, wenngleich sie zum damaligen Zeitpunkt schon bei einem Staat, und zwar einem der Mächtigen unter den Alliierten, vorhanden waren: Großbritannien nämlich zeigte sich zunehmend desinteressiert an einer harten Vergeltung. Während Lloyd George gegenüber dem deutschen Geschäftsträger in London noch vielsagend äußerte, »es komme ihm nur darauf an, wirklich Schuldige zu treffen« und nicht diejenigen, die lediglich ihre Pflicht getan hätten,[78] wurden andere Stellen in England schon konkreter. Bereits 1919 war von der *Royal United Service Institution*, einer quasioffiziellen militärwissenschaftlichen Vereinigung, eine Arbeit mit dem Titel »The Influence of the Submarine in Naval Warfare in the Future« ausgezeichnet worden. Darin kam der Autor zu dem Ergebnis, daß der U-Boot-Handelskrieg und die warnungslose Versenkung von Handelsschiffen ein legitimes Mittel der kriegerischen Auseinandersetzung und von großem Vorteil für die Festigung der britischen Seemachtsposition seien.[79] Einige Monate später äußerte ein englischer Admiral öffentlich Verständnis für die deutsche Seekriegführung,[80] und in der Admiralität hieß es gar, daß die deutschen

---

78 Telegramm des Geschäftsträgers in London, Sthamer, an das Auswärtige Amt vom 10. März 1920, in: Fox u. a. (Hg.), Akten zur deutschen auswärtigen Politik. Serie A: 1918–1925. Band III: 1. Januar bis 30. September 1920, Dokument Nr. 63, S. 114; vgl. auch Schwengler, Völkerrecht, Versailler Vertrag und Auslieferungsfrage, S. 326f.

79 Vgl. die Untersuchung »Britische und französische Auffassungen über Methoden moderner Krieg- und Seekriegführung« (ohne Datum, ohne Verfasserangabe), in: R 3003, ORA/RG, Generalia, Bd. 51, Bl. 140 RS. Die Untersuchung weist auch auf einen Artikel in der französischen *Revue Militaire* hin (Bl. 149 RS ff.), in dem Anfang 1920 zu lesen war: »Es ist höchste Zeit, mit allen irreführenden Meinungen über den Gebrauch der U-Boot-Waffe von seiten Deutschlands aufzuräumen. Der U-Boot-Krieg war vollkommen gerechtfertigt, und das Gegenteil behaupten, ist nicht nur falsch, sondern es gibt auch ein vollkommen falsches Bild vom militärischen Standpunkt aus.« Da Frankreich jedoch in dieser Hinsicht keine Beschuldigungen gegen Deutschland erhob, bedarf es hier keiner vertiefenden Darstellung der französischen Position.

80 Admiral Sir Percy Scott im *Sunday Chronicle* (ohne Datum): »Die deutschen Unterseeboote führten den Versuch der Blockade Englands durch und hatten Befehl erhalten, alles zu versenken. Das taten sie und mit Recht; denn die Marineoffiziere jeder Nationalität müssen den Befehlen ihrer Behörden gehorchen. Die Unterseeboote beherrschten die Strategie zur See und schrieben die Kriegstaktik vor.« Zit. n. »Britische und französische Auffassungen über Methoden moderner Krieg- und Seekriegführung«, Teil 2, in: ebenda, Bd. 52, Bl. 154f.

Maßnahmen im U-Boot-Krieg »zweckmäßig« gewesen seien und von der englischen Marine gegebenenfalls in gleicher Art vollzogen werden müßten. Daß dabei Handelsschiffe ohne vorherige Warnung versenkt würden, sei unvermeidlich.[81]

Kurzum, in der Bewertung des uneingeschränkten U-Boot-Kriegs hatte sich in England ein Wandel vollzogen, und wie es aussah, ging er noch über die deutsche Position hinaus, die in dieser Art der Kriegführung einen rechtswidrigen und nur durch die Repressalie gerechtfertigten Akt gesehen hatte. Die englische Zeitschrift *The Nation* jedenfalls kommentierte diese Entwicklung mit den Worten: »So viel über eines der neuen Kriegsschrecken, welches als eine barbarische Roheit verschrien wurde, solange es gegen uns angewandt wurde, das aber nun offenbar auf dem Wege ist, als eines der gewöhnlichen Mittel ›zivilisierter Kriegführung‹ anerkannt zu werden.«[82]

Unter diesen Umständen in allen Fällen der warnungslosen Versenkung von Schiffen unnachgiebig auf eine Strafverfolgung zu drängen, wäre in der Tat nicht mehr als in Rechtsform kaschierte Rache oder machtarrogante Siegerjustiz gewesen. Bestraft werden sollten daher nur solche Beschuldigte, die englischen Zeugenaussagen zufolge bei der Ausführung der warnungslosen Versenkungen besonders brutal gehandelt hatten. Entweder hatten sie gezielt auf Überlebende geschossen oder Schiffe angegriffen, die nicht, zumindest nicht ohne Warnung, hätten angegriffen werden dürfen.[83] Die Zahl der Beschuldigten, die in Frage kamen, war selbstverständlich höher als drei, doch betrug sie auch nicht 31. Daß Namen wie Tirpitz, Capelle oder Scheer im Zusammenhang mit der warnungslosen Versenkung von Schiffen nach wie vor auf der englischen Liste standen, muß also als Tribut an die öffentliche Meinung und als freundlicher Akt gegenüber Frankreich gesehen werden und war nicht auf tatsächliche oder rechtliche Überzeugungen zurückzuführen.

Es sprach allerdings noch ein anderer Grund für die Beschränkung auf die Fälle besonderer Grausamkeit bei der Beschießung und Versenkung von Schiffen: Britische Befehle, die während des Krieges in deutsche Hände gefallen waren, beglaubigten in zentralen Punkten die Vorwürfe

---

81 Ebenda, Bl. 154 RS.

82 Ebenda, Bd. 51, Bl. 146.

83 Vgl. Willis, Prologue to Nuremberg, S. 132. Auch die alliierte Kommission zur Vorbereitung der Strafbestimmungen des Versailler Vertrages hatte in die Liste der als verbrecherisch anzusehenden Kriegshandlungen folgende Handlungen aufgenommen: »Angriff auf und Zerstörung von Lazarettschiffen« (Nr. 24) sowie »Verletzung anderer Bestimmungen das Rote-Kreuz[-Abkommen] betreffend« (Nr. 25). Vgl. La Paix de Versailles, S. 473.

Deutschlands gegen die Seekriegführung Großbritanniens. So war darin für jede Schiffsroute – auch für solche durch die Sperrgebiete – angegeben, welche Flaggen neutraler Staaten englische Schiffe führen sollten. Des weiteren sollten, um die Identifizierung zu erschweren, die Schiffsnamen unkenntlich gemacht, die Schiffsfarbe geändert und die Beleuchtung ausgeschaltet werden. Beim Auftauchen eines deutschen U-Boots verpflichteten die Befehle jeden Kapitän eines Handelsschiffs, mit seinem Schiff entweder die Flucht zu versuchen oder, wenn dies nicht möglich sein sollte, das U-Boot zu rammen. Schließlich informierten sie noch darüber, daß in den Sperrgebieten U-Boot-Fallen eingerichtet worden seien, das heißt, es bewegten sich darin unbewaffnet wirkende Schiffe unter neutraler Flagge, deren Aufgabe darin bestand, U-Boote anzulocken und zu vernichten.[84]

Nun hatte Großbritannien nie verheimlicht, daß es die »Verkleidung« von Schiffen für völkerrechtlich zulässig hielt. Auch das Führen von falschen Flaggen oder Kennzeichen war seiner Ansicht nach sogar für Handelsschiffe als Kriegslist erlaubt. Obschon Deutschland während des Krieges mehrmals dagegen protestiert hatte, stand es selbst dieser Praxis nicht fern[85] und erkannte sie schließlich gegen Kriegsende an.[86] Ob von beiden Seiten auch die damit verbundene Pflicht anerkannt wurde, wonach unmittelbar vor Beginn der Kriegshandlungen stets die eigene Flagge gezeigt werden mußte,[87] ist fraglich, allerdings hier insofern nicht entscheidend, als es die auch als Handelsschiffe getarnten U-Boot-Fallen und den Ramm-Befehl für Handelsschiffe gab, die nur dann erfolgreich praktiziert werden konnten, wenn sie sich nicht, auch nicht im letzten Moment, als feindliche Schiffe zu erkennen gaben. Mit dem Wegfall der ungefährlichen Unterscheidungsmöglichkeit zwischen neutralen und feindlichen Schiffen

---

84 Vgl. die vertraulichen Druckschriften aus dem Jahr 1915, »Flying of neutral flags, use of false names &c., by transports and merchant fleet auxiliaries« und »Admirality Instructions to British Merchant Vessels«, in: bJ 630/20 (Claus Rücker, Korvettenkapitän), Bd. 1, Bl. 168 (Umschlag).

85 Im Oktober 1914 beispielsweise hißte der deutsche Kreuzer *Emden* bei der Einfahrt in einen japanischen Hafen, wo er ein russisches Kriegsschiff zerstören wollte, die japanische Flagge und hatte zudem einen für japanische Schiffe typischen vierten Schornstein angebracht. Vgl. Günther Moritz, *Kriegslist*, in: Schlochauer (Hg.), Wörterbuch des Völkerrechts, 2. Bd., S. 350.

86 So findet sich in der Ausgabe von 1915 der Darstellung des Völkerrechts von Liszt zum sogenannten Flaggenmißbrauch nichts (vgl. ebenda, S. 348f.), wohingegen es in der Ausgabe von 1918 als Leitsatz heißt (vgl. S. 319f.): »Kriegslisten sind auch im Seekrieg, und zwar den Kriegsschiffen wie den Handelsschiffen, gestattet.«

87 Ebenda, S. 320; Moritz, *Kriegslist*, S. 350.

jedoch war die Eskalationsschwelle so hoch getrieben, daß in Reaktion darauf die Verwendung der neuen U-Boot-Waffe konsequent erscheint. Ein Abkommen, das dagegen hätte angeführt werden können, existierte nicht. Die Rechtswidrigkeit des uneingeschränkten U-Boot-Krieges konnte allein aus allgemeinen Bekenntnissen zur Begrenzung der Schrecken des Krieges, wie sie in einigen Vorsprüchen zu seekriegsrechtlichen Abkommen zu finden sind,[88] herausgelesen werden. Deutschland bezeichnete diesen Krieg zur Rechtfertigung zwar auch als eine Repressalmaßnahme, doch würde dies nichts ändern, denn eine Repressalie auf eine Repressalie – und als solche hatte auch England seine Seekriegsgebietserklärung vom November 1914 deklariert – war nach dem geltenden Gewohnheitsrecht unzulässig. Andererseits bestehen gerade an der Zulässigkeit dieser Erklärung große Zweifel, da sie mit dem Erfordernis der Verhältnismäßigkeit nicht in Einklang zu bringen war und – wenn auch weniger massiv als der uneingeschränkte U-Boot-Krieg – in den Rechtskreis von Dritten eingriff, die am Krieg unbeteiligt waren. Mit anderen Worten: Die Zweifel an der Rechtmäßigkeit englischer Maßnahmen im Seekrieg waren geeignet, die Kritik an der deutschen Antwort zu mindern. Auf jeden Fall wären sie, wie auch die anderen englischen Maßnahmen zur Bekämpfung des U-Boot-Kriegs, in Gerichtsverfahren zur Sprache gekommen, wenn die Anklage generell auf die warnungslose Versenkung von Schiffen erweitert worden wäre. Auch aus diesem Grund also mußte es ratsam erscheinen, die Beschuldigungen auf Fälle besonderer Grausamkeit und Unmenschlichkeit zu begrenzen, die unabhängig von der Frage der rechtlichen Bewertung des U-Boot-Kriegs zu lösen waren.

Die Versenkung von Lazarett- und Passagierschiffen und das Unvermögen, Verantwortlichkeiten zuzuweisen – der Fall des Kapitänleutnants Karl Neumann und anderer Beschuldigter

Am 26. Mai 1917 sank das englische Lazarettschiff *Dover Castle* im östlichen Mittelmeer. Das deutsche U-Boot UC 67 unter dem Kommandanten Karl Neumann hatte es zunächst mit einem Torpedoschuß zum Halten gezwungen. Das U-Boot blieb dann noch etwa eineinhalb

---

88 Vgl. z. B. die Präambel des Haager Abkommens über die Legung von unterseeischen selbsttätigen Kontaktminen von 1907 (RGBl. 1910, 231) oder des Haager Abkommens betreffend die Beschießung durch Seestreitkräfte in Kriegszeiten (RGBl. 1910, 256).

Stunden untergetaucht, und in dieser Zeit übernahm ein begleitender englischer Zerstörer die Besatzung sowie alle an Bord der *Dover Castle* befindlichen Kranken und Verwundeten, insgesamt 841 Personen. Danach ließ Neumann das Schiff mit einem zweiten Torpedoschuß versenken.[89]

Großbritannien warf dem Kommandanten des U-Boots vor, das Schiff mit »außerordentlicher Roheit« torpediert und zum Sinken gebracht zu haben. Durch den ersten Torpedoschuß seien sechs Mitglieder der Besatzung getötet worden; wenn auch von den Kranken und Verwundeten niemand verletzt worden sei, habe es sich bei der *Dover Castle* doch um ein Schiff gehandelt, das als Lazarettschiff im Sinne des X. Haager Abkommens »betreffend die Anwendung der Grundsätze des Genfer Abkommens auf den Seekrieg«[90] erkennbar gewesen sei, denn es habe das Abzeichen des Roten Kreuzes an mehreren Stellen sichtbar aufgemalt gehabt.[91]

Der Prozeß gegen Karl Neumann begann am 4. Juni 1921, und nach gerade einmal zwei Stunden war er bereits beendet. Der Oberreichsanwalt hatte keine Anklage erhoben, sondern lediglich die Anberaumung einer Hauptverhandlung zur Klärung der Frage beantragt, ob der Beschuldigte am 26. Mai 1917 »vorsätzlich sechs Menschen getötet und diese Tötung mit Überlegung ausgeführt hat« (§ 211 StGB). Er selbst hatte die Frage verneint, und auch das Gericht empfand den Fall als so eindeutig, daß es keinen Anlaß zur Vernehmung der englischen und deutschen Zeugen sah.[92] Der Beschuldigte Neumann gab zu, vor dem ersten Torpedoschuß gesehen zu haben, daß es sich bei der *Dover Castle* um ein militärisches Lazarettschiff gehandelt habe. Gleichwohl habe er das Schiff gestoppt und versenkt, denn vor seiner Abfahrt sei ihm ein Befehl der Admiralität bekanntgegeben worden, wonach in bestimmten Gebieten des östlichen Mittelmeers Lazarettschiffe allgemein nicht mehr zugelassen seien. Die *Dover Castle* habe er in einem solchen Gebiet angetroffen, und indem er sie versenkt habe, sei er pflichtgemäß einem Befehl nachgekommen.[93]

Das Gericht sprach den Beschuldigten frei, und zur Begründung übernahm es dessen Argumentation, die es nur ins Juristische übersetzte. Neumann habe zwar ein Strafgesetz verletzt, doch sei dies in Ausführung eines

---

89 Vgl. Weißbuch, S. 2556; Première liste, in: BAL, R 3003, ORA/RG, Generalia, Bd. 56, S. 3; Mullins, The Leipzig Trials, S. 99.

90 RGBl. 1910, 283.

91 Mullins, The Leipzig Trials, S. 99f.; Willis, Prologue to Nuremberg, S. 133.

92 Mullins, The Leipzig Trials, S. 101; Weißbuch, S. 2556.

93 Weißbuch, S. 2557.

Kapitänleutnant a. D. Karl Neumann verläßt mit seiner Frau nach seinem Freispruch das Gebäude des Reichsgerichts
ullstein bild

höheren dienstlichen Befehls geschehen, was nach § 47 S. 1 MStGB allein den Vorgesetzten, nicht aber den Untergebenen strafbar machen könne. Die Ausnahmereglungen, die trotzdem eine Bestrafung des Untergebenen geböten, seien vorliegend nicht erfüllt: So habe der Beschuldigte den erhaltenen Befehl nicht überschritten (§ 47 Nr. 1 MStGB) und er habe auch nicht gewußt, daß damit ein Verbrechen bezweckt werden könne. Ganz im Gegenteil sei er überzeugt gewesen, der Befehl sei voll und ganz berechtigt, weil bekanntermaßen insbesondere Großbritannien seine Lazarettschiffe zum Transport von Soldaten, Waffen oder anderem militärischen Gerät genutzt habe. Schließlich habe auch die Reichsregierung 1917 in zwei Denkschriften auf diesen Mißstand hingewiesen und an den Schutz der Lazarettschiffe vor Kampfhandlungen bestimmte Bedingungen geknüpft, zu denen in einzelnen Seegebieten zwecks Zuweisung einer besonderen Route auch die – im vorliegenden Fall jedoch nicht beachtete – vorherige Ankündigung einer Fahrt gehört habe.[94]

Nun räumte das X. Haager Abkommen (Lazarettschiff-Abkommen) den Kriegführenden ausdrücklich das Recht ein, eine Kontrolle über Lazarettschiffe auszuüben und ihnen sogar »eine bestimmte Fahrtrichtung vor[zu]schreiben« (Art. 4). Und Art. 8 des Abkommens legte unzweideutig fest, daß der den Lazarettschiffen gebührende Schutz aufhöre, »wenn sie dazu verwendet werden, dem Feinde zu schaden«. Allerdings ist nicht sicher, ob das Abkommen im Verhältnis zwischen Großbritannien und Deutschland überhaupt eine rechtliche Bedeutung hatte. In seinem Art. 18 enthielt es nämlich eine Allbeteiligungsklausel, die – wie im Fall der HLKO – die Verbindlichkeit der Rechtssätze davon abhängig machte, daß alle Kriegsparteien das Abkommen anerkannt hatten. Dem war jedoch nicht so, und die kriegführende Macht, die das Abkommen nicht ratifiziert hatte, war gerade Großbritannien. Deutschland wäre demnach formal gesehen nicht an das Abkommen gebunden gewesen.

Was hier wie eine rein akademische oder vielleicht zunächst auch überflüssige Überlegung daherkommen mag – bei Bindung an das Abkommen konnte mit dem Lazarettschiff, seine mißbräuchliche Nutzung unterstellt, das geschehen, was auch bei fehlender Bindung möglich war: es konnte versenkt werden –, hat dennoch einen Sinn. Denn wäre das Abkommen trotz der Allbeteiligungsklausel für beide Seiten verbindlich, könnte Deutschland das Lazarettschiff versenken, und Großbritannien müßte trotzdem seinen vertraglichen Verpflichtungen nachkommen. Täte es dies nicht, hätte Deutschland das Recht, weitere Schritte zu unternehmen, um Großbritannien zur Beachtung des Abkommens zu zwingen. Aber auch Großbritannien hätte seinerseits die Möglichkeit, Deutschland gegebenenfalls ein rechtswidriges Vorgehen hinsichtlich britischer Lazarettschiffe vorzuwerfen und als Kriterium das entsprechende Abkommen heranzuziehen.

Für beide Seiten war das Lazarettschiff-Abkommen also von Vorteil, und trotz der Allbeteiligungsklausel wurde darum auch seine Geltung während des Krieges und nach dem Krieg mehrfach betont.[95] Gleichzei-

---

94 Ebenda.

95 Vgl. die Gutachten der Völkerrechtler Heinrich Triepel und Heinrich Pohl, die 1921 für die Reichsanwaltschaft geschrieben wurden und in denen es um die Bedeutung der Allbeteiligungsklausel für die Verbindlichkeit des Lazarettschiff-Abkommens ging. Anhand von zahlreichen Beispielen weisen die Autoren nach, daß sich Deutschland wie Großbritannien ungeachtet der Klausel an das Abkommen gebunden fühlten. Die Gutachten sind enthalten in: BAL, R 3003, ORA/RG, Generalia, Bd. 46, Bl. 234–242.

tig zeigt dieser Umstand, daß sich die jeweilige Auslegung des Abkommens ganz erheblich voneinander unterschieden haben muß, wenn beide Kriegsparteien zur Bestätigung ihrer Positionen auf seinen Inhalt verwiesen und ihrer Meinung nach auch zu Recht verweisen konnten. Die Frage ist damit wiederum, wie weit die unterschiedliche Auslegungen reichen und welche Folgerungen daraus gezogen werden würden.

Nach Art. 1 des Abkommens waren militärische Lazarettschiffe solche Schiffe, »die [...] einzig und allein erbaut oder eingerichtet worden sind, um den Verwundeten, Kranken und Schiffbrüchigen Hilfe zu bringen«. Bei der Abfassung dieser Definition wurde allgemein an Kampfhandlungen zur See gedacht, das heißt, die Lazarettschiffe sollten Teil von Flottenverbänden sein und die Opfer des Seekrieges aufnehmen und medizinisch versorgen. Daß der künftige Krieg nicht *auf* See, sondern *über* See stattfinden würde, war nicht ernsthaft in Erwägung gezogen worden, und doch war genau das die Situation im Ersten Weltkrieg. Schlachten und Gefechte auf See waren selten, es überwogen der Kreuzer- und vor allem der U-Boot-Krieg. Die Lazarettschiffe wurden eingesetzt, um Verwundete und Kranke der Landkriegsoperationen auf dem Seeweg in ihre Heimatstaaten zu bringen. Damit wurden sie genaugenommen zu Verwundetentransportschiffen, die mehr dem Landkrieg als dem Seekrieg dienten, zumal durch ihren Einsatz auch die Feldlazarette geräumt und die Etappen entlastet werden konnten.[96]

Mit dieser geänderten Funktion von Lazarettschiffen stellte sich die Frage, ob sie auch von dem Abkommen gedeckt sein würde. Großbritannien, das aufgrund seiner geographischen Lage von dieser neuen Situation besonders betroffen war, bejahte diese Frage uneingeschränkt. Deutschland hingegen tat sich schwer mit einer Anerkennung der neuen Verwendungsart von Lazarettschiffen im Rahmen des Abkommens, wobei das wesentliche Argument, das dagegen vorgebracht wurde, auf die erhöhte Mißbrauchsgefahr solcherart eingesetzter Schiffe verwies. Schließlich jedoch stimmte es, wie auch Frankreich, dem erweiterten Anwendungsbereich des Abkommens zu.[97]

Das Problem war damit aber, wie sich bald erweisen sollte, nicht gelöst. Denn der britische Bestand an Lazarettschiffen, um die an den verschiedenen Landkriegsschauplätzen Verwundeten heimzubefördern, reichte nicht aus. Ergänzend wurden deshalb sogenannte »ambulance transports« auf Schiffen durchgeführt, die keine Kriegsflagge zeigten und

---

96 Vgl. Adolf Schüle, *Zulässiger und unzulässiger Gebrauch von Lazarettschiffen*, in: 25 Jahre Kaiser Wilhelm-Gesellschaft zur Förderung der Wissenschaften (Sonderdruck), Berlin 1937, S. 376.

97 Ebenda, S. 377f. m.w.N.

auch keine (oder höchstens defensive)[98] Bewaffnung trugen. Andererseits führten sie aber nicht immer die bekannten Abzeichen des Roten Kreuzes,[99] waren – aus Gründen ihrer sofortigen Bereitstellung – nicht ausschließlich zur Aufnahme von Verwundeten und Kranken eingerichtet und wurden insbesondere nicht in jedem Fall den Kriegsgegnern notifiziert,[100] was jedoch laut Art. 1 des Lazarettschiff-Abkommens Voraussetzung für die Anerkennung und den Schutz als Lazarettschiff war.

Während Großbritannien die Auffassung vertrat, daß Ambulanztransporte Verwundetentransporten weitgehend gleichzusetzen seien und daher auch unter den Schutz des Lazarettschiff-Abkommens fielen,[101] lehnte Deutschland eine solche Ausweitung der Schutzfunktion ab. Die zu Ambulanztransporten benutzten Schiffe seien in ihren Nutzungsmöglichkeiten nicht so eingeschränkt wie herkömmliche Lazarettschiffe, lautete die entsprechende Begründung. Auf ihnen könnten Verwundete sowie Sanitätspersonal oder -material befördert werden, aber auch Truppen und Kriegsmaterial. Sie seien daher ein rechtmäßiges Ziel von bewaffneten Angriffen.

Ein Mißbrauch, also eine heimliche Nutzung zu militärischen Zwekken, war jedoch auch bei Lazarettschiffen nicht ausgeschlossen. Der deutsche Admiralstab war überzeugt davon, daß gerade Großbritannien systematisch die Immunität dieser Schiffe nutzte, um Soldaten, militärische Ausrüstungsgegenstände und sogar hohe Staatspersönlichkeiten auf ihnen zu befördern.[102] Auf den Gedanken, daß Großbritannien auf diese Weise in erster Linie den eigenen Interessen zuwiderhandelte, da es seine Verwundetentransporte im höchsten Maße gefährdete, kam er nicht. Fuhren britische Lazarettschiffe mit der vorgeschriebenen Beleuchtung und Kennzeichnung, hieß es, das sei lediglich eine Tarnung, um so besser den privilegierten Status dieser Schiffe für unmittelbar militärische Ziele miß-

---

98 Schüle (ebenda, S. 384, Anm. 3) nennt nur den Fall des Ambulanztransporters *Donegal*, der achtern mit einem Geschütz versehen war. Die Bewaffnung scheint also die auf diesen Fall beschränkte Ausnahme gewesen zu sein.

99 Oft allerdings waren die Abzeichen vorhanden, doch aus einer größeren Distanz nicht deutlich erkennbar. Vgl. dazu unten, S. 429.

100 Schüle (ebenda, S. 385).

101 Die britische Position läßt sich mit Art. 9 des Lazarettschiff-Abkommens begründen. Wenn schon, wie darin festgelegt ist, neutrale Handelsschiffe, Jachten oder Boote Kranke und Verwundete aufnehmen dürfen und einen besonderen Schutz genießen, können Ambulanztransporte nicht völlig schutzlos sein.

102 Vgl. hierzu die Fallsammlung des Admiralstabsoffiziers und Korvettenkapitäns Friedrich Lützow, Englands Lazarettschiffmißbrauch während des Weltkrieges, Berlin 1921.

brauchen zu können. War das Schiff nur schwach beleuchtet und nicht mit allen erforderlichen oder deutlich erkennbaren Kennzeichen versehen, lautete die Folgerung, daß man es hier mit einem Ambulanztransport zu tun habe, der ohnehin nur als Maske für einen militärischen Transport diene.[103] Selbstverständlich hütete man sich offiziellerseits davor, diese Gleichsetzungen in unbeschränkte Versenkungsbefehle zu übertragen,[104] wenngleich auch dies in Einzelfällen geschah.[105] Auf unteren Ebenen und besonders auf der Ebene der U-Boot-Kommandanten war indes klar, wie man sich zu verhalten hatte und auch verhalten konnte, ohne daß dienst- oder militärstrafrechtliche Schwierigkeiten drohten. Nehmen wir hierzu ein Beispiel, in dem das Reichsgericht dies auch noch Jahre nach dem Ereignis eindrücklich unter Beweis stellte:

In der Nacht vom 25. auf den 26. Februar 1918 torpedierte und versenkte das deutsche U-Boot UC 56 das englische Lazarettschiff *Glenart Castle*. Der Bristolkanal, in dem sich das Geschehen, dem die meisten der 186 an Bord befindlichen Personen zum Opfer fielen, abspielte, gehörte nicht zu einem der damals erklärten Sperrgebiete, in dem jegliche feindliche Schiffsbewegung bei Androhung der warnungslosen Versenkung untersagt war. Kommandant des U-Boots war der Kapitänleutnant d. R. Wilhelm Kiesewetter.[106] Während der reichsanwaltlichen Ermittlungen, die im Mai 1920 begannen, war Kiesewetter »unbekannten Aufenthalts«, doch hatte er etwa einen Monat nach der Versenkung der *Glenart Castle* dem Admiralstab gegenüber geäußert, trotz der mondhellen Nacht keine Zeichen – weder ein rotes Kreuz noch einen ebenfalls vorgeschriebenen

---

103 Vgl. dazu sinngemäß die gutachterliche Stellungnahme des ehemaligen Befehlshabers der U-Boote Nordsee, Admiral Michelsen, in: PA Bonn, R 48433o, o. S.

104 So bestimmte der Kaiserliche Befehl vom 12. Januar 1917, daß von dem allgemeinen Versenkungsbefehl im näher bezeichneten Sperrgebiet die durch die vorgeschriebenen Abzeichen gekennzeichneten Lazarettschiffe ausgenommen seien. Vgl. zum Befehl Deutscher Reichstag (Hg.), Völkerrecht im Weltkrieg, Bd. 4: Der Unterseebootkrieg, Anlage 17, S. 272.

105 Im selben Befehl hieß es auch, daß in einer gewissen Zone des Sperrgebiets Lazarettschiffe ohne weiteres von Über- oder Unterwasserschiffen angegriffen werden dürften. Vgl. dazu ebenfalls: bJ 672/20 (Korvettenkapitän a. D. Walter Forstmann), Bl. 96 (Umschlag mit Operationsbefehlen). In einem dieser Befehle, der vom 22.4.1917 stammt, ist zu lesen: »Deutsche U-Boote sollen bei Angriff auf Lazarettschiffe nicht österreichisch-ungarische Flagge führen.«

106 Vgl. Liste des personnes désignées ..., S. 7 der englischen Auslieferungsliste, dort unter Nr. 8; bJ 621/20 (Kapitänleutnant d. R. Wilhelm Kiesewetter), Bd. 1, Bl. 55.

rings um das Schiff verlaufenden grünen Streifen[107] – erkannt zu haben, die es als Lazarettschiff identifiziert hätten. Bis auf eine schwache Beleuchtung auf dem Achterschiff sei es auf dem Schiff, das er für einen Passagierdampfer gehalten habe, vollkommen dunkel gewesen. Das Schiff habe reichlich Tiefgang gehabt und habe im übrigen auch keine Flagge geführt. Auffallend sei gewesen, daß nach dem Auftreffen des Torpedos noch eine zweite, ungleich stärkere Explosion stattgefunden habe.[108]

Es gab noch einige Besatzungsmitglieder, welche die Erklärung des Kommandanten bestätigten,[109] allerdings handelte es sich bei ihnen ausschließlich um Zeugen vom Hörensagen, also um solche, die das angebliche Passagierschiff nicht selbst gesehen hatten, was bei den begrenzten Ausmaßen eines U-Boot-Turms nicht weiter verwunderlich ist. Um so mehr Gewicht kommt daher den Aussagen der beiden Wachsoldaten auf dem Turm des aufgetauchten U-Boots zu, und deren Aussagen unterscheiden sich ganz erheblich von derjenigen des Kommandanten Kiesewetter. So sagte der U-Boots-Mannsmaat Schimmelpfennig aus, daß das englische Schiff »die Abzeichen eines Lazarettschiffs führte, hell beleuchtet war und sämtliche Lichter gesetzt hatte. Dieses habe ich als Wachgänger auf dem Turm gesehen. Dieses Schiff ist unter Wasser torpediert worden. Über die Torpedierung dieses Schiffes ist unter uns Kameraden gesprochen worden.«[110] Der zweite Wachsoldat, der Bootsmannsmaat Jakobs, war in seiner Beobachtung zwar weniger bestimmt und gab daher lediglich zu Protokoll, er habe mit der Möglichkeit gerechnet, daß das Schiff ein Lazarettschiff gewesen sein könne. Er habe das Abzeichen des Roten Kreuzes nicht gesehen und auf einen grünen Streifen nicht geachtet, doch dagegen, daß es sich dann zwangsläufig um ein »verkapptes Munitionsschiff oder sonst ein verkapptes Transportschiff« gehandelt habe, spreche die einfache Überlegung, daß ein Schiff, welches ein Lazarettschiff zu sein vortäuschen wolle, bestrebt sein werde, die Täuschung vollkommen zu machen, um nicht verdächtig zu erscheinen.[111]

Im Januar 1922 stellte der Oberreichsanwalt beim Untersuchungsrichter des Reichsgerichts einen Antrag auf Voruntersuchung gegen den frühe-

---

107 Nach Art. 5 des Lazarettschiff-Abkommens mußten militärische Lazarettschiffe auch mit einem weißen Anstrich und einem ca. anderthalb Meter breiten, waagerecht laufenden grünen Streifen kenntlich gemacht werden.

108 Vgl. bJ 621/20 (Kiesewetter), Bd. 1, Bl. 7f.

109 Ebenda, Bl. 58ff.

110 Ebenda, Bl. 33 RS. Ein anderer Zeuge, der Maschinistenmaat Wahrendorf, ergänzte: »Nach der Versenkung des Leonhard Kastel [sic!] war es unter der ganzen Besatzung bekannt, wie das Schiff hieß und daß es ein Lazarettschiff gewesen sein sollte.« Vgl. ebenda.

111 Ebenda, Bl. 90.

ren Kapitänleutnant Kiesewetter. Gestützt auf zahlreiche Aussagen englischer Zeugen zum Status der *Glenart Castle* als Lazarettschiff[112] und vor allem auf die Aussagen der beiden Wachsoldaten, beschuldigte er ihn, vorsätzlich Menschen getötet und die Tötung mit Überlegung[113] ausgeführt zu haben. Beide Tatbestandsvoraussetzungen seien insofern erfüllt, als Kiesewetter zum einen vorhergesehen habe, daß von den Personen an Bord der größte Teil infolge der Torpedierung ums Leben kommen würde. Zum andern sei ihm bekannt gewesen – und von ihm bewußt ignoriert worden –, daß in dem fraglichen Seegebiet die warnungslose Versenkung von Lazarettschiffen nicht durch einen Kaiserlichen Befehl erlaubt gewesen sei, sie folglich den Schutz des entsprechenden völkerrechtlichen Abkommens genossen hätten. Schließlich beantragte Ebermayer noch den Erlaß eines Haftbefehls, weil sowohl dringender Verdacht eines Verbrechens bestehe als auch die Vermutung begründet sei, daß der Beschuldigte sich planmäßig – mehrere Aufenthaltsermittlungen waren ergebnislos geblieben – dem Verfahren durch Flucht zu entziehen suche.[114]

Untersuchungsrichter Dr. Metz gab dem Antrag auf Eröffnung der Voruntersuchung statt, zögerte aber noch, einen Haftbefehl zu erlassen.[115] Auch später sollte er keinen erlassen, und der Angeschuldigte war und blieb unauffindbar. 1924 wurde das Verfahren wegen seiner Abwesenheit vorläufig eingestellt. 1926 erging dann auf Antrag Ebermayers ein Beschluß des Reichsgerichts zur Außerverfolgungsetzung des Angeschuldigten. Antrag und Beschluß an sich sind weniger interessant – das Verfahren gegen eine Person, mit deren Abwesenheit auch weiterhin zu rechnen ist, muß irgendwann formal beendet werden –, interessant ist vielmehr die Begründung, die Reichsanwaltschaft und Reichsgericht lieferten, um den Angeschuldigten auch für die Zukunft von jeglichem Verdacht zu befreien. Dabei mußte zusätzlich zu den bekannten Aussagen der Wachsoldaten allerdings noch eine Schwierigkeit überwunden werden, die sich erst im Laufe der Ermittlungen herausgestellt hatte, nämlich daß die *Glenart Castle* schon im Oktober 1914 von britischer Seite der deutschen Regierung als Lazarettschiff angezeigt worden war.[116] Wie also lautete die Begründung?

---

112 Die Aussagen sind in Band 2 des Verfahrens bJ 621/20 enthalten.

113 Der Mordparagraph 211 StGB verlangte in seiner alten, bis 1941 geltenden Fassung, daß die Tötung vorsätzlich und mit Überlegung geschehen sein mußte.

114 Vgl. bJ 621/20 (Kiesewetter), Bd. 1, Bl. 55 VS/RS.

115 Ebenda, Bl. 56.

116 Die Notifizierung als eine Voraussetzung für die Anerkennung als militärisches Lazarettschiff ergibt sich aus Art. 1 des Lazarettschiff-Abkommens.

Erstens, so Reichsanwaltschaft und Reichsgericht übereinstimmend, sei es unerheblich, ob die *Glenart Castle* offiziell als Lazarettschiff angezeigt worden sei, da es »die Engländer an sich nicht gehindert haben würde, in den mehr als drei Jahren bis zur Torpedierung des Dampfers gegebenenfalls dessen Zweckbestimmung zu ändern«.[117]

Zweitens konnte das Schiff nicht als Lazarettschiff erkannt werden, weil es »in der in Rede stehenden Nacht die für Lazarettschiffe vorgeschriebenen Abzeichen nicht getragen hat«. Dieser seiner eigenen, als sicher geltend wollenden Feststellung widersprach das Gericht jedoch schon im folgenden Satz, in dem es hervorhob, daß lediglich »manche in der Voruntersuchung von den Zeugen bekundeten Tatsachen gegen die Eigenschaft eines Lazarettschiffs [sprechen]«.[118] Um welche Zeugen es sich handelte, sagte das Gericht allerdings nicht. Ebenso findet sich in dem Beschluß auch kein Hinweis auf ein Schreiben des Reichswehrministeriums (Chef der Admiralität) vom 7. Juni 1920, wonach bekannt war, daß die nach dem Lazarettschiff-Abkommen vorgeschriebene Kennzeichnung mit einem grünen Streifen auf weißem Grund trotz Beleuchtung schon bei geringer Entfernung nicht mehr erkannt werden konnte und daß die roten Glühlampen, die in Form eines roten Kreuzes am Schiffsschornstein angebracht waren, auf größere Distanz als ein roter Punkt erschienen, der gewöhnlich der Backbord-Positionslaterne zugeschrieben wird.[119] Die obige Feststellung des Gerichts, wonach die *Glenart Castle* zweifelsfrei nicht wie vorgeschrieben gekennzeichnet war, war folglich falsch und wider besseres Wissen getroffen. Und die Aussage des zweiten Wachsoldaten auf dem U-Boot-Turm, er habe das Abzeichen des Roten Kreuzes nicht gesehen, kann folglich auch nicht zu den von »manchen [...] Zeugen bekundeten Tatsachen« gezählt werden, die angeblich gegen die Lazarettschiff-Eigenschaft der *Glenart Castle* sprechen, zumal diese »manchen Zeugen« keine Augenzeugen gewesen sind.[120]

Drittens – und hier treffen wir wieder auf ein Argument, das schon in vielen Verfahren zur Verhinderung einer Verurteilung herangezogen wurde –, für den Fall, daß es sich bei der *Glenart Castle* wirklich um ein Lazarettschiff gehandelt habe, habe sich der angeschuldigte Kapitänleutnant Kiesewetter zum Tatzeitpunkt in einem »tatsächlichen, durch keine Fahrlässigkeit verschuldeten Irrtum im Sinne des § 59 StGB« befunden.

117 Zit. n. bJ 621/20 (Kiesewetter), Bd. 1, Bl. 192 RS.
118 Ebenda, Bl. 196 (Hervorhebungen im Original).
119 Vgl. PA Bonn, R 48425b, o. S.
120 Ein mutmaßlicher weiterer Augenzeuge, Oberleutnant zur See d. R. Stüben, konnte nicht ausfindig gemacht werden. Vgl. bJ 621/20 (Kiesewetter), Bd. 1, Bl. 171.

Aussagen, die dem widersprächen, seien »auf Gehässigkeit gegen den Angeschuldigten zurückzuführen«.[121]

Also: eine eindeutige Parteinahme zugunsten des U-Boot-Kommandanten. Statt das Verfahren unter Hinweis auf den schon seit Jahren abwesenden und deshalb mit großer Wahrscheinlichkeit auch weiterhin abwesenden Angeschuldigten zu beenden (was nach § 205 StPO möglich gewesen wäre), konstruierte das Gericht einen Geschehensablauf, der die Strafbarkeit des Tatvorwurfs erst gar nicht aufkommen lassen konnte und der, da im Antrag des Oberreichsanwalts vorgezeichnet, zugleich ein bezeichnendes Licht auf den von diesem vier Jahre zuvor gestellten Antrag auf Voruntersuchung warf. Nach außen hin war die damalige Entschlossenheit zur Strafverfolgung einer ebenso großen Entschlossenheit zur Entlastung gewichen. Ist darin lediglich der Ausdruck eines Meinungswandels, nur hervorgerufen durch eine geänderte Beweislage, zu sehen? Sicherlich nicht, wenn wir uns den Rückblick von Oberreichsanwalt Ebermayer auf sein Berufsleben (»die Mitglieder der Reichsanwaltschaft gezwungen hat, an Hand der von den Feinden zusammengetragenen, haßerfüllten Beschuldigungen Anklagematerial zu suchen gegen unsere eigenen Leute«) vergegenwärtigen. Eher brach sich hier die Grundüberzeugung Bahn, daß die deutschen Soldaten auch zur See einen ausnahmslos ehrbaren Krieg geführt hatten, was sich vor dem Hintergrund kompromißlos erscheinender Strafverfolgung, die sich immer wieder als unbegründet erweisen sollte, selbstverständlich besser darstellen ließ als in erkennbar unter Druck zustande gekommenen und um Abmilderung bemühten Formulierungen. Und auf das Reichsgericht konnte die Reichsanwaltschaft auch in dieser Hinsicht voll und ganz zählen. Das hatte sich – von einer Ausnahme abgesehen, von der noch zu sprechen sein wird[122] – schon in einer ganzen Reihe von Verfahren gezeigt, die zwar nicht die Versenkung von Lazarettschiffen betrafen, sondern sich auf Passagierschiffe bezogen, die ohne Vorwarnung torpediert und zum Sinken gebracht worden waren. Daß Kiesewetter außer Verfolgung gesetzt wurde, erscheint so geradezu folgerichtig und alles andere als verwunderlich. Den Bereich dessen, was im U-Boot-Krieg rechtlich allgemein erlaubt war, hatte das Reichsgericht nämlich schon zwei Jahre vorher in einer Entscheidung deutlich gemacht. Folgendes war geschehen:

Am 7. November 1915 hatte das deutsche U-Boot U 38 im Mittelmeer den italienischen Dampfer *Ancona* versenkt. Es führte zu diesem Zeitpunkt, zu dem das Deutsche Reich sich noch nicht im Krieg mit Italien befand, die österreichische Flagge. Der Dampfer wurde, wie es in den

---

121 Ebenda, Bl. 192–195 RS.

122 Vgl. unten, S. 455ff.

reichsanwaltlichen Ermittlungen hieß, zur Beförderung von Passagieren benutzt und war auch mit solchen »reich besetzt«, als ihn das U-Boot sichtete. Nach einem ersten Warnschuß, so die nicht widerlegte und von mehreren deutschen Zeugen bestätigte Aussage des beschuldigten Kommandanten, Korvettenkapitän a. D. Max Valentiner, stoppte die *Ancona* nicht, sondern versuchte zu entkommen. Daraufhin ließ Valentiner das Schiff weiter beschießen, bis es, von mehreren Granaten getroffen, seine Flucht aufgab. Den Passagieren und Besatzungsmitgliedern (ob es unter ihnen bis dahin Tote und Verletzte gegeben hatte, ist nicht bekannt) wurde befohlen, das Schiff zu verlassen und in die Rettungsboote zu steigen. Um diesen Vorgang, der sich wegen der auf der *Ancona* herrschenden Panik in die Länge zog, zu beschleunigen, gab Kommandant Valentiner den Befehl, einen Schuß gegen den Bug des Schiffes abzugeben. Das geschah, ohne daß dadurch Menschen zu Schaden gekommen wären.[123] Als nach etwa 45 Minuten die Rettung gänzlich ins Stocken geraten war, ließ er schließlich einen Torpedoschuß auf die *Ancona* abgeben. Zu diesem Zeitpunkt waren noch, wie die Reichsanwaltschaft feststellte, »eine Menge Menschen, darunter Passagiere, auch Frauen und Kinder« an Bord. Sie kamen um, als die *Ancona* kurz nach dem Torpedoschuß sank.[124] Ein Zeuge, der auf Deck wachhabende Bootsmaat Gerhard Albert: »Das Versinken dauerte wohl 3/4 Stunden. Es waren noch Menschen an Bord. Vorwiegend waren es Passagiere. Es waren auch Frauen und Kinder darunter. Auf der Seite des Schiffes, die ich sehen konnte, mögen es wohl 100 gewesen sein. Nach dem Sinken des Schiffes sind wir gleich getaucht. Um die Rettung der mit dem Schiff untergehenden Leute haben wir uns nicht gekümmert.«[125]

Was ist von diesem Vorgang, abgesehen davon, daß er moralisch die Kategorie des Verbrechens unbedingt ausfüllt, rechtlich zu halten? Fallen Moral und Recht hier zusammen, oder haben wir es, wie so oft im Krieg, zumal im Repressalienkrieg, mit einem Akt legalisierter Barbarei zu tun?

Wie weiter oben gezeigt, war auch der U-Boot-Krieg grundsätzlich

---

123 Im Kriegstagebuch der U 38 findet sich dazu folgende Eintragung (bJ 622/20 – Korvettenkapitän a. D. Max Valentiner, Bd. 2, Bl. 11): »[...] Ein Boot war gekentert und schwamm kieloben, die Leute hielten sich an den herunterhängenden Taljen und am gekenterten Boot fest. Auf dem Dampfer liefen etwa 80 [Zahl nicht eindeutig lesbar, G. H.] Menschen meist Frauen und Kinder umher. Außerdem hing ein vollbesetztes Boot, halb ausgedreht in den Bootskrahnen. Mehrere Leute waren beim weiteren Aussetzen dieses Bootes bemüht, was ihnen jedoch nicht gelang, da sie unseemännisch arbeiteten und anscheinend Passagiere waren. [...]«

124 Vgl. ebenda, Bd. 1, Bl. 17 RS, 131 RS.

125 Zit. n. ebenda, Bd. 2, Bl. 34.

Abschrift zu 604 B U 2

Anlage 23 58 1 27

Zentralstelle für Auslandsdienst

(Zeitungskontrolle) Amerikanische Presse.

Wochenbericht vom 12. 12. - 17.12.1915 Nr. 12.

Der "Ancona"-Fall:

"New York Times" vom 12.November: Nach der Behauptung des Kapitäns der "Ancona", der zweifellos besser unterrichtet war als die Fahrgäste, deren Aussagen den seinigen widersprechen, scheint es, daß die Versenkung des Schiffes eine entsetzliche Barbarei war, ungemildert durch ein Zeichen von Rücksicht auf Gesetz oder Menschlichkeit. Es war ein so feiger und grausamer Angriff wie der auf die "Lusitania", nur, daß er noch mehr Greuel aufwies. Die Angelegenheit muß sofort von unserer Regierung untersucht und die Wahrheit ermittelt werden, denn die Schwere des Falles ist unzweideutig und kann nicht gemildert werden. Ob ein Versuch zum Entkommen gemacht wurde oder nicht, die Versenkung der "Ancona" kann nimmermehr als eine gesetzliche und gerechtfertigte Kriegshandlung angesehen werden. Es war kein berechtigter Angriff auf den Feind, es war nichts als Mord. Mann kann die ganze Tat nur als wilde Grausamkeit und Lust am blutdürstigen Morden ansehen. Das amerikanische Volk ist nicht in der Stimmung, ruhig zuzusehen, während ein schleppender diplomatischer Briefwechsel stattfindet. Selbst wenn sich eine technische Rechtfertigung für den blutdürstigen Kapitän des U-Bootes zurechtmachen liesse, müßte doch

[illegible]

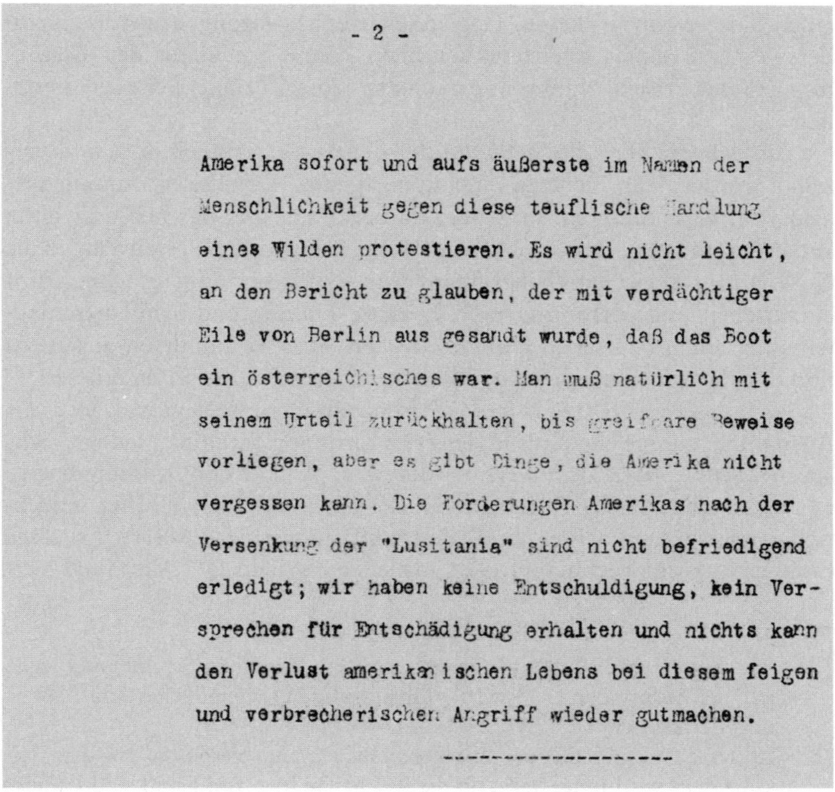

\- 2 -

Amerika sofort und aufs äußerste im Namen der Menschlichkeit gegen diese teuflische Handlung eines Wilden protestieren. Es wird nicht leicht, an den Bericht zu glauben, der mit verdächtiger Eile von Berlin aus gesandt wurde, daß das Boot ein österreichisches war. Man muß natürlich mit seinem Urteil zurückhalten, bis greifbare Beweise vorliegen, aber es gibt Dinge, die Amerika nicht vergessen kann. Die Forderungen Amerikas nach der Versenkung der "Lusitania" sind nicht befriedigend erledigt; wir haben keine Entschuldigung, kein Versprechen für Entschädigung erhalten und nichts kann den Verlust amerikanischen Lebens bei diesem feigen und verbrecherischen Angriff wieder gutmachen.

\-------------------

Die »New York Times« über die Versenkung der Ancona
Links: BAL, R 3003, ORA/RG, bJ 622/20, Bd. 2, Bl. 27, VS
Rechts: BAL, R 3003, ORA/RG, bJ 622/20, Bd. 2, Bl. 27, RS

nach den Regeln der Prisenordnung[126] zu führen. Feindliche Schiffe durften nicht ohne weiteres angegriffen oder versenkt werden, sondern sie unterlagen der »Aufbringung« gemäß den Abschnitten II, VI und VIII der Prisenordnung. Anders war die Situation nur dann, wenn es sich um ein Sperrgebiet handelte. Dort durften Schiffe feindlicher Nationalität ohne vorheriges Anhalten und Untersuchen mit allen Mitteln über oder unter Wasser zum Sinken gebracht werden. Denn die Sperrgebietserklärung, so der deutsche Admiralstab in Befehlen und Erklärungen,[127] mache nur

---

126 RGBl. 1914, 275.

127 Vgl. den paraphrasierenden Hinweis auf das Gutachten des Konteradmirals a. D. Graßhoff in: bJ 622/20 (Valentiner), Bd. 1, Bl. 131; bJ 630/20 (Korvettenkapitän a. D. Claus Rücker), Bd. 1, Bl. 130 RS.

einen Sinn, wenn in diesem Gebiet schärfer vorgegangen werde als anderswo. Und dieses schärfere Vorgehen könne gegenüber den Bestimmungen der Prisenordnung nur in einem »Angriff ohne weiteres« bestehen.

Nun gehörte aber die Stelle, an der die *Ancona* aufgebracht und versenkt worden war, nicht zu einem Sperrgebiet. Die Prisenordnung war also vom Beschuldigten Valentiner zu beachten, und das heißt, er hätte versuchen müssen, das – weil es aus Sicht Österreichs, dessen Flagge die U 38 ja führte, ein feindliches Schiff war – zu Recht aufgebrachte Schiff einzuziehen und einzubringen.[128] Er hätte Ladung und Schiff beschlagnahmen, einen deutschen Hafen oder den eines Verbündeten ansteuern und dort beides einem prisengerichtlichen Verfahren zuführen müssen.[129] – Soweit das Prinzip, wie es in der Prisenordnung festgelegt war. Jetzt zur Ausnahme, wie sie ebenfalls in der Prisenordnung enthalten, jedoch nicht speziell für U-Boote formuliert worden war: Nr. 112 der Ordnung besagte sinngemäß, daß der Kommandant des aufbringenden Schiffes berechtigt war, ein aufgebrachtes feindliches Schiff zu zerstören, sofern ihm seine Einbringung unzweckmäßig oder unsicher erscheine.[130] Allerdings ver-

128 Abschnitt II, Nr. 10 und 17, Prisenordnung: »Feindliche Schiffe unterliegen [...] der Aufbringung.« (Nr. 10) »Ein aufgebrachtes feindliches Schiff unterliegt der Einziehung.« (Nr. 17)

129 Abschnitt VI und VIII der Prisenordnung. In dem Verfahren vor dem Prisengericht wird festgestellt, ob die Beschlagnahme von Schiff und Ladung rechtmäßig war oder ob das Schiff samt Ladung freigegeben werden muß und Schadenersatz zu zahlen ist. Vgl. Nr. 1 der Prisenordnung.

130 In diesem Fall war z. B. vom U-Boot-Kommandanten ein sogenannter Prisenbericht zu schreiben. Darin waren kurz das Untersuchungsergebnis zusammengefaßt (Nationalität des Schiffes, Art der Ladung) und die Gründe dafür angegeben, warum das Schiff zerstört und die Ladung vernichtet werden mußten. Am Schluß des Berichts war anzugeben, was gemäß Nr. 116 der Prisenordnung mit der Besatzung und/oder den Passagieren geschehen war. So schrieb ein Kapitänleutnant a. D. Konstantin Kolbe nach der Versenkung eines italienischen Frachters, der Konterbande transportierte: »Die an Bord befindlichen Personen haben die Schiffsboote bestiegen und sind entlassen worden, ihre Sicherheit ist gewährleistet.« Vgl. bJ 624/20 (Kolbe), Bd. 1, Bl. 12.
Das Kaiserliche Prisengericht in Hamburg prüfte den Prisenbericht und erklärte in einem Urteil, daß das untergegangene Schiff und die untergegangene Ladung mit Recht der Einziehung unterlagen. In den Urteilsgründen hieß es u. a. mit Blick auf die Regelung in Nr. 116 der Prisenordnung: »Das vorgenannte Kauffahrteischiff wurde am 24. Februar 1918 auf hoher See, im Atlantischen Ozean, von einem deutschen Kriegsschiff [sc. das U-Boot des Kapitänleutnants Kolbe, G. H.] aufgebracht und auf Anordnung des

pflichtete ihn Nr. 116 zu folgender Maßnahme: »Vor der Zerstörung sind alle an Bord befindlichen Personen möglichst mit ihrem Hab und Gut in Sicherheit zu bringen [...].«

Aus der Ausnahme, die zur Zerstörung des feindlichen Schiffes ermächtigte, wurde im U-Boot-Krieg die Regel. Mit der Begründung, die Eigenart der U-Boote lasse die Einbringung von Schiffen aus Sicherheitsgründen nicht zu (zu kleine Besatzungsstärke, Entdeckung durch feindliche Zerstörer), war die Versenkung das in der Reichsmarine allgemein anerkannte Kampfziel.[131] Nur – der Zerstörung in Form der Versenkung hatte eben die Aufbringung in der vorgeschriebenen Weise vorherzugehen, was bedeutete, daß für die Sicherheit der an Bord des aufgebrachten Schiffes befindlichen Personen Sorge getragen werden mußte.

Das wußte natürlich auch Kriegsgerichtsrat Jorns, der den Fall für die Reichsanwaltschaft bearbeitete.[132] Dennoch kam er in seinem Antrag auf Einstellung des Verfahrens zu einem ganz anderen Ergebnis. Daß er dazu auf die Irrtumsregelung in § 59 StGB zurückgreifen mußte, bedarf keines weiteren Kommentars. Wenn der Gesetzgeber die Gleichsetzung des außerstrafrechtlichen Rechtsirrtums – wozu, wie wir wissen und an vielen Beispielen gesehen haben, der Irrtum über die Verbindlichkeit völkerrechtlicher und anderer außerstrafrechtlicher Regeln gehörte – mit dem vorsatzausschließenden Tatsachenirrtum vorsah, war selbstverständlich auch die oberste deutsche Strafverfolgungsbehörde verpflichtet, entsprechend zu verfahren. Verwunderlich ist nur immer wieder, mit welcher Begründung das immerhin noch mögliche fahrlässige und deshalb strafbare Nichtwissen des Verbotenseins der begangenen Handlung abgelehnt wurde. Im vorliegenden Fall fand Jorns die Erklärung, daß es dem Be-

---

Kommandanten des Kriegsschiffes nebst der aus Palmöl bestehenden Ladung beschlagnahmt und versenkt, nachdem für die Rettung der Besatzung gesorgt war.« Vgl. ebenda, Bl. 13. Zum prisengerichtlichen Verfahren allgemein vgl. Liszt, Völkerrecht (1918), S. 335f.

131 Vgl. den Hinweis in bJ 622/20 (Valentiner), Bd. 1, Bl. 130, sowie das Schreiben des Reichswehrministeriums (Chef der Admiralität) an das Auswärtige Amt vom 3.5.1920, in: bJ 625/20 (Kapitänleutnant a.D. Karl Neureuther), Bl. 21–25.

132 Die naheliegende Frage nach der Zuständigkeit der deutschen Justiz – zwischen Deutschland und Italien war ja amtlich noch kein Krieg erklärt worden – hatte das Reichsgericht schon vorher mit der Begründung bejaht, daß der Beschuldigte »deutscher Staatsangehöriger und Seeoffizier, daß sein Fahrzeug deutsch und daß er mit Beziehung auf sein damaliges Verhalten dem deutschen Militärstrafrecht und der deutschen Gerichte unterworfen geblieben ist«. Vgl. bJ 622/20 (Valentiner), Bd. 1, Bl. 131.

Abschrift

Anlage 4.

Jm Namen des Reichs

Jn der Prisensache

betreffend Versenkung des portugiesischen Dampfers "Neptuno"

Eigentümer Juan de Freidas Malines,

Heimatshafen Funchal,

und seine Ladung,

hat das Kaiserliche Prisengericht in Hamburg in der Sitzung vom 6 Dezember 1918 für Recht erkannt:

Das untergegangene Schiff, die laut /4/ entnommenen Gegenstände und die untergegangene Ladung unterlagen der Einziehung

Gründe.

Das vorgenannte Kauffahrteischiff wurde am 28 Januar 1918 auf hoher See, im Atlantik, von einem deutschen Kriegsschiff aufgebracht und auf Anordnung des Kommandanten des Kriegsschiffes nebst der aus Stückgut bestehenden Ladung beschlagnahmt und versenkt, nachdem für die Rettung der Besatzung gesorgt war Die Ladung ist nach 20a PO als feindliches Gut zu betrachten

Aus dem Prisenbericht und in Übereinstimmung damit aus Schiffspapieren ergibt sich, daß das Schiff zur Führung der portugiesischen Flagge berechtigt war Es handelt sich also um ein feindliches Schiff

Aus den angeführten Schriftstücken ergibt sich weiter daß der Heimatshafen des Schiffes Funchal war

Auf Grund der Ziffern 1, 10, 11, 17, 18 und 20 der PO. hat daher das Prisengericht entsprechend der Bestimmung im § 1 PGO festgestellt, daß das beschlagnahmte, untergegangene Eigentum der Einziehung unterlag. Die Zerstörung war nach Ziffer 112 PO berechtigt

gez Mittelstein Dr K Lehmann

Beispiel für ein Urteil des Kaiserlichen Prisengerichts in Hamburg
Oben: BAL, R 3003, ORA/RG, bJ 624/20, Bd. 1, Bl. 10, VS
Unten: BAL, R 3003, ORA/RG, bJ 112/20, Bd. 1, Bl. 10, RS

schuldigten einzig und allein darum gegangen sei, einen wirkungsvollen Beitrag zur deutschen Seekriegführung zu leisten. Deren Ziel sei die möglichst große Vernichtung feindlichen Schiffsraums gewesen, und indem der Beschuldigte die *Ancona* versenkt habe, sei er im Glauben gewesen, das zu tun, was er in richtiger Befolgung seines Dienstbefehls zu tun hatte. Aus einem solchen Glauben könne ihm kein Vorwurf gemacht werden.[133]

Das Reichsgericht ergänzte die Begründung um den Hinweis, daß die *Ancona* vor ihrem Untergang genügend Zeit gehabt habe, per Funkspruch Kriegsschiffe zur Unterstützung herbeizurufen und einzelnen Aussagen zufolge bereits Rauchfahnen am Horizont aufgetaucht seien. »Sollte nicht«, so die Folgerung des Gerichts, »die Besatzung des Tauchbootes oder die Erfüllung seiner dienstlichen Aufgabe gefährdet werden, so blieb dem Beschuldigten nach seiner Überzeugung nur [die] Versenkung der ›Ancona‹ übrig [...].« Dabei habe er nicht fahrlässig gehandelt, was sich im übrigen auch daraus ergebe, daß er »sich stets einer vornehmen, menschlichen Kampfweise befleißigt und Rücksichten der Menschlichkeit Raum gegönnt hat«.[134]

Obwohl also die *Ancona* außerhalb eines Sperrgebietes angetroffen worden war und deshalb nach der Prisenordnung das aufbringende Schiff dafür Sorge zu tragen hatte, daß sich keine Personen mehr an Bord des zu zerstörenden Schiffes befanden, und obwohl der Beschuldigte in voller Kenntnis der Sachlage (die Menschen an Bord waren Zivilpersonen und verzweifelt um ihre Rettung bemüht) das Schiff versenken ließ, traf ihn

---

133 Vgl. ebenda, Bl. 132f.

134 Ebenda, Bd. 1, Bl. 136f. Der Beschuldigte hatte zahlreiche feindliche Schiffe versenkt. Großbritannien und Italien warfen ihm vor (Liste des personnes désignées ..., S. 8, 140), dabei in sechs Fällen in völkerrechtswidriger und verbrecherischer Weise vorgegangen zu sein. Die gegenteilige Einschätzung der Kampfweise des Beschuldigten gründete ausschließlich auf deutschen Zeugenaussagen bzw. allein auf der Aussage des Beschuldigten. Bei der Versenkung des englischen Passagierschiffes *Persia* am 30.12.1915 in der Nähe von Kreta (außerhalb eines Sperrgebietes), die fast alle 230 Passagiere das Leben kostete, übernahm das Gericht beispielsweise fraglos die Behauptung des Beschuldigten, er habe das Schiff für einen Truppentransporter gehalten (schon Jorns hatte dem Beschuldigten geglaubt, weil »dessen Verhalten sonst nicht verständlich wäre«), obschon der gesamte, von der Reichsanwaltschaft rekonstruierte Ablauf geradezu zwingend darauf hinwies, daß der Beschuldigte, der zugleich sein einziger Zeuge war, die Identität des Schiffes nicht geprüft hatte, wie er überhaupt deutschen Aussagen zufolge jedes Schiff versenkt zu haben schien, das nicht die Flagge des Deutschen Reiches oder verbündeter Staaten führte. Vgl. ebenda, Bd. 1, Bl. 132 RS, 133, 137.

nach Ansicht von Reichsanwaltschaft und Reichsgericht keine strafrechtliche Verantwortlichkeit.

Ein Eingehen auf das Argument des im größtmöglichen Umfang zu versenkenden feindlichen Schiffsraums erübrigt sich. Es ist, da es die Unterscheidung zwischen Sperrgebiet und normalem Seegebiet überflüssig machen würde, unsinnig und seine Nennung deutlich von dem Wunsch motiviert, überhaupt ein das Verhalten des Beschuldigten rechtfertigendes Argument zur Hand zu haben. Das zweite Argument hingegen, das auf die Besonderheiten und Sachzwänge des U-Boot-Krieges verweist, hat ein anderes Gewicht. Es lief darauf hinaus, die Pflicht aus Nr. 116 der Prisenordnung abzumildern in das Gebot, »möglichst« alle Personen mit ihrem Hab und Gut in Sicherheit und zu bringen und eben nicht »alle [...] Personen möglichst mit ihrem Hab und Gut«. So verstand Franz von Liszt in seiner systematischen Darstellung des Völkerrechts das Gebot der Rettung von Besatzung und Passagieren als abhängig davon, daß dies ohne Gefahr für das Kriegsschiff vonstatten gehen könne. Mitfahrende Reisende teilten das Schicksal des Schiffes, dem sie sich anvertraut hätten.[135]

Dieser Rechtsmeinung ist sicherlich auch eine apologetische Absicht zu unterstellen. Amerikanische Juristen und die amerikanische Regierung jedenfalls waren anderer Meinung. Für sie war mit der Versenkung der *Ancona* die Grenze des rechtlich Erlaubten deutlich überschritten worden.[136] Auch die österreichisch-ungarische Regierung, in deren Auftrag Valentiner ja das Passagierschiff torpediert hatte, erklärte, daß der Kommandant den entsprechenden Befehl nicht hatte geben dürfen, bevor nicht die Rettung der noch an Bord befindlichen Personen gewährleistet war.[137]

---

135 Liszt, Völkerrecht (1918), S. 335.

136 In einer Note an die österreichisch-ungarische Regierung legten die Vereinigten Staaten Wert auf die Feststellung, daß der Geschehensablauf deutlich genug sei, »um den Kommandanten des U-Bootes für die absichtliche Verletzung des anerkannten Völkerrechts und der gänzlichen Ausserachtlassung der Grundsätze der Humanität, welche jeder Kriegführende im Seekriege beobachten muß, verantwortlich zu machen«. Vgl. bJ 622/20 (Valentiner), Bd. 1, Bl. 12.
Die *New York Times* schrieb: »Es war ein so feiger und grausamer Angriff wie der auf die ›Lusitania‹, nur, daß er noch mehr Greuel aufwies. [...] Ob ein Versuch zum Entkommen gemacht wurde oder nicht, die Versenkung der ›Ancona‹ kann nimmermehr als eine gesetzliche und gerechtfertigte Kriegshandlung angesehen werden. Es war kein berechtigter Angriff auf den Feind, es war nichts als Mord.« Vgl. ebenda, Bl. 27.

137 Ebenda, Bl. 132.

Bei diesen kritischen Äußerungen mag eine Rolle gespielt haben, daß durch die Versenkung der *Ancona* auch Staatsangehörige der USA umgekommen waren[138] und daß Österreich-Ungarn gegenüber einer neutralen Macht den Versuch der Beschwichtigung machen mußte. Deshalb ist ihnen auch nur dann eine größere Bedeutung beizumessen, wenn darin eine völkerrechtlich anerkannte Sicht zum Ausdruck gekommen wäre, die von Deutschland gewissermaßen als Grenze für die Auslegung der eigenen Prisenordnung hätte berücksichtigt werden müssen.

Die deutsche Prisenordnung war in engster Anlehnung an die Londoner Seerechtsdeklaration kodifiziert worden.[139] Der Inhalt der Deklaration galt weitestgehend als eine Zusammenfassung des seinerzeit geltenden Gewohnheitsrechts.[140] Zwar hatten sich die Staaten im Verlauf des Krieges zunehmend von ihr entfernt, doch bezog sich dieser Prozeß nicht auf die Regelung als Ganzes, sondern auf das Konterbanderecht. Die davon nicht betroffenen übrigen Bestimmungen der Seerechtsdeklaration besaßen nach wie vor gewohnheitsrechtliche Geltung,[141] darunter auch diejenigen, die im vierten Kapitel der Seerechtsdeklaration unter der Überschrift »Zerstörung neutraler Prisen« zu finden sind. Art. 49 besagte dort, daß »ausnahmsweise« ein beschlagnahmtes neutrales Schiff, das wegen seiner Ladung der Einziehung unterliegen würde, zerstört werden darf, wenn dies die Sicherheit des aufbringenden Kriegsschiffes oder der Erfolg der militärischen Operation gebieten. Art. 50 stellte jedoch klar, daß »[v]or der Zerstörung [...] die an Bord befindlichen Personen in Sicherheit gebracht [werden müssen]«.

Die *Ancona* war indes kein neutrales Schiff mit unter die Konterbanderegelung fallender Ladung. Sie war ein feindlicher Passagierdampfer – und nicht etwa ein eventuell bewaffneter Truppentransporter – mit ausschließlich Zivilpersonen an Bord, und das wirft die Frage auf, ob in die-

---

138 Die genaue Zahl der Opfer ist nicht bekannt.

139 Vgl. oben, S. 402, sowie Liszt, Völkerrecht (1918), S. 315, wo es heißt, daß Deutschland seiner Prisenordnung die Londoner Erklärung »in engstem Anschluß« zugrunde gelegt habe.

140 Darauf wies die auf britische Initiative der Erklärung vorangestellte einleitende Bestimmung hin. Sie lautete: »Die Signatarmächte sind einig in der Feststellung, daß die in den folgenden Kapiteln enthaltenen Regeln im wesentlichen den allgemein anerkannten Grundsätzen des internationalen Rechts entsprechen.« Vgl. Hinz/Rauch, Kriegsvölkerrecht, Nr. 1531, S. 3; Böhmert, *Die Londoner Seerechtskonferenz von 1908/1909*, S. 428.

141 Das erkannte auch Liszt an, Völkerrecht (1918), S. 315f., wo dieser Prozeß mit den Worten kommentiert wird: »Damit hatte jede der Mächte, soweit nicht gewohnheitsrechtliche Bindung vorlag, die Freiheit des Handelns wieder zurückerlangt.«

sem Fall die Art. 49 und 50 der Seerechtsdeklaration überhaupt als Vergleich herangezogen werden können.

Daß in der Deklaration die Behandlung von Prisen auf feindlichen Schiffen keine Regelung erfahren hatte, bedeutete natürlich nicht das Verbot von deren Zerstörung samt Zerstörung des feindlichen Schiffes. Das Fehlen einer Regelung wurde im Gegenteil so aufgefaßt, daß von der Zulässigkeit der Zerstörung *neutraler* Prisen ganz fraglos und erst recht die Zulässigkeit der Zerstörung *feindlicher* Prisen abzuleiten sei, ohne daß dadurch jedoch die Pflicht, für die Sicherheit der an Bord des mit feindlicher Prise beladenen Schiffes zu sorgen, beseitigt werde.[142] Wenn aber schon bei der Behandlung feindlicher Prisen der Besatzung des zu zerstörenden Schiffes die Rettung zu ermöglichen ist, um wieviel mehr muß das für ein feindliches Schiff gelten, das keine als Prise anzusehende Ladung an Bord hat, sondern lediglich Passagiere und Besatzungsmitglieder, allesamt Zivilpersonen.

Das zweite Argument trägt folglich ebenfalls nicht. Es ist nicht so fadenscheinig wie das erste, dient aber wie dieses – nur über den Umweg scheinbar juristischer Zwangsläufigkeiten – der Rechtfertigung einer Kriegsmanier, die dem Kriegszweck folgt.[143] Daß Lazarettschiffe nicht versenkt werden durften, feindliche Handels- und Passagierschiffe nach der Prisenordnung behandelt werden mußten, geriet in den Hintergrund. Der beschränkte und dann der uneingeschränkte U-Boot-Krieg hatten Möglichkeiten aufgezeigt (»Es ist nicht angebracht, vor der Vernichtung

---

142 Vgl. Hans Wehberg, Das Seekriegsrecht, Berlin/Stuttgart/Leipzig 1915, S. 305ff.; eine Bestätigung dieses gewohnheitsrechtlichen Satzes erfolgte 1922 in dem Washingtoner Fünfmächteabkommen (USA, Großbritannien, Frankreich, Italien, Japan) über den Unterseebootkrieg. Nachdem auf der Konferenz der englische Antrag auf ein Verbot der U-Boote abgelehnt worden war, wurde u. a. die Regel angenommen, daß ein feindliches Handelsschiff nur vernichtet werden dürfe, wenn Besatzung und Fahrgäste in Sicherheit gebracht worden seien. Ausdrücklich wurde festgehalten, daß diese allgemeine Regel auch für Unterseeboote gelte. Vgl. Liszt/Fleischmann, Völkerrecht (1925), S. 499, 525 (Anm. 14). Zwar wurde das Abkommen nicht ratifiziert, seine Bestimmungen wurden aber in das Londoner Protokoll von 1935 aufgenommen, dem Deutschland 1936 beitrat. Vgl. Ulrich Scheuner, *Durchsuchung von Schiffen*, in: Schlochauer (Hg.), Wörterbuch des Völkerrechts, 1. Bd., S. 408.

143 Es gibt auch Ausnahmen. In einem Verfahren gegen einen U-Boot-Kommandanten hielt Oberreichsanwalt Ebermayer fest, daß die Pflicht aus Nr. 116 »zwingend selbstverständlich« sei, allerdings war sie in diesem Fall auch beachtet worden, was das Bekenntnis zu ihr erleichterte. Vgl. bJ 630/20 (Rücker), Bd. 1, Bl. 194 RS.

unzweifelhaft feindlicher Passagierdampfer zurückzuschrecken. Deren Verlust wird vielmehr den allergrößten Eindruck machen.«[144]), auf die die Marineleitung nur ungern verzichten wollte. U-Boot-Kommandanten, die diese Form der Kriegführung bei sich bietender Gelegenheit in Eigenregie fortsetzten, konnten sich der wohlwollenden Sympathie ihrer Vorgesetzten sicher sein, schließlich waren sie als Marineoffiziere Teil einer von elitärem Korpsgeist durchdrungenen Gemeinschaft, von deren Einsatz, wie es so häufig hieß, der Kriegssieg nach der Pattsituation zu Lande abhing.[145] Und nachdem, wie zu erwarten war, das Reichsgericht alle Verfahren in den gewöhnlichen Fällen zum beschränkten oder uneingeschränkten U-Boot-Krieg eingestellt hatte,[146] konnten sie auch verläßlich auf das Verständnis deutscher Justizorgane zählen. Die hochrangigen Befehlsgeber blieben ohnehin unbehelligt. Sie waren nach Auffassung des Gerichts unzuständig in Fragen des U-Boot-Krieges oder hatten auf Befehl des Kaisers gehandelt,[147] keinesfalls gab es eine Verbindung zwischen

---

144 Vgl. ebenda, Bl. 184 RS.

145 Vgl. u.a. Rahn, *Strategische Probleme der deutschen Seekriegführung*, S. 354ff.

146 Die Begründung lautete in diesen Fällen, daß die Beschuldigten in nicht zu beanstandener Weise erhaltene Befehle durchgeführt hätten. Anderslautende Zeugenaussagen gab es häufig nicht. Entweder waren potentielle Zeugen infolge des Angriffs getötet worden oder sie hatten, weil das U-Boot nicht auftauchte, nichts gesehen, oder die englischen Behörden reagierten nicht auf das deutsche Ersuchen um Rechtshilfe, so daß in den Ermittlungen nur auf deutsche Aussagen zurückgegriffen werden konnte. Vgl. dazu u.a. bJ 623/20 (Korvettenkapitän a.D. Heinrich Jeß); bJ 626/20 (Kapitänleutnant Hubert Aust); bJ 631/20 (Kapitänleutnant a.D. Alfred von Glasenapp); bJ 632/20 (Kapitänleutnant a.D. Karl Siegfried Ritter von Georg); bJ 667/20 (Kapitänleutnant a.D. Hermann von Fischel); bJ 668/20 (Kapitänleutnant a.D. Kurt Hartwig); bJ 669/20 (Kapitänleutnant a.D. Otto Kümpel); bJ 670/20 (Kapitänleutnant a.D. Hans von Mallenthin); bJ 671/20 (Korvettenkapitän a.D. Robert Morath); bJ 696/20 (Kapitänleutnant a.D. Franz Becher); bJ 698/20 (Kapitänleutnant a.D. Wolfgang Steinbauer).

147 Das Verfahren gegen den Großadmiral a.D. Alfred von Tirpitz (bJ 615/20) wurde mit der Begründung eingestellt, er habe kein militärisches Kommando innegehabt, er sei unter der Verantwortung des Reichskanzlers lediglich bis März 1916 für die Verwaltung der Marine zuständig gewesen. Mit dem Hinweis auf die fehlende Kommandogewalt wurde auch das Verfahren gegen den Staatssekretär des Reichsmarineamtes, Admiral a.D. Eduard von Capelle (bJ 616/20), eingestellt. Die Verfahren gegen den Admiral a.D. Gustav Bachmann (bJ 617/20), den Vizeadmiral a.D. Paul Behncke (bJ 618/20), den Admiral a.D. und Chef der Hochseeflotte Reinhard Scheer (bJ 619/20) und gegen den Admiral a.D. Franz Ritter von Hipper (bJ 620/20)

ihnen und den U-Boot-Kommandanten, denn letztere hatten wohl – nach heutiger Diktion – in vorauseilendem Gehorsam, aber nicht in Befolgung eines tatsächlichen Befehls gehandelt.

Die Hinrichtung des englischen Kapitäns Charles Fryatt

Hinter der Beschuldigung in den Nummern 45 und 46 der englischen Liste verbarg sich ein Geschehen, das in den Öffentlichkeiten alliierter und neutraler Staaten für einen Sturm der Entrüstung gesorgt hatte und nach Kriegsende selten fehlte, wenn Gründe für eine Bestrafung der für die deutschen Kriegsverbrechen Verantwortlichen genannt wurden.[148] Es ging um die Hinrichtung einer Person, um die angesichts der Hekatomben von Toten verschwindend geringe Zahl eines Toten also, doch war diesem Toten im Unterschied zu den vielen anderen an der Liverpool Street Station in London eine Gedächtnistafel gewidmet und sein Konterfei fand sich in neutralen Ländern auf Broschüren über deutsche Kriegsgreuel und sogar auf Feuerzeugen.[149] Woran es zu erinnern galt, war nach britischer Auffassung ein eindeutiges Verbrechen, ein ganz unzweifelhafter Mord, wie es in der Auslieferungsliste hieß.[150] Auch aus deutscher Sicht war das, was sich ereignet hatte, ein Verbrechen, selbst der gegnerischen Sachverhaltsdarstellung stimmte man weitgehend zu, doch bewegte sich die Verantwortungszuweisung in eine völlig entgegengesetzte Richtung. Was war der Grund dieser Auseinandersetzung, in der beide Seiten ihr Urteil über die jeweils andere wie unter einem Brennglas bestätigt fanden?

Am 27. Juli 1916 verurteilte in Brügge ein außerordentliches Kriegsgericht des Marinekorps den Kapitän des englischen Handelsdampfers *Brussels*, Charles Fryatt, zum Tode. Er war für schuldig befunden wor-

---

wurden in größtenteils nur mehrzeiligen Beschlüssen eingestellt, in denen sowohl ihre Unzuständigkeit für die Erteilung des Befehls zum uneingeschränkten U-Boot-Krieg festgestellt als auch pauschal dessen völkerrechtliche Zulässigkeit herausgestellt wurden.

Vgl. zur korrespondierenden rechtlichen Beurteilung des Verhaltens der Befehlsgeber im Reichsmarineamt das Gutachten des Amtsgerichtsrats Dr. Hermann Willms, in: BAL, R 3003, ORA/RG, Generalia, Bd. 52, Bl. 76–106.

148 Vgl. Schwengler, Völkerrecht, Versailler Vertrag und Auslieferungsfrage, S. 68; Willis, Prologue to Nuremberg, S. 30f.

149 Vgl. Franz W. Jerusalem, *Der Fall Fryatt*, in: ZfV X (1917/18), S. 563f.

150 Liste des personnes désignées ..., S. 15 (englische Liste).

den, als nicht zu den Streitkräften des Feindes gehörig versucht zu haben, ein deutsches U-Boot durch Rammen zu vernichten. Das Urteil wurde noch am Tag seiner Verkündung durch Erschießen vollstreckt.[151]

Dem Urteil vorausgegangen war eine Vorgeschichte, die auf beiden Seiten die Empörung und Wut über die Heimtücke und Brutalität des Gegners ansteigen ließ. Diese Vorgeschichte besteht aus drei Teilen.

Teil eins: Das angebliche Tatgeschehen ereignete sich bereits am 28. März 1915. An diesem Tag traf das deutsche U-Boot U 33 im Ärmelkanal auf die unbewaffnete und ohne Flagge fahrende *Brussels*. U 33 hißte das Signal »Stoppen Sie sofort oder ich schieße« und drehte auf den Dampfer zu. Die *Brussels* behielt Fahrt und Kurs bei. Kurz bevor ein Torpedo von dem U-Boot abgefeuert werden konnte, änderte der Dampfer plötzlich seine Fahrtrichtung und lief direkt auf die U 33 zu mit der für dessen Kommandanten klar erkennbaren Absicht, das unbeweglichere U-Boot zu rammen.[152] Das Logbuch der *Brussels* bestätigte diesen Eindruck, da Charles Fryatt darin einen entsprechenden Eintrag gemacht hatte. Im britischen Unterhaus wurde er ob seiner Verhaltensweise lobend erwähnt, von der Admiralität erhielt er für seine »hervorragende Tapferkeit« ein Belobigungsschreiben sowie, zusammen mit dem Ersten Offizier und dem Maschinisten, eine goldene Uhr im damaligen Wert von 500 Mark.[153]

Teil zwei: Einige Monate später, im August 1915, wurde ein britischer Handelsdampfer von einem deutschen U-Boot beschossen. Um die Besatzung des Dampfers zu retten, näherte sich ihm ein weiteres Handelsschiff, das die amerikanische Flagge führte und auch die Seitenwände in den amerikanischen Nationalfarben gestrichen hatte. Ohne die amerikanische Flagge einzuholen, beschoß das Schiff, bei dem es sich in Wahrheit um den englischen Hilfskreuzer *Baralong* handelte, statt dessen jedoch mit verdeckt gewesenen Geschützen das U-Boot und versenkte es. Die Besatzung wurde ihrem Schicksal überlassen oder getötet, obwohl sie zuvor erkennbare Zeichen der Übergabe gemacht hatte (so die deutsche Version) oder weil sie nach wie vor Widerstand leistete (so die englische Darstellung).[154]

Teil drei: In einem aufsehenerregenden Prozeß verurteilte im Oktober 1915 ein deutsches Kriegsgericht die englische Krankenpflegerin Edith

---

151 Jerusalem, *Der Fall Fryatt*, S. 564.

152 Ebenda; Ludwig Dischler, *Fryatt-Fall*, in: Schlochauer (Hg.), Wörterbuch des Völkerrechts, Bd. 1, S. 606; bJ 15/20 (Admiral a. D. Ludwig von Schröder, Marinegerichtsrat Friedrich Zäpfel), Bd. 1, S. 8ff. (der in die Akte eingelegten Entscheidung der »Kommission Schücking«).

153 bJ 15/20 (von Schröder, Zäpfel), Bd. 1, S. 10 der Kommissionsentscheidung.

154 Vgl. Liszt, Völkerrecht (1918), S. 361, Anm. 2 m.w.N.; ders., Völkerrecht (1925), S. 505, Anm. 3 m.w.N.

Cavall und sechs ihrer mehr als zwanzig Mitangeklagten zum Tode durch Erschießen. Die Angeklagten hatten von August 1914 bis August 1915 in einer Art Netzwerk, dem belgische und französische Adlige, Vertreter bürgerlicher Berufe wie Apotheker und Juristen, aber auch Arbeiter angehörten, aus deutscher Gefangenschaft geflohene oder verletzte alliierte Soldaten die Flucht in die Niederlande ermöglicht, von wo aus sie teilweise wieder die Front erreichten und weiterkämpften. Auf diese Weise sei die Armee des Feindes um etwa 300 Soldaten vergrößert worden, wie ein deutscher Beobachter des Prozesses und der anschließenden Hinrichtung der Hauptangeklagten, der Arzt Gottfried Benn, berichtete. »Man denke an 300 Gewehre an der Yser oder bei Langemarck, von Edith Cavall aufgestellt, mähten in unsere Linien hinein«, fuhr er fort. »Welches Kriegsgericht hätte sie nicht zum Tode verurteilen müssen, welcher Gouverneur, der sich für seine Truppe verantwortlich fühlt, sie begnadigen können?«[155] – Der suggestiven Folgerichtigkeit dieser Sätze entsprach voll und ganz das Pathos, mit dem insbesondere in Großbritannien Edith Cavall als Heldin und Vorbild an selbstloser Vaterlandsliebe gefeiert und verehrt wurde. Monatelanger erfolgreicher Widerstand gegen eine übermächtige Militärmaschinerie, dazu noch von einer Frau geleistet, die dies als Dienst an der Menschlichkeit verstand, selbst in ihrem Tod war Edith Cavall, Pfarrerstochter und überzeugte Christin, der personifizierte Beweis für die Überlegenheit alliierter Zivilisation und der Verderbtheit deutscher Kultur, die in ihrer seelenlosen Unerbittlichkeit nicht einmal vor der Hinrichtung einer Frau haltmachte.[156]

Und dann kam, gut neun Monate später, die Fortsetzung des Falls Charles Fryatt. Anfang Juli 1916 wurde die *Brussels* im Ärmelkanal aufgebracht und ihr Kapitän mit dem uns bekannten Ergebnis vor Gericht gestellt. Gerichtsherr des Verfahrens und derjenige, der das Urteil nach-

---

155 Gottfried Benn, *Wie Miß Cavall erschossen wurde. Bericht eines Augenzeugen über die Hinrichtung der englischen Krankenschwester*, in: Walter Jost, Friedrich Felger (Hg.), Was wir vom Weltkrieg nicht wissen, 2. Aufl., Leipzig 1938, S. 98–102.

156 Vgl. Annette Becker, *Édith Cavall, résistante exécutée*, in: Historial de Péronne (Hg.), 14–18 la très grande guerre, S. 115–119. Gottfried Benn sah die Erschießung von Edith Cavall, der ersten Frau, die von deutscher Seite wegen Kriegsverrats erschossen wurde, gewissermaßen ein Zeichen der Gleichberechtigung und damit des Fortschritts. »Ich glaube, daß die Frau von heute für diese Konsequenz nicht nur Verständnis hat, sondern sie fordert.« Vgl. ders., *Wie Miß Cavall erschossen wurde*, S. 101.
Eine britische Untersuchungskommission kam 1920 zu dem Ergebnis, daß Edith Cavall hart, aber gerecht bestraft worden sei. Vgl. Willis, Prologue to Nuremberg, S. 128.

her auch bestätigt hatte, war der erste der beiden Beschuldigten der englischen Liste, der Admiral Ludwig von Schröder. Der zweite Beschuldigte war der Marinekriegsgerichtsrat Ludwig Zäpfel. Er hatte an dem Verfahren als Untersuchungsführer, im zivilen Bereich wäre das ein Staatsanwalt, teilgenommen.[157]

Das Reichsgericht stellte das Verfahren gegen beide Beschuldigten bereits am 22. Dezember 1922 ein. Der entsprechende Beschluß war nicht einmal eine Seite lang, was einen bestimmten Grund hatte: Anfang April 1919 hatte schon die »Kommission Schücking« den Prozeß gegen Fryatt überprüft und dessen Rechtmäßigkeit festgestellt, so daß das Reichsgericht zur Begründung seines Beschlusses lediglich auf die Entscheidung der Kommission zu verweisen brauchte.[158] In dieser Entscheidung, mit der wir uns folglich zu beschäftigen haben, wurde das Urteil des Kriegsgerichts einer Überprüfung nach zwei Gesichtspunkten unterzogen: Zunächst untersuchte die Kommission, inwieweit das deutsche Recht formell richtig angewendet worden war. Dieser Aspekt ist jedoch in dem hier interessierenden Zusammenhang weniger wichtig, und es reicht der Hinweis, daß die sachlichen Voraussetzungen der einschlägigen Vorschrift (die bisher mehrfach genannte Kaiserliche Verordnung über das außerordentliche kriegsrechtliche Verfahren gegen Ausländer) beachtet worden waren.[159] Wichtiger ist das, was die Kommission zur materiell-rechtlichen Seite des Urteils sagte, denn hier wurde – über den Begriff des Kriegsbrauchs, der nach Ansicht des Kriegsgerichts über die Strafbarkeit des Fryattschen Verhaltens entschieden hatte – deutlich, wie sehr die deutsche Rechtsauffassung von der des Auslands und insbesondere von der angloamerikanischen abwich.

Die entscheidende Frage war, ob ein Handelsschiff, das von einem feindlichen U-Boot aufgebracht werden soll, gegen das also eine prisenrechtliche Maßnahme gerichtet ist, seinerseits das Recht zu einer kriegerischen Aktion hat und zum Angriff übergehen darf. Die dahinterstehende Frage war, zumindest auf den ersten Blick, die uns aus dem Landkrieg bekannte: Darf eine nicht zu den Streitkräften, Milizen oder Freikorps gehörende Person in den Krieg eingreifen? Daß sie das nicht darf, außer es handelt sich um den Fall der *levée en masse*, war die einhellige Meinung in der Völkerrechtstheorie und -praxis. Doch wie stand es mit zivilen, unbewaffneten Handelsschiffen?

In der deutschen Prisenordnung hieß es unter Nr. 99, daß »mit denje-

---

157 bJ 15/20 (von Schröder, Zäpfel), Bd. 2, Bl. 3.

158 Ebenda.

159 Vgl. zu diesem Aspekt Walter Jellinek, *Ueber die landesrechtliche Seite des Falles Fryatt*, in: AÖR 39 (1920), S. 241–257.

nigen Personen, die, ohne in die feindliche Streitmacht eingereiht zu sein, an den Feindseligkeiten teilgenommen oder gewaltsam Widerstand geleistet haben, nach dem Kriegsbrauche verfahren werden [kann]«. Abgesehen von unmittelbaren Kriegshandlungen war den feindlichen Handelsschiffen[160] also auch untersagt, sich gegen Versuche ihrer Aufbringung zur Wehr zu setzen. Sie konnten, was nach Nr. 16 b der Prisenordnung ausdrücklich zulässig war, lediglich versuchen, die Flucht zu ergreifen; allerdings griff dann Nr. 83 der Ordnung ein, die den Einsatz von Waffengewalt vorschrieb, um das fliehende Schiff zu stoppen. Mit anderen Worten, das feindliche Handelsschiff hatte de facto nur die Wahl zwischen Aufgabe und Versenkung, da eine Flucht nur in Ausnahmefällen möglich war (beispielsweise aufgrund zu großer Entfernung oder eines ungünstigen Schußwinkels). Jede andere Reaktion wurde als gewaltsamer Widerstand angesehen, dem in der Regel ein Verfahren nach dem Kriegsbrauch folgte, das, wie wir von entsprechenden Fällen im Landkrieg wissen, mit der Todesstrafe zu enden pflegte.

Insofern kann es nicht verwundern, daß die »Kommission Schücking« das Verhalten Fryatts als einen Akt gewaltsamen Widerstands bewertete und im Ergebnis auch die Todesstrafe nicht beanstandete.[161] Hinter der Formulierung, daß die Todesstrafe gegen Kapitän Fryatt »im Ergebnis nicht beanstandet wurde«, verbirgt sich allerdings ein Problem, das innerhalb der Kommission und in der öffentlichen Rezeption ihrer Entscheidung für erhebliche Unruhe sorgte. Dieses Problem war das folgende: In einer aus zwei Punkten bestehenden Anlage zur Prisenordnung vom Juni 1914 war unter dem zweiten Punkt geregelt, daß der Widerstand eines bewaffneten feindlichen Handelsschiffes gegen prisenrechtliche Maßnahmen mit allen Mitteln zu brechen ist. Zum Schicksal der Menschen an Bord dieser Schiffe sagte die Anlage: »Die Besatzung ist als kriegsgefangen zu behandeln.«[162] Wäre also die *Brussels* bewaffnet gewesen, hätte ihr Kapitän als Kriegsgefangener behandelt werden müssen.[163] Da sie jedoch

---

160 Nr. 99 der Prisenordnung bezog sich ursprünglich auf neutrale Schiffe, jedoch wurde das Prinzip auf feindliche unbewaffnete Handelsschiffe übertragen, da für sie eine Regelung fehlte. Vgl. Jerusalem, *Der Fall Fryatt*, S. 578.

161 Vgl. ebenda, Bd. 1, Entscheidung der Kommission Schücking, S. 2, 24, 27.

162 RGBl. 1914, 301.

163 Das geschah auch zunächst. Kapitän Fryatt wurde nach der Aufbringung seines Schiffs in das Kriegsgefangenenlager Ruhleben gebracht und von dort aus nach einer entsprechenden Weisung des Admiralstabs an das Kriegsgericht überstellt. Vgl. *Chronique des faits internationaux*, in: RGDIP 27 (1920), S. 101.

nicht bewaffnet war und Fryatt sie lediglich selbst als Waffe einsetzen konnte, galt er als »Franktireur zur See«, gegen den die für Franktireure übliche Strafe verhängt wurde. Gerechtfertigt wurde diese unterschiedliche Behandlung mit der Trennung zwischen rechtmäßigen Kombattanten und Nichtkombattanten im Landkriegsrecht sowie mit dem Hinweis, daß davon hinsichtlich der bewaffneten Handelsschiffe eine Ausnahme gemacht werden mußte, weil England 1913 begonnen habe, seine größeren Handelsschiffe mit Geschützen zu bewaffnen. Die Besatzungen dieser Schiffe mit dem Tod zu bedrohen, wie es dem deutschen Rechtsgrundsatz entsprochen hätte, wurde aus Furcht vor Vergeltungsmaßnahmen gegen deutsche Hilfskreuzer abgelehnt und – da dieser Grund rechtlich kein sonderlich überzeugender war[164] – zusätzlich mit dem Argument zurückgewiesen, daß die Besatzungen englischer bewaffneter Handelsschiffe schließlich im Auftrag ihrer Regierung handelten und somit eine Art »bewaffneter Macht« im Rechtssinne darstellten.[165]

Mit dieser Begründung hätte allerdings auch Fryatt ein Handeln im Auftrag der englischen Regierung zugebilligt werden müssen, denn zum Zeitpunkt des Prozesses gegen ihn waren in Deutschland die Befehle bekannt, wonach englische Handelsschiffe beim Kontakt mit einem feindlichen U-Boot versuchen mußten, entweder zu entkommen oder das U-Boot zu rammen (siehe oben, S. 419). Außerdem darf nicht vergessen werden, daß der Rammversuch zur Zeit des beschränkten U-Boot-Kriegs unternommen wurde. Wenn Fryatt auch nicht mehr mit einer warnungslosen Versenkung, wie sie allen feindlichen Schiffen in Sperrgebieten ja angedroht war, rechnen mußte, konnte er gleichwohl nicht sicher sein, nicht doch noch versenkt und – wie in vielen vergleichbaren Fällen – mit der Besatzung seinem Schicksal überlassen zu werden.[166] Ins Kriegsrechtliche übertragen: Dadurch, daß Deutschland im Seekrieg das begann, was es schon seit geraumer Zeit Großbritannien vorwarf, nämlich den Kampf gegen feindliche Nichtkombattanten, mußte diesen nach allgemeinen Grundsätzen auch die Befugnis zur Gegenwehr zuerkannt wer-

---

164 Ein bewaffnetes Handelsschiff war nicht mit einem Hilfskreuzer oder einem Hilfskriegsschiff gleichzusetzen. Für letztere galten bestimmte gewohnheitsrechtliche Regeln (vgl. das Abkommen über die Umwandlung von Kauffahrteischiffen in Kriegsschiffe, RGBl. 1910, 207), während für die Bewaffnung eines Handelsschiffs nur die Installation eines Geschützes notwendig war.

165 Jerusalem, *Der Fall Fryatt*, S. 577f.; bJ 15/20 (von Schröder/Zäpfel), Bd. 1, Entscheidung der Kommission Schücking, S. 23f.

166 So die Aussage Fryatts im Prozeß, vgl. ebenda (Entscheidung der Kommission Schücking), S. 15.

den. Für eine rechtmäßige Gegenwehr war jedoch eine Bestrafung nicht zulässig.[167]

Was mochte die »Kommission Schücking« also bewogen haben, das Urteil des Kriegsgerichts als rechtmäßig zu bestätigen? Zwar erklärte sie abmildernd ihr »lebhaftes Bedauern [...] über die Schnelligkeit, mit der das Urteil vollstreckt worden ist«, wodurch der Reichsregierung nicht die Möglichkeit einer Begnadigung gehabt habe,[168] doch betrifft dies im Grunde nicht das Ob, sondern nur das Wie des kriegsgerichtlichen Urteils. Und auch der Umstand, daß die Verteidigung Fryatts nur eine rein formelle war[169] und der Prozeß von der Kommission als »schroff« bezeichnet wurde,[170] hinderte diese nicht daran, ihm die Rechtmäßigkeit zu bescheinigen. – Die Frage nach den Beweggründen für die Entscheidung der Kommission scheint mithin nur eine rhetorische zu sein, zumal es für die in diesem Zusammenhang aufgestellte Behauptung Frankreichs, an der Entscheidung hätten zwei Personen mitgewirkt, die bereits dem damaligen Militärgericht angehört hatten, keinen eindeutigen Beleg gibt.[171]

---

167 Daran ändert sich auch dann nichts, wenn, wie geschehen, der beschränkte U-Boot-Krieg als Repressalie für die englischen Verletzungen des Seekriegsrechts dargestellt wird. Auch wenn die Repressalie rechtlich zulässig ist, wird es von einem Repressalopfer nicht erwarten werden können, daß es den Vollzug der Repressalie an sich ohne Widerstand oder Verteidigungshandlung hinnimmt. Und selbst wenn gerade deswegen eine Bestrafung gefordert wird, muß sie aus »Gründen der Billigkeit und Humanität« wegfallen, sobald, wie im vorliegenden Fall, durch die Einstellung des beschränkten U-Boot-Kriegs nachträglich und bis zur Verurteilung eine rechtliche Änderung eintrat, welche die Strafbarkeit der Handlung wieder aufhob. Anders gesagt: Zur Zeit des Gerichtsverfahrens gegen Fryatt war erlaubt, was zur Tatzeit verboten war. Vgl. – mit allerdings anderer Schlußfolgerung – Jerusalem, *Der Fall Fryatt*, S. 581f.

168 Vgl. bJ 15/20 (von Schröder/Zäpfel), Bd. 1 (Entscheidung der Kommission Schücking), S. 27f.

169 Der amerikanische Botschafter wollte Fryatt einen Verteidiger stellen, der sich im Seekriegsrecht auskannte. Das Auswärtige Amt und der Admiralstab waren einverstanden, nicht jedoch das zuständige Marinekorps, das Fryatt einen deutschen Rechtsanwalt und Major beiordnete, der sich allerdings in der Rechtsmaterie nicht auskannte. Der Antrag dieses Anwalts auf Aussetzung des Verfahrens, um dem Angeschuldigten Fryatt einen geeigneten Verteidiger zur Seite zu stellen, wurde vom Gericht abgelehnt. Vgl. ebenda, S. 6f.

170 Ebenda, S. 28.

171 In dem französischen Bericht werden keine Namen genannt. Es heißt darin nur, daß zwei Kommissionsmitglieder Richter des Kriegsgerichts gewesen seien. Vgl. *Chronique des faits internationaux*, S. 102.

Was der Frage trotz der offenkundigen Indikatoren einen Sinn gibt, ist die paradigmatische Bedeutung der Kommissionsentscheidung für die weitere Behandlung der alliierten Vorwürfe. Diese Bedeutung äußert sich in zwei Aspekten. Der erste ist der Zeitpunkt der Kommissionsentscheidung. Im April 1919 stand die Drohung einer alliierten Auslieferungsforderung noch im Raum, und es hätte daher nahegelegen, durch eine umfassende, auch ausländische Rechtspositionen stärker berücksichtigende Prüfung – schließlich ging es um die völkerrechtliche Rechtmäßigkeit des Urteils gegen Fryatt – einen Versuch zur Entspannung der Situation zu machen. Statt dessen kam es durch die Entscheidung der Kommission zu einem Akt nachholender Rechtfertigung, in dem die durch den beschränkten U-Boot-Krieg aufgeworfenen Rechtsfragen außen vor blieben. Und diese Feststellung führt uns zu dem zweiten Aspekt. Daß einzelne vom Ausland heftig kritisierte Kriegsmaßnahmen von deutschen Stellen anders beurteilt werden würden, war von vornherein klar. Die enge politische und soziokulturelle Übereinstimmung zwischen Militär, Politik und Justiz würde schon, ungeachtet der Ankündigung des Reichsjustizministers Schiffer (»ohne Rücksicht auf die Person [soll] nur der Gerechtigkeit Geltung werden«), für einen Schulterschluß sorgen und die feindlichen Anwürfe abwehren. Überraschend war jedoch, daß sich im konkreten Fall auch eine Person wie der Kommissionsvorsitzende Walther Schücking, der über die deutschen Grenzen hinaus als Pazifist und Befürworter eines Völkerbundes Anerkennung genoß,[172] ganz ähnlich verhielt. Obgleich er mit der Kommissionsentscheidung nicht einverstanden war und aus völkerrechtlichen Gründen das Urteil gegen Fryatt für ein Fehlurteil hielt,[173] stellte er sich vor die Kommission und rechtfertigte die Entscheidung nach außen. Daß er sie für falsch hielt, wäre allerdings ohne den Einspruch des Völkerrechtlers und Vorsitzenden der »Deutschen Liga für Völkerbund«, Hans Wehberg,[174] gar nicht erst über den Kreis der Kommission hinausgedrungen. In einem öffentlichen Brief hatte dieser die völkerrechtliche Ahnungslosigkeit der meisten Kommissionsmitglieder kritisiert, die Parteinahme der deutschen Völkerrechtswissenschaft zugunsten der vergangenen kaiserlichen Militärpolitik beklagt und den Kommissionsvorsitzenden Schücking zu einer persönlichen Erklärung aufgefordert. Dieser Aufforderung kam Schücking nach, indem er bekannte, er hätte lieber eine andere Entscheidung der Kommission verkündet, doch habe er sich der Mehrheit beugen müssen, die im übrigen, wie die gesam-

172 Vgl. Paech/Stuby, Völkerrecht, S. 214, dort vor allem FN 57.

173 Vgl. *Chronique des faits internationaux*, S. 105; Schwengler, Völkerrecht, Versailler Vertrag und Auslieferungsfrage, S. 174, vor allem Anm. 228.

174 Zu Wehberg vgl. Paech/Stuby, Völkerrecht, S. 214, FN 57 m.w.N.

te Kommission, nur von dem Willen beseelt gewesen sei, dem Recht zu dienen.[175]

Es gibt keinen Grund, an der Glaubhaftigkeit dieser Auskunft Schükkings zu zweifeln.[176] Tatsache aber bleibt, daß er durch sein an die Devise »right or wrong, my country« erinnerndes Verhalten den »rechthaberischen« Kräften in die Hand spielte, die »allen Vernunftgründen unzulänglich bleib[en und] die den alten, echten preußischen Militarismus verkörper[n]«.[177] Er unterstützte und verteidigte letztlich eine Entscheidung, die einem einseitigen, falschen Verständnis des Kriegsvölkerrechts verhaftet blieb. Die weitverbreitete Empörung über die ausschließlich an Deutschland gerichteten alliierten Schuldzuweisungen, die gerade im Hinblick auf den Seekrieg fraglich, angesichts dessen Schrekkens aber nahezu übermächtig waren, mag hier eine Rolle gespielt haben. In der alliierten Presse und Öffentlichkeit jedenfalls sah man die Tätigkeit der Kommission, die ja in einigen Fällen schon eine völkerrechtswidrige Behandlung alliierter Kriegsgefangener konstatiert hatte, für die Zukunft diskreditiert.[178] Sie praktiziere »eyewash for the Allies

---

175 Vgl. *Chronique des faits internationaux*, S. 104f.

176 Die strenge Unparteilichkeit der Kommission haben auch die der USPD angehörenden Kommissionsmitglieder Bernstein und Cohn hervorgehoben, die jedoch »durch wichtige und unaufschiebliche öffentliche Angelegenheiten gehindert« waren, an der Abstimmung teilzunehmen. Bei ihrer Anwesenheit wäre die Entscheidung, so die Erklärung, anders ausgefallen. Vgl. Schwengler, Völkerrecht, Versailler Vertrag und Auslieferungsfrage, S. 174, FN 227.

177 So der Kapitän zur See a.D. Lothar Persius in einer Kritik der Kommissionsentscheidung. Vgl. Schwengler, Völkerrecht, Versailler Vertrag und Auslieferungsfrage, S. 174. Zu Persius, der ab Sommer 1918 regelmäßig für die *Weltbühne* schrieb, vgl. Peter Steinkamp, *Kapitän zur See a.D. Lothar Persius (1864–1944) – Ein Seeoffizier als Kritiker der deutschen Flottenpolitik*, in: Wolfram Wette (Hg.), Pazifistische Offiziere in Deutschland 1871–1933, Bremen 1999, S. 99–109. Zu Schücking und seinem Verhalten, besonders im Fryatt-Fall, vgl. Detlev Acker, Walther Schücking (1875–1935), Münster in Westfalen 1970, S. 135ff.

178 Schwengler meint, daß die Kommission trotz bester Absichten die in sie gesetzten Erwartungen nicht erfüllen konnte und daß es die Reichsregierung versäumt habe, auf den Fortschritt, der bereits in der Konstituierung der Kommission zu sehen sei, im In- und Ausland hinzuweisen. Schließlich konnte, so Schwengler, in mehreren Fällen, in denen eine Völkerrechtsverletzung verneint wurde, nicht anders entschieden werden, weil wegen fehlender Zeugenaussagen der Sachverhalt nicht habe geklärt werden können. Vgl. Schwengler, Völkerrecht, Versailler Vertrag und Auslieferungsfrage, S. 175.

and whitewash for the old German régime«, wie in einer englischen Zeitung zu lesen war.[179]

Aber ob Augenwischerei oder Weißwäscherei, ausschlaggebend für das Reichsgericht, das nun über den Fall und zwei der beteiligten Juristen zu entscheiden hatte, war die deutsche Anwendung des Völkerrechts zur Zeit des Prozesses gegen Fryatt. War sie mit verbindlichen völkerrechtlichen Bestimmungen nicht vereinbar, trat – wie weiter oben schon dargestellt – die Rechtsfolge von Art. 3 des IV. Haager Abkommens ein, das heißt, es mußte an den Staat des Opfers der völkerrechtlich verbotenen Handlung Schadensersatz gezahlt werden. Strafrechtlich war das erst dann relevant, wenn – wiederum nach deutscher Sicht – die zu beachtende Bestimmung des Völkerrechts so eindeutig war, daß ihre Beachtung hätte erwartet werden müssen. Nach der Vorarbeit der »Kommission Schücking« war klar, daß das Reichsgericht irgendeine strafrechtliche Verantwortlichkeit ablehnen würde. Noch einmal auf die völkerrechtliche Rechtslage einzugehen erübrigte sich nach seiner Auffassung – und auch wenn die Umstände dem uns schon hinlänglich bekannten Vorverständnis des Reichsgerichts entgegenkamen, müssen wir sagen, zu Recht, denn vor dem Hintergrund der deutschen Rechtspraxis war die Völkerrechtswidrigkeit des Urteils gegen Fryatt nicht so deutlich, daß sie eine Bestrafung der beteiligten Juristen nach deutschem Recht hätte rechtfertigen können.[180]

Letzterem kann heute aufgrund der zeitlichen Distanz nicht widersprochen werden, doch gab es auch in diesen Fällen z. B. von englischer Seite keinen Protest. Durch die Behandlung des Fryatt-Falles zeigte sich jedoch das Selbst- und Grundverständnis in der Kommission, das ganz sicher auch durch eine positive Propaganda nicht hätte überdeckt werden können.

179 Ebenda.

180 Vgl. zur Diskusion über die Zulässigkeit und Grenzen von Verteidigungshandlungen gegen feindliche U-Boote vor allem James Brown Scott, *The execution of Capitain Fryatt*, in: AJIL X (1916), S. 865–877, wo dargestellt wird, daß der Richterspruch gegen Fryatt völkerrechtswidrig war, diese Völkerrechtswidrigkeit sich allerdings erst kurz vor dem Krieg (auf einer Tagung des »Institute of International Law« in Oxford 1913) konsolidiert hatte. Zugleich räumt Scott ein, daß das Urteil dem deutschen Recht entsprochen haben mochte.

Die Versenkung von Rettungsbooten und das Verfahren gegen die Oberleutnants zur See Ludwig Dithmar und John Boldt

Helmut Patzig war im Krieg Kapitänleutnant und Kommandant des U-Bootes U 86. Bis zum Juni 1918 war sein Name in Deutschland oder in alliierten Ländern so gut wie unbekannt, jedenfalls weckte er hier wie dort bei weitem nicht die Emotionen, die er später wecken sollte. Am 27. Juni 1918 nämlich versenkte die U 86 auf Befehl Patzigs das englische Lazarettschiff *Llandovery Castle*. Zwar praktizierte Deutschland zu jener Zeit in bestimmten Sperrgebieten den uneingeschränkten U-Boot-Krieg, doch abgesehen davon, daß es sich um ein Lazarettschiff handelte, erfolgte die Versenkung an der Westküste von Irland und damit außerhalb eines Sperrgebiets. Das allein war schon, objektiv gesehen, Anlaß genug, um wie bei der Versenkung der *Glenart Castle* durch Kapitänleutnant Kiesewetter von einem Verbrechen auszugehen, zumal auch die *Llandovery Castle* vorschriftsmäßig als Lazarettschiff gekennzeichnet war.[181] Was aber den Fall der *Llandovery Castle* von dem der *Glenart Castle* unterschied, war der Umstand, daß auf Befehl Patzigs auch noch die Rettungsboote, in die sich die Überlebenden der Torpedierung geflüchtet hatten, beschossen und versenkt wurden. Mehrere hundert Tote waren die Folge, und nur einem Rettungsboot gelang es zu entkommen.[182]

Patzig war nicht der einzige Beschuldigte, dem im Zusammenhang mit dem unbeschränkten U-Boot-Krieg die vorsätzliche Tötung Überlebender zur Last gelegt wurde. Schon im Juni 1917 hatte ein deutsches U-Boot, das unter dem Kommando von Kapitänleutnant Erwin Waßner stand, den britischen Frachtdampfer *Addah* innerhalb eines Sperrgebietes versenkt. Auf die überlebende Besatzung, die sich in zwei Boote gerettet hatte, ließ Waßner das Feuer eröffnen, weil er, so seine spätere Aussage vor der Reichsanwaltschaft – der ermittelnde »Hilfsarbeiter« dieser Behörde war wieder Kriegsgerichtsrat Jorns – einen von den Rettungsbooten ausgehenden Angriff auf das U-Boot befürchtet habe. Jorns und später auch das Reichsgericht hielten diese Aussage, die ohne Übertreibung wohl als Inbegriff einer abwegigen Schutzbehauptung bezeichnet werden kann, für glaubhaft. Obwohl nahezu alle Zeugen keine Anzeichen für das Erfordernis einer Notwehr- oder Verteidigungshandlung

---

181 Vgl. aJ 96/20 (Oberleutnant z. S. Ludwig Dithmar/Oberleutnant z. S. John Boldt), Bd. 7, Bl. 9; PA Bonn, R 48433o, o. S.

182 PA Bonn, R 48433o, o. S.; Liste des personnes désignées ..., S. 6 (englische Liste); Première liste, Nr. 1, S. 3.

erkennen konnten und das Gefühl hatten, einen Racheakt erlebt zu haben,[183] sahen beide keinen hinreichenden Verdacht für in subjektiver Hinsicht rechtswidrige Tötungen. Letzten Endes, so Jorns und ihm ausdrücklich zustimmend das Gericht, habe es sich »um einen inneren Vorgang [ge]handelt, nämlich um den vom Beschuldigten verfolgten Zweck. Eine zuverlässige Beobachtung dieses inneren Vorgangs war den Zeugen überhaupt nicht möglich.«[184]

Ebenfalls 1917 hatte, um noch kurz auf ein zweites Beispiel einzugehen, ein unter dem Befehl von Kapitänleutnant Wilhelm Werner fahrendes U-Boot den englischen Handelsdampfer *Torrington* versenkt. Auf Befehl Werners sei dann, wie von englischer Seite behauptet wurde, eines der Rettungsboote beschossen worden. Außerdem habe er ungefähr zwanzig überlebende Besatzungsmitglieder, die sich auf das Deck des U-Boots gerettet hatten, dem Ertrinkungstod preisgegeben, indem er einen Tauchvorgang einleiten ließ.[185] Da diese Beschuldigungen hauptsächlich auf die Aussagen des Kapitäns der *Torrington*, der als Kriegsgefangener an Bord des U-Boots genommen worden war, zurückgingen und eine ganze Reihe deutscher Zeugen andere Beobachtungen gemacht hatten (die Schüsse hätten der *Torrington* und nicht dem Rettungsboot gegolten, das auch nicht versenkt worden sei; die an Deck des U-Boots befindlichen Englän-

---

183 Vgl. bJ 627/20 (Kapitänleutnant Erwin Waßner), Bd. 1, Bl. 60ff., 96ff., 151ff.
Lediglich die Aussagen zweier Zeugen konnte Jorns so interpretieren, daß sie die Darstellung des Beschuldigten stützten. Ein irgendwie als Angriff zu verstehendes Verhalten seitens der Rettungsboote hatten die beiden Zeugen allerdings auch nicht festgestellt, doch stellten sie gleichwohl die Beschießung der Boote als eine aus Sicht des Kommandanten erforderliche Vorsichtsmaßnahme dar. Die übrigen Besatzungsmitglieder äußerten sich ähnlich, nur sprachen sie statt von einer »erforderlichen Vorsichtsmaßnahme« von einer Revanche wegen der »heimtückischen Angriffe der Engländer«, von denen man immer wieder gehört habe. Wie Kapitänleutnant Waßner gehandelt habe, sei richtig gewesen.
Da die offenen Aussagen dieser Art, in denen zudem unwidersprochen darauf hingewiesen wurde, daß sich die Rettungsboote bei der Beschießung gut 400 Meter vom U-Boot erfernt befanden, in strafrechtlicher Hinsicht für den Beschuldigten nicht hilfreich waren, ließen Gericht und Reichsanwaltschaft sie fallen.

184 Ebenda, Bl. 153, 155.

185 Liste des personnes désignées ..., S. 7 (englische Liste); Première liste, Nr. 3, S. 3; *»Let them swim«. Captain's story of murdered crew. German inhumanity*, in: Times, 31.8.1921 (enthalten in: PA Bonn, R 48436a, o. S.); Antrag auf Eröffnung der Voruntersuchung vom 9.3.1921, in: R 46436a, o. S.

der seien vor dem Abtauchen in ein Rettungsboot gestiegen), wurde Werner durch Beschluß des Reichsgerichts aus tatsächlichen Gründen außer Verfolgung gesetzt.[186]

Vergleichen wir die skizzierten Fälle mit dem eingangs geschilderten Fall Patzig, so sind gleichwohl drei Besonderheiten festzuhalten. Erstens, die Patzig vorgeworfene Tat bezog sich nicht auf ein (bewaffnetes) Handelsschiff,[187] sondern auf ein Lazarettschiff, ein vorschriftsmäßig gekennzeichnetes noch dazu. Zweitens, die Versenkung der *Llandovery Castle* geschah außerhalb eines Sperrgebiets,[188] also in einem Seegebiet, in dem sie auch nach deutschem Recht verboten war. Drittens, der Sachverhalt stand fest. Gab es bei der Versenkung der *Torrington* noch Entlastungszeugen und konnten solche bei der Versenkung der *Addah* noch herbeiargumentiert werden, stand der Tathergang bei der Versenkung der *Llandovery Castle* außer Zweifel. Erst war das Schiff versenkt worden und danach, um eine Entdeckung dieser Tat zu verhindern, auch noch – bis auf eines – die Rettungsboote.

Vielleicht lag es daran, daß der Sachverhalt so eindeutig war, vielleicht aber wollte Helmut Patzig, frustriert über die Vergeblichkeit des eigenen erfolgreichen Kampfes, sich wie viele Marineoffiziere ein neues Leben in Südamerika aufbauen, jedenfalls war er bei Beginn der Ermittlungen im Februar 1920 nicht aufzufinden. Ein Haftbefehl wurde beantragt und erlassen, in dem Patzig beschuldigt wurde, »gelegentlich der Versenkung des englischen Hospitalschiffes Llandovery Castle [...] eine größere Anzahl von englischen Offizieren und Mannschaften, sowie eine Anzahl von Angehörigen des Canadian Army Medical Corps und mehrere Pflegerinnen vorsätzlich getötet und die Tötung mit Überlegung ausgeführt zu haben« (Verbrechen des Mordes nach § 211 StGB).[189]

Nachdem sich kurze Zeit das Gerücht hielt, Patzig halte sich in Danzig

---

186 Vgl. den ausführlichen Beschluß vom 30.3.1926 in PA Bonn, R 46436a, o. S.

187 Die *Addah* und die *Torrington* hatten am Heck zu Verteidigungszwecken eine Kanone installiert.

188 In den Verfahren gegen Waßner und Werner, vor allem in dem Verfahren gegen den ersteren, spielte der Umstand, daß die ihnen zur Last gelegten Handlungen innerhalb eines Sperrgebiets geschehen waren, eine wichtige Rolle. Wenn schon, so das zwischen den Zeilen deutlich werdende Verständnis, das Schiff mitsamt der Besatzung ohne Vorwarnung versenkt werden durfte, wer wird dann wegen einiger sich dubios verhaltender Schiffbrüchiger viel Aufhebens machen. Vgl. bJ 627/20 (Waßner), Bd. 1, Bl. 152 RS.

189 Vgl. Mitteilung des Oberreichsanwalts an das Auswärtige Amt vom 23.2.1921, in: PA Bonn, R 48433o, o. S.

auf – was seine Strafverfolgung erschwert hätte[190] –, hieß es dann, er habe sich nach Dänemark oder Schweden abgesetzt. Im August 1921 war schließlich zu lesen, er befinde sich in einem südamerikanischen Land und werde sich demnächst den deutschen Behörden stellen, um »allein die Verantwortung« für das Geschehen zu übernehmen.[191]

Daß Patzig sich zu dieser Ankündigung genötigt sah – der allerdings keine Taten folgten –, hatte einen einfachen Grund: Einige Wochen vorher waren zwei Offiziere seines U-Boots, der Oberleutnant zur See Ludwig Dithmar und der Oberleutnant zur See a. D. John Boldt, vom Reichsgericht zu einer Freiheitsstrafe von jeweils vier Jahren Gefängnis verurteilt worden,[192] und zwar wegen Beteiligung an der Tat, die ihm selbst vorgeworfen wurde. Das Gericht hatte es als erwiesen angesehen, daß die beiden Offiziere dem flüchtigen Kommandanten beim Verbrechen des Totschlags – nicht des Mordes – in einer Vielzahl von Fällen (die genaue Zahl der Opfer war wegen der vorherigen Torpedierung des Lazarettschiffs, die den Tod einer Reihe von Menschen zur Folge hatte, nicht feststellbar; die Zahl der Getöteten belief sich insgesamt auf 234) behilflich waren.[193]

Dithmar und Boldt standen auf keiner Liste. Sie waren ins Visier der Reichsanwaltschaft geraten, als diese versuchte, durch Zeugenbefragung und Auswertung bereits vorliegender englischer Zeugenaussagen das, was sich in der Nacht vom 27. auf den 28. Juni 1918 ereignet hatte, zu rekonstruieren. Dabei stellte sich schnell heraus, daß die beiden Oberleutnants, die als Wachoffiziere auf dem U-Boot Dienst taten, an der Tat beteiligt gewesen sein mußten, denn sie waren während der Beschießung der

---

190 Nach Art. 105 des Versailler Vertrags hätte Patzig durch seinen Wohnort in der Freien Stadt Danzig die deutsche Staatsbürgerschaft verloren. In einem Beschluß vom Februar 1921 kam das Reichsgericht zu dem Ergebnis, daß die Strafverfolgung nichtsdestoweniger zulässig und auch das Reichsgericht zuständig sei. Das U-Boot des Beschuldigten habe seinerzeit unter der Hoheit und Herrschaft des Deutschen Reiches gestanden und der Beschuldigte sei zur Tatzeit Deutscher gewesen, wodurch das »Gesetz zur Verfolgung von Kriegsverbrechen und Kriegsvergehen« vom 18. Dezember 1919 anwendbar bleibe. Vgl. den Wortlaut des Beschlusses in: PA Bonn, R 48433o, o. S.

191 Vgl. die Schreiben des Reichsministers der Justiz bzw. des Oberreichsanwalts an das Auswärtige Amt vom August bzw. September 1920 sowie die Nachricht vom 6.8.1921 unter Berufung auf einen Artikel der *Leipziger Abendpost*, alle in: ebenda, o. S.

192 Außerdem hatte das Gericht noch Nebenstrafen ausgesprochen. Gegen Dithmar erkannte es auf Dienstentlassung und gegen Boldt auf Verlust des Rechts zum Tragen der Offiziersuniform. Vgl. zum Urteil: Weißbuch, S. 2579–2586.

193 Ebenda, S. 2580.

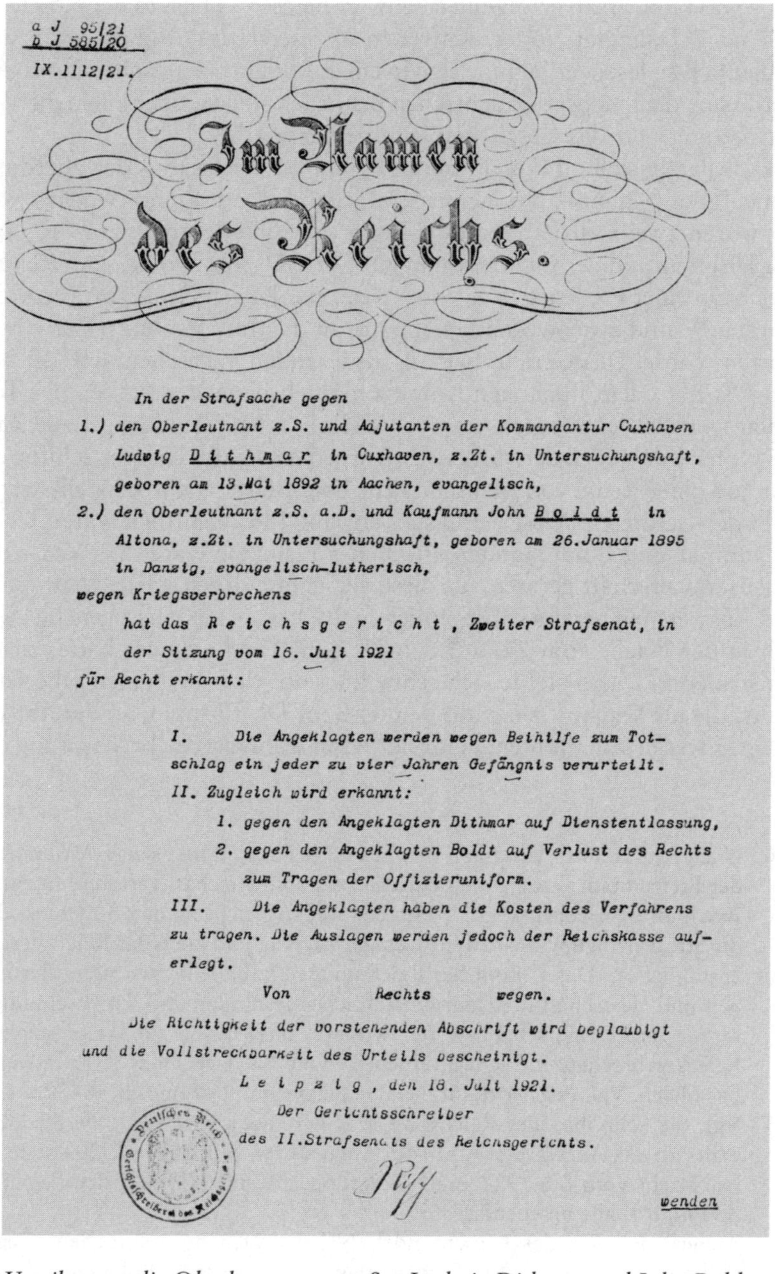

a J 95/21
b J 585/20

IX.1112/21.

Im Namen des Reichs.

In der Strafsache gegen

1.) den Oberleutnant z.S. und Adjutanten der Kommandantur Cuxhaven Ludwig D i t h m a r in Cuxhaven, z.Zt. in Untersuchungshaft, geboren am 13.Mai 1892 in Aachen, evangelisch,

2.) den Oberleutnant z.S. a.D. und Kaufmann John B o l d t in Altona, z.Zt. in Untersuchungshaft, geboren am 26.Januar 1895 in Danzig, evangelisch-lutherisch,

wegen Kriegsverbrechens

hat das R e i c h s g e r i c h t , Zweiter Strafsenat, in der Sitzung vom 16. Juli 1921

für Recht erkannt:

I. Die Angeklagten werden wegen Beihilfe zum Totschlag ein jeder zu vier Jahren Gefängnis verurteilt.

II. Zugleich wird erkannt:

1. gegen den Angeklagten Dithmar auf Dienstentlassung,
2. gegen den Angeklagten Boldt auf Verlust des Rechts zum Tragen der Offizieruniform.

III. Die Angeklagten haben die Kosten des Verfahrens zu tragen. Die Auslagen werden jedoch der Reichskasse auferlegt.

Von Rechts wegen.

Die Richtigkeit der vorstehenden Abschrift wird beglaubigt und die Vollstreckbarkeit des Urteils bescheinigt.

L e i p z i g , den 18. Juli 1921.

Der Gerichtsschreiber
des II.Strafsenats des Reichsgerichts.

Deutsches Reich – Gerichtsschreiberei d. Reichsgerichts

Piss

wenden

Urteil gegen die Oberleutnants zur See Ludwig Dithmar und John Boldt
BAL, R 3003, ORA/RG, aJ 95/21, Bd. 1, Bl. 1, VS

Rettungsboote zusammen mit dem Kommandanten Patzig an Deck. Zeitweilig befand sich bei ihnen noch ein (vor Verfahrensbeginn gestorbener) Oberbootsmannsmaat, doch war unklar, ob dies auch zum Zeitpunkt der Beschießung der Fall war oder ob er auch, wie die übrige Besatzung, auf seinen Posten unter Deck befohlen worden war.[194]

Ein nicht nur hinreichender, sondern dringender Tatverdacht gegen die Oberleutnants Dithmar und Boldt war damit gegeben – zur Erleichterung offizieller deutscher Stellen und namentlich des Auswärtigen Amtes, möchte man hinzufügen. Schon waren in England Stimmen laut geworden, die ungeduldig und mißtrauisch nach dem Fortgang des Verfahrens in Sachen *Llandovery Castle* fragten. Ihnen konnten nun statt des Hauptverdächtigen zwei Tatbeteiligte präsentiert werden, deren Identifizierung und strafrechtliche Verfolgung überdies deutscher Ermittlungstätigkeit zu verdanken waren, was mit stiller Genugtuung als Ausweis justitieller Unparteilichkeit zur Kenntnis genommen wurde.[195]

Der Prozeß vor dem Reichsgericht begann am 12. Juli 1921. 63 Zeugen waren geladen und erschienen, darunter 13 aus Großbritannie, und unter diesen wiederum vier Überlebende der *Llandovery Castle*.[196] Es waren zum größten Teil ihre Aussagen, die dem Gericht ein Bild von dem Geschehenen vermittelten. Die deutschen Zeugen, soweit sie zur Besatzung des U-Boots gehörten, konnten, weil sie zur Tatzeit unter Deck waren, nichts sagen oder wollten es nicht, da sie dem Kommandanten Patzig nach der Beschießung der Rettungsboote das Versprechen gegeben hätten, über das Gehörte zu schweigen. Das Schiffstagebuch des U-Boots sagte auch nichts zur Versenkung der *Llandovery Castle*, ja folgte man seinen Angaben, dann hatte sich das U-Boot Patzigs am 27. Juni 1918 nie ca. 100 Kilometer südwestlich von Irland im Atlantischen Ozean befunden, sondern an ganz anderer Stelle. Die beiden Angeklagten schließlich machten ebenfalls keine Aussagen; formal beriefen sie sich auf ihr Aussageverweigerungsrecht nach § 54 StPO, entscheidend war für sie jedoch das Schweigeversprechen, das sie dem von ihnen verehrten Kommandanten gegeben hatten.[197]

---

194 Ebenda, S. 2582.

195 Vgl. das Schreiben des Oberreichsanwalts an den Reichsjustizminster vom 18.5.1921, in dem die Ausdehnung der Voruntersuchung und die Verhaftung von Dithmar und Boldt mitgeteilt werden, sowie das anschließende Schreiben des Justizministers an das Auswärtige Amt vom 2.6.1921, in dem diesbezüglich hervorgehoben wird: »Hiervon ist den in Leipzig anwesenden Vertretern der Englischen Regierung [...] Kenntnis gegeben worden.«

196 Vgl. aJ 95/21 (Oberleutnant z. S. Ludwig Dithmar, Oberleutnant z. S. a. D. John Boldt), Bd. 7, Bl. 1ff.

197 Der Angeklagte Boldt zu Beginn der Verhandlung: »Patzig war ein Mann,

Die Versenkung der *Llandovery Castle* selbst spielte keine unmittelbar rechtserhebliche Rolle. Wie wir schon in der Voruntersuchung gegen Patzig gesehen haben, wurde gegen ihn nur wegen der »gelegentlich der Versenkung des englischen Hospitalschiffs« begangenen Verbrechen ermittelt, und in der Anklage gegen Dithmar und Boldt tauchte sie in erster Linie nur als notwendige Information zum Tathintergrund auf. An letzterem ist nichts Ungewöhnliches, denn der Befehl zur Torpedierung der *Llandovery Castle* erging vom Kommandanten Patzig und eben nicht von den Bordoffizieren Dithmar und Boldt. Ungewöhnlich ist, daß gegen Patzig in dieser Hinsicht kein Vorwurf erhoben wurde, schließlich bestand an der Lazarettschiff-Eigenschaft der *Llandovery Castle*, soweit sie von außen erkennbar war, kein Zweifel. »[D]er Dampfer steckte seine Positionslampen an, woraus zu erkennen war, dass es kein gewöhnlicher Transportdampfer war, sondern ein Lazarettschiff. [...] [E]s war beleuchtet ringsum, und das Schiff trug die Abzeichen des Roten Kreuzes«, wie ein Zeuge während der Verhandlung auch für das Gericht glaubhaft erklärte.[198] Trotz dieser Eindeutigkeit: wenn die Versenkung der *Llandovery Castle* in der Verhandlung zur Sprache kam, geschah dies nicht, um damit eine völkerrechtswidrige Handlung und ein Verbrechen zu benennen, sondern im Gegenteil, um das Verhalten Patzigs zu relativieren und verständlich zu machen. Auf diese Weise erlangte das Hintergrundgeschehen gewissermaßen durch die Hintertür eine Bedeutung für die rechtliche Beurteilung der den Angeklagten vorgeworfenen Handlungen. Zugleich beglaubigte es eine Sichtweise, deren Ergebnis wir in der Behandlung der Versenkung des Lazarettschiffs *Glenart Castle* bereits kennengelernt haben.

»Die Tatsache, daß allgemein ein Mißbrauch von Lazarettschiffen angenommen wurde, war allgemein bei allen Ubootsführern bekannt. Wir haben die Offiziere auch in dienstlichen Befehlen darauf hingewiesen, daß mit einem Mißbrauch der Lazarettschiffe zu rechnen wäre.«[199] Die Folge davon sei gewesen, so der militärische Sachverständige, Korvettenkapitän Saalwächter von der Reichsmarineleitung, weiter, daß ein generelles Mißtrauen geherrscht habe: »Ob ein Dampfer neutrale Abzeichen hatte, ob er gar keine Abzeichen trug, ob er Aufbauten oder nicht Aufbauten hatte,

---

wie selbst in der prächtigen Reihe deutscher U-Boot-Kommandanten nicht leicht ein zweiter gefunden werden wird.« Zu seinem Schweigeversprechen erklärte er ähnlich wie Dithmar: »Ueber die Vorgänge selbst kann ich nichts aussagen, da ich meinem Kommandanten gegenüber durch ein Schweigeversprechen gebunden bin und mich nach wie vor daran für gebunden halte.« Vgl. aJ 95/21 (Dithmar/Boldt), Bd. 7, Bl. 11f.

198 Vgl. die Aussage des Zeugen Walter Popitz, in: ebenda, S. 204; siehe auch Weißbuch, S. 2580, 2582.

199 aJ 95/21 (Dithmar/Boldt), Bd. 7, Bl. 338.

hinter denen man Geschütze vermuten konnte, ob es anscheinend ein ganz harmloses Fahrzeug war, weil sofort die Rettungsboote bestiegen wurden und wegruderten: kurz, es war ganz egal.«[200] Dabei hatte sich der Verdacht, namentlich Lazarettschiffe transportierten Waffen, Munition oder Soldaten, in keinem einzigen Fall bestätigt. Das lag allerdings nicht etwa daran, daß der Verdacht an sich abwegig, weil den britischen Eigeninteressen zuwiderlaufend war. Nein, wenn der Verdacht sich nicht bestätigte, sprach dies nicht gegen den Verdacht, sondern für die fehlende Gelegenheit zu seiner Überprüfung und – natürlich – Bestätigung. »Die Lazarettschiffe sind zum Teil schnell gesunken«, meinte der Sachverständige Saalwächter,[201] und wir können annehmen, daß sich das aus seiner Sicht auf diejenigen Schiffe bezog, die ganz sicher für andere Zwecke als für den Transport von Verwundeten und Kranken mißbraucht worden waren.

Der Generalverdacht, unter dem alle nichtdeutschen Schiffe einschließlich der Lazarettschiffe standen, übertrug sich auch auf die Rettungsboote.[202] Sie vervollständigten sozusagen das Bild vom Mißbrauch ziviler Schiffe zu militärischen Zwecken und wurden ebenso wie diese zum Ziel präventiver Angriffe. Ob sie noch Hunderte von Metern vom U-Boot entfernt waren (wie im Fall der *Addah*) oder das torpedierte Schiff so schnell sank, daß Panik und Todesangst, nicht aber die für einen Angriff erforderliche Ruhe herrschten, die von ihnen scheinbar ausgehende Gefahr rechtfertigten im vorhinein den Waffeneinsatz. Ähnlich wie 1914 beim Einmarsch in Belgien und Frankreich existierte eine Art Psychose, die den Blick auch für die sich aufzwingende Realität verstellte. Und ähnlich wie zu jener Zeit beim Heer galt im uneingeschränkten U-Boot-Krieg die unausgesprochene Devise, daß die Kriegsnotwendigkeit das Handeln bestimme, in dem der Begriff des gewöhnlichen Verbrechens völlig fehl am Platze sei. So erklärte der Zeuge Dr. Ernst Töpfer, der im Krieg in der Marine als Kriegsgerichtsrat tätig und zeitweilig zur Reichsmilitäranwaltschaft abkommandiert worden war: »[I]ch bin der Ueberzeugung, dass sich die Seeoffiziere nicht vergegenwärtigt haben, dass, wenn sie im Rahmen einer Kampfhandlung eine kriegerische Tötungshandlung vornehmen, sie dann, wenn sich diese Kampfhandlung als eine unberechtigte her-

200 Ebenda, Bl. 505.
201 Ebenda, Bl. 340.
202 Sachverständiger Saalwächter: »Damit wurde selbstverständlich in jedem Ubootsmann nunmehr der Eindruck großgezogen: harmlose Rettungsboote gibt es überhaupt nicht mehr; denn du weißt ja nie, ob das nicht in Zivil gekleidete richtige Besatzung eines Kriegsfahrzeuges ist, die plötzlich irgendeine feindliche Handlung vornimmt.« Vgl. ebenda, Bl. 362, ähnlich ders., Bl. 506.

ausstellte, als gemeine Verbrecher nach den allgemeinen Strafgesetzen zur Verantwortung gezogen werden könnten.«[203] Vizeadmiral a. D. Adolf von Trotha, von der Verteidigung als Zeuge geladen und während des Krieges von Januar 1916 bis November 1918 Chef des Stabes der Hochseestreitkräfte, erklärte ebenfalls, daß in seiner Amtszeit »nie im Flottenkommando der Gedanke aufgetreten [ist], dass die Bestimmungen des allgemeinen Strafgesetzbuches irgendwie in Zusammenhang gebracht werden könnten mit der Durchführung einer Kriegs- oder einer Kampfaufgabe«.[204] Und indem er von einer notwendigen Reaktion auf die Kriegführung des Gegners sprach, gab er auch die Gründe dafür an, nämlich die alliierte Blockadepolitik und Aushungerung Deutschlands sowie die schwierige Lage an der Westfront, die den vollen Einsatz der U-Boote erforderten. Insbesondere die U-Boot-Kommandanten seien immer wieder darauf hingewiesen worden, »dass sie ihre vaterländische Pflicht in erster Linie erfüllen müssten, dass sie nicht durch die Gefühle der Menschlichkeit und den Wunsch, zu retten, etwa die Durchführung der Kriegsaufgabe […] oder ihre eigenen Boote in Gefahr brächten«.[205] Das setze voraus, so der Admiral auf Nachfragen des Gerichts, daß an Bord der U-Boote strengste Disziplin herrsche, zumal die Besatzung, weitab von der Heimat, auf sich allein gestellt sei. Bis zu seiner Rückkehr sei das U-Boot im Kampfeinsatz, eine Kampfpause gebe es wegen seiner Verletzlichkeit nicht.[206]

Nachdem so alle Voraussetzungen genannt waren (der Mißbrauch der Lazarettschiffe, die Gefährlichkeit der Rettungsboote, die Verwundbarkeit der U-Boote), war klar, daß der Mordvorwurf nicht länger aufrechterhalten werden würde. Schon in seinem Plädoyer hatte der Oberreichsanwalt nur noch beantragt, die Angeklagten Dithmar und Boldt wegen mittäterschaftlich begangenen versuchten Mordes zu einer Freiheitsstrafe von vier Jahren Zuchthaus zu verurteilen, wobei er die versuchte Tatbegehung mit der trotzdem noch überraschenden Behauptung begründete, es stehe nicht sicher fest, »dass die Rettungsboote […] durch das damalige Feuer vernichtet und die Menschen getötet worden sind«.[207]

---

203 Ebenda, Bl. 483f.

204 Ebenda, Bl. 486.

205 Ebenda, Bl. 486f., 491. Diese deutliche Hervorhebung der militärischen Notwendigkeit verwunderte selbst das Gericht, so daß sich der Vorsitzende zu einem fragenden »So?« veranlaßt sah.

206 Ebenda, Bl. 488f., 527.

207 Ebenda, Bl. 578f. Auf den nomalerweise mit einem Antrag auf Zuchthausstrafe verbundenen Antrag auf Aberkennung der bürgerlichen Ehrenrechte verzichtete der Oberreichsanwalt nachdrücklich.
Die Verteidigung beantragte Freispruch. Die Angeklagten hätten aus Treue und Kameradschaft zu ihrem Kommandanten gehandelt. Von einem ver-

Das Gericht selbst nahm, wie bereits erwähnt, Beihilfe zum Totschlag (§ 212 StGB) an. Patzig habe durch das Versenken der Rettungsboote die auf ihnen befindlichen Menschen vorsätzlich getötet. Daß die Tötungshandlungen mit Überlegung begangen worden und damit das Merkmal des Mordes (§ 211 StGB) erfüllt sei, sah es nicht als erwiesen an. Die Torpedierung eines Schiffes gehe gerade für den Kommandanten zwangsläufig mit einer Erregung einher, die im konkreten Fall noch um so größer gewesen sein müsse, als der erwartete Mißbrauch des Lazarettschiffs sich nicht bewahrheitet habe. Dann in der dunklen Nacht alle Rettungsboote versenken zu wollen zeige ein Verhalten, das mit Überlegung nichts gemein habe und daher zu Recht als »unklug« bezeichnet werden könne. Der insofern von Patzig begangene Totschlag sei auch rechtswidrig, weil er dem Kriegsrecht widerspreche. Das Gericht: »Wie im Landkriege (vgl. Haager Landkriegsordnung Art. 23c) die Tötung wehrloser Feinde nicht gestattet ist, so ist im Seekriege die Tötung von Schiffbrüchigen, die in Rettungsbooten Zuflucht gefunden haben, verboten.« Diese völkerrechtliche Regel sei einfach und allgemein bekannt, und über ihre Anwendbarkeit könnten tatsächliche Zweifel nicht bestehen.[208]

Wie aber sollen die beiden Angeklagten dem Kommandanten Patzig bei der Versenkung Hilfe geleistet haben? Zugunsten der Angeklagten nahm das Gericht an, daß der zwischenzeitlich gestorbene Oberbootsmannsmaat Meißner, der auch der Geschützführer des U-Boots war, allein das Heckgeschütz bedient habe. Dithmar und Boldt hätten sich auf Befehl Patzigs auf die Beobachtung beschränkt. Hinsichtlich der Rettungsboote hätten sie »[d]urch Meldungen über ihren Standort, ihr Näherkommen oder Sichentfernen und ähnliches mehr [...] das Schießen auf jene unterstützt und gefördert, ganz abgesehen davon, daß sie durch ihr Ausschauen einer Gefährdung des U-Boots von anderer Seite vorgebeugt und dadurch überhaupt erst für Patzig die Möglichkeit zu seinem Vorgehen gegen die Boote geschaffen haben«.[209] Zwar hätten sie nach dem Grundgedanken des § 47 MStGB prinzipiell von der Rechtmäßigkeit des erhaltenen Befehls ausgehen können, doch gelte dies dann nicht, wenn »der Befehl sich offenkundig, für jedermann, auch den Untergebenen, zweifelsfrei erkennbar als verbrecherisch darstellt«. Ein solcher – seltener – Fall sei vorliegend gegeben.[210]

---

brecherischen Zweck des Befehls, der sich ohnehin nur auf den Ausguck, nicht auf das Schießen bezogen habe, sei ihnen nichts bekannt gewesen. Vgl. ebenda, Bl. 582–651.

208 Vgl. Weißbuch, S. 2585.

209 Ebenda.

210 Ebenda, S. 2586.

Fast hat es den Anschein, als sei das Gericht selbst etwas erstaunt über seine Ausführungen gewesen. Zwei Absätze weiter nämlich wiegelte es ab, indem es den Angeklagten die außergewöhnliche Situation auf dem U-Boot in Rechnung stellte, die es menschlich verständlich mache, daß sie nicht den Gehorsam verweigert hätten.[211] So sich gewissermaßen selbst zurücknehmend kommt das Gericht zur Zubilligung mildernder Umstände, allerdings nicht über §§ 212, 49 StGB, sondern über den weiterreichenden § 213 StGB.[212] Daß gleichwohl die nach dem nunmehr gegebenen Mindeststrafe (sechs Monate Gefängnis) ausgesprochene Freiheitsstrafe recht hoch ausfiel, lag an der nicht zu übergehenden Schwere der Tat sowie daran, daß sie »einen dunklen Schatten wirft auf die deutsche Flotte, insbesondere die U-Boot-Waffe, die im Kampfe für das Vaterland so Großes geleistet hat«.[213]

Nach der Urteilsverkündung, die Dithmar in Uniform und Boldt mit am Anzugrevers gehefteten Eisernen Kreuz verfolgt hatten, erhielten sie aus der Zuhörerschaft aufmunternde Zurufe und direkten Zuspruch. Unmutsäußerungen oder Beschimpfungen gegen englische Prozeßbeobachter oder Zeugen gab es so gut wie nicht,[214] ebenso wie umgekehrt sich die Kritik am Urteil in engen Grenzen hielt. Über die Kritik an dem Strafmaß machte sie sich in der englischen Öffentlichkeit vor allem an der juristischen Bewertung der Tat als eines minderschweren Falls des Totschlags fest. Was ein klarer Massenmord gewesen sei, habe das Reichsgericht als eine unüberlegte Handlung unter dem Druck der Ereignisse angesehen, lautete der verbreitete Vorwurf.[215] Zugleich wurde aber auch hervorgehoben, daß in dieser traurigen Angelegenheit überhaupt etwas geschehen sei, und das sogar aus eigenem deutschen Antrieb.[216] Die Botschaft, die das Deutsche Reich mit der Einleitung des Verfahrens gegen Dithmar und Boldt bezweckt hatte, war also angekommen. Und auch wenn der Eindruck bestehen konnte, daß ersatzweise zwei Schuldige gefunden werden sollten und gefunden wurden – in Ermangelung einer Aussage der Ange-

---

211 Ebenda.

212 § 213 StGB reduzierte das Strafmaß des § 212 StGB, der eine Zuchthausstrafe nicht unter fünf Jahren vorsah, auf eine Gefängnisstrafe nicht unter sechs Monaten. Die Anwendung des § 213 setzte voraus, daß mildernde Umstände vorhanden waren, vergleichbar solchen, wie sie einer Person, die infolge einer Mißhandlung oder schweren Beleidigung »von dem Getöteten zum Zorne gereizt« einen Totschlag begeht, zugebilligt werden. Offensichtlich sah das Gericht Patzig in einer ähnlichen Situation.

213 Weißbuch, S. 2586.

214 Vgl. Mullins, The Leipzig Trials, S. 108, 134.

215 Ebenda, S. 196–201.

216 Ebenda, S. 108.

klagten und aufgrund fehlender Tatzeugen mußte das Gericht sich auf Indizien und einen gedachten Geschehensablauf stützen, wobei allerdings der Grundsatz *in dubio pro reo* keine Rolle spielte –, stellte das Urteil zum ersten Mal in Deutschland klar, daß die Gehorsamspflicht des militärischen Untergebenen nicht, unter Rückgriff auf dessen subjektiver Sichtweise, unbeschränkt ist, sondern einer objektiven Bewertung unterliegt. Inwieweit diese Annäherung vor allem an die anglo-amerikanische Rechtspraxis[217] darauf zurückzuführen ist, daß die Angeklagten während der Verhandlung nichts zu ihrer Annahme über die Verbindlichkeit des Befehls sagten, mag dahingestellt bleiben. Das Urteil war gesprochen, und es erlangte Rechtskraft trotz aller offenen und verdeckten Relativierungen.[218]

Viele, die nicht an richterlicher oder politischer Zurückhaltung gebunden waren, sahen das ganz anders:

> »Als ich das Urteil (4 Jahre Gefängnis usw.) in der Zeitung las, konnte ich nicht begreifen, wie zwei Männer, die ihr Leben für ihre Volksgenossen hundertfach aufs Spiel gesetzt haben und in dem vorliegenden Falle doch nur als Untergebene dabei gewesen waren, zu einer Strafe verurteilt werden konnten, mit der man Schwerverbrecher zu belegen pflegt.«[219]

Der Autor dieser Zeilen, der ehemalige Admiral und Befehlshaber der U-Boot-Flotte Michelsen, unterzog in seinen nachfolgenden Ausführungen die Entscheidung des Reichsgerichts einer langen, heftigen Kritik, in der er diesem in allen relevanten Punkten seemännisch-militärische Unkenntnis und den Verurteilten in ebensolchem Umfang getreue Pflichter-

---

217 Vgl. dazu oben, S. 247f., sowie Hans G. Janssen, Die strafrechtliche Verantwortlichkeit des Soldaten für auf Befehl begangene Straftaten in rechtsvergleichender Betrachtung, Diss. Universität Bonn, Bonn 1939, S. 56–60.

218 Damit sind die bereits angesprochenen Überlegungen des Gerichts in der Urteilsbegründung zu den mildernden Tatumständen sowie die Verhandlungsführung des Vorsitzenden Schmidt gemeint, der bemüht war, kein zu dunkles Licht auf die U-Boot-Marine und die Angeklagten einschließlich ihres Vorgesetzten Patzig fallenzulassen. Vgl. z.B. aJ 95/21 (Dithmar/Boldt), Bd. 7, Bl. 491:
»*Vors.* [zum Zeugen Vizeadmiral von Trotha]: Exzellenz erwähnten noch, dass Sie warme Worte äussern wollten. Ich will in dieser Hinsicht keine Schranken ziehen. Falls Exzellenz noch irgend etwas zu sagen haben, bitte ich, es zu tun.
Zeuge von Trotha: Ich möchte das nur noch unterstreichen, was ich eben schon gesagt habe und was ich nicht besser ausdrücken kann als so, dass jeder U-Boots-Offizier in meinem Innern, für mich höher stand als ich selbst.«

219 Zit. n. ebenda, Bd. 3, Bl. 14.

füllung bescheinigte.[220] Ähnlich äußerten sich andere Kritiker sowie diejenigen, die, nachdem Dithmar und Boldt einige Monate ihrer Haftstrafe verbüßt hatten, ein Gnadengesuch an den Reichspräsidenten richteten.[221] Die Gesuche wurden abgelehnt, ebenso wie die Anträge der Inhaftierten auf Unterbrechung der Strafvollstreckung aus gesundheitlichen oder familiären Gründen. Das Risiko einer Flucht, so Reichsjustizminister Radbruch, sei zu groß und könne auch durch die Leistung einer Sicherheit nicht beseitigt werden.[222] Die deutsche Justiz und mit ihr auch die deutsche Politik wollten erkennbar nicht Gefahr laufen, daß das Urteil durch einen wie auch immer gearteten Zwischenfall lediglich zu einer bloßen Geste werden würde.

Ernst von Salomons »Die Geächteten« und die sogenannte Kriegsbeschuldigtenfrage

»Dem älteren Herrn, der auf einem vaterländischen Abend flammend ein Gedicht vortrug, welches sich mit diesem Urteil befaßte und in dem viel von einem Schmutzflecken auf dem blanken deutschen Ehrenschild die Rede war, hörten auch Kern, Heinz und ich zu. In die sekundenlange Pause zwischen dem Ende der Deklamation und dem Einsetzen des brausenden Beifallssturmes konnte sich Heinz nicht enthalten hineinzurufen: ›Ober, ein Bier!‹ Da somit die Festlichkeit einigermaßen gestört war, verfügten wir uns in die Bahnhofshalle [...] und berieten, wie Boldt und Dittmar [sic!] aus dem Gefängnis herauszuholen wären.«[223]

---

220 So fragte Michelsen in, wie es scheint, gespielter Arglosigkeit (ebenda, Bl. 24): »Sie hätten daher, falls sie nun die Absicht des Kommandanten wußten, etwa gesichtete Rettungsboote nicht melden sollen? Ja, wenn die Praxis nicht anders aussähe, als man sich's am grünen Tisch vorstellt! Denn was der Ausguck nachts zunächst sieht und meldet, ist etwa ›ein dunkler‹ oder ›ein heller Fleck‹ oder ›ein Schatten in so und soviel Grad‹. Was es ist, das man gesehen hat, sieht man erst beim Näherkommen. Die Angeklagten waren also garnicht in der Lage, die Tat des Kommandanten zu verhindern oder zu begünstigen oder durch ihr Verhalten zu zeigen, ob sie diese auch ihrerseits wollten oder nicht.«

221 Das waren im Oktober und November 1921 die Vereinigung »Marine-Offizier-Hilfe e.V.«, der »Deutsche Offizier-Bund« und der Präsident des Preußischen Landtages. Vgl. ebenda, Bl. 32f., 88f.

222 Die Gesuche wurden im Oktober (Boldt) bzw. Dezember (Dithmar) gestellt. Vgl. ebenda, Bd. 1, Bl. 27, 74.

223 Ernst von Salomon, Die Geächteten, Gütersloh o.J. (Erstausgabe Berlin 1929), S. 317f.

Was der Ich-Erzähler hier im Tonfall unaufgeregter Normalität und Lakonie beschreibt, war auch genau das: eine Selbstverständlichkeit, die sich als solche durch die Umstände ohne weiteres aufzwang. Dithmar und Boldt mußten befreit werden, je eher, desto besser – so dachten viele ehemalige deutsche Soldaten, Marineangehörige zumal, und so dachten auch die drei Personen, um die es hier geht. Da ist zunächst der Ich-Erzähler Ernst von Salomon, der sich Ende 1918 als Sechzehnjähriger einer Hamburger Freikorpseinheit angeschlossen hatte.[224] Der zweite ist Erwin Kern, noch aktiver Seeoffizier bei der Reichsmarine und wie von Salomon fanatisch entschlossen, sich gegen »Deutschlands Erniedrigung« zur Wehr zu setzen. Von dem dritten ist nicht mehr bekannt als sein Vorname und daß er als junger Offizier im Krieg viermal verwundet worden und danach Freikorpssoldat gewesen war.[225] Alle drei gehörten einer ungefähr 50 Mann starken Gruppe an, die, obwohl ideologisch nicht eindeutig festgelegt und in vielen Punkten sogar entgegengesetzter Auffassung, in ihrer Verachtung für das bürgerliche westliche Zivilisations- und Demokratiemodell übereinstimmte. Inwieweit die Mitglieder der Gruppe Verbindungen zur »Organisation Consul« hatten, ist nicht genau bekannt, aber wahrscheinlich und bei einigen eine Tatsache.[226]

Was von Salomon noch nicht wußte, als er sich an der Planung zur Befreiung von Dithmar und Boldt beteiligte, war, daß es bereits einen Versuch zur Gefangenenbefreiung gegeben hatte. Am späten Abend des 2. August 1921 waren einige Marineoffiziere in Schutzpolizeiuniform vor dem Reichsgerichtsgefängnis erschienen, hatten eine gefälschte Transportanweisung vorgezeigt und erklärt, es drohe eine Befreiung der Inhaftierten, und deshalb seien sie vom Auswärtigen Amt beauftragt, die Häftlinge an einen sicheren Ort zu verbringen. Die Gefängnisbeamten schöpften allerdings Verdacht und wollten von höherer Stelle eine Bestätigung einholen, woraufhin die angeblichen Polizisten in ihrem Auto davonfuhren.[227]

Dithmar und Boldt wurden einige Tage später in verschiedene Gefängnisse überführt, was nun eine zweifache Befreiungsaktion erforderte, der Entschlossenheit von Salomons und anderer indes keinen Abbruch tat. »Die Affäre Boldt funktionierte glatt«, schrieb von Salomon später über die Befreiung von John Boldt im November 1921. »Hilfsbeamte des Hamburger Gefängnisses waren Angehörige der Marine und später der Briga-

224 Ebenda, S. 15ff.
225 Ebenda, S. 237, 241, 247.
226 Ebenda, S. 249, 294ff.
227 Ebenda, S. 318f.; Bericht der Gefangenenanstalt II Leipzig, in: aJ 95/20 (Dithmar/Boldt), Bd. 1, Bl. 15.

Bekanntmachung.

50000 Mk. Belohnung.

Der am 16. Juli 1921 vom Reichsgericht wegen Kriegsverbrechens zu 4 Jahren Gefängnis verurteilte, nebenstehend abgebildete

Oberleutnant zur See a. D.

John Claus Boldt,

geboren am 26. Januar 1895 zu Danzig, ist am 17. November 1921 aus dem hiesigen Untersuchungsgefängnis entwichen.

Beschreibung: schlank, etwa 1,68 m groß, dunkelblond, bartlos, Augen grau, Sprache hoch- und plattdeutsch sowie englisch.

Auf die Ergreifung des Boldt oder für den Nachweis von Tatsachen, die zu seiner Ergreifung führen, ist eine Belohnung ausgesetzt, die vom Oberreichsanwalt auf

50000 Mk.

erhöht worden ist.

Sachdienliche Mitteilungen zu J.-Nr. 3568/21. II. Z. St. [2] erbeten.

Hamburg, den 3. Dezember 1921.

Die Polizeibehörde.

Grefe & Tiedemann, Hamburg

Plakat zur Fahndung nach dem flüchtigen Boldt
BAL, R 3003, ORA/RG, aJ 95/21, Bd. 4, Bl. 75

Bekanntmachung

Der am 16. Juli 1921 vom Reichsgericht wegen Beihilfe zum Totschlag zu 4 Jahren Gefängnis verurteilte, nebenstehend abgebildete

Oberleutnant zur See a. D.

Ludwig Dithmar,

geboren am 13. Mai 1892 in Aachen, ist in der Nacht vom 28. auf 29. Januar 1922 aus dem Gerichtsgefängnis in Naumburg a. S. entwichen.

Beschreibung: 1,73 m groß, rotblond, hohe Stirn, spitze Nase, eingefallene Wangen, tiefliegende graue Augen, Zähne lückenhaft.

Auf die Ergreifung des Dithmar oder für den Nachweis von Tatsachen, die zu seiner Ergreifung führen, ist eine Belohnung von

50000 Mk.

(Fünfzigtausend Mark)

ausgesetzt.

Sachdienliche Mitteilungen zu a J 95|21 erbeten.

Leipzig, den 31. Januar 1922

Der Oberreichsanwalt.

Plakat zur Fahndung nach dem flüchtigen Dithmar
BAL, R 3003, ORA/RG, aJ 95/21, Bd. 4, Bl. 76

de Ehrhardt gewesen.«[228] Schwieriger gestaltete sich die Befreiung Dithmars aus dem Gefängnis in Naumburg an der Saale, zumal die Behörden jetzt vorgewarnt waren. In einer halsbrecherischen Aktion gelang es Kern und anderen Marineoffizieren – Ernst von Salomon war nicht dabei – gleichwohl, den Gefangenen im Januar 1922 zu befreien.[229] Die anschließende Flucht Dithmars, der sofort unter Auslobung einer hohen Belohnung steckbrieflich gesucht wurde,[230] führte über mehrere deutsche Städte ins Ausland, wobei an jeder Fluchtstation zahlreiche Helfer bereitstanden[231] und, so scheint es, auch offizielle Stellen ein förderndes Engagement zeigten. Was sich zum Beispiel am Frankfurter Hauptbahnhof ereignete, beschreibt von Salomon so:

»Zehn Minuten später trafen die ersten ein. Heinz sagte sofort, daß Kern unterwegs sei. Wahrscheinlich käme er heute an, und wahrscheinlich sei Dittmar bei ihm. Wir stellten fest, daß sämtliche Ausgänge von der Kriminalpolizei besetzt waren. [...] Heinz sah nach, welche Züge aus Thüringen kamen. In wenigen Minuten wurde der D-Zug erwartet. Bald waren etwa zwanzig Mann von uns im Bahnhof, die sich unauffällig postierten. Ich nahm eine Bahnsteigkarte und ging durch die Sperre. Hier stand sonderbarerweise kein Kripo. Dicht neben dem

---

228 Salomon, Die Geächteten, S. 319; auch in dem offiziellen Ermittlungsbericht findet sich die Vermutung, daß Boldt im Gefängnis Unterstützung erfahren habe. Gegen drei Gefängnisbeamte wurden deshalb Verfahren wegen fahrlässiger Gefangenenbefreiung eingeleitet, die aber, soweit ersichtlich, ergebnislos verliefen. Vgl. aJ (Dithmar/Boldt), Bd. 1, Bl. 47f. Die Brigade Ehrhardt war eine der Vorläuferinnen der »Organisation Consul«, vgl. dazu vor allem Martin Sabrow, Die verdrängte Verschwörung. Der Rathenau-Mord und die deutsche Gegenrevolution, Frankfurt am Main 1998, S. 42–65.

229 Zum Hergang vgl. den Bericht der Generalstaatsanwaltschaft in Naumburg an den Reichsjustizminister in: aJ (Dithmar/Boldt), Bd. 1, Bl. 89–94 RS sowie die Darstellung bei Salomon, Die Geächteten, S. 320–322.

230 Auf Boldt und Dithmar wurde jeweils eine Belohnung von 50 000 Mark ausgesetzt. Zur steckbrieflichen Fahndung nach Dithmar, die ohne weitere Erklärungen lediglich die Verurteilung wegen Beihilfe zum Totschlag erwähnte, bemerkte der 32. Deutsche Juristentag im Februar 1922: »Durch Weglassen näherer Angaben bringen Sie [sc. der Oberreichsanwalt] einen Offizier, der wegen einer auf einem U-Boot geschehenen Kriegshandlung verurteilt ist, in den Geruch eines gemeinen Verbrechers. [...] Die Verbreitung des textlich unhaltbaren Steckbriefs gegen Dithmar kostet schätzungsweise weit über 100 000 Mark. Da abgesehen von der gekränkten Staatsautorität ein Interesse an der Ergreifung des Dithmar nicht vorliegen dürfte, so ist diese Riesenausgabe nicht verständlich.« Vgl. aJ 95/20 (Dithmar/Boldt), Bd. 1, Bl. 47f., 152f.

231 Salomon, Die Geächteten, S. 325.

Haupteingang hing die Tafel mit den amtlichen Verlautbarungen. Ein roter Zettel prangte dort, der Steckbrief Dittmars. Vor ihm staute sich ein Grüppchen Neugieriger. Kern steuerte sofort auf den Steckbrief los.

›Unerhörte Schweinerei!‹ schrie er. ›Dieser Mann‹, brüllte er, ›wird wie ein Verbrecher verfolgt und hat nichts getan als seine verdammte Pflicht und Schuldigkeit. Runter mit dem Fetzen!‹ Und riß den Steckbrief ab.

Im Augenblick sammelte sich das reisende Publikum. Die beiden Kripos schnellten erst mit den Augen, dann mit den Köpfen, dann mit den Schultern, dann mit den Beinen auf Kern los. Der eine blieb jedoch sogleich wieder stehen, sah aber angestrengt seinem Kollegen zu, der sich durch die Menge drängte. Kern fluchte fürchterlich. Der Kripo wand sich immer näher an ihn heran. Da schoß eine grüne Uniform wie ein Keil durch den Haufen, blanke Knöpfe glitzerten und ein Schupo legte die schwere Hand auf Kerns Schulter. ›Folgen Sie mir auf die Wache‹, sagte der Schupo ernst. Und der Schupo war Jörg.

Der Kripo drehte sich beruhigt um. Und Kern, mit schnellem Blick erfassend, daß gerade Dittmar flüchtig vorbeiwischte, mitten durch die pflichtschwitzenden Beamten, wurde plötzlich friedlich und ging mit Armesündermiene neben dem gewichtigen Jörg einher. Als Dittmar aus dem Bahnhof trat, löste sich langsam der Ring, der sich unvermittelt um den Kripo am Haupttor gebildet hatte.«[232]

Die Flucht von Dithmar und Boldt gelang. Beide waren und blieben dem Zugriff der deutschen Justiz entzogen, allerdings nicht ohne deren Zutun, wie wir noch sehen werden. Ihre Namen wurden für kurze Zeit zum Symbol des damals in Deutschland einzigen Kampfes, der keinen »inferioren Charakter«[233] trug und der alle Kräfte der politischen Rechten – ein ungenauer Begriff für ein Spektrum, das von antisemitischen Volksbündlern über fanatischen Nationalisten bis zu scheinbar unpolitischen Desperados (»Ober, ein Bier!«) reichte – vereinte. Die gefährlichsten Protagonisten dieses lockeren, aber gleichwohl militärisch disziplinierten Zusammenschlusses waren ehemalige oder noch aktive junge Offiziere, vor allem Marineoffiziere. So war der Anstifter zum Mord an Matthias Erzberger ein Kapitänleutnant, einer der Mörder der Oberleutnant zur See Heinrich Tillessen.[234] Und unter den beiden Mördern des Reichs-

---

232 Ebenda, S. 323f.; in der Ausgabe vom 21.2.1922 berichtete der *Vorwärts* von offiziösen Versuchen, die Flucht von Dithmar und Boldt nach Schweden nicht zu behindern. Die *Leipziger Volkszeitung* berichtete am 3.3.1922 ähnliches und schloß mit dem Appell: »Der Reichstag wird sich mit dem Verhalten der deutschen Reichsregierung zu den Kriegsverbrechern ernsthaft beschäftigen müssen.« Beide Artikel sind in Abschrift enthalten in: aJ 95/20 (Dithmar/Boldt), Bd. 1, Bl. 154f.

233 Salomon, Die Geächteten, S. 316.

234 Vgl. Winkler, Der lange Weg nach Westen, Bd. 1, S. 420f. Der frühere Reichsfinanzminister Erzberger wurde am 26.8.1921 erschossen.

außenministers Walther Rathenau finden wir wieder den uns von der Befreiung Dithmars bekannten Erwin Kern, der sich – eine letzte Parallele – nach dem Attentat auf Burg Saaleck in Thüringen versteckt hielt und dort im Schußwechsel mit der Polizei getötet wurde.[235] Auf derselben Burg hatte er ein halbes Jahr zuvor mit Dithmar kurzzeitig Unterschlupf gefunden.[236]

»[D]as Reichsgericht ist ein objektives Gericht. Und Brutus ist ein ehrenwerter Mann«, schrieb von Salomon über den Prozeß gegen Dithmar und Boldt.[237] Wie kein zweites paßte das Thema der »Kriegsbeschuldigten« oder der »Kriegsverbrecher«, wie sie es in absichtlich provokanter Offenheit nannten, in das Argumentationsgefüge all derer, die entweder offen oder als Sympathisanten der noch in der Entstehung begriffenen Weimarer Republik ablehnend gegenüberstanden.[238] In ihren Augen wies schon allein die Tatsache, daß die Namen auf den alliierten Auslieferungslisten standen, deren Trägern eine Auszeichnung und ideologische Verwandtschaft zu. Außerdem ist anzunehmen, daß »die Geächteten«, wie Ernst von Salomon die mörderischen Republikfeinde verharmlosend nennt,[239] in ihnen so etwas wie ein *alter ego* sahen, die im Namen einer großen Idee – für die Deutschlands Notlage im Jahre 1914 ebenso stehen mochte wie Deutschlands Überlebenskampf 1918/19 – nichts anderes getan hatten als das, was getan werden mußte, nämlich selbstlos und unerbittlich gegen sich selbst und andere ihre Pflicht zu erfüllen.

---

235 Ebenda, S. 425. Rathenau wurde am 24.6.1922 getötet. Vgl. auch Sabrow, Die verdrängte Verschwörung, S. 128–130.

236 Salomon, Die Geächteten, S. 322.

237 Ebenda, S. 317.

238 Vgl. z.B. den Hinweis bei Herbert, Best, S. 71, auf den politischen Werdegang Werner Bests, für den die »Kriegsverbrecherfrage« ebenfalls von Bedeutung war.

239 Über ihren Werdegang zu Stützen des NS-Regimes vgl. Michael Wildt, Generation des Unbedingten. Das Führungskorps des Reichssicherheitshauptamtes, Hamburg 2002, S. 53–63.

Über die Schwierigkeit, Verbrechen im Luftkrieg zu ahnden

Wie kein anderer Krieg machte der Luftkrieg die Unterscheidung zwischen Front und Hinterland obsolet. Die Front war überall, zumindest theoretisch. Noch stand die Praxis, wie sie sich im Ersten Weltkrieg gezeigt hatte, nur in den Anfängen; allerdings waren schon die Möglichkeiten dieser Art der Kriegführung deutlich geworden und ebenso die rechtlichen Schwierigkeiten, die in ihrem Gefolge entstanden.

Die militärische Nutzung des Luftraums begann gut ein halbes Jahrhundert vorher und war zunächst alles andere als vielversprechend. Bei der Belagerung von Venedig 1849 ließen österreichische Einheiten kleine, unbemannte und mit Bomben versehene Ballons aufsteigen. Da sie jedoch zu früh explodierten und mehr die eigenen Linien als den Feind gefährdeten, wurde schnell von dem Einsatz solcher Ballons Abstand genommen. Auch im Deutsch-Französischen Krieg war der Einsatz von Ballons ein Fehlschlag, auf deutscher Seite jedenfalls. Schlechtes Wetter, widrige Windverhältnisse oder Gasmangel verhinderten ihren Einsatz vor Paris. Weniger Probleme gab es auf französischer Seite. Über 150 Personen, Tausende von Depeschen und 2,5 Millionen Briefe konnten mit Ballons aus der belagerten Stadt gebracht werden.[1]

Das erste Luftschiff flog 1884, und 1900 überquerte Graf Zeppelin mit einem von ihm entwickelten Luftschiff den Bodensee. Drei Jahre später unternahmen die Brüder Wright ihren ersten Motorflug unter Ausnutzung der Aerodynamik.[2] Die deutschen Militärs jedoch zeigten sich anfangs noch skeptisch gegenüber einer militärischen Nutzung dieser sogenannten Luftfahrzeuge. Sie galten allgemein als zu empfindlich, zu langsam, zu klein (Flugzeuge) beziehungsweise zu groß (Luftschiffe).

Mit Kriegsbeginn änderte sich diese Einstellung. Es war nicht nur die nationale Begeisterung, die auch besondere Leistungen deutschen Erfindungsgeistes und deutscher Technik erfaßte und deren Einsatz forderte, sondern es war vor allem auch die Einsicht in die taktischen Vorteile, die Flugzeuge und Luftschiffe boten. Schon am 3. August 1914 bombardierten deutsche Flugzeuge eine Kaserne im französischen Lunéville, nicht weit von der Grenze entfernt.[3] Und auch der Einsatz von Luftschiffen fand

1 Vgl. Heike Spieker, *Haager Regeln des Luftkriegs von 1923*, in: HuV-I, 1/1990, S. 134.
2 Ebenda.
3 Vgl. bJ 166/20 (Hauptmann a.D. Ernst Brandenburg), Bl. 31.

zum ersten Mal durch Deutschland statt.[4] Ihr Hauptziel war aber nicht Frankreich; die meisten Flüge gingen in Richtung Großbritannien, das auf diese Weise für die Verhängung der Seeblockade bestraft und außerdem in seiner kriegswichtigen Industrie getroffen werden sollte. Neben London gerieten auch kleinere Küstenstädte ins Visier der Luftschiffer – versehentlich, so ihre Aussagen, weil sie sich verirrt hatten – sowie unter anderem die Städte Leeds, Nottingham und Edinburgh. Allein 1915 waren in Großbritannien infolge der Luftschiffangriffe 208 Menschen ums Leben gekommen und 432 verletzt worden, zumeist Zivilisten. Nur ein Zeppelin ging in diesem Jahr durch schlechtes Wetter verloren, keiner durch die nahezu hilflose Flugabwehr.[5]

»Zeppelin, flieg / Hilf uns im Krieg / Fliege nach Engeland / Engeland wird abgebrannt / Zeppelin, flieg«,[6] sangen deutsche Kinder zu jener Zeit. »Abgebrannt« wurde Großbritannien indes nicht durch die punktuellen Luftangriffe. Dort hatte man 1916 ein neues phosphorhaltiges Geschoß entwickelt, das von Flugzeugen aus auf die angreifenden Luftschiffe abgefeuert werden konnte. Während die bis dahin verwendete Munition allenfalls Löcher in die Hülle eines Luftschiffes geschlagen hatte, die die Besatzung meist mit Bordmitteln flicken oder schlicht ignorieren konnte, entzündeten die jetzt verwendeten Brandgeschosse den für den Auftrieb notwendigen Wasserstoff. Die Luftschiffe stürzten ab, und für die Besatzungen gab es, da aus Gewichtsgründen auf Fallschirme verzichtet wurde, keine Überlebenschance.[7]

Die Heeresleitung stellte noch 1916 die Angriffsfahrten gegen Großbritannien ein und gab ein Jahr später die Luftschiffahrt endgültig auf. Mit Energie wurde nun der Flugzeugbau vorangetrieben, von dem man sich schnellere und größere strategische Erfolge versprach. Die Marine hingegen hielt noch am Einsatz von Luftschiffen fest, aber nachdem auch sie hohe Verluste hinnehmen mußte, stellte sie im Sommer 1918 die Zeppelin-Angriffe ein.[8]

Großbritannien als das Hauptziel der deutschen Luftangriffe war folglich auch die einzige Siegermacht, die nach dem Krieg eine Bestrafung für Verbrechen im Luftkrieg forderte. Namentlich beschuldigte es drei Personen, entweder vom Luftschiff oder vom Flugzeug aus unverteidigte Orte

---

4 Vgl. Oppenheim, International Law, Bd. 2 (1926), S. 367.

5 Vgl. Cay Rademacher, *Luftschiffe des Todes. Mit den Bombenangriffen deutscher Zeppeline im Ersten Weltkrieg begann ein neues Kapitel der modernen Wehrgeschichte: der totale Luftkrieg*, in: Die Zeit, Nr. 43, 15.10.1998, S. 104.

6 Zit. n. ebenda.

7 Ebenda.

8 Ebenda.

oder ausschließlich zivilen Zwecken dienende Gebäude mit dem Ziel bombardiert zu haben, die unbeteiligte Bevölkerung zu töten.[9] Den gleichen Vorwurf richtete es noch an andere nicht namentlich benannte Personen und deren Vorgesetzte. Da Großbritannien keine näheren Angaben zu den Beschuldigten machte, leitete die Reichsanwaltschaft keine Ermittlungen ein.

Daß aber auch die Einleitung von Ermittlungen im Regelfall zum selben Ergebnis, nämlich zur Straflosigkeit des Beschuldigten führte, hat sich inzwischen etliche Male gezeigt. Insofern stellen auch die Verfahren gegen die drei namentlich Beschuldigten keine Ausnahme dar, zu dünn war die Beweislage und, was noch wichtiger war, zu fragmentarisch das anwendbare Recht. Zwar war auf der ersten Haager Konferenz 1899 eine Deklaration »betreffend das Werfen von Sprengstoffen aus Luftschiffen« angenommen worden, wonach das Abwerfen von Geschossen und Sprengstoffen aus Luftschiffen oder »auf ähnlichen neuen Wegen« verboten sein sollte. Von den 25 Teilnehmerstaaten der Konferenz hatten mit Ausnahme Großbritanniens alle der Erklärung zugestimmt, und auch die Zahl der Ratifikationen lag mit 23 sehr hoch. Allerdings war es weniger Einsicht in die Notwendigkeit als die Überzeugung von der geringen kriegstechnischen Bedeutung der Luftwaffe, was die Staaten so entscheiden ließ. Auf der nächsten Haager Konferenz 1907 nämlich, als sich die militärischen Nutzungsmöglichkeiten von Luftfahrzeugen schon deutlicher abzeichneten, waren nur noch 15 von 44 Teilnehmerstaaten mit einer fast wortgetreuen Wiederholung der Deklaration einverstanden. Da zu den Gegnern der Deklaration die damals bedeutendsten Militärmächte gehörten (unter anderem Deutschland und Frankreich) und ihre Geltung zudem von der Allbeteiligung der konkret Kriegführenden abhing, ist für die Zeit zu Beginn des Ersten Weltkrieges festzuhalten, daß es besondere Bestimmungen für den Luftkrieg nicht gab.[10]

Um zu verhindern, daß daraus im Umkehrschluß die unbeschränkte Zulässigkeit des Abwerfens von »Geschossen und Sprengstoffen« gefolgert werden könnte, kamen die Staaten auf der zweiten Haager Konferenz überein, die für den Landkrieg geschaffene Regelung über »unverteidigte Stätten« auf den Luftkrieg zu übertragen. Diese Regelung lautet (Art. 25

---

9 Vgl. Liste des personnes désignées ..., S. 13 (Nr. 42: Hauptmann Erich Linnarz, Nr. 43: Kapitänleutnant Alois Boecker, Nr. 44: Hauptmann Ernst Brandenburg).

10 Vgl. den Rückblick bei Spieker, *Haager Regeln des Luftkriegs von 1923*, S. 134f., sowie die Darstellung bei Oppenheim, International Law, Bd. 2 (1926), S. 366f., bei Strupp, Das internationale Landkriegsrecht, S. 75–77, und in bJ 253/20 (Kapitänleutnant d. R. a. D. Alois Boecker), Bl. 39.

HLKO): »Es ist untersagt, unverteidigte Städte, Dörfer, Wohnstätten oder Gebäude, mit welchen Mitteln es auch sei, anzugreifen oder zu beschießen«, wobei die Wendung »mit welchen Mitteln es auch sei« speziell zu diesem Zweck eingeführt worden war.[11] Ausgehend von der Überlegung, daß das, was für den Seekrieg erlaubt sei, für den Luftkrieg nicht verboten werden könne, sollten darüber hinaus noch Art. 1 und 2 des IX. Haager Abkommens »betreffend die Beschießung durch Seestreitkräfte in Kriegszeiten«[12] zu beachten sein. Während Art. 1 dieses Abkommens in gleicher Weise wie Art. 25 HLKO ein Verbot der Beschießung unverteidigter Plätze und Einrichtungen enthielt, ließ Art. 2 dann Ausnahmen zu, wenn sich dort militärische Anlagen befänden.[13] Anders gesagt, offene, unverteidigte Städte durften bombardiert werden, sofern sich dort militärische Einrichtungen befanden und diese das eigentliche Ziel des Angriffs waren.

Aus dem Bericht über den Angriff eines deutschen Bombergeschwaders auf London und andere englische Städte am 5. und 6. Dezember 1917: »Pünktlich 2 Uhr starteten die ersten Flugzeuge. Beim Anflug war die Orientierung einwandfrei, die englische Küste bereits auf halber See zu erkennen. 6 Flugzeuge erreichten London und waren von etwa 5 bis 6.[30] über der Stadt. Diese war auffallend taghell erleuchtet, Straßenzüge und Brücken hoben sich scharf ab. Es wurden angegriffen: City, Admiralität nur mit Brandbomben (siehe Sonderbericht), Woolwich, Westham und Cristallpalast mit Sprengbomben.«[14] In dem angesprochenen Sonderbericht war dann unter anderem zu lesen: »Es wurden 100 Brandbomben (500 kg) abgeworfen in der Reihenfolge: Nordostrand City, Ostrand City, Bank von England, Admiralität und Kriegsministerium. Die Einschläge der Bomben waren deutlich gekennzeichnet durch kleine rote Feuer, die jedoch sehr schnell wieder verlöschten. Als die letzten Bomben abgeworfen waren, war von der Wirkung der ersteren nichts mehr zu sehen. Ein einziger Brandherd wurde am Ostrand der City erkannt, der noch lange sichtbar blieb.«[15]

---

11 Strupp, Das internationale Landkriegsrecht, S. 76, Oppenheim, International Law, Bd. 2 (1926), S. 366.

12 RGBl. 1910, 256.

13 Art. 2 Satz 1 des IX. Haager Abkommens lautete: »In diesem Verbot sind jedoch nicht einbegriffen militärische Werke, Militär- oder Marineanlagen, Niederlagen von Waffen oder von Kriegsmaterial, Werkstätten und Einrichtungen, die für die Bedürfnisse der feindlichen Flotte oder des feindlichen Heeres nutzbar gemacht werden können, sowie im Hafen befindliche Kriegsschiffe.«

14 Zit. n. bJ 166/20 (Brandenburg), Bl. 14.

15 Ebenda, Bl. 17.

Stellen wir dieser Darstellung jetzt die englische Beschuldigung gegenüber, wonach an diesen Dezembertagen durch die deutschen Luftangriffe Zivilpersonen getötet werden sollten und deshalb die Bomben über unverteidigte Städte abgeworfen worden seien,[16] so ist der in strafrechtlicher Hinsicht bedeutsamste Unterschied nicht zu übersehen: hier der Bericht über einen obendrein nur mäßig erfolgreichen Einsatz,[17] dort die Überzeugung von einem militärischen Unternehmen, das als Mordunternehmen geplant und durchgeführt worden war. Zeugen dafür, daß der Einsatz in einer strafrechtlich relevanten Weise ablaufen sollte, gab es nicht. Die Besatzungen der Flugzeuge und ihre Vorgesetzten verwiesen auf die Ziele, die ihnen vorgegeben worden waren, allesamt Ziele, so ihre Aussagen in der reichsgerichtlichen Bewertung, die den rechtlichen Anforderungen genügt hätten. Es habe sich ausschließlich um militärisch wichtige Anlagen gehandelt, die allein zur militärischen Schädigung des Gegners angegriffen worden seien.[18] Als solche gälten, wie das Reichsgericht schon in einem anderen Beschluß festgestellt hatte, nicht nur nur Anlagen, von denen die eigenen Luftfahrzeuge tatsächlich beschossen würden, sondern auch solche, von denen Feindseligkeiten ausgehen könnten oder von denen eine militärische Bedeutung anzunehmen sei.[19] Aus völkerrechtlicher Sicht ist diese Auffassung nicht zu beanstanden, denn Art. 2 des IX. Haager Abkommens erlaubte ja die Beschießung von militärischen Einrichtungen in unverteidigten Städten, wenn diese »für die Bedürfnisse der feindlichen Flotte oder des feindlichen Heeres nutzbar gemacht werden können«.

Daß diese weite Definition die Gefahr für die unbeteiligte Zivilbevölkerung erhöhte, war den Autoren des Abkommens bekannt. Zwar verpflichtete das Abkommen die Befehlshaber zu besonderer Umsicht,[20] sprach sie aber zugleich von jeder Verantwortung für andere Schäden frei, sofern sie nicht mit Absicht verursacht worden waren[21] (Schäden dieser

---

16 Vgl. die englische Beschuldigung unter Nr. 44 auf der Liste des personnes désignées …

17 Laut der zusammenfassenden Feststellung am Ende des Einsatzberichts blieb die Wirkung der Brandbomben hinter den Erwartungen zurück, insbesondere habe »die hohe moralische Wirkung«, wie sie mit der Verwendung von Sprengbomben verbunden sei, gefehlt. Vgl. bJ 166/20 (Brandenburg), Bl. 18.

18 Ebenda, Bl. 84 VS/RS.

19 Vgl. bJ 253/20 (Boecker), Bl. 28, 34, 53.

20 Art. 2 Abs. 3 erklärte, daß der Befehlshaber »alle erforderlichen Anordnungen zu treffen hat, damit daraus [sc. aus der Beschießung] für die Stadt möglichst wenig Nachteile entstehen«.

21 Art. 2 Abs. 2 (Unbeabsichtigter Schaden): »Ihn [sc. den Befehlshaber] trifft

Art sollten später unter der Sammelbezeichnung »Kollateralschäden« in den Sprachgebrauch eingehen). In diesem Sinne meinte denn auch der Oberreichsanwalt entschuldigend zur Tötung und Verwundung von Zivilpersonen, und das Reichsgericht folgte ihm darin: »Es leuchtet ein, daß es, noch dazu bei Nacht, unmöglich ist, aus großer Höhe – hier mehr als 3000 m – bestimmte Ziele mit Sicherheit zu treffen, und daß bei dem Versuche benachbarte Objekte in Gefahr geraten und ungewollt sehr leicht in Mitleidenschaft gezogen werden können.«[22] Auf die innere Tatseite einzugehen erübrige sich daher, weil nicht aufzuklären sei, welchen Willen ein Beschuldigter genau gehabt und welche Sorgfalt er zur Vermeidung von unnötigen Schäden aufgewandt habe.[23] Obwohl also objektiv der Tatbestand eines Verbrechens erfüllt sein konnte, konnte für diese Handlung letztlich niemand strafrechtlich verantwortlich gemacht werden. Es mochte ein Verbrechen gegeben haben, aber keinen Täter.

An diesem Fazit ist zunächst nichts Außergewöhnliches. Wieso sollte auch die Behandlung der Verbrechensvorwürfe im Kontext des Luftkriegs anders sein als das, was in bezug auf andere Verbrechenskomplexe geschehen ist? Wenn dort die Verfahren eingestellt wurden, mußten sie hier ebenfalls eingestellt werden. Und doch gibt es einen wichtigen Unterschied: In den Fällen wie zum Beispiel der auf dem Vormarsch durch Belgien begangenen Verbrechen oder der Versenkung von Lazarettschiffen beziehungsweise Rettungsbooten war die objektive Verbrechensdimension so deutlich, daß die Annahme ausgeschlossen erscheint – und in dem Verfahren gegen Dithmar und Boldt sogar tatsächlich ausgeschlossen erschien –, der Handelnde habe nicht gewußt oder habe nicht wissen müssen, was er tat. Das ist bei den Tatvorwürfen zum Luftkrieg anders. Eine Bombe aus großer Höhe auf ein militärisches Ziel abzuwerfen und dabei unbeteiligte Zivilpersonen zu treffen ist nicht gleichzusetzen mit der Erschießung einer größeren Zahl von Zivilisten aus angeblichen Gründen der Bestrafung, der Abschreckung oder einer wie auch immer selbstdefinierten militärischen Notwendigkeit. Der Führer eines Luftschiffs oder der Pilot eines Flugzeugs beabsichtigt nicht unmittelbar die Zerstörung von Menschenleben, doch gleichwohl nimmt er sie in Kauf und muß sie nach der militärischen Logik in Kauf nehmen, da er andernfalls den Einsatz nicht fliegen könnte und, wenn das Argument weitergetrieben wird, die Luftwaffe im Ergebnis als Mittel der Kriegführung wegfallen müßte.

[…] keine Verantwortung für den nicht beabsichtigten Schaden, der durch die Beschießung etwa verursacht worden ist.«

22 Zit. n. bJ 643/20 (Hauptmann a. D. Erich Linnarz), Bd. 1, Bl. 70 RS, 73.

23 Ebenda, Bl. 70 RS, 71.

Aus dieser Überlegung ergibt sich, daß Luftangriffe in subjektiver Hinsicht den Tatbestand eines Verbrechens dann erfüllen, wenn sie ausschließlich oder doch hauptsächlich gegen die Zivilbevölkerung gerichtet sind. So bombardierten deutsche Flugzeuge Anfang 1918 mehrere Male Wohnviertel in Paris, und zwar, wie offen zugegeben wurde, eben weil es Wohnviertel waren und nicht etwa weil dort militärische Anlagen vermutet wurden.[24] Ein Verbrechen sah die deutsche Armeeführung darin aber keineswegs; sie begründete diese und noch weitere vergleichbare Angriffe mit dem Hinweis auf zulässige Repressalmaßnahmen dafür, daß alliierte Flugzeuge deutsche Städte bombardiert hätten, um gezielt den Kriegsschrecken in die Zivilbevölkerung hineinzutragen.[25] Im Dezember 1914 und dann wieder im Februar und April 1915 sei beispielsweise Freiburg angegriffen worden, und ganz besonders schlimm habe es im Juni 1916 Karlsruhe getroffen, wo Bomben auf einen fast nur von Frauen und Kindern bevölkerten Festplatz geworfen worden seien, was für 110 von ihnen den Tod und für 123 schwerste Verletzungen bedeutet habe.[26]

Doch sowenig wie die deutsche militärische Führung sah auch diejenige einzelner alliierter Staaten in diesen Angriffen Kriegsverbrechen. Indem Deutschland als erste Kriegsmacht Flugzeuge und Luftschiffe gegen die Zivilbevölkerung und nicht, wie es behaupte, gegen rein militärische Ziele eingesetzt habe, habe es eine Schwelle überschritten und aller Welt die Notwendigkeit vor Augen geführt: »Der kriegslüsterne Geist, der in Deutschland wurzelt, muß ausgetrieben werden«, so rückblickend der britische Premierminister Lloyd George im Oktober 1917, nachdem er einleitend festgestellt hatte: »Ich bin froh, daß England nicht mit dem Bombardement der Städte angefangen hat.«[27] Ähnlich wie im Seekrieg stieß also auch im Luftkrieg Repressalie auf Repressalie, gab es ein wechselseitiges Hochschaukeln zwischen Aktion und Reaktion, das im nachhinein eine Überprüfung der jeweiligen juristischen Begründung unmöglich macht. Bis zum Kriegsende hatten deutsche Luftschiffe und Flugzeuge rund 2000 Angriffe geflogen (die Zahl der Opfer ist nicht bekannt)[28] und

---

24 Kriege, *Die völkerrechtliche Beurteilung des Luftkriegs im Weltkriege*, in: Deutscher Reichstag (Hg.), Völkerrecht im Weltkrieg, 4. Bd.: Der Luftkrieg, S. 103f.

25 Deutscher Reichstag (Hg.), Völkerrecht im Weltkrieg, 4. Bd.: Der Luftkrieg, S. 72–81.

26 Vgl. Denkschrift der kriegsgeschichtlichen Abteilung des Großen Generalstabes: Rechtsverletzungen im Luftkrieg, in: bJ 166/20 (Brandenburg), Bl. 31f.

27 Vgl. dazu Deutscher Reichstag (Hg.), Völkerrecht im Weltkrieg, 4. Bd.: Der Luftkrieg, S. 78 und 81 (Zitate).

28 In den 20 Nachtangriffen 1917/18 auf England kamen 400 Personen um. Bei

war Deutschland selbst in vielen hundert Fällen[29] das Ziel alliierter Luftangriffe geworden. 746 Tote, 1843 Verletzte und 25 035 000 Mark Sachschaden waren die Bilanz auf deutscher Seite,[30] und sie wird sicherlich auch dazu geführt haben, daß dort die Neigung, den alliierten Vorwürfen nachzugehen, wenig ausgeprägt war. »Die […] gegen Deutschland erhobenen Vorwürfe erscheinen unbegründet und werden mit besserem Recht seinen Gegnern gemacht«,[31] lautete auch Jahre später noch die verbreitete Einschätzung.

---

einem Tagesangriff am 13.6.1917, der mit 14 Flugzeugen durchgeführt wurde, starben allein im Großraum London 162 Personen. Vgl. dazu Llewellyn Woodward, Great Britain and the War of 1914–1918, London 1967, S. 372f.

29 Heike Spieker (*Haager Regeln des Luftkriegs von 1923*, S. 135) nennt die Zahl von 683 alliierten Luftangriffen, die allerdings in Anbetracht des alliierten Waffenpotentials sehr niedrig erscheint.

30 Ebenda. Leicht abweichende Zahlen finden sich bei Roger Chickering, Das Deutsche Reich und der Erste Weltkrieg, München 2002, S. 123, sowie in bJ 166/20 (Brandenburg), Bl. 40f.

31 Zit. n. Entschließung des parlamentarischen Untersuchungsausschusses, in: Deutscher Reichstag (Hg.), Völkerrecht im Weltkrieg, 4. Bd.: Der Luftkrieg, S. 53. Diese Haltung nahm bereits der Artikel *Wie führte Deutschland und wie seine Gegner den Luftkrieg?*, in: Weser Zeitung, Nr. 306, 9.6.1920, vorweg.

Teil 3
Nachwirkungen und Korrekturen (1928–1945)

Abwesenheitsverfahren in Belgien und Frankreich und ihre Folgen

Das Waffenstillstandsabkommen vom 11. November 1918 bestimmte unter Art. VI:

»In allen geräumten Gebieten ist die Fortführung von Einwohnern untersagt; dem Eigentum der Einwohner darf kein Schaden oder Nachteil zugefügt werden. Niemand wird wegen der Teilnahme an Kriegsmassnahmen, die der Unterzeichnung des Waffenstillstandes vorausgegangen sind, verfolgt werden.«[1]

Der Wortlaut des Artikels klingt in seiner wesentlichen Aussage eindeutig: Kein Bewohner beispielsweise der besetzten linksrheinischen Gebiete soll vor ein Gericht auf dem Hoheitsgebiet einer der Siegermächte gebracht werden dürfen, und niemand soll aufgrund einer Kriegshandlung belangt werden können. Auch wenn bei dem letztgenannten Verbot sofort Zweifel an der Ausschließlichkeit seiner Bedeutung auftauchen – wie verträgt es sich zum Beispiel mit dem während des Krieges immer wieder geäußerten Bestrafungsverlangen der Alliierten? – und daher allenfalls an einen Aufschub und nicht an einen endgültigen Verzicht denken lassen, stellen sich vergleichbare Zweifel bei dem erstgenannten Verbot nicht ein. Die Menschen in den von den deutschen Staatsgewalten geräumten und in die Besatzungshoheit alliierter Staaten übergegangenen Gebieten konnten davon ausgehen, so schien es, daß sie nicht fortgeführt, das heißt verschleppt und verurteilt werden würden.

In Wirklichkeit galt weder das eine noch das andere. Der Druck namentlich der belgischen und französischen Öffentlichkeit war wohl zu stark, die Erbitterung einzelner lokaler Militärbefehlshaber in den besetzten Gebieten wohl zu groß, als daß Art. VI hätte beachtet werden können. Zwar spielten die Regierungen Frankreichs und Belgiens das Problem herunter oder rechtfertigten bestimmte Überstellungen als anders gelagerte Ausnahmefälle,[2] im Ergebnis wurde aber eine ganze Reihe Deutscher verhaftet, in Belgien oder Frankreich vor Gericht gestellt und ver-

---

1 Zit. n. aJ 26/20 (Robert und Hermann Röchling, Fabrikanten), Bd. 2, darin der Text »Zur Entstehung des Abkommens von Spa vom 8. April 1919«, S. 1.

2 Vgl. z. B. den Brief des französischen Kriegsministeriums vom 2. Juni 1920 an alle Militärbefehlshaber (AN Paris, BB 18/2568[2]), in dem die Festnahmen ohne Umschweife zugegeben werden, zugleich jedoch auch deren jeweilige juristische Fragwürdigkeit oder Besonderheit hervorgehoben wird.

urteilt.[3] Den deutschen Strafverfolgungsbehörden blieb nur, über den Umweg politischer Stellen zu protestieren und – das geschah in allen Fällen – unter dem Verzeichnis der allgemeinen Justizsachen (aJ) eigene Ermittlungsakten zu den betreffenden Personen anzulegen, womit zugleich auch erneut, unabhängig vom Personalitätsprinzip in § 4 Abs. 2 Nr. 3 StGB,[4] die Ernsthaftigkeit der deutschen Strafverfolgung möglicher Kriegsverbrechen selbst unter widrigsten Umständen unter Beweis gestellt werden konnte.

Eine weitere Gruppe der aJ-Verfahren bildeten diejenigen Verfahren, welche die Reichsanwaltschaft aus eigenem Antrieb eingeleitet hatte. Zu ihnen gehören die Verfahren gegen die drei Pioniersoldaten Lottmann, Niegel, Sangershausen, gegen die Marineoffiziere Dithmar und Boldt, aber auch noch andere Fälle, wie der Fall des Landsturmmannes Karl Grüner, auf den noch zurückzukommen ist.

Eine dritte Gruppe der aJ-Verfahren schließlich stellten die Verfahren dar, die, vor allem ab der zweiten Hälfte des Jahres 1922, als Reaktion auf Abwesenheitsverfahren in Belgien und Frankreich durchgeführt wurden, wobei die Motivation ihrer Durchführung in erster Linie derjenigen der ersten Gruppe ähnelte. Diese Verfahren und die davon ausgehende weitere Entwicklung stehen im Zentrum der folgenden Untersuchung, doch soll zur Verdeutlichung dieser Aspekte zunächst auf die beiden vorgenannten Gruppen eingegangen werden.[5]

Die Fälle der ersten Gruppe der aJ-Verfahren begannen alle gleich. Gendarmen suchten den Verdächtigen zu Hause auf, nahmen ihn – gewöhnlich ohne Mitteilung von Gründen – mit und brachten ihn in ein Militärgefängnis in Belgien oder Frankreich, wo er auf sein Gerichtsverfahren warten mußte. Nach mehreren Verhören durch Gerichtsbeamte fand dann der Prozeß vor einem Militärgericht statt.[6] In der Regel endete der

---

3 Auf einer Liste aus dem Jahr 1920 standen über 100 Namen, vgl. BAL, R 3003, ORA/RG, Generalia, Bd. 50, Bl. 160–169, sowie auch Generalia, Bd. 52, Bl. 146. Siehe auch oben, S. 59.

4 Das Personalitätsprinzip aus § 4 Abs. 2 Nr. 3 StGB verpflichtete die Staatsanwaltschaft nicht zur Strafverfolgung. Wegen der Formulierung »kann […] verfolgt werden« galt hier die Opportunitätsmaxime. Vgl. Frank, Das Strafgesetzbuch für das Deutsche Reich, S. 27, Nr. II.

5 In Sachen Kriegsverbrechen und Kriegsvergehen wurden 1920 222 aJ-Verfahren, 1921 225, 1922 78, 1923 79, 1924 46, 1925 183, 1926 8 und 1927 6 Verfahren eingeleitet.

6 Aus einem Schreiben an den damals noch amtierenden Oberreichsanwalt Zweigert (aJ 24/20, Hauptmann a. D. Hans Imhoff, Bl. 1): »Am 17. Februar 1920 wurde der Diplom-Ingenieur Hans Imhoff […] in Ludwigshafen von französischen Gendarmen verhaftet und in das Militärgefängnis nach Landau

Prozeß mit einer Verurteilung des Angeklagten, dem ein Anwalt zur Verteidigung beigeordnet worden war, zu einer Freiheitsstrafe (Gefängnis oder Zuchthaus) oder zu Zwangsarbeit. Das Strafmaß betrug zwischen sechs Monaten und lebenslänglich, das Gros der Strafen bewegte sich jedoch in einem Zeitrahmen von zwei bis fünf Jahren. Häufig wurde zusätzlich noch eine Geldstrafe in zum Teil beträchtlicher Höhe (eine Entschädigung von zehn Millionen französischen Francs sollte beispielsweise der Industrielle Robert Röchling bezahlen) und ein Aufenthaltsverbot von bis zu zwanzig Jahren verhängt. In einigen wenigen Fällen erging allerdings auch Freispruch.[7]

Der Gedanke an eine Bemerkung Clemenceaus liegt nahe, der einmal – sicherlich nicht in Reaktion auf die angesprochenen Verfahren – gesagt hatte, die Rechtsprechung von Militärgerichten dürfe ebensowenig mit Recht verwechselt werden wie Militärmusik mit Musik.[8] Wie zur Bestätigung dieser Bonmots berichtete ein Soldat, der wegen des Diebstahls von Tafelsilber angeklagt war:

»Nach einer ganz kurzen, vielleicht eine Viertelstunde dauernden Verhandlung wurde eine Gefängnisstrafe von 3 Jahren und 300 Francs Geldstrafe verkündet. Mein Verteidiger gab sich grosse Mühe einen Freispruch zu erzielen. Der Vorsitzende des Gerichts, ein Oberst, war ziemlich wohlwollend, dagegen der Vertreter der Anklage nannte garnicht meinen Namen, sondern titulierte mich mit ›Boche‹ oder ›sale Boche‹ und erklärte ›den Boches‹ könnte man nicht glauben, dies seien alles Verbrecher, Schwindler und Betrüger. Noch 10 Tage blieb ich, da es zweck-

---

gebracht. Den Verwandten des Herrn Imhoff wurde mitgeteilt, dass dem Verhafteten ein Diebstahl zur Last gelegt werde, den er während seines Aufenthalts an der Front im besetzten Gebiet Frankreichs begangen habe. Die Verhaftung geschah auf Ersuchen des Kriegsgerichts zu Lille.«
Ein anderer ehemaliger Soldat erklärte später vor einem deutschen Gericht (aJ 143/20, Heinrich Janz, Bl. 13f.): »Am 6. Januar 1920, als ich um die Mittagszeit vom Felde nach Hause kam, befanden sich in unserer Wohnung 2 französische, 2 deutsche Gendarme, ein Dolmetscher und der Polizeidiener des Ortes. Es war auf eine Anschuldigung gegen mich eine Haussuchung [...] veranstaltet worden. [...] Im Hause wurde ich lediglich danach gefragt, ob ich Heinrich Janz sei und bei dem Regiment 117 gedient und während des Krieges in der Nähe von St. Quentin gewesen sei.« Janz wurde über Bingen, Mainz und Metz in das Militärgefängnis Amiens gebracht, wo er am 6. März 1920 zum ersten Mal vernommen wurde.

7 Vgl. BAL, R 3003, ORA/RG, Generalia, Bd. 51, Bl. 69–71; siehe auch die aJ-Verfahren aus dem Jahr 1920, die im folgenden vorgestellt werden.

8 Vgl. Bernd Greiner, »*You'll never walk alone*«. *Amerikanische Reaktionen auf Kriegsverbrechen in Vietnam*, in: Mittelweg 36, 5/2000, S. 53.

los war, Berufung einzulegen, zumal 4½ Monate Untersuchungshaft angerechnet waren, in dem Militärgefängnis (Zitadelle) und kam dann in das Zivilgefängnis Amiens. Hier war ich in einer Zelle allein, die Verpflegung war schlechter, die Behandlung war, abgesehen von dem ständigen Beschimpfen, gut.«[9]

In anderen Gerichtsverfahren wurde Entlastungszeugen, besonders wenn es Deutsche waren, von vornherein nicht geglaubt,[10] und es fanden nur summarische Prüfungen der Anklagepunkte statt.[11] Verglichen mit den für erwiesen erachteten Tatvorwürfen – fast immer waren es Vermögensdelikte wie der Diebstahl von Geld, Wertpapieren, Uhren oder Schmuck –, waren die ausgesprochenen Strafen sehr hoch. Fünf Jahre Gefängnis und eine Geldstrafe von mehreren hundert Francs für den Diebstahl von »Gebrauchsgegenständen« (Teller, Besteck, Platten) waren nichts Ungewöhnliches.[12] Rachejustiz also, so der sich unweigerlich einstellende Eindruck, zumal auch die Militärgerichte oft an den Orten tagten (Amiens, Lille in Frankreich, Mons, Charleroi oder Antwerpen in Belgien), die vier Jahre lang unter deutscher Besatzungsherrschaft gestanden hatten. Erinnern wir uns jedoch an das erste Urteil des Reichsgerichts in Sachen Kriegsverbrechen – für einen gemeinschaftlich begangenen Raub von 800 Mark unter Umständen, die von keiner hohen kriminellen Energie zeugten, erhielt der Haupttäter eine Freiheitsstrafe von fünf Jahren Zuchthaus –,[13] dann relativiert sich dieser Eindruck ein wenig. Und noch etwas verdient es, herausgestellt zu werden: Die Urteile gründeten nicht auf frei erfundene oder sonstwie konstruierte Anklagepunkte. Trotz der Schwächen in den kriegsgerichtlichen Verfahren erwies sich der Tatvorwurf, von den Freisprüchen abgesehen, stets in weiten Teilen als begründet. Das mußte auch die Reichsanwaltschaft, die die Ermittlungsakten in diesen Fällen zentral führte, zur Kenntnis nehmen. Nachdem sie die Möglichkeit zur Vernehmung der Verurteilten gehabt hatte – die meisten der verurteilten deutschen Soldaten wurden, oft ohne Angabe von Gründen, vorzeitig aus der Haft entlassen –, stellte sie die Verfahren unter Hinweis auf das Amnestiegesetz vom 7. Dezember 1918[14] oder auf das Verbot der doppelten Bestrafung aus § 5 Nr. 1 oder

9 Zit. n. aJ 143/20 (Janz), Bl. 13 RS. Das französische Adjektiv »sale« bedeutet im Deutschen »dreckig« oder »schmutzig«.
10 Vgl. aJ 44/20 (Oberleutnant d. R. Hermann Tolksdorf), Bl. 17ff.
11 Vgl. aJ 110/20 (Willy Hausmann), Bl. 43 (Umschlag, darin das Urteil des belgischen Kriegsgerichts).
12 Vgl. aJ 114/20 (Josef Mader).
13 Vgl. oben, S. 71ff.
14 Vgl. oben, S. 64f.

Nr. 2 StGB[15] ein.[16] In einigen Fällen kam die Reichsanwaltschaft allerdings zu dem Ergebnis, daß der Tatverdacht zu Unrecht bestanden habe, französische oder belgische Urteile also Fehlurteile gewesen seien. Entweder habe in Wahrheit, so der Bearbeiter in der Reichsanwaltschaft, die Aussage des Beschuldigten nicht widerlegt werden können[17] oder es habe sogar überhaupt keine Anhaltspunkte für ein strafbares Verhalten gegeben.[18]

Für die zweite Gruppe der aJ-Verfahren indes waren ausländische Rechtsansichten und -anwendungen ohne Belang. Sie wurden von der Reichsanwaltschaft aufgrund eigener Entscheidung eingeleitet. Anlaß dafür waren entweder Anzeigen und nicht selten auch Denunziationen

---

15 Nach diesen Vorschriften war eine ohnehin nur in engen Grenzen mögliche Strafverfolgung nach deutschem Recht ausgeschlossen, wenn (Nr. 1) »von den Gerichten des Auslandes über die Handlung rechtskräftig erkannt und entweder eine Freisprechung erfolgt oder die ausgesprochene Strafe vollzogen« oder (Nr. 2) »die Strafverfolgung oder die Strafvollstreckung nach den Gesetzen des Auslandes verjährt oder die Strafe erlassen« worden ist.

16 Vgl. z.B. die Verfahren gegen Heinrich Frey (aJ 36/20; das Kriegsgericht Amiens hatte ihn wegen Diebstahls zu zehn Jahren Zuchthaus und 5000 Francs Geldstrafe verurteilt), gegen Sebastian Kleinz (aJ 37/20; Kleinz war wegen Diebstahls zu zwei Jahren Gefängnis und 200 Francs Geldstrafe verurteilt worden), gegen Gustav Blässe (aJ 92/20; Blässe war wegen Hehlerei zu vier Jahren Gefängnis und 500 Francs Geldstrafe verurteilt worden) oder gegen Heinrich Faust (aJ 119/20; Faust hatte wegen Diebstahls eine Freiheitsstrafe von drei Jahren Gefängnis und eine Geldstrafe von 500 Francs erhalten).
Eine Sonderstellung nimmt in diesem Zusammenhang der Fall Röchling ein. Robert Röchling, Eigentümer mehrerer Bergwerke im Saargebiet und Verwalter von metallverarbeitenden Fabriken im besetzten Nordfrankreich, wurde am 24.12.1919 vom Kriegsgericht Amiens wegen Plünderung zu zehn Jahren Zuchthaus, 10 Millionen Francs Geldstrafe und fünf Jahren Aufenthaltsverbot verurteilt. Sein Bruder Hermann Röchling wurde in Abwesenheit wegen desselben Tatvorwurfs zur gleichen Freiheits- und Geldstrafe sowie mit 15 Jahren Aufenthaltsverbot bestraft. Das Kriegsgericht Nancy als Rechtsmittelinstanz hob jedoch das Urteil gegen Robert Röchling mit der Begründung auf, er habe lediglich die Befehle vorgesetzter Stellen befolgt. Nach einer Inhaftierung von 23 Monaten wurde er daraufhin aus der Haft entlassen, und auch in Deutschland wurden die Verfahren gegen ihn und seinen Bruder eingestellt. Vgl. aJ 26/20; PA Bonn, R 48437, o.S.

17 Vgl. z.B. aJ 142/20 (Karl Solms). Solms war wegen Diebstahls verurteilt worden.

18 Vgl. z.B. aJ 31/20 (Josef Hermann); aJ 110/20 (Willy Hausmann); aJ 141/20 (Fuhr). Alle drei waren wegen Diebstahls zu Freiheitsstrafen bis zu fünf Jahren verurteilt worden.

Dritter sowie durch die normale Ermittlungstätigkeit der Polizei zutage getretene Verdachtsmomente. Auch hier erstreckten sich die Untersuchungen wieder hauptsächlich auf Vermögensdelikte, nur vereinzelt ging es um schwerwiegendere Delikte wie Körperverletzung,[19] Totschlag[20] oder Raubmord.[21] Bis auf eines wurden alle Verfahren eingestellt (die letzten 1927), und die Begründungen ähnelten sehr den bereits bekannten. Zumeist hieß es, die Tat falle unter das Amnestiegesetz vom 7. Dezember 1918, oder mangels Zeugen und weiteren Belastungsmaterials könnten »die Behauptungen des Beschuldigten, so unglaubhaft sie klingen, nicht erschüttert werden«. In der angesprochenen Ausnahme allerdings war dies anders. Zwar verbarg sich dahinter kein schwerwiegender Fall, eher die unüberlegte Tat eines kleinkriminellen Soldaten, der, so konnte man sagen, in der allgemeinen Auflösung der letzten Kriegstage finanziell ein wenig auf seine Kosten kommen wollte. Doch fiel die Tat gerade deswegen in einen Bereich, in dem das Gericht das Judizieren leichtfiel, wie wir anhand des Prozesses gegen die drei Pioniersoldaten gesehen haben. – Worum ging es?

---

19 Vgl. aJ 57/20 (Theodor Wilhelm Düren). Dem Beschuldigten Düren wurde die Mißhandlung russischer Kriegsgefangener vorgeworfen.

20 Vgl. aJ 197/21 (Hauptmann a.D. Max Henz). Henz soll im Oktober 1914 einen 14jährigen flämischen Jungen unter dem – laut Zeugenaussagen – abwegigen Vorwand erschossen haben, es handle sich bei ihm um einen Franktireur. Vgl. noch aJ 25/25 (Hesterberg) und 47/25 (Grabow). In beiden Fällen ging es um die Erschießung von belgischen Zivilisten.

21 Vgl. aJ 132/20 (Paul Ottway). Der Soldat Ottway soll im Sommer 1918 eine Belgierin, der er gegen Bezahlung zur Flucht nach Holland verhelfen sollte – zwischen dem besetzten Belgien und dem neutralen Holland war während des Krieges ein Zaun gezogen worden –, ermordet und beraubt haben. Ottway berief sich auf Notwehr. Auf dem Weg zur Grenze habe er Angst bekommen und nicht mehr weitergehen wollen. Daraufhin habe die Frau eine Pistole gezogen, um ihn zu zwingen, ihr den Weg zu zeigen. In dem anschließenden Handgemenge habe sich ein Schuß gelöst und die Frau tödlich verletzt. Noch vor Kriegsende war Ottway von einem deutschen Kriegsgericht wegen Unterschlagung – er hatte sich das Geld und einige Kleidungsstücke der Toten angeeignet – zu zwei Jahren Gefängnis verurteilt worden. Die Reichsanwaltschaft schloß sich später der Meinung des Gerichts an, daß Ottway ein Mord oder Totschlag nicht nachzuweisen sei, obschon er kurz nach der Tat die Ermordung der Frau gestanden hatte und dann erst auf die für ihn günstigere Tatversion verfallen war.
Zu dem zwischen Belgien und Holland gezogenen Zaun vgl. Martin Herzog, Marko Rössler, *Der große Zaun. Ein bizarres Kapitel aus der Terrorgeschichte des deutschen Militärs im Ersten Weltkrieg*, in: Die Zeit, Nr. 17, 16.4.1998, S. 82.

Max Grüner, ein einfacher Soldat des Landsturms, war Anfang November 1918 aus der Gefangenenabteilung eines Lazaretts, in die er nach einer mißlungenen Desertion eingeliefert worden war, entwichen. Da er Geld brauchte, verwies ihn ein belgischer Wirt an einen in der Nähe von Charleroi wohnenden Mann, der, so der Wirt, ständig 8000 Mark bei sich trage. Von ihm könne er, Grüner, sich das Nötige »holen«. Er könne sich zum Beispiel als Feldgendarm ausgeben und behaupten, er müsse den Mann auf die Kommandantur bringen, weil er spionageverdächtig sei. Ihm unterwegs dann das Geld abzunehmen, dürfte keinerlei Schwierigkeiten bereiten. So geschah es denn auch, allerdings mit einer kleinen Abweichung. Als Grüner – er wurde noch von einem Komplizen begleitet, dessen Identität aber nicht geklärt werden konnte – am 8. November 1918 nach einer Leibesvisitation bei dem Opfer das Geld an sich nehmen wollte, hielt dieses die Geldtasche mit beiden Händen fest, so daß Grüner sie ihm entreißen mußte. Lange konnte sich Grüner seiner Beute jedoch nicht erfreuen. Nur einige Stunden später nahm ihn eine Militärstreife fest und brachte ihn zur Kommandantur, wo das Geld kurz danach dem Eigentümer in voller Höhe zurückgegeben wurde.[22]

Das Reichsgericht wertete die Tat als schwere Plünderung im Sinne der §§ 129, 133 MStGB, da Grüner bei ihrer Begehung gegen das Opfer gewalttätig geworden sei. Es verurteilte ihn zu einer Freiheitsstrafe von zwei Jahren Zuchthaus, zum Verlust der bürgerlichen Ehrenrechte für fünf Jahre und zur Entfernung aus dem Heer. Das Verbrechen des Angeklagten, so das Gericht in der Urteilsbegründung, sei ein schweres, und die Strafe müsse daher das gesetzlich zulässige Mindestmaß von einem Jahr Zuchthaus erheblich übersteigen. Und dann folgte ein Argument, das wir nur aus dem Verfahren gegen die Pioniersoldaten Lottmann, Niegel und Sangershausen kennen, nicht aber aus den anderen Verfahren. »Gänzlicher Mangel an persönlichem Ehrgefühl und an Verständnis für die Pflichten des Soldaten im Feindeslande sowie für das Ansehen des deutschen Heeres lassen die Tat besonders verwerflich erscheinen.«[23]

Das Urteil gegen Max Grüner erging am 17. November 1922. Es war nicht das letzte Urteil, das das Reichsgericht in Sachen Kriegsverbrechen oder Kriegsvergehen sprach (das nächste und letzte sollte 1928 gesprochen werden), aber es war die letzte Entscheidung, die mit einer Verurtei-

---

22 Vgl. aJ 13/21 (Max Grüner), Bd. 1, Bl. 33a–33c (Anklageschrift); das Urteil mit einer genauen Beschreibung des Tatbestandes ist enthalten in: BAL, R 3003, ORA/RG, Generalia, Bd. 62, o. S.

23 Vgl. Generalia, Bd. 62, o. S. (S. 5f. des Urteils). Der Umstand, daß Grüner mehrfach wegen Diebstahls vorbestraft war (vgl. aJ 13/21, Bd. 1, Bl. 33a), spielte in der Urteilsbegründung keine Rolle.

lung endete. Danach gab es nur noch Beschlüsse, die nach nichtöffentlichen Verhandlungen ergingen und sich auf die Einstellung von Verfahren bezogen. Ein großer Teil von ihnen ist hier bereits zur Sprache gebracht worden, auf einige wenige wird noch eingegangen werden, da sie zur Vervollständigung der Untersuchung von Bedeutung sind.

Warum öffentliche Gerichtsverfahren nach 1922 nicht fortgesetzt wurden – nachdem in Prozessen gegen 17 Beschuldigte beziehungsweise Angeklagte sieben Verurteilungen ergangen waren und daher mit recht großer Wahrscheinlichkeit auch in weiteren Prozessen mit Verurteilungen zu rechnen gewesen wäre –, ist bereits mehrfach kurz angesprochen worden, darum bedarf es an dieser Stelle nur einer Ergänzung: Die interalliierte Kommission, die in ihrem Votum Anfang 1922 schließlich zu einer Ablehnung der Verfahren vor dem Leipziger Reichsgericht kommen sollte, war vom Obersten Rat der Alliierten schon im August des Vorjahres eingesetzt worden. Von ihrer Empfehlung sollte abhängen, wie sich die Siegermächte künftig in der Frage der Ahndung möglicher Kriegsverbrechen verhalten wollten. Sollte es, wie ursprünglich angekündigt, tatsächlich eine Rückkehr zur Regelung des Art. 228 des Versailler Vertrages geben, sollten also die Siegermächte wieder die Auslieferung der Verdächtigen fordern können, um sie gemeinsam oder vor den einzelnen staatlichen Militärgerichten abzuurteilen? Oder sollte eine unterschiedliche Vorgehensweise gegenüber Deutschland gewählt werden können, je nach der politischen Situation und dem Stand der öffentlichen Meinung in den alliierten Ländern?[24]

Nach Bekanntgabe des einstimmig, aber ohne Angabe von Gründen oder Erläuterungen gefaßten Votums der interalliierten Kommission[25] – von ein paar Ausnahmen abgesehen habe das Reichsgericht, erstens, nicht genügend Anstrengungen unternommen, um die Wahrheit aufzudecken, und, zweitens, wiederum abgesehen von ein paar Ausnahmen, seien die Zahl der Freisprüche zu hoch und die verhängten Strafen zu niedrig gewesen[26] – sah es zunächst so aus, als würden sich die Alliierten wieder auf

---

24 Vgl. Schreiben des Auswärtigen Amtes an den Reichsjustizminister vom 17.12.1921, in: Generalia, Bd. 46, Bl. 286f.; AN Paris, BB 18/2568³, o. S.

25 Auf Druck Frankreichs verzichtete die Kommission auf eine Begründung, um, wie es hieß, jede Diskussion zu vermeiden und Deutschland keinen weiteren Anlaß zur Kritik zu geben. Vgl. AN Paris, ebenda.
Der Kommission gehörten neben zwei Vertretern Frankreichs (Laurent Bonnevay, Paul Matter) weitere hohe Juristen und Generalstaatsanwälte Großbritanniens (Sir Gordon Howart, Sir Ernest Pollock), Italiens (Antoine Raimondi, Menziger de Preußenthal) und Belgiens (Servais, Th. van Elewyck) an. Vgl. Generalia, Bd. 47, Bl. 12.

26 Zum Text der Kommissionsentscheidung vgl. Generalia, Bd. 47, Bl. 13. Die

ihr Recht aus Art. 228 des Versailler Vertrages berufen. Die Kommission jedenfalls hatte dies ihren Regierungen in einer abschließenden Empfehlung nahegelegt, und diese schienen in ersten Reaktionen durchaus bereit, der Empfehlung zu folgen. Vor allem Frankreich unter der neuen Regierung Poincaré forderte energisch die alsbaldige Auslieferung aller auf der großen Liste stehenden Personen, doch wurde es darin von Großbritannien gebremst, das schnell wieder zu seiner alten Moderationspolitik gegenüber Deutschland zurückgefunden hatte. Zwar war es mit dem Erreichten alles andere als zufrieden – zumal sich die beiden Marineoffiziere Dithmar und Boldt, die am härtesten bestraft worden waren, der Strafverbüßung durch Flucht entzogen hatten –, wollte jedoch die Diskussion der unmittelbaren Nachkriegszeit, nachdem ja die Auslieferungsforderung sich als nicht durchsetzbar erwiesen hatte, nicht wiederaufleben lassen.[27] Und wie bereits damals, so setzte sich Großbritannien auch jetzt durch: In einer Note an die Reichsregierung erklärten Vertreter Frankreichs, Belgiens, Italiens und Großbritanniens am 23. August 1922, daß es wegen der »unsachlichen, parteiischen Justiz«, die das Reichsgericht ausgeübt habe, zu keiner Zusammenarbeit mit deutschen Behörden mehr kommen werde. Für die Zukunft behielten sich ihre Länder allerdings das Recht vor, die der Kriegsverbrechen Beschuldigten selbst vor Gericht zu stellen oder gegen sie, wenn sie ihrer nicht habhaft werden könnten, Verfahren in Abwesenheit durchzuführen.[28]

Von einer Auslieferung war also nicht mehr die Rede, aber auch die Ankündigung von An- oder Abwesenheitsverfahren war, bei Lichte besehen, nicht so bedrohlich, wie sie zunächst klang. Vor eigenen Gerichten Verfahren gegen frühere deutsche Soldaten durchzuführen, kam für Großbritannien nicht in Frage. Und Abwesenheitsverfahren sah das bri-

---

Ausnahmen, die nicht zu beanstanden sind, werden dort ohne näheren Hinweis als »un petit nombre de cas« bezeichnet. Das Versagen der deutschen Justiz wird dort pauschal »dans presque tous les cas« festgestellt.

27 Vgl. *Frankreich für Auslieferung der Kriegsbeschuldigten*, in: Deutsche Allgemeine Zeitung, 15.1.1922; Schwengler, Völkerrecht, Versailler Vertrag und Auslieferungsfrage, S. 351; Willis, Prologue to Nuremberg, S. 140f.
Daß trotz aller demonstrativen Entschlossenheit in der Forderung nach Auslieferung möglicher Kriegsverbrecher auch die französische Regierung um die Undurchsetzbarkeit dieser Forderung wußte, zeigt ein Schreiben des französischen Außenministers an den französischen Justizminister vom 19.12.1921, also noch vor Bekanntgabe der Kommissionsentscheidung. Darin wird hervorgehoben, daß eine Umsetzung des Art. 228 Versailler Vertrag unrealistisch sei und eine andere Lösung gefunden werden müsse, um die öffentliche Meinung zu beruhigen. Vgl. AN Paris, BB 18/25681[3], o.S.

28 Zum Wortlaut der Note vgl. PA Bonn, R 28569, Bl. 314–316.

tische Recht nicht vor.[29] Italien hatte zwar erklärt, daß nach seinem Recht auch militärgerichtliche Verfahren gegen Abwesende möglich seien, da es jedoch bislang nur mit großer Verzögerung auf deutsche Rechtshilfeersuchen reagiert hatte, war schon Mitte 1922 davon auszugehen – und wie sich zeigen sollte, zu Recht –, daß Italien mögliche deutsche Kriegsverbrecher weder in der einen noch in der anderen Verfahrensform anklagen würde. Blieben noch Frankreich und Belgien. Beide Länder ließen keinen Zweifel daran, daß sie ihre Beschuldigungen gegen deutsche Soldaten nicht auf sich beruhen lassen würden. Das wußten selbstverständlich auch die zuständigen deutschen Stellen und vor allem die Gruppe der eventuell betroffenen Soldaten, so daß, von sehr wenigen Fällen einer überraschenden Verhaftung und Anklage abgesehen, in Frankreich und Belgien nur Verfahren gegen Abwesende stattfanden.

Aus deutscher Sicht warf die alliierte Note vom August 1922 zwei Fragen auf: Was sollte mit den bereits eingeleiteten Verfahren geschehen, jetzt, wo zum Beispiel mit der Vernehmung ausländischer Zeugen vor Gericht nicht mehr zu rechnen war? Und wie sollte auf ausländische Abwesenheitsverfahren reagiert werden?

Eine Dienstbesprechung mit Vertretern des Justizministeriums, des Reichsgerichts und der Reichsanwaltschaft im September 1922 gab darauf folgende Antworten: »Gleichzeitig mit solchen Sachen [sc. die zur Einstellung reif sind] sind aber jeweils Sachen an den Senat zu bringen, in denen Anklage erhoben und mit ziemlicher Sicherheit auf eine Verurteilung zu rechnen ist, so daß also der Gegenstand der öffentlichen Verhandlungen abwechselnd Einstellungs- und Verurteilungssachen bilden.«[30] Anders formuliert, die Verfahren sollten fortgesetzt werden, und man war sich nach der schon bestehenden Aktenlage so gut wie sicher, daß in einer ganzen Reihe von Prozessen – hier dachte man beispielsweise an die Fälle Andenne und Dinant – das Urteil nicht auf Freispruch lauten würde. Hinsichtlich möglicher Abwesenheitsverfahren hieß es dann noch: »Sollten Fälle bekannt werden, in denen die Entente ein Kontumazialverfahren durchzuführen beabsichtigt, [...] so sollen solche Fälle wenn irgendmöglich hier zur Entscheidung gebracht werden.«[31]

Was unter »hier zur Entscheidung gebracht werden« zu verstehen war, sollte sich ein paar Monate später in einer Weisung des Reichsjustizministers an den Oberreichsanwalt zeigen. Keinesfalls war mehr daran ge-

29 Vgl. Schwengler, Völkerrecht, Versailler Vertrag und Auslieferungsfrage, S. 351f.; AN Paris, BB 18/2568[3], o. S.

30 Zit. n. Aktennotiz von Oberreichsanwalt Ebermayer, in: Generalia, Bd. 47, Bl. 69.

31 Ebenda, Bl. 69 RS.

dacht, Anklagen zu erheben oder Anträge auf die Eröffnung von Voruntersuchungen zu stellen. Nein, erwünscht waren künftig nur noch Anträge auf die Einstellung von Verfahren, sie könnten »nach wie vor gestellt und an den Senat gegeben werden«.[32] Daß sich die Reichsanwaltschaft an diese Weisung hielt, haben uns die vielen Einstellungsbeschlüsse, die das Reichsgericht zu den bisher angesprochenen Tatvorwürfen antragsgemäß faßte, gezeigt. Und natürlich wurde sie erst recht in all den Fällen beachtet, in denen die Reichsanwaltschaft allein über die Einstellung eines Verfahrens entscheiden konnte, was für nahezu[33] alle Verfahren galt, die infolge eines französischen oder belgischen Abwesenheitsverfahrens in Deutschland eingeleitet wurden. Damit wären wir bei der dritten Gruppe der aJ-Verfahren angelangt.

Die Durchführung dieser Verfahren setzte natürlich voraus, daß die Reichsanwaltschaft überhaupt Kenntnis von durchgeführten Abwesenheitsverfahren hatte. Das allerdings war nicht so einfach. Weder Belgien noch Frankreich teilten dem Auswärtigen Amt mit, daß und gegen wen sie ein Verfahren in Abwesenheit durchzuführen gedächten.[34] Nur durch Zeitungsartikel oder kurze Meldungen erhielten deutsche Stellen Nachricht von bereits abgeschlossenen Verfahren; meist enthielten sie nicht mehr als die Namen der Verurteilten und die Angabe der jeweils gegen sie verhängten Strafen, verbunden mit – wenn es sich um französische oder belgische Quellen handelte – heftigen, auch persönlich gefärbten Vorwürfen an die Adresse der abwesenden Angeklagten[35] beziehungsweise –

---

32 Vgl. die Gesprächsnotiz des Oberreichsanwalts vom 27.1.1923, in: Generalia, Bd. 47, Bl. 86.

33 Ausgenommen davon waren die Verfahren, die sich auf die sogenannten Listenfälle bezogen. Hier kam es gelegentlich vor, daß ein Verfahren, das vom Reichsgericht durch einen Einstellungsbeschluß beendet worden war, infolge eines Abwesenheitsverfahrens in Frankreich oder Belgien erneut überprüft und daraufhin nicht durch staatsanwaltliche Einstellungsverfügung, sondern wieder durch gerichtlichen Beschluß eingestellt wurde. Vgl. z.B. bJ 124/20 (Hauptmann a.D. Hans Sottorf), Bl. 51 VS/RS.

34 Vgl. z.B. das Schreiben des Auswärtigen Amtes an den Reichstagsabgeordneten Dr. Külz vom 9.8.1923, in: PA Bonn, R 48423, o.S., oder das Schreiben Stülpnagels von der Zentralstelle für Völkerrechtsverletzungen beim Truppenamt vom 8.11.1924, in: PA Bonn, R 48417, o.S.

35 Vgl. *La répression des crimes allemands*, in: La Dernière Heure, 12.9.1924; *Les conseils de guerre belges vont avoir à juger des crimes allemands,* in: La Dernière Heure, 10.12.1924; *Les auteurs de la tragédie de Dinant*, in: La Dernière Heure von Anfang Mai 1925, Abschriften jeweils in Generalia, Bd. 49, o.S. In diesen Artikeln wurden die Angeklagten beispielsweise pauschal als Landsknechte, gemeine Verbrecher, Räuber, Mörder etc. bezeichnet.

Berlin W.15, den 19.Januar 1923.
Xantenerstrasse 11

Sehr verehrter Herr Reichsgerichtsrat!

Zu dem Thema: Weiterführung oder Abbruch der Kriegsbeschuldigten - Prozesse erlaube ich mir, Jhnen in der Anlage einen Auszug einer Eingabe an die Bundesleitung des deutschen Offizier-Bundes zuzustellen.Man erkennt daraus,mit welchen Empfindungen die ganze Angelegenheit in Offiziers- Kreisen betrachtet wird. Wie mir mitgeteilt ist,herrscht dieselbe Auffassung auch in weiten Schichten des Bürgertums und sogar bei der Arbeiterschaft.Es wird daher von mancher Stelle erwogen, die Regierung zu einer Amnestie sämtlicher sogenannter Kriegsverbrecher aufzufordern,unter Aufhebung des Gesetzes vom Dezember 1919.

Nach dem was ich neulich in Leipzig gehört habe, ist ja dieser Weg nicht gangbar.Trotzdem wollte ich nicht unterlassen,Jhnen die Anlage als Stimmungsbild privatim zur Kenntnis zu bringen.Eine andere Frage ist die:
Gibt es keinen Weg, um die Oeffentlichkeit in angemessener Weise zu beruhigen,unter Wahrung des deutschen Interesses?

Mit herzlichem Gruss ~~und~~ in bekannter Gesinnung

Jhr

Stets ergebenst
Fleck

Eing. 20.1.23.
1 Anl.

4 Ebermayer: Am 16. d. M. (vergl. oben) mündlich besprochen. Der

auf

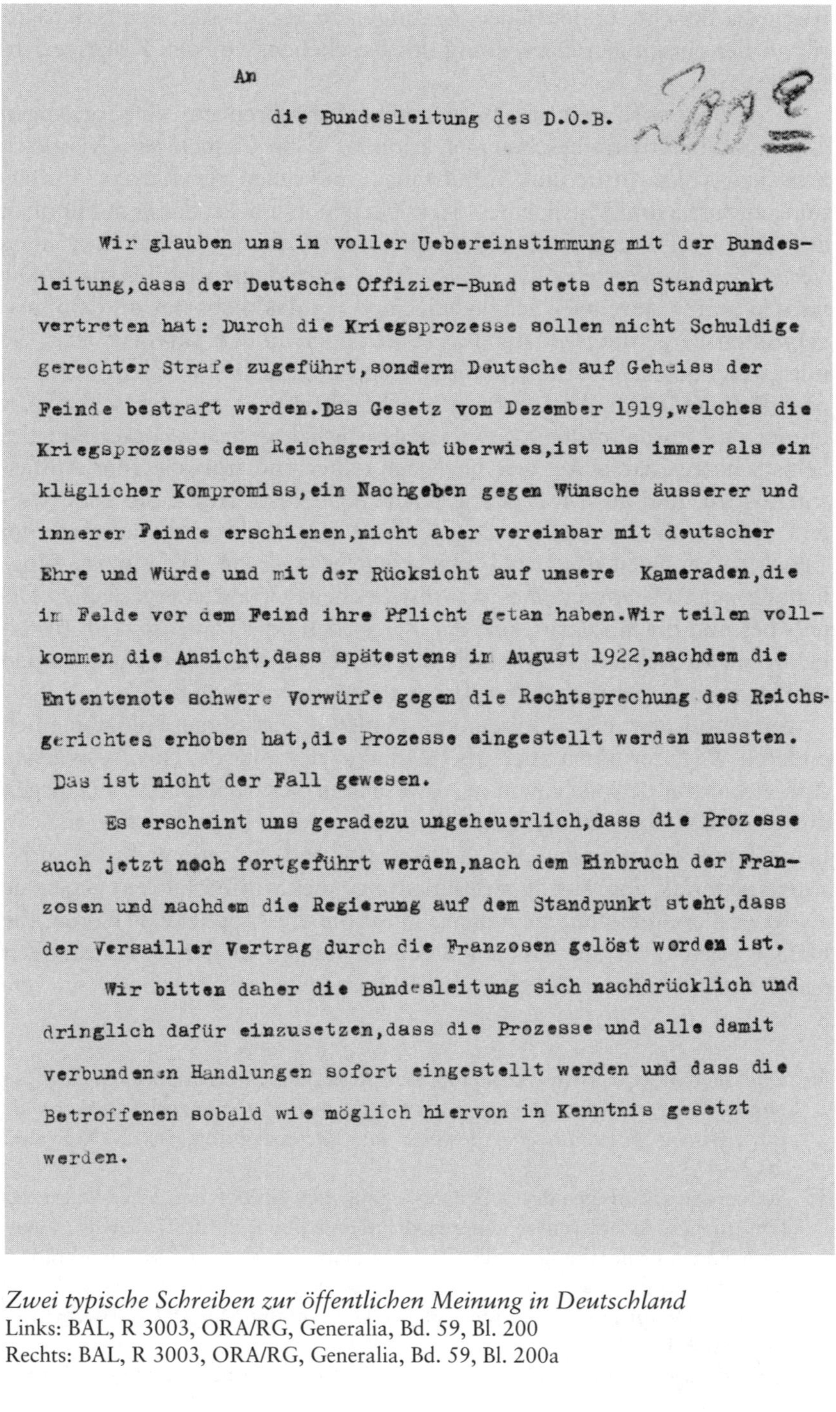

An

die Bundesleitung des D.O.B.

Wir glauben uns in voller Uebereinstimmung mit der Bundesleitung, dass der Deutsche Offizier-Bund stets den Standpunkt vertreten hat: Durch die Kriegsprozesse sollen nicht Schuldige gerechter Strafe zugeführt, sondern Deutsche auf Geheiss der Feinde bestraft werden. Das Gesetz vom Dezember 1919, welches die Kriegsprozesse dem Reichsgericht überwies, ist uns immer als ein kläglicher Kompromiss, ein Nachgeben gegen Wünsche äusserer und innerer Feinde erschienen, nicht aber vereinbar mit deutscher Ehre und Würde und mit der Rücksicht auf unsere Kameraden, die im Felde vor dem Feind ihre Pflicht getan haben. Wir teilen vollkommen die Ansicht, dass spätestens im August 1922, nachdem die Ententenote schwere Vorwürfe gegen die Rechtsprechung des Reichsgerichtes erhoben hat, die Prozesse eingestellt werden mussten. Das ist nicht der Fall gewesen.

Es erscheint uns geradezu ungeheuerlich, dass die Prozesse auch jetzt noch fortgeführt werden, nach dem Einbruch der Franzosen und nachdem die Regierung auf dem Standpunkt steht, dass der Versailler Vertrag durch die Franzosen gelöst worden ist.

Wir bitten daher die Bundesleitung sich nachdrücklich und dringlich dafür einzusetzen, dass die Prozesse und alle damit verbundenen Handlungen sofort eingestellt werden und dass die Betroffenen sobald wie möglich hiervon in Kenntnis gesetzt werden.

Zwei typische Schreiben zur öffentlichen Meinung in Deutschland
Links: BAL, R 3003, ORA/RG, Generalia, Bd. 59, Bl. 200
Rechts: BAL, R 3003, ORA/RG, Generalia, Bd. 59, Bl. 200a

wenn die Berichte in deutschen Zeitungen zu lesen waren – scharfer Kritik an der einseitigen Darstellung des Geschehens vor den Kriegsgerichten.[36]

In der Tat wird man den Abwesenheitsverfahren nur einen geringen Grad an Objektivität bescheinigen können. Wenn Clemenceaus Vergleich zwischen Militärjustiz und Militärmusik und deren gleichgroßer Entfernung zu Justiz und Musik einen wirklichen Sinn macht, dann im Hinblick auf diese Verfahrensart. Es zählte allein die Version der Anklage, einen Verteidiger als Vertreter des abwesenden Angeklagten gab es nicht. Die Strafen waren durchweg sehr hoch, doch lag das nicht nur an dem ausgeprägten Vergeltungsgedanken, sondern auch an den Tatvorwürfen, die mit großer Selbstverständlichkeit als gegeben erachtet wurden. Was sich zum Beispiel in der Bekämpfung von Franktireuren aus deutscher Sicht immer und ausnahmslos als ein kriegsrechtlich gerechtfertigter Akt des Selbstschutzes darstellte, war nach belgischer und französischer Auffassung Mord, und auf Mord stand nach (Militär)strafrecht die Todesstrafe,[37] wie im übrigen auch in Deutschland. Ein Rechtsmittel konnte vom Angeklagten gegen das Urteil nicht eingelegt werden. Die einzige Möglichkeit zur Aufhebung eines im Abwesenheitsverfahren ergangenen Urteils bestand für ihn darin, sich den belgischen oder französischen Justizbehörden zu stellen. Dann würde das Urteil für ungültig erklärt werden und in einem ordentlichen Verfahren gegen ihn verhandelt.[38]

Verständlicherweise wählten die betroffenen deutschen Soldaten einen anderen Weg, der ihnen auch offiziell nahegelegt wurde. Das Auswärtige Amt teilte zum Beispiel einem in Abwesenheit Verurteilten mit: »Dagegen dürfte es sich empfehlen, beim Oberreichsanwalt beim Reichsgericht in Leipzig unter Darlegung des Sachverhalts und Mitteilung Ihres Entlastungsmaterials den Antrag auf Einleitung eines Strafverfahrens gegen Sie als Kriegsbeschuldigten zu stellen, damit Sie die Möglichkeit haben, die Haltlosigkeit der französischen Beschuldigungen in der Oeffentlichkeit nachzuweisen. Dieser Weg ist, soviel hier bekannt ist, schon von ver-

---

36 Das zeigten schon die Artikelüberschriften wie *Französische Hetzpropaganda. Wieder 9 Kontumazurteile gegen deutsche Offiziere* oder *Immer neue französische Schandurteile*, jeweils in: Kreuz-Zeitung, 19.2.1925 und 20.2.1925.

37 So wurden z. B. wegen der in Dinant begangenen Greueltaten 18 Offiziere der kaiserlichen Armee (unter anderen die weiter oben, S. 203ff., 210ff., angesprochenen Generalmajor a. D. Graf Kielmansegg oder die Obersten Fränzel und Schlick) in Abwesenheit zum Tode verurteilt. Vgl. *Les auteurs de la tragédie de Dinant*, in: La Dernière Heure von Anfang Mai 1925, Abschrift in Generalia, Bd. 49, o. S.

38 Vgl. das in der Anmerkung 34 genannte Schreiben des Auswärtigen Amtes.

schiedenen von französischen und belgischen Kriegsgerichten in Abwesenheit verurteilten Kriegsbeschuldigten beschritten worden.«[39]

Seit der alliierten Note im August 1922 bis Ende 1925 fanden in Frankreich 340 und in Belgien 153 Abwesenheitsverfahren statt.[40] Von den sehr seltenen Fällen eines Freispruchs abgesehen[41] ergingen in allen Fällen die vom Auswärtigen Amt empfohlenen Anträge an die Reichsanwaltschaft, und die Anträge hatten auch, wie wir wissen, das erwartete Ergebnis: Die Verfahren wurden eingestellt. Der auf öffentlichen Druck und eigene Überzeugung zurückgehende »Verurteilungseifer« französischer und belgischer Kriegsgerichte fand seine Entsprechung in der fast reflexhaften Leugnung jeglichen Unrechts durch die Reichsanwaltschaft. Daß vor diesem Hintergrund auch gleich alle Verfahren mit eingestellt wurden, die aufgrund der Auslieferungslisten eingeleitet worden waren, ist nicht verwunderlich. Die gesellschaftliche Stimmung in Deutschland war in dieser Frage derart, daß auch beim Reichsgericht Anfragen nach der Erbringung von juristischen Dienstleistungen als völlig normal erschienen. Ein Beispiel:

»Oberst v. Giese hat nun den Wunsch, daß sein Fall möglichst bald in Leipzig zum Abschluß kommt und bittet in dieser Beziehung alles Nötige zu veranlassen. [...] Nach Abschluß der Untersuchung beabsichtigt Oberst v. G. auch den reichsgerichtlichen Beschluß für seine weitere Rechtfertigung im In- und Ausland zu benutzen. Da der Fall für unsere propagandistischen Zwecke äußerst günstig liegt, wäre ich Ihnen zu besonderem Dank verpflichtet, wenn Sie dem Wunsch des Oberst v. G. für eine schnelle Erledigung seines Falles entgegenkommen würden.«[42]

Das Reichsgericht kam dem Beschuldigten entgegen. Das Verfahren wurde nicht ganz einen Monat später wunschgemäß eingestellt.[43] Doch waren nicht nur die allgemeine Entrüstung und das entsprechende Vor-

---

39 Zit. n. ebenda.

40 Vgl. Anlage 3 einer offiziellen Informations- und Sprachregelung des Auswärtigen Amtes (»Beantwortung etwaiger Anfragen zur Kriegsbeschuldigtenfrage«) vom 10.5.1932, in: PA Bonn, R 48416, o. S.

41 Vgl. z. B. die Fälle aJ 88/25 und 89/25 (Kaiser, Horne) oder aJ 123/25 oder 124/25 (Stengel, Schön), die von den Kriegsgerichten Namur und Gent wegen nicht erwiesener Tatbeteiligung freigesprochen wurden.

42 Zit. n. bJ 754/20 (Oberst von Giese), Bl. 13. Von Giese war im Februar 1925 von einem belgischen Kriegsgericht in Abwesenheit zum Tode verurteilt worden.

43 Das zitierte Schreiben ist vom 19.3.1925. Das Reichsgericht stellte das Verfahren am 9.4.1925 mit der Begründung ein, von Giese sei zum Zeitpunkt der ihm vorgeworfenen Erschießung von 17 Personen und der Niederbrennung von 62 Häusern nicht am Ort des Geschehens gewesen. Ebenda, Bl. 24 VS/RS.

verständnis der Justiz entscheidend für die Bereitschaft zur umgehenden Verfahrenseinstellung. Wie schon bei den früheren Verfahren und Prozessen vor dem Reichsgericht (zum Beispiel der Fall des Oberleutnants Laule) waren es besonders markante Einzelfälle, die diese Bereitschaft in besonderem Maße förderten. 1924 oder 1925 in Abwesenheit zum Tode verurteilte deutsche Offiziere, die zu diesem Zeitpunkt jedoch schon zehn Jahre tot, weil im Krieg gefallen waren,[44] gehören ebenso dazu wie der Fall des Generals Max Graf Montgelas. Auch im Ausland als einer der wenigen deutschen Offiziere bekannt, die dem deutschen Militarismus sehr kritisch gegenüberstanden und mit dieser Kritik auch nicht hinter dem Berg hielten,[45] wurde ihm von Frankreich vorgeworfen, im August 1914 mit seinen Einheiten in der Nähe von Nomény im großen Maßstab Plünderungen begangen zu haben. Der Vorwurf löste sich in Luft auf – Montgelas war mit seinen Einheiten nachweislich nie in oder bei Nomény –, und das Verfahren wurde 1923 eingestellt.[46] Obschon zu jener Zeit auch französische Stimmen ihr Unverständnis über die Beschuldigung äußerten und die eigene Regierung aufforderten, Beweise für den Vorwurf zu veröffentlichen,[47] hielt Frankreich offiziell die Beschuldigung aufrecht. Sogar noch 1929 verweigerte es Montgelas, der inzwischen zu einer anerkannten Stimme in der internationalen Friedensbewegung geworden war, ein Paßvisum mit der Begründung, gegen ihn bestehe nach wie vor der Verdacht, Kriegsverbrechen begangen zu haben.[48]

---

44 So der Fall des Hauptmanns Freiherr von Uslar-Gleichen (bJ 404/20), der am 10.12.1914 gefallen war, aber im Mai 1925 vom Kriegsgericht Namur wegen der Tötung von Zivilpersonen zum Tode verurteilt wurde. Vgl. auch den Artikel *Ein Toter – zum Tode verurteilt. Das Urteil eines belgischen Kriegsgerichts*, in: Deutsche Tageszeitung, 22.1.1925, über die Verurteilung eines Majors namens Heyne, der im November 1914 gefallen war. In dem Artikel heißt es: »Der Spruch des Kriegsgerichts in Namur, das die Ehre eines gefallenen deutschen Offiziers anzutasten wagt, ist ein Musterbeispiel niedrigster Rachsucht und Leichtfertigkeit.«

45 Vgl. Detlef Vogel, *Max Graf Montgelas (1860–1944) – Ein Offizier im Spannungsfeld zwischen nationalen Ansprüchen und Menschlichkeit*, in: Wolfram Wette (Hg.), Pazifistische Offiziere in Deutschland 1871–1933, Bremen 1999, S. 83–97.

46 Vgl. bJ 144/20 (General der Infanterie a.D. Max Graf Montgelas), Bl. 60.

47 *Montgelas et les crimes de guerre*, vom 22.11.1922, Abschrift in ebenda, Bl. 56–58.

48 Vgl. PA Bonn, R 48427, o.S., darin das Schreiben von Montgelas an das Reichswehrministerium vom 8.5.1929. Montgelas wollte in Madrid an einer Tagung des »Weltverbandes der Völkerbundligen« teilnehmen und dort für die deutsche Delegation einen Antrag auf allgemeine Abrüstung vertreten.

Neben der grundlosen Beschuldigung rückte der Fall Montgelas aber noch ein anderes Problem wieder in den Blickpunkt der deutschen Öffentlichkeit, und zwar das der grundsätzlichen Verfolgbarkeit von Kriegsverbrechen nach belgischem und französischem Recht und den daraus resultierenden Konsequenzen für die mit welcher Begründung auch immer aufrechterhaltenen Verdächtigungen. Nach beiden Rechtsordnungen betrug die Verjährungsfrist bei einem Verbrechen zehn Jahre, bei einem Vergehen drei Jahre.[49] Die Verjährung der Strafvollstreckung – sie galt auch bei Urteilen in Abwesenheitsverfahren – trat in beiden Ländern bei einer Verurteilung wegen eines Verbrechens nach zwanzig Jahren und bei einer Verurteilung wegen eines Vergehens nach fünf Jahren (zehn Jahre, wenn das Strafmaß drei Jahre überstieg) ein.[50] Deutsche, die auf der Auslieferungsliste standen oder gegen die ein Urteil in Abwesenheit ergangen beziehungsweise ein Ermittlungsverfahren eingeleitet worden war, hatten also allen Grund, belgisches oder französisches Hoheitsgebiet zu meiden. Ihnen allen müsse, so war in der deutschen Presse immer wieder in diesem Zusammenhang zu lesen, das Schicksal des Generals Nathusius ein warnendes Beispiel sein. Nathusius war 1921 vom Kriegsgericht Lille wegen des Diebstahls von Pelzen und anderen Kleidungsstücken in Abwesenheit zu fünf Jahren Gefängnis verurteilt, 1924 bei einem Besuch in Frankreich verhaftet und erst Monate später nach einer Begnadigung durch den französischen Präsidenten freigelassen worden.[51]

Nach den Verträgen von Locarno vom 26. Oktober 1925, durch die Deutschland in den Kreis der europäischen Großmächte zurückkehrte,[52] schien sich die Situation zwar zu entspannen, zumal Frankreich und Belgien auch offiziell auf die Durchführung weiterer Abwesenheitsverfahren verzichteten.[53] Unklar war aber weiterhin, was mit den bereits ergange-

---

49 Vgl. die Hinweise in PA Bonn, R 48426, o.S. (Schreiben der Deutschen Botschaft in Paris vom 4.8.1928) sowie in Generalia, Bd. 49, Bl. 4f. (Abschrift von *La répression des crimes allemands*, in: La Dernière Heure vom 12.9.1924).

50 Vgl. die Notiz in PA Bonn, R 48416, o.S.

51 Vgl. aJ 36/24 (Generalmajor a.D. Wilhelm von Nathusius), Bl. 1f., 5 VS/RS, 55f., 62–65 (Urteil des Kriegsgerichts Lille), 256f. sowie PA Bonn, R 28596, Bl. 330f., 410, 413.

52 Zu den Verträgen von Locarno, in denen Deutschland u.a. einer internationalen Garantie seiner Westgrenzen zustimmte und auf Elsaß-Lothringen verzichtete, vgl. Winkler, Der lange Weg nach Westen, Bd. 1, S. 469f. Im engen Zusammenhang mit diesen Verträgen steht Deutschlands Eintritt in den Völkerbund im September 1926.

53 Vgl. Schreiben des Reichswehrministeriums vom 19.11.1926, in: PA Bonn, R 48433, o.S.

nen Kontumazialurteilen zu geschehen hatte. Trotz einer Reihe von Hinweisen, daß auch sie dem allmählichen Vergessen überantwortet werden sollten,[54] kam es in dieser Hinsicht nicht selten zu gegenseitigen Vorwürfen und heftigen Anklagen. Mal war es die Ernennung eines im Verdacht der Begehung von Kriegsverbrechen stehenden Deutschen auf einen internationalen Posten,[55] die zu einer Belebung des alten Bestrafungsgedankens führte, mal war es die Einweihung eines Denkmals zu Ehren der von deutschen Soldaten in Belgien und Nordfrankreich getöteten Zivilisten,[56] die umgekehrt auf deutscher Seite die Forderung nach einer völligen Revision der »Kriegsbeschuldigtenfrage« laut werden ließ. Während sich gleichwohl das Verhältnis zu Belgien zu Beginn der dreißiger Jahre auch in diesem Punkt normalisierte,[57] blieb es zu Frankreich konfliktträchtig. So schrieb der deutsche Botschafter in Paris im September 1933 zur »Frage der sogenannten Kriegsbeschuldigten«, daß die »inzwischen [sc. seit dem 31. Januar 1933] eingetretene Spannung in den deutsch-französischen Beziehungen es [...] aussichtslos erscheinen lassen, auf die Frage zurückzukommen«. Er schlug deshalb vor, »neue Verhandlungen zu einem Zeitpunkt zu eröffnen, in dem eine gewisse Entspannung in den Beziehungen zwischen den beiden Ländern eingetreten ist«.[58] Wir wissen

54 Zum Beispiel in der Form, daß von Drittstaaten keine Auslieferung der Verurteilten verlangt werden sollte. Vgl. das Schreiben des Auswärtigen Amtes an das Reichswehrministerium vom 25.6.1926, in dem es um die geplante Reise des Generalmajors a. D. von Vallade (vgl. oben, S. 309ff.; er war in Abwesenheit von einem französischen Kriegsgericht zum Tode verurteilt worden) ging, in: PA Bonn, R 48426, o. S.

55 Der Reichsminister a. D. Külz war 1927 zum Präsidenten der »Konferenz betr. den Weltnotverein« (Ciraolo-Projekt) ernannt worden. Vgl. die Notiz des Auswärtigen Amtes vom 16.7.1927 mit dem Hinweis auf die bereits geäußerte französische und polnische Kritik, in: PA Bonn, R 48426, o. S.
Dr. Walter Külz war im Krieg Oberleutnant und Direktor des Arbeitsamts von Courtrai. Er stand unter Nr. 135 auf der belgischen Auslieferungsliste und wurde beschuldigt, an Deportationen beteiligt gewesen zu sein. Das Reichsgericht hatte das Verfahren im Juli 1923 eingestellt, da seiner Überzeugung nach Külz nur auf Befehl gehandelt hatte. Vgl. Liste des personnes désignées ..., S. 155; bJ 782/20 (Oberleutnant Dr. Walter Külz), Bl. 11.

56 Vgl. das Schreiben des Deutschen Offizier-Bundes (Landesverband Sachsen) an das Reichsgericht vom 23.8.1927, in dem die Einweihung eines Denkmals im belgischen Dinant kritisiert wird, das »sächsische Grenadiere im Kampf mit belgischen Frauen und Kindern« zeige. Das Schreiben ist enthalten in: Generalia, Bd. 48, Bl. 269.

57 Vgl. die »Aufzeichnung über die Kriegsbeschuldigtenfrage« des Auswärtigen Amtes vom 17.9.1932, in: PA Bonn, R 48416, o. S.

58 Zit. n. ebenda.

heute, daß die folgenden Jahre nicht die Voraussetzungen für diesen Zeitpunkt brachten. Das nächste Mal, als das Thema »Kriegsverbrechen« zwischen Deutschland und Frankreich eine Rolle spielen sollte, kam es auf die deutsche Haltung nicht mehr an.

Noch einmal: Die Versenkung der Llandovery Castle oder: Wie ein Verbrechen verschwindet

Zu den eifrigsten Verfechtern einer »Bereinigung der Kriegsbeschuldigtenfrage« gehörte der Korvettenkapitän a. D. Georg Günther Freiherr von Forster. Immer dann, wenn auf höherer politischer Ebene Gespräche oder Treffen mit ausländischen und namentlich französischen Regierungsvertretern stattfanden, forderte er deutsche Politiker öffentlich dazu auf, für eine Rücknahme des alliierten Bestrafungsverlangens einzutreten. Und da er dies aus naheliegenden Gründen um so überzeugender geltend machen konnte, je klarer im eigenen Land die Verhältnisse waren, fehlte auch jedesmal nicht der Hinweis, daß die »Unrechtsurteile« gegen die Marineoffiziere Dithmar und Boldt aufgehoben werden müßten.[1]

Daß er sich dabei einer stillen, aber einflußreichen Unterstützung sicher sein konnte, wurde im Herbst 1925 deutlich, als der einige Monate vorher zum Reichspräsidenten gewählte Hindenburg Justizministerium und Auswärtiges Amt um Stellungnahmen zu einer etwaigen Begnadigung der beiden verurteilten und nach wie vor flüchtigen Offiziere bat. Das Auswärtige Amt sprach sich wegen der im Ausland zu erwartenden Proteste gegen eine Begnadigung aus, während das Justizministerium sie für möglich hielt, sie jedoch davon abhängig machen wollte, daß sich Dithmar und Boldt zur Strafvollstreckung stellten.[2] Wie dem auch sei, das Entscheidende war, das der Gedanke jetzt auch von höchster offizieller Stelle aufgegriffen worden war. Und das damit verbundene Signal wurde gerade im Reichsjustizministerium sehr genau verstanden, denn was nun folgte, war nur dem Namen nach ein rechtsförmiges Verfahren. In Wirklichkeit war es ein abgekartetes juristisches Stück, eine Art Schmierenkomödie, bestehend aus drei Akten.

Erster Akt: Am 6. Mai 1926 meldete sich überraschend der frühere Vorgesetzte von Dithmar und Boldt, Kapitänleutnant a. D. Patzig, mit einer »im Ausland« abgefaßten Erklärung. Darin stellte er fest, daß er den Feuerbefehl allein dem – inzwischen verstorbenen – Oberbootsmannsmaat Meißner erteilt habe und die beiden verurteilten Offiziere an der Beschießung der Rettungsboote gänzlich unbeteiligt gewesen seien: »Die Po-

---

1 Vgl. die teilweise rückblickende Darstellung in: PA Bonn, R 48416, o. S. (Die Rehabilitierung der »Kriegsverbrecher«).

2 Vgl. die Aufzeichnung des Auswärtigen Amtes vom 12.4.1928 in: PA Bonn, R 48433o, o. S.

sten als Ausguck haben sie auf Grund ihrer allgemeinen Dienstanweisung, nicht infolge eines besonderen Befehls eingenommen.« Er sei jedoch sicher, daß sie beide »von der kriegerischen Notwendigkeit und dem guten Recht des Schießens überzeugt gewesen« seien, denn bei den Personen in den Rettungsbooten habe es sich nicht um Lazarettpersonal, sondern um Kombattanten gehandelt. Daß die *Llandovery Castle* in Wahrheit ein militärischen Zwecken dienendes Schiff gewesen sei, ergebe sich vor allem aus der zweiten Explosion nach dem Auftreffen des Torpedos, die nur von der an Bord befindlichen Munition herrühren könne.[3]

Knapp zwei Monate nach dieser Erklärung lagen dem Reichsgericht in Leipzig drei Anträge vor. Der erste Antrag bezog sich auf den seinerzeit gegen Patzig erlassenen Haftbefehl, der, so der Rechtsanwalt, nach Patzigs Erklärung nunmehr aufgehoben werden müsse. Ein dringender Tatverdacht liege nicht länger vor, da Patzig erkennbar nicht in »Verfolgung von Privatzwecken (Habsucht, Persönliche Rachgier, Sadismus usw.)«, sondern im Interesse seines Landes gehandelt habe. Eine verbrecherische Handlung könne deshalb nach Ansicht des Anwalts nicht ernsthaft in Erwägung gezogen werden, und er bitte daher ausdrücklich um die Prüfung der Frage, ob sich der frühere Standpunkt des Reichsgerichts, wie er im Urteil gegen Dithmar und Boldt dargelegt worden sei, noch aufrechterhalten lasse.[4] Die beiden anderen Anträge bezogen sich auf die Aufhebung ebendieses Urteils, das heißt, sie wollten eine Wiederaufnahme des Ver-

---

3 Vgl. die Abschrift der Erklärung in: ebenda, o. S.

4 Vgl. die Haftbeschwerde des Rechtsanwalts Dr. von Zwehl vom 5.7.1926 in: ebenda, o. S. Einige Tage später reichte von Zwehl noch zwei militärische Gutachten nach, eins von dem ehemaligen Befehlshaber der U-Boote Nordsee, Admiral Michelsen, der bereits das Urteil gegen Dithmar und Boldt heftig kritisiert hatte (vgl. oben, S. 463f.), und eins von dem Kapitän zur See Lützow. In seiner Offenheit erhellend ist insbesondere das Gutachten des Admirals Michelsen, der u. a. ausführte: »Es gibt zwar eine Haager Landkriegsordnung, die die Tötung wehrloser Feinde nicht gestattet, eine entsprechende Seekriegsordnung gibt es aber nicht. Dieses aus guten Gründen! Im Seekrieg kommt es ganz auf die Umstände an. Kann ich den wehrlosen Feind gefangen nehmen, so töte ich ihn natürlich nicht. Bin ich zur Gefangennahme nicht im Stande (der Fall des Uboots), so habe ich zu überlegen, ob der z. Zt. wehrlose Feind nach seiner Flucht (in den Rettungsbooten) meinem Staate weiteren Schaden zufügen kann oder nicht. Im ersteren Falle ist er mit allen Mitteln unschädlich zu machen. Dieses traf hier zu: Den Rettungsbooten stand der Weg nach England offen, wahrscheinlich wären sie sehr bald von der ›Uboots-Abwehr‹ aufgenommen worden. Der Schaden, den sie Deutschland durch ihre Mitteilungen zufügen konnten, war ein ungeheurer.« Zit. n. ebenda, o. S. (S. 2 des Gutachtens).

fahrens sowohl für Dithmar als auch für Boldt erreichen. Entsprechend den gesetzlichen Vorgaben[5] lautete die in beiden Fällen übereinstimmende Begründung, daß die Erklärung des U-Boot-Kommandanten Patzig, wonach die Verurteilten Dithmar und Boldt an der Beschießung nicht einmal unterstützend beteiligt gewesen seien, eine neue Tatsache im Sinne von § 359 Nr. 5 StPO darstelle. Ein neues Beweismittel sei in den zu erwartenden Aussagen der beiden ehemaligen Offiziere zu sehen, die jetzt, nach der Erklärung ihres früheren Vorgesetzten, nicht mehr an ihr Schweigeversprechen gebunden seien.[6]

Alle drei Anträge hatten Erfolg, und zwar – den Richtern am Reichsgericht war die Stimmung im Reichsjustizministerium gewiß nicht entgangen – umgehend. In zwei Beschlüssen vom 19. Juli 1926 wurde zum einen der Haftbefehl gegen Patzig mit der kurzen Begründung aufgehoben, daß kein dringender Tatverdacht mehr bestehe, und zum andern die Wiederaufnahme des Verfahrens gegen Dithmar und Boldt für zulässig erklärt. Außerdem ordnete das Gericht für beide den Aufschub der Strafvollstreckung an, ihrer Flucht war damit der rechtliche Grund entzogen.[7]

Zweiter Akt: Auf einem Treffen zwischen Vertretern des Auswärtigen Amtes, des Reichsjustizministeriums, der Reichsanwaltschaft und der Marineleitung, das Ende Juli stattfand, wurde vereinbart, die Angelegenheit Patzig, Dithmar und Boldt »in vorsichtiger Weise und unter praktischem Ausschluß der Öffentlichkeit« durchzuführen. Es dürfe nicht der – vor allem vom Vertreter des Auswärtigen Amtes befürchtete[8] – Eindruck entstehen, das Reichsgericht halte das Schießen auf Rettungsboote für zu-

---

5 Nach § 359 Nr. 5 StPO, auf den sich die Anträge beriefen, findet zugunsten des Verurteilten die Wiederaufnahme eines durch ein rechtskräftiges Urteil abgeschlossenen Verfahrens statt, »wenn neue Tatsachen oder Beweismittel beigebracht sind, welche allein oder in Verbindung mit den früher erhobenen Beweisen die Freisprechung des Angeklagten oder in Anwendung eines milderen Strafgesetzes eine geringere Bestrafung zu begründen geeignet sind«.

6 Vgl. die Schreiben der jeweiligen Anwälte vom 5.7.1926 bzw. 10.7.1926, in: PA Bonn, 48433o, o. S.

7 Ebenda.

8 Das Auswärtige Amt hatte schon vorher in einem Schreiben an den Reichsjustizminister (Abschrift ebenda) seine großen Bedenken geäußert: »Das Auswärtige Amt hat bisher in Übereinstimmung mit den anderen Reichsressorts namentlich den neutralen Mächten gegenüber es für ausgeschlossen erklärt, daß trotz der ergangenen Befehle derartige Handlungen vorgenommen sein konnten. Das ist auch der einzige Standpunkt, der nach hiesiger Auffassung sowohl außenpolitisch wie völkerrechtlich vertretbar ist.«

lässig.[9] Um jegliche Kritik des Auslands zu vermeiden und die außenpolitische Entspannung nicht mit Fragen der Vergangenheit zu belasten, sollte auf Zeit gespielt werden, zumal ja den Betroffenen keine Verfolgungsgefahr mehr drohe. So geschah es dann auch. Etwa zwei Jahre später, am 4. Mai 1928, hob das Reichsgericht in nichtöffentlicher Sitzung das ursprüngliche Urteil gegen Dithmar und Boldt auf und sprach sie frei. Es sah jetzt folgendes als erwiesen an:

»Die beiden Verurteilten haben am Abend des 27. Juni 1918 während der Beschießung der Rettungsboote des englischen Dampfers ›Llandovery Castle‹ durch Kapitänleutnant Patzig und Oberbootsmannsmaat Meißner ihre Ausguckposten lediglich in Befolgung ihrer allgemeinen Dienstanweisung innegehabt. Ihre Beobachtungen wären in derselben Weise ausgeführt worden, wenn keine Beschießung der Rettungsboote stattgefunden hätte, sie hatten sohin nicht die Unterstützung und Förderung der Beschießung, sondern nur die Sicherung des U-Boots 86 zum Ziele und im Auge.«[10]

Das Gericht übernahm damit voll und ganz die Argumentation der verteidigenden Rechtsanwälte (der neue Oberreichsanwalt Werner hatte schon im vorhinein seine Zustimmung erklärt).[11] Daß sich hier drei Angeschuldigte[12] beziehungsweise Angeklagte wechselseitig neue Tatsachen und Beweismittel lieferten, störte nicht,[13] im Gegenteil: »Der Senat trägt kein Bedenken, diesen Aussagen der früheren deutschen Offiziere, an deren Ehrenhaftigkeit nicht zu zweifeln ist, vollen Glauben beizumessen. Dithmar und Boldt haben gerade dadurch, daß sie sich, selbst auf die Gefahr ihrer Verurteilung zu längeren Freiheitsstrafen, nicht dazu verstanden haben, das ihrem Vorgesetzten gegebene Wort zu brechen, ihre Ehrenhaftigkeit ganz besonders bewiesen.«[14]

---

9 Ebenda. Aufzeichnung des Ministerialdirigenten Gaus vom 30.7.1926.

10 Das Urteil ist enthalten in: aJ 95/21 (Dithmar/Boldt), Bd. 2, Bl. 1–3 RS, sowie in Generalia, Bd. 62, o. S. Die zitierte Stelle befindet sich auf S. 3f. des Urteils.

11 Vgl. das Schreiben des Oberreichsanwalts an den Reichsjustizminister vom 13.3.1928, in: PA Bonn, R 48433o, o. S.

12 Strafprozeßrechtlich galt Patzig immer noch als Angeschuldigter, da gegen ihn ja die Voruntersuchung eröffnet worden war (vgl. § 157 StPO).

13 In den Akten des Auswärtigen Amtes findet sich mit Datum vom 13.6.1928 immerhin folgende Notiz, die einzige kritische, soweit ersichtlich: »Es ist immerhin auffallend, daß das Reichsgericht als neue Tatsachen im Sinne der Strafprozeßordnung die uneidlichen Aussagen der beiden Verurteilten als Zeugen in der Voruntersuchung gegen Patzig angenommen und sie daraufhin ohne weiteres freigesprochen hat.« Vgl. PA Bonn, R 48433o, o. S.

14 Zit. n. Generalia, Bd. 62, S. 3 des Urteils.

In einem ebenfalls am 4. Mai 1928 ergangenen Beschluß sprach das Reichsgericht den beiden Freigesprochenen eine Entschädigung für die erlittene Untersuchungshaft und die teilweise Strafvollstreckung zu. Dithmar erhielt 20 000 Reichsmark und wurde wieder in den Marinedienst aufgenommen; Boldt war in Südamerika und dort nicht auffindbar. Die nächste, in Deutschland zu lesende Nachricht über ihn war die von seinem Selbstmord im April 1931.[15]

Dritter Akt: Er bezieht sich allein auf den Kapitänleutnant Patzig und beginnt mit den Wiederaufnahmeverfahren zugunsten von Dithmar und Boldt. In diesem Zusammenhang hatte Reichsaußenminister Stresemann dem Reichsjustizminister »dringend anheimgegeben«, den vom Oberreichsanwalt geplanten Antrag auf Außerverfolgungsetzung Patzigs bis auf weiteres zurückzuhalten. Da wegen des unzweifelhaft feststehenden Tathergangs eine Außerverfolgungsetzung aus tatsächlichen Gründen nicht in Frage komme, bliebe nur eine aus rechtlichen Gründen. Das aber bedeute, Patzig in subjektiver Hinsicht zuzugestehen, er habe die Beschießung der Rettungsboote für zulässig gehalten. In den Augen des Auslands müsse gerade dieses Argument jedoch als ein nachträglicher Beleg für die völkerrechtswidrige, grausame deutsche Kriegführung erscheinen, was vor dem Hintergrund der zu bewältigenden politischen Probleme (Räumung der besetzten Gebiete, Höhe und Dauer der Reparationsleistungen)[16] ganz sicher nicht förderlich sei.[17] Der Reichsjustizminister folgte der Empfehlung Stresemanns, bis sich ihm und Vertretern des Auswärtigen Amtes eine Lösung geradezu aufdrängte, die auch prompt Gegenstand einer Weisung an den Oberreichsanwalt wurde: Die Tat Patzigs müsse als ein politisches Delikt erscheinen, denn dann falle sie unter die Gesetze vom 14. Juli 1928 und vom 24. Oktober 1930, die für politisch motivierte Straftaten Straffreiheit vorsähen.[18] Daß dabei nicht an Kriegsverbrechen gedacht worden sei, spiele

---

15 Der Beschluß ist abgedruckt in: aJ 95/21 (Dithmar/Boldt), Bd. 2, Bl. 3 VS/RS; die Entschädigungsregelung ist enthalten in: ebenda, Bd. 4, Bl. 99. Zu Boldt siehe *Selbstmord des früheren deutschen U-Bootführers Boldt*, in: Leipziger Neueste Nachrichten, 23.4.1931.

16 Zu den Pariser Reparationsverhandlungen, die mit dem Young-Plan endeten, und zur Den Haager Konferenz über eine vorzeitige Räumung des Rheinlandes vgl. Winkler, Der lange Weg nach Westen, Bd. 1, S. 477ff.

17 Abschrift des Schreibens vom 4. Mai 1928 in: PA Bonn, R 48433o, o. S.; vgl. auch die Aufzeichnung ähnlichen Inhalts vom 28.4.1928, in: ebenda.

18 RGBl. 1928 I, 195; RGBl. 1930 I, 467. Nach dem Gesetz von 1928 sollte sich die Straffreiheit für aus politischen Beweggründen begangene Taten zunächst nicht auf Verbrechen gegen das Leben wie Mord oder Totschlag beziehen

insofern keine Rolle, als der Begriff des politischen Delikts weit ausgelegt werden müsse und alle Straftaten umfasse, die nicht aus Eigennutz begangen worden seien.[19]

Gesagt, getan: Mit dieser interpretatorischen Handreichung versehen stellte der Oberreichsanwalt einen Antrag auf Einstellung des Verfahrens gegen Patzig, dem das Reichsgericht mit Beschluß vom 20. März 1931, der auf die genannten Straffreiheitsgesetze Bezug nahm, entsprach. »[D]a eigennützige Beweggründe zweifellos ausscheiden«, sei zum großen Teil der Grund für die Tat der Umstand gewesen, »daß die Rettungsbootinsassen, wenn sie an Land gekommen von der Dampferversenkung berichteten, dadurch der damals feindlichen Haßpropaganda gegen Deutschland neue Nahrung geben und infolgedessen Deutschland schwer schädigen würden.«[20]

Mit diesem Satz dokumentierte das Reichsgericht nicht nur, daß ein Verbrechen – immerhin die Versenkung eines Lazarettschiffs außerhalb des Sperrgebiets und die anschließende Beschießung der Rettungsboote – ungesühnt bleiben würde. Schlimmer und für die deutsche Rechtskultur bedenklicher war, daß es das Verbrechen überhaupt für nicht existent erklärte. Es nahm damit vorweg, was sich Jahre später in der Verbindung von Recht und Krieg auf so unheilvolle Weise auswirken sollte. Oder, sagen wir es konkreter: Es zeigte auf, was von der Vereinigung zweier Positionen zu erwarten war, deren eine von dem bereits mehrmals erwähnten Admiral Michelsen geäußert wurde und die lautete: »[E]s ist aber überhaupt ein Irrtum, wenn man annimmt, daß internationale Abmachungen ein Vademecum des jüngeren Offiziers sind«,[21] und deren andere anläßlich der Verfahren gegen Patzig, Dithmar und Boldt im *Völkischen Beobachter* zu lesen war: »Auch dies ist ein Kampf um deutsches Recht: Die Wiederholung so unwürdiger Vorgänge, welche dem Ansehen der deutschen Justiz den größten Abbruch getan haben, durch eine Neuordnung der Dinge zu unterbinden. Dabei ist die Wiederherstellung einer besonderen Wehrgerichtsbarkeit, die den eigenen Lebensgesetzen des Soldatentums Rechnung trägt, nur ein Teil. Die Hauptarbeit liegt auch hier auf erzieherischem Gebiet. Das nationale Prinzip muß das Primat erhal-

---

(§§ 1, 4). Diese Einschränkung wurde in dem Art. 1 des nur aus zwei Artikeln bestehenden Gesetzes von 1930 aufgehoben.

19 Vgl. die Aufzeichnung einer Besprechung vom 30.1.1931, in: PA Bonn, R 48433o, o.S.

20 Der Beschluß ist enthalten in: ebenda. Das Zitat stammt von S. 3 des Beschlusses.

21 Vgl. das Gutachten Michelsens in: PA Bonn, R 48433o, o.S. (S. 2 des Gutachtens).

ten, und der deutsche Richter muß lernen, die Ehre und das Wohl seines Volkes unter allen Umständen höher zu werten als formaljuristische Bedenken und Triebfedern.«[22]

---

22 Binz, *Boldt und Dithmar, zwei symbolische Opfer frontfremder Formaljustiz*, in: Der Kampf um deutsches Recht (Beilage zum *Völkischen Beobachter*), 17.3.1931.

Kriegsrecht und Kriegsverbrechen im Zweiten Weltkrieg

Die wichtigsten rechtlichen Grundlagen zu Beginn des Zweiten Weltkrieges – allerdings mit einer weitreichenden Einschränkung, von der noch die Rede sein wird – waren die HLKO, die III. Genfer Rot-Kreuz-Konvention von 1929[1] und das aus demselben Jahr stammende Genfer Abkommen über die Behandlung der Kriegsgefangenen.[2]

Vertragliche Bestimmungen zum See- oder Luftkrieg gab es nur sehr eingeschränkt beziehungsweise gar nicht. Das Londoner Protokoll von 1936 bestand nur aus zwei Artikeln, die sich beide auf den U-Boot-Krieg bezogen (die zwingende Beachtung der für Überwasserschiffe geltenden völkerrechtlichen Regeln im Verhalten gegenüber Handelsschiffen auch für U-Boote war der Inhalt des einen, das Verbot der Vernichtung von feindlichen Handelsschiffen ohne vorherige Rettung von Fahrgästen und Besatzung der des anderen Artikels). Obwohl es von 48 Staaten, darunter auch Deutschland und Großbritannien, als verbindlich anerkannt worden war, kam es im Zweiten Weltkrieg bald zu einer allseitigen Abkehr von seinen Regelungen. Wie bereits im Ersten Weltkrieg wurde der Seekrieg in weiten Teilen zu einem ständig eskalierenden Repressalienkrieg (Bewaffnung von Handelsschiffen und Rammauftrag für dieselben, Ausrufung von Sperrgebieten, warnungslose Versenkung von Schiffen), der es – von einigen wenigen und hier deshalb zu vernachlässigenden Ausnahmen abgesehen – unmöglich machte, Befehle oder Handlungen im Seekrieg als verbrecherisch zu bewerten.[3] Ähnliches – und wegen der Bombardierung Dresdens wohl mit noch größerer Evidenz[4] – ist in bezug auf den Luftkrieg festzustellen. Die sogenannten »Haager Luftkriegsre-

---

1 RGBl. 1934 II, 207.

2 RGBl. 1934 II, 227.

3 Das ist auch der Grund, warum sich die Admirale Dönitz und Raeder im Nürnberger Hauptkriegsverbrecherprozeß erfolgreich auf das *Tu quoque*-Argument berufen konnten und nicht pauschal wegen der Führung eines »uneingeschränkten U-Boot-Kriegs« verurteilt wurden. Vgl. dazu Internationaler Militärgerichtshof Nürnberg (Hg.), Der Nürnberger Prozeß gegen die Hauptkriegsverbrecher vom 14. November 1945 – 1. Oktober 1946, Bd. 1, Nürnberg 1947, S. 350–358, sowie die Darstellungen bei Erwin Beckert und Gerhard Breuer, Öffentliches Seerecht, Berlin/New York 1991, S. 364–368, Randnr. 1007–1021, bei Scheuner, Seekriegsrecht, S. 232, und bei Zemanek, U-Boot-Krieg, S. 465f.

4 Vgl. Gerd R. Ueberschär, *Dresden 1945 – Symbol für Luftkriegsverbrechen*,

geln« von 1923, die beispielsweise ein Verbot der Bombardierung zur Terrorisierung der Zivilbevölkerung enthielten (Art. 22), kamen über das Stadium des Entwurfs nicht hinaus, und andere Versuche der Kodifizierung eines speziellen Luftkriegsrechts scheiterten ebenfalls.[5]

Mit der HLKO und den beiden Genfer Konventionen betrafen damit die wichtigsten Regelungen den Landkrieg.[6] Das war schon im Ersten Weltkrieg so. Doch während damals die II. Genfer Rot-Kreuz-Konvention nur in kleinen Auszügen in der Felddienstordnung abgedruckt war und sich der Wortlaut der HLKO darin sowie in anderen kleinen Handbüchern[7] lediglich ohne weitere Erläuterungen fand, enthielten nun eine ganze Reihe von Dienstvorschriften und Instruktionsbüchern insbesondere die Regelungen der HLKO und des Kriegsgefangenenabkommens, nebst Kommentaren und Erklärungen.[8] Der größte Unterschied aber war, daß es das, was es seinerzeit nur für den zaristischen russischen Soldaten gab, nämlich eine verständlich geschriebene Zusammenfassung der wichtigsten Kriegsregeln, nun auch für den deutschen Soldaten vorlag. Der Militärjurist Alfons Waltzog schrieb dazu in seinem Kommentar zum »Recht der Landkriegsführung«: »In der Wehrmacht des Dritten Reiches sind die Soldaten durch Unterricht, Dienstanweisung und Befehle eingehend mit den für sie in Betracht kommenden völkerrechtlichen Bestimmungen vertraut gemacht worden. Jeder deutsche Soldat hat als Merkblatt folgende ›10 Gebote für die Kriegsführung des deutschen Soldaten‹ in seinen Händen.«[9] Wegen ihrer Bedeutung sollen sie hier im wesentlichen wiedergegeben werden:

---

in: Wolfram Wette, Gerd R. Ueberschär, Kriegsverbrechen im 20. Jahrhundert, Darmstadt 2001, S. 382–396.

5 Ebenda; Spieker, Haager Regeln des Luftkriegs von 1923, S. 136f.; Ipsen, in: ders., Völkerrecht, S. 989, 993; Michael Bothe, Friedenssicherung und Kriegsrecht, in: Wolfgang Graf Vitzthum (Hg.), Völkerrecht, Berlin/New York 1997, S. 641.

6 Der Vollständigkeit halber, weil nicht zum hier behandelten Recht im Krieg (*jus in bello*) gehörend, sei noch der Briand-Kellogg-Pakt vom August 1928 genannt (RGBl. 1929 II, S. 97), mit dem die Vertragsstaaten, darunter auch Deutschland, auf den Krieg als Mittel der Lösung internationaler Streitfälle verzichteten. Zum Pakt vgl. Paech/Stuby, Völkerrecht, S. 174ff.

7 Gemeint sind die Dienstvorschrift 231 für höhere militärische Einheiten sowie das »Taschenbuch für den Generalstabsoffizier«.

8 Dienstvorschrift RH 153; Dienstanweisung für die Einheiten des Kriegsheeres (H.Dv.g.2); Vorschrift für das Kriegsgefangenenwesen (RHD 4/38,2); Handbuch für den Generalstabsdienst im Kriege (Dv.g92).

9 Alfons Waltzog, Recht der Landkriegsführung. Die wichtigsten Abkommen des Landkriegsrechts, Berlin 1942, S. 7.

»1. Der deutsche Soldat kämpft ritterlich für den Sieg seines Volkes. Grausamkeiten und nutzlose Zerstörungen sind seiner unwürdig.

2. Der Kämpfer muß uniformiert oder mit einem besonders eingeführten weithin sichtbaren Abzeichen versehen sein. Kämpfen in Zivilkleidung ohne ein solches Abzeichen ist verboten.

3. Es darf kein Gegner getötet werden, der sich ergibt, auch nicht der Freischärler und der Spion. Diese erhalten ihre gerechte Strafe durch die Gerichte.

4. Kriegsgefangene dürfen nicht mißhandelt oder beleidigt werden. [...]

6. Das Rote Kreuz ist unverletzlich. Verwundete Gegner sind menschlich zu behandeln. [...]

7. Die Zivilbevölkerung ist unverletzlich. Der Soldat darf nicht plündern oder mutwillig zerstören. [...] Natural-und Dienstleistungen von der Bevölkerung dürfen nur auf Befehl von Vorgesetzten gegen Entschädigung beansprucht werden.

10. Zuwiderhandlungen gegen die vorstehenden Befehle in Dienstsachen sind strafbar. [...] Vergeltungsmaßregeln sind nur auf Befehl der höheren Truppenführung zulässig.

Offiziere und Wehrmachtsbeamte sind durch umfangreichere Merkblätter unterwiesen worden. Ferner sind die völkerrechtlichen Abkommen zum Gebrauch für die Truppe in besonderen Dienstvorschriften zusammengestellt worden.«[10]

Zusätzlich zu den zehn Geboten wurden die unteren Dienstränge der Wehrmacht noch mit den »Soldatenpflichten nach dem Kriegsrecht« bekannt gemacht, die in gleicher Weise das vertragliche Kriegsrecht in klare und einprägsame Merksätze zusammenfaßten und vor allem für den Dienstunterricht gedacht waren.[11]

---

10 Zit. n. ebenda, S. 7f.

11 Vgl. W. Reibert (Hg.), Der Dienstunterricht im Heere. Ausgabe für den Schützen der Schützenkompanie, 12. neubearbeitete Aufl., Berlin 1941, S. 48f.
In diesem Zusammenhang ist auf einen Aspekt hinzuweisen, der in der Diskussion um die Verbindlichkeit von Führerbefehlen gewöhnlich unbeachtet bleibt. Nach § 1 Abs. 1 der »Bestimmungen über die Vereidigung der Soldaten« (abgedruckt in: E.-J. Graf v. Westarp [Hg.], Oertzenscher Taschenkalender für die Offiziere des Heeres, 62. Jahrgang, Grimmen in Pommern 1941/42, S. 1014ff.) war der Fahneneid »die Verpflichtung des deutschen Mannes, bei seinem Eintritt in den Wehrdienst in feierlicher Form sich jederzeit mit Leib u. Leben für den Führer [...] nach den ›Pflichten des deutschen Soldaten‹ einzusetzen«. Da die Beachtung des Kriegsrechts folglich gewissermaßen eine Art Geschäftsgrundlage für den Fahneneid war, konnte die Befolgung von verbrecherischen Befehlen nicht mit diesem begründet werden, vielmehr bewirkten sie einen Wegfall dieser Geschäftsgrundlage und damit der eidlichen Bindung.

Somit schien, formal zumindest, alles in bester Ordnung zu sein. Das internationale Kriegsrecht war in nationales Recht umgesetzt worden, ja sogar – worauf das dritte der zitierten zehn Gebote hinweist – das Verhalten gegenüber Freischärlern hatte eine rechtliche Regelung gefunden, und zwar in der »Kriegssonderstrafrechtsverordnung« (KSSVO) vom 17.8.1938.[12] § 3 Abs. 1 KSSVO bestimmte, daß die Freischärlerei mit dem Tode und zusätzlich fakultativ mit Vermögenseinziehung bestraft wurde. Die Definition des Freischärlers in § 3 KSSVO folgte der völkerrechtlich anerkannten, das heißt, zur Abgrenzung derjenigen Personengruppen, die nicht als Freischärler anzusehen sind (Angehörige von Milizen und Freiwilligenkorps, wenn sie ihre Waffen offen führen etc.), wiederholt § 3 Abs. 2 KSSVO fast wörtlich die Regelung der Art. 1 HLKO. Abs. 3 greift die Regelung des Art. 2 HLKO auf, indem er der feindlichen Bevölkerung ein Widerstandsrecht gegen den herannahenden Feind gewährt, sofern nur die Waffen offen geführt und die Gesetze und Gebräuche des Krieges beachtet werden (*levée en masse*). Nach der zusammen mit der KSSVO erlassenen Kriegsstrafverfahrensordnung (KStVO)[13] sollten die Verfahren gegen Freischärler (§ 2 Abs. 4 lit. b) vor einem Feldgericht (§ 9) oder einem Standgericht (§ 13 lit. a) stattfinden. Summarische Exekutionen wie zu Beginn des Ersten Weltkrieges waren folglich auch nach deutschem Recht unzulässig.

Allerdings: Ein Recht ist nur so verläßlich, wie die Zahl seiner Ausnahmen und deren Reichweite gering ist, und das gilt um so mehr dann, wenn es keine zentrale Macht gibt, die seine Beachtung gewährleistet. Was nutzen mustergültig ins nationale Recht übertragene Schutzvorschriften zum Beispiel für die Zivilbevölkerung, wenn sie bei Bedarf – über den *de facto* der einzelne Befehlsgeber bis runter zum Rang des Bataillonskommandeurs entscheidet – außer Kraft gesetzt werden können? Der Erste Weltkrieg und die juristische Rechtfertigung der deutschen Art seiner Führung haben gezeigt, in welchem Maße das deutsche Verständnis von Kriegsbrauch, Kriegsnotwendigkeit, Repressalien und Geiselnahme völkervertragliche oder -gewohnheitsrechtliche Regelungen zu beseitigen vermochten. Um wieviel stärker mußte dieser Prozeß erst sein, wenn wahr werden würde, was konservativ-nationalistische Politik und Militär

---

12 Eigentlich: »Verordnung über das Sonderstrafrecht im Krieg und bei besonderem Einsatz«, RGBl. 1939 I, 1455. Zu dieser Verordnung vgl. u. a. Martin Rittau, Militärstrafgesetzbuch und Kriegssonderstrafrechtsverordnung (Kommentar), Berlin 1941.

13 Eigentlich: »Verordnung über das militärische Strafverfahren im Kriege und bei besonderem Einsatz«, RGBl. 1939 I, 1457.

seit langem planten:[14] einen zweiten Weltkrieg, um den ersten doch noch zu gewinnen. Noch entschlossener, noch rücksichtsloser, noch härter mußte er geführt werden, damit sich die Fehler der Vergangenheit, die einen greifbar nahen Sieg im letzten Moment vereitelt hatten, nicht wiederholten.[15]

Davon fand sich in den deutschen Texten zum Kriegsrecht verständlicherweise nichts, zumindest nicht auf den ersten Blick. Geiseln dürfen trotz strengster Bewachung nicht wie Kriegsgefangene behandelt werden, lesen wir,[16] und an anderer Stelle heißt es, die Anwendung von Repressalien berge das Risiko der Eskalation in sich, so daß eine sorgfältige Prüfung der Folgen ihrer Anwendung sowie ihre vorherige Ankündigung »das Gebot kluger Voraussicht« seien.[17] Und schließlich müsse bei der Durchführung von militärischen Operationen unter dem Signum der Kriegsnotwendigkeit eine große Zurückhaltung an den Tag gelegt werden, denn »[d]ie Außerachtlassung kriegsrechtlicher Bestimmungen kann [...] zu gefährlichen politischen Rückschlägen führen, die zu dem im Einzelfall erzielten militärischen Erfolg möglicherweise in keinem Verhältnis stehen; sie bietet überdies der feindlichen Propaganda eine willkommene Handhabe«.[18]

Auch ein zweiter Blick auf diese und andere Texte wird nicht unmittelbar deutlich machen, wie und in welchem Maße sie sich sozusagen selbst aufheben. Hinweise wie: »Mit den durch Volkscharakter und besondere Umstände bedingten Verschiedenheiten in den Auffassungen über den Kriegsbrauch ist zu rechnen« oder: »Die uneingeschränkte Fortgeltung der vor dem Weltkriege abgeschlossenen Abkommen ist [...] infolge der Neu- und

---

14 Zu den geheimen, schon 1923 einsetzenden Vorbereitungen zur Umwandlung der vom Versailler Vertrag verordneten Rumpfarmee in ein millionenstarkes Angriffsheer vgl. Carl Dirks, Karl-Heinz Janßen, Der Krieg der Generäle. Hitler als Werkzeug der Wehrmacht, 3. Aufl., Berlin 1999.

15 Diesen Weg wies bereits Ludendorff in seinem Buch »Meine Kriegserinnerungen, 1914–1918«, Berlin 1919, S. 622, und er griff ihn später in seiner Schrift »Der totale Krieg«, München 1936, wieder auf. Siehe auch Jörg Friedrich, Das Gesetz des Krieges. Das deutsche Heer in Rußland 1941–1945. Der Prozeß gegen das Oberkommando der Wehrmacht, 2. Aufl., München und Zürich 1996, S. 266–282.

16 Vgl. Abschnitt 9, Nummer 12 der Dienstanweisung für die Einheiten des Kriegsheeres vom 29.6.1939.

17 Vgl. Handbuch für den Generalstabsdienst im Kriege, Teil 1, vom 1.8.1939, Abschnitt XI, Nummer 4.

18 Vgl. das Vorwort zu: Kriegsvölkerrecht. Sammlung zwischenstaatlicher Abkommen von allgemeiner Bedeutung für die Truppe (H.Dv.Nr. 231 I), vom 1.10.1939.

Umbildung mehrerer Staaten nicht unbedingt gewährleistet«,[19] erscheinen zunächst als Aufruf zu besonderer Vorsicht oder als Warnung, denn ihre verhängnisvolle Brisanz erweist sich erst im Zusammenhang mit folgenden Aspekten – und zu deren Verdeutlichung müssen wir nun kurz auf die oben angesprochenen Einschränkungen eingehen:

Die erste dieser Einschränkungen war damit verbunden, daß die Sowjetunion das Genfer Kriegsgefangenen-Abkommen von 1929 nicht ratifiziert hatte.[20] Als Folge davon – und nach dem im Völkerrecht fundamentalen Reziprozitätsprinzip – sah sich Deutschland im Verhältnis zur Sowjetunion nicht an dieses Abkommen gebunden. Für den Regelungsgegenstand des Abkommens, also für die Behandlung der Kriegsgefangenen, war dies ein großer, obschon nicht katastrophaler Rückschlag. In der HLKO nämlich beziehen sich die Art. 4 bis 20 ebenfalls auf die Rechtsstellung und Behandlung von Kriegsgefangenen, und sie galt, wenn schon nicht vertragsrechtlich,[21] dann in ihrem gewohnheitsrechtlichen Kern auch zwischen der Sowjetunion und Deutschland. Bestimmungen wie »Sie [sc. die Kriegsgefangenen] sollen mit Menschlichkeit behandelt werden« (Art. 4) oder »Die Regierung, in deren Gewalt sich die Kriegsgefangenen befinden, hat für ihren Unterhalt zu sorgen« (Art. 7) mußten daher unter allen Umständen beachtet werden.

Doch, und das war die zweite Einschränkung, die politische und militärische Führung Deutschlands lehnte genau diese gewohnheitsrechtliche Geltung der HLKO gegenüber der Sowjetunion ab. Und das, wohlge-

---

19 Zit. n. ebenda.

20 Vor dem Hintergrund innenpolitischer Macht- und Richtungskämpfe wurde das Abkommen als »Maskerade bourgeoiser Kriegsvorbereitungen« denunziert. Nach außen verwiesen die UdSSR bzw. der Rat der Volkskommissare auf die Inkompatibilität des Abkommens mit sowjetischen Verfassungsgrundsätzen soweit es z. B. um die Arbeitspflicht, die nach Nationalitäten getrennte Unterbringung oder die Offiziersprivilegien ging. Alternativ zum Genfer Abkommen entwickelte die Sowjetunion 1939 und 1941 eigene Grundsätze für die Behandlung von Kriegsgefangenen, die diesen jedoch keinen geringeren Schutz boten. Vgl. dazu Andreas Hilger, Deutsche Kriegsgefangene in der Sowjetunion, 1941–1956. Kriegsgefangenenpolitik, Lageralltag und Erinnerung, Essen 2000, S. 51f.

21 Die IV. Haager Konvention mit der HLKO war von der russischen Regierung ratifiziert worden. Die UdSSR sah sich in der Frage der Weitergeltung völkerrechtlicher Verträge nicht als Rechtsnachfolgerin des Zarenreichs. Sie erklärte, die Verbindlichkeit dieser Verträge von Fall zu Fall entscheiden zu wollen. Für die HLKO war das bei Kriegsbeginn noch nicht geschehen. Vgl. Boris Meissner, Sowjetunion und Haager LKO. Gutachten und Dokumentenzusammenstellung, Hamburg 1950, S. 7f.

merkt, nicht nur hinsichtlich des Kriegsgefangenenrechts, sondern in bezug auf den gesamten Regelungsgehalt der HLKO. Die Sowjetunion setze sich in ihrer tatsächlichen Kriegführung über alle völkerrechtlichen Regeln hinweg, lautete das Argument. Sie habe es zu verantworten, wenn Deutschland sich genauso verhalte, die Folgerung.[22]

Was also in den Dienstvorschriften als harmlose und vielleicht sogar fürsorgliche Mahnung daherkommt, erweist sich in Wahrheit als Programm. Formulierungen wie »ist zu rechnen« oder »nicht unbedingt gewährleistet« waren lediglich Umschreibungen, hinter denen die deutsche politische und militärische Führung sich im Hinblick auf den geplanten Ostkrieg im vorhinein von der Beachtung des Kriegsrechts zu dispensieren suchte. Denn daß an eine völkerrechtmäßige Kriegführung nicht gedacht war, zeigten eine Reihe von Befehlen und Erlassen für den Krieg gegen die Sowjetunion, allen voran der Kriegsgerichtsbarkeitserlaß,[23] der Kommissarbefehl[24] und die sogenannten »Richtlinien für das Verhalten

---

22 Vgl. Waltzog, Recht der Landkriegsführung, S. 10.

23 Eigentlich: »Erlaß über die Ausübung der Kriegsgerichtsbarkeit im Gebiet ›Barbarossa‹ und über besondere Maßnahmen der Truppe«, vom 13.5.1941. Mit dem Erlaß wurde die feindliche Zivilbevölkerung rechtlos gestellt. So heißt es darin u.a., daß »Straftaten feindlicher Zivilpersonen [...] der Zuständigkeit der Kriegsgerichte und der Standgerichte bis auf weiteres entzogen [sind]«. Es war nunmehr dem einzelnen Angehörigen der Wehrmacht überlassen, wie er mit der Zivilbevölkerung im Falle einer vermeintlichen oder tatsächlichen Straftat verfuhr, wobei ihm jedoch das anzustrebende Ziel seiner Reaktion mit Wendungen wie »schonungslos zu erledigen« oder »auf der Stelle mit den äußersten Mitteln bis zur Vernichtung [...] niederzukämpfen« vorgeschrieben wurde. Für seine Reaktion wurde ihm Straflosigkeit zugesichert, und zwar auch für den Fall, daß diese ein militärisches Vergehen oder Verbrechen darstellte. Offiziere vom Bataillonskommandeur an aufwärts durften zudem »kollektive Gewaltmaßnahmen« anordnen. Der Kriegsgerichtsbarkeitserlaß ist u.a. abgedruckt in: Gerd R. Ueberschär, Wolfram Wette, Der deutsche Überfall auf die Sowjetunion. »Unternehmen Barbarossa« 1941, Sonderausgabe, Frankfurt am Main 1999, S. 252f.
An der Vorbereitung und Verbreitung des Kriegsgerichtsbarkeitserlasses bei ranghohen Offizieren war auch Oberkriegsgerichtsrat Dr. Erich Lattmann beteiligt (vgl. BA-MA, RH 20–11/334). Herrn Dr. Helmut Kramer (Wolfenbüttel) verdanke ich den Hinweis, daß Lattmann 1951 Richter am Bundesgerichtshof werden sollte. In einer Beurteilung über ihn heißt es: »Für Strafsachen ist er dadurch besonders qualifiziert, da er seit dem 1. März 1934 bis zum Zusammenbruch in der Heeresjustiz beschäftigt war [...]. Diese seine mehrjährige Tätigkeit am Reichskriegsgericht dürfte ihn für ein Mitglied des Strafsenats des Bundesgerichtes besonders qualifizieren.«

24 Eigentlich: »Richtlinien für die Behandlung politischer Kommissare«, vom

der Truppe in Rußland«.[25] Der durch eine Note des sowjetischen Außenministers Molotow vom 25. November 1941 erklärte Anerkennung der HLKO[26] wurde ebenso ignoriert wie die mehrmals wiederholte diplomatische Initiative der Sowjetunion, hinsichtlich der Behandlung der Kriegsgefangenen zur beiderseitigen Anerkennung internationaler Schutzvorschriften zu gelangen.[27] Für den Sieg, so die unmißverständliche Botschaft von »oben«, ist alles erlaubt. Rechtliche und moralische Skrupel sind fehl am Platz.

Der Sieg wurde zwar nicht errungen, die Botschaft gleichwohl verstanden und umgesetzt. Kein Verbrechensbereich, an dem Einheiten der Wehrmacht nicht beteiligt gewesen wären. Ihren Führern waren Begriffe wie Kriegsnotwendigkeit, Repressalien oder Geiselnahme nur noch ein kriegsrechtlicher Deckmantel für massenhaften Mord. Radikale Plünderung der besetzten Gebiete, das Verhungernlassen der Zivilbevölkerung und die geplante Einrichtung von speziellen »Hungerreservaten« wurden als notwendige Maßnahmen gerechtfertigt, um die Versorgung der Truppe und der Heimat sicherzustellen. Einen »Kohlrübenwinter« wie 1916/17, als sich die englische Seeblockade ernsthaft in Deutschland bemerkbar machte, sollte es nicht wieder geben.[28]

Am nachdrücklichsten unter Beweis gestellt wurde die verhängnisvolle Devise »Not kennt kein Gebot« jedoch in der Partisanenbekämpfung.

6.6.1941. Sie legten u. a. fest, daß die Kommissare nicht als Kriegsgefangene anzusehen und nach durchgeführter Absonderung zu erledigen waren. Der Kommissarbefehl ist abgedruckt in: ebenda, S. 259f.

25 Sie wurden vor dem 23.5.1941 (wann genau ist nicht bekannt) aufgestellt. Nach den üblichen ideologischen Verwünschungen wird darin u. a. »rücksichtsloses und energisches Durchgreifen gegen bolschewistische Hetzer, Freischärler, Saboteure, Juden und restlose Beseitigung jeden aktiven und passiven Widerstands« gefordert. Besonders die asiatischen Soldaten der Roten Armee seien »undurchsichtig, unberechenbar, hinterhältig und gefühllos«. Die Richtlinien sind u. a. abgedruckt in: ebenda, S. 258.

26 Vgl. dazu Meissner, Sowjetunion und Haager LKO, S. 13. Anderer Meinung ist Reinhart Maurach. Er sieht die Einstellung der Sowjetunion zur HLKO als bestimmt »von einer gewollt anmutenden Undurchsichtigkeit und Zwielichtigkeit«. Siehe ders., Die Kriegsverbrecherprozesse gegen deutsche Gefangene in der Sowjetunion, Hamburg 1950, S. 17, sowie allgemein: ders., *Das Kriegsrecht vom Blickfeld der Sowjetunion*, in: JiaöR 1 (1949), S. 736–753.

27 Vgl. Hamburger Institut für Sozialforschung (Hg.), Verbrechen der Wehrmacht. Dimensionen des Vernichtungskrieges 1941–1944, Hamburg 2002, S. 69.

28 Ebenda, S. 287ff.; vgl. insbesondere auch Johannes Hürter, *Die Wehrmacht vor Leningrad. Krieg und Besatzungspolitik der 18. Armee im Herbst und Winter 1941/42*, in: VfZ 49 (2001), S. 377–440.

Ganze Landstriche wurden unter dem Vorwand, dem kriegsrechtswidrigen Einsatz bewaffneter Zivilisten bekämpfen zu müssen, in »Großaktionen« zu »Wüstenzonen« umgewandelt, nachdem dort die Dörfer niedergebrannt, Tausende von Menschen getötet oder zur Zwangsarbeit verschleppt worden waren.[29] Und auch dort, wo nachweislich Partisanen aktiv waren, sprach die deutsche Reaktion jeglichen rechtlichen Erwägungen hohn. Um nur eins von vielen möglichen Beispielen zu nennen: Ende März/Anfang April fand in Weißrußland die Aktion »Bamberg« statt. Sie dauerte etwa zwei Wochen und an ihrem Ende stand einer Bilanz von »mindestens 4.396« getöteten Partisanen die Zahl von sieben Toten in den beteiligten deutschen und verbündeten Einheiten gegenüber. 47 Gewehre, Maschinengewehre oder -pistolen waren erbeutet worden,[30] was, wenn man hinter jeder Waffe einen Partisanen annimmt, einem Verhältnis von eins zu hundert annähernd gleichkommt.

Dieser Krieg war, kein Zweifel, ein Vernichtungskrieg, der seine Verbrechensdimension ohne die eliminatorisch-rassistische Weltsicht der NS-Führung nicht erreicht hätte. Insofern ist seine Schreckensbilanz auch weitaus größer als an anderen Kriegsschauplätzen. Allerdings bedeutet dies keineswegs, daß er dort, wo nicht das Ziel der Vernichtung und Versklavung verfolgt wurde, nach den – auch von Deutschland – anerkannten völkerrechtlichen Kriegsregeln geführt worden wäre. So zeigen ab Mitte 1941 in Frankreich durchgeführte Repressalmaßnahmen und Geiselnahmen das gleiche Muster wie schon 1914, auch wenn die deutsche Wehrmacht sie jetzt in viel größerem Ausmaß praktizierte. Das Verbot der Kollektivstrafe in Art. 50 HLKO umging sie mit einer Auffassung von »Besatzungsrepression«, die grundsätzlich von einer Mitverantwortung der gesamten feindlichen Bevölkerung für Attentate oder andere, gegen ihre Pflichten gegenüber der Besatzungsmacht verstoßende Handlungen ausging. Hier, wie insbesondere auch ab 1943 in Italien[31] oder Griechenland,[32] wurde das Wirklichkeit, was vor dem Hintergrund der deutschen

---

29 Hamburger Institut für Sozialforschung (Hg.), Verbrechen der Wehrmacht, S. 429ff.

30 Ebenda, S. 449; siehe auch Lutz Klinkhammer, *Der Partisanenkrieg der Wehrmacht 1941–1944*, in: Rolf-Dieter Müller, Hans-Erich Volkmann (Hg.), Die Wehrmacht. Mythos und Realität, München 1999, S. 815–836.

31 Vgl. dazu u. a. Friedrich Andrae, Auch gegen Frauen und Kinder. Der Krieg der deutschen Wehrmacht gegen die Zivilbevölkerung in Italien 1943–1945, München und Zürich 1995, sowie Gerhard Schreiber, *Deutsche Kriegsverbrechen gegenüber Italienern*, in: Wette/Ueberschär, Kriegsverbrechen im 20. Jahrhundert, S. 222–234.

32 Hamburger Institut für Sozialforschung (Hg.), Verbrechen der Wehrmacht, S. 530ff.; Hagen Fleischer, *Schuld ohne Sühne: Kriegsverbrechen in Grie-*

Praxis im Ersten Weltkrieg in dem Merksatz »Die Repressalie verträgt keine Normen«[33] zusammengefaßt worden war.[34]

Weitere Beispiele und Tatorte ließen sich aufzählen, doch da sie nur immer wieder das nunmehr bekannte deutsche Rechtsverständnis offenbaren, soll in diesem Zusammenhang statt dessen noch kurz und zugleich abschließend auf einen Einwand eingegangen werden, der in etwa folgendes zu bedenken gibt: Entwickelt nicht der Krieg zwangsläufig eine Dynamik, der sich keine Kriegspartei entziehen kann? Ist die Radikalisierung im Krieg nicht dessen unausweichliche Begleiterscheinung und macht sie es nicht unmöglich, Verletzungen des Kriegsrechts nur auf einer Seite festzustellen?[35] Oder, zugespitzt formuliert: Wie soll denn die Wehrmacht reagieren (gedacht: anders als sie reagiert hat), wenn sie in heimtückischer und brutaler Weise von Partisanen angegriffen wird und diese sich nicht einmal scheuen, sogar Kinder und Jugendliche einzusetzen?[36]

Sehen wir ab von der diesen Fragen mehr oder weniger deutlich innewohnenden apologetischen Tendenz, dann wäre zunächst folgendes zu antworten: Ja, selbstverständlich entwickelt der Krieg eine eigene Dynamik, kommt es in seinem Verlauf zu Radikalisierungen, die den Weg zur Begehung von Verbrechen ebnen können. Das ist nicht neu, und schon Kant wies einprägsam darauf hin, als er meinte, der Krieg mache mehr böse Menschen, als er deren nehme. Auch den Autoren kriegsrechtlicher Abkommen wie der HLKO und der Genfer Kriegsgefangenenkonvention

---

chenland, in: Wette/Ueberschär, Kriegsverbrechen im 20. Jahrhundert, S. 208–221.

33 Vgl. oben, S. 320.

34 So heißt es in einer Ausarbeitung zu »Vorbeugungs- und Sühnemaßnahmen bei Angriffen auf die Besatzungsmacht« bezogen auf das besetzte Frankreich: »Es handelt sich vielmehr darum, ob die von der Bevölkerung durch ihr ganzes Verhalten geschaffene Atmosphäre strafbare Handlungen Einzelner gegen die Besatzungsmacht und ihre Angehörigen gefördert und begünstigt hat oder nicht. Dabei wird die Besatzungsmacht mangels ausreichender Aufklärungsmöglichkeiten vielfach gezwungen sein, eine solche Mitverantwortlichkeit zu unterstellen […].« Zit. n. Regina M. Delacor, Attentate und Repressionen. Ausgewählte Dokumente zur zyklischen Eskalation des NS-Terrors im besetzten Frankreich 1941/42, Stuttgart 2000, S. 260.

35 Diese Fragen sind beispielsweise zum großen Teil präsent in: Friedrich, Das Gesetz des Krieges. Sie ergeben sich im übrigen auch schon aus dem Titel der Untersuchung, denn »Gesetz« legt den Gedanken an etwas zwangsweise Eintretendes nahe.

36 So sinngemäß: Wolfgang Hasch, Gustav Friedrich, *Der Partisanenkrieg der Sowjetunion und die deutschen Gegenmaßnahmen im Zweiten Weltkrieg*, in: Poeppel, H., Prinz v. Preußen, W.-K., v. Hase, K.-G. (Hg.), Die Soldaten der Wehrmacht, 3. Aufl., München 1999, S. 230–255.

waren solche Einsichten natürlich nicht fremd, aber gerade darum sahen sie beziehungsweise die hinter ihnen stehenden Staaten die Dringlichkeit, Regeln festzulegen, die »in diesem äußersten Falle den Interessen der Menschlichkeit und den sich immer steigernden Forderungen der Zivilisation [...] dienen«[37] und die »unvermeidliche Härte«[38] des Krieges abschwächten. Es sollte eine Grenze gezogen werden, die – mit allen in der Natur des Krieges liegenden Unschärfen – den Bereich des Zulässigen markierte, und zwar über die Martenssche Klausel und die allgemeine Begrenzung der Mittel zur Schädigung des Feindes (Art. 22 HLKO) hinaus auch in den Fällen, in denen sich der Feind selbst kriegsrechtswidrig verhalten hatte. Diese Grenze immer weiter ausgedehnt zu haben und im schlimmsten Sinne maßstabsetzend gewesen zu sein, das kennzeichnete die deutsche Kriegführung. Und bei aller Verschiedenheit in der Dimension der begangenen Verbrechen ist das die größte Gemeinsamkeit zwischen dem Ersten und dem Zweiten Weltkrieg. Darin ist zugleich auch ein wichtiger Grund dafür zu sehen, daß es ein neues Leipzig nicht mehr geben sollte.

---

37 Vgl. die Präambel der HLKO, RGBl. 1910, 108.

38 Vgl. die Präambel des Abkommens über die Behandlung der Kriegsgefangenen vom 27. Juli 1929, RGBl. 1934 II, 227.

Schluß

»Wenn jemand, der jahrelang große Summen zur Bank getragen hat, eines Tages seinen Kontoauszug anfordert und erfährt, daß er statt eines Vermögens eine erdrückende Schuldenlast besitzt, mag ihm ähnlich zumute sein.«.

So wie Sebastian Haffner, der mit diesen Worten sein Gefühl nach der Nachricht vom verlorenen Ersten Weltkrieg beschrieb,[1] war vielen Deutschen zumute, und die alliierte Besatzungs- und Reparationspolitik tat in ihren Augen ein übriges, um dieses Gefühl nicht schwächer werden zu lassen. Daß gut ein halbes Jahr zuvor dem besiegten Rußland im Friedensvertrag von Brest-Litowsk ökonomische und territoriale Bedingungen diktiert worden waren, die an Härte diejenigen des Versailler Vertrages deutlich übertrafen,[2] schien vergessen. Politik, Militär und die beiden traditionell nahestehende Justiz sahen sich als Opfer alliierter Macht- und Rachepolitik und waren bemüht, die als demütigend empfundenen Vertragsbestimmungen abzumildern oder zu umgehen.

Der Verlauf und das Ergebnis der Leipziger Prozesse sowie der gesamten in Sachen »Kriegsverbrechen und Kriegsvergehen« durchgeführten Verfahren bilden da keine Ausnahme. Obwohl qua Gesetz zu ihrer Verfolgung verpflichtet, zeigten Reichsanwaltschaft und Reichsgericht nur sehr wenig Neigung, hinreichend tatverdächtige Kriegsverbrecher ernsthaft in Bedrängnis zu bringen. Zu Hilfe kam ihnen dabei jedoch auch, daß ein Teil der alliierten Beschuldigungen zu pauschal war und Beweismaterial, das die Tatvorwürfe hätte stützen können, fehlte. Außerdem war die Rechtslage in einigen Bereichen – man denke an den See- oder Luftkrieg – zu ungenau beziehungsweise durch allseits praktizierte Repressalien unkenntlich gemacht.

Die Reaktion der deutschen Justiz auf das alliierte Bestrafungsverlangen war allerdings nicht nur stille, durch die Umstände des konkreten Falls möglicherweise geförderte Verweigerung. Die immer wieder fest-

---

1 Sebastian Haffner, Geschichte eines Deutschen. Die Erinnerungen 1914–1933, Stuttgart/München 2000, S. 31.

2 Durch den Vertrag von Brest-Litowsk wurden Polen, ein Großteil des Baltikums und weite Teile der Ukraine deutscher Kontrolle unterworfen. Dadurch verlor Rußland seine reichsten Korngebiete und einen großen Teil seiner Kohlen- und Eisenlager. Der Reichstag ratifizierte den Frieden von Brest-Litowsk mit einer überwältigenden Mehrheit. Nur die USPD stimmte gegen den Friedensvertrag, die Abgeordneten der MSPD enthielten sich der Stimme. Vgl. Chickering, Das Deutsche Reich und der Erste Weltkrieg, S. 203; Ullrich, Die nervöse Großmacht, S. 544.

zustellende Parteinahme zugunsten der Beschuldigten trotz deutlicher Gegenbeweise weist darauf hin, daß auch in hohem Maße Überzeugung am Werk war. Ein preußisch-deutscher Soldat und Kriegsverbrechen – das waren, sofern es sich nicht um die klassischen, hauptsächlich gegen die eigenen Interessen gerichteten Delikte »Kriegsverrat« oder »Plünderung« handelte, zwei miteinander unvereinbare Dinge, erst recht dann, wenn der Beschuldigte ein höherer Offizier war. Zum Teil erklärt sich dies eben aus der Abwesenheit des Begriffs »Kriegsverbrechen« als eines inhaltlich weitergehenden rechtserheblichen Begriffs. Zum Teil erklärt es sich aber auch daraus, daß sich die Rechtswidrigkeit einer im Krieg begangenen Handlung nach dem Völkerrecht bestimmte. Maßstab war in diesen Fällen die deutsche Auslegung des Völkerrechts, und sie wich nicht selten ganz erheblich von dem Verständnis entsprechender Normen oder Rechtsinstitute in anderen Ländern ab. War die Abweichung allzu groß, das heißt die verbrecherische Tat überdeutlich, gelangten Reichsanwaltschaft und Reichsgericht über den Weg des §59 StGB zu einer Lösung. Dem Beschuldigten fehlte bei seiner Handlung das Unrechtsbewußtsein, und er hatte deshalb ohne Vorsatz gehandelt. Die gleichwohl bestehende Möglichkeit einer fahrlässigen Tatbegehung lehnten die Reichsanwaltschaft und ihr folgend das Reichsgericht durchweg ab beziehungsweise prüften sie nicht einmal.

Inwieweit sich in Deutschland auf diese Weise ein bestimmtes Kriegsbild und eine damit korrespondierende Auffassung von Kriegführung verfestigten, ist eine nicht leicht zu beantwortende Frage, da sie von einer ganzen Reihe von politischen oder ideologischen Motiven beeinflußt wurde. Jedoch ist wohl nicht von der Hand zu weisen, daß die 1920 mit den Ermittlungsverfahren einsetzende juristische Bestätigung der deutschen Kriegführung, beziehungsweise ihre nach Ansicht der Beteiligten und der Öffentlichkeit glänzende Rehabilitierung, keine Auswirkungen auf die Art und Weise hatte, wie der Zweite Weltkrieg von Deutschland geführt wurde. Warum sollten beispielsweise der Kriegsbrauch oder die Kriegsnotwendigkeit mit anderen, völkerrechtsgemäßen Inhalten gefüllt werden, warum sollten Repressalien oder Geiselnahmen nach den Grundsätzen der Verhältnismäßigkeit oder zumindest der Humanität praktiziert werden, wenn der deutschen Praxis im Ersten Weltkrieg von höchster Stelle die rechtliche Unbedenklichkeit bescheinigt wurde?

Sicherlich läßt sich keine direkte Verbindung zwischen dem deutschen Verhalten in Belgien 1914 und in der Sowjetunion ab 1941 herstellen. Dazu sind die Unterschiede in den Kriegszielen zu groß, und vor allem in völkisch-ideologischer Hinsicht liegen zwischen beiden Kriegen Welten.[3]

---

3 Zu dieser Tradition in der preußisch-deutschen Armee vgl. Wolfram Wette, Die

Dennoch gibt es Parallelen in der Bereitschaft zur Hinnahme rechtlich entgrenzter Kriegsgewalt,[4] und sie findet sich auch dort, wo der Krieg kein erklärter Vernichtungskrieg war.

Häufig war – und ist auch heute noch[5] – das Argument zu hören, ohne Versailles wäre die deutsche Geschichte anders verlaufen. Das Bedürfnis nach Revanche, nach territorialen und bevölkerungspolitischen Korrekturen hätte es ohne den »schmachvollen Diktatfrieden« nicht gegeben, so daß der Zweite Weltkrieg, wenn überhaupt, dann ganz sicher nicht in der Weise geführt worden wäre, die schließlich seine Verbrechensdimensionen kennzeichneten.

In der Tat kann man mit guten Gründen bezweifeln, daß der Versailler Vertrag ein gelungenes Ergebnis diplomatischer Bemühungen war. Er leistete nicht, was ein Friedensvertrag leisten soll: Er brachte keine Beruhigung, zeigte dem Besiegten keine erstrebenswerte Perspektive und schuf keinen haltbaren Rahmen für eine internationale Politik.[6] So war eine der wichtigsten Wilsonschen Vorstellungen, das Selbstbestimmungsrecht der Völker, entgegen ursprünglicher Beteuerungen nicht beachtet worden, war Deutschland aus dem Völkerbund, dessen Statut den ersten Teil des Versailler Vertrags bildete, ausgeschlossen, und Rußland wegen der revolutionären Veränderungen außen vor gehalten worden. Daß Deutschland trotz des Vertrages und der durch ihn bewirkten territorialen Verkleinerung im Westen, Osten und Norden eigentlich nicht schwächer, sondern stärker war als 1914,[7] trat demgegenüber schnell in den Hintergrund, und

---

Wehrmacht. Feindbilder – Vernichtungskrieg – Legenden, Frankfurt am Main 2002.

4 Vgl. zu diesem Aspekt vor allem Hans-Erich Volkmann, *Zur Verantwortlichkeit der Wehrmacht*, in: Rolf-Dieter Müller, Hans-Erich Volkmann (Hg.), Die Wehrmacht. Mythos und Realität, München 1999, S. 1195–1222, dort insbesondere S. 1210ff.

5 So hielt am 8. Mai 2002 Martin Walser in Berlin eine Rede, die mit »Über ein Geschichtsgefühl« überschrieben war. Darin bezeichnete er den Friedensvertrag von Versailles als »eine der Ursachen für Hitlers Erfolg« und als wesentliches Scharnier in der Kette der deutschen Geschichte. Vgl. Hans Mommsen, *Über ein Geschichtsgefühl*, in: Die Zeit, Nr. 21, 16. 5. 2002, S. 41.

6 Vgl. Sebastian Haffner, *Der letzte Friedensvertrag?*, in: Der Vertrag von Versailles, S. 416; siehe auch den Sammelband von Gerd Krumeich (Hg.), Versailles 1919. Ziele – Wirkung – Wahrnehmung, Köln 2001.

7 Vor 1914 war das Deutsche Reich »eingekreist«, wie der damals gängige Ausdruck lautete. Es lag zwischen den Großmächten Österreich-Ungarn, Frankreich, Rußland und England. Nach dem Krieg gab es zwei Großmächte (Österreich-Ungarn und Rußland) nicht mehr, die beiden anderen waren durch den Krieg geschwächt (Frankreich weitaus stärker als England) und standen zudem

spielte schon gar keine Rolle für die vielen, denen es um den ungebrochenen Erhalt nationalistischer Vorstellungen von Staat, Militär, Ehre oder Stolz ging.

Wolfgang Schivelbusch ist recht zu geben, wenn er schreibt, daß den Verlierern von 1918 eine Tradition des nationalen Selbstbewußtseins gefehlt habe. Anders als der Zusammenbruch von 1870 für Frankreich, das ebendieses Nationalbewußtsein besessen hätte, sei die Niederlage von 1918 für Deutschland ein Sturz in einen Abgrund gewesen, den man durch den Sieg von 1870/71, die Reichsgründung und vierzig Jahre Machtpolitik endgültig überwunden geglaubt hatte.[8] Dies, der buchstäbliche Sturz ins Bodenlose, und das – gemessen an den Werten und Inszenierungen des Kaiserreichs – klägliche, ehr- und ruhmlose Ende waren der Nährboden, auf dem die Nachkriegsgeschichte ihre verhängnisvolle Entwicklung nahm. Nicht der Versailler Vertrag, sondern die abrupte, brutale Beendigung aller Weltgeltungs- und Weltmachtsträume ließen die alten und neuen Eliten ihr Heil in einer erneuten, dieses Mal noch kompromißloseren Machtpolitik suchen. Die Politik setzte auf die Revision von Versailles, das Militär wollte und sollte dazu das erforderliche Druck-mittel liefern, und die Justiz, deren Angehörige schon seit geraumer Zeit um Anerkennung unter den Eliten des Reiches kämpfte, wollte hier nicht abseits stehen. Eine ernsthafte, ergebnisoffene Auseinandersetzung mit den alliierten Beschuldigungen in Sachen Kriegsverbrechen und Kriegsvergehen hätte aber genau dies bedeutet. Die Beschuldigten nur in den Fällen, in denen es juristisch mühelos zu rechtfertigen gewesen wäre, zu verurteilen, hätte den Prozeß des nationalen Wiederaufstiegs gefährdet. Deshalb kam es nicht zu solchen Verurteilungen, sowenig wie nach dem Kapp-Putsch[9] oder nach den zahlreichen politischen Morden von rechts.[10]

Abschließend sei noch auf einen anderen Aspekt hingewiesen: Obwohl die Straflosigkeit für Kriegsverbrechen in Deutschland die schlimmsten Folgen zeitigte – Hitler und Göring trafen sich erstmals 1922 auf einer

---

in einem Interessenkonflikt gegeneinander. Vgl. dazu Sebastian Haffner, Von Bismarck zu Hitler. Ein Rückblick, München 1989, S. 180ff. Ähnlich zur Stellung Deutschlands nach dem Krieg: Winkler, Der lange Weg nach Westen, S. 402f.

8 Vgl. Schivelbusch, Die Kultur der Niederlage, S. 235.

9 Von 705 Straftaten, die im Zusammenhang mit dem Putsch vom März 1920 registriert wurden, waren 412 bis 1922 amnestiert, 109 durch Tod und andere Gründe in Wegfall gekommen, 176 Verfahren eingestellt, sieben noch nicht erledigt, und in einem Fall eine fünfjährige Festungshaft verhängt worden. Vgl. Frank Grube, Gerhard Richter, Die Weimarer Republik, Hamburg 1983, S. 59.

10 Vgl. Emil Julius Gumbel, Vier Jahre politischer Mord, Berlin 1922.

Versammlung gegen die Leipziger Prozesse –,[11] ist der Umstand, daß Verbrechen, die in Form staatlichen Handelns gekleidet sind, nicht oder nur sehr unzureichend von demselben Staat geahndet werden und mehr oder weniger straflos bleiben, keine deutsche Besonderheit. Für den Krieg Italiens gegen Abessinien 1935/36 und die sich anschließende fünfjährige Schreckensherrschaft wurde niemand zur Verantwortung gezogen.[12] Die von US-amerikanischen Soldaten in Vietnam begangenen Kriegsverbrechen wurden ebenfalls nicht geahndet. Lediglich in ein paar Fällen kam es zu einer Bestrafung der Täter. So verurteilte ein amerikanisches Militärgericht den Soldaten Michael Schwartz wegen Mordes an 16 vietnamesischen Zivilisten zu lebenslänglicher Haft mit harter Arbeit, Verlust der Dienstbezüge und unehrenhafter Entlassung aus der Armee. Die letzte Instanz setzte das Strafmaß auf ein Jahr Haft mit harter Arbeit und unehrenhafter Entlassung herab. Leutnant William Callay, der wegen der Ermordung von 22 vietnamesischen Zivilisten zu lebenslänglicher Haft und unehrenhafter Entlassung aus der Armee verurteilt worden war, wurde, nachdem seine Verurteilung einen öffentlichen Entrüstungssturm hervorgerufen hatte, im Wiederaufnahmeverfahren freigesprochen.[13] Und, um noch zwei aktuelle Beispiele zu nehmen: Trotz gegenteiliger Zeugenaussagen sprach ein indonesisches Sondergericht sechs Offiziere von der Beteiligung an den Massakern in Osttimor 1999 frei.[14] Der kroatische General Janko Bobetko, unter dessen Befehlsgewalt 1993 über 100 serbische Zivilisten getötet sowie mehr als 200 Häuser geplündert und angezündet worden sind, gilt bis heute in Kroatien als Nationalheld. Von kroatischen Ermittlungsbehörden ist er bislang nicht belangt worden, und ob er jemals an den Internationalen Strafgerichtshof für das ehemalige Jugoslawien in Den Haag überstellt werden wird, ist derzeit mehr als fraglich.[15]

Was also bleibt, um die Täter von Kriegs- und Menschlichkeitsverbrechen nicht straflos davonkommen zu lassen? Die Antwort wird sich, soweit ersichtlich, auf eine Alternative beschränken. Entweder gibt es in

---

11 Vgl. Georg Kreis, *Vom Duell zum Verbrechen. Der lange Weg zur Ächtung des Krieges*, in: Neue Zürcher Zeitung, Nr. 91, 20./21.4.2002, S. 55.

12 Vgl. Aram Mattioli, *Eine veritable Hölle. Giftgas und Pogrome: Vor 60 Jahren endete die beispiellose Terrorherrschaft Italiens über Äthiopien*, in: Die Zeit, Nr. 51, 13.12.2001, S. 92.

13 Vgl. dazu Quartisch, *Apokryphe Amnestien*, S. 244f.

14 Moritz Kleine-Brockhoff, *Landsleute werden in Indonesien nicht verurteilt – schon gar nicht Militärs*, in: Frankfurter Rundschau, Nr. 189/33, 16.8.2002, S. 1.

15 Dragan Randelović, *Das Haager Schicksal greift um sich*, in: Freitag, Nr. 42, 11.10.2002, S. 7.

dem betreffenden Staat einen Regimewechsel, deutlich genug, damit sich die neue Regierung an die juristische Aufarbeitung der Verbrechen ihrer Vorgänger machen kann, oder eine internationale Strafgerichtsbarkeit wird aktiv und versucht, der Täter habhaft zu werden, um sie zu verurteilen. Daß dies nicht immer einfach ist, zeigt das Beispiel aus Kroatien, ganz abgesehen davon, dass die bis jetzt eingerichteten *Ad hoc*-Tribunale für das ehemalige Jugoslawien und für Ruanda sich vor dem Hintergrund andernorts begangener Greueltaten leicht dem Vorwurf aussetzen können, nur die Angehörigen kleiner und schwacher Staaten zur Verantwortung zu ziehen. Aber auch eine ständige internationale Strafgerichtsbarkeit, wie sie seit dem 1. Juli 2002 existiert, als das Statut von Rom in Kraft trat, wird, unabhängig von der Unterstützung mächtiger Staaten,[16] immer auch auf die Kooperation der Staaten angewiesen sein, zumal sie ohnehin nur dann zum Zuge kommt, wenn die einzelstaatliche Gerichtsbarkeit nicht willens oder nicht fähig ist, Verfahren gegen Kriegs- und Menschlichkeitsverbrecher einzuleiten.

---

16 In Bezug auf die aktuelle Weigerung der USA, dem Statut von Rom beizutreten, gibt es insofern eine interessante Parallele, als auch schon 1921 in dem gesonderten Friedensvertrag zwischen dem Deutschen Reich und den USA, in dem letztere sich die Vorrechte aus dem Versailler Vertrag zusichern ließen, die Strafbestimmungen ausgeschlossen blieben. Vgl. dazu Liszt/Fleischmann, Völkerrecht (1925), S. 56.

Abkürzungsverzeichnis

a. D.	außer Dienst
AdV	Archiv des Völkerrechts
a. E.	am Ende
a. F.	alte Fassung
AfM	Archiv für Militärrecht
AJIL	American Journal of International Law
AN	Archives Nationales (Paris)
AÖR	Archiv des Öffentlichen Rechts
APS	Archiv für Preußisches Strafrecht
AVBl.	Armee-Verordnungsblatt
AVR	Archiv des Völkerrechts
BAK	Bundesarchiv Koblenz
BAL	Bundesarchv Berlin-Lichterfelde
BA-MA	Bundesarchiv-Militärarchiv Freiburg
Bl.	Blatt (in den Akten)
BYIL	British Yearbook of International Law
DJZ	Deutsche Juristen-Zeitung
d. L.	der Landwehr
d. R.	der Reserve
DuR	Demokratie und Recht
FS	Festschrift
Hg.	Herausgeber
HLKO	Haager Landkriegsordnung
HuV-I	Humanitäres Völkerrecht – Informationsschriften
HZ	Historische Zeitschrift
ICLQ	International and Comparative Law Quarterly
IKRK	Internationales Komitee vom Roten Kreuz
i. S. v.	im Sinne von
i. V. m.	in Verbindung mit
JDI	Journal du Droit International
JiaöR	Jahrbuch für internationales und ausländisches öffentliches Recht
lit.	litera
MDR	Monatsschrift für Deutsches Recht
MStGB	Militärstrafgesetzbuch
MStGO	Militärstrafgerichtsordnung
m. w. N.	mit weiteren Nachweisen
NL	Nachlaß
ORA	Oberreichsanwalt
o. J.	ohne Jahr(esangabe)
o. S.	ohne Seitenangabe
PA	Politisches Archiv (Bonn)
RDILC	Revue de Droit International et de Législation Comparée
RG	Reichsgericht
RGBl.	Reichsgesetzblatt
RGDIP	Revue Générale de Droit International Public
RGSt.	Entscheidung des Reichsgerichts in Strafsachen
RGZ	Entscheidung des Reichsgerichts in Zivilsachen
RMG	Reichsmilitärgericht
RS	Rückseite
RStGB	Reichsstrafgesetzbuch
S.	Satz
sc.	scilicet
Sp.	Spalte
StGB	Strafgesetzbuch
StPO	Strafprozeßordnung
verb. mit	verbunden mit
VfZ	Vierteljahrshefte für Zeitgeschichte
VN	Vereinte Nationen
VS	Vorderseite
WRV	Weimarer Reichsverfassung = Verfassung des Deutschen Reiches vom 11. August 1919
ZaöRV	Zeitschrift für ausländisches öffentliches Recht und Völkerrecht
z. D.	zur Disposition
ZfG	Zeitschrift für Geschichtswissenschaft

ZfV	Zeitschrift für Völkerrecht
ZfP	Zeitschrift für Politik
ZIR	Zeitschrift für Internationales Recht
ZNR	Zeitschrift für Neuere Rechtsgeschichte
z. S.	zur See
ZStW	Zeitschrift für die gesamte Strafrechtswissenschaft

Quellen- und Literaturverzeichnis

Unveröffentlichte Quellen

Archiv des IKRK (Genf), 400/445/I, carton 53
Archives Nationales (Paris), BB 18/2568[1], BB 18/2568[2], BB 18/2568[3].
BAK, KLE 434 (Nachlaß Rechtsanwalt Hirsch)
BAK, KLE 591, Bd. 13 (Nachlaß Freiherr von Lersner)
BAK, NL 199/42f. (Nachlaß Hans Wehberg)
BAL, R 3002, RG/PA, Personalakten Ludwig Ebermayer (190), Albert Feisenberger (215), Heinrich Lingemann (534), Richard Metz (600), Karl Sethe (799), Heinrich Schmidt (861), Karl Schneidewin (873).
BAL, R 3003 ORA/RG, Generalia, Band 46–62 sowie 100.
BAL, R 3003, ORA/RG, bJ 1/20–907/20 (Verfahrensakten, Auslieferungsliste)
BAL, R 3003, ORA/RG, aJ 1/20–222/20
BAL, R 3003, ORA/RG, aJ 1/21–225/21
BAL, R 3003, ORA/RG, aJ 1/22–78/22
BAL, R 3003, ORA/RG, aJ 1/23–79/23
BAL, R 3003, ORA/RG, aJ 1/24–46/24
BAL, R 3003, ORA/RG, aJ 1/25–183/25
BAL, R 3003, ORA/RG, aJ 1/26–8/26
BAL, R 3003, ORA/RG, aJ 1/27–6/27 (übrige Verfahren in Sachen Kriegsverbrechen und Kriegsvergehen)
BAL, R 43 I 702
BAL, R 43 I 1226
BAL, R 901, Bd. 56921–56924 (Pressereaktionen auf das Auslieferungsverlangen)
BAL, R 3001, 7531/22443
BA-MA, PH/2–592
BA-MA, PH/5–I 16
BA-MA, RH 20–11/334
PA Bonn, R 24349, R 24351, R 24390, R 24324, R 28595, R 28596, R 48415, R 48416, R 48417, R 48423a, R 48425, R 48425b, R 48426, R 48427, R 48428, R 48430, R 48431, R 48432v, R 48433o, R 48432v, R 48436a

Veröffentlichte Quellen

Berber, Friedrich (Hg.), Das Diktat von Versailles. Entstehung – Inhalt – Zerfall. Eine Darstellung in Dokumenten, 2 Bände, Essen 1939.
Deutsche Kriegsgefangene in Feindesland. Amtliches Material. Frankreich, Berlin und Leipzig 1919.
Fox, John P., Jardin, Pierre, Mantzke, Martin, Stamm, Christoph, Grupp, Peter (Hg.), Akten zur deutschen auswärtigen Politik 1918–1945, Serie A: 1918–1925, Band III, Göttingen 1985.
Hinz, Joachim, Rauch, Elmar, Kriegsvölkerrecht. Völkerrechtliche Verträge über die Kriegführung, die Kriegsmittel und den Schutz der Verwundeten, Kriegs-

gefangenen und Zivilpersonen im Kriege. Textsammlung mit Erläuterungen, Übersichten und Stichwortverzeichnis, 3. überarbeitete und erweiterte Auflage, Köln/Berlin/Bonn/München 1984.

Internationaler Militärgerichtshof Nürnberg (Hg.), Der Nürnberger Prozeß gegen die Hauptkriegsverbrecher vom 14. November 1945 bis 1. Oktober 1946, Band 1, Nürnberg 1947.

Klaus, Herbert, Rödiger, Gustav, Urkunden zum Friedensvertrage von Versailles vom 28. Juni 1919, 2 Bände, Berlin 1921.

Martens, G. F. de, Martens, C. de, Recueil de Traités, Band 4, 1785–1790, Göttingen 1818.

Michaelis, Herbert, Schraepler, Ernst, Scheel, Günter (Hg.), Ursachen und Folgen. Vom deutschen Zusammenbruch 1918 und 1945 bis zur staatlichen Neuordnung Deutschlands in der Gegenwart. 2. Band: Der militärische Zusammenbruch und das Ende des Kaiserreichs; 4. Band: Die Weimarer Republik. Vertragserfüllung und innere Bedrohung 1919/1922, Berlin 1960.

Pross, Harry (Hg.), Die Zerstörung der deutschen Politik. Dokumente 1871–1933, Frankfurt am Main 1983.

Rapport sur la violation du droit des gens en Belgique. Publication officielle du gouvernement belge, 2 Bände, Paris und Nancy 1915/16.

Reichsarchiv (Bearbeitung), Der Weltkrieg 1914 bis 1918. Die militärischen Operationen zu Lande, 14 Bände; Band 1: Die militärischen Operationen zu Lande, Berlin 1925; Band 2: Die Befreiung Ostpreußens, Berlin 1925; Band 3: Die militärischen Operationen zu Lande, Berlin 1926.

Reichstag, 1921, Band 368, Nr. 2584 (Weißbuch mit neun Urteilen in Sachen Kriegsverbrechen).

Report of the Committee on Alleged German Outrages appointed by His Majesty's Government and presided over by The Right Hon. Viscount Bryce, London 1915.

Tirpitz, Alfred von, Politische Dokumente. Deutsche Ohnmachtspolitik im Weltkriege, 2 Bände, Hamburg und Berlin 1926.

Das Werk des Untersuchungsausschusses der Verfassunggebenden Deutschen Nationalversammlung und des Deutschen Reichstages 1919–1928. Verhandlungen, Gutachten, Urkunden. Im Auftrag des Reichstages herausgegeben von Walter Schücking, Johannes Bell u. a., Dritte Reihe: Völkerrecht im Weltkrieg. Im Auftrag des Dritten Untersuchungsausschusses herausgegeben von Johannes Bell, 4 Bände, Berlin 1927.

Monographien, Memoiren, Broschüren, Aufsätze und Artikel

Abendroth, Wolfgang, *Piraterie*, in: Schlochauer, Hans-Jürgen (Hg.), Wörterbuch des Völkerrechts, 2. Band, Berlin 1961, S. 768–770.

Acker, Detlev, Walther Schücking (1875–1935), Münster in Westfalen 1970.

Afflerbach, Holger, *Die militärische Planung des Deutschen Reiches im Ersten Weltkrieg*, in: Michalka (Hg.), Der Erste Weltkrieg, S. 280–317.

Andrae, Friedrich, Auch gegen Frauen und Kinder. Der Krieg der deutschen Wehrmacht gegen die Zivilbevölkerung in Italien 1943–1945, München und Zürich 1995.

Angermund, Ralph, Deutsche Richterschaft 1919–1945. Krisenerfahrung, Illusion, politische Rechtsprechung, Frankfurt am Main 1996.

Apelt, Willibalt, Geschichte der Weimarer Verfassung, München und Berlin 1964.

Arndt, Adolf, *Zur Frage der Bestrafung Kriegsgefangener und über sogenanntes Kriegsstrafrecht*, in: APS 66 (1919), S. 522–530.

Bass, Gary Jonathan, Stay the hand of vengeance. The politics of war crimes tribunals, Princeton und Oxford 2000.

Bauer (Oberst), Konnten wir den Krieg vermeiden, gewinnen, abbrechen?, Berlin 1919.

Becker, Annette, *Édith Cavall, résistante exécutée*, in: Centre de recherche de l'Historial de Péronne (Hg.), 14–18 la très grande guerre, Paris 1994, S. 115–119.

Becker, Jean-Jacques, 1914. Comment les Français sont entrés dans la guerre, Paris 1977.

Becker, Jean-Jacques, *Lorraine sanglante*, in: Centre de recherche de l'Historial de Péronne (Hg.), 14–18 la très grande guerre, Paris 1994, S. 65–71.

Beckert, Erwin, Breuer, Gerhard, Öffentliches Seerecht, Berlin und New York 1991.

Bédier, Joseph, Deutsche Verbrechen durch deutsche Dokumente bewiesen, Paris 1915.

Benn, Gottfried, *Wie Miß Cavall erschossen wurde. Bericht eines Augenzeugen über die Hinrichtung der englischen Krankenschwester*, in: Walter Jost, Friedrich Felger (Hg.), Was wir vom Weltkrieg nicht wissen, 2. Auflage, Leipzig 1938, S. 98–102.

Berber, Friedrich, Lehrbuch des Völkerrechts, Zweiter Band: Kriegsrecht, München 1969.

Bérillon, Edgar, La psychologie de la race allemande d'après ses caractères objectifs et spécifiques, Paris 1917.

Bernstein, Eduard, *Das Schicksal des Art. 227. Die Frage des Völkerrechts und des Rechts der Völker*, in: Vorwärts, Nr. 446, 3. Beilage, 21.9.1924.

Binz, *Boldt und Dithmar, zwei symbolische Opfer frontfremder Formaljustiz*, in: Der Kampf um deutsches Recht, Beilage zum Völkischen Beobachter, 17.3.1931.

Blumenwitz, Dieter, *Die Strafe im Völkerrecht*, in: ZfP 3/1997, S. 324–350.

Bluntschli, Johann Caspar, Gesammelte kleine Schriften, Band 2: Aufsätze über Politik und Völkerrecht, Nördlingen 1881.

Bluntschli, Johann Caspar, Denkwürdiges aus meinem Leben, Band 3, herausgegeben von Rudolf Seyerlen, Nördlingen 1884.

Böhmert, Viktor, *Londoner Seerechtskonferenz von 1908/1909*, in: Schlochauer, Hans-Jürgen (Hg.), Wörterbuch des Völkerrechts, Band 2, 2. Auflage, Berlin 1961, S. 428–431.

Bothe, Michael, *Friedenssicherung und Kriegsrecht*, in: Wolfgang Graf Vitzthum (Hg.), Völkerrecht, Berlin und New York 1997, S. 581–663.

Brandt, Hans, *Elisabeth II. bedauert Burenkrieg*, in: Frankfurter Rundschau, 12.11.1999, S. 2.

Bredt, Victor, Der Geist der Deutschen Reichsverfassung, Berlin 1924.

Bülck, Hartwig, *Vertreibung*, in: Schlochauer, Hans-Jürgen (Hg.), Wörterbuch des Völkerrechts, Band 3, Berlin 1962, S. 560–562.

Bülck, Hartwig, *Zwangsverschickung*, in: Schlochauer, Hans-Jürgen (Hg.), Wörterbuch des Völkerrechts, Band 3, Berlin 1962, S. 894–896.

Burkhardt, Johannes, Becker, Josef, Förster, Stig, Kronenbitter, Günther, Lange und kurze Wege in den Ersten Weltkrieg. Vier Augsburger Beiträge zur Kriegsursachenforschung, München 1996.

Buß, Regina, Der Kombattantenstatus. Die kriegsrechtliche Entstehung eines Rechtsbegriffs und seine Ausgestaltung in Verträgen des 19. und 20. Jahrhunderts, Bochum 1992.

Canfora, Luciano, Caesar. Der demokratische Diktator. Eine Biographie, München 2001.

Cartier, Jean-Pierre, Der Erste Weltkrieg, München und Zürich 1984.

Chickering, Roger, Das Deutsche Reich und der Erste Weltkrieg, München 2002.

Clausewitz, Carl von, Vom Kriege, Reinbek bei Hamburg 1996 (Klassiker der Literatur und der Wissenschaft).

Coffmann, Edward M., *Militärische Operationen der US-Armee an der Westfront 1918*, in: Düppler, Jörg, Groß, Gerhard P., Kriegsende 1918. Ereignis, Wirkung, Nachwirkung, München 1999, S. 145–157.

Dahm, Georg, Zur Problematik des Völkerstrafrechts, Göttingen 1956.

Dahm, Georg, Völkerrecht, Band 3, Stuttgart 1961.

Dahn, Felix, Das Kriegsrecht. Kurze, volksthümliche Darstellung für Jedermann zumal für den deutschen Soldaten, Würzburg 1870.

Das Urteil im Prozeß Stenger – Crusius, in: Berliner Tageblatt, 7.7.1921, Nr. 314.

Delacor, Regina M., Attentate und Repressionen. Ausgewählte Dokumente zur zyklischen Eskalation des NS-Terrors im besetzten Frankreich 1941/42, Stuttgart 2000.

Der 5. Leipziger-Prozeß, in: Vossische Zeitung, 8.6.1921, Nr. 265 und 266.

Der neue Kriegsverbrecherprozeß, in: Vorwärts, 8.6.1921, Nr. 266.

Der Fall Ramdohr, in: Vossische Zeitung, 10.6.1921, Nr. 268.

Der Kriegsbeschuldigten-Prozeß Ramdohr, in: Kreuz-Zeitung, 10.6.1921, Nr. 266.

Der Freispruch des Kriegsbeschuldigten Ramdohr, in: Kreuz-Zeitung, 12.6.1921, Nr. 269.

Der Luftkrieg, in: Schücking, Walter/Bell, Johannes u.a. (Hg.), Das Werk des Untersuchungsausschusses 1919–1928, Dritte Reihe: Völkerrecht im Weltkrieg, Vierter Band, Berlin 1927, S. 43–106.

Der Unterseebootkrieg, in: Schücking, Walter/Bell, Johannes u.a. (Hg.), Das Werk des Untersuchungsausschusses 1919–1928, Dritte Reihe: Völkerrecht im Weltkrieg, Vierter Band, Berlin 1927, S. 107–360.

Dickmann, Fritz, *Die Kriegsschuldfrage auf der Friedenskonferenz von Paris 1919*, in: HZ 197 (1963), S. 1–101.

Die Gegenliste, in: Kreuz-Zeitung, Nr. 266, 10.6.1921.

Die ersten »Kriegsverbrecherprozesse« vor dem Reichsgericht, in: Kreuz-Zeitung, Nr. 296, 28.6.1921.

Die Urteilsbegründung im Falle Stenger – Crusius, in: Kreuz-Zeitung, Nr. 312, 7.7.1921.

Die Entente gegen die Reichsgerichts-Urteile, in: Kreuz-Zeitung, Nr. 314, 8.7.1921.

Die Zerstörungen in Nordfrankreich anläßlich der Rückzüge des deutschen Hee-

res 1917 und 1918, in: Schücking, Walter/Bell, Johannes u. a. (Hg.), Das Werk des Untersuchungsausschusses 1919–1928, Dritte Reihe: Völkerrecht im Weltkrieg, Erster Band, Berlin 1927, S. 55–154.

Dirks, Carl, Janßen, Karl-Heinz, Der Krieg der Generäle. Hitler als Werkzeug der Wehrmacht, 3. Auflage, Berlin 1999.

Dischler, Ludwig, *Fryatt-Fall*, in: Schlochauer, Hans-Jürgen (Hg.), Wörterbuch des Völkerrechts, Band 2, 2. Auflage, Berlin 1961, S. 606–608.

Dülffer, Jost, Regeln gegen den Krieg? Die Haager Friedenskonferenzen von 1899 und 1907 in der internationalen Politik, Frankfurt am Main und Wien 1981.

Ebermayer, Ludwig, *Fünf Jahre Oberreichsanwalt*, in: DJZ 33 (1928), Sp. 33–38.

Ein Toter – zum Tode verurteilt. Das Urteil eines belgischen Kriegsgerichts, in: Deutsche Tageszeitung, 22.1.1925.

Epkenhans, Michael, *Die kaiserliche Marine im Ersten Weltkrieg: Weltmacht oder Untergang?*, in: Michalka, Wolfgang (Hg.), Der Erste Weltkrieg. Wirkung, Wahrnehmung, Analyse, München und Zürich 1994, S. 319–340.

Elsner, Lothar, *Belgische Zwangsarbeiter in Deutschland während des Ersten Weltkrieges*, in: ZfG 24 (1976), S. 1256–1267.

Es geht aufs Ganze! , in: Hannoverscher Kurier, Nr. 32919, 1.2.1917.

Felddienst-Ordnung, D.V.E. Nr. 267, Berlin 1908.

Fahl, Gundolf, Humanitäres Völkerrecht, Berlin 1983.

Ferguson, Niall, Der falsche Krieg. Der Erste Weltkrieg und das 20. Jahrhundert, Stuttgart 1999.

Fisch, Jörg, Krieg und Frieden im Friedensvertrag. Eine universalgeschichtliche Studie über Grundlagen und Formelemente des Friedensschlusses, Stuttgart 1979.

Fisch, Jörg, Die europäische Expansion und das Völkerrecht. Die Auseinandersetzungen um den Status der überseeischen Gebiete vom 15. Jahrhundert bis zur Gegenwart, Stuttgart 1984.

Fischer, Fritz, Weltmacht oder Niedergang. Deutschland im ersten Weltkrieg, Hamburg 1965.

Fischer, Fritz, *Theobald von Bethmann Hollweg*, in: ders., Hitler war kein Betriebsunfall, 3. Auflage, München 1993, S. 136–173.

Fleck, Dieter (Hg.), Handbuch des humanitären Völkerrechts in bewaffneten Konflikten, München 1994.

Fleischer, Hagen, *Schuld ohne Sühne: Kriegsverbrechen in Griechenland*, in: Wolfram Wette, Gerd R. Ueberschär (Hg.), Kriegsverbrechen im 20. Jahrhundert, Darmstadt 2001, S. 208–221.

Flemming, Thomas, *»Willenspotentiale«. Offizierstugenden als Gegenstand der Wehrmachtspsychologie*, in: Breymayer, Ursula, Ulrich, Bernd, Wieland Karin (Hg.), Willensmenschen. Über deutsche Offiziere, Frankfurt am Main 1999, S. 111–122.

Förster, Stig, *Der deutsche Generalstab und die Illusion des kurzen Krieges, 1871–1914. Metakritik eines Mythos*, in: Burckhardt/Becker/Förster/Kronenbitter, Lange und kurze Wege in den Ersten Weltkrieg, Vier Augsburger Beiträge zur Kriegsursachenforschung, München 1996, S. 115–158.

Förster, Stig, *Das Zeitalter des totalen Krieges*, in: Mittelweg 36, 6/1999, S. 12–29.

Frank, Hans, Nationalsozialistisches Handbuch für Recht und Gesetzgebung, München 1935.

Frank, Reinhard (Hg.), Das Strafgesetzbuch für das Deutsche Reich, 11. bis 14. Auflage, Tübingen 1914.

Frank, Reinhard, *Wesen und Tragweite der Auslieferungsgesetze*, in: Festgabe für Otto Liebmann, Berlin 1920, S. 139–147.

Frankreich für Auslieferung der Kriegsbeschuldigten, in: Deutsche Allgemeine Zeitung, 15.1.1922.

Franz, Udo J., Strafrechtliche Verantwortlichkeit nach Völkerrecht, Diss. Universität Konstanz 1995.

Freud, Sigmund, Gesammelte Werke. Chronologisch geordnet. 10. Band: Werke aus den Jahren 1913–1917, 5. Auflage, Frankfurt am Main 1969.

Friedrich, Jörg, Das Gesetz des Krieges. Das deutsche Heer in Rußland 1941–1945. Der Prozeß gegen das Oberkommando der Wehrmacht, 2. Auflage, München und Zürich 1996.

Fuhrmann, Peter, Der höhere Befehl als Rechtfertigung im Völkerrecht, München und Berlin 1963.

Garner, James W., *Punishment of offenders against the laws and customs of war*, in: AJIL 14 (1920), S. 70–94.

General Stenger vor dem Reichsgericht, in: Vossische Zeitung, 29.6.1921, Nr. 301.

Gerbaulet, *Bestrafung von Kriegsgefangenen wegen vor der Gefangennahme im Auslande begangener Straftaten?*, in: DJZ 21 (1916), Sp. 184–188.

Gerlach, Hellmut von, Die große Zeit der Lüge. Der Erste Weltkrieg und die deutsche Mentalität (1871–1921), herausgegeben von Helmut Donat und Adolf Wild, Bremen 1994.

Giessner, *Die strafrechtliche Stellung der Kriegsgefangenen nach deutschem Strafrecht, insbesondere ihre Verantwortung für vor der Ergreifung begangene Straftaten*, in: APS 65 (1918), S. 240–268.

Gietinger, Klaus, Eine Leiche im Landwehrkanal. Die Ermordung der Rosa L., Berlin 1995.

Gjelsvik, N., von Kirchenheim, *1. und 2. Gutachterliche Äußerung über die Rechtsungültigkeit des Versailler Vertrages*, in: DJZ 27 (1922), Sp. 642–643.

Glueck, Sheldon, War Criminals. Their prosecution and punishment, New York 1944.

Görtemaker, Manfred, Deutschland im 19. Jahrhundert. Entwicklungslinien, 3. Auflage, Bonn 1989.

Green, L. C., Superior orders in national and international law, Leyden 1976.

Greiner, Bernd, *»You'll never walk alone«. Amerikanische Reaktionen auf Kriegsverbrechen in Vietnam*, in: Mittelweg 36, 5/2000, S. 49–74.

Grewe, Wilhelm G., Epochen der Völkerrechtsgeschichte, 2. Auflage, Baden-Baden 1988.

Großer Generalstab, Kriegsgeschichtliche Abteilung I (Hg.), Kriegsbrauch im Landkriege. Kriegsgeschichtliche Einzelschriften, Heft 31, Berlin 1902.

Grube, Frank, Richter, Gerhard, Die Weimarer Republik, Hamburg 1983.

Guéno, Jean-Pierre, Laplume, Yves (Hg.), Paroles de Poilus. Lettres et carnets du front (1914–1918), Paris 1998.

Gumbel, Emil Julius, Vier Jahre politischer Mord, Berlin 1922.

Güth, Rolf, *Die Organisation der deutschen Marine in Krieg und Frieden 1913–1933*, in: Militärgeschichtliches Forschungsamt (Hg.), Handbuch zur deutschen Militärgeschichte 1648–1939, Band 4, Abschnitt VIII, München 1979, S. 250–313.

Haffner, Sebastian, *Der letzte Friedensvertrag?*, in: Der Vertrag von Versailles, München 1978, S. 416–427.

Haffner, Sebastian, Von Bismarck zu Hitler. Ein Rückblick, München 1989.

Haffner, Sebastian, Geschichte eines Deutschen. Die Erinnerungen 1914–1933, Stuttgart und München 2000.

Hall, William Edward, A Treatise on International Law, Oxford 1924.

Hamburger Institut für Sozialforschung (Hg.), Verbrechen der Wehrmacht. Dimensionen des Vernichtungskrieges 1941–1944, Hamburg 2002.

Harden, Maximilian, *Völkerkampf um Leipzig*, in: Die Zukunft, Berlin 1921, S. 83–110.

Hasch, Wolfgang, Friedrich, Gustav, *Der Partisanenkrieg der Sowjetunion und die deutschen Gegenmaßnahmen im Zweiten Weltkrieg*, in: Poeppel, H., Prinz v. Preußen, W.-K., Hase, K.-G. (Hg.), Die Soldaten der Wehrmacht, 3. Auflage, München 1999, S. 230–255.

Heffter, August Wilhelm, Das Europäische Völkerrecht der Gegenwart, 8. Auflage, bearbeitet von Heinrich Geffken, Berlin 1888.

Heinemann, Ulrich, *Kriegsschuldfrage und politische Justiz – Der Staatsgerichtshof für die Kriegsschuldigen 1919/20*, in: DuR 2/1984, S. 165–175.

Herbert, Ulrich, Fremdarbeiter. Politik und Praxis des »Ausländer-Einsatzes« in der Kriegswirtschaft des Dritten Reiches, Berlin und Bonn 1985.

Herbert, Ulrich, Best. Biographische Studien über Radikalismus, Weltanschauung und Vernunft. 1903–1989, 3. Aufl., Bonn 1996.

Herzog, Martin, Rössler, Marko, *Der große Zaun. Ein bizarres Kapitel aus der Terrorgeschichte des deutschen Militärs im Ersten Weltkrieg*, in: Die Zeit, Nr. 17, 16. April 1998, S. 82.

Hilger, Andreas, Deutsche Kriegsgefangene in der Sowjetunion, 1941–1956. Kriegsgefangenenpolitik, Lageralltag und Erinnerung, Essen 2000.

Hofacker, W., *Die Leipziger Kriegsprozesse*, in: ZStW 43 (1922), S. 649–-674.

Holtzendorf, Franz von (Hg.), Handbuch des Völkerrechts, 4 Bände, Hamburg 1885–1889.

Horne, John, Kramer, Alan, *War between soldiers and enemy civilians, 1914–1915*, in: Chickering, Roger, Förster, Stig (Hg.), Great War, Total War. Combat and mobilization on the western front, 1914–1918, S. 153–168.

Horne, John, Kramer, Alan, German Atrocities, 1914. A history of denial, New Haven und London 2001.

Howard, Michael, *Der Erste Weltkrieg – eine Neubetrachtung*, in: Winter, Jay, Parker, Geoffrey, Habeck, Mary R. (Hg.), Der Erste Weltkrieg und das 20. Jahrhundert, Hamburg 2002, S. 19–33.

Huber, Max, *Die kriegsrechtlichen Verträge und die Kriegsräson*, in: ZfV VII (1913), S. 351–374.

Hürter, Johannes, *Die Staatssekretäre des Auswärtigen Amtes im Ersten Welt-*

krieg, in: Michalka, Wolfgang (Hg.), Der Erste Weltkrieg. Wirkung, Wahrnehmung, Analyse, München und Zürich 1994, S. 216–251.

Hürter, Johannes, *Die Wehrmacht vor Leningrad. Krieg und Besatzungspolitik der 18. Armee im Herbst und Winter 1941/42*, in: VfZ 49 (2001), S. 377–440.

Institut für Völkerrecht der Universität Göttingen, V. Kriegrechtliche Haftung des Einzelnen. Haftungsgrundlage: Kriegsbrauch, Göttingen 1955.

Institut für Völkerrecht der Universität Göttingen, V. Kriegsrechtliche Haftung des Einzelnen. C) Notstand, höherer Befehl, gesetzl. Unrecht, Göttingen o.J.

Institut für Völkerrecht der Universität Göttingen, V. Kriegsrechtliche Haftung des Einzelnen. D) Repressalien, Göttingen o.J.

Ipsen, Knut (in Zusammenarbeit mit Epping, Volker, Fischer, Horst, Gloria, Christian, Heintschel von Heinegg, Wolff), Völkerrecht, 3. Auflage, München 1990.

James, Robert Rhodes (Hg.), Winston S. Churchill. His complete speeches 1897–1963, Band 3, 1914–1922, New York und London 1974.

Janssen, Hans G., Die strafrechtliche Verantwortlichkeit des Soldaten für auf Befehl begangene Straftaten in rechtsvergleichender Betrachtung, Dissertation Universität Bonn, Bonn 1939.

Jentsch, Hans-Joachim, Die Beurteilung summarischer Exekutionen durch das Völkerrecht, Diss. Universität Marburg 1966.

Jellinek, Georg, *China und das Völkerrecht*, in: DJZ 5 (1900), S. 401–404.

Jellinek, Walter, *Wilhelm II. in den Niederlanden*, in: DJZ 1919, Sp. 42–47.

Jellinek, Walter, *Ueber die landesrechtliche Seite des Falles Fryatt*, in: AÖR 39 (1920), S. 241–257.

Jerusalem, Franz W., *Der Fall Fryatt*, in: ZfV X (1917/18), S. 563–585.

Jescheck, Hans-Heinrich, Die Verantwortlichkeit der Staatsorgane nach Völkerstrafrecht, Bonn 1952.

Johann, Ernst, Innenansichten eines Krieges. Bilder – Briefe – Dokumente 1914–1918, Frankfurt am Main 1968.

Jünger, Ernst, In Stahlgewittern. Aus dem Tagebuch eines Stoßtruppführers, Berlin 1921.

Kahl, Wilhelm, *Das Ergänzungsgesetz zur Verfolgung von Kriegsverbrechen*, in: DJZ 1920, Sp. 337–339.

Kahl, Wilhelm, *Untersuchungsausschuß und Staatsgerichtshof*, in: DJZ 1920, Sp. 1–7.

Kahl, Wilhelm, *Das Ergänzungsgesetz zur Verfolgung von Kriegsverbrechern*, in DJZ 1920, Sp. 337.

Kant, Immanuel, Zum ewigen Frieden, Stuttgart 1984.

Kalshoven, Frits, Belligerent Reprisals, Leyden 1971.

Kalshoven, Frits, *State responsibility for warlike acts of the armed forces. From article 3 of Hague Convention IV of 1907 to article 91 of Additional Protocol of 1977 and beyond*, in: ICLQ 40 (1991), S. 827–858.

Kaufmann, Arthur (Hg.), Gustav Radbruch – Gesamtausgabe, Band 16, Biographische Schriften, bearbeitet von Günter Spendel, Heidelberg 1988.

Kaul, Friedrich Karl, *Die Verfolgung deutscher Kriegsverbrecher nach dem ersten Weltkrieg*, in: ZfG 14 (1966), S. 19 (24f.).

Kaul, Friedrich Karl, *Die Strafverfolgung deutscher Kriegsverbrecher des ersten Weltkrieges*, in: DuR 2 (1981), S. 137–143.

Keegan, John, Das Antlitz des Krieges. Die Schlachten von Azincourt 1415, Waterloo 1815 und an der Somme 1916, Frankfurt am Main 1991.

Keegan, John, Der Erste Weltkrieg. Eine europäische Tragödie, Reinbek 2000.

Keller, Rupprecht von, Der [sic!] Geisel im modernen Völkerrecht, Diss. Universität Erlangen, Forchheim 1932.

Kerr, Alfred, Wo liegt Berlin? Briefe aus der Reichshauptstadt 1895–1900, herausgegeben von Günther Rühle, 3. Auflage, Berlin 1997.

Keynes, John Maynard, The Economic Consequences of the Peace, London 1920.

Keynes, John Maynard, *Die Ausführung des Vertrages und die Volksabstimmung*, in: Der Vertrag von Versailles, München 1978, S. 398–401.

Kimminich, Otto, *Das Problem der Friedenssicherung im Völkerrecht des 20. Jahrhunderts*, in: Picht, Georg, Eisenbart, Constanze (Hg.), Frieden und Völkerrecht, Stuttgart 1973, S. 295–400.

Kleine-Brockhoff, Moritz, *Landsleute werden in Indonesien nicht verurteilt – schon gar nicht Militärs*, in: Frankfurter Rundschau, Nr. 189/33, 16.8.2002, S. 1.

Klemperer, Victor, Leben sammeln, nicht fragen wozu und warum, Band 1: Tagebücher 1918–1924, herausgegeben von Walter Nowojski unter Mitarbeit von Christian Löser, 1. Auflage, Berlin 1996.

Klinkhammer, Lutz, *Der Partisanenkrieg der Wehrmacht 1941–1944*, in: Müller, Rolf-Dieter, Volkmann, Hans Erich (Hg.), Die Wehrmacht. Mythos und Realität, München 1999, S. 815–836.

Knieriem, August von, Nürnberg. Rechtliche und menschliche Probleme, Stuttgart 1953.

Kohler, Josef, *Das neue Völkerrecht*, in: Zeitschrift für Völkerrecht IX (1916), S. 5–10.

Kohler, Josef, *Strafrecht und Völkerrecht*, in: APS 62 (1916), S. 354–372.

Könnemann, Erwin, *Der Truppeneinmarsch am 10. Dezember 1918 in Berlin*, in: ZfG 1968, S. 1592–1600.

Köppen, Edlef, Heeresbericht, Reinbek 1992 (Orginalausgabe 1930).

Kotzsch, Lothar, *Blockade, kriegerische*, in: Schlochauer, Hans-Jürgen (Hg.), Wörterbuch des Völkerrechts, Band 1, 2. Auflage, Berlin 1960, S. 214–217.

Kramer, Alan, *»Greueltaten«. Zum Problem der deutschen Kriegsverbrechen in Belgien und Frankreich 1914*, in: Hirschfeld, Gerhard, Krumeich, Gerd, Renz, Irina, Keiner fühlt sich hier mehr als Mensch ... Erlebnis und Wirkung des Ersten Weltkriegs, Essen 1993, S. 85–114.

Kramer, Alan, *Versailles, deutsche Kriegsverbrechen und das Auslieferungsbegehren der Alliierten 1919/20*, in: Wette, Wolfram, Ueberschär, Gerd R. (Hg.), Kriegsverbrechen im 20. Jahrhundert, Darmstadt 2001, S. 72–84.

Kreis, Georg, *Vom Duell zum Verbrechen – Der lange Weg zur Achtung des Krieges*, in: Neue Zürcher Zeitung, Nr. 91, 20./21.4.2002, S. 55.

Kriege, *Die Zwangsüberführung belgischer Arbeiter nach Deutschland*, in: Schücking, Walter/Bell, Johannes u. a. (Hg.), Das Werk des Untersuchungsausschusses 1919–1928, Dritte Reihe: Völkerrecht im Weltkrieg, 1. Band, Berlin 1927, S. 199–284.

Kriege, *Die völkerrechtliche Beurteilung des Luftkriegs im Weltkriege*, in: Schücking, Walter/Bell, Johannes u. a. (Hg.), Das Werk des Untersuchungsausschusses 1919–1928, Dritte Reihe: Völkerrecht im Weltkrieg, Vierter Band, Berlin 1927, S. 83–106.

Kriegskinderspende deutscher Frauen (Hg.), Vater ist im Kriege. Ein Bilderbuch für Kinder, Berlin und Leipzig o. J.

Krumeich, Gerd (Hg.), Versailles 1919. Ziele – Wirkung – Wahrnehmung, Köln 2001.

Kruse, Hans, *Amnestieklausel*, in: Schlochauer, Hans-Jürgen (Hg.), Wörterbuch des Völkerrechts, Band 1, 2. Auflage, Berlin 1960, S. 40–42.

Kruse, Hans, *Minen*, in: Schlochauer, Hans-Jürgen (Hg.), Wörterbuch des Völkerrechts, Band 2, 2. Auflage, Berlin 1961, S. 538–540.

Kruse, Wolfgang, *Ursachen und Auslösung des Krieges*, in: ders. (Hg.), Eine Welt von Feinden. Der Große Krieg 1914–1918, Frankfurt am Main 1997, S. 11–25.

Kruse, Wolfgang, *Krieg und nationale Identität: Die Ideologisierung des Krieges*, in: ders. (Hg.), Eine Welt von Feinden. Der Große Krieg 1914–1918, Frankfurt am Main 1997, S. 167–176.

Kübler, Friedrich Karl, *Der deutsche Richter und das demokratische Gesetz. Versuch einer Deutung aus richterlichen Selbstzeugnissen*, in: AcP 162 (1963), S. 104–128.

La Paix de Versailles. Responsabilités des auteurs de la guerre et sanctions, Paris 1930.

Lansing, Robert, *Some legal questions of the peace conference*, in: AJIL 8 (1919), S. 631–650.

Laun, Rudolf, Die Haager Landkriegsordnung, Wolfenbüttel-Hannover 1947.

Larnaude, F., de Lapradelle, A., *Examen de la responsabilité pénale de l'empereur Guillaume II d'Allemagne*, in: JDI 46 (1919), S. 131–159.

Lersner, Freiherr von, *Die Auslieferung der deutschen »Kriegsverbrecher«*, in: Schnee, Heinrich, Dräger, Hans (Hg.), Zehn Jahre Versailles, Band 1: Der Rechtsanspruch auf Revision; Der Kampf um die Revision; Die wirtschaftlichen Folgen des Versailler Vertrages, Berlin 1929, S. 15–27.

Le Fur, Louis, *Guerre juste et juste paix*, in: RGDIP 27 (1920), S. 9–75, 268–309, 349–405.

Liebmann, Otto, *An die deutschen Juristen*, in: DJZ 16/17 (1914), Sp. 107–108.

Liebmann, Otto, *Deutsche Juristen im feindlichen Lager*, in: DJZ 13/14 (1915), Sp. 688–691.

Liszt, Franz von, Das Völkerrecht, 10. Auflage, Berlin 1915.

Liszt, Franz von, Das Völkerrecht, 11. Auflage, Berlin 1918.

Liszt, Franz von, Das Völkerrecht, 12. Auflage, bearbeitet von Max Fleischmann, Berlin 1925.

Löwe, E., Rosenberg, Walter, Die Strafprozeßordnung für das Deutsche Reich, 16. neubearbeitete Auflage, Berlin und Leipzig 1925.

Ludendorff, Erich, Meine Kriegserinnerungen, 1914–1918, Berlin 1919.

Ludendorf, Erich, Der totale Krieg, München 1936.

Lützow, Friedrich, Englands Lazarettschiffmißbrauch während des Weltkrieges, Berlin 1921.

Mangoldt, Hermann von, *Das Kriegsverbrechen und seine Verfolgung in Vergangenheit und Gegenwart*, in: JiaöR 1 (1949), S. 283–334.

Mann, Golo, Deutsche Geschichte des 19. und 20. Jahrhunderts, 19. Auflage, Frankfurt am Main 1958.

Mattioli, Aram, *Eine veritable Hölle. Giftgas und Pogrome: Vor 60 Jahren endete die beispiellose Terrorherrschaft Italiens über Äthiopien*, in: Die Zeit, Nr. 51, 13.12.2001, S. 92.

Maurach, Reinhart, *Das Kriegsrecht vom Blickfeld der Sowjetunion*, in: JiaöR 1 (1949), S. 736–753.

Maurach, Reinhart, Die Kriegsverbrecherprozesse gegen deutsche Gefangene in der Sowjetunion, Hamburg 1950.

Meissner, Boris, Sowjetunion und Haager LKO. Gutachten und Dokumentenzusammenstellung, Hamburg 1950.

Mendelssohn-Bartholdy, Albrecht, Der Kriegsbegriff des englischen Rechts. Erläuterungen zum Fall Panariellos, Mannheim/Berlin/Leipzig 1915.

Mendelssohn-Bartholdy, Albrecht, *Die »Sanktionen« des Vertrages von Versailles*, in: Festgabe für Otto Liebmann, Berlin 1920, S. 103–112.

Mendelssohn-Bartholdy, A., *Leges inter arma. Betrachtungen zu den Leipziger Prozessen gegen die »Kriegsbeschuldigten«*, in: DJZ 26 (1921), Sp. 441–448.

Mérignhac, A., *Les théories du Grand Etat-Major allemand sur les »lois de la guerre continentale«*, in: RGDIP 14 (1907), S. 197–239.

Mérignhac, A., *De la sanction des infractions au droit des gens commises, au cours de la guerre européenne par les empires du centre*, in: RGDIP 24 (1917), S. 5–56.

Mérignhac, A., *De la responsabilité pénale des actes criminels commis au cours de la guerre de 1914–1918*, in: RDILC 47 (1920), S. 34–70.

Messerschmidt, Manfred, *Völkerrecht und »Kriegsnotwendigkeit« in der deutschen militärischen Tradition seit den Einigungskriegen*, in: German Studies Review VI (1983), S. 237–269.

Meurer, Christian, Die Haager Friedenskonferenz. Bd. 2: Das Kriegsrecht der Haager Konferenz, München 1907.

Meurer, Christian, *Der Volkskrieg und das Strafgericht über Löwen*, in: ZfV 8 (1914), S. 609–640.

Meurer, Christian, *Verletzungen des Kriegsgefangenenrechts*, in: Schücking, Walter/Bell, Johannes u. a. (Hg.), Das Werk des Untersuchungsausschusses 1919–1928, Dritte Reihe: Völkerrecht im Weltkrieg, 2 Halbbände, Berlin 1927.

Meurer, Christian, *Der belgische Volkskrieg*, in: Schücking, Walter/Bell, Johannes u. a. (Hg.), Das Werk des Untersuchungsausschusses 1919–1928, Dritte Reihe: Völkerrecht im Weltkrieg, Zweiter Band, Berlin 1927.

Michalka, Wolfgang (Hg.) Der Erste Weltkrieg. Wirkung – Wahrnehmung – Analyse, München und Zürich 1994.

Miller, David Hunter, Scott, James Brown, *Memorandum regarding the responsibility of the authors of the war and for crimes committed in the war*, in: Miller, David Hunter, My diary at the Conference of Paris, Band 3, o. O., o. J., Dokument 213, S. 458–524.

Mommsen, Hans, *Über ein Geschichtsgefühl*, in: Die Zeit, Nr. 21, 16.5.2002, S. 41.

Mommsen, Wolfgang J., *Der Topos vom unvermeidlichen Krieg*, in: Dülffer, Jost, Holl, Karl (Hg.), Bereit zum Krieg. Kriegsmentalität im wilhelminischen Deutschland 1890–1914, Göttingen 1986, S. 194–224.

Moritz, Günther, *Kriegslist*, in: Schlochauer, Hans-Jürgen (Hg.), Wörterbuch des Völkerrechts, Band 2, 2. Auflage, Berlin 1961, S. 349–350.

Muharremi, Robert, *Die Haager Landkriegsordnung und das Verbot der Vertreibung und Deportation*, in: Fiedler, Wilfried (Hg.), Deportation, Vertreibung, »Ethnische Säuberung«, Bonn 1999, S. 95–109.

Müller (Meiningen), Ernst, *Die Leipziger Prozesse und die »Gegenrechnung«*, in: DJZ 15/16 (1921), Sp. 505–510.

Müller, Kai, *Oktroyierte Verliererjustiz nach dem ersten Weltkrieg*, in: AVR 39 (2001), S. 202–222.

Mullins, Claud, The Leipzig Trials. An account of the war criminals trials and a study of german mentality, London 1921.

Münch, Fritz, Die Martens'sche Klausel und die Grundlagen des Völkerrechts, in: ZaöRV 36 (1976), S. 347–373.

Nagler, Jörg, Nationale Minoritäten im Krieg. »Feindliche Ausländer« und die amerikanische Heimatfront während des Ersten Weltkriegs, Hamburg 2000.

Niemeyer, Theodor, *Der Versailler Vertrag und seine Revisionsmöglichkeit*, in: Schnee, Heinrich, Draeger, Hans (Hg.), Zehn Jahre Versailles, Band 1, Berlin 1929, S. 133–157.

Nill-Theobald, Christiane, »Defences« bei Kriegsverbrechen am Beispiel Deutschlands und der USA. Zugleich ein Beitrag zu einem allgemeinen Teil des Völkerstrafrechts, Diss. Universität Freiburg, Freiburg im Breisgau 1998.

Nys, Ernest, *Francis Lieber – His Life and his Work*, in: AJIL (1911), S. 84–117, 355–393.

Offer, Avner, *Blockade and the Strategy of Starvation, 1914–1918*, in: Chickering, Roger, Förster, Stig (Hg.), Great War, Total War. Combat and mobilization on the western front, 1914–1918, Cambridge 2000, S. 169–188.

Ohler, Norbert, Krieg und Frieden im Mittelalter, München 1997.

Oppenheim, Lassa, International Law, Band 2: War and Neutrality, London/New York/Bombay 1906.

Oppenheim, Lassa, International Law, Band 2: Disputes, War and Neutrality, 4. Auflage, herausgegeben von Arnold D. McNair, New York/Toronto/Bombay/Calcutta/Madras 1926.

Oltmer, Jochen, *Arbeitszwang und Zwangsarbeit – Kriegsgefangene und ausländische Zivilarbeitskräfte im Ersten Weltkrieg*, in: Spilker, Rolf, Ulrich, Bernd (Hg.), Der Tod als Maschinist. Der industrialisierte Krieg 1914–1918, Bramsche 1998, S. 96–107.

Paech, Norman, Stuby, Gerhard, Völkerrecht und Machtpolitik in den internationalen Beziehungen, Hamburg 2001.

»Pardon wird nicht gegeben!«, in: Vorwärts, 2.7.1921, Nr. 307.

Peters, Carl, *Vergeltungsmaßregeln gegen die Belgier*, in: Hamburger Nachrichten, Nr. 485, 22.9.1917.

Petri, Franz, Schöller, Peter, *Zur Bereinigung des Franktireurproblems vom August 1914*, in: VfZ 9/1961, S. 234–248.

Pic, Paul, *Violation systématique des lois de la guerre par les Austro-Allemands. Les sanctions nécessaires*, in: RGDIP 23 (1916), S. 243–268.

Pillet, A., *La guerre actuelle et le droit des gens*, in: RGDIP 23 (1916), S. 5–31, S. 203–243.

Plassmann, Clemens, *Das Kriegsgefangenenrecht und seine Reform*, in: ZfV 14 (1928), S. 521–534.

Puttkamer, Ellinor von, *Die Haftung der politischen und militärischen Führung des Ersten Weltkriegs für Kriegsurheberschaft und Kriegsverbrechen*, in: AdV 1 (1948/49), S. 424–449.

Quaritsch, Helmut, *Über Bürgerkriegs- und Feind-Amnestien*, in: Der Staat 31 (1992), S. 389–418.

Quaritsch, Helmut, *Apokryphe Amnestien*, in: Beismann, Volker, Klein, Markus Josef (Hg.), Politische Lageanalyse. Festschrift für Hans-Joachim Arndt zum 70. Geburtstag am 15. Januar 1993, Bruchsal 1993, S. 241–257.

Rademacher, Cay, *Luftschiffe des Todes. Mit den Bombenangriffen deutscher Zeppeline im Ersten Weltkrieg begann ein neues Kapitel der modernen Wehrgeschichte: der totale Luftkrieg*, in: Die Zeit, Nr. 43, 15.10.1998, S. 104.

Rahn, Werner, *Strategische Probleme der deutschen Seekriegführung 1914–1918*, in: Michalka, Wolfgang (Hg.), Der Erste Weltkrieg. Wirkung, Wahrnehmung, Analyse, München und Zürich 1994, S. 341–365.

Randelović, Dragan, *Das Haager Schicksal greift um sich*, in: Freitag, Nr. 42, 11.10.2002, S. 7.

Regling, Volkmar, *Grundzüge der Landkriegführung zur Zeit des Absolutismus und im 19. Jahrhundert*, in: Militärgeschichtliches Forschungsamt (Hg.), Handbuch zur deutschen Militärgeschichte, Band 5, Abschnitt IX: Grundzüge der militärischen Kriegführung 1648–1939, München 1979, S. 408–425.

Reibert, W. (Hg.), Der Dienstunterricht im Heere. Ausgabe für den Schützen der Schützenkompanie, 12. neubearbeitete Auflage, Berlin 1941.

Renn, Ludwig, Krieg – Nachkrieg, Berlin und Weimar 1979.

Renault, Louis, *De l'application du droit pénal aux faits de guerre*, in: RGDIP 25 (1918), S. 6–29.

Rey, Alain, Rey-Debove, Josette (Hg.), Le Robert. Dictionnaire de la langue française, Paris 1981.

Richert, Dominik, Beste Gelegenheit zum Sterben. Meine Erlebnisse im Kriege 1914–1918, herausgegeben von Angelika Tramitz und Bernd Ulrich, München 1989.

Riesenberger, Dieter, Geschichte der Friedensbewegung in Deutschland. Von den Anfängen bis 1933, Göttingen 1985.

Rissom, Carl, *Die strafrechtliche Behandlung der Kriegsgefangenen*, in: ZStW 36 (1916), S. 588–594.

Rissom, Carl, *Bestrafung Kriegsgefangener wegen völkerrechtswidriger Kriegshandlungen*, in: APS 62 (1916), S. 379–387.

Rittau, Martin, Militärstrafgesetzbuch und Kriegssonderstrafrechtsverordnung (Kommentar), Berlin 1941.

Ritter, Gerhard, Staatskunst und Kriegshandwerk. Das Problem des »Militarismus« in Deutschland. 3. Band: Die Tragödie der Staatskunst. Bethmann Hollweg als Kriegskanzler (1914–1917), München 1964.

Romen, A., Rissom, Carl, Militärstrafgesetzbuch für das Deutsche Reich vom 20. Juni 1872 nebst dem Einführungsgesetz, 2. Auflage, Berlin 1916, 3. Auflage, Berlin 1918.

Roth, Robert, Die Repressalie. Eine völkerrechtliche Studie, Diss. Universität Erlangen, Nürnberg 1918.

Sabrow, Martin, Die verdrängte Verschwörung. Der Rathenau-Mord und die deutsche Gegenrevolution, Frankfurt am Main 1998.

Salomon, Ernst von, Die Geächteten, Gütersloh o. J., Erstausgabe Berlin 1929.

Schätzel, Walter, *Bestrafungen nach Kriegsbrauch*, in: AfM 8 (1919/20), S. 13–24.

Scheuner, Ulrich, *Durchsuchung von Schiffen*, in: Schlochauer, Hans-Jürgen (Hg.), Wörterbuch des Völkerrechts, Band 1, 2. Auflage, Berlin 1960, S. 407–408.

Scheuner, Ulrich, *Konterbanderecht*, in: Schlochauer, Hans-Jürgen (Hg.), Wörterbuch des Völkerrechts, Band 2, 2. Auflage, Berlin 1961, S. 290–293.

Scheuner, Ulrich, *Seekriegsrecht*, in: Schlochauer, Hans-Jürgen (Hg.), Wörterbuch des Völkerrechts, Band 3, 2. Auflage, Berlin 1962, S. 229–237.

Schindler, Dietrich, Toman, Jiri (Hg.), The laws of armed conflicts. A collection of Conventions, Resolutions and other Documents, Alphen aan den Rijn u. a. 1981.

Schivelbusch, Wolfgang, Die Kultur der Niederlage. Der amerikanische Süden 1865, Frankreich 1871, Deutschland 1918, Berlin 2001.

Schmidl, Erwin A., *Kolonialkriege: Zwischen großem Krieg und kleinem Frieden*, in: Rauchensteiner, Manfred, Schmidl, Erwin A. (Hg.), Formen des Krieges. Vom Mittelalter zum »Low-Intensity-Conflict«, Wien u. a. 1991.

Schmidt-Richberg, Wiegand, *Die Regierungszeit Wilhelms II.*, in: Militärgeschichtliches Forschungsamt (Hg.), Handbuch zur deutschen Militärgeschichte 1648–1939, Band 3, München 1979, S. 9–155.

Schmitt, Carl, Das international-rechtliche Verbrechen des Angriffskrieges und der Grundsatz »nullum crimen, nulla poena sine lege«, herausgegeben, mit Anmerkungen und einem Nachwort versehen von Helmut Quaritsch, Berlin 1994.

Schöllgen, Gregor, *Zum Erfolg verdammt. Neue Studien über Kriegsgefahr und Krisenmanagement vor dem Ersten Weltkrieg*, in: Die Zeit, Nr. 32, 1.8.1997, S. 13.

Schreiber, Gerhard, *Deutsche Kriegsverbrechen gegenüber Italienern*, in: Wolfram Wette, Gerd R. Ueberschär (Hg.), Kriegsverbrechen im 20. Jahrhundert, Darmstadt 2001, S. 222–234.

Schröder, Hans-Jürgen, *Demokratie und Hegemonie. Woodrow Wilsons Konzept einer neuen Weltordnung*, in: Michalka, Wolfgang (Hg.) Der Erste Weltkrieg. Wirkung – Wahrnehmung – Analyse, München und Zürich 1994, S. 159–177.

Schumann, Erich, Die Repressalie, Diss. Universität Rostock, Rostock 1927.

Schüle, Adolf, *Zulässiger und unzulässiger Gebrauch von Lazarettschiffen*, in: 25 Jahre Kaiser Wilhelm-Gesellschaft zur Förderung der Wissenschaften (Sonderdruck), Berlin 1937, S. 374–397.

Schulin, Ernst, *Die Urkatastrophe des zwanzigsten Jahrhunderts*, in: Michalka, Wolfgang (Hg.), Der Erste Weltkrieg. Wirkung, Wahrnehmung, Analyse, München und Zürich 1994, S. 3–27.

Schultze, Ernst, *Die Tötung Kriegsgefangener in englischen Kriegen*, in: ZIR 26 (1916), S. 325–386.
Schultze, Ernst, *Die Furcht vor neuen Waffen*, in: ZIR 27 (1917/18), S. 1–39.
Schütze, Heinrich Albrecht, Die Repressalie unter besonderer Berücksichtigung der Kriegsverbrecherprozesse, Bonn 1950.
Schwarzmüller, Theo, Zwischen Kaiser und »Führer«. Generalfeldmarschall August von Mackensen. Eine politische Biographie, Paderborn/München/Wien, Zürich 1995.
Schwengler, Walter, Völkerrecht, Versailler Vertrag und Auslieferungsfragen. Die Strafverfolgung wegen Kriegsverbrechen als Problem des Friedensschlusses 1919/20 (Reihe: Beiträge zur Militär- und Kriegsgeschichte, herausgegeben vom Militärgeschichtlichen Forschungsamt), Stuttgart 1982.
Scott, James Brown, *The execution of Captain Fryatt*, in: AJIL X (1916), S. 865–877.
Scott, James Brown, *The Trial of the Kaiser*, in: House, Edward Mandell, Seymour, Charles (Hg.), What really happened at Paris. The story of Peace Conference 1918–1919 by American Delegates (Erstdruck New York 1921), Westport (Conn.) 1976, S. 231–258.
Scupin, Hans Ulrich, *Friedensbewegung*, in: Schlochauer, Hans-Jürgen (Hg.), Wörterbuch des Völkerrechts, Band 1, 2. Auflage, Berlin 1960, S. 572–585.
Seelenleben des Soldaten an der Front. Hinterlassene Aufzeichnungen des im Kriege gefallenen Nervenarztes Dr. Ludwig Scholz, Tübingen 1920.
Selbstmord des früheren deutschen U-Bootführers Boldt, in: Leipziger Neueste Nachrichten, 23.4.1931.
Selle, Dirk von, *Prolog zu Nürnberg – Die Leipziger Kriegsverbrecherprozesse vor dem Reichsgericht*, in: ZNR 19 (1997), S. 193–209.
Senatspräsident Dr. Schmidt über das französische Vorgehen, in: Kreuz-Zeitung, Nr. 216, 9.7.1921.
Sergeev, Evgenij, *Kriegsgefangenschaft aus russischer Sicht. Russische Kriegsgefangene in Deutschland und im Habsburger Reich (1914–1918)*, in: Forum für osteuropäische Ideen- und Zeitgeschichte 1 (1997), Heft 2, S. 113–134.
Simpson, Colin, Die Lusitania, Frankfurt am Main 1973.
Spetzler, Eberhard, *Devastation*, in: Schlochauer, Hans-Jürgen (Hg.), Wörterbuch des Völkerrechts, Band 1, 2. Auflage, Berlin 1960, S. 357–359.
Spieker, Keike, *Haager Regeln des Luftkriegs von 1923*, in: HuV-I 1/1990, S. 134–138.
Steinbach, Lothar, Revision oder Erfüllung. Der Versailler Vertrag als Faktor der deutsch-britischen Beziehung 1920–1921, Diss. Universität Freiburg im Breisgau 1972.
Steinkamp, Peter, *Kapitän zur See a. D. Lothar Persius (1864–1944) – Ein Seeoffizier als Kritiker der deutschen Flottenpolitik*, in: Wette, Wolfram (Hg.), Pazifistische Offiziere in Deutschland 1871–1933, Bremen 1999, S. 99–109.
Stephan, Cora, Das Handwerk des Krieges, Berlin 1998.
Storz, Dieter, *»Aber was hätte anders geschehen sollen?« Die deutschen Offensiven an der Westfront 1918*, in: Duppler, Jörg, Groß, Gerhard P. (Hg.), Kriegsende 1918. Ereignis, Wirkung, Nachwirkung, München 1999, S. 51–95.
Stosch, Albrecht von, Die Kriegsbeschuldigtenfrage. Ihre Bedeutung für Deutsch-

land und den Feindbund, erschienen in der Reihe nationaler Schriften »Deutscher Michel wach auf!«, Heft 13, Hannover und Leipzig 1924.

Strupp, Karl, Das internationale Landkriegsrecht, Frankfurt am Main 1914.

Strupp, Karl, *Vorgeschichte und Ausbruch des Krieges von 1914*, in: ZfV VIII (1914), S. 728–744.

Strupp, Karl, *Der belgische Volkskrieg und die Haager Landkriegsordnung*, in: ZfV IX (1916), S. 281–297.

Tobler, Achim, *Geiseln*, in: Schlochauer, Hans-Jürgen (Hg.), Wörterbuch des Völkerrechts, Band 1, 2. Auflage, Berlin 1960, S. 635–637.

Travers, Maurice, *Les traités de paix et les idées courantes en matière d'extradition*, in: RDILC 48 (1921), S. 125–146.

Triepel, Heinrich, Die neuesten Fortschritte auf dem Gebiet des Kriegsrechts, Leipzig 1894.

Triepel, Heinrich, *Der Entwurf des Reichsgesetzes über die Errichtung eines Staatsgerichtshofs*, in: DJZ 1920, Sp. 1–7.

Triepel, Heinrich, *Die Auslieferung des Kaisers*, in: Deutsche Politik 4 (1919), S. 299–305.

Triffterer, Otto, Dogmatische Untersuchungen zur Entwicklung des materiellen Völkerstrafrechts seit Nürnberg, Freiburg im Breisgau 1966.

Tuchmann, Barbara W., August 1914, Bern/München/Wien 1964.

Tucholsky, Kurt, *Militaria*, in: ders., Gesammelte Werke, Band 2, 1919–1920, Reinbek bei Hamburg 1975, S. 8–38.

Tucholsky, Kurt, *Das Buch von der deutschen Schande*, in: ders., Gesammelte Werke, Band 3, 1921–1924, Reinbek bei Hamburg 1975, S. 44–50.

Tucholsky, Kurt, *Die Tabelle*, in: Gesammelte Werke, Band 3, 1921–1924, Reinbek bei Hamburg 1975, S. 137–140.

Ueberschär, Gerd R., Wette, Wolfram, Der deutsche Überfall auf die Sowjetunion. »Unternehmen Barbarossa« 1941, Sonderausgabe, Frankfurt am Main 1999.

Ueberschär, Gerd R., *Dresden 1945 – Symbol für Luftkriegsverbrechen*, in: Wette, Wolfram, Ueberschär, Gerd R. (Hg.), Kriegsverbrechen im 20. Jahrhundert, Darmstadt 2001, S. 382–396.

Ullrich, Volker, Die nervöse Großmacht 1871–1918. Aufstieg und Untergang des deutschen Kaiserreichs, Frankfurt am Main 1999.

Unsere Gegenrechnung im Prozeß Stenger–Crusius, in: Kreuz-Zeitung, Nr. 308, 5.7.1921.

Verdross, Alfred, *Reichsrecht und internationales Recht. Eine Lanze für Artikel 3 des Regierungsentwurfes der deutschen Verfassung*, in: DJZ 7/8 (1919), Sp. 291–293.

Verdross, Alfred, Die völkerrechtswidrige Kriegshandlung und der Strafanspruch der Staaten, Berlin 1920.

Verdroß [sic!], Alfred, *Kriegsverbrechen und Kriegsverbrecher*, in: Strupp, Karl (Hg.), Wörterbuch des Völkerrechts und der Diplomatie, 1. Band, Berlin und Leipzig 1924, S. 775–777.

Verhey, Jeffrey, *Krieg und geistige Mobilmachung: Die Kriegspropaganda*, in: Kruse, Wolfgang (Hg.), Eine Welt von Feinden. Der Große Krieg 1914–1918, Frankfurt am Main 1997, S. 176–183.

Verhey, Jeffrey, *Der Geist von 1914*, in: Spilker, Rolf, Ulrich, Bernd (Hg.), Der Tod als Maschinist. Der industrialisierte Krieg 1914–1918, Bramsche 1998, S. 164–175.

Verhey, Jeffrey, Der »Geist von 1914« und die Erfindung der Volksgemeinschaft, Hamburg 2000.

Visscher, Charles de, *Les lois de la guerre et la théorie de la nécessité*, in: RGDIP 24 (1917), S. 74–108.

Vogel, Detlef, *Max Graf Montgelas (1860–1944) – Ein Offizier im Spannungsfeld zwischen nationalen Ansprüchen und Menschlichkeit*, in: Wolfram Wette (Hg.), Pazifistische Offiziere in Deutschland 1871–1933, Bremen 1999, S. 83– 97.

Volkmann, Hans-Erich, *Zur Verantwortlichkeit der Wehrmacht*, in: Müller, Rolf-Dieter, Volkmann, Hans-Erich (Hg.), Die Wehrmacht. Mythos und Realität, München 1999, S. 1195–1222.

Waltzog, Alfons, Recht der Landkriegsführung. Die wichtigsten Abkommen des Landkriegsrechts, Berlin 1942.

Waxweiler, Emil, Hat Belgien sein Schicksal verschuldet?, Zürich 1915.

Weber, Hellmuth von, *Die strafrechtliche Verantwortlichkeit für Handeln auf Befehl*, in: MDR 1948, S. 34–42.

Wegener, Arthur, *Die Rechtswidrigkeit der Kriegsverbrechen*, in: ZStW 44 (1924), S. 683–694.

Wehberg, Hans, Das Seekriegsrecht, Berlin/Stuttgart/Leipzig 1915.

Wehberg, Hans, *Die Friedensbewegung vor dem Ausbruch des Weltkrieges*, in: Die Friedenswarte 32 (1932), S. 321–328.

Weitz, Petra, Der Begriff des Nichtkombattanten in historischen Dokumenten, Entwürfen und völkerrechtlichen Verträgen, Berlin 1999.

Wende, Frank, Die belgische Frage in der deutschen Politik des Ersten Weltkrieges, Diss. Universität Hamburg, Hamburg 1970.

Westarp, E.-J. Graf von (Hg.), Oertzenscher Taschenkalender für die Offiziere des Heeres, 62. Jahrgang, Grimmen in Pommern 1941/42.

Wette, Wolfram, Die Wehrmacht. Feindbilder – Vernichtungskrieg – Legenden, Frankfurt am Main 2002.

Whittuck, E. A., *Professor Oppenheim,* in: BYIL 1 (1920/21), S. 1–9.

Wie führte Deutschland und wie seine Gegner den Luftkrieg?, in: Weser-Zeitung, Nr. 306, 9.6.1920.

Wie lange noch?, in: Süddeutsche Zeitung, 6.6.1925.

Wiederaufnahme der Leipziger Kriegsbeschuldigten-Prozesse, in: Kreuz-Zeitung, 29.6.1921.

Wieland, Lothar, Belgien 1914. Die Frage des belgischen »Franktireurkrieges« und die deutsche öffentliche Meinung von 1914 bis 1936, Frankfurt am Main/Bern/New York 1984.

Wiggenhorn, Harald, *Eine Schuld fast ohne Sühne. Wie deutsche Richter, Staatsanwälte, Minister und Militärs sich schwer taten, »Helden« der Nation zu verurteilen*, in: Die Zeit, Nr. 34, 16. August 1996, S. 9.

Wildt, Michael, Generation des Unbedingten. Das Führungskorps des Reichssicherheitshauptamtes, Hamburg 2002.

Wilke, Gustav, *Die Staatsgerichtshöfe für das Deutsche Reich*, in: DJZ 1921, Sp. 587–590

Willis, James F., Prologue to Nuremberg. The politics and diplomacy of punishing war criminals of the First World War, Westport (Conn.)/London 1982.

Winkler, Heinrich August, Der lange Weg nach Westen, Band 1, Deutsche Geschichte vom Ende des Alten Reiches bis zum Untergang der Weimarer Republik, München 2000.

Woermann, Ernst, *Das Diktat von Versailles*, in: Frank, Hans, Nationalsozialistisches Handbuch für Recht und Gesetzgebung, München 1935, S. 159–197.

Woodward, Llewellyn, Great Britain and the War of 1914–1918, London 1967.

Zander, Jens-Peter, Das Verbrechen im Kriege – ein völkerrechtlicher Begriff. Ein Beitrag zur Problematik des Kriegsverbrechens, Diss. Universität Würzburg, Frankfurt am Main 1969.

Zemanek, Karl, *Sperrgebiet*, in: Schlochauer, Hans-Jürgen (Hg.), Wörterbuch des Völkerrechts, Band 3, 2. Auflage, Berlin 1962, S. 286–287.

Zentrale Stelle der Landesjustizverwaltungen in Ludwigsburg (Hg.), Geisel- und Partisanentötungen im zweiten Weltkrieg. Hinweise zur rechtlichen Beurteilung, Ludwigsburg 1968.

Zitelmann, Die Gültigkeit des Versailler Vertrages, in: DJZ 28 (1923), Sp. 2–7.

Zuckmayer, Carl, Als wär's ein Stück von mir. Horen der Freundschaft, 30. Auflage, Frankfurt am Main 1999.

Personenregister